HISTOIRE

DE LA

MARINE FRANÇAISE.

II.

PARIS, IMPRIMÉ PAR BÉTHUNE ET PLON

TOURVILLE FORCE UNE MAISON D'UN FAUBOURG DE GÊNES

HISTOIRE

DE LA

MARINE FRANÇAISE,

PAR

EUGÈNE SUE.

DEUXIÈME ÉDITION, ENTIÈREMENT REVUE PAR L'AUTEUR,

ORNÉE DE GRAVURES.

TOME DEUXIÈME.

PARIS.

AU DEPOT DE LA LIBRAIRIE,
RUE THÉRÈSE, 14.
PRÈS LE PALAIS-ROYAL.

1845.

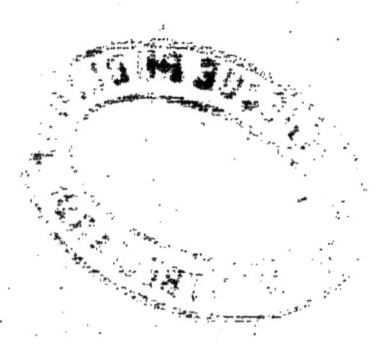

HISTOIRE
DE LA
MARINE FRANÇAISE.

LIVRE QUATRIÈME.

CHAPITRE VIII.

Madame la duchesse d'Orléans. — Monsieur. — M. le duc de Buckingham. — Louis XIV. — Le comte de Guiche. — Le prince de Marsillac. — Le marquis de Vuardes. — L'archevêque de Sens. — Le comte d'Armagnac. Mademoiselle de Montalais. — De La Vallière. — Mademoiselle Louise-Renée de Penancoët de Keroualle. — Turenne. — De Lionne. — Lettre de Colbert de Croissy, ambassadeur en Angleterre.

Depuis 1664, le Palais-Royal (ancien Palais-Cardinal) était habité par M. le duc d'Orléans, frère de Louis XIV; il y tenait sa cour, et madame la duchesse d'Orléans partageait avec lui cette magnifique résidence.

La cour de France, fort occupée du prochain voyage qu'elle devait faire en Flandre à la suite du roi, était à Paris vers la fin d'avril 1670; *Monsieur* et *Madame*[1] s'y trouvaient aussi.

Or, ce jour-là, sur les onze heures du matin, *Madame*, sortant d'une délicieuse salle de bains, dont les murs et le plafond dorés étaient semés de toutes les bergeries et de toutes les fleurs que le goût du temps avait pu créer, *Madame* entra dans l'oratoire qui précédait son grand cabinet, longtemps aussi la merveille et le miracle de Paris.

Madame s'appuyait légèrement sur le bras d'une de ses filles

[1] Henriette d'Angleterre, fille de Charles Ier, et sœur de Charles II, roi d'Angleterre.

d'honneur, mademoiselle Louise-Renée de Penancoët de Keroualle, âgée de vingt ans environ, brune, assez grande, d'une taille charmante quoique un peu grasse, et dont les grands yeux bleus bordés de cils noirs comme ses sourcils, paraissaient aussi hardis que spirituels.

La lourde portière de damas bleu de ciel à reflets blancs satinés qui cachait la porte du cabinet de bains se ferma donc, et ces deux jeunes femmes furent doucement éclairées par le jour affaibli d'une haute et unique croisée dont les vitres de cristal étaient enchâssées dans des montants d'argent contournés en feuilles de lierre et ciselés avec un art infini.

Ce jour mystérieux, ménagé par un store extérieur, s'harmonisait à merveille avec les tons indécis de la tenture de l'oratoire, et s'harmonisait encore, si cela se peut dire, avec la couleur délicate, avec le parfum doux et frais de plusieurs énormes bouquets de violettes et de roses dont étaient remplis grand nombre de vases de porcelaine céladon, ornés de délicieuses orfévreries de vermeil, et posés çà et là sur tous les meubles d'or, d'écaille ou d'ébène qui pouvaient porter des fleurs.

Mademoiselle de Keroualle ayant approché un grand fauteuil de bois doré, couvert de velours bleu et garni de nombreuses bouffettes de rubans blancs, *Madame* s'y assit négligemment, et sa fille d'honneur se mit à ses pieds sur un carreau.

Il est impossible de *raconter* le portrait de *Madame*, les termes manquent, ou sont d'une concision trop mathématique. Dire qu'alors, âgée de vingt-six ans, *Madame* était dans tout l'éclat de la plus ravissante beauté, ce serait trop et trop peu; car *Madame* n'était pas belle dans l'acception plastique du mot, ses traits manquaient de régularité, sa taille était frêle, son col était mince; mais ces traits, cette taille, ce col gracieux et blanc comme celui d'un cygne, formaient l'ensemble le plus séduisant du monde, et défiaient l'idéalité la plus exquise et la plus poétique.

Le teint de *Madame* était si pur, si transparent, que ses joues semblaient colorées par le reflet d'une rose lorsque l'émotion les venait animer. Ses cheveux châtin clair, d'une finesse extrême, couvraient de leurs boucles de soie son front large et saillant, son joli col, puis retombaient sur ses épaules admirablement blanches, aussi belles, aussi blanches que ses mains, qui savaient presser avec tant d'âme les touches sonores d'un clavecin.

Mais ce qui, surtout, était indicible dans la physionomie de cette princesse, c'était la magique expression de ses grands yeux bleus très-foncés, presque toujours demi-clos, de ce regard charmant et voilé, qui semblait dire à tous avec une langueur si reconnaissante : — Merci de me trouver belle. — Car jamais le désir insurmontable de plaire ne fut plus vif, plus soudain que chez cette princesse.

Les constantes habitudes de galanterie de *Madame* ne naissaient pas d'une coquetterie vulgaire, de cette cruelle vanité d'un cœur sec qui ne cherche à séduire que pour blesser. Ce n'était pas non plus la provocation hardie d'une organisation fougueuse, ou les avances libertines d'une maturité précoce ; non, la galanterie fut plutôt chez *Madame* l'impérieux besoin d'une de ces natures singulièrement tendres et rêveuses, mais frêles, irritables, maladives, qui adorent surtout de se bercer à de douces paroles d'amour, qui éprouvent des voluptés profondes et infinies au faible et gracieux murmure d'une voix aimée, et dont ce platonicisme, quelque peu matérialisé, satisferait les sens délicats, si l'espoir de fixer ou de retenir un amant adoré, ne leur imposait parfois un plus grand dévoûment !

Henriette d'Angleterre était encore une de ces femmes rares qui savent pour ainsi dire mettre si parfaitement *à leur air*, leur existence présente et passée, qu'il devient comme impossible de croire qu'il en ait jamais pu être autrement, tant leur vie paraît toujours logique, conséquente. En un mot, tant elle leur *va bien*.

Voyez *Madame*, grandeur royale, tendres erreurs, malheurs affreux, tout lui sied ; ses fleurons la parent, l'amour l'embellit, sa mort l'absout. Dans sa première jeunesse, Henriette d'Angleterre, fille et sœur de rois, est-elle pauvre, a-t-elle faim et froid [1],

---

[1] Le cardinal de Retz dit dans ses Mémoires. « Cinq à six jours avant » que le roi partit de Paris, j'allai voir la reine d'Angleterre que je trouvai » dans la chambre de mademoiselle sa fille. — Vous voyez, monsieur le » cardinal, — me dit la reine, — je viens tenir compagnie à Henriette, la » pauvre enfant n'a pu se lever aujourd'hui faute de bois .. — Le fait est » qu'il y faisait un froid cruel, et que les marchands refusaient de fournir

c'est pour que plus tard, au milieu de sa splendeur future, son esprit charmant apporte une grâce de plus, l'irrésistible séduction du sourire après les larmes.

Oui, pour cette princesse, il semble que tout devait être ainsi que tout a été. Depuis ses effoyables malheurs, jusqu'à ses goûts les plus futiles, tout cela est pour ainsi dire d'une haute et ravissante harmonie.

Oui, il semble qu'elle devait épouser *Monsieur*, mourir d'une mort atroce, pour que ses misères fussent citées en manière d'expiation, à ceux qui lui reprocheraient, hélas! de s'être laissé tant aimer. Comme aussi elle devait préférer la couleur des roses, rosées comme son teint transparent, la fraîche senteur des violettes si jolies dans ses jolis cheveux châtins, préférer encore le demi-jour mystérieux pour chercher rêveuse et penchée sur son clavecin une mélodie triste et douce, lire en secret des lettres passionnées, ou de longs romans de chevalerie qui font battre le cœur, et dire tout bas avec fierté : — Moi aussi, je suis adorée!

Mariée depuis neuf ans avec M. le duc d'Orléans, *Madame* avait vu bien souvent cette union assombrie par des démêlés intérieurs qui devinrent plus vifs encore pendant cette année 1670, au sujet de M. le chevalier de Lorraine[1], qui, à peine âgé de vingt ans, mais beau comme on peint les anges et adoré de *Monsieur*, menait rudement ce prince et était plus absolu chez Son Altesse royale, qu'il n'est décent de le paraître lorsqu'on ne veut point passer pour le maître ou plutôt pour la maîtresse de la maison ; mais après tout, le mystère eût été inutile, car le goût fort italien de *Monsieur* était généralement admis, et le *chevalier de Lorraine* (dit M. de Saint-Simon), *en vrai Guisard, qui ne rougit de rien, en tirait de grosses sommes et établissait partout là ses créatures.*

M. de Lorraine, non content de dominer *Monsieur*, voulut faire peser aussi cette domination sur *Madame*, et jouer le rôle

» la maison de Sa Majesté, le cardinal ayant, depuis six mois, négligé de
» payer la pension de la reine-mère. »

[1] Voir plus bas une lettre toute en faveur de M. le chevalier de Lorraine, écrite à Louis XIV par le général de l'ordre des Jésuites, le R. P. Oliva.

assez étrange d'une maîtresse déclarée qui jalouse et insulte l'épouse légitime; il alla donc jusqu'à se permettre quelques insolences et brutalités envers la princesse; malheureusement pour lui, *Madame*, comme on le verra bientôt, était au comble de sa faveur auprès de Louis XIV; aussi, le roi chassa-t-il M. de Lorraine, au grand désespoir de *Monsieur*, qui pleura, s'emporta, en apprenant la nouvelle de l'exil de son favori, et fit retomber sur *Madame* toute l'aigreur de son chagrin; de là des reproches mutuels qui ravivèrent le souvenir de quelques anciens différends dont on doit rappeler ici succinctement les causes.

En 1660, peu de temps avant son mariage avec *Monsieur*, Henriette d'Angleterre avait accompagné à Londres la reine sa mère; ce fut là que M. le duc de Buckingham vit cette jeune princesse pour la première fois, et qu'il en devint si éperdument et si ouvertement épris, que, n'eût été l'indulgence de la reine-mère, causée peut-être par le souvenir du violent amour que le père du duc avait aussi ressenti pour elle-même, on eût interdit la France à M. de Buckingham, surtout après l'incroyable sortie qu'il osa faire à l'amiral d'Angleterre, au sujet des soins que ce dernier avait eus pendant la traversée pour la sœur du roi son maître; néanmoins, le duc suivit la princesse à Paris, assista à son mariage avec *Monsieur*, fit encore mille extravagances, et finit par se faire renvoyer à Londres.

Le duc était alors un des hommes les plus brillants et les plus recherchés de la cour d'Angleterre; sa beauté, sa bravoure et sa magnificence singulière joint à beaucoup de grâces naturelles et à un tour d'esprit naturellement caustique et particulier, rendait la présence du duc déjà fort pesante à *Monsieur*; mais quelques folies, envenimées sans doute par la médisance, l'apparente familiarité de *Madame*, qui d'habitude ne parlait jamais qu'anglais au duc, et cela devant une cour où presque personne n'entendait cette langue, enfin de misérables indiscrétions de laquais, firent éclater *Monsieur*, et, ainsi qu'on l'a dit, M. de Buckingham retourna en Angleterre, plus amoureux que jamais.

Tel fut le premier grief, ou chagrin jaloux, souvent et fort aigrement reproché à *Madame* par *Monsieur*, de qui, pourtant, elle devait, en matière d'amour, redouter plutôt la rivalité que la jalousie.

M. de Buckingham parti, la cour de France séjourna quelque temps encore soit à Paris, soit à Saint-Germain, et s'en alla passer l'été à Fontainebleau.

Louis XIV s'était d'abord à peu près opposé au mariage de son frère avec *Madame*, témoignant presque de l'aversion pour elle, et allant jusqu'à dire grossièrement à *Monsieur* : — Vous allez donc épouser les os des Saints-Innocents ? — voulant par là faire allusion à ce que *Madame*, presque enfant, était alors fort maigre ; mais lors de ce voyage de Fontainebleau, dont on vient de parler, le roi parut revenir de l'opinion qu'il avait de *Madame*, et s'attacher fort à elle, au second grand chagrin de *Monsieur*, qui se plaignit amèrement, à la reine de France, sa mère.

Mais ces plaintes furent des plus vaines, car Louis XIV commençait de suivre, comme il continua toujours depuis, sa ligne de plaisir incestueuse, adultère ou simplement criminelle, avec cette impitoyable sérénité qu'on lui sait, se faisant avant tout un devoir sacré, une règle invariable de conduite, de ne s'inquiéter jamais du bon ou mauvais vouloir des intéressés.

Ainsi donc, *Monsieur*, furieux et jaloux, rageait à damner son âme, tandis que le roi son frère s'affolait de plus en plus de *Madame*, qui disposait en véritable reine des divertissements de Fontainebleau.

Qu'on se figure cette cour jeune, voluptueuse et dorée, de mœurs alors plus que faciles, d'un langage au moins érotique, éparpillée comme les fleurs d'un bouquet sous les ombrages frais de ce beau parc, émaillant le gazon vert de ses eaux vives... C'était pendant le cœur de l'été... *Madame*, suivie de ses dames, s'en allait baigner tous les jours : on partait en carrosse à cause de la chaleur... et le soleil couché on revenait à cheval. Qu'on se figure *Madame*, alors âgée de dix-huit ans, coquettement vêtue d'un étroit justaucorps bleu à longue jupe, ayant sur la tête un large feutre gris à plumes blanches et bleues, qui laissait échapper les grosses boucles de ses cheveux châtins, dont le réseau soyeux, cachait parfois son regard brillant de jeunesse et d'amour... La voyez-vous fouler ces vertes pelouses, côtoyer ce riant canal, et chevaucher avec grâce sur sa belle haquenée blanche dont la housse de velours est brodée d'argent ; et puis à côté, tout près d'elle, murmurant à son oreille je ne sais quelles douces paroles,

Louis XIV à vingt ans, Louis XIV, beau, splendide, empanaché, rayonnant, à l'écharpe flottante aux couleurs de sa souveraine, et qui pressait de ses éperons d'or son cheval noir et plein de feu !

Ensuite, loin, discrètement loin, derrière le roi et *Madame*, venait comme un océan de plumes et de rubans, venait toute cette jeune cour, étincelante et folle, joyeuse et hardie ; tout cela à cheval, tout cela généralement aussi amants et maîtresses, tout cela se disant, comme le maître, dans l'ivresse des beaux ans et de l'avenir : — Amour ardent, joies défendues, c'est le bonheur.

Mais que dire aussi de la figure de *Monsieur*, qui devenait souvent livide de rage, malgré le fard dont il couvrait imperceptiblement ses joues ; lorsque, à la tête de cette longue et fringante cavalcade qu'il épiait de loin, il voyait *Madame* et le roi arrivant au château, le regard tendre, animé, et que soutenant avec amour la taille flexible de sa royale belle-sœur qui le payait d'un charmant sourire, Louis XIV, tête nue, jetant son feutre à ses pieds, aidait *Madame* à descendre de sa haquenée.

Alors *Monsieur* se dépitait, rabrouait souvent *Madame*, se montrait haut et froid avec le roi, qui ne s'en apercevait pas, et le train des plaisirs de la cour n'était pas interrompu pour cela. *Monsieur* aurait au moins pu, par sa présence au milieu de ces parties, se rendre fort incommode ; mais bien que d'une bravoure reconnue, il abhorrait l'exercice du cheval, et préférait se venger en passant les heures à s'ajuster, à se parfumer, et souvent aussi à s'habiller en femme pour entendre avec plus d'illusion les galanteries délicates de ses favoris.

Ce n'était pas tout ; quand le soir épandait la fraîcheur et le mystère sous ces sombres voûtes de feuillage ; après souper, toute cette jeune cour amoureuse, les joues plus animées, l'œil plus ardent, reprenait son essor, et, comme une nuée de papillons de nuit, allait s'abattre dans l'ombre des allées, sur les bords du canal limpide où tremblaient les étoiles ; tandis que les musiciens du roi, placés près d'un grand parterre rempli de fleurs, jouaient en sourdine les airs de *Lulli*, de sorte que la brise apportait çà et là comme des bouffées de parfums et d'harmonie.

Puis, enfin, après ces longues et solitaires promenades des

couples heureux, venait le médianoche, cette délicieuse importation italienne qui réunissait de nouveau toute la cour, jusqu'à ce que l'aube naissante fît pâlir les bougies roses des lustres d'or. Alors on se séparait entre un souvenir et une espérance, pour aller attendre dans un doux et frais sommeil que la chaleur accablante du lendemain fût passée, afin de reprendre encore cette folle et joyeuse vie.

Or, on a dit que, grâce à Louis XIV, *Monsieur* en était à son deuxième chagrin jaloux, lorsque le hasard, le destin, ou plutôt sa propre outrecuidance, lui suscitèrent le troisième que voici.

On sait que *Monsieur*, fort contraint avec le roi, se laissait aller à de terribles emportements contre *Madame*, et à des plaintes sans fin avec la reine sa mère. Emportements et plaintes ne pouvant rien contre l'imperturbable égoïsme de Louis XIV, Anne d'Autriche et *Monsieur* s'imaginèrent un jour de remplacer *Madame* dans le cœur du roi, en attirant les regards de Louis sur mesdemoiselles de Pons, de Chemerault et de La Vallière, toutes trois filles d'honneur de *Madame*, toutes trois jeunes et charmantes. Le manége réussit : Louis XIV remarqua le joli trio, et sans pour cela se détacher entièrement de *Madame*, il galantisa ses filles d'honneur, et commença par les choisir toutes trois, le grand, l'incroyable, l'incomparable roi qu'il était... Puis, peu à peu, les astres de mesdemoiselles de Pons et de Chemerault pâlirent. *Madame* se piqua, et la douce et naïve La Vallière régna bientôt en souveraine.

La douce et naïve La Vallière étant encore au couvent, et ne pensant guère à être jamais honorée des bontés de son roi, avait extrêmement aimé un certain Braguelone, amour que la royale et hautaine jalousie de Louis XIV, reprocha souvent, hélas! avec dureté à la douce La Vallière, tant cette pensée du Braguelone, aimé avant lui, importunait l'altier souverain.

Après le Braguelone, et toujours avant que d'être distinguée par le grand roi, mademoiselle de La Vallière, plus douce et plus naïve que jamais, arrivant à la cour, ignorant ses usages, toute timide, tout effarouchée, s'était ingénument laissé aimer par M. le comte de Guiche, un des hommes les mieux faits, les plus magnifiques, les plus spirituels et les plus braves de cette cour, si brave, si magnifique et si spirituelle.

La conversion du roi à mademoiselle de La Vallière fit donc deux délaissés : *Madame* et M. le comte de Guiche.

Sans répéter des détails avérés et authentiques contenus dans tous les mémoires du temps, qu'il suffise de dire que *Madame* parut être pitoyable à la profonde passion de M. le comte de Guiche; qu'une des filles d'honneur de *Madame*, appelée Montalais, ajusta bien des empêchements, et que M. le comte de Guiche, tantôt déguisé en diseuse de bonne aventure, tantôt en laquais, fut assez heureux pour pouvoir quelquefois, et en particulier, entretenir *Madame* de son respectueux amour, tant et si respectueusement, qu'on fut un jour obligé de le cacher dans une cheminée, une autre fois dans une armoire, parce que *Monsieur* rentrait fort indiscrètement; enfin la médisance s'en mêla. Le prince eut quelques soupçons, et fit sentir durement au comte de Guiche qu'il ne lui était plus agréable. Ce dernier, fort amoureux et peu patient, s'oublia, rompit sa gourmette, et traita cavalièrement *Monsieur*, de gentilhomme à gentilhomme.

Monsieur, qui, plus que personne, savait en public garder la dignité de son rang, se plaignit fièrement au roi; le roi, bien que toujours porté d'inclination pour *Madame*, fit venir M. le maréchal de Grammont, lui parla de la hardiesse inouïe de M. son fils, et lui conseilla de l'envoyer en Hollande, où M. de Guiche alla en effet; et où il se battit bravement, comme plus tard en Pologne, et partout ailleurs.

Voilà donc pour le troisième chagrin jaloux de *Monsieur*. Disons un mot du quatrième.

En ce même temps-là brillait aussi à la cour de France M. le marquis de Vuardes, homme d'un esprit, d'un manége et d'une adresse à passer toute créance, ami intime de M. le comte de Guiche, aussi beau que lui, un peu plus jeune, mais bien plus corrompu.

Le comte lui confia tout en partant, et le supplia, les larmes aux yeux, d'être son confident auprès de *Madame*, et de lui remettre ses lettres. M. de Vuardes promit tout, et devint ainsi maître d'un secret important. La continuelle familiarité que lui assurait cette position auprès de *Madame*, l'enhardit; il osa aimer, dire qu'il aimait; on ne le chassa point, au contraire, aussi en vint-il bientôt à de telles impertinences, qu'il osait donner à

Madame des rendez-vous à Chaillot, où il ne se trouvait pas ; restant, par je ne sais quel raffinement d'insolence, à passer son temps en extrêmement mauvaise compagnie pendant que *Madame* l'attendait.

La conséquence de tout ceci fut que Vuardes, toujours aimé malgré ou à cause de ses dédains, brouilla d'abord sans retour M. de Guiche et *Madame*, puis qu'il fit évincer aussi Mgr. l'archevêque de Sens, M. de Marsillac, et M. d'Armagnac, qui s'étaient déclarés ouvertement épris de la princesse, et qu'il sut même altérer l'affection sincère qui avait jusque-là subsisté entre *Madame* et le roi ; malheureusement la furieuse jalousie de madame de Soissons, qui se vit sacrifiée à *Madame* par M. de Vuardes, vint tout gâter ; voulant se venger de son amant, au risque de se perdre elle-même, elle apprit au roi que certaine lettre espagnole, écrite à la reine pour lui dévoiler les amours adultères de son royal époux, était de Vuardes, du comte de Guiche, de mademoiselle Montalais [1] et d'elle-même. Louis XIV furieux chassa Montalais et envoya M. de Vuardes en exil.

Que dire de plus ? ainsi se termina le quatrième chagrin de *Monsieur*, qui fut sur le point de se laisser aller à en éprouver un cinquième, au commencement de cette année 1670, à propos de la récente venue de M. le duc de Montmouth, fils naturel de Charles II, et cela, parce que *Madame* eut pour son neveu, doué d'ailleurs d'une surprenante beauté, les attentions et les familiarités que la parenté autorisait. *Monsieur*, donc, prit de l'ombrage, et le duc de Montmouth ne resta que peu de temps à la cour de France.

Ces détails bien abrégés sont nécessaires ; pourquoi ? Parce qu'en cette même année 1670, *Madame* remplit un grand rôle politique ; parce que ce fut pour ainsi dire grâce à elle et par elle que s'accomplit un des plus grands faits historiques du dix-septième siècle, vu ses incroyables conséquences ; en un mot, L'ALLIANCE DU ROI CHARLES II AVEC LOUIS XIV, CONTRE LES PROVINCES-UNIES.

Or, j'estime qu'il est toujours bon pour l'histoire de mention-

---

[1] On sait que c'est aussi à propos de cette lettre, dont les auteurs firent adroitement soupçonner M. et madame de Navailles, que ce couple, exemple de vertus et d'honnêteté, fut chassé de la cour et exilé.

ner les antécédents de ceux qui ont eu un rôle aussi important dans les affaires d'une époque.

Nous avons laissé *Madame* assise dans son oratoire, et mademoiselle de Keroualle à ses pieds. Jamais peut-être *Madame* n'avait été plus jolie; l'animation qui suit toujours le bain avait coloré ses joues de l'incarnat le plus vif, et ses beaux cheveux dénoués couvraient ses épaules et sa gorge d'albâtre, qu'une espèce de long peignoir blanc laissait entrevoir.

— Mon Dieu! Louise, — dit *Madame* à sa fille d'honneur, d'une voix ravissante de douceur et du timbre le plus gracieux; — mon Dieu! quel charmant soleil il fait aujourd'hui! que ce jour est beau! quelle joie de revoir le printemps et de l'avoir pour compagnon dans notre voyage! Dans ce cher voyage de Douvres, où, après tant de traverses et de difficultés vaincues, je pourrai enfin revoir Charles, *the friend of my childhood, my own beloved brother, so rough in appearance, so kind at heart* (l'ami de mon enfance, mon frère chéri, si rude en apparence et d'un cœur si bon).

Madame avait les larmes aux yeux en prononçant, avec une expression de tendresse impossible à rendre, ces derniers mots en anglais, selon son habitude de dire parfois quelques phrases de cette langue à mademoiselle de Keroualle, qui l'entendait assez.

— Votre Altesse n'a-t-elle pas vu Sa Majesté à Douvres, pour la dernière fois, en 1660?

— Hélas! oui, Louise...; cette même année où M. de Buckingham, qui était venu à Douvres avec mon frère, fit, pour me suivre cette folie de s'embarquer tout à coup pour la France, sans équipage, sans un seul de ses gens, n'ayant amené personne avec lui; car alors, M. de Buckingham... — Et *Madame*, sans achever sa phrase, resta un moment pensive. Puis, elle ajouta d'un ton assez railleur: — Car alors, M. de Buckingham n'était pas comme aujourd'hui, un homme d'état, un profond politique, c'était simplement un fou des plus gracieux et des plus charmants.

— En effet, Madame, milord Godolphin, que j'ai vu hier, m'a dit que M. le duc de Buckingham, bien que toujours un des plus brillants seigneurs de la cour de Sa Majesté le roi Charles, s'occupait fort d'affaires d'état.

— Oui, c'est maintenant un fou sérieux... et je ne sais trop s'il a beaucoup gagné à se mêler d'affaires d'état, ou plutôt si les affaires d'état y ont beaucoup gagné... Enfin, je saurai cela bientôt. Mais tu souris, Louise...

— Que Votre Altesse m'excuse.

— Non, voyons, dis-moi ce qui te fait sourire.

— Mon Dieu ! Madame, Votre Altesse sera-t-elle assez bonne pour pardonner à la franchise d'une pauvre Bretonne, tout fraîchement débarquée de ses bruyères ; mais ce grand mot *affaire d'état*, grave et guindé comme un Espagnol du vieux temps, m'a toujours fait penser à Crispin[1].

— Comment, à Crispin ? Louise, et pourquoi cela, à Crispin ?

— Votre Altesse ne trouve-t-elle pas que rien n'est plus sérieux que l'habit tout noir de Crispin, et que pourtant rien n'est plus fou, plus gai, plus rusé, plus souple que son esprit ? Eh bien ! que Votre Altesse me pardonne cette liberté ; mais je pense qu'il en est ainsi des affaires d'état. En un mot, que rien ne paraît plus grave à l'abord, et que souvent rien n'est plus fou ; mais j'abuse des bontés de Votre Altesse.

— Non, non, Louise, continue...

— Ne semble-t-il pas encore à Votre Altesse que toute espèce de négociation n'a jamais que deux buts : celui d'obtenir ce qu'on vous refuse, ou de ne pas accorder ce qu'on vous demande.

— Cela est extrêmement politique, *my beautiful blue eyes with dark long lashes* (mes beaux yeux bleus à longs cils noirs), — dit *Madame*, en passant son joli doigt blanc sur les sourcils de jais de sa fille d'honneur.

— Or, Votre Altesse avouera que pour obtenir il faut plaire, et que pour plaire il faut séduire.

— Encore une maxime digne de La Rochefoucauld, *my coral lips with ivory perles* (mes lèvres de corail avec des perles d'ivoire), continue, ma petite.

— Votre Altesse conviendra encore, que, si obtenir est dif-

---

[1] On sait que mademoiselle de Keroualle, conduite en Angleterre par *Madame*, y devint maîtresse de Charles II, et duchesse de Portsmouth, en 1673, et qu'elle remplit, jusqu'à la fin des jours de ce roi, une mission politique toute favorable aux intérêts de la France.

ficile..., refuser l'est encore plus ! je dis refuser, mais de façon qu'on vous sache pourtant gré d'un refus, comme, par exemple, dire à son amant : Je vous refuse parce que je vous aime trop... De sorte que votre amant vous demeure encore plus enchaîné par ce refus.

— Dites encore, mon joli petit moraliste, *my smiling darling with rosy cheeks and raven locks* (mon ange souriant, aux joues rosées et aux cheveux noirs).

— Or, obtenir sans bassesse et refuser sans aigreur, c'est ce que Crispin, malgré son sérieux, sa fourbe et son habit noir, ne fera jamais : c'est pour cela que les hommes seront toujours les plus détestables ambassadeurs du monde. Qu'en semble à Votre Altesse ?

— Oh ! mon Dieu ! Louise... quelle brusque conclusion ! Et que dirait M. de Lionne s'il t'entendait ?

— Votre Altesse peut être bien sûre que le rusé ministre m'approuverait fort, afin de pouvoir envoyer bien vite, et surtout bien loin, bien loin, mesdames de Lionne et de Cœuvres en *illustre* ambassade, où elles réussiraient singulièrement, j'en suis certaine ; puisque pour réussir il faut séduire. Or, sans aucun doute, ces dames séduiraient de gré ou de force... Quant à refuser, par exemple, je n'oserais en répondre [1].

— Que tu es folle, Louise, et auprès de quelle haute puissance M. de Lionne députerait-il ces deux belles ambassadrices ?

— Mais, ne semble-t-il pas à Votre Altesse que, sans trop présumer de l'incessante activité de ces dames, on pourrait leur confier sûrement la séduction, et par conséquent la réduction de cette assez grosse foule de méchants corsaires turcs, algériens, tunisiens, maroquins, qui sont si hostiles à la France ; et qui sait même si les illustres et infatigables ambassadrices n'auraient pas encore le temps, dans leurs moments perdus, de contracter çà et là des alliances avec quelques princes de Nigritie et de Mauritanie, sans compter bon nombre de petits traités secrets avec une foule de...

— Mais sais-tu bien, Louise, — dit *Madame* en interrom-

[1] On se souvient que la femme et la fille de Lionne étaient de mœurs merveilleusement abandonnées.

pant sa fille d'honneur, et ne pouvant retenir son sourire, — sais-tu bien que Bussy-Rabutin envierait ta malice, et que puisque tu as une diplomatie si avancée, ma jolie Bretonne, fraîchement débarquée de tes bruyères, comme tu dis, j'ai bien envie de prier Sa Majesté de rappeler M. de Croissy, son ambassadeur à Londres, et de t'envoyer comme *séductrice* plénipotentiaire près du très-haut, très-puissant et surtout très-galant monarque que voici.

Et *Madame* montra en souriant, à mademoiselle de Keroualle, un magnifique portrait du roi Charles, peint par Lely, et suspendu en face la fenêtre de l'oratoire, dans un riche cadre, au-dessus d'un clavecin de bois doré.

Les yeux de la malicieuse fille d'honneur suivirent l'indication de *Madame*, puis : — Si j'osais... je demanderais à Votre Altesse, si en vérité le portrait de Sa Majesté d'Angleterre est fort ressemblant ?

— Ce sont bien, si tu le veux, les traits de Charles, Louise ; mais non pas leur expression. En un mot, ce portrait est comme un transparent qui ne serait pas éclairé... Oui, ce n'est pas là son regard à la fois doux et fin; ce n'est pas là surtout son sourire ; *that graceful smile which makes you feel the heart and love you must* (ce sourire si gracieux, qui vous fait sentir la bonté d'un cœur qu'il faut irrésistiblement aimer). Enfin, ce n'est pas là son charme indéfinissable. Aussi, je suis sûre que ses traits te paraissent durs et sévères.

— Durs et sévères ! Mais je me permets d'affirmer à Votre Altesse que je ne les trouve pas tels, bien que la présence de quelque célèbre beauté de la cour d'Angleterre *n'éclaire pas à cette heure le transparent,* si j'ose me servir de l'expression de Votre Altesse.

— Mais au contraire, Louise, regarde donc ! quelle merveille, quel prodige... vois donc ses yeux noirs briller, sa bouche sourire... avec cette bonté gracieuse dont je te parlais... Vois donc ! vois donc ! le transparent s'illumine tout à fait, et c'est vous, ma jolie Bretonne, qui opérez ce prodige. Mon Dieu ! Louise, je crois même qu'il va parler... Oui, oui... il parle... Tiens, l'entends-tu, te dire dans son langage précieux et du bel air : « — Mademoiselle de Keroualle, nous espérons vous voir

» bientôt résider près de notre cœur, comme séductrice pléni-
» potentiaire pour y représenter l'esprit, le charme et la beauté
» des Françaises ; notre chancelier d'amour ; un petit gentil-
» homme nommé Cupidon, mettra bientôt à vos jolis pieds de
» plus amples adorations et de plus humbles soumissions. »

— Très-gracieux, Sire, — dit mademoiselle de Keroualle d'un air de gravité moqueuse, en s'agenouillant avec grâce devant le portrait de Charles, et baissant sa jolie tête de façon qu'on ne vit plus que son col charmant, blanc et rond, où s'attachaient bien bas, bien noirs et bien lisses, ses beaux cheveux de jais.

— Très-gracieux, Sire, le nombre [1] des séductrices ordinaires, extraordinaires, et plénipotentiaires accréditées par Votre Majesté auprès de son royal cœur, pour y représenter les duchesses, les comtesses, les miss, les bourgeoises, les grâces de Terpsichore, les chants de Thalie, la gaieté de Melpomène, l'ivresse d'Érigone, et jusqu'aux noires beautés africaines... ne me permettent pas, Sire, d'espérer qu'il reste pour moi...

A ce moment, on entendit le bruit d'une porte ouverte et fermée avec violence, et des pas précipités qui approchaient de l'oratoire.

Mademoiselle de Keroualle se releva précipitamment d'un air aussi effrayé que *Madame*, qui, croisant à la hâte son peignoir sur son col, dit à sa fille d'honneur :—Dieu du ciel !... Louise, voyez donc, qu'est-ce que cela ?...

Avant que mademoiselle de Keroualle ait pu faire un pas, *Monsieur* était dans l'oratoire, dont il poussa la porte avec autant de violence qu'il avait fermé celle du cabinet.

Monsieur paraissait livide de colère ; sa longue perruque noire poudrée, étalée par devant et tout en désordre, cachait presque ses yeux noirs, grands et fort beaux. Il avait le nez long,

[1] On sait qu'en 1670 le roi Charles avait pour maîtresse en titre : 1° madame la comtesse de Castelmaine, 2° mademoiselle Stewart, 3° mademoiselle Wills, fille d'honneur de la duchesse d'York ; comme passe-temps : 4° Nell-Gwyn, la plus extravagante et la plus folle des courtisanes, qui avait commencé par vendre du poisson et chanter dans les rues ; 5° Miss Davis, célèbre comédienne ; 6° Bell Orkey, fort jolie et espiègle danseuse, et enfin 7° une délicieuse Moresse, nommée Zinga. — Toutes ces fonctions étaient assez généralement *honoraires*.

et ses narines saillantes se dilataient avec force ; il était petit, déjà fort ventru, et avait de longues jambes minces, allongées par les énormes talons de ses souliers; enfin il portait un habit de gros de Tours rose vif avec des rubans verts, partout où il s'en pouvait mettre.

— Sortez, mademoiselle, — dit-il en entrant, et faisant un geste digne et impérieux à mademoiselle de Keroualle, qui obéit sur un signe de tête de *Madame*.

— Maintenant, Monsieur, — dit *Madame* avec beaucoup de calme, — me direz-vous pourquoi vous entrez chez moi ainsi brusquement... et que signifie cette apparence de colère?

— Ce que cela signifie, Madame, — s'écria *Monsieur* en parlant fort vite, avec un imperceptible bégaiement qui lui était particulier ; — cela signifie que je sais tout; que vous n'accompagnerez pas mon frère en Flandre, et que vous n'irez pas en Angleterre ! —

Après avoir dit ces mots, et regardé *Madame* bien en face, *Monsieur* commença de se promener en long et en large dans l'oratoire, s'arrêtant à peine devant le fauteuil de la princesse chaque fois qu'il lui parlait.

Madame répondit avec un sourire un peu forcé : — Comme voilà bien des fois depuis quinze jours, Monsieur, que vous m'accordez et me refusez tour à tour cette faveur de me laisser aller voir mon frère, pendant deux ou trois pauvres jours, vous trouverez bon que je prenne cette imagination d'aujourd'hui comme j'ai pris les autres, c'est-à-dire que je ne m'en inquiète point. Il me sera toujours temps, au moment du départ, de vous savoir bon ou mauvais gré de votre bon ou mauvais vouloir.

— Eh bien, donc! Madame, vous pouvez me savoir à cette heure, et définitivement, fort mauvais gré de mon fort mauvais vouloir; car je vous donne ma parole de prince, que vous ne bougerez d'ici ou de Saint-Cloud, pendant le voyage que va faire le roi mon frère... Ceci est clair et précis, je pense.

— On ne peut plus.... Monsieur.

— Quant à ces prétextes, à ces semblants d'amitié pour votre frère dont vous vous servez pour colorer ce voyage... je les ai pénétrés... et n'en suis pas dupe... car je sais tout... M'entendez-vous, Madame...

— On n'est jamais dupe, en effet, pour me servir de vos termes, Monsieur, des sentiments qu'il est impossible de comprendre, d'éprouver ou d'apprécier.

— Mais, encore une fois, je vous dis que je sais tout... Madame, que je sais tout; ne m'entendez-vous pas ?

— Je ne sais pas ce que vous voulez dire, Monsieur, et vous me permettrez de me retirer, — reprit *Madame,* en retenant une larme qui vint un moment trembler sous ses longs cils. — Vous m'avez signifié votre volonté, cela me suffit.

— Et cela ne me suffit pas à moi, Madame, parce que, même à vos yeux, je n'entends pas passer pour un homme qui agit sans raison. Encore une fois, je sais tout, vous dis-je.

— Mais, Dieu du ciel ! que savez-vous donc enfin ? — s'écria *Madame* avec impatience.

— Eh bien, donc ! je sais, — dit lentement *Monsieur,* qui, ayant repris tout son sang-froid, s'arrêta en face de *Madame,* et attacha sur elle ses yeux pénétrants. — Je sais pour quel but secret et politique vous voulez passer en Angleterre ; je sais ce que le roi mon frère attend de vous en cette occasion ; je sais enfin, Madame, *quels sont les gens* qui accompagneront le roi d'Angleterre à Douvres, où vous désirez aller si instamment : me comprenez-vous à cette heure, Madame, me comprenez-vous ?

Madame resta stupéfaite.

Le but politique de son voyage, auprès de son frère Charles II, n'était connu que d'elle, du roi, de messieurs de Louvois, de Turenne et de Lionne, tous gens d'une sûreté et d'un secret à toute épreuve. Néanmoins elle eut assez d'empire sur elle pour soutenir hardiment le regard inquisitif de *Monsieur*, et répondre avec indifférence :

— Et que savez-vous de plus merveilleux encore, Monsieur, s'il vous plaît ?

Ce sang-froid outra *Monsieur,* qui s'écria en frappant du pied avec furie : — Je sais de plus, Madame, que je suis las de ces confidences réitérées et secrètes entre vous et mon frère. Je sais de plus, qu'il est honteux et intolérable que, non content de me laisser aux yeux de l'Europe dans la plus entière obscurité, le roi mon frère vous ait choisie pour une négociation de cette importance, sans que j'en aie été le moins du monde prévenu; moi, de qui vous dépendez, moi qui peut dire oui ou non à tous ces beaux projets dont on repose l'exécution sur vous. Je sais de plus, Madame, qu'on se défie ou qu'on se joue de moi, et que je suis fatigué de cela. Je sais de plus, Madame, que cet insolent Buckingham sera près du roi son maître, ainsi que votre insipide neveu James[1]. Je sais enfin de plus, Madame, que vous *n'irez pas* malgré moi, mugueter avec les bouffons et les bâtards du roi Charles, et que j'ai déjà trop du scandale de votre conduite avec mon frère, qui pousse en outre l'indignité jusqu'à exiler et chasser mes amis les plus tendres.

— Tenez, Monsieur, je ne saurais en entendre davantage; vous me faites honte et pitié, — dit *Madame* en se levant pour rentrer dans la salle de bain. — J'ai pu patiemment vous laisser insulter moi et mon frère; mais jamais je ne souffrirai qu'en ma présence on ose parler ainsi du roi...

— Oh! ne craignez rien, Madame, je ne vous importunerai pas plus longtemps de mes reproches sur le roi... le roi... — ajouta *Monsieur* avec un accent qui exprimait tout ce que ce prince devait éprouver en ce moment de haine et de jalousie. — Le roi... — répéta-t-il, — je ne m'en suis pas ménagé non plus avec lui tout à l'heure, je vous jure; car avant de venir ici, Madame, j'avais été au Louvre, lui dire nettement que je savais tout, et que vous n'iriez pas en Angleterre pour les desseins que vous savez. Car, souvenez-vous bien encore de ceci, Madame, avant que d'être la sujette de Louis XIV, vous êtes et serez toujours la mienne.

A ces mots, *Monsieur* sortit non moins furieux qu'il était entré, et laissa *Madame* dans un abattement et un chagrin profonds.

Elle entendit presqu'au même instant gratter à la porte du cabinet. — Est-ce vous, Louise? dit la princesse.

— Oui, Madame.

— Entrez donc, mon enfant; mais qu'avez-vous? comme vous êtes agitée...

— Votre Altesse saura que je viens de voir, au bas du petit

---

[1] James, duc de Montmouth, fils naturel de Charles II.

degré dérobé, M. le maréchal de Turenne ; il est pâle, et supplie Votre Altesse de le recevoir, ayant les choses les plus importantes à dire à Votre Altesse, et cela sur l'heure même.

— Mon Dieu ! quel événement nouveau est-ce donc encore ? Fais-le passer par la galerie et entrer ici par le grand cabinet, pendant qu'on va m'habiller... Allons, suis-moi... Ah ! Louise... Louise... j'ai bien souffert déjà... mais, je le vois, je n'ai pas encore porté toutes mes croix. — Et *Madame* sortit.

Peu de temps après, mademoiselle de Keroualle introduisit Turenne dans l'oratoire.

— Tout ce que je puis vous dire, monsieur le maréchal, — dit Louise, qui paraissait continuer une conversation commencée ; — c'est que *Monsieur* sort d'ici, et s'est livré aux plus terribles emportements envers *Madame* : pourquoi ? je l'ignore. Veuillez attendre ici Son Altesse, qui ne tardera pas à venir.

Turenne resta seul.

Le maréchal sortait de chez le roi ; aussi contre ses habitudes d'extrême simplicité, était-il magnifiquement vêtu d'un justaucorps écarlate, brodé d'or et doublé de blanc ; il portait en outre le cordon bleu de l'ordre et sa plaque d'argent à son côté gauche. Sa perruque noire, ordinairement fort courte, était très-longue ; et son épée, ses jarretières ainsi que ses souliers de velours noir, avaient de superbes nœuds de pierreries.

Il était facile de lire, sur la physionomie animée de Turenne, un singulier mélange de colère, de honte et de chagrin ; tantôt il marchait à grands pas, comme s'il eût voulu échapper à un souvenir obsédant, tantôt il s'arrêtait tout à coup, froissait dans ses deux mains son feutre à plumes blanches, et disait à demi-voix :

— L'infâme... le misérable... et elle... elle... quelle bassesse... quel atroce mépris de toute conscience... — Puis il se reprenait à marcher en répétant : — Aussi... à mon âge... de quoi m'avisai-je !... mais aussi, qui pouvait penser... prévoir...

Enfin, après quelque temps de ce monologue du maréchal, coupé çà et là de brusques soupirs et de menaces sourdement adressées, *Madame* parut.

Elle était un peu pâle, et avait une expression de mélancolie qui lui allait à ravir. Sa parure était simple, mais charmante ; une robe de gros de Tours vert-chou, à longue taille et à manches courtes et collantes, garnies, ainsi que le corsage, de bouffettes et de rubans roses. Ses jolis cheveux, ajustés à la Sévigné, formaient deux grosses touffes de chaque côté de sa délicieuse figure, qui tombaient presque sur ses belles épaules blanches; des boucles d'oreilles et une épingle de perles du plus bel orient complétaient cette toilette.

A peine *Madame* avait-elle paru, que le maréchal mit un genou en terre devant elle.

— Eh! mon Dieu, que faites-vous là, mon cher maréchal? dit *Madame*, avec un accent aussi bienveillant que gracieux.

— Hélas! Madame, je suis à ma place, à genoux, à deux genoux, pour supplier Votre Altesse de pardonner à un vieux fou... sa misérable faiblesse.

— De grâce, relevez-vous, et expliquez-vous...

— Eh bien! Madame, j'ai su les emportements de *Monsieur*, je devine à quel sujet, et malheureusement...

— Eh bien?...

— Et malheureusement, Madame, j'en suis la cause, bien involontaire, sans doute, mais j'en suis la cause, — dit Turenne avec une indicible expression de honte et de repentir.

— Vous en êtes la cause, monsieur le maréchal?—dit *Madame*, qui ne pouvait revenir de sa surprise, — et comment cela?

Ici M. de Turenne soupira, parut prendre une résolution qui lui coûtait beaucoup, et dit à voix basse : — Je vois que *Monsieur* n'a pas appris à Votre Altesse que tout le secret du voyage d'Angleterre lui avait été révélé par le chevalier de Lorraine.

— Le chevalier de Lorraine! — s'écria *Madame*, qui tressaillit involontairement à ce nom odieux pour elle; — le chevalier de Lorraine! Mais cet homme est en Italie, où le roi l'a exilé, grâce au ciel.

— Oui, oui, Madame... il est en Italie, lui... mais...

— Achevez, par grâce.

— Mais... madame de Coëtquen est ici... elle... oui elle est ici... maintenant Votre Altesse comprend tout. — Et le bon maréchal ne put retenir un long et profond soupir.

Madame regarda Turenne de l'air du monde le plus naïvement étonné, et dit : — Excusez-moi, monsieur le maréchal;

mais, en vérité, je ne comprends pas. Quel rapport peut avoir madame de Coëtquen à tout ceci...

— C'est vrai... c'est vrai. Oui... que Votre Altesse m'excuse, — dit le maréchal avec un incroyable embarras et baissant les yeux devant *Madame*. — C'est juste... parce que je suis fou... Je pense que tout le monde doit savoir comment et pourquoi je suis fou ; que Votre Altesse me prête donc un moment d'attention. Tout à l'heure après la messe, Sa Majesté m'a fait appeler, et après avoir lui-même fermé la porte de son cabinet : — Monsieur de Turenne, — me dit le roi, en revenant à moi d'un air à la fois bon et sévère, — répondez-moi comme à votre confesseur, ou plutôt comme à votre ami. *Monsieur* sait le secret du voyage d'Angleterre, je suis sûr de moi, de *Madame*, de Lionne et de Louvois ; maintenant... vous... en avez-vous parlé à quelqu'un ?

— Eh bien ! monsieur le maréchal... achevez...

— Eh bien ! Madame, comme je n'ai jamais pu mentir... j'ai embrassé les genoux de Sa Majesté, et je lui ai avoué que j'avais été assez fou, assez ridicule, à mon âge, pour devenir amoureux de madame de Coëtquen, et que voulant qu'elle prît ses mesures pour être du voyage de Flandre, je lui avais annoncé ce voyage, il y a de cela quinze jours ; et que croyant aussi être assez sûr de la discrétion et de la solidité de cette dame, je m'étais presque malgré moi, il est vrai, laissé arracher le secret du voyage de Votre Altesse en Angleterre ; mais je jurai sur l'honneur à Sa Majesté, ce qui est vrai, que je n'en avais dit un mot à toute autre personne qu'à madame de Coëtquen, et que c'était bien infâme et bien indigne à elle de m'être venu trahir ainsi auprès de Sa Majesté. — Eh bien ! donc, monsieur le maréchal, — me dit le roi, — apprenez que madame de Coëtquen vous trompe ; elle écrit tout à M. de Lorraine, son amant, qui, d'Italie, la gouverne comme il la gouvernait ici. M. de Lorraine, à son tour, écrit tout à *Monsieur*, qui est venu ce matin se plaindre à moi que je lui cachais les négociations où j'embarquais *Madame*, et que décidément il s'opposait à son voyage en Angleterre, puisqu'on n'avait pas assez compté sur lui pour le mettre dans la confidence. Maintenant Votre Altesse voit combien je suis coupable, et que c'est véritablement bien moi qui ai été la cause des emportements de *Monsieur*, et du refus qu'il fait maintenant à Votre Altesse de la laisser aller en Angleterre.

— Rassurez-vous, mon cher maréchal, — dit *Madame* avec une grâce infinie ; — s'il faut dans tout ceci haïr, mépriser, ou plutôt plaindre quelqu'un, c'est madame de Coëtquen, qui est assez malheureuse pour avoir oublié tout ce qu'il y avait d'honorable pour elle dans l'affection d'un homme tel que vous... Quant à mon voyage...

On gratta de nouveau à la porte : c'était encore mademoiselle de Kéroualle, qui annonçait M. de Lionne.

— Faites entrer, Louise, — dit *Madame*.

De Lionne entra bientôt, plus pâle, plus usé que jamais par les plaisirs, le travail, et surtout les chagrins domestiques.

Après avoir respectueusement salué *Madame* : — J'apporte une lettre de M. de Croissy, que Sa Majesté m'ordonne de communiquer à Votre Altesse.

— Eh bien ! monsieur de Lionne, Sa Majesté d'Angleterre a-t-elle enfin consenti ?...

— Non, Madame ; et par cette lettre, que je vais avoir l'honneur de lire à Votre Altesse, elle se persuadera, je l'espère, que son voyage en Angleterre devient de plus en plus indispensable aux intérêts de Sa Majesté, dont Votre Altesse a bien voulu s'occuper si efficacement jusqu'ici.

— Nous le pensons comme vous, monsieur de Lionne, moi et M. de Turenne. Mais, hélas ! *Monsieur* vient de m'annoncer formellement qu'il n'y consentirait jamais.

— Que Votre Altesse se rassure, *Monsieur* consentira... Sa Majesté vient de m'en donner sa royale parole.

— Mais vous ignorez donc, de Lionne ; — dit Turenne avec embarras, — que j'ai eu le malheur de...

— Non, non, — dit de Lionne avec son malin sourire, — je sais tout, monsieur le maréchal, je sais tout. Sa Majesté m'a appris que certain vaillant Samson avait trop compté sur certaine Dalila... mais, d'après un avis que je me suis permis de soumettre à Sa Majesté, le roi s'est résolu de notifier à *Monsieur* que s'il s'opposait encore au voyage de Son Altesse, M. le chevalier de Lorraine ne remettrait jamais les pieds en France, que pour être jeté à la Bastille jusqu'à la fin de ses jours, comme coupable d'avoir abusé d'un secret d'état ; et que, s'il le fallait, Sa Majesté obtiendrait même l'extradition de M. de Lorraine, pour le punir de son insolence... J'ose croire que cette menace effraiera assez *Monsieur*, s'il refuse encore de se rendre aux autres raisons que Sa Majesté se propose d'ailleurs de lui faire valoir. Mais que Votre Altesse me donne un moment d'attention, voici la dernière lettre de M. de Croissy.

Et de Lionne s'étant assis sur un pliant, d'après l'invitation de *Madame*, ainsi que M. de Turenne, le ministre tira de son sac et lut la dépêche suivante :

« M. COLBERT AU ROI.

» Sire,

» Toutes les conférences particulières que j'ai eues depuis quelques jours, tant avec le roi d'Angleterre qu'avec M. le duc d'York et le milord Arlington, pour les disposer à agréer la première proposition que je leur ai ci-devant faite, de joindre seulement trente vaisseaux anglais à la flotte que Votre Majesté offre de mettre en mer, n'ayant eu pour conclusion qu'un refus absolu, fondé sur des raisons dont j'ai déjà instruit Votre Majesté, je laisserai tout ce détail, qui me semble fort inutile, pour en venir à ce qui fut dit, vendredi dernier, dans l'assemblée où le roi d'Angleterre, M. le duc d'York, les milords Arlington et Arondel, et M. Cliffort se trouvèrent. Le roi d'Angleterre demanda si Votre Majesté avait vu le mémoire qu'il avait envoyé à *Madame*, contenant les raisons qu'il a de ne point accepter les conditions que j'avais offertes, ni entreprendre la guerre contre la Hollande, sans un secours de trois cent mille livres sterling. Je lui ai dit que je ne doutais pas qu'elle ne l'eût vu, et que les derniers ordres qu'elle m'avait envoyés ne fussent en réponse et dudit mémoire et de ma lettre ; que j'espérais qu'il serait content des subsides qu'elle me donne pouvoir d'accorder et des expédients auxquels elle s'est bien voulu relâcher pour faciliter toutes choses, peut-être au-delà de ce que sa dignité lui pouvait permettre ; mais que si, contre mon attente, les offres que j'avais à lui faire de la part de Votre Majesté ne le contentaient pas, je perdais toute espérance de pouvoir conclure ce traité, étant bien assuré que, quelque désir qu'elle ait d'entrer dans une étroite union avec lui, elle ne pouvait rien faire davantage que ce qu'elle me permettait par sa dernière dépêche; que je l'exposerais dans une conférence, sans aucune réserve, afin qu'il lui plût prendre aussi ses dernières résolutions. Je dis ensuite, qu'encore qu'il eût témoigné être content des subsides que Votre Majesté avait offerts pour la déclaration de la catholicité [1], néanmoins elle m'avait donné pouvoir de les augmenter jusqu'à deux millions de livres tournoises, et de promettre aussi le secours qu'il avait demandé de six mille hommes de pied. Je déclarai aussi que Votre Majesté consentait d'armer quarante vaisseaux, pour joindre à pareil nombre qu'il propose de mettre en mer; qu'elle voulait bien même que M. le duc d'York vînt commander toute la flotte, en prenant commission d'elle pour les vaisseaux de France; bien entendu que, comme il aurait les honneurs du pavillon et des saluts, le vice-amiral qu'elle enverrait aurait la préséance dans les conseils, et celle de la marche, pour son vaisseau et son pavillon, sur le vice-amiral anglais et le vaisseau de ce nom, et que, du reste, il y aurait une entière égalité; que, dans le traité, il serait seulement stipulé que celui dont Votre Majesté et ledit roi feraient choix pour commander la flotte, aurait les honneurs du pavillon et des saluts, et que le vice-amiral de l'autre nation aurait les préséances susdites dans les conseils et dans la marche; que, moyennant cela, Votre Majesté lui donnerait par chacune année, tant que la guerre durera, deux millions de livres tournoises, qui feraient cinq cent mille livres plus qu'elle n'a jamais donné à aucun prince. Quoique les conditions dont je m'étais déjà ouvert au roi, au duc d'York et à milord Arlington, dans les dernières conférences particulières que j'avais eues avec eux, après avoir suffisamment reconnu qu'il me serait impossible de leur faire agréer la propo-

[1] On verra plus bas que Charles II recevait ces deux millions tournois par an, sous le prétexte de rendre plus facile la déclaration qu'il voulait faire afin de rétablir la religion catholique en Angleterre. Charles II savait bien que jamais cette déclaration ne pouvait avoir lieu, puisqu'au contraire, en 73, tous les catholiques furent exclus des emplois publics. On commença par le duc d'York, frère du roi et grand-amiral d'Angleterre. Ce prétexte de catholicité n'était donc qu'un semblant pour gagner plus honnêtement le roi Charles.

sition de la jonction de trente vaisseaux anglais à la flotte de Votre Majesté, leur eussent paru fort raisonnables, et qu'ils m'eussent même dit qu'ils espéraient que nous pourrions bientôt tomber d'accord; que d'ailleurs Sa Majesté Britannique m'eût témoigné être fort satisfaite de ce que je lui ai dit touchant les électeurs de Brandebourg et de Cologne et l'évêque de Munster, et vouloir avoir égard à ce qu'il en coûterait à Votre Majesté, néanmoins je n'ai plus rien trouvé de ces bonnes dispositions particulières dans les assemblées. Le roi d'Angleterre m'a dit que le nombre de quatre-vingts vaisseaux ne suffirait pas pour battre les Hollandais; que si Votre Majesté n'en arme que quarante, il faudra qu'il en mette au moins cinquante en mer, et chacun dix brûlots; qu'il sera obligé d'envoyer encore des vaisseaux dans l'Orient et dans l'Occident pour assurer le commerce de ses sujets; qu'ainsi cette guerre lui causerait de très-grandes dépenses qu'il ne pourrait pas soutenir sans le secours de trois cent mille livres sterling, à moins que son parlement ne lui en fournît des moyens extraordinaires; mais que, si elle voulait se contenter de la proposition qu'il a faite à *Madame*, de demeurer la première année de cette guerre en neutralité, il donnerait sous main, à Votre Majesté, toute l'assistance qui lui serait possible, se désisterait, comme il serait très-juste, du partage qu'il avait demandé dans les conquêtes. Je lui répondis que, dans tous les mémoires qui avaient été présentés de part et d'autre pour parvenir à l'étroite union que Votre Majesté et lui témoignent désirer avec ardeur, je voyais qu'on était convenu de composer ce traité de deux principales obligations, par l'une desquelles Votre Majesté demeurerait d'accord de l'appuyer et de l'assister d'argent et de troupes pour l'exécution du dessein qu'il a de se déclarer catholique; et par l'autre, il voudrait bien entrer aussi dans celui que Votre Majesté a d'abattre la puissance de Hollande; que c'étaient là les deux points capitaux et essentiels sur lesquels devaient être fondé ce traité, que je m'en étais toujours expliqué de même à milord Arlington, lorsqu'il avait proposé quelque changement au second; Votre Majesté satisfaisait pleinement au premier, et au-delà même de ce qu'on en attendait; qu'elle lui facilite le second, premièrement en surmontant des obstacles qui paraissaient invincibles par une condescendance plus grande qu'il ne pouvait vraisemblablement espérer, et, en second lieu, par des subsides plus hauts que Votre Majesté n'en avait jamais donnés à aucun autre prince; mais qu'assurément elle ne donnerait jamais les mains à aucune proposition qui tende à se départir de ce second point; qu'au reste, ce n'était pas à moi d'entrer dans ce détail des dépenses de la marine d'Angleterre, mais qu'on ne me persuaderait jamais qu'avec ce fonds ordinaire qu'il fait pour l'armement de trente vaisseaux, et ce secours que Votre Majesté offre, il ne puisse pas en armer cinquante pour la guerre contre la Hollande : outre que, selon toutes les apparences, le parlement lui donnerait encore des moyens extraordinaires; que cependant, comme je vois bien que cette conférence pourrait rompre ou achever heureusement cette négociation, je ne croyais pas devoir rien réserver de tout le pouvoir que Votre Majesté me donnait; et ensuite je lui exposai ce second expédient, auquel Votre Majesté m'a permis de consentir : qui est de donner deux millions cinq cent mille livres tournoises, en cas que Sa Majesté Britannique armât cinquante vaisseaux et se contente de trente que Votre Majesté offre d'y joindre, aux mêmes conditions, à l'égard du commandement et de la préséance de son vice-amiral, que j'avais dit sur la première proposition. J'ajoutai que, pour une guerre dont l'heureux succès était presque certain et devait apporter tant d'avantage audit roi et à son royaume, soit par la part qu'il aurait dans les conquêtes ou par l'augmentation du commerce de ses sujets, il ne fallait examiner si exactement les dépenses de la marine présentes et à venir, en sorte qu'on y comprenne la consommation du corps des vaisseaux et des agrès et apparaux, puisqu'on ne les sentirait peut-être qu'après que la guerre serait entièrement achevée, et que la gloire que Sa Majesté Britannique y aurait acquise aurait disposé son parlement à remplacer abondamment ce qu'il y aurait employé; qu'ainsi, s'il voulait réduire son calcul à ce que monterait la solde et avituaillement de sa flotte, il trouverait que ce subside que Votre Majesté lui donne, joint au fonds ordinaire de la marine, est plus que suffisant pour cette guerre. Le roi me répondit seulement, que, comme les affaires qui se devaient traiter dans son parlement l'occupaient fort ce jour-là, il fallait remettre cette conférence à un autre temps, et que cependant, si je voulais bien donner par écrit mes propositions à milord Arlington, on verrait tout ce qui s'y pourrait faire.

» J'avoue, Sire, que comme il m'a paru dans cet entretien, beaucoup de réserve en faveur des Hollandais, je n'ai pas cru les devoir donner par écrit, de crainte que si nous ne pouvions pas tomber d'accord des conditions de ce traité, on ne s'en puisse servir quelque jour au préjudice des intérêts de Votre Majesté. Cette considération m'obligea de dire que je les répéterais encore à milord Arlington, et que lorsque l'une des deux serait admise, nous concerterions ensemble de quelle manière elles devraient être dressées et couchées par écrit ; et le roi s'étant retiré, je le redis encore une fois à milord Arlington, qui me témoigna en être content, et me dit qu'il me ferait savoir le jour que le roi d'Angleterre aurait pris pour une plus ample conférence. Depuis ce temps-là, les affaires du parlement ont entièrement occupé le roi, M. le duc d'York et milord Arlington, et leurs soins ont produit l'heureux succès dont j'ai informé Votre Majesté, mais un effet contraire pour celles que j'ai à négocier, sur lesquelles Sa Majesté Britannique ni milord Arlington ne m'ont rien fait espérer de bon ; et dans le temps que je m'attendais à une conférence que le roi même m'avait promise, me priant de différer jusqu'à l'envoi du courrier, j'ai reçu le billet ci-joint de ce ministre, par lequel il m'apprend que le roi, son maître, a écrit à *Madame* pour disposer Votre Majesté à faire quelque chose de plus que ce qu'elle m'a permis, et qu'il est inutile de s'assembler jusques à ce que nous ayons la réponse, et comme il ne doute point que Votre Majesté ne soit en peine de n'avoir aucune lettre de moi sur toute cette affaire, j'ai cru lui devoir envoyer ce courrier en toute diligence. Je me flatte encore de quelque espérance que le roi d'Angleterre aura donné pouvoir à *Madame* de conclure cette affaire avec Votre Majesté. Et, en effet, si ses intentions sont bonnes, il se peut et doit contenter des offres que je lui ai faites de la part de Votre Majesté : car elle verra, par le mémoire ci-joint que j'ai extrait sur l'état du dernier armement qui a été fait contre les Hollandais, que celui de cinquante vaisseaux des rangs que le roi d'Angleterre propose, dont le moindre serait armé de quarante pièces de canon, ne reviendrait sur le pied de trois livres seize schelings sterling, qu'il prétend que coûte, par mois, chaque homme, compris toute sorte de dépense, tant de solde et victuaillement, que de consommation de vaisseaux et munitions, qu'à la somme de quarante-six mille et tant de livres sterling, et, pour huit mois de l'année, à trois cent soixante et six mille; de sorte qu'il ne peut avoir aucune raison valable de refuser les expédients que j'ai offerts de la part de Votre Majesté; et s'il y persiste par la lettre qu'il a écrite à *Madame*, on peut conclure qu'on n'a ici aucune envie de faire la guerre aux Hollandais.

» J'attendrai de nouveaux ordres de Votre Majesté, et suis, avec un profond respect et toute la soumission que je dois, etc.,

» COLBERT.[1] »

Cette lecture terminée, M. de Lionne dit à *Madame* : — Ne semble-t-il pas à Votre Altesse que sa présence devient de plus en plus indispensable en Angleterre.

— Sans doute, sans doute, monsieur, et, en vérité, le roi, mon frère, ne me paraît pas fondé dans cette demande d'augmentation de subsides, car je lui ai encore écrit hier que le roi de France ne pouvait rien donner de plus.

Mais alors à quoi Votre Altesse attribue-t-elle l'indécision de S. M. le roi Charles?

— Eh, mon Dieu! à l'irrésolution habituelle de son caractère, il cherche à temporiser, et est charmé de trouver un prétexte pour ne se pas déclarer, et puis je crois aussi qu'il redoute son parlement.

— Mais, dit de Lionne, le roi n'offre-t-il pas à S. M. d'Angleterre un renfort de six mille hommes de troupes pour raisonner ces criards des communes?

— Sans doute; mais cela est bien grave, et de là, les irrésolutions du roi Charles, — dit *Madame*. —

— Et pourtant, nul doute, — reprit Turenne, — que Votre Altesse ne puisse lever à l'instant ces difficultés.

— Je le désire comme vous, monsieur le maréchal, et, sans trop m'exagérer l'influence de ma tendresse sur mon frère, je pourrais espérer quelque succès de notre entrevue.

[1] *Archives des Aff. étr.* — Angleterre, 1672.

— Votre Altesse me permettra-t-elle de lui demander si elle compte toujours emmener avec elle mademoiselle de Keroualle, ainsi qu'on l'avait conseillé, de delà.

— Sans aucun doute, monsieur, — dit *Madame* en souriant.

— Alors donc, si j'en crois ma vieille expérience qui m'a rarement trompé, Votre Altesse peut dire d'avance avec fierté : j'ai conclu et assuré l'alliance des deux plus grands rois de l'Europe.

— Que le ciel vous entende, monsieur de Lionne ! — dit *Madame*.

— Et comment ne m'entendrait-il pas, Madame, — répondit de Lionne avec ce sourire ironique qu'on lui sait, — n'est-ce pas pour raviver en Angleterre le catholicisme éteint qu'un roi très-chrétien propose cette étroite alliance à un roi défenseur de la foi ! Que votre Altesse veuille bien me croire, Dieu ne peut manquer d'exaucer certainement des visées aussi chrétiennes.

Puis *Madame*, ayant congédié le ministre et le maréchal, rentra dans son appartement.

Au moment de le quitter pour entrer dans sa chaise, de Lionne arrêta Turenne, et le regardant fixement, lui dit d'un air comiquement sérieux ? — Monsieur le maréchal, vous êtes le plus grand capitaine des temps modernes, vous connaissez mieux que pas un le manége des cours; depuis que je rôtis le balai, je suis devenu un pas trop mal habile négociateur ; je sais aussi bien qu'un autre trouver *la monnoye de chacun*, depuis les plus corrompus jusqu'aux plus incorruptibles de ce siècle (je ne parle pas de MM. de Witt qui, à l'heure qu'il est, vivent du temps des anciens Romains) ; M. de Croissy ne nous le cède en rien sur beaucoup de points. Eh bien ! ni vous, ni moi, ni M. de Croissy, n'avons pu faire réussir ce que *Madame*, assistée de la Keroualle[1], et de bonnes lettres de change, va emporter d'emblée, je le parie.

— Cela est pourtant bien possible, de Lionne.

---

[1] On voit, par une des innombrables chansons du temps, que mademoiselle de Keroualle pouvait remplir à merveille et sans scrupule l'amoureuse

— Comment ! possible... monsieur le maréchal ! possible ! dites donc certain. Et, comme je le disais, il y a un an, à propos de cette même affaire-ci au bonhomme Ruvigny : Voulez-vous voir et savoir la cause de la chute, de l'asservissement ou de l'agrandissement de bien des empires ?

— Eh bien ! de Lionne.

— Eh bien ! monsieur le maréchal, puisque vous savez l'espagnol : *Levante usted la basquiña*, et vous saurez et verrez cette cause-là. Est-ce vrai ?...

— Si cela est vrai ! — s'écria Turenne en rougissant, — aussi vrai que madame de Coëtquen est la plus éhontée de toutes les.... coquettes.

— La plus éhontée de toutes ! ah ! monsieur le maréchal, monsieur le maréchal ! vous êtes cruellement injuste envers madame de Lionne [1], — dit le ministre avec un indicible accent de profonde amertume et de raillerie désespérée,

Et le ministre et le maréchal se séparèrent.

mission qui lui était destinée. Cette chanson, de 1669, et dont nous supprimons une moitié d'un vers extrêmement cynique, est intitulé de la sorte :
Chanson sur l'air des *Mais*, 1669, sur Louise-Renée de Penankoët, appelée mademoiselle de Keroualle, fille d'honneur de madame Henriette-Anne d'Angleterre, première femme de Philippe de France, duc d'Orléans.

    Chapelle dit à Keroual, sa cousine.
    Monsieur Le Grand (a), il a fort bonne mine,
        Mais,
    Il a trop. . . . .
    Ne vous en servez jamais.

[1] Cette autre chanson est relative à madame de Lionne et à sa fille, madame la marquise de Cœuvres.

Chanson sur l'air des *Feuillantines*, sur Paule Payen, femme de Hugues de Lionne, ministre et secrétaire d'état, que son mari fut à la fin obligé de faire enfermer, et sur Madeleine de Lionne, marquise de Cœuvres, leur fille (b).

Les intrigues de l'amour,
  A la cour,
Sont la cause du séjour,
Que fait la pauvre Lionne,
Dans une maison de nonnes.

Son mari depuis trente ans,
  Patient,
Lui permettait ses galants;
Mais les amours de sa fille,
Ont échauffé la famille.

(a) Louis de Lorraine, comte d'Armagnac.
(b) Cette chanson est accompagnée de cette note : — M. Lionne, finissant par

CHAPITRE IX.

Lettre de M. de Croissy, ambassadeur de France en Angleterre. — Lettre de Louis XIV. — Mademoiselle de Keroualle est présentée à Charles II. — Conversation de Madame la duchesse d'Orléans et de Charles II. — Il se décide enfin à signer le traité secret avec Louis XIV, relatif à l'invasion de la Hollande. — Texte de ce traité. — Retour de *Madame* en France. — Sa mort, le jour même de l'échange des ratifications du traité. — Fragments de l'oraison funèbre prononcée par Bossuet sur la mort de cette princesse.

Une lettre de M. Colbert de Croissy au roi parle de la sorte du voyage que fit Charles II pour venir à Douvres au-devant de *Madame*, qui avait enfin obtenu de *Monsieur* la permission de passer en Angleterre.

« Douvres, 27 mai 1770. [1]

» Sire,

» Le roi d'Angleterre s'embarqua samedi dernier, sur le soir, en dessein d'aller aux dunes, et de là même en pleine mer, à la rencontre de *Madame*, aussitôt qu'on verrait le vaisseau qui la porterait, nonobstant toutes les remontrances qui lui furent faites par les principaux de sa cour pour le détourner d'exposer sa personne en mer. Ceux de son conseil lui représentèrent aussi que

Il est vrai qu'on est surpris	Sans profit, je me repens,
A Paris,	Car je mens,
Qu'une mère ait entrepris	Ce n'est pas profit d'argent,
D'être sans profit pour elle,	Mais. . . . .
De sa fille M.	. . . .

(*Recueil de chansons, sonnets,* etc. Vol. III. *Bibl. royale, mss.*)

[1] *Archives des Aff. étr.* — Angleterre, 1672.

être outré de toutes les galanteries de sa femme et de sa fille, supplia le roi de lui donner une lettre de cachet pour les faire enfermer. Le roi fit ce qu'il put pour l'en détourner, cet éclat ne pouvant tourner qu'à sa honte. M. de Lionne persista toujours. Le roi consentit à ce qu'il voulut, et madame de Lionne fut arrêtée et enfermée dans un couvent; mais M. de Lionne ne put résister à sa douleur, et mourut peu après, à Paris, le 1er septembre 1671, âgé de soixante ans. Ce qui paraît seulement bien contradictoire, c'est que de Lionne, qui avait été jusque-là fort indifférent aux désordres de sa femme, se soit tout à coup ravisé, et surtout soit mort de chagrin.

les sectaires et surtout les presbytériens se devaient assembler le lendemain en beaucoup plus grand nombre qu'il ne leur est permis par le dernier arrêt du parlement, et que son absence leur pourrait donner la hardiesse d'entreprendre des choses contraires au bien de l'État. Mais il crut avec raison y avoir suffisamment pourvu en laissant à Londres M. le duc d'York avec ses régiments et compagnies des gardes, et rien ne l'empêcha de continuer son voyage à la rencontre de *Madame*, que le manque de vent, qui l'obligea de débarquer à Gravesende, d'où il se rendit en diligence à Douvres, partie à cheval, partie en carrosse, et suivi de fort peu de monde. Je ne pus arriver que quatre heures après lui, et il s'était déjà embarqué pour aller au-devant de *Madame*, qui arriva hier ici sur les quatre à cinq heures du matin ; et le roi ayant appris d'elle qu'elle ne pouvait pas, d'après les ordres de *Monsieur*, et pour quelque raison que ce pût être, passer Douvres, soit pour aller à Londres ou seulement à Cantorbéry, Sa Majesté a pris la résolution de faire venir ici la reine et la duchesse d'York ; et quoique le roi ait témoigné souhaiter que le temps du séjour de *Madame* fût prolongé, et qu'on ait, pour cela, proposé de ramener Son Altesse à Boulogne, afin de gagner un jour, néanmoins comme elle veut être ponctuelle et que d'ailleurs le port n'est pas sûr, j'espère qu'on ne prendra pas ce parti.

» J'ai l'honneur d'être, etc. »

Le 4 mai, M. de Croissy recevait cette lettre du roi :

« Monsieur de Croissy,

« J'ai écrit à ma sœur afin qu'elle représente au roi, son frère, que si on persistait de delà dans de pareils sentiments d'irrésolution, cela me devait faire concevoir quelque ombrage, et je lui marque que vous devez l'entretenir de ma part sur cette affaire. Vous lui direz donc qu'il est à propos qu'elle fasse entendre au roi d'Angleterre que si l'on continue à tenir cette conduite, cela donnera ici de grands soupçons qu'il ait changé d'intentions ou qu'il ne veuille se tenir en état d'accepter ce que les Hollandais lui pourraient proposer d'arrangements particuliers pour détourner l'orage qui les menace ; ce que, de mon côté, je n'ai pas voulu faire, quoique M. de Witt n'y ait rien oublié et qu'il me propose tous les jours un partage des Pays-Bas, ou de les faire mettre en république. Je me promets que de si bonnes raisons, animées par la présence de ma sœur, amèneront la conclusion du traité, grâce aussi à l'envie qu'ils ont que *Madame* ait la gloire d'avoir terminé toutes les difficultés. Quoi qu'il en soit, rien ne vous doit empêcher de signer le traité, quand même il faudrait passer par le terme de trois mois pour faire l'échange des ratifications, parce qu'il vaut toujours mieux que le traité se trouve signé, parce qu'on pourra, après cela, presser vivement l'échange des ratifications sans attendre ce terme. Sur ce, etc. »

Le jour même où il recevait cette lettre du roi, Croissy lui répondait :

« Sire,

» *Madame* m'a fait l'honneur de me dire qu'elle avait ébranlé l'esprit du roi, son frère, et qu'elle le voyait presque disposé à déclarer la guerre aux Hollandais avant sa déclaration de catholicité ; qu'il avait même dit que si M. de Turenne fût venu avec elle, Sa Majesté d'Angleterre aurait pu prendre des mesures justes avec lui pour les attaquer, et elle a ajouté qu'elle croyait qu'il serait utile au service de Votre Majesté d'obliger M. le maréchal à passer jusques ici, sous le prétexte de venir reconduire *Madame*, et que son séjour fût prolongé de quelques jours en ce pays-ci ; elle m'a prié de n'en rien dire à milord Arlington. Et comme *Madame* m'a demandé mon sentiment, je lui ai dit, comme je le pense aussi, que le passage de M. de Turenne pourrait bien faire connaître la vérité de ce qui se passe à tous les voisins, et que je craignais, par cette raison, que les commissaires qui ont part au traité n'approuvassent pas ce voyage.

» J'ai l'honneur, etc. »

Ce fut donc le 11 juin, le surlendemain du jour où mademoiselle de Keroualle avait été présentée au roi Charles, que se passait à Douvres la scène suivante.

Pendant son séjour dans cette ville, Charles II occupait une maison de médiocre apparence située au bord de la mer, et dont les croisées à balcons étaient si saillantes, qu'elles formaient des espèces de petits cabinets vitrés qui s'avançaient de beaucoup dans la rue. Il était environ trois heures, Charles II et *Madame*, assis dans le modeste parloir de cette habitation, paraissaient causer avec beaucoup de vivacité ; entre eux deux était une table couverte d'un tapis de velours chargée de plumes, de papier et de plusieurs traités ou mémoires manuscrits.

Charles II avait atteint, la veille 10 juin, sa quarantième année ; son teint brun et basané, ses yeux noirs, sa longue perruque très-crêpée, ses épais sourcils, son front déjà sillonné par de profondes rides transversales, son nez long, sa bouche un peu grande et les pommettes saillantes de ses joues creuses, formaient un ensemble de traits dont l'expression était dure et hautaine ; mais s'adressait-il à quelqu'un qui lui plût, sa physionomie révélait alors cette habitude de gaieté moqueuse et de spirituelle insouciance qui le caractérisait.

Ce personnage est si connu : Burnet, Clarendon, Rapin-de-Thoiras, Hume, Buckingham, Rochester, et tant d'autres historiens ont tellement mis en saillie ce caractère d'un égoïsme et d'une mobilité si étranges, qu'il devient comme inutile de parler de l'insatiable cupidité de ce roi, qui lui suggéra toujours les déterminations les plus contraires au bien de l'état ; de son scepticisme en amitié et en amour, si outrageant et si dédaigneux ; comme aussi de dire que, plus athée que pas un des débauchés de sa cour, il se moquait de tout et de tous, et méprisait cruellement l'humanité en commençant par soi-même ; de dire enfin que malgré son égoïsme, sa paresse, son insouciance, sa soif intarissable de voluptés faciles, il y avait chez ce prince un charme, un attrait auquel il était impossible de résister, et que souvent les communes aigries et récalcitrantes lui furent ramenées par quelques mots remplis de cette charmante et spirituelle bonhomie qu'il savait si bien feindre. Quant à son intrépidité, à son calme dans le péril, cela était aussi généralement reconnu que sa singulière aptitude aux choses de la marine, qu'il aimait avec passion.

Or donc, ce jour-là, Charles II portait un justaucorps de velours noir garni de rubans couleur de feu, avec une étoile en diamant sur son habit. Autour de son fauteuil, placé en face de celui de *Madame*, on voyait couchés ou debout sept ou huit petits épagneuls noirs tachés de feu, à longues soies traînantes et frisées.

Madame, vêtue de bleu, et charmante comme toujours, avait poussé sa flatteuse bonté pour son frère jusqu'à prendre sur ses genoux un petit épagneul du nom de *Key*, extrêmement favori du roi, et s'amusait à rouler autour de ses jolis doigts les longues soies noires et parfumées du petit *Key*, qui se laissait nonchalamment caresser par ces belles mains royales.

Les yeux du roi étaient fort brillants, et sa physionomie animée pétillait de curiosité. Madame le regardait en souriant et faisait un gracieux signe de tête négatif, répondant sans doute ainsi à une question déjà faite par son frère, qui, ayant tout à fait approché son fauteuil de la table, s'y accoudait et jouait machinalement avec les plumes de l'écritoire.

— Henriette, — disait le roi en attachant sur sa sœur ses yeux noirs perçans et spirituels, — Henriette, je vous prie, dites-moi donc ce qu'elle pense de moi?

— Impossible, Charles... impossible... Entre nous autres femmes, voyez-vous, ces sortes de secrets-là sont sacrés; il n'y a qu'une oreille féminine qui soit digne d'entendre ces échos de nos cœurs.

— Que vous êtes méchante et cachée, Henriette! quand moi je suis si franc et si ouvert avec vous! N'ai-je pas commencé les confidences en vous disant qu'hier, lors de sa présentation, je l'ai trouvée toute charmante?

— Aussi, Charles, vous sais-je le gré que je dois pour cette marque éclatante de votre royale confiance.

— Comment avez-vous le cœur de railler, quand je vous parle aussi sérieusement, Henriette, quand je vous dis que je l'ai trouvée belle comme un ange? et puis ses yeux sont si bleus, ses cheveux si noirs, sa peau si blanche; et puis encore elle a quelque chose de si fin, de si malin dans le sourire... avec cela des dents charmantes, une taille qui paraît même délicieuse auprès de la vôtre. Henriette! Henriette! que vous a-t-elle dit?...

— Mais en vérité, Charles, pourquoi voulez-vous donc, après tout, que mademoiselle de Kerouaille m'ait dit quelque chose de vous?...

— Pourquoi? parce que je suis sûr qu'elle s'est aperçue hier de l'impression qu'elle a faite sur moi. Oui, oui, car, par saint Georges ! anges-démons que vous êtes, vous vous apercevez de cela bien avant nous, je crois... Henriette ! ma bonne Henriette ! voyons, dites donc ?...

— Eh bien ! mon frère, — répondit *Madame* avec un air de mystère, — mademoiselle Louise de Kéroualle...

— Louise... Louise, quel joli nom !... En vérité, j'adore ce joli nom de Louise.

— Si vous m'interrompez déjà, mon frère, je ne continuerai pas. Je disais donc que mademoiselle Louise-Renée de Kéroualle m'avait confidemment avoué que... faut-il tout dire ?

— Henriette !...

— Eh bien ! donc, mademoiselle de Kéroualle m'a avoué, mais cela sous le dernier secret, entendez-vous bien, mon frère ? qu'elle trouvait charmant, animé, gracieux, et pourtant noble et imposant aussi... l'aspect merveilleux de la ville de Douvres, bâtie qu'elle est sur le bord de la mer, avec ce haut château qui...

— Saint-Georges, vous raillez toujours impitoyablement, et pourtant, parole de roi, je suis amoureux.

— En fait d'amour, mon pauvre frère, vous me permettrez de croire de peu de mise cette royale parole.

— Mais, quand je vous dis que je suis fou de cette charmante fille, que je suis amoureux comme un écolier, amoureux malgré mes quarante ans ; amoureux enfin comme je ne l'ai jamais été ; car, après tout, ma sœur, cela m'est arrivé ! pardieu, assez de fois pour que je m'y connaisse.

— Oh ! sans doute... Aussi, je suis bien loin de nier l'incommensurable expérience de Votre Majesté à ce sujet... Soit, vous voilà donc amoureux de ma pauvre Louise... Mais madame de Castelmaine, mon frère ?

— Je la ferai baronne.

— Pensez donc à ses emportements.

— Je la ferai comtesse.

— A son désespoir.

— Je la ferai duchesse[1].

[1] En effet, cette même année, madame de Castelmaine fut faite baronne

— A merveille ! madame de Castelmaine est donc consolée ou duchesse ; mais qu'est-ce que cela, mon Dieu ! seulement une des perles de ce charmant collier qui vous enlace. Et cette pauvre et naïve mademoiselle Stewart ?

— Louise a de si beaux yeux !

— Voilà qui est répondre. Mais cette jolie miss Wels ?

— Louise a de si jolis cheveux !

— Vos raisons sont parfaites. Mais la Nell-Gwin, qui est bien, dit-on, capable de battre votre Royale Majesté, l'impertinente comédienne qu'elle est.

— Louise a une si jolie taille !

— Et enfin vos miss Davis, miss Peel, mis Percy, et je ne sais combien d'autres miss encore, mon cher frère, car en vérité...

— Répondez-moi sérieusement, je vous prie, Henriette, — dit Charles en interrompant *Madame*, — mademoiselle de Keroualle est-elle de bonne maison de Bretagne ?

— D'excellente, mon frère ; car son ancienneté est passée en proverbe dans sa province, où l'on dit : *l'antiquité des Penancoët*.

— Et Louise est sage ?

— Mon frère, vous me faites là des questions...

— Ah ! après tout, sage ou non, qu'importe ? elle est charmante, et...

— Comment ! sage ou non, qu'importe ?

— Eh bien !

— Mais c'est horrible, cette indifférence-là !

— Voyez-vous, ma pauvre sœur, quand on a mon âge, et surtout mon expérience, on n'attache plus guère d'importance à ces sortes d'exagérations chimériques et inutiles, de sagesse et de fidélité.

— Taisez-vous donc, Charles, vous vous mentez à vous-même.

— En vérité, cela est ainsi ; et c'est pour cette raison que mes maîtresses m'aiment toujours beaucoup.

---

de Nonsuch, dans la province de Surry, comtesse de Southampton et duchesse de Cleveland.

— Vous êtes confiant au moins, mais c'est en vous.

— Vous ne m'entendez pas; elles m'aiment... de toute la liberté que je leur laisse pour voir mes rivaux. Je les gêne si peu !

— Encore une fois, Charles, vous ne me ferez jamais croire que l'amour-propre d'un homme, et qui plus est d'un roi...

— Et qui *pis* est, ma sœur !

— Soit... que l'amour-propre d'un roi s'arrange aussi tranquillement du rôle d'amant trompé, du rôle de dupe, tranchons le mot.

— D'abord, je ne suis jamais dupe.

— Comment cela ?

— Être dupe, c'est être trompé... sans le savoir; or je ne suis jamais dupe, puisque je sais tout.

— Vous savez tout ?

— Eh ! sans doute; croyez-vous donc, Henriette, que ma couronne royale me bouche assez les oreilles pour que je n'entende pas à propos de ma chère maîtresse, madame de Castelmaine, par exemple, bourdonner les noms de ses favoris, depuis celui du très-brillant et très-négatif Jermyn [1], jusqu'à celui de certain Jacob Hall qui danse et voltige à cheval d'une manière surprenante, il faut l'avouer. Croyez-vous que j'ignore aussi l'existence d'un nom moins certain (*Castelmainement* parlant), d'un nom moins certain, Goodman, un vigoureux gaillard, beau comédien d'ailleurs, dont toutes les femmes de Londres sont affolées ?

— Fi ! vous dis-je, mon frère, vous ne croyez pas un mot de tout ce que vous me contez là.

---

[1] **Jermyn,** fils du duc de Saint-Albans. — On connaît cette raillerie de Charles à madame de Castelmaine : « Faites plutôt des grâces à Jacob Hall pour quelque chose, que de donner votre argent à Jermyn pour rien, puisqu'il vous sera encore plus glorieux de passer pour la maîtresse du premier que pour la très-humble servante du second. » Madame de Castelmaine répondit au Roi avec colère : « Que c'était vraiment bien à lui de faire de tels reproches ! qu'elle savait bien que la bassesse de ses goûts s'était déclarée ; qu'il ne fallait, pour un goût comme le sien, que des oisons bridés, tels que la Wells, la Stewart, etc., et cette petite gueuse de comédienne qu'il leur avait depuis quelque temps associée. »

(*Notes des Mémoires de Grammont,* in-4°.)

— Si, pardieu! j'y crois, et il le faut bien ; après cela, je mentirais en disant que je ne préférerais peut-être pas être aimé seul ; mais puisqu'il paraît que ce n'est pas mon étoile, je me résigne ; d'un autre côté, être aimé seul, cela vous impose souvent en retour bien des obligations, bien de la gêne ; c'est pour ainsi dire un mariage, et dès lors c'est fastidieux... comme un mariage. Et puis enfin, voyez-vous, Henriette, à mon avis, les amants qu'on trompe ont toujours tort ; pourquoi ne plaisent-ils pas assez pour qu'on ne les trompe pas?

— Au moins, mon frère, voilà une maxime merveilleusement commode pour les femmes infidèles.

— Et c'est aussi une maxime fort sensée, Henriette ; car rien ne me paraît plus ridicule et plus odieux que de faire un tort à ces pauvres âmes de ce que vous serez devenu maussade et fâcheux, je suppose ; et de vous plaindre qu'alors elles aillent chercher ailleurs un amant qui ne soit ni maussade ni fâcheux.

— Mais, Charles, si c'est par caprice, folie, fantaisie ou amour du changement, qu'elles vous quittent?

— C'est toujours notre faute, vous dis-je, toujours notre faute ; pourquoi ne plaisons-nous pas assez pour qu'on n'ait ni le temps ni le désir d'avoir des caprices? Et puis enfin, tenez, avouez une chose, c'est que nous le voulions ou que nous ne le voulions pas, pour vous c'est tout un ; vous faites à votre gré, et, par saint Georges! vous avez raison ; car en amour ce qui plaît est bien, et ma devise est : *Che sara sara*[1].

— Je vous admire, Charles.

— Non, sérieusement parlant, Henriette, je pense cela, et ma vie le prouve. Je défie qu'on me puisse reprocher une cruauté, seulement une injustice causée par le ressentiment de ma jalousie ; car entre nous, j'ai toujours trouvé sot et féroce de faire sentir sa puissance, à propos de ces tendres faiblesses. Oui, cela m'a toujours semblé bas, lâche et peu gentilhomme. En un mot, quand on me trompe et que je ne tiens pas à la trompeuse, je la quitte ; quand j'y tiens, je la garde, et l'avertis en confidence de prendre ses mesures pour que je ne voie jamais rien de tout

---

[1] Ce qui sera, sera.

cela; car après tout, quand le présent est à moi, que m'importe le passé ou l'avenir?

— Qu'on se contente du présent... je conçois; mais encore faut-il l'avoir à soi seul... Charles!

— Mais, Henriette, en fait de *présent*... on a toujours au moins à soi seul le temps que dure le tête-à-tête. Or, que faut-il de plus à un honnête et modeste amant?

— Fi donc! taisez-vous, c'est horrible; et que je plaindrais la pauvre femme qui s'attacherait sincèrement à vous!

— Et pourquoi cela, Henriette?

— Mais à cause de votre affreuse indifférence pour le bien comme pour le mal.

— Henriette, ma bonne sœur, vous ne pouvez vous méprendre à ce point; si je suis indifférent au mal, ne puis-je pas être reconnaissant du bien qu'on me fait; et parce que je ne sais ou ne daigne pas haïr, est-ce donc une raison pour que je ne sache pas aimer?

— Non, Charles, non, sans doute; car vous êtes si bon, si affectueux...

— Oui, et pourtant on fait de moi une espèce de Sardanapale, se souciant peu de la vie et du bonheur de ses sujets. Mais, en revanche, se souciant beaucoup de leurs biens, — dit le roi avec un soupir, et cédant à cette incroyable mobilité d'esprit qui faisait si rapidement se succéder en lui les impressions les plus opposées.

— Mais, qui croit cela, mon frère?

— Eh! saint Georges! mes peuples le croient; et qui le leur fait croire? Les bavards du parlement, qui ne leur chantent autre chose que des litanies sur les pilleries, les dilapidations, les dissipations de ma cour; en un mot, qui ameutent l'Angleterre contre moi, sous le prétexte que je dépense beaucoup! Je dépense beaucoup! voilà le grand mot! Je dépense beaucoup! c'est avec ces billevesées-là que les braillards des communes font crier *huzza* à leur sot et moutonnier auditoire. Je dépense beaucoup! Imbéciles, est-ce qu'ils croient que l'argent qu'ils me donnent, je le thésaurise, par hasard! Est-ce que pour être dissipé, comme ils disent, en profusion de toute espèce, il ne reste pas en Angleterre? Et puis, ne savent-ils pas que tout le monde, eux les premiers ou leurs créatures, ont toujours quelque chose à demander au roi? Pardieu! on le croit si riche, le roi! et pourtant, il faut qu'il refuse souvent... Hum! je dépense beaucoup... s'entendre toujours faire ce reproche, être sans cesse obligé de batailler avec ces gens-là pour leur arracher quelques malheureux milliers de guinées... Saint Georges! le métier de roi, réduit de la sorte, devient un bien triste et bien sot métier, Henriette!

Et le roi Charles se mit à réfléchir profondément; car ce peu de mots venaient de lui retracer sa position présente avec toutes ses difficultés. *Madame* voyant cette disposition d'esprit si favorable à ses projets, se levant de son fauteuil, alla s'asseoir auprès de son frère, et lui montrant un traité posé sur la table:

— Mais, dites-moi, je vous prie, Charles, pourquoi de pareilles idées, quand enfin, ces seuls mots: *Charles, Roi*, écrits de votre main au bas de ces dix feuilles de papier, pourraient en finir avec tous ces embarras... Pourquoi hésitez-vous aujourd'hui, tandis qu'hier encore vous m'avez autorisée à écrire à Louis que vous étiez presque décidé?

— Hier, oui... sans doute... hier...

— Et que même, si M. de Turenne pouvait venir ici, vous aimeriez à vous entendre avec lui au sujet de la guerre qu'on veut faire à ces républicains?

— Oui, Henriette, je sais que je vous ai dit cela hier, mais...

— Eh bien! Charles...

— Mais depuis hier... j'ai réfléchi, pesé les chances, et je suis plus incertain que jamais.

— Et pourtant, voyez, vous me faites donner à Louis des assurances, presque des certitudes, et maintenant vous vous contredisez. Ah! Charles, Charles... cela n'est pas bien... que va penser le roi? que pour prolonger mon séjour ici, je l'ai trompé.

— Non, Henriette... non... je ne me contredis pas; mais si vous connaissiez comme moi ce pays-ci, si vous saviez à cette heure combien les partis se rapprochent, se consultent, s'agitent, vous comprendriez mon indécision. En un mot, je ne m'en cache pas, eh bien! oui, j'ai scrupule de prendre cette détermination sans la communiquer à mon parlement; car enfin, pensez donc, Henriette, être, aux yeux du pays, l'allié, l'ami de la Hollande, et aux miens, son ennemi déclaré ; et tout cela sans raison, sans un prétexte plausible… tout cela… pour une misérable somme d'argent ; me vendre à Louis corps et âme… me mettre à sa solde, à ses gages… Ah! tenez… tenez, Henriette! cela est honteux. Notre pauvre père n'en avait pas fait tant!…

— Allons… allons, Charles, dans quelles exagérations noires et mélancoliques tombez-vous là ? Est-ce donc vous vendre? vous mettre à la solde de Louis, comme vous dites, que d'accepter l'offre qu'il vous fait de roi à roi, de frère à frère, de vous aider à rétablir le culte catholique dans vos États ?… Est-ce vous vendre que d'accepter les subsides qu'il vous offre pour aider à soutenir le faix d'une guerre entreprise bien plus dans son intérêt que dans le vôtre?

— Mais entre nous, Henriette, vous savez, comme moi, que les trois millions qu'il m'offre sous le prétexte de m'aider à la guerre, entreront dans mon trésor secret ; parce que, si je me déclare plus tard contre les Hollandais, on votera ici des fonds pour faire cette guerre ; quant aux deux millions pour la catholicité, c'est la même chose, un prétexte honnête de me gagner ; car il est impossible de penser à faire jamais une telle déclaration! Rétablir le culte catholique! mais ce serait mettre l'Angleterre à feu et à sang! ce serait jouer ma couronne… peut-être ma tête! quand au lieu de six mille hommes de secours que Louis me propose, il m'en enverrait vingt mille… à cette heure surtout! mais c'est folie que d'y songer seulement.

— Pourtant, Jacques[1] croit le contraire ; il me l'écrivait encore hier.

— Jacques croit le contraire! Jacques croit le contraire. Eh bien! Jacques se trompe, ma sœur ; ses jésuites le mènent comme un enfant, et il ne prévoit pas où ils le conduiront… Après tout, cela le regarde ; une fois sur le trône, il s'arrangera comme il le voudra, ou plutôt comme ils le voudront, et le diable sait ce qui en arrivera pour Jacques ; mais quant à moi, ma chère Henriette, j'ai assez d'exil comme ça ; et je ne suis plus d'âge à

---

[1] Le duc d'York. On sait qu'il se fit recevoir jésuite vers la fin de 1669. Les détails de sa réception sont fort curieux.

goûter les douceurs du sommeil, perché sur les branches du *chêne-royal*[1]. Avant tout, je veux régner en paix ; avant tout, j'aime le calme, la tranquillité, le repos... Qu'après moi ils déclarent toutes les catholicités qu'ils voudront, peu m'importe, parce qu'après moi... la fin du monde.

— Pourtant, mon frère, on dit en France que la catholicité serait d'un merveilleux effet pour contenir votre populaire par la croyance religieuse, et que plus un gouvernement s'appuie sur le catholicisme pur, plus il approche du pouvoir absolu.

— Par saint Georges ! cela est pourtant vrai, — dit Charles en riant ; — car à mesure qu'on s'éloigne de Rome, il y a comme des zones torrides, tempérées, et pour ainsi dire glaciales de catholicisme et d'absolutisme. Ainsi, le roi d'Espagne est très-catholique... voilà la zone torride, rendue plus torride encore par sa sainte inquisition. Le roi de France est seulement très-chrétien, voilà la zone tempérée... Et moi, je suis vaguement défenseur de la foi... voilà la zone glaciale. Or, il est vrai de dire qu'il y a plus d'absolutisme en Espagne qu'en France, et qu'il y en a plus en France qu'en Angleterre ; mais, voyez-vous, Henriette, vouloir changer ces degrés de chrétienté qui s'en vont en s'affaiblissant vers le Nord, ce serait aussi fou que de vouloir en Islande la chaleur d'Afrique. Aussi, encore une fois, je me contente de ce que j'ai, et je ne veux pas tuer ma *poule aux œufs d'or*, laquelle poule est mon parlement, qui, bon gré mal gré, bon an mal an, me pond, après tout, toujours un subside. Mais, saint Georges !... me déclarer catholique ! non... non, Henriette. Diable ! encore une fois, cela sent trop le chêne-royal.

— Mais, mon frère, pourquoi vous presser tant de vous déclarer catholique ?

— Pourquoi ? parce que Louis le voudra pour qu'aussitôt après il passe à sa déclaration de guerre contre la Hollande.

— Mais s'il vous laissait tout le loisir qu'il vous plairait pour la catholicité ?

— Comment ?

— Oui, Charles, s'il vous demandait seulement la déclaration

---

[1] On sait que pendant les guerres civiles Charles II, alors prétendant, passa la nuit dans les branches d'un chêne pour échapper à ceux qui le poursuivaient. Ce chêne fut depuis appelé *royal-oak*, chêne-royal.

de guerre contre la Hollande ; car, après tout, peu lui importe la catholicité, à lui : c'était une visée purement politique qu'il croyait dans votre intérêt ; l'important pour Louis, c'est l'invasion des Provinces-Unies. Signez, unissez-vous avec lui pour leur déclarer la guerre, et la catholicité viendra quand elle pourra. Ainsi, pourquoi hésitez-vous encore ? Écoutez-moi, Charles, vous savez si dans une pareille rencontre je ne suis pas mille fois plus portée d'inclination pour vous que pour Louis, et c'est pour cela que je mets autant d'instance à vous décider ; car au résumé, au fait, de quoi vous effrayez-vous ? La catholicité une fois écartée...

— Je ne m'effraie pas, Henriette, je ne m'effraie pas ; mais, entre nous, cette déclaration de guerre est injuste, d'une injustice révoltante, inouïe, et malgré moi, je ne puis m'empêcher de songer à cela...

— Allons, Charles, parlez donc sérieusement : est-ce qu'elle est plus injuste, plus inouïe, plus révoltante, que celle que vous fîtes en 1664 à ces républicains ? Non que je vous fasse un reproche ; car, après tout, on doit autrement juger les affaires d'État que les affaires particulières. Aussi, pour justifier apparemment une guerre, suffit-il d'un mot de traité mal interprété ; rien n'est plus facile à trouver qu'un prétexte de rupture... vous le savez mieux que moi.

— Sans doute, Henriette ; mais le parlement ! les communes ! il y a là-dedans une queue du vieux Noll[1] qui sympathise extrêmement avec ces républicains des Provinces.

— Oui, mon frère ; mais il y a aussi au fond du cœur de tout bon Anglais une haine profonde pour tout ce qui n'est pas de sa nation. Or, à la première victoire qui flattera son amour-propre, Johnbull ne pensera qu'à vous applaudir et à crier *huzza* !

— Et si je suis battu ? alors viendront les reproches, les récriminations sans fin !

— Mais vous ne pouvez pas être battu... vos forces réunies à celles de Louis écraseront celles des Hollandais, sans aucun doute.

— Oui, si Louis est sincère, et s'il exécute ce qu'il promet ;

[1] Cromwell.

mais s'il est fourbe avec moi comme il l'a été avec les Hollandais en 1666?

— Il ne le sera pas, Charles; à quoi lui servirait-il de l'être?

— Comment! à quoi? mais par saint Georges! à me laisser aux prises avec la Hollande, comme en 1666 il a laissé les Hollandais aux prises avec moi... malgré l'obligation où il était de les secourir. Voilà à quoi cela lui servirait! Aussi qui me répond qu'il ne voudra pas s'amuser encore à voir nos deux marines se ruiner l'une par l'autre[1], tandis qu'il augmente chaque jour la sienne, et cela avec l'aide des Sept-Provinces qui sont assez sottes ou assez cupides pour lui vendre la corde dont il les pendra un jour.

— Le fait est, Charles, que Louis dit sans cesse qu'il n'a qu'à se louer de ces républicains.

— Aussi, Henriette, je vous jure que je me suis demandé vingt fois quel pouvait être le sujet de sa haine et de la guerre qu'il veut faire à ce malheureux peuple. —

A cette singulière et naïve exclamation de Charles, un des plus ardens ennemis des Provinces-Unies, qui, au mépris de tous les traités et du droit des gens, leur avait, en 1664, déclaré la guerre par le pillage et la confiscation de leurs navires de commerce, *Madame* ne put s'empêcher de sourire.

— Qu'avez-vous donc, Henriette? vous riez.

— C'est qu'aussi, mon frère, il est assez singulier de vous entendre demander la cause de la haine de Louis contre la Hollande.

— Mais qu'y a-t-il donc d'étonnant à cela?

— Mais enfin, Charles, vous-même, pour quelle raison les avez-vous donc attaqués en 1664?

— Mais, Henriette, moi, c'est bien différent! je ne suis pas comme Louis, qui régit la France ainsi qu'une ferme qu'il impose et taxe à sa guise, et qui tire de ce pays tout l'argent qu'il veut. Moi, au contraire, quoique mes revenus soient fixés, il me faut encore batailler avec ces criards des communes pour les leur arracher, puisque ce sont eux, après tout, qui tiennent les cordons de la bourse. Qu'arrive-t-il de là? c'est que je suis sou-

---

[1] On verra que les prévisions de Charles ne le trompaient pas.

vent réduit aux expédients ; aussi, quand mes créanciers crient trop fort, quand ma caisse est trop vide ; en un mot, quand les communes me refusent de l'argent, ne suis-je donc pas excusable de tâcher de faire un bon coup quand l'occasion se présente, comme par exemple de *dégraisser le Meyn'hers,* ainsi que dit ce mécréant de Vilmot[1], en argot de Tiburn's ?

— Fi donc ! Charles, vous vous faites pire que vous n'êtes.

— Mais non, Henriette... entre nous deux, il n'y a pas de raisons d'état qui tiennent ; et pardieu ! sans l'incroyable résistance de cet animal de Holmes, en 1665, ma flotte me ramenait ici une douzaine de vaisseaux de la compagnie des Indes, estimés plus de vingt millions. Ah ! c'était là un bon coup ! meilleur que la vente de Dunkerque, sur laquelle mon bon frère de France a tant gagné, car, en vérité, il a eu de moi cette place pour un morceau de pain.

— Pourquoi, Charles, vous amuser ainsi à rabaisser votre conduite ?

— Mais je ne la rabaisse pas du tout, Henriette ; c'est bien véritablement comme cela ; et ce qu'il y a de pis à s'avouer, c'est que le même ordre de faits arrivés dans une région moins élevée que la nôtre, mènerait le faiseur de bons coups tout droit à la potence. Mais, à qui la faute ? au parlement ; s'il n'était pas si avare, je ne serais pas réduit à ces expédients malhonnêtes, je l'avoue, mais qui ont au moins un motif qui les peut excuser : le besoin. Tandis que j'en reviens encore là, quel besoin Louis a-t-il du superflu de ces Meyn'hers ? pourquoi, au lieu de se jeter sur le reste des Pays-Bas, sur ces riches et magnifiques provinces qui lui sont ouvertes, qu'il a dans la main pour ainsi dire, pourquoi les laisse-t-il pour envahir ces inutiles marécages ? Pourquoi s'engage-t-il dans une guerre mille fois injuste, folle, ruineuse, qui soulèvera d'indignation le monde contre lui ? qui va mettre le feu en Europe, et sera peut-être la cause de guerres et de malheurs infinis, incalculables ? Pourquoi agit-il ainsi ? Encore une fois, vraiment, c'est le tombeau de mon esprit.

— Mais, mon frère, vous savez comme moi que malgré qu'il en ait, Louis ne suit jamais que la volonté du ministre en faveur,

---

[1] Le duc de Rochester.

si ce ministre a l'art de s'effacer et de convaincre le roi qu'il agit de lui-même et par lui-même.

— Alors, quel est donc le ministre assez insensé pour lui avoir planté de pareilles idées en tête?

— Eh! mon Dieu! M. de Louvois... dont il ne peut plus se passer maintenant.

— Et quel est le but de Louvois?

— Tout uniquement d'embarrasser Colbert, qu'il ne peut supporter.

— Comment cela?

— C'est bien simple : plus les guerres sont folles, plus elles sont désastreuses, moins il y a de ressources dans le pays conquis, plus il faut d'argent, n'est-ce pas, pour y subvenir?

— Sans doute.

— Eh bien! tout ce que veut M. de Louvois, c'est d'abord faire la guerre pour se rendre nécessaire, et puis ensuite se jeter dans de si effroyables dépenses, que Colbert, chargé des finances, n'y pouvant suffire, le roi, mécontent[1], finisse par le chasser.

— Vous êtes sûre de cela, Henriette?

— Très-sûre; du moins on m'a rapporté ce mot de M. de Louvois : *Enfin, grâce à Dieu, je vais donner tant de besogne à ce vieil ivrogne*[2], *qu'il faudra bien qu'il y crève.*

— C'est un peu fort.

— Cela vous étonne, n'est-ce pas, Charles?

— Non, pas précisément; car j'en sais bien d'autres! Et mes dignes et loyaux conseillers, mes honorables ministres, cette véritable *cabal*[3] infernale, comme ils disent dans Londres, n'en sont pas à leurs dents de lait. Mais je songe que le monde, les peuples, les historiens, feront un jour des suppositions bien ridicules sur la cause de cette guerre atroce et insensée, tandis que le motif était là tout proche, à la portée de tous, au fond du cœur

---

[1] La retraite et la mort désespérée de Colbert n'eurent pas d'autre cause.

[2] Le reproche de M. de Louvois était injuste, quant à l'époque, car Colbert avait depuis long-temps abandonné ce vice.

[3] On sait que, par un hasard assez singulier, le mot *cabal* (conspiration) était formé par la première lettre des noms des cinq ministres de Charles : *Clifford, Arlington, Buckingham, Ashley, Lauderdale*.

du premier venu : *une rivalité de commis* et rien de plus. Oui, cela est vrai, et comme le disait impudemment cet autre mécréant sans foi ni loi, enfin, S. G. M. le duc de Buckingham, *porte-bât*, car c'est ainsi, ma chère, que le drôle appelle mon peuple... *porte-bât* se doute rarement des vraies causes des guerres, des alliances, des affaires d'État, parce qu'il est habitué à supposer aux grands et aux rois, chargés d'immenses intérêts, des facultés non moins immenses pour cela qu'il s'agit de provinces ou de royaumes, et pourtant il n'en est rien ; c'est toujours un esprit fort humain, un intérêt fort personnel, qui guident *ces puissants de la terre !* Aussi, piller la flotte de son voisin sans déclaration de guerre, ou piller la poche de son voisin, c'est le même mauvais sentiment de cupidité ; seulement les moyens d'exécution et l'objet convoité diffèrent. Mais comme *porte-bât* est toujours disposé à croire au merveilleux, il donne à ce mauvais penchant, à cette mauvaise action, les plus belles, ou du moins les plus politiques raisons du monde ; puis viennent les poëtes, qui traduisent en beaux vers sonores et pompeux toutes ces misères et ces lâchetés, pour la plus grande édification et admiration des siècles imbéciles, de façon que de siècle imbécile en siècle imbécile on transmet à la postérité la plus reculée ce beau trésor de mensonges et de sottises. Avouez que cela est brutal en diable, mais au fond que c'est vrai, Henriette !

— Quand il y aurait là quelque apparence de raison... à quoi bon s'y appesantir, puisque la triste humanité est à ce point misérable et perverse ?

— Eh bien ! vous allez rire, Henriette ; et pourtant je vous jure que lorsque ce fou débauché de Buckingham m'a tenu ce discours, pour lequel je l'ai d'ailleurs chassé de ma présence pendant quelques jours, car il est de ces vérités qu'il est indécent de dire, même à un roi, je vous jure, Henriette, que j'ai réfléchi davantage sur ce que me demande Louis, et que cette diatribe amère n'a pas peu contribué à amener mes irrésolutions.

— A propos de cela, vous m'avez promis de rappeler M. de Buckingham près de vous, mon frère, et de ne pas donner suite à cet autre démêlé qui est aussi la cause de son exil.

— Nous verrons, Louise ; mais, laissez-moi réfléchir encore à ce que je dois loyalement faire à propos de cette alliance ; car, après tout, il est des sentiments généreux qui valent souvent mieux que la ruse et le manège...

— Cela est sans doute fort beau de réfléchir ainsi, mon pauvre frère, mais alors qu'on est libre d'exécuter les bonnes et loyales inspirations que cette réflexion pourrait faire naître. Or, il faut bien vous convaincre d'une chose, Charles, c'est que vous n'êtes plus libre.

— Quelle folie ! Henriette : qui donc m'oblige ?

— La nécessité... oui, la nécessité. Vous aurez beau n'oser pas envisager bien en face votre position, lui tourner le dos, elle n'en sera pas moins là, imminente. En un mot, Charles, la question se réduit à ceci : — Vous avez besoin d'argent, et le parlement vous en refuse. Que la guerre se fasse, outre les cinq millions de subsides annuels que vous recevrez de Louis, on votera des fonds pour la guerre, desquels vous pouvez en partie disposer.

— Oui, comme l'année de l'incendie de Chatam, où ce damné de Ruyter est venu tout ravager là, voyant mes vaisseaux désarmés.

— Ceci est passé, et doit vous demeurer une injure et une insulte de plus à venger sur ces républicains. Maintenant, en admettant que vous ne leur fassiez pas la guerre, quelles sont les autres hypothèses ? Vous n'avez pas d'argent, vos créanciers sont à bout, et votre parlement devient chaque jour plus soupçonneux, plus avare de subsides. Encore une fois, il vous faut de l'argent, tout est là ! Que ferez-vous ? Vous allierez-vous avec les Sept-Provinces et l'Espagne contre Louis ? Mais quel sera le prix de cette détermination ? Vous savez que ces états populaires sont cupides et intéressés, et qu'il n'entre pas dans leur politique, représentée d'ailleurs par l'incorruptible de Witt, d'ouvrir l'oreille à ces dons secrets de subsides. Quant à l'Espagne, elle est pauvre, elle est à bout... et vous savez par expérience ce que sonne la réalisation de ses promesses ; on ne peut faire aucun fond sur la Suède, ni sur le Danemark. L'empereur et presque tous les électeurs sont à Louis : quel espoir avez-vous donc ?

— Et moi aussi je serai bientôt à *Louis*, — dit Charles avec dépit. — Je serai à Louis, qui marchande sou à sou mon parjure et ma honte... Ah! par saint Georges! Henriette, pourquoi est-ce que je ne fais pas ce que je me suis dit cent fois : coupons court à ces menées ténébreuses ; allons trouver le parlement... et là, hardiment, loyalement, disons-lui... Ma position est telle; je dois tant; on me propose une infamie ; je viens vous la dévoiler; maintenant, j'en appelle à la sagesse et à l'honneur des représentans de la vieille Angleterre, qui n'abandonnera pas son roi... Oui... C'est là ce que je devrais dire! — s'écria Charles, dans un de ces moments de généreuse résolution, que malheureusement il n'exécutait jamais.

— Oui, — dit *Madame* avec amertume, — oui, allez... mon frère... allez vous perdre en usant d'une aussi dangereuse franchise! allez vous prêter au triomphe de ces insolentes communes, qui, profitant de votre abaissement et de votre embarras, voudront vous imposer les concessions les plus fatales au trône, vous priver du peu de priviléges, du peu d'autorité qui vous restent, et mettre à ce prix leur assistance !

— Hélas! vous dites juste, Henriette ; c'est odieux à avouer ; mais les communes n'accordent que donnant donnant! N'a-t-il pas fallu encore cette année, pour leur arracher cinquante mille malheureuses guinées de droit additionnel sur les vinaigres, leur accorder le bill des conventicules!...

— Hé bien donc! Charles, puisqu'il vous faut absolument avoir recours à quelqu'un, pourquoi ne pas préférer vous adresser à Louis, à un roi comme vous, au lieu de vous exposer à subir les insolences de vos sujets !

— Leurs insolences!... c'est le mot... tout respect est perdu... un roi n'est plus *qu'un homme,* comme ils disent, n'est plus *qu'un salarié* de la nation. Aussi épluchent-ils mes dépenses une à une; c'est une véritable inquisition. N'a-t-il pas fallu que mes ministres leur donnassent les explications les plus minutieuses sur l'emploi des fonds pour la marine, et encore cela ne les a-t-il qu'à moitié convaincus. Quelle pitié! quelle humiliation ! Henriette : régner ainsi, est-ce donc régner? avoir à bail, à condition, un royaume que nos pères avaient à eux !

— Que voulez-vous... puisque vous rejetez la catholicité et les six mille hommes de troupes françaises que vous offre Louis pour affermir votre puissance, et la rendre égale à la sienne, puisque avec ce secours, votre armée et vos amis, vous pourriez, je suis sûre, réduire les mal intentionnés...

— Encore une fois, Henriette, c'est une folie à laquelle il ne faut pas songer.

— Mais alors, Charles, que faire ?

— Eh! je ne sais ; jamais irrésolution n'a été plus grande que la mienne ! tant que j'ai discuté avec Louis la quotité des subsides, j'ai eu au moins de quoi alimenter mes indécisions ; mais maintenant qu'il prétend avoir donné son dernier mot; maintenant qu'il déclare ne pouvoir pas accorder un penny de plus! car, n'est-ce pas, Henriette, il ne faut pas penser à un penny de plus?

— Oh! pour cela, non, Charles, pas un penny ; et vous savez encore que c'est grâce à ma supplication qu'il avait consenti à une augmentation.

— Bien, bien : ainsi donc, il est bien et résolument déterminé à ne rien donner de plus... à ne donner absolument rien de plus, n'est-ce pas ?...

— Rien, Charles, rien, absolument.

— Eh bien ! maintenant, comme je vous le disais, mon hésitation n'a plus ce prétexte... et pourtant je ne sais que faire, je suis plus indécis que jamais.

— Eh bien ! maintenant, Charles, voulez-vous que je vous dise, moi, ce qui vous empêche de signer un traité dont vous reconnaissez pourtant toute l'urgente nécessité ?

— Dites, Henriette.

— C'est tout simplement la peur que vous avez de votre parlement.

— Quelle folie !... Il est tracassier de sa nature, impertinent souvent, ridicule toujours, et quelquefois si amusant, que je m'y divertis autant qu'à la comédie ; mais pour terrible il ne l'est pas ; et quant à en avoir peur, autant vaudrait dire que j'ai peur des criailleries de madame de Castelmaine.

— Qu'importe? vous n'en avez pas peur, soit; mais vous la subissez. Il en est de même de votre parlement : c'est une maîtresse déclarée et en titre que vous trouvez ridicule, tracassière, impertinente, mais avec laquelle il faut toujours finir par compter, et c'est cela qui vous effraie.

— Henriette, — dit Charles emporté par son incroyable mobilité d'esprit, — Henriette, si vous me parlez encore de la peur que j'ai de mon parlement, par le sac de la laine du Speaker, ou plutôt par les beaux yeux bleus de mademoiselle de Keroualle, je ne vous entretiens plus que de cette charmante personne; car je sens mon amour pour elle se réveiller avec violence. Mon Dieu! quand j'y pense, qu'elle était donc jolie avec cette robe incarnat, et ces rubans de pareille couleur dans ses beaux cheveux noirs! En vérité, Henriette, j'en suis fou!

— Ah! mon Dieu! la pauvre chère enfant! quel bonheur pour elle que cette folie ne tienne que vous seul!

— Henriette, vous n'en savez rien... Je l'ai regardée hier d'un air si respectueux, si tendre. Et puis, pourquoi donc, après tout cela, serait-elle si malheureuse de m'aimer?

— Pourquoi? parce que pour vous aimer il lui aurait fallu nécessairement longtemps arrêter sa pensée sur vous, et qu'alors une jeune fille qui pense à un roi, le rêve dans toute sa majesté, dans toute sa puissance, seul au-dessus de tous, n'ayant qu'une loi, la sienne; qu'une volonté, la sienne.

— Comment! Henriette, Louise aurait-elle donc rêvé à moi?

— Mais, je ne dis pas cela, du tout, je le suppose; mais je suppose aussi avec certitude, que son réveil serait bien déçu en voyant celui qu'elle rêvait si puissant, n'oser prendre une détermination qui lui est avantageuse, par la peur d'une assemblée de marchands de la cité et de fermiers de provinces. Pauvre Louise! habituée qu'elle est à voir son roi obéi d'un seul signe, quel serait son étonnement!

— Mais si je tremblais devant elle, Henriette, n'oublierait-elle pas un peu que j'ai peur de mon parlement? — dit Charles avec un charme inexprimable.

— Je ne sais; car s'il est doux de régner sur quelqu'un, c'est surtout de régner sur un roi; et dans cette circonstance-ci, mon bon frère, vous ne voulez pas absolument *régner*.

— Y a-t-il longtemps que Louise est à vous, ma sœur?

— Mon Dieu! Louise! toujours Louise... que vous êtes singulier, Charles; nous voici maintenant arrivés d'une conversation des plus sérieuses à parler de galanteries.

— Je vous en prie, Henriette, dites-moi s'il y a longtemps que Louise vous est attachée?

— Charles, Charles, vous serez toujours le même... Eh bien! elle m'est attachée depuis quatre ans...

— Elle vous aime?

— Mais je le crois, j'ai toujours été si bonne pour elle, qui le mérite tant, d'ailleurs! si ingénue, si naïve, pauvre enfant!

— Tenez, Henriette, je suis fou, ridicule; mais je ne puis m'empêcher d'aimer cette jeune fille à la folie.

— Et vous l'avez vue hier pour la première fois.

— Soit; mais faut-il plus de temps pour voir combien elle est belle? Et puis d'ailleurs, hier soir j'ai causé plus de deux heures avec elle.

— Au fait, voilà de quoi justifier de cette grande et soudaine passion que vous dites! Et cette belle indifférence dont vous me parliez? Après tout, elle, ou toute autre, que vous importe.

— Tenez, Henriette, vous ne me comprenez pas... Savez-vous ce qui, malgré moi, m'attire vers cette jolie personne? C'est qu'elle a été élevée presque auprès de vous; c'est que je pense que vous entendant souvent parler de votre frère, comme je sais que vous en parlez, elle a dû ressentir pour moi, non de l'amour, je ne puis plus en inspirer, mais cette sympathie que l'on éprouve presque malgré soi pour ceux que l'on sait bons et dévoués; tenez, Henriette, toutes mes maîtresses m'ont aimé pour elles, j'en suis sûr. Eh bien! je ne sais pourquoi il me semble que si Louise m'aimait, elle m'aimerait, non pour moi, mais pour vous... Oui, cette affection qui aurait, pour ainsi dire, grandi à votre ombre, et que je vous devrais, me serait si douce, si chère... Henriette... je vous parle sérieusement... la vérité a un accent que vous devez démêler... je vous jure...

— Encore une fois, Charles, par grâce! songez donc à autre chose qu'à la galanterie dans un pareil moment... le temps passe... Vous savez combien peu de jours on m'accorde encore à rester près de vous... Songez donc un peu aussi à moi... à cette négociation, que j'aurais été si fière, si heureuse d'avoir conclue, et pour vous... et pour Louis... et pour... et pour moi, puisqu'il faut vous donner cette dernière raison, qui, je le crains, n'aura pas plus de poids que les autres?

— Pour vous... Henriette ? pour vous !

— Puisque vous ne devinez pas, il faut bien tout dire : Charles, vous savez si je suis heureuse à la cour ? vous savez la conduite de *Monsieur* à mon égard, maintenant surtout que notre mère est morte... Une fois de retour en France... mon frère ! qui protégera votre pauvre Henriette ? Haïe de mon mari... qui me défendra de ses mauvais traitements, des hauteurs de ses favoris ? Et lors même qu'un caractère généreux voudrait prendre ma défense... à quoi bon, Charles ? mon mari n'est-il pas le frère du roi de France ! et M. de Rohan n'a-t-il pas porté la peine d'avoir voulu me venger des insolences du chevalier de Lorraine ? Ah ! mon frère, —ajouta *Madame* avec un accent de douloureuse résignation, —je suis bien malheureuse !

— Mais, Henriette, Louis vous a toujours protégée, au moins, — dit Charles avec émotion ; car, par une singulière anomalie, ce roi, si dur, si sceptique et si égoïste, éprouva toujours une profonde et véritable affection pour sa sœur.

— Louis ! Louis, mon frère, ne le connaissez-vous pas ? Qui m'assure désormais de son appui ? si voyant que vous rejetez l'alliance qu'il vous propose, il fait retomber sa colère sur moi qui m'étais offerte à lui, je l'avoue, avec la présomptueuse certitude de vous décider ? Oui, Charles, j'étais si glorieuse de me dire : cette volonté qui a résisté à tant de grands et habiles négociateurs... faiblira peut-être devant la prière d'une sœur ; mais si je me suis trompée, que deviendrai-je ? Il faudra que je retourne misérablement en France, humiliée dans mon amour de sœur, dans mon orgueil de femme, et que je recommence toute une vie de chagrins et d'affronts ; car vous connaissez Louis, vous savez son égoïsme, vous savez que son affection ne vous demeure jamais acquise qu'en raison des services qu'on peut lui rendre. Aussi, suis-je bien sûre qu'il m'abandonnera tout à fait lorsqu'il verra que je ne lui aurai été bonne à rien auprès de vous...

— Henriette ! ne croyez pas cela... si je le prévoyais...

— Cela sera... n'en doutez pas, Charles... cela sera... et alors... quelle existence... mon Dieu ! haïe de mon mari, indifférente au roi, étrangère au milieu d'une cour qui n'a d'écho que pour les sympathies du maître... que deviendrai-je, grand Dieu !—

Et *Madame* ne put retenir ses larmes.

— Henriette... ma sœur aimée, ne pleurez pas ainsi, vous me déchirez le cœur, — dit Charles en sentant ses yeux humides.

Puis après avoir quelques moments réfléchi profondément, en regardant sa sœur, il parut prendre une résolution longtemps combattue, fit un geste expressif de la main droite qui semblait signifier : arrive que pourra, s'approcha de la table et signa le traité, *Charles, roi.*

Alors s'approchant doucement de sa sœur, et se mettant à genoux devant elle, le roi prit ses deux mains qu'elle tenait toujours sur sa figure baignée de larmes, et lui dit en les baisant et lui montrant le traité signé. — Allons... le traité est signé ; Henriette, annoncez donc à Louis que l'échange des ratifications se fera dans un mois, et que j'ai ordonné à mes ministres de céder sur toutes les difficultés du quatrième article.

— Charles ! mon frère... serait-il vrai ! — s'écria *Madame* avec une expression de tendresse et de triomphe impossible à décrire. — Ah ! pourquoi avez-vous donc tant tardé à prendre une résolution si favorable à vos intérêts ?

— Peut-être, ma sœur chérie, pour avoir le bonheur de céder à votre demande.

— Ah ! Charles !... Charles, comment jamais reconnaître ce que vous venez de faire pour moi !

— En ne disant pas à Louise que j'ai peur de mon parlement... et comme je suis dans un jour de grâce aujourd'hui... dites encore à ce fou de Georges que c'est mal à lui de tourmenter un ancien ami qui lui pardonne encore cette fois, mais grâce à vous... [1]

— Ah ! Charles, Charles ! que va devenir la pauvre Keroualle, maintenant que vous voilà le roi qu'elle avait rêvé. [2]

. . . .

[1] *Madame*, durant son séjour à Douvres, obtint du Roi d'oublier son mécontentement contre le duc de Buckingham, et le rétablit dans son crédit et sa faveur auprès de S. M. : *Monsieur* le lui ayant reproché, elle lui avoua ingénument que c'était pour faire sa cour au Roi, qui avait envie qu'elle le pressât là-dessus ; elle réconcilia ainsi le duc de Buckingham avec milord Arlington. (*Mémoire de Jacques II, tome 2.*)

[2] *La pauvre Keroualle* devint *duchesse de Portsmouth*, et en 1673,

Le traité d'alliance avec Louis XIV, que Charles II hésitait depuis si longtemps à signer, et auquel il venait d'adhérer par l'entremise de *Madame*, était ainsi conçu :

Louis XIV la récompensa des services qu'elle lui rendait auprès du roi Charles, par la donation de la terre d'Aubigny ; puis, par une délicatesse toute particulière, non content de doter aussi royalement la maîtresse de son frère d'Angleterre, on va voir que Louis XIV, par une touchante sollicitude, assurait encore le sort des bâtards que le *bon Rowley* pouvait en avoir. Voici les lettres-patentes de cette donation copiée sur l'original.

« Louis, par la grâce de Dieu, Roi de France et de Navarre, à tous présents et à venir, salut. La terre d'Aubigny-sur-Hiere, dans notre province de Berri, ayant été donnée dès l'année 1422, par le Roi Charles VII, l'un de nos prédécesseurs, à Jean Stuart, comme une marque des grands et considérables services qu'il avait rendus dans la guerre à ce Roi et à sa couronne, et cette donation ayant été accompagnée de la condition que ladite terre d'Aubigny passerait de mâle en mâle aux descendants dudit Jean Stuart, avec reversion à notre couronne lorsque la branche masculine qui serait venue de lui serait éteinte ; cette condition portée sur lesdites lettres de donation est arrivée l'année dernière par la mort de notre cousin le duc de Richemond, dernier de la ligne masculine dudit Jean Stuart ; mais parce que cette terre avait été pendant tant d'années dans une maison qui avait l'honneur de tenir de si près à notre très-cher et très-aimé frère, le Roi de la Grande-Bretagne, ledit Roi nous aurait fait témoigner qu'à sa considération il serait bien aise, que nous la voulussions faire passer à une personne qui l'affectionnerait, et rentrer après dans une maison qui fût encore unie par le sang à la sienne ; qu'à ce sujet, il nous aurait fait requérir que nous voulussions bien accorder nos lettres de donation de ladite terre d'Aubigny à la dame Louise-Renée de Penancoët de Keroualle, duchesse de Portsmouth, pour passer après sa mort à tel des enfants naturels de notre frère le Roi de la Grande-Bretagne qu'il voudra nommer, sous les mêmes clauses et conditions que ladite terre fût premièrement donnée par Charles VII au susdit Jean Stuart, et que ladite terre étant passée à tel fils naturel dudit Roi de la Grande-Bretagne, qu'il aura voulu nommer, elle demeure audit fils naturel et à ses descendants de mâle en mâle, avec droit de reversion à notre couronne au défaut d'enfants mâles, et par l'extinction de la ligne masculine qui serait sortie de lui. Comme nous embrassons avec plaisir les occasions qui se présentent de donner à notredit frère de la Grande-Bretagne des marques de notre amitié et de l'extrême considération que nous avons pour ce qu'il désire, et que nous avons aussi bien agréable qu'une terre qui était demeurée pendant tant d'années dans une maison si illustre, retourne en quelque sorte à son origine, en passant un jour entre les mains d'un fils naturel de notredit frère, nous avons bien voulu disposer de notredite terre d'Aubigny, en la manière que nous en avons été requis par notre susdit frère le Roi de la Grande-Bretagne.

» A ces causes, savoir faisons, etc., que de notre grâce spéciale, pleine puissance et autorité royale, nous en avons à ladite dame Louise-Renée de

« Au nom de Dieu tout-puissant, soit notoire à tous et un chacun, que, comme ainsi soit que le Sérénissime et très-puissant prince Charles second, par la grâce de Dieu roi de la Grande-Bretagne, et le Sérénissime et très-puissant prince Louis quatorzième, par la même grâce de Dieu roi Très-Chrétien, auraient toujours donné tous leurs soins et toute leur application à procurer à leurs sujets une félicité parfaite, et que leur propre expérience leur aurait assez fait connaître que ce bonheur commun ne se peut rencontrer que dans une très-étroite union, alliance et confédération entre leurs personnes et les pays et états qui leur sont soumis ; à quoi s'étant trouvés également portés, tant par la sincère amitié et affection que la proximité du sang, celle de leurs royaumes, et beaucoup d'autres convenances, ont établies entre eux, *et qu'ils ont conservés chèrement au plus fort des démêlés que les intérêts d'autrui*

Penancoët de Keroualle, duchesse de Portsmouth, et après elle à celui des fils naturels de notredit frère le Roi de la Grande-Bretagne qu'il nomme, et aux descendants mâle en ligne directe dudit fils naturel, donné, cédé, transporté, et délaissé, donnons, cédons, transportons, et délaissons par ces présentes, signées de notre main, le fonds et propriété de la terre d'Aubigny avec tous et un chacun ses droits appartenances, et dépendances, pour en jouir et user par ladite duchesse, et après son décès celui des fils naturels dudit Roi de la Grande-Bretagne qu'il nommera, et les descendants mâles en ligne droite dudit fils naturel, comme de leur propre chose et loyal acquit. Tout ainsi que nous ferions sans aucune chose en retenir et réserver à nous et nos successeurs rois, que les foi et hommage ressort et souveraineté. A condition toutefois que la terre d'Aubigny, avec ses appartenances et dépendances, retournera à notre domaine au défaut de mâles descendants en ligne droite du fils naturel qui aura été nommé par le susdit Roi de la Grande-Bretagne. Si donnons en mandement à nos amés et féaux tenant notre cour de parlement et chambre de nos comptes à Paris, que ces présentes lettres de don ils aient à enregistrer, et du contenu en icelles faire jouir et user premièrement, paisiblement, et à toujours ladite dame Louise-Renée de Penancoët de Keroualle, duchesse de Portsmouth, et après elle, le fils naturel que ledit Roi de la Grande-Bretagne nommera, et les descendants mâles en droite ligne dudit fils naturel, cessant et faisant cesser tous troubles et empêchements à ce contraire.

» Car tel est notre plaisir, et afin que ce soit chose ferme et stable à toujours, nous avons fait mettre notre sceau aux susdites présentes, sauf en autre chose notre droit et d'autrui en toutes. Donné à Saint-Germain-en-Laye, au mois de décembre, l'an de grâce 1673, et de notre règne le trente-unième.   » *Signé :* Louis. »

leur ont fait avoir ensemble ; par le désir qu'ils ont de pourvoir à la sûreté de leurs dits pays et états, comme aussi au bien et à la commodité de leurs sujets, dont le commerce doit recevoir, dans la suite du temps, de notables avantages de cette bonne correspondance et liaison d'intérêts ; lesdits seigneurs Rois, pour exécuter ce saint et louable désir, et pour toujours fortifier, confirmer et entretenir la bonne amitié et intelligence qui est à présent entre eux, ont commis et député, chacun de sa part, savoir : ledit seigneur Roi de la Grande-Bretagne, le milord Arlington, conseiller au conseil privé de Sa Majesté et son premier secrétaire d'état, le milord Arundel de Warden, le sieur chevalier Clifford, conseiller au conseil privé de Sa Majesté, trésorier de sa maison et commissaire de ses finances, le sieur chevalier Bellings, secrétaire des commandements de la reine de la Grande-Bretagne ; et ledit seigneur Roi Très-Chrétien, le sieur Charles Colbert, seigneur de Croissy, conseiller ordinaire de Sa Majesté en son conseil-d'état et son ambassadeur ordinaire vers Sa Majesté de la Grande-Bretagne ; suffisamment autorisés, ainsi qu'il apparaîtra par la teneur desdits pouvoirs et commissions à eux respectivement donnés par lesdits seigneurs Rois, et insérés de mot à mot à la fin de ce présent traité, en vertu desquels pouvoirs ils ont accordé, aux noms des susdits seigneurs Rois, les articles qui ensuivent.

» I. Il est convenu, arrêté et conclu qu'il y aura, à toute perpétuité, bonne, sûre et ferme paix, union, vraie confraternité, confédération, amitié, alliance et bonne correspondance entre ledit seigneur Roi de la Grande-Bretagne, ses hoirs et successeurs, d'une part, et ledit seigneur Roi Très-Chrétien, de l'autre, et entre tous et chacun de leurs royaumes, états et territoires, comme aussi entre leurs sujets et vassaux, qu'ils ont ou possèdent à présent ou pourraient avoir, tenir et posséder ci-après, tant par mer et autres eaux, que par terre ; et pour témoigner que cette paix doit être inviolable, sans que rien au monde la puisse à jamais troubler, il s'ensuit des articles d'une confiance si grande, et d'ailleurs si avantageuse auxdits seigneurs Rois, qu'à peine trouvera-t-on que dans aucun siècle on en ait arrêté et conclu de plus importants.

» II. Le seigneur Roi de la Grande-Bretagne, étant convaincu de la vérité de la religion catholique, et résolu d'en faire sa déclaration et de se réconcilier avec l'Église romaine aussitôt que le bien des affaires de son royaume lui pourra permettre, a tout sujet d'espérer et de se promettre de l'affection et de la fidélité de ses sujets, qu'aucun d'eux, même de ceux sur qui Dieu n'aura pas encore assez abondamment répandu ses grâces pour les disposer, par cet exemple si auguste, à se convertir, ne manqueront jamais à l'obéissance inviolable que tous les peuples doivent à leurs souverains, même de religion contraire ; néanmoins, comme il se trouve quelquefois des esprits brouillons et inquiets qui s'efforcent de troubler la tranquillité publique, principalement lorsqu'ils peuvent couvrir leurs mauvais desseins du prétexte plausible de religion, Sa Majesté de la Grande-Bretagne, qui n'a rien plus à cœur (après le repos de sa conscience) que d'affermir celui que la douceur de son gouvernement a procuré à ses sujets, a cru que le meilleur moyen d'empêcher qu'il ne fût altéré, serait d'être assuré, en cas de besoin, de l'assistance de Sa Majesté Très-Chrétienne, laquelle voulant, en cette occasion, donner au seigneur Roi de la Grande-Bretagne des preuves indubitables de la sincérité de son amitié, et contribuer au bon succès d'un dessein si glorieux, si utile à Sa Majesté de la Grande-Bretagne, même à toute la religion catholique, a promis et promet de donner, pour cet effet, audit seigneur Roi de la Grande-Bretagne, la somme de deux millions de livres tournois, dont la moitié sera payée trois mois après l'échange des ratifications du présent traité, en espèces, à l'ordre dudit seigneur Roi de la Grande-Bretagne, à Calais, Dieppe, ou bien au Havre-de-Grâce, ou remis par lettres de change à Londres, aux risques, périls et frais dudit seigneur Roi Très-Chrétien, et l'autre moitié de la même manière dans trois mois après ; et en outre, ledit seigneur Roi Très-Chrétien s'oblige d'assister de troupes Sa Majesté de la Grande-Bretagne, jusqu'au nombre de six mille hommes de pied, s'il est besoin, et même de les lever et entretenir à ses propres frais et dépens, tant que ledit seigneur Roi de la Grande-Bretagne jugera en avoir besoin pour l'exécution de son dessein ; et lesdites troupes seront transportées par les vaisseaux du Roi de la Grande-Bretagne en tels lieux et ports qu'il jugera le plus à propos pour le bien de son service, et, du jour de leur embarquement, seront payées, ainsi qu'il est dit par Sa Majesté Très-Chrétienne, et obéiront aux ordres dudit seigneur Roi de la Grande-Bretagne; et le temps de ladite déclaration de catholicité est entièrement remis au choix dudit seigneur Roi de la Grande-Bretagne.

» III. *Item*, a été convenu, entre le Roi Très-Chrétien et Sa Majesté de la Grande-Bretagne, que ledit seigneur Roi Très-Chrétien ne rompra, ni n'enfreindra jamais la paix qu'il a faite avec l'Espagne, et ne contreviendra en chose quelconque à ce qu'il a promis par le traité d'Aix-la-Chapelle; et par conséquent, il sera permis au Roi de la Grande-Bretagne de maintenir ledit traité conformément aux conditions de la triple alliance, et des engagements qui en dépendent.

» IV. Il est aussi convenu et accordé, que s'il échoit ci-après au Roi Très-Chrétien de nouveaux titres et droits sur la monarchie d'Espagne, ledit seigneur Roi de la Grande-Bretagne assistera Sa Majesté Très-Chrétienne de toutes ses forces, tant par mer que par terre, pour lui faciliter l'acquisition desdits droits; le tout, suivant les conditions particulières dont lesdits seigneurs Rois se réservent de convenir, tant pour la jonction de leurs forces après que le cas de l'échéance desdits titres et droits sera arrivé, que pour les avantages que ledit seigneur Roi pourra raisonnablement désirer; et lesdits seigneurs Rois s'obligent réciproquement dès à présent, de ne faire aucun traité de part ni d'autre pour raison desdits nouveaux droits et titres avec aucun prince ou potentat, quel que ce puisse être, que de concert et du consentement de l'un et de l'autre.

» V. *Lesdits seigneurs Rois, ayant chacun en son particulier beaucoup plus de sujets qu'ils n'en auraient besoin pour justifier dans le monde la résolution qu'ils ont prise* DE MORTIFIER L'ORGUEIL DES ÉTATS-GÉNÉRAUX DES PROVINCES-UNIES DES PAYS-BAS, ET D'ABATTRE LA PUISSANCE D'UNE NATION QUI S'EST SI SOUVENT NOIRCIE D'UNE EXTRÊME INGRATITUDE ENVERS LES PROPRES CRÉATEURS ET FONDATEURS DE CETTE RÉPUBLIQUE ; ET LAQUELLE MÊME A L'AUDACE DE SE VOULOIR AUJOURD'HUI ÉRIGER EN SOUVERAINS ARBITRES ET JUGES DE TOUS LES AUTRES POTENTATS ; il est convenu, arrêté et conclu, que Leurs Majestés déclareront et feront la guerre conjointement avec toutes leurs forces de terre et de mer, auxdits États-Généraux des Provinces-Unies des Pays-Bas, et qu'aucun desdits seigneurs Rois ne pourra faire de traité de paix, de trêve ou de suspension d'armes avec eux, sans l'avis et le consentement de l'autre ; comme aussi que tout commerce entre les sujets desdits seigneurs Rois et ceux desdits États sera défendu ; et que les navires et biens de ceux qui trafiqueront nonobstant cette défense, pourront être saisis par les sujets de l'autre seigneur Roi, et seront réputés de juste prise ; et tous traités précédents faits entre lesdits États et aucun desdits seigneurs Rois ou leurs prédécesseurs, demeureront nuls, excepté celui de la triple alliance, fait pour la manutention du traité d'Aix-la-Chapelle ; et si après la déclaration de la guerre on prend prisonniers les sujets d'aucun desdits seigneurs Rois qui seront enrôlés au service desdits États, ou s'y trouveront actuellement, ils seront exécutés à mort par la justice dudit seigneur Roi dont les sujets les auront pris.

» VI. Et pour faire et conduire cette guerre aussi heureusement que lesdits seigneurs Rois espèrent de la justice de la cause commune, il est aussi convenu que Sa Majesté Très-Chrétienne se chargera de toute la dépense qu'il conviendra faire pour mettre sur pied, entretenir et faire agir les armées nécessaires pour attaquer puissamment par terre les places et pays desdits États, ledit seigneur Roi de la Grande-Bretagne s'obligeant seulement, de faire passer dans l'armée dudit seigneur Roi Très-Chrétien, et d'y entretenir toujours à ses dépens un corps de six mille hommes de pied, dont le commandant sera général, et obéira à Sa Majesté Très-Chrétienne et à celui qui commandera en chef l'armée où ledit corps de troupes servira comme auxiliaire, lequel sera composé de six régiments de dix compagnies chacun, et de cent hommes chaque compagnie ; et lesdites troupes seront transportées et débarquées en tels ports ou havres, et en tel temps qu'il sera concerté ci-après entre lesdits seigneurs Rois ; en sorte néanmoins qu'elles puissent arriver aux côtes de Picardie, ou tel autre lieu qui sera concerté, au plus tard un mois après que les flottes se seront jointes aux environs de Portsmouth, ainsi qu'il sera dit ci-après.

» VII. Et pour ce qui regarde la guerre de mer, ledit seigneur

Roi de la Grande-Bretagne se chargera de ce fardeau, et armera au moins de cinquante gros vaisseaux, et dix brûlots, auxquels ledit seigneur Roi Très-Chrétien s'obligera de joindre une escadre de trente bons vaisseaux français, dont le moindre portera quarante pièces de canon, et un nombre de brûlots suffisant, jusqu'à dix même, s'il est nécessaire, à proportion de ce qu'il y en devra avoir en la flotte; laquelle escadre de vaisseaux auxiliaires français continuera à servir durant le temps de ladite guerre aux frais de Sa Majesté Très-Chrétienne, et en cas de perte d'hommes et de vaisseaux, ils seront remplacés le plus tôt qu'il se pourra par Sa Majesté Très-Chrétienne; et ladite escadre sera commandée par un vice-amiral ou lieutenant-général français, qui obéira aux ordres de Son Altesse Royale Monseigneur le duc d'York, en vertu des pouvoirs que lesdits seigneurs Rois donneront audit seigneur duc, chacun pour les vaisseaux qui lui appartiennent; et pourra ledit seigneur duc attaquer et combattre les vaisseaux hollandais, et faire tout ce qu'il jugera le plus à propos pour le bien de la cause commune, jouira aussi de l'honneur du pavillon, des saluts et de toutes les autres autorités, prérogatives et prééminences dont les amiraux ont coutume de jouir; et, d'autre part aussi, ledit vice-amiral ou lieutenant général français aura pour sa personne la préséance dans les conseils, et pour son vaisseau et son pavillon de vice-amiral, celle de la marche sur le vice-amiral et vaisseau de ce nom anglais. Au surplus, les capitaines, commandants, officiers, matelots et soldats de l'une et l'autre nation se comporteront entre eux amicablement suivant le concert qui sera fait ci-après, pour empêcher qu'il n'y arrive aucun incident qui puisse altérer la bonne union; et afin que ledit seigneur Roi de la Grande-Bretagne puisse plus facilement supporter les frais de cette guerre, Sa Majesté Très-Chrétienne s'oblige à payer tous les ans audit Roi, tant que ladite guerre durera, en la manière susdite, la somme de trois millions de livres tournois, dont le premier paiement, qui sera de sept cent cinquante mille livres tournois, se fera trois mois avant la déclaration de la guerre; le second, de pareille somme, dans le temps de ladite déclaration; et le reste, montant à quinze cent mille livres tournois, six mois après ladite déclaration; et les années suivantes le premier paiement, qui sera de sept cent cinquante mille livres tournois, se fera au premier de février, le second, de pareille somme, au premier de mai, et le troisième montant, à quinze cent mille livres tournois, au quinzième d'octobre ; lesquelles sommes seront payées en espèces à l'ordre du Roi de la Grande-Bretagne, à Calais, Dieppe, ou Havre-de-Grâce ; ou bien remises par lettres de change à Londres, aux risques, périls et frais dudit seigneur Roi Très-Chrétien. Il a été aussi convenu et arrêté que ledit seigneur Roi de la Grande-Bretagne ne sera pas obligé de déclarer cette guerre, jusqu'à ce que l'escadre auxiliaire desdits trente vaisseaux de guerre français et dix brûlots seront joints avec la flotte anglaise aux environs de Portsmouth ; et de toutes les conquêtes qui se feront sur les États-Généraux, Sa Majesté de la Grande-Bretagne se contentera des places qui s'ensuivent, savoir : l'île de Walcheren, l'écluse avec l'île de Casant ; et la manière d'attaquer et de continuer la guerre sera ajustée par un règlement qui sera ci-après concerté : et d'autant que la dissolution du gouvernement des États-Généraux pourrait apporter quelque préjudice au prince d'Orange, neveu du roi de la Grande-Bretagne, et même qu'il se trouve des places, villes et gouvernements qui lui appartiennent, dans le partage qu'on se propose de faire du pays, il a été arrêté et conclu que lesdits seigneurs Rois feront leur possible à ce que ledit prince trouve ses avantages dans la continuation et fin de cette guerre, ainsi qu'il sera ci-après stipulé dans des articles à part.

» VIII. *Item*, a été arrêté qu'avant la déclaration de cette guerre, lesdits seigneurs Rois feront tous leurs efforts, conjointement ou en particulier, selon que l'occasion le pourra requérir, pour persuader aux Rois de Suède et de Dannemark, ou à l'un d'eux, d'entrer en cette guerre contre les États-Généraux, au moins de les obliger de se tenir neutres ; et l'on tâchera de même d'attirer dans ce parti les électeurs de Cologne et de Brandebourg, la maison de Brunswick, le duc de Neubourg, et l'évêque de Munster. Lesdits seigneurs Rois feront aussi leur possible pour persuader même à l'Empereur et la couronne d'Espagne de ne s'opposer pas à la conquête dudit pays.

» IX. Il est pareillement convenu et accordé, qu'après que ledit seigneur Roi de la Grande-Bretagne aura fait la déclaration spécifiée au second article de ce traité, qu'on espère moyennant la grâce de Dieu, devoir être suivie d'un heureux succès, il sera entièrement au pouvoir et au choix dudit seigneur Roi Très-Chrétien de déterminer le temps auquel lesdits seigneurs Rois devront faire la guerre avec leurs forces unies contre les États-Généraux. Sa Majesté de la Grande-Bretagne promettant d'en faire aussi sa déclaration conjointement dans le temps que Sa Majesté Très-Chrétienne jugera être le plus propre pour cet effet ; ledit seigneur Roi de la Grande-Bretagne étant assuré que Sa Majesté Très-Chrétienne nommant ledit temps, aura égard aux intérêts des deux couronnes, qui après la conclusion de ce traité, seront communs à tous deux et inséparables.

» X. Si dans aucun traité précédent fait par l'un ou par l'autre desdits seigneurs Rois avec quelque prince ou état que ce soit, il se trouve des clauses contraires à celles qui sont spécifiées dans cette ligue, lesdites clauses seront nulles, et celles qui sont contenues dans ce présent traité demeureront dans leur force et vigueur.

» XI. Et pour d'autant plus unir les esprits et intérêts des sujets desdits seigneurs Rois, il a été convenu que le traité de commerce qui se fait à présent, s'achèvera au plus tôt qu'il se pourra.

» Lesquels points et articles ci-dessus énoncés ensemble et tout le contenu en chacun d'iceux ont été traités, accordés, passés et stipulés entre le milord Arlington, le milord Arundel de Warder, le sieur chevalier Clifford, et le sieur chevalier Bellings, commissaires de Sa Majesté de la Grande-Bretagne, et le sieur Colbert, ambassadeur de Sa Majesté Très-Chrétienne, aux noms desdits seigneurs Rois, et en vertu de leurs pouvoirs dont les copies sont insérées au bas du présent traité. Ils ont promis et promettent, sous l'obligation de tous et chacun des biens et états présents et à venir desdits seigneurs Rois qu'ils seront par Leurs Majestés inviolablement observés et accomplis, et de s'en bailler et délivrer réciproquement, dans un mois, du jour et date des présentes, et plus tôt si faire se peut, les lettres de ratification desdits seigneurs Rois, en la meilleure forme que faire se pourra; et d'autant qu'il est absolument nécessaire pour le bon succès de ce qui est stipulé par le présent traité de le tenir fort secret jusqu'à ce qu'il soit temps de le mettre à exécution, lesdits sieurs commissaires et ambassadeur sont demeurés d'accord, qu'il suffira pour la validité dudit traité, que les ratifications desdits seigneurs Rois soient signées de leurs propres mains, et cachetées du sceau de leur secret, que lesdits seigneurs Rois déclareront dans lesdits lettres de ratification avoir pour cet effet la même force que si leur grand sceau y était apposé, ce que même chacun d'eux s'obligera de faire aussitôt qu'il pourra, et qu'il en sera requis. En foi de quoi, lesdits sieurs commissaires et ambassadeur ont signé le présent traité, et à icelui fait apposer le cachet de leurs armes. A Douvres, ce vingt-et-deuxième jour du mois de mai, l'an de grâce mil six cent soixante-et-dix [1]. »

Les ratifications de ce traité furent échangées dans le courant de juin: et par un singulier hasard, la ratification de Charles II arriva le 30 juin à Paris, jour même de la mort de *Madame*, qui avait pour ainsi dire décidé l'adhésion du roi son frère.

Voici comme s'exprime M. le duc de Saint-Simon, au sujet de la mort de *Madame* :

« Je ne puis finir sans raconter une anecdote qui a été sue de bien peu de gens sur la mort de *Madame*, que personne n'a douté qui n'eût été empoisonnée et même grossièrement; ses galanteries donnaient de la jalousie à *Monsieur*, le goût opposé de *Monsieur* indignait *Madame*; les favoris qu'elle haïssait semaient tant qu'ils pouvaient la division entre eux pour disposer de *Monsieur* tout à leur aise; le chevalier de Lorraine, dans le fort de sa jeunesse et de ses agréments, étant né en 1643, possédait *Monsieur* avec empire, et le faisait sentir à *Madame* comme à toute la maison. *Madame*, qui n'avait qu'un an moins que lui, et qui était charmante, ne pouvait, à plus d'un titre, soutenir cette domination; elle était au comble de la considération et de la faveur auprès du roi, dont elle obtint enfin l'exil du chevalier de Lorraine. A cette nouvelle, *Monsieur* s'évanouit, puis fondit en larmes, et s'alla jeter aux pieds du roi pour faire révoquer un ordre qui le mettait au dernier désespoir, il ne put y réussir; il entra en fureur, et s'en alla à Villers-Coterets.

» D'Effiat, homme d'un esprit hardi, premier écuyer de *Mon-*

[1] Au dépôt des Traités. *Archives des Aff. étr.*

sieur, et le chevalier de Beuvron, homme liant et doux, mais qui voulait figurer chez *Monsieur*, dont il était capitaine des gardes, et surtout tirer de l'argent pour se faire riche en cadet de Normandie fort pauvre, étaient étroitement liés avec le chevalier de Lorraine, dont l'absence nuisait à leurs affaires, et leur faisait appréhender que quelque autre mignon ne prît sa place, duquel ils ne s'aideraient pas si bien ; pas un des trois n'espérait la fin de cet exil, à la faveur où ils voyaient *Madame*, qui commençait même à entrer dans les affaires, et à qui le roi venait de faire faire un voyage mystérieux en Angleterre où elle avait réussi parfaitement, et en venait de revenir plus triomphante que jamais ; elle était de juin 1644, et d'une très-bonne santé qui achevait de leur faire perdre de vue le retour du chevalier de Lorraine, qui était allé promener son dépit en Italie et à Rome. Je ne sais lequel des trois y pensa le premier ; mais le chevalier de Lorraine envoya à ses deux amis, un poison sûr et prompt, par un exprès qui ne savait peut-être pas lui-même ce qu'il portait. *Madame* était à Saint-Cloud, et, pour se rafraîchir, elle prenait depuis quelque temps, sur les sept heures du soir, un verre d'eau de chicorée. Un garçon de sa chambre avait soin de le faire ; il le mettait dans une armoire d'une des antichambres de *Madame*, avec son verre ; cette eau de chicorée était dans un pot de faïence ou de porcelaine, et il y avait toujours auprès d'autre eau commune, en cas que *Madame* trouvât cette chicorée trop amère, pour la mêler. Cette antichambre était le passage public pour aller chez *Madame*, et il ne s'y tenait jamais personne, parce qu'il y en avait plusieurs. Le marquis d'Effiat avait épié tout cela ; le 29 juin 1670, passant par cette antichambre, il trouva le moment qu'il cherchait, personne dedans, et il avait remarqué qu'il n'était suivi de personne qui allât aussi chez *Madame* ; il se détourne, va à l'armoire, l'ouvre, jette son boucon, puis, entendant quelqu'un, s'arme de l'autre pot d'eau commune, et comme il le remettait, le garçon de la chambre qui avait soin de cette eau de chicorée, s'écrie, court à lui, et lui demande brusquement ce qu'il va faire à cette armoire. D'Effiat, sans s'embarrasser le moins du monde, lui dit : qu'il lui demande pardon ; mais qu'il crevait de soif, et que sachant qu'il y avait de l'eau là-dedans (lui montrant le pot d'eau commune), il n'a pu résister à en aller boire. Le garçon grommelait toujours; et l'autre toujours l'apaisant et s'excusant, entre chez *Madame*, et va causer comme les autres courtisans sans la plus légère émotion. Ce qui suivit une heure après n'est pas de mon sujet, et n'a fait que trop de bruit en Europe. *Madame étant morte le lendemain* 30 *juin, à trois heures du matin,* le roi fut pénétré de la plus grande douleur; apparemment que dans la journée il eut des indices et que ce garçon de chambre ne se tut pas, et qu'il y eut notion que Purnon, premier maître d'hôtel de *Madame*, était dans le secret par la confidence intime où dans son bas étage il était avec d'Effiat. Le roi couché, il se relève, envoie chercher Brissac, qui dès lors était dans ses gardes et fort sous sa main, lui commande de choisir six gardes du corps bien sûrs et secrets, d'aller enlever le compagnon et de le lui amener dans ses cabinets par les derrières. Cela fut exécuté avant le matin. Dès que le roi l'aperçut, il fit retirer Brissac et son premier valet de chambre, et prenant un visage et un ton à faire la plus grande terreur : — Mon ami, lui dit-il, écoutez-moi bien ; si vous m'avouez tout, et que vous me répondiez la vérité sur ce que je veux savoir de vous, quoi que vous ayez fait, je vous pardonne, et il n'en sera jamais mention ; mais prenez garde à ne pas me déguiser la moindre chose ; car si vous le faites, vous êtes mort avant de sortir d'ici. *Madame* n'a-t-elle pas été empoisonnée? — Oui, sire. — Et qui l'a empoisonnée? dit le roi, et comment l'a-t-on fait ? Il répondit que c'était le chevalier de Lorraine qui avait envoyé le poison à Beuvron et à d'Effiat, et lui conta ce que je viens d'écrire. Alors le roi redoublant d'assurances de grâce et de menaces de mort : — Et mon frère, dit le roi, le savait-il? — Non, sire, aucun de nous trois n'était assez sot pour le dire ; il n'a point de secret, et nous aurait perdus tous trois. A cette réponse le roi fit un grand ha ! comme un homme oppressé qui tout d'un coup respire. — Voilà, dit-il, tout ce que je voulais savoir; mais m'en assurez-vous bien? Il rappela Brissac et lui commanda de ramener cet homme quelque part, et tout de suite il le laissa aller en liberté. C'est cet homme lui-même qui l'a conté longues années depuis à M. Joly de Fleury, procureur général du parlement, duquel je tiens cette anecdote. Ce même magistrat, à qui j'en ai parlé depuis, m'apprit ce qu'il ne m'avait pas dit la première fois, et le voici : Peu de jours après le second mariage de *Monsieur*, le roi prit *Madame* en particulier, lui conta ce fait, et ajouta qu'il la voulait rassurer sur *Monsieur*, et sur lui-même, trop honnête homme pour lui faire épouser son frère, s'il était capable d'un pareil crime. *Madame* en fit son profit. Purnon, le même Bonneau, était demeuré son premier maître d'hôtel. Peu à peu elle fit semblant de vouloir entrer dans la dépense de sa maison, le fit trouver bon à *Monsieur*, et tracassa si bien Purnon, qu'elle le fit quitter, et qu'il vendit sa charge sur la fin de 1674, au sieur Maurel de Vaulonne. »

(*Saint-Simon, pag.* 181, *vol.* 3.)

On peut voir, dans tous les mémoires du temps, le récit de l'épouvantable mort de *Madame*. Les lettres écrites à ce sujet par de Lionne à Croissy restent muettes, non sur le soupçon d'empoisonnement, mais sur les preuves ; et celles de Croissy à de Lionne ne roulent que sur l'empressement extrême du roi Charles à ravoir sa correspondance anglaise, que *Madame* gardait dans une cassette, et aussi sur les emportements furieux du duc de Buckingham en apprenant la mort de cette jeune princesse.

Ce mystérieux événement ne fut point, d'ailleurs, un obstacle au rapprochement des deux couronnes ; et M. le marquis de Bellefonds, envoyé extraordinairement auprès du roi Charles pour le complimenter sur cette mort, lui porta de nouvelles assurances de l'affection de Louis XIV.

Peu de temps après, M. le duc de Buckingham vint en France, envoyé par le roi Charles, avec la mission apparente de faire les premières ouvertures à propos du traité de mai, signé, comme on l'a vu, avant la mort de *Madame*. Le duc, qui ignorait la conclusion de l'acte, croyait négocier sérieusement, tandis qu'il n'était que le jouet du roi Charles qui s'amusait fort de cette ambassade simulée, dont on verra plus bas le motif. Malheureusement, l'espace ne permet pas de citer une délicieuse lettre de de Lionne, qui, écrivant à Croissy, se moque le plus spirituellement du monde de l'importance du seigneur duc de Buckingham, qui l'accuse à chaque instant (lui de Lionne) de lenteur, et d'entraver la marche d'une négociation si avantageuse aux deux rois, etc., etc. Le dénouement de cette comédie fut la signature, en 1671, d'un traité dit *simulé*, en tout conforme au traité signé à Douvres en mai 1670 ; sauf la clause regardant la déclaration de catholicité, qui demeura secrète entre les deux rois, et dont le parlement n'eut pas connaissance.

Telle fut la fin et l'issue de cette négociation, entreprise par Louis XIV dans le but de se recruter des alliés pour punir plus sûrement *les Hollandais de leurs surprenantes hauteurs*. Car, c'est à ce reproche que se réduisent à peu près toutes les raisons invoquées pour dissimuler l'injustice flagrante de cette agression. Puisqu'on a fait voir que, grâce au partage éventuel de la monarchie espagnole, conclu avec Léopold au commencement de 1668, la médiation des Provinces-Unies et de la Suède, loin d'imposer à Louis XIV une paix désavantageuse, ne faisait qu'entrer dans ses vues, et qu'ainsi cette banalité : *Les États-Généraux voulaient se rendre arbitres de tous les différends au détriment des autres puissances*, n'avait aucun fondement. Restait donc à punir *l'insolence des gazetiers*, et surtout l'émission de la fameuse médaille de *Josué arrêtant le soleil*, c'est-à-dire Van Beuningen, un des principaux moteurs du traité d'Aix-la-Chapelle, arrêtant le cours des conquêtes de Louis XIV.

Voici, au sujet de cette dernière niaiserie historique, une lettre fort curieuse de M. Van Beuningen, un des hommes les plus respectés et les plus comptés des Provinces-Unies, qui avait été ambassadeur en France et en Angleterre, et qui, au dire de ses contemporains, partageait avec MM. de Witt la réputation de la plus parfaite incorruptibilité.

La Haye, le 23 mars 1673.

LETTRE DE M. CONRAD VAN BEUNINGEN, A M. DE LA VOLPILIÈRE DOCTEUR EN THÉOLOGIE[1].

« Monsieur,

» Le caractère de docteur en théologie que j'ai trouvé avec votre nom à la tête de vos vers *de la Hollande aux pieds du Roi*, me persuade que vous n'aimez pas que votre muse serve à autoriser

---

[1] Bien que la date de cette lettre soit postérieure à cette année 1670, on l'insère ici comme servant à détruire un des prétextes supposés qui amenèrent l'invasion de la Hollande. Ce M. de La Volpilière avait publié un recueil de mauvaises odes, sous le titre : *La Hollande aux pieds du roi*, rem-

l'imposture et la calomnie ; et qu'en cette vue, vous prendrez en bonne part que je vous informe que la ridicule vanité que vous m'imputez comme si je m'étais érigé en Josué, me vantant d'avoir arrêté le soleil, que le roi a pour devise, est une fiction toute pure, inventée en France après mon départ, par des personnes qui se sont voulu divertir à mes dépens ; je n'ai aucune part à la médaille ou à la peinture qu'on suppose, et n'ai en ma vie dit une parole ni formé une pensée qui me puisse rendre suspect d'une si insolente et sotte témérité ; même je n'ai pu apprendre

pli d'insultes contre les Hollandais, et de louanges outrées en faveur de Louis XIV.

Voici le titre de la première de ces odes et les strophes relatives à Van Beuningen.

La Hollande aux pieds du Roi ; elle lui demanda la paix, et se confessant coupable, tâche de rentrer en grâce avec lui.

> Ce ministre orgueilleux * qui m'attire la guerre,
> Pareil à ce hardi qui s'égalant aux dieux,
> Et voulant élever un trône sur les cieux
> En fut précipité par un coup de tonnerre ;
> Enfant de Phaëton, dont l'orgueil nonpareil
> Entreprit de mener le charriot du soleil ;
> Malheureux fugitif, source de mes désastres ;
> Faux Josué, faux devin, qui de la même voix
> Qu'on arrêta jadis le plus brillant des astres,
> Entreprit d'arrêter le plus puissant des rois.
>
> Tandis que ce soleil parcourait sa carrière,
> Qu'il répandait le jour à cent peuples divers,
> Et que pour devenir l'astre de l'univers
> Il étendait sur terre et sur mer sa lumière ;
> Que sous les aquilons et parmi les froideurs
> Il faisait mieux sentir ses puissantes ardeurs,
> Cet insolent jaloux qui me perd sans ressource,
> Parmi ses grands progrès voulut le retarder,
> Voulut non-seulement l'arrêter dans sa course,
> Mais le voulut encor faire rétrograder.

Dans la deuxième ode l'auteur s'adresse encore à Van Beuningen.

> Van Beuning, c'est ici le Josué véritable,
> Qui vient armé du foudre, exterminer le faux :

---

* Van Beuningen, qui fit peindre un soleil avec cette parole de Josué : *sta, sol, soleil, arrête-toi.* (Note de LA VOLPILIÈRE.)

de personne *qu'il y ait de telle médaille ou peinture au monde,* que dans l'imagination injurieuse des inventeurs de ce mensonge. Vous comprenez bien, monsieur, que cet éclaircissement vous oblige, ou à me convaincre du contraire (ce qui est impossible), ou d'avouer que vous m'avez fait un tort sensible, en faisant passer pour véritable dans un écrit adressé au roi, et donné au public, une fausseté qui m'est très-injurieuse; et me traitant là-dessus d'orgueilleux Phaéton, de faux Josué, de faux devin et de fugitif, pour noircir de ce que l'histoire et la fable vous ont fourni de plus outrageux, un homme innocent et à vous inconnu, qui pourrait dire de vous toutes les infamies et méchancetés dont vous seriez le moins capable, avec autant de justice et de fondement que vous lui pouvez reprocher ce que je viens de vous dire; si vous ne vous fiez pas à moi, vous pouvez savoir de M. de Pomponne, que, durant son ambassade en cet État, quand le bruit de cette fable commença à se répandre, il me fit la grâce d'écrire à ma prière à M. de Lionne, que je lui avais déclaré, non-seulement que je n'étais pas coupable de ladite impertinence de Josué, mais que je n'avais jamais manqué en mes paroles et en mes actions, au respect que je dois au roi et à la dignité de sa couronne, et que son excellence ayant eu réponse à sa lettre, me dit que l'on était persuadé à la cour de la vérité de ce que je lui avais protesté; j'attends donc, monsieur, que la considération de votre devoir vous portera à réparer de bon cœur l'injure que vous m'avez faite, et que sans répugnance vous déclariez au public que l'on a imposé à votre crédulité, et que vous avez su, depuis l'impression de votre ouvrage, que l'histoire du faux Josué est une fable, et qu'il n'y a point de fondement dans toutes les invectives que vous avez formées là-dessus contre moi. Vous ferez en cela ce qui est du devoir d'un homme

> Les murs en sa présence abattus sans assauts
> Te vont ensevelir sous leur chute effroyable.
> Vois comme il renouvelle aujourd'hui sur le Rhin
> Ce que fit ce héros jadis sur le Jourdain :
> Ses foudroyants regards abattent nos murailles.
> Combien de Jérichos tombent comme autrefois ;
> Il triomphe souvent sans donner de batailles :
> Aussi bien que ses mains, ses yeux font des exploits.

d'honneur et de bonne conscience, et m'obligerez à me dire sans réserve,

» Monsieur,

» Votre très-humble et très-obéissant serviteur,

» VAN BEUNINGEN.

» *P. S.* Je ne sais sur quoi vous fondez le reproche de fugitif ; car je ne suis jamais sorti de mon pays, depuis que j'y ai de l'emploi, que par ordre de l'état, en des commissions étrangères. »

(*Manus. des Blancs-Manteaux*, n° 63.)

Voici de plus un document concluant sur cette médaille fabuleuse. C'est un fragment d'une dépêche que de Lionne adressait à Colbert de Croissy, le 1er juin 1669.

« Si, quand ledit roi (d'Angleterre) s'est mis à discourir avec vous de l'affaire de Chatam, vous aviez su ce qu'on nous dit ici d'une médaille que les Hollandais ont fait faire, vous auriez eu une belle occasion de leur porter une botte bien franche. On m'assure que plusieurs personnes l'ont vue, *ce qui n'est pas de même de celle de Josué qui arrête le soleil, que l'on attribue à Van Beuning, et que personne n'a vue.* Il y a dans l'autre, d'un côté, une armée navale, et de l'autre, le brûlement des vaisseaux d'Angleterre dans la rivière de Londres, avec ces mots : *Victoria et mites et fortes.* »

(*Arch. des aff. étr., Angl., Suppl.,* 1668-1669, p. 242.)

Encore une fois, on ne peut véritablement attribuer cette funeste invasion qu'à l'influence croissante de Louvois, qui se voulait rendre nécessaire à Louis XIV et ruiner Colbert dans l'esprit de ce prince.

On n'a pu résister ici au désir d'insérer quelques fragments de l'oraison funèbre de *Madame*, un des chefs-d'œuvre de Bossuet ; et de les rapprocher de l'ensemble de la négociation entreprise par *Madame*, des moyens employés par elle pour la faire réussir ; et enfin du but singulièrement odieux que se proposaient les deux rois par cette alliance, si honteusement vendue et achetée ; car il faut l'avouer, ces pages éloquentes du grand orateur chrétien offrent un contraste fort piquant, si on les oppose à des faits alors universellement connus ou pénétrés, tels que l'amour incestueux de Louis XIV pour *Madame*, les aventures de MM. de Guiche, de Vuardes, etc., et, on le répète, au but du voyage de *Madame* en Angleterre : de Madame *qui allait*, dit Bossuet, ainsi qu'on va le voir plus bas : *qui allait s'acquérir deux puissants royaumes par des moyens* AGRÉABLES.

Moyens agréables nous paraît quelque peu compromettre la gravité du caractère de Bossuet, si l'on songe que cette allusion, involontaire sans doute, mais extrêmement dans le goût d'Épicure, pouvait s'appliquer ou plutôt s'appliquait absolument (vu les faits connus) à l'intervention amoureuse de mademoiselle de Keroualle dans la négociation, et aux gages secrets dont Louis XIV payait l'alliance de Charles II, gages dont le joyeux et catholique monarque donnait les singulières quittances que voici :

« Comme par le traité signé à Douvres, le 11 de juin 1670, et ratifié le 29 de juin, il est accordé que nous recevrons deux millions de livres tournois *pour nous assister à nous déclarer catholiques*, et trois millions chacune année pour la dépense d'une guerre contre les Hollandais, et que nous avons, par un traité signé aujourd'hui[1] avec le roi Très-Chrétien, stipulé que ledit roi Très-Chrétien nous donnera cinq millions de livres pour la dépense de la première année d'une guerre contre la Hollande ; nous déclarons par ces présentes, que dans les cinq millions dont il est fait mention dans ce dernier traité pour la guerre de la Hollande, sont compris aussi les deux millions dont il est fait mention dans le premier traité de catholicité ; et nous déclarons en outre, et promettons, qu'ayant reçu lesdits deux premiers millions, NOUS EN BAILLERONS QUITTANCE COMME BON POUR CATHOLICITÉ ; et de plus, que c'est notre intention et dessein, qu'il n'y ait rien dans ce traité qui puisse changer ledit traité de

---

[1] On a dit qu'après la mort de Madame, M. de Buckingham vint à la cour de France pour y négocier le traité dit *simulé*, qui ne différait du traité déjà signé que par *l'omission de la clause de la déclaration de catholicité*. Ce traité *simulé* fut de nouveau signé par Charles II, le 21 février 1671, et par ses ministres protestants ; mais comme Charles avait déjà reçu deux millions pour la catholicité, et que Louis XIV voulait en avoir récépissé, il exigea que, dans l'acte ci-dessus, on y comprit ces *deux millions* dans le terme vague de subsides contre la Hollande (qui ne montaient, on sait, qu'à trois millions), mais aussi que, par cet acte, il fût déclaré que, rien dans le traité simulé ne dérogeât à l'autre quant à la religion.

Douvres, dans les articles et clauses y contenus ; mais plutôt les corroborer et confirmer, en foi de quoi, etc.

» CHARLES, roi. »

(*Arch. des aff. étr.* — Angl.)

Le bon pour catholicité de l'insouciant monarque, *les moyens agréables* de l'orateur chrétien sont, du reste, à la hauteur de ces naïves paroles du grave président Hénault : *Madame la duchesse d'Orléans laissa à Douvres mademoiselle de Kéroualle, qui servit bien la France, et eut depuis, du roi Charles II, M. le duc de Richemont.*

Écoutons maintenant la grande et religieuse voix de l'austère persécuteur du tendre Fénelon, de Bossuet, enfin, cette majestueuse personnification de l'indépendance catholique, faisant entendre des vérités impitoyables du haut de la chaire évangélique, et réprimandant les grands de la terre avec sa rudesse d'apôtre d'une religion toute de liberté et d'égalité...

ORAISON FUNÈBRE DE HENRIETTE-ANNE D'ANGLETERRE, DUCHESSE D'ORLÉANS.

Vanitas vanitatum, dixit Ecclesiastes : Vanitas vanitatum, et omnia vanitas.

Vanité des vanités, a dit l'Ecclésiaste : Vanité des vanités, et tout est vanité.

«Monseigneur,

» J'étais donc encore destiné à rendre ce devoir funèbre à très-haute et très-puissante princesse Henriette-Anne d'Angleterre, duchesse d'Orléans. Elle, que j'avais vue si attentive pendant que je rendais le même devoir à la Reine sa mère, devait être si tôt après le sujet d'un discours semblable ; et ma triste voix était réservée à ce déplorable ministère. O vanité ! ô néant ! ô mortels ignorans de leurs destinées ! L'eût-elle cru il y a dix mois ? Et vous, messieurs, eussiez-vous pensé, pendant qu'elle versait tant de larmes en ce lieu, qu'elle dût si tôt vous y rassembler pour la pleurer elle-même ? Princesse, le digne objet de l'admiration de deux grands royaumes, n'était-ce pas assez que l'Angleterre pleurât votre absence, sans être encore réduite à pleurer votre mort ? Et la France, qui vous revit avec tant de joie, environnée d'un nouvel éclat, n'avait-elle plus d'autres pompes et d'autres triomphes pour vous, *au retour de ce voyage fameux, d'où vous aviez remporté tant de gloire et de si belles espérances ! Vanité des vanités, et tout est vanité.*

» .... Aussi, pouvait-on sans crainte confier à *Madame* les plus grands secrets. Loin du commerce des affaires et de la société des hommes, ces âmes sans force, aussi bien que sans foi, qui ne savent pas retenir leur langue indiscrète. Ils ressemblent, dit le Sage, à une ville sans murailles, qui est ouverte de toutes parts, et qui devient la proie du premier venu. Que *Madame* était au-dessus de cette faiblesse ! Ni la surprise, ni l'intérêt, ni la vanité, ni l'appât d'une flatterie délicate ou d'une douce conversation, qui souvent épanchant le cœur en fait échapper le secret, n'était capable de lui faire découvrir le sien ; et la sûreté qu'on trouvait en cette princesse, que son esprit rendait si propre aux grandes affaires, lui faisait confier les plus importantes.

» *Ne pensez pas que je veuille, en interprète téméraire des secrets d'État, discourir sur le voyage d'Angleterre, ni que j'imite ces politiques spéculatifs, qui arrangent, suivant leurs idées, les conseils des rois, et composent sans instruction les annales de leur siècle. Je ne parlerai de ce* VOYAGE GLORIEUX, *que pour dire que* Madame *y fut admirée plus que jamais. On ne parlait qu'avec transport de la bonté de cette princesse, qui malgré les divisions trop ordinaires dans les cours, lui gagna d'abord tous les esprits. On ne pourrait assez louer son incroyable dextérité à traiter les affaires les plus délicates, à guérir ces défiances cachées, qui souvent les tiennent en suspens, et à terminer tous les différends d'une manière qui conciliait les intérêts les plus opposés.* Mais qui pourrait penser, sans verser des larmes, aux marques d'estime et de tendresse que lui donna le roi son frère ? Ce *grand roi,* plus capable encore d'être touché par le mérite que par le sang, ne se lassait point d'admirer les excellentes qualités de *Madame.*

O plaie irrémédiable ! ce qui fut dans ce voyage le sujet d'une si juste admiration, est devenu pour ce prince le sujet d'une douleur qui n'a point de bornes. *Princesse, le digne lien des deux plus grands rois du monde, pourquoi leur avez-vous été si tôt ravie? Ces deux grands rois se connaissent; c'est l'effet des soins de* Madame: *ainsi leurs nobles inclinations concilieront leurs esprits, et la* VERTU SERA ENTRE EUX UNE IMMORTELLE MÉDIATRICE; *mais si leur union ne perd rien de sa fermeté, nous déplorerons éternellement qu'elle ait perdu son agrément le plus doux, et qu'une princesse si chérie de tout l'univers ait été précipitée dans le tombeau, pendant que la confiance de deux si grands rois l'élevait au comble de la grandeur et de la gloire...*

» O nuit désastreuse! ô nuit effroyable! où retentit tout à coup, comme un éclat de tonnerre, cette étonnante nouvelle: *Madame* se meurt! *Madame* est morte! Qui de nous ne se sentit frappé à ce coup, comme si quelque tragique accident avait désolé sa famille? Au premier bruit d'un mal si étrange, on accourut à Saint-Cloud de toutes parts; on trouve tout consterné, excepté le cœur de cette princesse. Partout on entend des cris, partout on voit la douleur et le désespoir, et l'image de la mort. Le roi, la reine, *Monsieur*, toute la cour, tout le peuple, tout est abattu, tout est désespéré; et il me semble que je vois l'accomplissement de cette parole du Prophète: Le roi pleurera, le prince sera désolé, et les mains tomberont au peuple de douleur et d'étonnement.

» Mais, et les princes et les peuples gémissaient en vain. En vain *Monsieur*, en vain le roi même, tenait *Madame* serrée par de si étroits embrassements. Alors, ils pouvaient dire l'un et l'autre, avec saint Ambroise: *Je serrais les bras, mais j'avais déjà perdu ce que tenais.* La princesse leur échappait parmi des embrassements si tendres, et la mort, plus puissante, nous l'enlevait entre ses royales mains.

» ELLE ALLAIT S'ACQUÉRIR DEUX PUISSANTS ROYAUMES PAR DES MOYENS AGRÉABLES: toujours douce, toujours paisible autant que généreuse et bienfaisante, son crédit n'y aurait jamais été odieux; on ne l'eût point vue s'attirer la gloire avec une ardeur inquiète et précipitée; elle l'eût attendue sans impatience, comme sûre de la posséder. *Cet attachement qu'elle a montré si fidèle pour le roi jusqu'à la mort, lui en donnait les moyens. Et certes, c'est le bonheur de nos jours, que l'estime se puisse joindre avec le devoir, et qu'on puisse autant s'attacher au mérite et à la personne du prince, qu'on en révère la puissance et* la majesté. Les inclinations de *Madame* ne l'attachaient pas moins à tous ses autres devoirs. *La passion qu'elle ressentait pour la gloire de* Monsieur *n'avait point de bornes. Pendant que ce grand prince, marchant sur les pas de son invincible frère, secondait avec tant de valeur et de succès ses grands et héroïques desseins dans la campagne de Flandres, la joie de cette princesse était incroyable. C'est ainsi que ses généreuses inclinations la menaient à la gloire par les voies que le monde trouve les plus belles; et si quelque chose manquait encore à son bonheur, elle eût tout gagné par sa douceur et par sa conduite.* Telle était l'agréable histoire que nous faisions pour Madame; et, pour achever ces nobles projets, il n'y avait que la durée de sa vie dont nous ne croyions pas devoir être en peine; car, qui eût pu seulement penser que les années eussent dû manquer à une jeunesse qui semblait si vive? Toutefois, c'est par cet endroit que tout se dissipe en un moment: au lieu de l'histoire d'une belle vie, nous sommes réduits à faire l'histoire d'une admirable, mais triste mort...

» Digne fille de saint Édouard et de saint Louis, elle s'attacha du fond du cœur à la foi de ces deux grands rois. *Qui pourrait assez exprimer le zèle dont elle brûlait pour le rétablissement de cette foi dans le royaume d'Angleterre, où l'on en conserve encore tant de précieux monuments? Nous savons qu'elle n'eût pas craint d'exposer sa vie pour un si pieux dessein; et le Ciel nous l'a ravie! O Dieu! que prépare ici votre éternelle providence? Me permettez-vous, ô Seigneur! d'envisager en tremblant vos saints et redoutables conseils? Est-ce que les temps de confusion ne sont pas encore accomplis? Est-ce que le crime qui fit céder vos vérités saintes à des passions malheureuses est encore devant vos yeux, et que vous ne l'avez pas assez puni par un aveuglement de plus d'un siècle? Nous ravissez-vous Henriette, par un effet du même jugement qui abrégea les jours de la reine Marie, et son règne si favorable à l'Église! ou bien, voulez-vous triompher seul? et en nous ôtant les moyens dont nos désirs se flattaient,* réservez-vous dans les temps marqués par votre prédestination éternelle, de secrets retours à l'État et à la maison d'Angleterre? Quoi qu'il en soit, ô grand Dieu! recevez-en aujourd'hui les bienheureuses prémices en la personne de cette princesse. Puisse toute sa maison et tout le royaume suivre l'exemple de sa *foi. Ce grand roi, qui remplit de tant de vertus le trône de ses ancêtres, et sait louer tous les jours la divine main qui l'a rétabli comme par miracle, n'improuvera pas notre zèle, si nous souhaitons devant Dieu, que lui et tous ses peuples soient comme nous...* »

. . . .

Après de telles et si lâches flagorneries, tout commentaire sur l'autorité morale de la parole de Bossuet, devient, je crois, inutile...

Une fois le traité signé avec le roi Charles, M. de Pomponne fit beaucoup d'instances auprès de M. de Witt pendant cette même année, pour l'engager à rompre l'alliance des Provinces-Unies avec l'Angleterre, afin que tout l'odieux d'une rupture retombât sur les Provinces; mais le grand pensionnaire s'y refusa constamment.

Ce fut donc vers le milieu de l'année 1671 que les Anglais commencèrent, ainsi qu'on va le voir, les premières hostilités contre la république.

CHAPITRE X.

Mort de de Lionne. — le Yacht *le Merlin*. — Exigences de Downing au sujet du salut du pavillon. — Propositions d'accommodement faites par les Provinces-Unies à la France et à l'Angleterre. — Elles sont rejetées (1672). — Audience de congé du sieur de Grootius, ambassadeur des Provinces-Unies près la cour de France. — Discours de Louis XIV à cet envoyé. — Le conseil de marine s'assemble à la suite de cette audience. — M. le comte d'Estrées, vice-amiral de France. — M. Abraham Du Quesne, lieutenant général des armées navales. — M. le marquis de Martel, chef d'escadre, et des Rabesnières, chef d'escadre. — Instruction donnée par le roi au comte d'Estrées. — Pouvoir donné au duc d'York. — Le chevalier Robert Holms et Spragge attaquent la flotte hollandaise, le 23 mars. — Charles II ferme l'échiquier. — Déclaration de guerre de la France et de l'Angleterre contre les sept Provinces-Unies.

Deux événements, qui eurent une bien haute influence sur l'avenir, se passèrent à la fin du mois d'août de cette année 1671, à savoir : les premières hostilités des Anglais contre les Provinces-Unies, et la mort de de Lionne.

Hugues de Lionne mourut à Paris, à l'âge soixante ans, le dernier jour du mois d'août, usé par les excès de travail et de plaisir, aussi, dit-on, par le chagrin que lui causa seulement vers la fin de sa vie la conduite extrêmement débordée de mesdames de Lionne et de Cœuvres, sa femme et sa fille, et peut-être encore par le regret amer de voir ses trois fils absolument incapables de lui succéder, se plonger et se perdre dans la débauche et la plus complète obscurité. Voici ce que dit Saint-Simon sur l postérité de ce ministre :

« Lionne, fils aîné de ce grand ministre des affaires étrangères, mourut bientôt après (1708), dans une obscurité aussi profonde que le lustre de son père avait été éclatant.

» Un autre personnage singulier mourut en même temps à Paris (1713), dans le séminaire des Missions-Étrangères : il était troisième fils du célèbre de Lionne, ministre et secrétaire-d'état, et il était né à Rome en 1655, pendant l'ambassade de son père vers les princes d'Italie. Il n'avait que seize ans lorsqu'il le perdit : son frère aîné, qui avait la survivance du père, n'en put soutenir seul le poids; il culbuta presque aussitôt, et cette famille tomba en désarroi, malgré l'alliance du duc d'Estrées, qui ne put la soutenir.

» L'abbé de Lionne, fils du célèbre ministre d'état, mourut aussi en ce mois de janvier (1715). Ses mœurs, son jeu, sa conduite, l'avaient éloigné de l'épiscopat et de la compagnie des honnêtes gens : il était extrêmement riche en bénéfices qui lui donnaient de grandes collations ; l'abus qu'il en faisait engagea sa famille à lui donner quelqu'un qui y veillât avec autorité : il fallut avoir recours à celle du roi, par conséquent aux jésuites, puisqu'il s'agissait de biens et de bénéfices ecclésiastiques. Ils découvrirent un certain Henriot, de la plus basse lie du peuple, décrié pour ses mœurs et ses friponneries ; ce fut leur homme : ils le firent tuteur de l'abbé de Lionne, chez lequel il s'enrichit par la vente de toutes ses collations. Cet abbé de Lionne passa toute sa vie dans la dernière obscurité. »

(*Mémoires de M. le duc de Saint-Simon, vol.* 6, 11, 12 et 18.)

Telle fut la fin de ce grand ministre; tel fut le sort déchu de sa famille.

Maintenant, si ce qu'on est convenu d'appeler la *déduction logique* d'un caractère, n'était pas la plus extraordinaire et la plus niaise des vanités; s'il ne demeurait pas, au contraire, prouvé jusqu'à l'évidence que rien n'est moins conséquent et moins d'accord avec soi-même que le caractère; si les contradictions les plus frappantes, les plus organiques, si cela se peut dire, n'étaient pas la condition expresse et vitale de tout caractère possible, on pourrait trouver surprenant qu'un homme comme de Lionne, sachant l'humanité aussi *humaine* qu'il la savait, sceptique jusqu'au paradoxe lorsqu'il s'agissait de reconnaître chez un autre quelque sentiment honorable et pur; qu'un homme ayant autant expérimenté le vrai; que de Lionne, en un mot, ait pu avoir une seule déception, ou plutôt qu'il ait jamais pu compter sur la moralité, la vertu, la dignité des siens : pour être *conséquent* avec lui-même, comme on dit, de Lionne, s'attendant à tout, n'aurait dû se trouver étonné de rien, se retirer en lui, rire beaucoup des chagrins de famille et de ce qu'on est convenu d'appeler *les peines du cœur*, n'avoir de sensibilité qu'à la peau, et jouissant, non pour les siens, non pour l'avenir, mais pour le présent, mais pour lui, de son éclatante et splendide position; regarder placidement tant de monstrueux désordres, ne concevant pas que le libertinage d'une femme et d'une fille, ou que la honteuse nullité d'un fils, se pussent jamais sentir à l'épiderme.

Toujours est-il qu'il mourut de la sorte, et avec lui mourut aussi la grande pensée politique de Mazarin et de Richelieu.

Arnault de Pomponne sembla succéder à de Lionne aux affaires étrangères; mais l'influence positive, la direction suprême des affaires, appartenaient de fait à Louvois, qui commença dès lors avec une superbe opiniâtreté cette série continue de graves et cruelles erreurs, si fatales à la France, et dont la première et la plus terrible, par ses incroyables conséquences, fut la guerre de Hollande, guerre à laquelle de Lionne s'était fortement opposé vers la fin de ses jours, soutenant avec raison, *que, dès que l'épée sortait du fourreau, c'était seulement et toujours contre l'Espagne qu'il la fallait tourner*, tout agrandissement possible et profitable ne se pouvant trouver que dans les possessions espagnoles.

Mais Louvois avait alors tout pouvoir sur l'esprit de Louis XIV, et son opinion prévalut.

Quant à l'autre événement du mois d'août, il se passa de la sorte :

Le 24 de ce mois, après une assez forte tempête, plusieurs vaisseaux de l'armée hollandaise étaient à l'ancre proche du Texel [1] ; un yacht [2] du roi Charles II, venant d'Amsterdam, et portant à son grand mât le pavillon d'Angleterre rouge avec un écu de gueules bordé d'argent et chargé de trois léopards d'or, naviguant à travers l'escadre des Provinces-Unies, salua de plusieurs volées l'amiral Ruyter, qui la commandait.

Le vaisseau de l'amiral étant à la bande, et ne pouvant répondre à cette civilité, le lieutenant amiral Van Gent rendit au yacht un salut de sept volées ; mais sans amener ni son pavillon ni ses huniers.

Alors le yacht anglais nommé *le Merlin*, envoya deux bordées à boulets au vaisseau du lieutenant-amiral Van Gent, qui tuèrent un homme et en blessèrent trois à son bord.

Aussitôt l'amiral donna l'ordre à son capitaine de vaisseau d'aller demander au commandant du yacht quelles étaient les raisons d'une conduite aussi hostile.

Le capitaine anglais, nommé Carrow, répondit : — J'ai agi ainsi, parce que le vaisseau hollandais a manqué au respect qu'il doit *au pavillon de Sa Majesté le roi d'Angleterre, en n'amenant pas ses voiles et son enseigne après le salut.*

Le capitaine hollandais ayant rendu cette réponse au lieutenant amiral Van Gent, celui-ci se rendit à bord du yacht pour faire des représentations au capitaine anglais, et lui dit : « Qu'il » n'avait pas osé entreprendre de son chef une chose d'aussi

---

[1] Le Texel, petite île de Hollande, à l'entrée du Zuyderzée ; elle est séparée du continent par un canal étroit qui sert de passage aux vaisseaux qui vont à Amsterdam. Cette île est par 53° 2' 30" N., et par 2° 7' 8" à l'est de Paris.

[2] Jacht ou yacht, bâtiment léger, fait pour la marche ou les promenades, ordinairement de 60 à 80 tonneaux ; son gréement consiste dans un grand mât, un mât d'artimon, et un mât de beaupré ; les manœuvres en sont fines et déliées, et ces bâtiments sont ordinairement décorés avec un grand luxe.

» grande conséquence, qu'était le salut du pavillon pour un
» yacht sur les propres côtes des Provinces-Unies; qu'il lui fau-
» drait au moins un ordre particulier pour cet effet; que si le
» roi de la Grande-Bretagne était d'avis que cela lui fût dû,
» c'était un différend à vider entre Sa Majesté et les Etats-Géné-
» raux, leurs maîtres respectifs. »

Le capitaine Carrow répondit qu'il croyait avoir fait son devoir, et qu'il rendrait d'ailleurs compte de tout ceci à l'amiral d'Angleterre. Puis *le Merlin* continua sa route pour Londres après cette explication.

Les prétentions exorbitantes des Anglais furent soumises aux États assemblés, et il fut résolu par l'organe du grand pensionnaire de Witt :

« Que tant que les vaisseaux des États seraient sur leurs propres côtes, ils ne devaient pas mettre pavillon bas devant les vaisseaux anglais, et que ce salut du pavillon ne pouvait se rendre aux Anglais que dans la mer Britannique. »

Dans l'assemblée générale des Provinces-Unies, qui eut lieu le 5 octobre 1671, les États, informés des intentions hostiles des rois de France et d'Angleterre contre la Hollande, proposèrent de donner aux deux rois toutes les satisfactions et explications possibles au sujet du *Merlin* et de la prétendue *médaille de Josué*.

Malgré ces offres pacifiques, le 4 janvier 1672, le roi d'Angleterre, par l'organe de son ambassadeur auprès des États, Georges Downing déclara :

1° *Qu'il se prétendait offensé dans son honneur par le refus de salut fait à son yacht* le Merlin;

2° *Qu'il en exigeait une réparation éclatante, et qu'à ces fins l'amiral Van Gent fût sévèrement et exemplairement châtié;*

3° *Que le refus dudit Van Gent avait porté atteinte à* LA SOUVERAINETÉ DE LA MER, *qui appartenait de droit à l'Angleterre, et qui lui avait été reconnue par le traité de Breda;*

4° *Qu'à ces causes et à l'avenir, il voulait et entendait que les vaisseaux hollandais eussent à mettre pavillon bas devant le pavillon d'Angleterre, en quelque lieu qu'ils le rencontrassent.*

A ces prétentions, le grand pensionnaire de Witt répondit par un mémoire dont voici la teneur :

« Que, sur le fondement d'une amitié réciproque et raisonnable, et dans l'espérance que l'Angleterre exécuterait le titre VIII de la triple alliance dans le cas où *la France déclarerait la guerre aux États*, ils offraient et consentaient volontairement à ce que leurs flottes entières, aussi bien que leurs navires particuliers, missent pavillon bas devant tout vaisseau de guerre portant le pavillon royal ; mais que les Provinces-Unies n'entendaient rendre ce salut que *pour faire honneur* à un si grand monarque et allié, sans que de cette marque de respect *il pût être tiré aucun argument au préjudice de la liberté de la navigation*, et qu'ainsi les États ne reconnaissaient *la souveraineté* de la mer que l'Angleterre *prétendait posséder* qu'en un sens purement *honorifique.* »

Ce traité ne satisfaisant pas Georges Downing, les États envoyèrent un ambassadeur extraordinaire auprès de Charles II, qui leur répondit par la déclaration de guerre du 7 avril 1672.

Mais cette déclaration fut précédée de deux faits qu'on va exposer et qui permettent de douter de la *bonne foi* du roi Charles.

Malgré les gages à lui payés par Louis XIV, à partir de janvier 1671, le joyeux monarque se trouvant fort à court d'argent, confiait un jour familièrement ses embarras à ses ministres, lorsqu'il lui vint tout à coup dans l'esprit de promettre en plein conseil que la charge de grand trésorier, vacante depuis longtemps, serait donnée à celui de ses ministres qui lui trouverait cinq cent mille livres sterling pour le lendemain.

L'appât était séduisant : le conseil se leva, et chacun s'en alla rêvant à l'expédient et à la charge. Du nombre des rêveurs se trouvèrent Ashley et Clifford. Pour causer et s'inspirer mieux, ces deux derniers convinrent de dîner dans une taverne renommée d'Oxford-Street, alors tenue par un cuisinier français d'une haute réputation.

Retirés dans un salon, les deux ministres se laissèrent aller aux délices de la table ; la chère était exquise et délicate, les vins de France, leur douce chaleur vivifia le cerveau paresseux d'Ashley, et y fit éclore une merveilleuse idée : mais, hélas ! animé par de fréquentes libations, le ministre oublia sa réserve habituelle, et confia son idée, ou plutôt son expédient à Clifford. Cet expédient se réduisait à fermer *l'échiquier*[1], moyen infaillible de s'approprier les dépôts qui s'y trouvaient. Clifford tressaillit; mais étant de sang-froid, il se contient, trouve le projet d'Ashley détestable, impraticable, le raille impitoyablement, et lui conseille un toast à mademoiselle Price, pour le ramener à des visées plus raisonnables. Ashley, déjà passablement ivre, accepte à merveille toast et railleries, et tant et si bien, que Clifford le met sous la table, puis court à Withe-Hall. On lui dit que le roi est couché. Clifford insiste, alléguant une raison d'état; enfin on introduit le ministre auprès du roi, *qui dormait d'un profond sommeil, et ne s'attendait pas à un si charmant réveil*, dit-il naïvement[2]; en un mot, le projet d'Ashley surpris par Clifford fut adopté; le lendemain, Charles II avait 1,300,000 livres sterling, l'échiquier était fermé, Clifford, grand trésorier, et Ashley mystifié.

Ces 1,300,000 livres sterling ne suffirent pas au *bon Rowley*. Apprenant qu'un convoi marchand hollandais revenant de Smyrne, et rapportant des valeurs évaluées à près de 40 millions, devait passer dans la Manche, sous l'escorte de huit vaisseaux de guerre, bien qu'en pleine et entière paix et alliance avec les Provinces-Unies, le roi Charles, voulant tenter de nouveau un *bon coup, et dégraisser un peu le meynher*, comme disait M. de Rochester, le roi Charles, dis-je, embusqua à l'île de Wight, sous le vent de laquelle devait passer le convoi, sir Robert Holmes avec une escadre de douze vaisseaux de guerre. Bientôt le convoi passe à la vue de l'île, et, le 23 mars 1672 (quinze jours avant la dé-

---

[1] Voici ce que dit le docteur Lingard au sujet de l'échiquier. — Le lecteur sait que, depuis le temps de Cromwell, les banquiers et les capitalistes avaient eu coutume d'avancer de l'argent au gouvernement, qui leur assignait en retour une branche du revenu public jusqu'à ce que le capital et les intérêts fussent payés. Jusqu'alors l'échiquier (la Banque), au jour de dépôt, avait maintenu son crédit par la ponctualité avec laquelle il avait rempli ses obligations; mais malheureusement il fut proposé de suspendre pour un an le paiement de tous les créanciers publics. Par cet acte inique, une somme d'environ 1,300,000 livres sterl. fut placée à la disposition du roi et des ministres. Plusieurs banquiers, qui avaient placé leur argent dans l'échiquier, firent banqueroute; le crédit commercial du pays fut généralement ruiné, et un grand nombre de rentiers, de veuves, et d'orphelins, furent réduits à la plus profonde misère.

[2] Voir: Burnet et Dalrymple. — *Arch. des aff. étr.* — Angl. Supplément 1671-1672.

claration de guerre de la Grande-Bretagne), sir Robert Holmes fond sur les Hollandais vers les huit heures du matin; mais l'amiral Van Nès, qui commandait l'escorte, malgré l'infériorité de ses forces, fit une si rude et si admirable résistance, qu'en dépit d'un renfort de six vaisseaux arrivés pendant la nuit aux Anglais, il ne perdit que quatre bâtiments marchands, et sauva le reste de son convoi.

Ces quatre prises furent vendues trois millions en Angleterre ; mais malgré ce bon coup, Charles II ne pouvant en définitive supporter davantage, non plus que son allié Louis XIV, les *surprenantes hauteurs* des Provinces-Unies, les deux rois leur déclarèrent simultanément la guerre le 7 avril suivant; et le 14, la Suède, gagnée par la France, rompant aussi avec les Provinces, malgré la triple alliance, s'engagea par un traité secret à déclarer la guerre à tout prince de l'empire qui porterait secours à la république.

Mais il faut, relativement à la France, remonter au commencement de l'année, pour connaître plusieurs faits importants qui précédèrent la déclaration de guerre de Louis XIV.

Le lundi 4 janvier 1672, le roi de France devait recevoir en audience solennelle et extraordinaire Grotius (Pierre de Groot), ambassadeur des sieurs États-Généraux des Provinces-Unies auprès de la cour de France.

Parmi la foule des courtisans qui assistaient à cette cérémonie, on remarquait M. le prince de Condé, et MM. de Turenne, de Bouillon et de Créqui.

Louis XIV s'était vêtu ce jour-là avec une grande magnificence ; son justaucorps de velours incarnat était tout brodé de perles et de diamants; l'expression de son visage était dure, arrogante, et son sourcil parut sévèrement froncé bien avant l'entrée de l'ambassadeur de la république ; le grand roi préparait son rôle.

Lorsque Pierre Grotius arriva, conduit par M. de Saint-Laurent, introducteur des ambassadeurs, il fut accueilli par un murmure moqueur de fort mauvais goût, et tout à fait indigne de la cour la plus policée de l'Europe, mais qui, pour plaire au maître, oublia dans ce moment sa parfaite et exquise urbanité.

Cette entrée, d'ailleurs, offrait un contraste frappant : d'un côté, un roi dans toute sa splendeur et dans toute la force de l'âge, étincelant de pierreries, entouré des plus grands généraux de son règne et du monde; entouré d'une cour jeune, nombreuse, brillante, qui quêtait un coup d'œil du maître pour lui obéir, et de l'autre, un seul homme, pâle, souffrant, à cheveux gris, simplement vêtu de noir, venant avec une respectueuse dignité réclamer pour les droits d'une république marchande et bourgeoise auprès du chef altier de la plus ancienne monarchie de l'Europe.

Seulement, ainsi qu'on l'a dit, ce contraste, évident pour tout le monde, fit réfléchir les hommes de sens et ricaner les oisifs.

Le roi qui recevait l'ambassadeur dans son grand cabinet, était assis et s'entretenait avec Colbert, quand Grotius s'approcha : alors, rompant sa conversation, les derniers mots que Louis XIV dit à son ministre furent ceux-ci : — Prévenez MM. d'Estrées, Du Quesne, Gabaret, de Martel et des Rabesnières, que je les entretiendrai à l'issue du conseil de marine.

Colbert sortit, et Grotius s'avança en s'inclinant profondément devant Louis XIV, qui lui rendit son salut d'un air froid et distrait. S'étant incliné de nouveau, l'ambassadeur dit au roi qu'il venait le supplier de lire une lettre de MM. les États, qui, avec la déférence la plus respectueuse, offraient de faire cesser les mécontentements occasionnés à la cour de France ; — « car, » Sire, — dit Grotius en terminant, — les États, les anciens » alliés de Votre Majesté, ne méritent pas d'être plus maltraités » que les criminels, qu'on ne punit jamais sans leur en dire la » raison, sans leur représenter leur crime, et sans entendre leur » défense ; d'autant plus, Sire, qu'il est aisé d'obtenir satisfac- » tion sans tirer l'épée, sans consumer les finances, sans hasarder » les troupes et sans répandre le sang. »

Puis l'ambassadeur, saluant encore, supplia le roi de prendre lecture de la lettre qu'il lui présentait.

— Monsieur Grotius, je n'ai que faire de lire une lettre qui a couru toutes les cours de l'Europe, et dont je tiens une copie dans ma poche, — dit Louis XIV en tirant une feuille imprimée de son justaucorps.

— « Sire, les États ont coutume d'agir ainsi ouvertement dans » leur politique, et si Votre Majesté daigne leur faire voir que

» les traités ont été enfreints par eux en quelque manière que
» ce soit, ou que la république ait commis quelque préjudice, de
» quoi néanmoins elle n'a aucune connaissance, elle supplie
» Votre Majesté de croire qu'elle ne manquera pas d'y pourvoir,
» et de faire toutes les réparations que vous exigerez, Sire.

— « Monsieur Grotius », — ajouta le roi d'un ton déclamatoire, qui n'était pas dépourvu d'une certaine majesté théâtrale, — « je
» sais qu'on excite mes ennemis contre moi ; j'ai pensé qu'il était
» de ma prudence de ne pas me laisser surprendre ; c'est pour-
» quoi je laisse assemblées mes armées de terre et de mer, me
» réservant de faire au printemps ce que je trouverai de plus
» avantageux pour ma gloire et pour le bien de mes États. »

Puis, par un arrogant signe de tête, Louis XIV fit comprendre à l'ambassadeur qu'il ne voulait pas de réplique, et alla présider à la réception de M. de La Feuillade qui fut reconnu mestre de camp du régiment des gardes.

Par une faveur toute particulière, le roi dit au régiment qu'il lui donnait M. de La Feuillade pour mestre de camp, et mit lui-même la pertuisane à la main de ce favori, chose qui ne se faisait jamais que par un commissaire de la part du roi.

D'après les ordres du roi, les officiers généraux de la marine qu'il avait mandés l'attendaient dans le cabinet qui précédait la chambre du conseil.

C'étaient, on le sait, M. le comte Jean d'Estrées, vice-amiral de France, M. Abraham Du Quesne, lieutenant général des armées navales, M. le marquis de Martel et des Rabesnières, chefs d'escadre, et M. Gabaret, un des plus anciens capitaines de vaisseaux de la marine.

Deux de ces officiers généraux étaient déjà arrivés ; après avoir échangé quelques politesses des plus froides et des plus aigres, ils se mirent à regarder chacun par une fenêtre sans se dire un mot.

Ces deux marins, dont l'antipathie réciproque paraissait si prononcée, étaient Du Quesne et d'Estrées.

Abraham Du Quesne, alors âgé de soixante-deux ans, était, on le sait, de taille moyenne, maigre et nerveux ; son teint jaune et bilieux, ses sourcils gris incessamment froncés sous sa perruque noire, sa large moustache blanche, presque toujours agitée sur une lèvre dédaigneuse, trahissaient son humeur impatiente, difficile et opiniâtre. D'un courage éprouvé, d'une rare expérience pratique et théorique, depuis près de cinquante ans qu'il naviguait, ayant commandé, ainsi qu'on l'a vu, une frégate au siége de La Rochelle, dès l'âge de dix-huit ans, Abraham Du Quesne, protestant, et fils d'un corsaire de Dieppe tué par les Espagnols, était fort pénétré des principes de sa religion et de sa classe : d'un esprit fier, droit, exact et rigoureusement juste, personne au monde n'avait mieux que lui la conscience de ce qu'il valait, et des injustices qu'on lui faisait ; cela, non par un orgueil mesquin, mais par suite de son habitude de voir les faits avec une justesse toute mathématique. Ainsi, supputant le nombre de ses guerres, de ses blessures, de ses dangers courus sur mer ; ainsi résumant tout ce qu'il avait amassé d'expérience à cette longue et sanglante école de combats, de tempêtes et de naufrages, la seule qui puisse former le véritable marin, la seule qui lui donne ces hautes et terribles leçons qu'il lui faut payer chaque jour par le mépris de sa vie ; Du Quesne, additionnant tant de services rendus, et ne trouvant pour total qu'un grade de lieutenant général [1], si chèrement acheté, Du Quesne se disait outrageusement traité en se voyant sacrifié à des personnes telles que MM. de Ruvigny ou d'Estrées, fort braves gentilshommes d'ailleurs, mais qui, n'ayant jamais servi dans la marine, emblaient de prime saut, ainsi que venait de le faire, par exemple, M. le comte d'Estrées, la charge de vice-amiral des armées navales, et devenaient ainsi, quoique beaucoup moins âgés, les supérieurs immédiats d'Abraham Du Quesne.

Aussi, ce dernier ne s'en ménageait pas : fort et sûr de son savoir, de son expérience pratique du commandement, il rompait ouvertement en visière aux intendants, aux ministres, au roi lui-même, ainsi qu'on va le voir plus bas, *en déconseillant la guerre contre la Hollande ;* et son juron habituel *cent diables !* faisait souvent une brusque explosion au milieu de ses discours. Mais tel était le besoin qu'on avait de cet homme, sans contredit le meilleur marin de ce temps-là, que malgré ses

---

[1] Du Quesne, capitaine dès 1628, chef d'escadre en 1662, n'eut ses provisions de lieutenant général qu'en 1669, bien qu'il fit les fonctions de cette charge depuis 1667.

ennemis, sa religion, sa sauvagerie et ses emportements, Colbert et les intendants des ports le consultaient sur toute matière importante, comptaient fort avec lui, et que Louis XIV venait de le nommer officier général, récompense bien tardive de tant de services rendus à l'État.

Quant à l'éloignement particulier qu'Abraham Du Quesne témoignait contre M. d'Estrées, il venait surtout des dénonciations peu généreuses et peu fondées que ce dernier avait faites contre lui, lorsque, l'année 1670, le roi envoya montrer le pavillon français aux îles du Cap-Vert.

Du Quesne servait alors comme capitaine sous les ordres de M. le vice-amiral d'Estrées, qui, entré cette même année dans la marine, ouvrait sa première campagne par le commandement d'une escadre.

Voici l'extrait d'une lettre de M. le comte d'Estrées à Colbert de Terron, sur Du Quesne, et la réponse de cet intendant.

Ces deux fragments n'ont pas besoin de commentaires, et l'on peut surtout douter de la *peur* et de l'*ignorance incroyable* que d'Estrées reproche à Du Quesne, ce vieux et intrépide praticien.

D'ESTRÉES A COLBERT DE TERRON, INTENDANT DE LA ROCHELLE.

« 24 octobre 1670, de la Grande-Canarie.

»... On vient d'achever de prendre les vivres nécessaires, et demain les vaisseaux mettront à la voile pour aller au Cap-Vert, où j'espère qu'ils pourront mouiller dans huit ou dix jours ; car on ne peut répondre à deux jours près du temps que peut durer la navigation, étant maintenant dans les vents alisés. M. Du Quesne, toutefois, et la plupart de nos autres capitaines qui n'ont pas fait de voyages de long cours, n'y sont pas encore accoutumés, quoique les raisons naturelles et l'expérience de mille navigateurs les devraient avoir rassurés. Cette défiance, au contraire, a jeté M. Du Quesne en des contre-temps indignes de son savoir aux choses de la mer, dans une rade, ayant mouillé à cent vingt brasses, dans une autre à beaucoup moins à la vérité, mais toujours beaucoup plus que les autres vaisseaux, et à toutes les deux ayant perdu ses ancres par cette raison, quoiqu'il allègue qu'elles n'étaient pas bien soudées et de bon fer. Dans le reste, il paraît d'un caractère épineux et difficile et d'un esprit qui présente moins d'expédients que de difficultés, peut-être parce qu'il ne veut pas communiquer son savoir. Mais il me semble que des gens de la sorte apportent de grands embarras dans les affaires où il faut une action et plus vive et plus prompte. Il a associé M. Desardens à ses difficultés ; tous deux ont été fort surpris du rendez-vous que j'ai donné au Cap-Vert, quoique je leur aie appris que le service du roi demandait qu'on fît voir les vaisseaux le long de ces côtes-là. Ils allèguent qu'ils n'ont pas assez de vivres, et que M. Jacquier s'est trompé de quinze jours ou de trois semaines, et qu'on devait les avertir de prendre des pilotes qui connussent ces côtes ; mais, en effet, ils craignent les maladies et les incommodités.

» Le comte d'ESTRÉES. »

(*Bibl. roy., Mss., cart. de Colbert, suppl. fr.*)

Voici la réponse de Colbert de Terron : sans donner positivement tort à M. d'Estrées, cet habile intendant lui fait sentir quels égards il doit au mérite de Du Quesne.

COLBERT DE TERRON A D'ESTRÉES.

« J'ai reçu, depuis votre départ, deux de vos lettres datées de la Grande-Canarie, des 24 et 30 octobre dernier. Je vois bien que vous n'avez pas lieu d'être satisfait des sieurs Du Quesne et Desardens ; mais vous savez bien que ce sont les deux plus anciens officiers de la marine que nous ayons, au moins pour le premier, et même qu'il a été reconnu toujours pour être un très-habile navigateur, et très-capable de tout ce qui regarde la marine. Je conviens avec vous que son esprit est difficile, et son humeur incommode ; mais dans la disette que nous avons d'habiles gens de cette science, qui a été si longtemps méconnue en France, je crois qu'il est du service du roi et même de votre gloire particulière que vous travailliez à surmonter les difficultés de son esprit et à le rendre sociable, pour en tirer toutes les connaissances et les avantages que vous pourrez ; et j'estime qu'il est impossible qu'avec votre douceur et votre adresse vous n'en tiriez pas facilement, en peu de temps, tout ce qu'il pourra avoir de bon et qui vous pourra servir ; et même qu'avec cette même douceur vous ne puissiez peut-être le réduire à servir à votre mode, c'est-à-dire utilement pour le service du roi, pour vous et pour les officiers, auxquels sa longue expérience peut assurément beaucoup servir. Quant au sieur Desardens, je suis aussi persuadé que, pour peu que vous le vouliez, vous le réduirez facilement à servir avec une entière soumission et à tout ce que vous désirerez de lui, etc. »

(*Bibl. roy., Mss., cart. de Colbert, suppl. fr.*)

Je n'insiste sur ces détails personnels qu'afin de constater pour l'avenir, et à propos de Du Quesne et de d'Estrées, un éloignement analogue à celui qui divisait aussi Tourville et Vivonne, bien qu'entre ces derniers, tous deux catholiques, tous deux de grande naissance, la parité de religion et de position sociale, rendît cette antipathie peut-être moins irritante.

A part sa complète inexpérience des choses de la mer, M. le vice-amiral d'Estrées[1] était un homme de cœur et de résolution; alors âgé de quarante-huit ans, il eut à l'âge de treize ans (1637) un régiment de son nom, mais fit sa première campagne au siége de Gravelines, où il fut estropié de la main gauche; en 1648, colonel du régiment de Navarre, il combattit vaillamment à la bataille de Lens; maréchal de camp en 1649, à l'armée de Paris, il y fut de nouveau blessé en emportant le pont de Charenton; en 1654, il fut un des premiers qui en Flandre soutinrent les lignes d'Arras; fait lieutenant général en 1656, il obtint le commandement d'un corps d'armée devant Valenciennes, et fut fait prisonnier dans sa retraite avec M. le maréchal de La Ferté.

Ce fut donc en 1670 qu'il entra dans la marine, pour deux raisons: la première, fut l'inimitié de Louvois. — Ce ministre, le plus brutal *des commis,* dit Saint-Simon, fut souvent blessé par le sarcasme mordant de d'Estrées. « A qui, — dit un autre » contemporain, — on ne parlait qu'en tremblant, tant on avait

---

[1] Jean, comte d'Estrées, frère de MM. les duc et cardinal d'Estrées, né en 1624, fils de François-Annibal, duc d'Estrées, maréchal en 1626, et arrière-petit-fils de Jean d'Estrées, capitaine général et grand maître de l'artillerie en 1550, mort en 1571. La famille d'Estrées, une des plus grandes maisons de Picardie, descend de Raoul de Sores, dit d'Estrées, maréchal de France, qui accompagna avec six chevaliers le roi saint Louis en Afrique; son fils épousa Marguerite de Courtenay, princesse du sang.

» peur qu'il ne s'emportât; car il disait alors des choses si pi-
» quantes qu'on en mourait presque de chagrin, et aussi il s'étu-
» diait (ajoute-t-on) autant qu'il pouvait, à faire croire qu'il était
» très-habile homme de mer. »

Or Louvois, irrité contre M. d'Estrées, avait tellement entravé la carrière de cet officier général, que ce dernier, comptant sur la protection de de Lionne, qui lui était acquise par le mariage de mademoiselle de Lionne avec M. A. d'Estrées, marquis de Cœuvres, était passé du service de terre dans le service de mer, avec la charge qu'on lui sait.

M. d'Estrées avait des yeux vifs et perçants, un nez aquilin largement dessiné, et dans toute sa personne un grand air d'autorité et de commandement. Ayant perdu l'usage de sa main gauche par suite d'une blessure reçue au siége de Gravelines, il portait son bras suspendu dans une écharpe noire, et était vêtu avec la plus grande simplicité d'un justaucorps de velours bleu, sans broderie; car il était toujours demeuré fort pauvre.

Peu de temps après l'arrivée de Du Quesne et de d'Estrées, MM. des Rabesnières, de Martel et Gabaret entrèrent dans le cabinet. A peine avaient-ils échangé quelques paroles, qu'un huissier vint les quérir pour le conseil de marine présidé par le roi.

« [1] Après avoir reçu leurs révérences, le roi leur apprit, sous le sceau du plus profond secret, qu'il avait résolu de faire la guerre à la Hollande, et par terre et par mer; qu'il faisait préparer une escadre de trente vaisseaux et huit brûlots pour en-

---

[1] Le reste du chapitre est textuellement extrait d'un manuscrit du maréchal d'Estrées, portant ce titre : *Mémoires touchant la campagne que les vaisseaux du roi ont fait avec l'armée d'Angleterre, en l'année* 1672. Ces *Mémoires* ont été écrits à l'instante prière d'un ami peu instruit des choses de la mer et des circonstances de la guerre.

En marge de la première page de ce manuscrit sont écrits ces mots :

Écrit par M. le maréchal d'Estrées; il me le communiqua en 1697, à mon retour de Portugal. Il l'avait ensuite presté au feu roy d'Angleterre, et on le croyait perdu. M. le maréchal d'Estrées, qui crut que j'avais quelques amis dans cette cour-là, me pria, au mois de décembre 1704, de le faire chercher. Jones, aumônier de la reine d'Angleterre, me le renvoya. J'en fis faire une copie pour M. le maréchal, et gardai ceci pour moi. M. le duc m'a aussi communiqué la relation de son entreprise de TABAGO.

On remarquera facilement l'animosité de M. d'Estrées dans les passages qui sont relatifs à Du Quesne.

trer dans la Manche, et joindre l'armée d'Angleterre dans les premiers jours du mois de mai, et que, voulant en même temps ruiner leur commerce dans la Méditerranée, il y ferait aussi armer un assez bon nombre de vaisseaux, lesquels avec le secours des galères, pourraient leur causer beaucoup de pertes et de dommages; qu'il était bien aise de savoir leur avis de rendre partout ses forces victorieuses, et de garantir ses ports des entreprises qu'une nation hardie et expérimentée à la mer pouvait tenter dans le cours de cette guerre.

» Après qu'il se fut expliqué ainsi avec la dignité et la justesse qui lui est ordinaire, les officiers généraux dirent leurs avis, suivant leur rang et leur différent grade.

» Le comte d'Estrées s'excusa de dire le sien sur la Méditerranée où il n'avait pas encore servi; mais il expliqua ce qu'il savait de la manière de combattre à la mer dont il s'était fait instruire soigneusement depuis deux ans, et l'ordre qu'il croyait qu'on devait tenir devant et après avoir joint l'armée d'Angleterre; et dit sur la sûreté des ports, que bien qu'il ne crût pas qu'il y eût rien à craindre pendant que l'armée de Hollande avait devant elle des forces si considérables, la prudence voulait toutefois qu'on ne laissât pas que de prendre toutes les précautions qui ne marqueraient ni trop de faiblesse ni trop de craintes; que si les magasins de Brest n'avaient ni murs ni enceintes, il était aisé d'y faire des travaux de terre avec des redoutes qui les garantiraient de l'insulte et de la surprise; mais qu'il croyait Rochefort assez couvert par les retours de la rivière et le peu d'eau que la mer y laisse en se retirant, en sorte que les vaisseaux de médiocre port demeurent à sec.

» *Le marquis de Martel* se contenta de parler sur le service qu'il devait rendre dans la Méditerranée, et le fit assez bien, quoiqu'il eût l'esprit confus et peu de facilité à s'exprimer.

» *M. Du Quesne* parla de sorte *qu'il voulut déconseiller la guerre de Hollande*; il représenta combien les ports de Brest et de Rochefort étaient exposés, le mal et les désordres que les brûlots pouvaient causer dans une escadre comme celle de France, qui depuis longtemps n'avait pas vu de combats généraux; et enfin fit une peinture fort vive de tous les accidens qui pouvaient arriver, sans dire les moyens de s'en garantir, si ce n'est qu'il proposa de faire armer à Dunkerque quelques barques longues pour défendre les pavillons contre les brûlots.

» *Des Rabesnières*, qui avait bien plus le courage et le génie du soldat et du capitaine particulier que d'officier général, ne doutant ni de la valeur de la nation, ni de l'avantage que les forces navales des deux rois remporteraient sur les ennemis, bien loin de craindre les brûlots, croyait que sans s'assujettir à l'ordre des combats, il fallait d'abord se mêler avec les Hollandais, et imiter ceux qui, ayant plus de courage que d'adresse, espèrent de vaincre en troublant l'escrime de leurs rivaux.

» *Gabaret*, homme de bon sens et d'expérience, accoutumé de parler nettement et avec franchise, fit voir ce qu'on devait mépriser véritablement ou craindre ; que les événements de la mer ne sont pas accompagnés de tous les malheurs qu'une prévoyance trop poussée fait imaginer quelquefois ; que les brûlots ne sont pas si dangereux que l'on pense, et qu'ils ne le sont en effet que pour les vaisseaux entièrement désemparés ; mais qu'il serait même aisé de s'en défendre avec les barques longues que M. Du Quesne proposait de faire armer à Dunkerque. Il dit, pour la sûreté des ports, à peu près les mêmes choses que le comte d'Estrées.

» M. Du Quesne, après le conseil, donna de grands mémoires pour montrer qu'il savait mieux écrire que parler sur-le-champ ; il s'attacha surtout à persuader Colbert, ministre d'État, du peu de considération que le comte d'Estrées avait pour lui, à dessein de rendre inutiles, ou du moins suspectes, les relations de son commandant dans le cours de la campagne.

» Il demanda aussi, dans la même vue, le commandement de huit ou dix vaisseaux dont il ferait le détail, sans autre dépendance du comte d'Estrées, que dans les actions de guerre seulement.

» Cette tentative ne lui ayant pas réussi, il partit pour aller à Brest pousser l'armement des vaisseaux, comme M. le comte d'Estrées partit pour Rochefort, où la diligence était encore plus nécessaire, à cause de la difficulté qu'il y a de faire sortir les grands vaisseaux de la rivière. »

Après le conseil, le roi remit au vice-amiral d'Estrées les instructions suivantes, auxquelles était jointe cette copie du pouvoir donné au duc d'York par Louis XIV.

POUVOIR DONNÉ PAR LE ROI A MONSIEUR LE DUC D'YORK
POUR COMMANDER LA FLOTTE DE SA MAJESTÉ.

« Louis, par la grâce de Dieu, roi de France et de Navarre, à notre très-cher et très-amé frère et cousin le duc d'York et d'Albanie, grand amiral d'Angleterre, salut : L'union étroite et parfaite correspondance qui est entre nous et notre très-cher et amé bon frère et cousin le roi de la Grande-Bretagne, *nous ayant obligé de joindre nos armées de terre et de mer pour délivrer nos peuples des oppressions qu'ils souffrent depuis longtemps par nos ennemis communs,* et étant informé que vous devez commander l'armée navale de notredit frère, connaissant d'ailleurs les grandes et rares qualités que vous possédez, dignes de votre haute naissance, dont vous avez donné de grandes preuves, tant dans le commandement des armés navales d'Angleterre, que dans une infinité d'actions, et générales, et particulières, même dans nos armées, lorsque nous avons eu la satisfaction de vous y voir donner les premières marques de votre valeur, expérience et capacité au commandement desdites armées; nous avons cru ne pouvoir confier le commandement de nos armées navales, pendant le temps de la prochaine campagne, et qu'elles seront jointes à celles d'Angleterre, en de meilleures mains qu'entre les vôtres. A ces causes, et autres considérations, nous vous avons commis, ordonné et établi, commettons, ordonnons et établissons par ces présentes signées de notre main, pour commander en chef notre armée navale pendant le temps de la prochaine campagne qu'elle sera jointe à la flotte d'Angleterre, pour cet effet donner vos ordres au sieur comte d'Estrées, vice-amiral de France, pour les faire exécuter par tous les officiers de notredite armée, commander tout ce que vous estimerez nécessaire et à propos pour l'avantage commun, tant pour combattre nos ennemis en gros ou en détail, que pour toutes les autres actions auxquelles vous estimerez nécessaire de l'employer, et généralement faire, pour tout ce qui concerne le commandement de notredite armée, tout ce que nous pourrions faire si nous y étions présents.

« Mandons et enjoignons audit sieur comte d'Estrées, vice-amiral de France, lieutenants générau\x, chefs d'escadres, capitaines et autres officiers, de vous reconnaître et faire reconnaître en ladite qualité par tous ceux, et ainsi qu'il appartiendra, vous dispensant quant à présent du serment que vous seriez tenu de nous prêter pour raison dudit commandement.

» En témoin de quoi nous avons fait mettre notre sceau à cesdites présentes. Donné à Versailles, l'an de grâce mil six cent soixante-douze, et de notre règne le vingt-neuvième. »

(*Registre des ordres du roi, 1672, Arch. de la mar.*)

Voici enfin l'instruction de Louis XIV à d'Estrées, à l'égard de cette guerre maritime.

INSTRUCTION QUE LE ROI A ORDONNÉ ÊTRE MISE ÈS MAINS DU SIEUR COMTE D'ESTRÉES, VICE-AMIRAL DE FRANCE, EN PONANT, S'EN ALLANT COMMANDER LA FLOTTE QUE SA MAJESTÉ MET EN MER POUR ÊTRE JOINTE A CELLE D'ANGLETERRE.

« Ledit sieur comte d'Estrées doit être informé que Sa Majesté a fait un traité avec le roi d'Angleterre, pour déclarer la guerre en commun aux États-Généraux des Provinces-Unies; que Sa Majesté doit faire cette guerre par terre avec un secours auxiliaire dudit roi d'Angleterre, et qu'il doit la faire par mer, avec un secours auxiliaire de trente vaisseaux français et huit brûlots; l'extrait dudit traité concernant la jonction de ladite flotte française à celle d'Angleterre sera joint à la présente instruction.

» Ledit comte d'Estrées est de plus informé que Sa Majesté, voulant savoir au vrai le temps que la flotte anglaise pourra être mise en mer, et tout ce qui serait à faire, tant pour le lieu d'assemblée des deux flottes que pour leur jonction, a envoyé le marquis de Seignelay en Angleterre, pour conférer avec les commissaires du roi d'Angleterre, et convenir de tout ce qui serait à faire par les deux flottes. Sur quoi ils sont convenus d'articles signés de part et d'autre, dont copie est pareillement jointe à cette instruction. Ces deux pièces, devant servir à régler la conduite du sieur comte d'Estrées, serviront pareillement pour tout ce qui sera dit ci-après :

» Sa Majesté veut que ledit sieur comte parte promptement, et se rende en diligence à Rochefort, où il examinera avec soin l'état auquel sont les vaisseaux de Sa Majesté, qui doivent partir dudit lieu, visitera leurs radoubs, carènes, leur artillerie, armes, équipages, agrès, et généralement tout ce qui en dépend ; donnera ses avis sur le tout au sieur Colbert de Terron, intendant de la marine de ponant, et prendront ensemble les mesures et les résolutions nécessaires pour rendre cet armement le plus complet et le plus fort qui ait jamais été mis en mer, et penseront tous deux à tous les moyens possibles pour le rendre tel qu'il puisse soutenir dignement la gloire des armes et du règne de Sa Majesté, particulièrement dans une occasion comme celle-ci, où elles vont être jointes avec la nation du monde qui a toujours été la plus forte en mer, et qui a le plus de pratique et d'expérience, et contre une autre nation qui est aussi fort puissante et qui a fait de belles actions.

» Sa Majesté veut que ledit sieur comte d'Estrées prenne des mesures, tant pour les vaisseaux de Rochefort et de Brest, pour exécuter ponctuellement les articles signés à Londres, c'est-à-dire pour être en état de partir de la rade de Berteaume ou de la baie de Brest, au 25 avril prochain.

» Sur ce fondement, il faut qu'il donne ses ordres pour faire partir ceux de Rochefort depuis le premier jusqu'au quinzième avril, afin que, sans une trop grande contrariété de vents, ils puissent se rendre, ou dans la baie de Brest ou à la rade de Berteaume, avant le 25 du même mois.

» Aussitôt qu'il aura donné ses ordres à Rochefort, il s'en ira en diligence, ou par mer ou par terre, ainsi qu'il le jugera plus à propos, à Brest, pour y faire préparer les vaisseaux qui y sont, avec la même diligence et ponctualité.

» Il doit observer qu'en cas de contrariété de vents, les mêmes qui empêcheraient les vaisseaux de Rochefort de se rendre à Brest pourraient servir à la flotte hollandaise à passer la Manche, et faire quelque entreprise sur les vaisseaux de Rochefort ou de Brest ; c'est pourquoi il doit examiner et prévoir tous les accidens qui peuvent arriver, pour y apporter tous les remèdes qu'il estimera nécessaires.

» Sa Majesté prendra soin de le faire soigneusement avertir de tout ce qui se passera dans la Manche, et il verra dans les articles arrêtés à Londres que le roi d'Angleterre s'est chargé du même soin par des petits bâtiments qu'il doit envoyer de

Plymouth et de Falmouth à Brest, soit pour lui donner avis en cas que la flotte hollandaise entrât dans la Manche, soit pour lui faire savoir le temps auquel sa flotte sera assemblée aux Dunes.

» Sa Majesté veut qu'aussitôt qu'il sera arrivé à Brest, il envoie une cache ou autre petit bâtiment à Falmouth et à Portsmouth, donner avis aux officiers qui commandent en ces lieux-là pour le roi d'Angleterre de son arrivée audit lieu, et qu'il attendra leur avis sur l'état auquel sera la flotte anglaise pour partir aussitôt qu'elle sera assemblée aux Dunes et entrer dans la Manche; et il prendra soin d'y tenir toujours quelques petits bâtiments qui auront ordre de l'informer de tout ce qui se passera, et de l'aller joindre en cas qu'il y eût quelques avis importants à lui donner.

» Aussitôt qu'il saura, ou par les avis que Sa Majesté lui fera donner, ou par ceux qui lui viendront d'Angleterre, que la flotte anglaise sera assemblée aux Dunes, Sa Majesté veut qu'il entre dans la Manche avec toute sa flotte, et qu'il se rende aux Dunes avec toute la diligence que le vent lui pourra permettre.

» En cas que, par la contrariété des vents ou quelque autre accident imprévu, ou que ledit sieur vice-amiral ne pût se rendre aux Dunes, ou que les Hollandais fussent entrés dans la Manche avec toute leur flotte, et le missent en état d'empêcher la jonction des vaisseaux de Sa Majesté avec ceux d'Angleterre, il pourra se retirer, s'il l'estime nécessaire pour le bien du service de Sa Majesté, ou à Falmouth, ou dans la baie, ou dans le port même de Portsmouth, où il recevra toute assistance et bon traitement, suivant les ordres que le roi d'Angleterre a donnés en exécution desdits traités et articles.

» Sa Majesté veut que ledit sieur vice-amiral tienne la main à ce que tous les vaisseaux aient pour cinq mois de vivres, à compter du 1er jour d'avril prochain, et elle prendra soin d'en faire porter pour deux autres mois des ports du Havre et Dieppe, à Chatam, dans les magasins que le roi d'Angleterre a fait donner, afin que lorsque l'armée anglaise y relâchera pour y prendre des vivres ou pour autres causes, celle de France y puisse aussi prendre lesdits deux mois de vivres pour pouvoir demeurer en mer jusqu'au dernier octobre, suivant ce qui a été convenu avec ledit roi d'Angleterre. Sa Majesté tiendra audit lieu de Chatam un commissaire général ou particulier de marine, pour prendre soin du radoub des vaisseaux, en cas qu'il en soit besoin, et même pour fournir tout ce qui lui sera nécessaire en cas de combat.

» En cas que la flotte anglaise ne soit obligée d'entrer dans la Manche pour joindre celle de France, ou en quelque lieu que la jonction se fasse, ledit sieur vice-amiral exécutera les ordres qui lui seront donnés par le duc d'York, ou par celui qui commandera l'armée d'Angleterre, et qui montera le vaisseau portant le pavillon rouge amiral; et soit que la jonction se fasse dans la Manche ou aux Dunes, Sa Majesté veut que ledit sieur vice-amiral salue le pavillon rouge d'Angleterre de treize coups, en le rendant de même nombre de coups, sans plier ni frêter le pavillon de part ni d'autre; et même Sa Majesté lui permet, à cause de l'inégalité des pavillons, de se départir du même nombre de coups, et de se contenter d'en recevoir deux de moins.

» Et comme il tiendra le rang du pavillon blanc d'Angleterre, qui est le second, Sa Majesté ne doute point que le roi d'Angleterre ne donne ordre au pavillon bleu, qui est son troisième pavillon, de saluer le pavillon de Sa Majesté, et, en ce cas, elle veut qu'elle rende coup pour coup. Mais si ledit roi demande que ces deux pavillons ne se saluent point réciproquement, Sa Majesté veut que ledit sieur vice-amiral en convienne.

» Pour le surplus, Sa Majesté estime qu'il sera de l'avantage du service commun, tant de Sa Majesté que dudit roi d'Angleterre, que tous les autres vaisseaux ne se saluent point réciproquement.

» Dans tous les conseils, ledit sieur vice-amiral, le lieutenant général, et le chef d'escadre tiendront le rang porté par ledit traité.

» Sa Majesté ne désire point qu'aucun autre capitaine y assiste, si ce n'est par l'ordre exprès de l'amiral anglais.

Elle veut que ledit sieur vice-amiral évite, autant qu'il lui sera possible, les détachements, et qu'il fasse en sorte que tous les vaisseaux de sa flotte demeurent toujours ensemble; mais, en cas que la nécessité du service oblige à faire des détachements, elle désire qu'il fasse en sorte, s'il est possible, que les vaisseaux des deux nations ne soient point mêlés, afin d'éviter le commandement des Anglais[1]. Mais, en cas qu'il ne le puisse éviter, elle veut qu'il observe que le vaisseau anglais soit toujours supérieur en rang aux vaisseaux français qu'il détachera.

» Pour le salut des places maritimes d'Angleterre, Sa Majesté veut qu'il observe à cet égard ce qu'il verra ou saura certainement être pratiqué par le vaisseau anglais portant pavillon bleu.

» En cas de crimes commis sur les vaisseaux français et entre Français, la justice sera faite par ledit sieur vice-amiral, dans le conseil de guerre, en la manière accoutumée ; en cas que les crimes soient commis entre Français et Anglais, Sa Majesté désire que justice en soit faite par un nombre égal d'officiers des deux nations.

» Ledit sieur vice-amiral doit être informé que Sa Majesté a fait assembler au Havre et à Dunkerque diverses marchandises propres au radoub des vaisseaux, comme armes, cordages, câbles, voiles, bois de toute sorte, mâts, goudron, ensemble des poudres, boulets et munitions de guerre, avec ordre aux commissaires généraux Hubert, qui sert à Dunkerque, et Brodart, qui sert au Havre, d'en assister l'armée de Sa Majesté en cas de besoin.

» A l'égard des prises de vaisseaux ou de prisonniers de guerre, il en sera usé ainsi que l'ambassadeur de Sa Majesté à Londres en sera convenu avec le roi d'Angleterre ou M. le duc d'York, dont ledit sieur ambassadeur donnera avis audit sieur vice-amiral.

» Sa Majesté envoie dès à présent ses ordres à sondit ambassadeur en Angleterre, pour traiter de tout ce qui concerne les saluts réciproques, justice, prises, et autres points contenus en la présente instruction, et en convenir avec ledit roi ; et en cas qu'il y arrivât quelque changement, Sadite Majesté en fera donner avis audit sieur vice-amiral.

» Lors de la séparation des flottes après la campagne, ledit sieur vice-amiral prendra son temps pour retourner à Brest et à

---

[1] On verra toute l'importance de cette clause de l'instruction, lors des combats de 72 et 73. Sur ces trois combats, les vaisseaux français ne se battirent qu'une fois, et ce fut alors qu'ils étaient *mêlés aux vaisseaux anglais*. Dans les deux autres combats, l'escadre française étant séparée de la flotte anglaise, et postée une fois à l'avant-garde, et l'autre fois à l'arrière-garde, ne prit pas de part à l'action. On verra plus bas tous les détails de cet incroyable déni de secours.

Rochefort; et comme le roi d'Angleterre s'est obligé de ne faire rentrer sa flotte dans ses ports qu'après avoir donné le temps à celle de Sa Majesté de se retirer, ledit sieur vice-amiral tiendra la main à ce que cette condition s'exécute de bonne foi.

» Dans toute la suite de la campagne, et pendant tout le temps que la flotte de Sa Majesté sera jointe avec les Anglais, elle veut qu'il s'applique particulièrement à éviter toutes les querelles particulières, et qu'il fasse en sorte que tous les officiers de l'armée de Sa Majesté vivent en une bonne et parfaite intelligence avec les Anglais, en sorte qu'il ne puisse jamais y avoir aucun autre différend entre eux que celui qui proviendra de l'émulation qu'il y aura de faire les plus belles actions; et comme Sa Majesté s'assure qu'en une occasion aussi importante que celle-ci pour la gloire de ses armes et la grandeur de son règne, ledit sieur comte d'Estrées donnera des marques signalées de sa valeur, de son expérience et de sa bonne conduite, elle désire aussi qu'il se serve de tous les moyens qu'il pourra pratiquer pour exciter dans les esprits de tous les officiers de l'armée l'envie de donner les mêmes marques de leur courage, et une forte résolution de faire connaître aux Anglais qu'ils ne leur cèdent point, et même qu'ils les surpassent en valeur et fermeté, et en connaissance de tout ce qui concerne la guerre maritime.

» Sa Majesté veut que ledit sieur vice-amiral donne toute la protection qui pourra dépendre de lui à tous les Français qu'il rencontrera dans sa route.

» S'il arrivait que quelqu'un des capitaines de ladite flotte quittât le pavillon sans y être forcé par un gros temps, Sa Majesté permet audit sieur vice-amiral de l'interdire, sans qu'il puisse être rétabli que par ordre exprès de Sa Majesté.

» Elle veut aussi que, pendant tout le temps qu'il sera en mer, il visite souvent les vaisseaux de son escadre, et remarque les capitaines qui tiendront leurs vaisseaux en bon état, et la propreté dans leur bord, n'y ayant rien si nécessaire pour y conserver la santé; de quoi Sa Majesté désire qu'il lui donne avis.

» Et comme il n'y a rien de si important au service de Sa Majesté que de faire en sorte que les capitaines s'appliquent à l'étude de tout ce qui concerne les combats de mer et à faire régulièrement observer la discipline dans leur bord, elle désire

qu'il les excite continuellement à s'y appliquer, afin de se rendre d'autant plus capables d'entreprendre des actions d'éclat qui puissent leur acquérir de l'estime, et donner de la réputation aux forces maritimes de Sa Majesté.

» Il tiendra la main à ce que chaque capitaine tienne un journal de navigation dans lequel il sera fait mention des îles, terre ferme, écueils, rades, mouillages, abris, ports et havres qu'ils auront occasion de reconnaître, pour, à leur retour, remettre le tout ès mains du sieur Colbert de Terron.

» Ledit sieur vice-amiral s'appliquera aussi à faire soigneusement observer les règlements et ordonnances de marine, et particulièrement celle qui défend aux officiers de coucher hors de leur bord.

» Il empêchera toute sorte d'acastillage pendant qu'ils seront en mer, et qu'il soit rien changé aux logements et cloisons qui auront été faits avant leur départ.

» Il retranchera aux officiers le grand nombre de coffres, viandes fraîches et autres choses inutiles, qui regardent plus la délicatesse et le faste que la nécessité, et lesquelles sont ordinairement superflues et embarrassantes dans une occasion de combat; et comme le soin de leur table peut les divertir de ceux qu'ils doivent avoir de s'appliquer uniquement à leur profession, il les portera, autant que possible, à prendre le parti de se contenter de la table du munitionnaire, en quoi ils trouveraient sans difficulté beaucoup d'avantages.

» Il fera souvent faire l'exercice du canon sur son bord, et excitera les capitaines des autres vaisseaux à suivre son exemple, afin de rendre les canonniers experts et diligents à la manœuvre du canon, et d'en multiplier le nombre; observant, pour cet effet, ce que les Anglais et les Hollandais ont accoutumé de pratiquer à cet égard.

» Il tiendra aussi la main à ce que le commissaire à la suite de la flotte, et les écrivains de chacun vaisseau prennent garde à la conservation de leurs agrès, apparaux, rechanges, munitions, armes et ustensiles, et qu'il ne s'en fasse aucune consommation superflue.

» Il observera et fera observer par les capitaines l'assiette des vaisseaux qu'ils commandent, leur vitesse ou leur lenteur à la

voile, et les autres défauts qui peuvent être remarqués dans la navigation, dont il sera fait des rapports pour être remis à leur retour ès mains des intendants et commissaires généraux des arsenaux où ils désarmeront, afin de corriger ces défauts, et les éviter dans la construction d'autres vaisseaux.

» Sa Majesté veut que ledit sieur vice-amiral l'informe par toutes les occasions qui s'offriront, de ce qu'il aura fait en exécution de ses ordres.

» Fait à Versailles, janvier 1672. »

(*Registre des ordres du roi*, 1672, Arch. de la Mar.)

Le 7 avril, les deux déclarations de guerre suivantes furent affichées et lues dans toutes les villes de France et d'Angleterre, après avoir été proclamées à son de trompe.

ORDONNANCE DU ROI PAR LAQUELLE SA MAJESTÉ, APRÈS AVOIR RÉSOLU DE FAIRE LA GUERRE AUX ÉTATS DE HOLLANDE, DÉFEND A SES SUJETS D'Y AVOIR AUCUNE COMMUNICATION NI COMMERCE.

« Du 6 avril 1672.

» De par le roi :

» *La mauvaise satisfaction que Sa Majesté a de la conduite que les États-Généraux des Provinces-Unies des Pays-Bas tiennent depuis quelques années à son égard, étant parvenue jusqu'à un tel point, que Sa Majesté ne peut plus, qu'aux dépens de sa gloire, dissimuler l'indignation que lui cause une manière d'agir si peu conforme aux grandes obligations dont Sa Majesté et les rois ses prédécesseurs les ont si libéralement comblés*, Sa Majesté a déclaré et déclare par la présente, signée de sa main, avoir arrêté et résolu de faire la guerre auxdits États-Généraux des Provinces-Unies des Pays-Bas, tant par mer que par terre. Enjoint, pour cet effet, Sa Majesté, à tous ses sujets, vassaux et serviteurs, de courre sus aux Hollandais, et leur a défendu et défend d'avoir ci-après avec eux aucune communication, commerce, ni intelligence, à peine de la vie ; et pour cette fin, Sa Majesté a dès à présent révoqué et révoque toutes permissions, passeports, sauvegardes, ou saufs-conduits qui pourraient avoir été accordés par elle, ou par ses lieutenants généraux et autres ses officiers, contraires à la présente, et les a déclarés nuls et de nulle valeur, défendant à qui que ce soit d'y avoir aucun égard. Mande et ordonne Sa Majesté à monseigneur le comte de Vermandois, grand-maître, chef et sur-intendant général de la navigation et commerce de ce royaume; aux maréchaux de France, gouverneurs et lieutenants généraux pour Sa Majesté en ses provinces et armées, maréchaux de camp, colonels, mestres de camp, capitaines, chefs et conducteurs de ses gens de guerre, tant de cheval que de pied, Français et étrangers, et tous autres ses officiers qu'il appartiendra, que le contenu en la présente ils fassent exécuter, chacun à son égard, dans l'étendue de leurs pouvoirs et juridictions; car telle est la volonté de Sa Majesté, laquelle entend que la présente soit publiée et affichée en toutes ses villes, tant maritimes qu'autres, et en tous les ports, havres, et autres lieux de son royaume que besoin sera, à ce qu'aucun n'en prétende cause d'ignorance.

» Fait au château de Versailles, le 6 avril 1672.

» *Signé* : LOUIS,

» Et plus bas, LE TELLIER. »

» Il est ordonné à Charles Canto, juré crieur ordinaire du roi, de publier et faire afficher en tous les lieux de cette ville, faubourgs, prévôté et vicomté de Paris, que besoin sera, l'ordonnance du roi du 6 du présent mois et an, afin qu'il n'en soit prétendu cause d'ignorance.

» Fait ce 6 d'avril 1672.

» *Signé* : DE LA REYNIE. »

» Lu, publié à son de trompe et cri public, et affiché en tous les carrefours ordinaires et extraordinaires de cette ville et faubourgs de Paris, par moi Charles Canto, juré crieur ordinaire du roi en ladite ville, prévôté et vicomté de Paris. Faisant laquelle proclamation j'étais accompagné de cinq trompettes, savoir : Hierosme Trousson, Étienne du Bos, jurés trompettes du roi, et trois autres trompettes. Le jeudi 7 avril 1672.

» *Signé* : CANTO. »

DÉCLARATION DE GUERRE DU ROI DE LA GRANDE-BRETAGNE CONTRE LES ÉTATS-GÉNÉRAUX DES PROVINCES-UNIES.

(Publiée par l'avis de son privé conseil.)

« *Nous avons par toutes nos actions fait paraître un si grand zèle pour le repos de la chrétienté, et nous nous sommes toujours si religieusement abstenu de rien entreprendre sur les états d'autrui, que nous avons sujet de prétendre que tout le monde nous fera la justice de croire que c'est par une nécessité indispensable que nous nous trouvons obligé de prendre les armes* [1].

« Immédiatement après notre rétablissement sur le trône, le premier soin que nous eûmes fut d'affermir la paix, et d'établir une bonne correspondance entre nous et nos voisins, et particulièrement avec les États-Généraux des Provinces-Unies : nous fîmes un traité avec eux sous des conditions si équitables, qu'il n'eût jamais été violé s'ils eussent été capables de conserver la juste reconnaissance et les sentiments d'amitié qu'avaient mérités nos bienfaits.

» Mais, nous reposant sur la foi de ce traité, que nous observions religieusement de notre part, nous fûmes réveillé par les plaintes de nos sujets, et par les remontrances de nos deux chambres de parlement, et reconnûmes que c'était en vain que nous prétendions procurer les avantages de nos royaumes par des voies de paix avec les États-Généraux, pendant que nos sujets, dans les pays éloignés, étaient exposés à leurs oppressions et à leurs injures.

» Tout l'été se passa en négociations, dans lesquelles nous fîmes tout ce qui dépendait de nous pour les porter à des conditions raisonnables; mais, quoi que nous pussions faire, nous n'y avançâmes rien, et plus nous nous relâchions à leur faire des propositions avantageuses, plus ils se tenaient fermes et s'éloignaient de tout accommodement.

Ensuite la guerre commença en 1665, et dura jusqu'à 1667. Nos victoires et leurs pertes arrivées pendant ce temps-là devraient

---

[1] Rien ne paraît plus plaisant que le début et le reste de cette déclaration, si l'on songe aux motifs qui décidèrent le roi Charles à déclarer, pour ainsi dire malgré lui, la guerre aux Provinces-Unies.

être encore assez avant dans leur mémoire pour leur représenter que dorénavant ils devaient observer plus fidèlement leurs traités. Mais, au lieu de cela, la paix ne fut pas plus tôt conclue, que, selon leur coutume ordinaire, ils se portèrent à la rupture des articles, et à traverser tout de nouveau notre commerce. Pour preuve de cela, ils étaient obligés, par un article du traité de Bréda, de nous envoyer des commissaires à Londres pour le règlement de notre commerce des Indes. Mais ils étaient si éloignés de faire leur devoir là-dessus, que, lorsque nous leur envoyâmes notre ambassadeur pour les en sommer, il fut trois ans à attendre inutilement satisfaction sur ce point, et ne put obtenir aucune surséance des injustices que nos sujets recevaient d'eux en ce pays-là.

» Ils ont passé plus avant dans les îles occidentales ; car, par un article du même traité, nous étions obligé de leur restituer Surinam, et, par d'autres articles de la même paix, ils étaient obligés de permettre à nos sujets qui sont dans cette colonie de se transporter avec leurs effets dans nos autres habitations. En vertu de ce traité, nous leur livrâmes cette ville-là, et nonobstant ils y retinrent tous nos sujets, excepté le major Bannister, qui fut envoyé prisonnier en un autre endroit, à cause qu'il souhaitait de se retirer conformément aux articles du traité. Notre ambassadeur, se plaignant de cette injustice, obtint enfin, après deux ans de sollicitation, un ordre pour l'exécution de ces articles ; mais, quand nous envoyâmes deux commissaires et deux vaisseaux pour retirer nos sujets, les Hollandais, selon ce qu'ils avaient auparavant pratiqué pendant plus de quarante ans dans l'affaire de Poleron, envoyèrent des ordres secrets contraires à ceux dont nous étions convenus avec eux en public. De sorte que le voyage de nos commissaires en ce lieu ne servit qu'à transporter les plus misérables de nos sujets, et à rapporter seulement les prières ardentes que faisaient les plus riches et les plus considérables pour sortir de cette captivité. Ensuite de quoi nous fîmes nos plaintes au mois d'août dernier, par les lettres que nous écrivîmes aux États-Généraux, pour demander qu'on envoyât ordre aux gouverneurs de ces quartiers-là pour l'entière exécution de ces articles ; et jusqu'ici nous n'avons reçu aucune réponse ni aucune satisfaction là-dessus.

« Mais il n'est pas étonnant qu'ils entreprennent des choses si étranges contre nos sujets dans des pays si éloignés, vu que dans leur pays même ils ont si peu de considération pour notre personne, et traitent si injurieusement une nation qui est si proche d'eux ; car il n'y a quasi point de villes dans leur territoire, où on ne trouve quantité d'inscriptions injurieuses et pleines de faussetés contre nous et nos sujets, même des peintures et des médailles, dont quelques-unes ont été exposées en public par le commandement même des États, et cela dans le temps que nous étions unis avec eux, et agissions de concert pour maintenir la triple alliance et la paix de la chrétienté, ce qui seul mériterait notre indignation et le ressentiment de tous nos sujets. Mais nous sommes poussé par des considérations encore plus pressantes que par celles qui ne regardent que notre propre personne, à savoir la sûreté du commerce, duquel dépend le bonheur et la prospérité de nos peuples, que nous sommes obligé de garantir contre toute sorte d'oppression et de violence autant qu'il nous est possible. Les Hollandais cependant les ont attaqués presque dedans nos ports, procédé qui a attiré notre juste colère contre eux.

« Le droit de pavillon est si ancien, que c'est une des premières prérogatives des rois nos prédécesseurs, et la dernière dont ce royaume se doit départir. Il n'a jamais été contesté, et il a été expressément reconnu dans le traité de Bréda. Néanmoins cet été dernier, non-seulement il a été violé par les capitaines des vaisseaux hollandais, mais cette infraction a depuis été approuvée à La Haye, et ensuite ils en ont parlé dans toutes les cours de l'Europe comme d'une prétention ridicule ; insolence pleine d'ingratitude de nous disputer l'empire de la mer, eux qui, pendant le règne du feu roi notre père, se tenaient fort obligés qu'on leur permît d'y pêcher moyennant quelque tribut, et qui d'ailleurs sont redevables à la protection des rois nos prédécesseurs et à la valeur de nos sujets de l'état où ils sont maintenant, et qui les rend si audacieux, que d'oser former cette contestation.

« Mais nonobstant que par de tels procédés ils nous eussent suffisamment provoqué à leur déclarer la guerre, nous avons patiemment attendu qu'ils nous en fissent satisfaction, ayant beaucoup de répugnance à troubler le repos de toute la chrétienté pour nos ressentiments particuliers; pendant que de leur côté ils faisaient tous leurs efforts pour animer le roi Très-Chrétien contre nous, dont ils se croyaient si assurés, qu'il y a plus d'un an que leurs ministres nous en menacent.

« Enfin, n'entendant rien dire de leur part, nous leur envoyâmes un ambassadeur, qui, après avoir donné en notre nom plusieurs mémoriaux fort pressants pour avoir une réponse définitive, n'en put recevoir aucune, jusqu'à ce qu'il eût déclaré qu'il avait ordre de s'en revenir, et qu'il était rappelé. Ils lui présentèrent alors un écrit par lequel il était porté qu'ils consentiraient à baisser le pavillon devant nous, vu la conjoncture des affaires, si nous voulions les assister contre les Français, à condition que cette préséance-là ne pût être tirée à conséquence, ni leur préjudicier à l'avenir.

Depuis le retour de notredit ambassadeur, ils nous en ont envoyé un extraordinaire, qui, d'une manière fort extraordinaire nous a fait entendre qu'il ne pouvait nous donner de satisfaction jusqu'à ce qu'il eût envoyé savoir la volonté de ses maîtres.

« *De sorte que, désespérant de voir aucun bon effet des traités qu'on pourrait faire avec eux, nous avons été obligé de prendre les armes pour maintenir les anciennes prérogatives de nos couronnes et pour la gloire de nos royaumes, mettant notre confiance en Dieu, et le priant de nous accorder son assistance dans nos justes entreprises : n'ayant point d'autre moyen de garantir notre peuple des artifices que cette nation exerce contre nous pendant la paix, si ce n'est la valeur que nos sujets savent exercer pendant la guerre.*

« C'est pourquoi nous avons jugé à propos de déclarer, comme par ces présentes nous déclarons, que notre dessein est de faire la guerre, tant par terre que par mer, aux susdits États-Généraux des Provinces-Unies et contre tous leurs sujets, en tous les lieux de leur dépendance. Enjoignant à notre très-cher et très-amé frère le duc d'York, notre grand-amiral, aux gouverneurs de nos provinces, de nos forteresses et garnisons, aux officiers et soldats qui sont sous leurs charges, tant par mer que par terre, de s'opposer à tout ce que pourraient entreprendre les États-Généraux ou leurs sujets, de faire et exercer tous actes d'hostilité dans cette guerre contre les susdits États; voulons que tous nos sujets aient connaissance de ladite déclaration, auxquels nous défendons dorénavant, sur peine de la vie, d'entretenir aucune correspondance ou communication avec lesdits États ou leur sujets, à la réserve de ceux qui seront obligés de sortir des Provinces-Unies pour se retirer eux et leurs biens en nos États.

» En considérant que plusieurs sujets des susdits États de-
» meurent et sont habitués dans nos royaumes, nous déclarons,
» et donnons sur cela notre parole royale, que tous ceux qui se
» comporteront comme ils doivent envers nous, et qui n'entre-
» tiendront aucune correspondance ni intelligence avec nos en-
» nemis, seront en sûreté pour leur personne et pour leurs biens,
» et exempts de tout mauvais traitement.

» Et en outre, nous déclarons que si quelqu'un des sujets des-
» dits États, soit par affection pour nous et pour notre gouverne-
» ment, soit à cause de l'oppression qu'il souffre ou qu'il souf-
» frira en ce pays-là, se retire en nos royaumes, il y sera pro-
» tégé en ses biens et en sa personne.

» Et comme ainsi soit que nous sommes engagé de maintenir
» la paix faite à Aix-la-Chapelle, nous déclarons finalement que,
» nonobstant la poursuite de cette guerre, notre intention est de
» maintenir le véritable dessein de ce traité ; et que dans toutes
» les alliances faites ou à faire dans la suite de cette même guerre,
» nous aurons une application particulière à faire, en sorte qu'il
» ne s'y fasse rien contre la fin que l'on s'y est proposée, si ce
» n'est que l'on nous forçât, malgré nous, à agir autrement. »

CHAPITRE XI.

Le Canard doré. — Jean Bart. — Keyser. — Le capitaine Svoëlt. — Propositions des Provinces-Unies à Jean Bart et à Keyser pour passer au service des Provinces. — Ils acceptent ; mais apprenant par hasard la déclaration de guerre du mois d'avril, ils refusent et se sauvent de Flessingue.

Le 10 avril 1672, le brigantin hollandais *le Canard doré* était mouillé dans le port de Flessingue. *Le Canard doré*, ainsi que tous les bâtiments de Flessingue, faisait alternativement le commerce et la contrebande en temps de paix, et la course en temps de guerre ; mais malgré ces sortes de trafic, l'ordre et la propreté la plus minutieuse régnaient à bord, et pas un navire de guerre n'était mieux réglé et mieux emménagé que ce brigantin.

Ce n'est pas que M. Svoëlt, à la fois capitaine et combourgeois de ce navire, tînt beaucoup à cette régularité de service ; mais son premier lieutenant, Gaspard Keyser, se montrait partisan si décidé de la discipline, que le capitaine, fort bon homme d'ailleurs, le laissait faire à peu près à sa guise, malgré les railleries de son second lieutenant Jean Bart. Ce dernier prétendait que, pourvu que le navire fendît bien la lame et le vent, que le gréement fût solide et léger, la mâture souple et forte, les voiles bien coupées, et les coutures liantes et bien calfatées, peu importait que le pont fût sale ou soigneusement gratté, et que pour être lovées avec symétrie, les manœuvres n'en étaient ni plus ni moins dures à hâler. Il prétendait encore que de belles préceintes, couleur de vermillon de Chine, étaient tout aussi bien déchirées par une pointe de roc ou un boulet de fer, que si elles eussent été simplement enduites d'une couche de goudron mêlé d'un peu de noir ; et qu'enfin, ainsi que disait Sauret, toute cette gratterie et cette vermillonnerie n'étaient que du Phébus.

Le canard richement doré, qui ouvrait ses ailes sur l'éperon du brigantin, était surtout le but et la cause des inépuisables plaisanteries de Jean Bart. Hâtons-nous de dire que cela n'altérait en rien la bonne harmonie qui existait entre lui et Gaspard Keyser, ces deux jeunes marins étant étroitement liés depuis quatre ans qu'ils naviguaient ensemble.

Ce jour-là, Gaspard Keyser commandait le navire en l'absence du capitaine Svoëlt qui était à terre. Le soleil levant perçait à peine la brume épaisse et grise de ce pays humide, et son disque, dépouillé de rayons, était d'un rouge foncé.

Les matelots, pieds nus et munis de seaux et de balais, nettoyaient le pont sous la surveillance immédiate de Keyser, qui, en l'absence du capitaine, se livrait avec emportement à sa passion de propreté minutieuse ; l'équipage donc séchait le pont au moyen de gros paquets d'étoupes, qui alors remplaçaient les fauberts, lorsque Jean Bart sortit de la cabine.

Il avait alors vingt-deux ans, une moustache blonde assez épaisse couvrait sa lèvre, et, d'après l'excessive carrure de ses épaules et de ses membres, on lui devinait une force de corps prodigieuse. Sa figure s'était de plus en plus brunie, et ses sourcils, ainsi que ses cheveux blonds étaient devenus presque châtains ; mais c'était toujours ces yeux bleus vifs et bien ouverts qui pétillaient de hardiesse et de gaieté.

— Bonjour, Keyser, bonjour matelot, — dit Jean Bart en se serrant dans le long caban brun à capuchon qui lui servait de robe de chambre, et retirant sa pipe de sa bouche. — Bonjour, matelot ; te voilà déjà à arroser le pont, mieux que ne le feraient nos vagues du Ponant. Sainte-Croix ! *le Canard* est bien nommé, de l'eau dessus, de l'eau à côté, de l'eau dessous, partout de l'eau : en vérité, c'est le plus heureux des canards de bois qui aient jamais ouvert leur bec doré sur l'éperon d'un vaisseau.

Gaspard Keyser, grand, nerveux, agile, d'une physionomie vive et expressive, à cheveux et à moustaches noirs, habitué à ces railleries, les écoutait avec le plus grand calme ; aussi ne répondit-il à cette *bordée* sarcastique que par un sourire et un serrement de main amical.

Jean Bart, voyant le peu d'effet de ses reproches, se remit à fumer, en s'appuyant sur le couronnement du brigantin, jusqu'à ce que le lavage fût terminé ; alors les deux amis descendirent dans la cabine, attirés sans doute par le parfum pénétrant de quelques harengs saurs qu'ils trouvèrent sur la table, accompagnés d'un pot de beurre salé, d'une cruche de bière et d'un flacon d'eau-de-vie ; le tout fort proprement servi dans des plats de grès de Flandre, par le gourmette ou mousse de la cabine.

Lorsque les convives en furent à se verser de l'eau-de-vie dans de petits gobelets d'argent d'un travail assez précieux, le gourmette quitta discrètement la cabine, et une conversation intime s'établit entre les deux marins.

— Lis donc, Bart, et le vieux Sauret, qu'est-ce qu'il fait ?
— Depuis qu'il m'a écrit la lettre que tu m'as lue, je n'en ai pas de nouvelles ; je crois qu'il est toujours à Dunkerque, à m'attendre pour radouber la maison de mon pauvre père, qui

est diantrement avariée dans ses œuvres vives et dans ses œuvres mortes.

— Tête-bleue ! Bart, c'est un brave et digne marin, quoiqu'un peu gausseur, que ce vieux Sauret.

— Brave et digne, c'est vrai, Gaspard, et qui m'aime comme il aimait mon père ; car il n'a voulu me quitter que quand il a vu que nous étions frères... matelots¹ quoi !

— Aussi, Bart, j'ai été content... mais là... bien content quand, il y a quatre ans, le vieux Sauret m'a dit, en voulant qu'on ne vît pas qu'il pleurait, le pauvre vieux : Tenez, M. Keyser, je peux quitter mon jeune M. Jean ; je suis bien tranquille à cette heure que vous et lui vous êtes matelots !

— Quand je te dis, Gaspard, que sans cela jamais il n'aurait voulu s'en aller. Et, Sainte-Croix ! il a deviné juste, le vieux Sauret ; car je t'ai toujours trouvé, toi.

— Tiens, mort-Dieu ! puisqu'on est matelots, c'est pour se trouver sans se chercher ; est-ce que cela t'étonne ?

— Non, car quand j'étais tout petit, mon père me contait toujours des histoires pareilles d'amitié du vieux temps, où on se donnait jusqu'à sa peau l'un à l'autre sans se demander s'il vous en resterait ; il me racontait même qu'il y eut un fameux marin surnommé *le Renard de la mer*, avec qui lui et mon grand-père s'étaient fait sauter pour une chose de pure amitié, et que, du saut, il n'était même resté que mon père.

— C'était certainement très-accommodant de la part de ta respectable famille, Jean... mais ce qui n'est pas un saut à faire, c'est quelque chose que j'ai à te proposer. Depuis quatre ans, tu as quitté le vaisseau de l'amiral Ruyter, il t'a protégé pour te faire entrer au commerce après la paix de Bréda. Depuis que je t'ai rencontré sur *le Wassenaar*, où nous étions contre-maîtres, nous avons toujours navigué ensemble, dans la Manche, dans la Baltique et sur les côtes d'Angleterre et d'Irlande. Nous sommes devenus, moi premier, toi second lieutenant d'un bon brigantin de dix canons au temps de guerre, et de trois cent cinquante tonneaux en temps de paix. Aussi main-

¹ A cette époque l'*ammatelotage*, espèce de fraternité à toute épreuve, était déjà dans les mœurs des marins.

tenant, nous sommes mariniers, et, mort-Dieu! capables de dire aussi bien que le vieux Svoëlt : —En haut, mariniers. Pilote, sors-nous du havre...

— Et cela est vrai, Gaspard; car le vieux Svoëlt se fait vieux, et il tousse quelquefois dans sa trompette marine, comme un bœuf qui a avalé des plumes.

— Eh bien! Jean, mon oncle Keyser d'Ostende a quelque part douze ou quinze milliers de livres qu'il me garde pour un bon marché; tu as quelque chose aussi; proposons au bonhomme Svoëlt de nous céder *le Canard doré*.

Malheureusement, la conversation fut interrompue par l'arrivée du bonhomme Svoëlt qui entra dans la cabine, en compagnie d'un petit homme gras, à figure fleurie et jubilante, et parfaitement vêtu de velours noir, avec une brillante et lourde chaîne d'or au cou.

A la vue de leur capitaine, les deux jeunes marins se levèrent et voulurent sortir de la cabine; mais M. Svoëlt les arrêta, et dit à Jean Bart : — J'ai affaire à vous; quant à Keyser, il peut monter sur le pont et y attendre mes ordres.

Keyser sortit, et laissa Jean Bart avec Svoëlt et le petit homme gras, vêtu de noir.

— Voici notre jeune marinier, — dit Svoëlt en lui montrant Jean Bart; puis il ajouta : — Bart, saluez M. le secrétaire Van Berg, secrétaire du collége de l'amirauté de Flessingue.

Jean Bart, qui ne savait trop où tendaient ces préliminaires, salua assez brusquement et attendit.

Alors M. le secrétaire Van Berg, toujours souriant, prit la parole et, s'adressant à Jean Bart d'un ton mielleux et insinuant :

— Quoique je n'aie pas encore eu l'avantage de vous voir, jeune homme, je vous connaissais, ou plutôt je connaissais votre hardiesse et votre intrépidité; car il y a six ans, me rendant à bord *des Sept-Provinces*, je me souviens parfaitement que M. l'amiral de Ruyter me parla d'un jeune marinier de Dunkerque, des plus satisfaisants par son intrépidité, sa valeur, son courage, sa noble conduite, sa...

— Ah çà, mais, Sainte-Croix! est-ce que je suis à vendre pour me vanter comme on vante un bœuf au marché! — dit impatiemment Jean Bart, malgré le coup d'œil significatif du capitaine.

— Ah! ah! en vérité ce jeune homme a un singulier instinct, capitaine Svoëlt? Eh bien! mon jeune ami, ce n'est pas tout à fait de vous *vendre* qu'il s'agit, mais de vous engager au service des États-Généraux.

— Moi?

— Oui, jeune homme, vous-même; outre le grand bien que M. l'amiral de Ruyter a dit de vous à MM. du collége de l'amirauté, le capitaine Svoëlt que voici a rendu de si bons témoignages de votre capacité, de votre habileté, soit comme marinier, pilote ou canonnier, nous a tellement assuré que très-souvent vous aviez commandé en personne le brigantin, que MM. du collége de l'amirauté de Flessingue n'hésiteraient pas à vous nommer second lieutenant à bord d'une quaiche de guerre, si...

— D'une quaiche de guerre! moi... servir militairement ni plus ni moins qu'un soldat! chapeau bordé en tête, habit vert au dos, sabre au côté, saluer le lieutenant, saluer le second, saluer le capitaine, saluer ci, saluer ça... ou à l'amende. Non, non; j'honore bien M. l'amiral de Ruyter; mais quand on me prendra à naviguer au militaire, *le Canard doré* du bonhomme Svoëlt gloussera et battra des ailes.

— Mais, songez donc, jeune homme, qu'une fois au service de Hollande, vous pouvez devenir... lieutenant! capitaine!

— Oui, oui, lieutenant bridé, capitaine bridé, ne pouvoir déferler une voile, ou tirer un coup de canon sans dire : *plaît-il?*... Non, non, vous prenez le saumon pour la truite, monsieur du velours noir.

L'honorable secrétaire Van Berg fut d'abord étonné de ce refus; puis il ajouta : — Mais enfin, mon jeune ami, vous servez bien, après tout, sous le digne capitaine Svoëlt!

— Je sers sous le capitaine Svoëlt, c'est vrai; mais ce n'est pas à la mode militaire, et une fois mon quart fini, nous trinquons ensemble, je fume dans sa pipe et je lui frappe sur l'épaule; n'est-ce pas, père Svoëlt? — ajouta Jean Bart, en appuyant son assertion d'une glorieuse tape sur le dos du capitaine.

— Allons, allons, Bart, — dit le bonhomme Svoëlt, — soyez donc respectueux devant M. le secrétaire. — Puis, se tournant vers Van Berg pour excuser la familiarité de son lieutenant, dont il était en ce moment un peu confus : — Voyez-vous, monsieur le secrétaire, dans le commerce bourgeois, nous ne tenons pas très-strictement au décorum, quoique mon premier lieutenant Keyser soit très-stricte sur la discipline.

— Et c'est son défaut, bonhomme Svoëlt, — dit Jean Bart, — c'est son seul défaut; il est quelquefois trop dur avec les matelots. Hors le service, je suis familier avec eux, moi! Eh bien, il n'y a qu'à voir si, dans une tempête, ils oseraient dire: Assez, quand je leur dis : Allez! Eh bien! après ça, vient la bonasse, et on vit ensemble de pair à compagnon.

— Ainsi donc, mon jeune ami, vous refusez le service militaire? — dit le secrétaire en paraissant réfléchir profondément.

— Oui, cent fois oui, aussi bien que vous refuseriez de troquer votre plume et votre écritoire contre une hache et un polverin [1], si on vous le demandait.

— Mais si par hasard, je n'ose pas vous l'affirmer, du moins, — dit le secrétaire en parlant avec lenteur et fixant sur Jean Bart un coup d'œil perçant et interrogatif, — et si par hasard le collège d'amirauté ayant, quelque part dans un coin de l'arsenal de Flessingue, une jolie caravelle de six canons, bien armée, bien équipée, et destinée à croiser à l'embouchure du Texel; si, dis-je, MM. du collège de l'amirauté, encouragés par les bons témoignages de M. l'amiral de Ruyter, vous offraient le commandement de cette caravelle, que diriez-vous à cela, mon jeune ami?

— Sainte-Croix! mon brave monsieur de la chaîne d'or, cela sonne autrement; n'être ni gêné, ni entravé par personne à son bord, si ce n'est pas tout, c'est beaucoup; car au moins, si l'on a des voisins, on est seul dans sa maison. Aussi, pour la caravelle de six canons, je dirais autant de oui que je disais de non pour la bride de guerre que vous vouliez me donner à ronger.

— Enfin, vous diriez oui? c'est heureux! — s'écria le secrétaire,

---

[1] Polverin, corne d'amorce.

ne pouvant contenir sa joie. — A ce prix, vous vous engageriez au service des États?

— C'est-à-dire, un instant, mon digne monsieur : j'ai mon matelot, Gaspard Keyser, avec qui je navigue depuis quatre ans, nous ne nous quittons pas; comme marin, je vous réponds de lui, et le bonhomme Svoëlt vous en répondra de même : donnez-lui un caravelle comme à moi, et tout est dit, j'accepte.

— Diable! mais vous déraisonnez, jeune homme.

— Je déraisonne! mais c'est vous, mon brave homme, qui refusez mon matelot, qui est meilleur marin que moi; je vous donne une fève pour un pois, et vous ne voulez pas? adieu.

— Mais...

— Il n'y a pas de mais; une caravelle pour moi, une caravelle pour Keyser, ou rien...

— Songez donc que MM. du collége!

— MM. du collége, ou *le Canard* du bonhomme Svoëlt, c'est tout de même.

— Il faudrait pourtant réfléchir, avant que de demander...

— J'ai réfléchi, puisque je vous ai demandé; c'est oui, ou non.

— Mais, M. l'amiral dira...

— Mais, Sainte-Croix! il n'y a pas d'amiral là-dedans. Est-ce oui, est-ce non?...

— Mais votre ami consentira-t-il?

— Un matelot n'a que la parole de son matelot!

— Veuillez donc le lui demander. Non que je promette positivement, car ce serait en vérité trop m'engager... et...

— Alors, rien de fait... Bonjour.

Et Jean Bart sortait, si l'honorable M. Van Berg n'eût crié :

— Si, si, je promets; seulement décidez-le, et tout est fini.

Jean Bart sortit pour prévenir Keyser.

— Eh bien! capitaine Svoëlt, nous en sommes quittes à bon marché; à tout prendre, ce Keyser est excellent marin, et dans la guerre épouvantable qui nous menace, les États ne sauraient recruter trop de braves gens, et surtout d'intrépides aventuriers comme ces deux garçons. M. l'amiral de Ruyter fait grand cas de ce Bart, et si nos ennemis ont pour eux la chance sur terre, un bon nombre de recrues pareilles nous aideront à nous maintenir honorablement sur mer; et plus j'y réfléchis, Svoëlt, et plus je m'applaudis de notre acquisition; une fois compromis surtout, ces deux jeunes gens nous seront très-utiles.

— Et vous avez raison, monsieur le secrétaire; depuis quatre ans qu'ils sont à bord, je les ai vus dans de furieuses tempêtes, où je les laissais commander. Eh bien! je les ai toujours trouvés calmes, de sang-froid, et surtout pleins de ressources. Aussi, je dis comme vous, monsieur le secrétaire, puisque nous avons la guerre, confiez un corsaire à ces deux jeunes gens.

— Au diable si vous tiendrez votre langue, Svoëlt! voulez-vous donc leur découvrir ce que nous ne voulons pas qu'ils apprennent et que nous leur cachons avec tant de soin?

— Mais d'un jour à l'autre, monsieur le secrétaire, on saura la déclaration de guerre de la France et de l'Angleterre.

— Mais, encore une fois, Svoëlt, un jour est beaucoup, quand un jour peut lier à jamais au service de la marine des États des marins qui promettent autant et qui tiendront de gré ou de force; car, une fois leur engagement signé, et en attendant le moment de les employer...

— Je comprends, monsieur le secrétaire, je comprends; heureusement que Bart est orphelin, je crois, — dit Svoëlt, qui interpréta le geste significatif du secrétaire.

— Eh! du diable si je songe à cela! qu'importe le filet, pourvu que le poisson s'y trouve? Svoëlt, ne voulez-vous pas que je me lamente, parce que ces deux garçons vont devenir ainsi citoyens des Provinces-Unies au lieu de rester sujets du roi de France, qui nous en fait bien d'autres, vraiment! Ah çà, mais, capitaine, je ne vous reconnais plus. Voyons, donnez-moi du papier et de quoi écrire l'engagement de ces deux jeunes gens.

Et le capitaine et le secrétaire formulèrent l'espèce de contrat qui devait attacher Jean Bart et Keyser au service des États.

Jean Bart, en remontant sur le pont, trouva Keyser et lui dit avec joie :

— Bonjour, capitaine Keyser, capitaine de la caravelle *le Canard*, pour sûr.

— Allons, fou, tais-toi; tiens, voici une lettre du vieux Sauret, qu'un patron de Bélandre a apportée.

— Il s'agit bien du vieux Sauret et de Dunkerque! — dit Jean Bart, en prenant la lettre. — Je te dis, Keyser, que tu es capitaine, capitaine d'une caravelle de six canons, et moi aussi.

— Tu es fou!

Et Jean Bart lui ayant raconté ce qui venait de se passer, Keyser lui dit avec une émotion et une expression qu'il est impossible de rendre : — Merci, matelot!

Et ils descendirent dans la cabine.

— Voilà Keyser, — dit Jean Bart, — il accepte; touchez là, monsieur de la chaîne d'or!

— Allons, bien, mes jeunes amis, les États-Généraux comptent deux braves marins de plus, — dit Van Berg; — mais il s'agit de signer l'engagement que voici, et que je vais vous lire.

— Si vous voulez, je le lirai moi-même, — demanda Keyser, plus âgé et plus défiant que Jean Bart.

— Volontiers, mon jeune capitaine; lisez vous-même et tout haut, pour que votre ami sache bien à quoi il s'engage.

L'engagement était en règle, en bonne forme, et assurait aux deux jeunes marins le grade de lieutenants de brûlots, et le commandement des caravelles *le Cerf* et *la Trompe d'Éléphant*.

Keyser signa, et passa la plume à Jean Bart, qui dit, en faisant sa croix :

— Excusez, monsieur le secrétaire, si je ne suis pas clerc; mais cette croix que je viens de faire m'engage à vous tête et corps pour quatre ans.

Lorsque l'engagement fut signé, le secrétaire ne cacha pas sa joie, et dit en se frottant les mains: — Eh bien! capitaine Svoëlt, est-ce que vous n'avez plus dans votre soute une seule bouteille de ce vieux vin de Bordeaux, d'une si agréable couleur, pour boire à la santé de nos jeunes amis?

— Si, pardieu! monsieur le secrétaire; et si Keyser veut appeler mon garçon, il va nous en monter.

— En même temps, Keyser, — dit Jean Bart, — lis donc un peu ce que raconte le vieux Sauret, voici sa lettre.

Keyser sortit.

— Ah çà! monsieur le secrétaire, — dit Jean Bart, — quand

verrai-je ma caravelle? Sainte-Croix! je m'en promets; j'en commandais une sans canons, c'est vrai, quand j'avais dix-sept ans; c'est de là que j'ai servi sous M. l'amiral de Ruyter, et que j'ai vu le feu pour la première fois en 1666; mais je n'oublierai jamais, Sainte-Croix! mon digne monsieur, que c'est à vous que je dois cette bonne aubaine; et si jamais vous avez besoin de Bart, vous n'aurez qu'à dire : Viens, et je viendrai; car je vous suis aussi reconnaissant pour Keyser que pour moi-même.

Mais à ce moment, Keyser, pâle comme un mort entra violemment dans la cabine, et dans moins de temps qu'il ne faut pour le décrire, il ferma la porte à clef, et sauta au collet de M. Van Berg, en criant à Jean Bart : — Pas un mot, et fais comme moi.

Jean Bart obéit presque machinalement, et fit comme son ami, c'est-à-dire qu'il serra le cou du bonhomme Svoëlt, comme s'il eût voulu l'étrangler.

— Mets-leur un des gobelets entre les dents, dit encore Keyser, — et attache-le avec leur mouchoir.

Ce qui fut encore fait, malgré la résistance des deux victimes, hors d'état de lutter longtemps avec deux jeunes gens aussi vigoureux que Jean Bart et Keyser.

— Attache-leur les coudes avec la corde du panneau.

Cette manœuvre fut exécutée aussi fidèlement que le reste; le bonhomme Svoëlt et M. Van Berg furent liés, bâillonnés, et dans l'impossibilité de faire un mouvement ou de pousser un cri.

— Ah çà! maintenant, matelot, pourquoi tout ça!—demanda alors Jean Bart.

— Pourquoi? parce que ces honnêtes mynheers voulaient nous faire pendre en France, si l'envie nous avait pris d'y retourner.

— Sainte-Croix! qu'est-ce que tu dis?

— Je dis que la lettre du vieux Sauret nous apprend ce que ces misérables voulaient nous cacher, que la guerre est déclarée entre la France et la Hollande; il t'envoie la déclaration qu'on a criée dans les rues de Dunkerque, et la fin, la voici :

« *Recommandons à nos sujets de ne prendre aucun service chez nos ennemis sous peine de la hart,* » — ou de la corde, si tu aimes mieux.

— Sainte-Croix! je n'aime mieux ni l'un ni l'autre. Ah! chien,

— dit Jean Bart au secrétaire, avec un geste menaçant, — tu savais donc que la guerre était déclarée!...

Le malheureux Van Berg ne put faire qu'un signe négatif en ouvrant affreusement les yeux.

— Et vous, — dit Keyser au bonhomme Svoëlt, — vous avez pu tromper ainsi deux jeunes gens qui vous servaient depuis longtemps !

Pendant ce temps-là, Jean Bart, qui fouillait le secrétaire, tira plusieurs papiers de ses poches pour trouver l'engagement. — Vois si c'est ça, Keyser? — disait-il à mesure.

— Non, non; mais voici quelque chose de bon à savoir... Une fois notre engagement signé, on devait nous tenir sous clef jusqu'à ce que la déclaration de guerre fût bien connue, pour rendre notre retour en France impossible.

— Et nous mettre, Sainte-Croix ! dans la passe d'être pendus en France, ou de nous battre contre la France.

— Mort-Dieu ! si ce n'étaient tes cheveux gris, je t'étoufferais avec le bâillon, — dit Jean Bart au secrétaire.

— Ah! voici l'engagement, — dit Keyser; et bientôt les morceaux volèrent par la chambre.

— Maintenant, matelot, — dit Jean Bart, — nous n'avons qu'à enfermer ces deux misérables, à prendre ce que nous avons d'argent, et à tirer pays; justement il y a là la barque de cet animal. Allons, vite; car les États ont les bras longs, et avant deux heures il faut être loin; car voyant que nous ne les voulons pas servir, ils nous empêcheraient de servir en France en nous retenant prisonniers; maintenant qu'il y a guerre ils n'ont rien à risquer.

— Et puis, — ajouta Keyser, en ôtant la chaîne d'or du cou du secrétaire, — comme nous ne pouvons emporter nos coffres d'ici, voilà qui nous dédommagera de la perte que nous faisons.

Et les deux jeunes gens ayant encore assuré les liens qui attachaient le capitaine et le secrétaire, fermèrent la porte, et, recommandant aux matelots de ne pas interrompre la conférence du secrétaire du collége d'amirauté, ils donnèrent ordre au maître-pilote de veiller sur le brigantin, et se firent mettre à terre par la barque du secrétaire, ordonnant au patron de les attendre.

Deux heures après, ils avaient gagné Flessingue. Deux jours après ils étaient en France, à Dunkerque.

CHAPITRE XII.

Ruyter sort de la Meuse pour aller au Texel, rendez-vous général de la flotte des Provinces-Unies. — Il arrive et mouille à la Tonne du Laan. — Jean et Corneille de Witt viennent à son bord. — Assemblée des députés des collèges d'amirauté. — Conseil de guerre. — Ses résolutions. — Appareillage de la flotte. — Les pilotes de Ruyter refusent de sortir *les Sept-Provinces*, vaisseau amiral, par le Spanjaarts-Gat. — Ruyter et Jean de Witt s'embarquent dans une chaloupe pour aller eux-mêmes sonder la passe. — La brise mollissant, le départ de Ruyter est impossible. — Conversation de Jean et Corneille de Witt. — Nouvelles pressantes de La Haye. — Adieux des deux frères. — Corneille de Witt reste à bord de Ruyter comme député plénipotentiaire des États. — Nouveau conseil de guerre. — Départ de Ruyter. — La flotte descend dans la Manche pour s'opposer à la jonction des escadres anglaise et française.

Le 6 mai de cette année, une partie de la flotte hollandaise, composée de sept vaisseaux, deux frégates, trois brûlots et une flûte, était mouillée au Texel, rendez-vous des escadres des Provinces, sous le commandement du lieutenant-amiral général Michel Adrianz de Ruyter, qui avait conservé son pavillon à bord du vaisseau *les Sept-provinces*.

Parti de la Meuse le 29 avril, par une bonne brise d'ouest-sud-ouest, Ruyter avait rencontré le 1er mai, à la hauteur d'Egmont[1], un yacht d'avis, qui lui apportait la lettre suivante de la part de M. Corneille de Witt (frère de Jean de Witt), ruart de Putten, et député plénipotentiaire des Provinces sur la flotte :

« Sur l'avis donné par les pilotes côtiers que les vaisseaux qui sont au *Vlie*[2] ne peuvent s'élever que par des vents d'est-quart-nord, ou tout au plus par l'est-nord-est d'un côté, et d'un autre

---

[1] *Egmont*, ville située au bord de la mer, sur la côte occidentale des Pays-Bas.
[2] *Vlie*, ou Flie, ou Fly (île de la Mouche), île à l'entrée du Zuyderzée ; c'est l'île la plus voisine à l'E. de l'île du Texel.

côté par le vent de sud ou sud-ouest, et cela tout au plus par dix rumbs, au lieu qu'il y en a vingt-cinq par lesquels les grands vaisseaux sont retenus; et après avoir ouï sur ce sujet les députés des collèges de l'amirauté d'Amsterdam et des quartiers du Nord, l'affaire ayant été mise en délibération, il a été résolu que tous les navires qui sont ici au *Vlie*, qu'ils soient prêts ou non, en sortiront par le vent de sud-ouest, qui règne à présent, s'il continue, et qu'ils retourneront au Texel pour y être pourvus de toutes les munitions qui pourraient leur manquer, et être mis entièrement en état. Et, en conséquence, il est enjoint par les présentes au lieutenant amiral van Gent et à tous les autres officiers et capitaines de se conformer à ce qui y est contenu, de quoi il sera incessamment donné connaissance à l'amiral Ruyter, afin qu'il se rende avec son escadre au même lieu et proche de la tonne *du Laan*[1], en telle sorte que, selon que sera le vent, ils puissent tous sortir des deux côtés du *Lands-Deep*[2], et encore d'un autre côté par le *Spanjaarts-Gat*, et que même en cas de besoin le *Slenk* leur demeure aussi toujours ouvert; de tout ce que dessus seront encore avertis les trois collèges de l'amirauté, afin que chacun d'entre eux donne respectivement de pareils ordres, et qu'ils prennent de telles précautions, que tous leurs vaisseaux, à mesure qu'ils seront prêts dans la suite, puissent en toute diligence se rendre au Texel. — Fait à bord du *Dauphin*, étant à l'ancre au Middelgrounden du Vlie, le 30 avril 1672.
» CORNEILLE DE WITT. »

Suivant cet ordre, Ruyter avait fait voile au Texel avec l'escadre de la Meuse; mais comme toutes les tonnes et balises avaient été enlevées, et que ces amers (points de reconnaissance) manquaient aux pilotes pour diriger l'escadre, il dépêcha deux yachts au Helder ordonnant au commissaire Henri Knïf de faire poster ces deux yachts à l'entrée du Slenk[3], d'après les indications des pilotes-côtiers.

[1] *Laan*, haut fond qui s'étend au large de l'île du Texel.
[2] *Lands-Deep*, canal qui prolonge la côte de Hollande; c'est le plus au S. des canaux qui conduisent entre les bancs à la pointe du Helder, située à l'entrée du Zuyderzée.
[3] *Slenk*, canal pour entrer au Texel, à l'embouchure du Zuyderzée. Ce canal passe entre le banc Keiser et le banc du Sud.

L'un de ces deux bâtiments, qui s'appelait *la Renommée*, devait se tenir vers le rivage du sud, et l'autre, nommé *l'Espérance*, vers le rivage du nord; ensuite le commissaire devait faire placer au dedans et des deux côtés de la passe, de loin en loin, autant de petits bâtiments qu'il jugerait nécessaire pour servir de balises aux navires qu'on y ferait entrer. Ruyter ordonnait encore, afin de pouvoir engager avec confiance son escadre dans cette passe, que *la Renommée* et toutes les barques postées du côté du sud eussent le hunier et les perroquets cargués; mais que *l'Espérance* et les barques du nord eussent toutes leurs voiles serrées; signaux qui lui donneraient une nouvelle assurance que ses ordres avaient été compris et exécutés fidèlement; le commissaire remplit à merveille les ordres de Ruyter, et envoya de plus quelques barques légères pour aider encore au pilotage des vaisseaux qui traversèrent heureusement ce passage dangereux, et arrivèrent le 3 mai au mouillage de la tonne du *Laan*.

Ce même jour, comme Ruyter allait donner dans le chenal, il rencontra le capitaine Corneille Hollaardt, qui montait un senau envoyé de Zélande par le lieutenant amiral Bankert, pour reconnaître si la mer était sûre, et pour lui rapporter aussi combien il avait vu de vaisseaux dans les passes de Hollande. Ruyter donna charge à ce capitaine de dire à l'amiral Bankert, qu'il n'avait pas vu d'ennemis, et lui adressa en même temps une copie de la lettre du ruart pour lui servir d'instruction touchant le rendez-vous donné au Texel.

Le lendemain Ruyter reçut des députés des États qui étaient au Vlie, l'ordre de hâter l'équipement et la sortie de l'armée; dans cette dépêche, on lui apprenait qu'il était déjà sorti de Vlie quelques-uns des gros navires, qu'on espérait que le reste suivrait bientôt; mais qu'on n'était pas d'avis qu'ils rentrassent au Texel, et que conséquemment ils attendraient l'amiral en mer au nord de la passe, où il irait les joindre avec toute la diligence possible.

Aussitôt Ruyter donna l'ordre aux pilotes du Texel de sortir la flotte par *Spanjaarts-Gat*[1].

[1] *Le passage Espagnol* (Spanjaarts-Gat). C'est le troisième ou le plus au N. E. des trois canaux qui servent à entrer dans la rade du Texel.

La flotte de la Meuse sortit donc par cette passe, moins *les Sept-Provinces* et les deux autres pavillons amiraux que les pilotes, au moment de l'appareillage, ne voulurent jamais hasarder dans ce chenal, soutenant qu'il n'y avait pas assez d'eau pour des vaisseaux d'un aussi haut bord.

Au comble de l'étonnement, Ruyter et Jean de Witt, qui connaissaient parfaitement cette côte, leur assurèrent qu'il y avait passage; mais rien ne put vaincre l'opiniâtreté des pilotes, qui déclinèrent même toute responsabilité dans le cas où l'amiral voudrait les contraindre à sortir.

Ce débat et ces lenteurs entraînaient malheureusement les plus fâcheuses et les plus graves conséquences, car Ruyter voulait profiter de la brise d'ouest-sud-ouest qui régnait alors, pour sortir du Texel par le *Spanjaarts-Gat* (seul passage où l'on pût s'élever par cette aire de vent, puisque le Lands-Deep courait sud-sud-ouest, le Lenk sud-ouest, tandis que le Spanjaarts-Gat courait est-nord-est); Ruyter, dis-je, voulait sortir au plus tôt du Texel pour rallier l'escadre qui l'attendait au dehors, afin de descendre avec elle dans la Manche pour s'opposer à la jonction des flottes française et anglaise.

Aussi, telle était l'importance que Ruyter attachait à son départ qu'après une vive discussion avec les pilotes, lui et Jean de Witt emmenant M. Zieger, premier pilote de l'amiral, et un des pilotes récalcitrants du Texel, s'étaient jetés dans une chaloupe[1], afin d'aller s'assurer par eux-mêmes du sondage du Spanjaarts-Gat.

On conçoit cette démarche extraordinaire de la part de deux hommes de cette condition, si l'on pense que Ruyter et de Witt, bien que moralement sûrs de leur assertion, et ayant le plus flagrant intérêt à faire sortir ces trois pavillons du Texel pour rejoindre en haute mer le reste de l'escadre, ne voulaient pas cependant exposer les trois plus forts vaisseaux de la république sans un nouvel et dernier examen.

Ruyter et Jean de Witt allèrent donc eux-mêmes sonder le chenal.

---

[1] Vie de Ruyter. — Vie de Jean de Witt. — Annales des Provinces-Unies. — Histoire manuscrite de Wiquefort.

La rade du Texel, si animée naguère par la présence de la flotte qui venait d'en sortir, paraissait alors triste et déserte; car les trois pavillons y restaient seuls mouillés, en attendant le retour de Ruyter.

Une assez forte brise chassait rapidement, d'ouest-sud-ouest vers le levant, de lourdes zones de nuages; la mer, assez houleuse dans cette rade et sur cette côte, remplie de bancs de sables, était d'un jaune verdâtre, et l'écume blanche de ses longues lames marbrées se brisait sur le pied des digues du Helder, dont les pilotis bruns s'étendaient vers la gauche; l'atmosphère était imprégnée d'une odeur saline, âcre et pénétrante, tandis que le ciel pluvieux et voilé se colorait quelquefois çà et là, lorsqu'un pâle rayon de soleil, traversant l'humide vapeur, venait jeter de vifs reflets d'argent sur les sombres contours de quelque grande masse de nuages gris bizarrement découpés; alors aussi on voyait tout à coup, à droite de la rade, une large ligne de lumière éclairer quelque verte et grasse prairie du Texel, illuminer brusquement les ailes d'un moulin rouge à toit bleu, ou la flèche aiguë d'un clocher de pierre blanche; puis s'éteindre peu à peu, après avoir ainsi fait contraster ces touches éclatantes avec l'obscure et harmonieuse demi-teinte qui enveloppait le reste de l'île.

Le vaisseau amiral *les Sept-Provinces* était mouillé par le travers du fort du Texel, et un peu en avant des deux autres pavillons.

Construit, ainsi qu'on sait, en 1666, ce beau vaisseau venait d'être peint et doré à neuf, et malgré les trois étages de son château d'arrière et l'élévation démesurée de son château d'avant, il était si large de fond et de quille, que pas un vaisseau de la flotte n'avait une meilleure assiette; les sabords de ses batteries, au lieu d'être ouverts sur une même ligne perpendiculaire au-dessus les uns des autres, ainsi que cela se pratiquait alors en France et en Angleterre, s'ouvraient en échiquier, c'est-à-dire que l'ouverture des sabords de la batterie haute correspondait à l'entre-deux des sabords de la batterie basse, au grand avantage du service de l'artillerie; car par cette disposition on n'avait pas à craindre dans la batterie basse les flammèches incendiaires qui pouvaient y tomber de la batterie haute.

L'intérieur des mantelets de ces sabords, peint d'un vif vermillon de Chine, se dessinait à merveille sur la coque blanche *des Sept-Provinces*, qui se balançait pesamment sur cette mer houleuse et trouble.

Une assez grande agitation régnait à bord de l'amiral, et tous les matelots et soldats de l'équipage, qui ne se trouvaient pas de quart ou de service à un poste, se pressaient à l'avant ou sur les bastingages de tribord, et regardaient dans la direction du nord-ouest avec autant d'impatiente curiosité que d'intérêt; les maîtres et contre-maîtres, interrompant leur promenade sur les passe-avant du même bord, semblaient partager l'inquiétude générale; enfin, sur la dunette, et regardant aussi attentivement vers le nord-ouest, on voyait un groupe de personnages étrangers au vaisseau et à la marine, si l'on en jugeait par leurs vêtements de couleur foncée, leurs rabats blancs, leurs manteaux noirs, et leur large feutre sans plumes, ornés seulement d'un galon de velours; ces personnages s'entretenaient entre eux avec vivacité, et paraissaient demander ou écouter avec déférence les avis ou les renseignements d'un d'entre eux, remarquable par sa haute taille, son noble aspect, vêtu tout de noir et portant une chaîne d'or au cou.

Tel était M. Corneille de Witt (frère de Jean de Witt), ruart de Putten et député plénipotentiaire des Provinces-Unies sur la flotte des États. Les autres personnages qui l'entouraient étaient MM. de Merens, Mauregnault, Starkembourg, Van der Dussen, de Wildt, Okersten et Souk, députés des sept colléges d'amirauté des Provinces-Unies.

Corneille de Witt, un peu plus âgé que son frère le grand pensionnaire de Hollande, lui ressemblait extrêmement: c'était le même front large et découvert, le même coup d'œil vif, perçant, et souvent aussi triste et mélancolique; seulement Corneille de Witt était plus pâle, plus amaigri que son frère, et dans ce moment paraissait souffrir beaucoup.

Un autre groupe, dont l'extérieur contrastait fort avec celui des députés des colléges, se tenait à l'arrière de la dunette: à leurs larges chausses de toile grise, à leurs longues jaquettes de laine, à leurs chaperons et à leurs grosses bottes de pêcheurs, on reconnaissait de véritables marins hollandais. C'étaient en effet quatre des pilotes qui avaient refusé de passer les pavillons dans le Spanjaarts-Gat.

Quelques officiers s'étaient joints aux députés placés sur la dunette, et dirigeaient avidement leurs lunettes sur la pointe du Texel, espérant à chaque minute la voir doubler par la chaloupe de l'amiral qui avait quitté le bord depuis trois heures environ. M. de Gents, capitaine de pavillon de l'amiral, s'entretenait avec le second pilote du bord qui, lui montrant une légère brume éclaircie que l'on voyait dans l'ouest, lui dit :

— Tenez, monsieur, voici déjà les nuages qui chassent moins vite vers le nord-est, et il se pourrait bien que cette embellie qui s'étend là-bas à la pointe du Helder nous annonçât un changement de vent ; et quand même *le bon père*[1] reviendrait avec un sondage rassurant, nous ne pourrons peut-être pas sortir d'ici aujourd'hui, car la brise commence à mollir. Voici un grain de pluie qui arrive, et le flot n'a plus qu'une demi-heure d'étal pour être à mi-marée[2].

— Vous avez raison, pilote, vous avez raison ; et que le diable serre le cou de ces gens du Texel, avec leur opiniâtreté.

— Écoutez donc, monsieur, c'est que c'est quelque chose que d'être chargé d'avoir à soi seul des yeux pour trois vaisseaux-pavillons, et surtout lorsqu'ils tirent plus d'eau que ceux qu'on a jamais pilotés dans une passe. Je suis de la Meuse, moi, monsieur ; j'ai cinquante-deux ans, et il y en a tantôt quarante que je navigue sur nos côtes ; je connais mes passes depuis la Honde jusqu'à New-Rib, à y piloter rien qu'à la couleur de l'eau ; je n'étais pourtant que second de M. Zieger, qui est, sans contredit, le meilleur pilote de la côte ; eh bien, quand il a sorti *les Sept-Provinces* pour la première fois de la Meuse, je vous jure, monsieur, que je n'ai respiré que lorsque j'ai vu le vaisseau par le travers de la tour de Gravesende

— Mais la sonde, pilote, n'est-elle pas là pour vous guider ?

— La sonde... monsieur, la sonde peut tromper, et les écueils

---

[1] Surnom donné à Ruyter par les marins hollandais. — Vie de Ruyter. — De Tromp. — Annales des Provinces-Unies.

[2] On sait que le prime-flot porte fortement au N. N. E. dans le Spanjaarts-Gat jusqu'à mi-marée, et le jusant au S. S. E. jusqu'à l'autre mi-marée.

ne se trompent jamais, eux. Mais, tenez, tenez, monsieur, voici déjà la pluie et les rafales, c'est une queue de brise qui finit. Voyez comme la girouette est inconstante.

En effet, une pluie fine et froide commença à tomber et à tout envelopper de son humide et transparent réseau ; le vent fraîchit quelque peu, et malgré cette pluie et les rafales de la brise expirante, les groupes assemblés sur la dunette ne bougèrent pas ; car de minute en minute on s'attendait à voir poindre la chaloupe de l'amiral.

Enfin un matelot placé en vigie à la pomme du grand mât signala le pavillon amiral qui flottait à l'arrière de la chaloupe ; cette nouvelle fut accueillie par un murmure de curiosité inquiète, impossible à décrire, qui devint de plus en plus irritante du moment qu'on eut vu l'embarcation doubler la pointe de Hoorn, courir quelques bordées, et s'inclinant gracieusement sous ses voiles, tantôt disparaître à moitié dans le creux des lames, ou bondir légèrement sur leur sommet, en chassant devant son étrave une écume blanchissante. De minute en minute la chaloupe devenait plus distincte, enfin elle fut à portée de canon, puis à portée de voix *des Sept-Provinces*, et passa bientôt à poupe de ce beau vaisseau.

A ce moment Ruyter, debout à l'arrière de la chaloupe, le regard animé, ses cheveux blancs au vent, et couvert, ainsi que de Witt, d'un capot de marinier ruisselant d'eau de mer et de pluie, ne put s'empêcher de crier aux députés et aux officiers, avidement penchés sur la galerie, en faisant un porte-voix de ses deux mains : — Quarante-cinq pieds[1] d'eau au plus bas fond, j'en étais bien sûr !

La chaloupe ayant amené ses voiles et accosté le vaisseau à tribord, Ruyter saisit adroitement les tire-veilles qu'on lui jeta, et, malgré son âge, monta lestement sur le pont, suivi de de Witt, du pilote Zieger et du pilote du Texel, qui, confus et humilié, fit un geste expressif à ses camarades, du plus loin qu'il les vit.

— Eh bien ! malheureux opiniâtres, voilà le fruit de votre entêtement ! — s'écria Ruyter, en allant droit au groupe de

[1] Mesure de la Meuse.

pilotes ; — au plus bas fond, à la hauteur de West-Eyends, j'ai trouvé quarante-cinq pieds d'eau ; quand je vous le disais !

— Mais, monsieur...

— Il n'y a pas d'excuses ; quarante-cinq pieds d'eau au West-Eyends, vous dis-je !

— Et voilà, — dit Jean de Witt en s'avançant vers eux, — voilà la seconde fois que cela arrive ; il m'a fallu aussi, il y a quatre ans, aller moi-même pour sonder le Lands-Deep, pour vous convaincre. Savez-vous bien, messieurs, que vous avez joué votre tête par ce refus ?

— Mais, monsieur, c'est que nous croyons aussi la jouer en sortant les navires, — répondit le plus vieux des cinq pilotes interdits.

— Et savez-vous de quelle importance est pour moi le temps que vous venez de me faire perdre ! — ajouta Ruyter en montrant presque avec désespoir les girouettes et les flammes du navire, que la brise expirante soulevait à peine ; — le vent mollit, tombe... le flot passe... et me voici obligé de rester mouillé dans cette rade ; tandis que si vous aviez suivi mes ordres, si vous m'aviez sorti par le Spanjaarts-Gat, à cette heure je serais en haute mer à la tête de ma flotte ! J'en suis fâché, messieurs, — reprit Ruyter avec plus de sang-froid, — mais je suis obligé de vous renvoyer prisonniers au Texel, votre collége décidera de votre sort ; une telle ignorance ou une telle opiniâtreté demande un exemple éclatant.

Les pilotes ne dirent pas un mot, suivirent le sergent d'armes qui les vint prendre ; et Ruyter, accompagné de MM. de Witt et des députés, descendit dans la chambre du conseil.

Pendant que Ruyter et Jean de Witt allèrent quitter leurs vêtements trempés d'eau, Corneille de Witt et les députés des colléges dressèrent l'instruction suivante, dont la teneur avait été en partie résolue d'accord avec Ruyter. M. Andriga, secrétaire du conseil, la rédigea en ces termes :

« Le jeudi 6 de mai, avant trois heures, à bord *des Sept-Provinces* mouillé au Texel.

» Présents : les sieurs Corneille de Witt, ruart de Putten, MM. Merens, Mauregnault, Starkembourg, Van der Dussen, de Wildt, Okersten et Souk ; présents aussi le lieutenant amiral de Ruyter et M. le grand pensionnaire de Hollande :

» Nous, députés et plénipotentiaires des hauts et puissants seigneurs les États-Généraux des Provinces-Unies pour les opérations de l'armée navale et pour les desseins de cette présente expédition, après avoir pris les avis du lieutenant amiral de Ruyter, comme général de ladite armée, ensemble les sieurs députés des colléges électoraux des amirautés ici présents, et avoir mûrement délibéré sur le tout, nous avons unanimement arrêté et résolu que, si le vent le permet, la susdite armée prendra son cours au sud-ouest, et qu'ayant été, ainsi qu'on l'espère, fortifiée sur sa route des vaisseaux de guerre, brûlots, et autres bâtiments qui sont encore attendus de Zélande, elle s'avancera vers la Tamise, ou vers les autres parages où l'on découvrira que l'armée navale d'Angleterre puisse se rencontrer ; car on a intention, suivant les résolutions qui ont été prises, de faire entrer la susdite armée de l'État, avec la permission de Dieu, dans ladite rivière de Londres, et d'y attaquer les ennemis si on les y trouve, ou d'y insulter et détruire tous les vaisseaux anglais qu'on y pourra joindre ; et qu'après avoir fait cette tentative, qu'il plaise à Dieu de faire réussir, on ira chercher l'armée à ses rendez-vous de Gunfleet, de South-Bay, des Dunes, et ailleurs où l'on croira qu'elle puisse être assemblée ; que si, contre les apparences, les flottes d'Angleterre et de France étaient déjà jointes, en ce cas, et après en avoir eu une entière certitude, on tâchera d'éviter d'en venir à une bataille générale avec ces deux puissances unies, à moins que les plénipotentiaires de leur Haute Puissance, avec l'avis du lieutenant amiral de Ruyter, comme général, ne jugeassent que, nonobstant la présente résolution, on dût l'entreprendre à la faveur de quelques incidents particuliers, occasions ou circonstances qui feraient espérer qu'on pourrait en sortir avec un bon succès et avantage, bien entendu néanmoins que le tout sera remis à la pleine, entière et absolue disposition desdits sieurs députés de leur Haute Puissance, suivant la teneur expresse de leur commission, ainsi qu'on le remet et laisse par ces présentes, à cette fin qu'avec l'avis du susdit lieutenant amiral de Ruyter en sa qualité et des autres officiers généraux de l'armée, si besoin est, ils puissent, au regard du fond de l'affaire en général, et sur toutes les particularités qui la concernent, principalement au regard de l'ordre, de la forme et de la manière de l'exécution, faire, entreprendre et exécuter tout ce qu'ils jugeront être le plus expédient pour le service de l'État, et généralement se rendre et se tenir avec ladite armée, ou divisée ou jointe, dans les parages qu'ils estimeront être les plus propres et les plus convenables pour les desseins de leur Haute Puissance, et pour en venir plus aisément à bout.

» Et conforme à la susdite résolution, en connaissance de moi secrétaire soussigné,

» G. ANDRIGA. »

Lorsque l'amiral et le grand pensionnaire rentrèrent dans la chambre du conseil, les députés se levèrent.

Ruyter, alors âgé de soixante-six ans, paraissait à peine vieilli depuis 1666 ; il avait pris un peu d'embonpoint, son teint était toujours florissant et coloré, son coup d'œil toujours ferme et assuré, et le tremblement nerveux qui agitait ses membres depuis son empoisonnement avait presque disparu. Somme toute, l'amiral paraissait plus vert, plus dispos, plus vigoureux que jamais ; du reste, c'était toujours sa même simplicité de costume, des chausses et un justaucorps de drap gris, bordé d'un galon noir très-étroit, un col sans broderies, des boucles d'argent, une ceinture de soie rouge : tel était alors, comme autrefois, le costume de Ruyter.

Jean de Witt, dont la pâleur ressortait encore davantage à cause de son vêtement noir, paraissait plus vieilli que l'amiral, quoiqu'il eut à peine quarante-huit ans ; mais les traces des chagrins, des soucis politiques, des longues fatigues et des désenchantements cruels avaient déjà profondément sillonné cette noble et douce physionomie ; son abord était toujours calme et bienveillant, mais Jean de Witt laissait errer sur ses lèvres je ne sais quel fatal sourire de résignation amère et presque désespérée qui attristait.

Après avoir entendu la lecture de l'instruction qu'on lui laissait, Ruyter dit aux députés, avec son accent de bonhomie et de simplicité habituelle :

9.

— Maintenant, messieurs, c'est la volonté du bon Dieu qui va me conduire, et j'espère bien qu'elle se manifestera pour la cause des justes ; enfin, malgré ce retard d'aujourd'hui, que nous devons à la maladresse des pilotes, il faut espérer que la brise étant tout à fait tombée, le vent va se faire, et que je pourrai peut-être demain rallier la flotte et descendre alors dans la Manche pour empêcher la jonction de nos ennemis.

— Aussi, monsieur, — dit M. Merens, nous allons vous laisser à votre bord, et prier le ciel qu'il nous vienne en aide pour défendre cette pauvre république contre ses ennemis. Adieu, monsieur, nous n'espérons plus qu'en vous, — dit M. de Merens en s'approchant de Ruyter, et lui tendant la main, que le vieil amiral serra dans les siennes avec émotion, puis il ajouta :

— Et dites bien à vos collèges, messieurs, que si je ne puis rien contre la volonté de Dieu, ni contre la chance de la guerre et des vents, au moins, tant qu'il restera une goutte de sang au vieux Ruyter, le pavillon de la république ne sera pas déshonoré, je vous le jure. Adieu, messieurs, puissions-nous nous revoir en des temps meilleurs !

Les députés sortis, Ruyter resta seul avec MM. de Witt.

Le grand pensionnaire lisait une lettre de La Haye.

Après l'avoir parcourue, il la froissa dans ses mains avec un sourire de pitié.

— Eh bien ! que vous dit-on de delà ? — demanda Ruyter.

— Hélas ! rien de nouveau, mon vieil ami ; le peuple s'agite, s'émeute sourdement, toujours travaillé par les agents du prince d'Orange. Et puis, on est indigné, dit-on, que j'ai entravé son nouveau pouvoir de capitaine général ; on me reproche de ne lui avoir laissé ni la nomination des charges d'officiers, ni la direction supérieure des troupes ; on me reproche de l'empêcher de se mêler en rien de police, de religion, de finances. Mais ce n'est pas tout, il y a aussi des accusations contre lui, — ajouta Jean de Witt, en montrant Corneille de Witt ; — oui, contre vous, mon frère, qui, disent-ils, usurpez aussi la charge du prince, qui devrait être en même temps capitaine général des armées de terre, et amiral général des armées de mer[1].

[1] Corneille de Witt, en raison de sa mission de député plénipotentiaire

— Et, sans doute aussi, bientôt roi des Sept-Provinces, — ajouta Corneille, en haussant les épaules.

— Pourtant, — dit Ruyter, — qui aurait pensé, il y a six ans, mon cher Corneille, que nous en serions aujourd'hui à disputer pas à pas l'autorité à ce jeune prince? qui pouvait prévoir cette popularité qui lui est acquise à cette heure, et qui augmente tous les jours, il faut l'avouer. En vérité les vues de Dieu sont bien impénétrables.

— Ah! oui... bien impénétrables, — dit Jean de Witt; — car lui seul sait le sort qu'il réserve à nos provinces, si Guillaume y ressaisit jamais le pouvoir, ce qui peut se faire; car le prince n'est pas de ces ambitieux emportés, qui ne cachant pas leur velléité despotique, soulèveraient contre eux toute la république. Non, non, malgré son extrême jeunesse, Guillaume est d'une profonde dissimulation, froidement ambitieux; il ne jouera jamais qu'à coup sûr; il est d'ailleurs actif, laborieux, et possède, sinon une connaissance, au moins un instinct de la guerre qui paraît le guider sûrement; et puis, il y a chez cet homme une volonté indomptable; et puis enfin, il a pour lui l'avenir!... l'avenir... que le peuple se plaît toujours à voir en beau, dans son capricieux amour du changement.

— Oui! il a l'avenir... — dit Corneille de Witt, — tandis que nous n'avons que le passé... des services rendus, c'est-à-dire oubliés. Ah! le peuple! le peuple! — s'écria Corneille de Witt, avec une expression indicible de découragement, de tristesse et de pitié.

— Ne l'accusez pas, mon frère, il n'est qu'à plaindre, puisqu'il se trompe et méconnaît ses vrais défenseurs. Pauvre peuple! toujours enfant, toujours bon, toujours confiant; n'est-il pas trop puni de ses folles admirations d'un jour, quand il s'éveille le lendemain sous un sceptre de fer!

— Mais après tout, quelques brouillons ne sont pas le peuple, le vrai cœur de la république, — dit Ruyter. — Allez! allez... croyez-moi, vous serez toujours le plus ferme appui des États.

— Tenez, Ruyter, Corneille, je ne m'abuse pas... mon

---

des États sur la flotte, avait les pouvoirs d'amiral général, et Ruyter était sous ses ordres.

influence s'éteint devant la faveur naissante du prince ; je le vois, je le sens, et cela doit être. Oui... d'ailleurs, cela doit être..

— Comment ?

— Écoutez... de bonne foi... quand la république m'a entendu lui dire avec autorité que le rétablissement du pouvoir de la maison d'Orange serait mortel à la liberté des États ; quand la république m'a entendu lui dire que pour assurer cette liberté il n'y avait au monde qu'un seul moyen, celui de nous allier à la France, ennemie née de l'Espagne et de l'Angleterre nos deux rivales, nos deux ennemies naturelles[1] ; quand la république m'a entendu lui vanter la loyauté, la sûreté, la nécessité de l'alliance française, et aujourd'hui qu'elle voit la France nous attaquer avec un acharnement aussi fou que féroce ; sans droit, sans raison, sans prétexte que *nos surprenantes hauteurs...* que voulez-vous que le peuple pense de moi ? il croit, avec raison, que je l'ai trompé, que je l'ai trahi ; il croit que c'est la jalousie, la haine qui m'a fait abaisser la maison d'Orange, et l'ambition qui m'a fait rechercher l'alliance de Louis XIV. Oui... l'ambition, ou la vénalité... peut-être.

— La vénalité !... vous... vous, mon frère. Allons !... cela est injuste à vous de penser cela !

— Ah ! mon frère ! c'est qu'il est de ces jours terribles où la calomnie devient aussi folle que l'adulation l'a été !... Et dire : — ajouta Jean de Witt avec une indéfinissable expression de désespérante amertume, — et dire, pourtant, que tout m'a trompé, que tout m'a manqué ! Et pourquoi ? parce qu'en politique j'ai cru à cette logique comme à une vérité mathématique : qu'un traité ne se pouvait violer parce qu'il était juré ; qu'une action déshonorante ne se pouvait faire parce qu'elle déshonorait ; qu'une guerre infâme ne se pouvait faire parce qu'elle était infâme ; parce que j'ai cru enfin que l'intérêt, *l'intérêt* même de

---

[1] Cela se conçoit à merveille. L'Espagne, de la domination de laquelle les Sept-Provinces avaient été démembrées, regrettait toujours cette ancienne possession, et l'Angleterre regrettait aussi l'influence indirecte, mais positive, que lui donnait sur ces états des stathouders de sa maison. Quant à la France, les prétentions de Louis XIV sur la Flandre le rendaient ennemi naturel de l'Espagne, et la rivalité nationale, l'ennemi de l'Angleterre.

l'Europe, étant d'arrêter les injustes conquêtes de Louis XIV, l'Europe y mettrait un terme ; parce que j'ai cru que l'intérêt même de Louis XIV devant l'empêcher de nous faire cette guerre ruineuse et impolitique pour lui, il ne la ferait pas. Eh bien ! non, non, partout la corruption, partout les résultats les plus monstrueusement heureux pour les parjures et les traîtres, ont déjoué mes prévisions ; partout la vertu, la raison, la justice, la foi du serment, l'intérêt matériel des états, tout cela a été impunément, indignement sacrifié, vendu par la cupidité de quelques misérables.

— Mais le grand roi, l'incomparable soleil, comme ils l'appellent de delà dans ses revues et ses carrousels, — s'écria le vieux Ruyter, d'un ton de colère concentrée, ne lui gardez-vous donc rien ! J'avoue que j'ai été assez sot pour me laisser prendre à son collier de coquilles, en l'an 1666 ; j'avoue que je ne me suis guère convaincu de son misérable déni de secours, qu'en voyant l'unique brûlot qu'il nous envoyait pour nous aider contre la flotte anglaise. Je ne suis pas rancunier ; mais, par saint Michel, mon patron, j'avoue aussi que si Dieu me fait la grâce de me mettre bord à bord d'un des pavillons du grand roi, ah ! la première volée que je lui enverrai en plein bois me fera bien du bien !

— Eh ! mon ami, Louis XIV n'est là que l'aveugle instrument des passions de ses ministres. Que lui faut-il, à lui, pourvu qu'il promène ses maîtresses dans ses camps, qu'il fasse des revues, c'est plus de satisfaction guerrière qu'il ne lui en faut ; mais cela ne suffit pas à ses ministres, il leur faut la guerre. La guerre ! pour faire valoir leur importance particulière ; la guerre ! pour irriter une nouvelle fibre de la vanité de leur maître, et lui ménager de nouvelles ovations. Aussi, malédiction sur eux ! malédiction sur eux ! malédiction sur le roi Charles, qui nous pille, nous trahit et nous attaque, par cela seulement qu'on le paie pour cela ! Malédiction, surtout, sur cette femme que la main de Dieu a frappée, et qui, souillant la sainte influence du nom de sœur, a encore appelé à son aide la vénalité et la prostitution la plus effrontée pour accomplir plus sûrement cette infâme négociation qui va couvrir l'Europe de sang et de ruines.

— Et penser, — dit Corneille de Witt, — qu'il s'est trouvé dans l'Église de France un homme assez éhonté, un prêtre assez sacrilége pour oser prononcer en plein temple le nom de cette femme débauchée, et faire l'apologie pompeuse de tant d'infamies, au nom, à la face de Dieu!

— Et on nous appelle des hérétiques dignes du feu du ciel, — dit Ruyter avec naïveté; — heureusement le Seigneur connaît ses véritables serviteurs.

— Et il ne les abandonnera pas, — dit Corneille de Witt. — Allons, mon frère, reprenez courage, n'avons-nous pas une flotte que Ruyter commande?

— Mais sur terre! sur terre! qui défendra la république? où sont nos généraux... qui opposerons-nous à Condé! à Turenne! Est-ce Maurice de Nassau, faible et usé? Est-ce le prince d'Orange, qui n'a pas vingt ans? Où sont nos troupes? nos officiers? Engourdies par de longues années de paix, par une sécurité trompeuse, que pourront nos milices sans discipline, sans ordre, contre les troupes aguerries du roi de France! Ah! mon frère, mon frère, croyez-moi, si en présence des États je porte un front serein et calme, si je rassure les esprits timides par des paroles d'espoir et d'énergie, je n'en prévois pas moins avec abattement que tout est perdu.

— Non, mon ami, non, tout n'est pas perdu, — dit Ruyter, — le bon Dieu ne peut pas non plus toujours abandonner les faibles et les justes, il ne peut laisser détruire sans merci un peuple qui ne l'a pas offensé.

— Et d'ailleurs, — s'écria Corneille de Witt avec exaltation, — si Louis XIV veut nous écraser aujourd'hui, comme autrefois Philippe II, eh bien! aujourd'hui, comme autrefois, nous crèverons nos digues, nos écluses, et il faudra bien que le cruel conquérant recule devant cette mer déchaînée, qui roulera vers lui les moissons des champs, les débris des villes, et les cadavres de leurs habitants.

— Il le faudra bien, mon frère; mais quelle alternative! la conquête... ou le suicide!... Et pourquoi, grand Dieu! que vous avons-nous fait!

A ce moment, on heurta légèrement à la porte.

Ruyter se leva, et alla lui-même ouvrir.

— C'est une lettre de La Haye, pour M. le grand pensionnaire, apportée à l'instant par le maître d'un senau, — dit le secrétaire de Ruyter, en lui remettant une dépêche.

Le grand pensionnaire s'approcha d'une fenêtre de la galerie pour lire ce message, tandis que Ruyter et Corneille de Witt, restés assis près de la table du conseil, le regardaient en silence.

Cette scène était simple, touchante, et la disposition particulière des fenêtres de la galerie lui donnait un sombre et énergique coloris. Qu'on se figure Jean de Witt, vêtu de noir, debout près d'une haute et étroite fenêtre, et seulement éclairé par un vif reflet de lumière qui dessinait le profil arrêté de ce noble visage, sur lequel les pénibles émotions causées sans doute par la lettre qu'il lisait se reflétaient tour à tour; et puis, assis près de la table, son frère et le vieil amiral, se le montrant des yeux en échangeant un triste sourire d'admiration et d'intérêt.

Après avoir lu cette lettre, Jean de Witt dit à son frère d'un ton calme, mais le visage plus pâle que d'habitude : — Mon ami, il me faut vous quitter à l'instant... Le peuple est soulevé à La Haye, l'enrôlement des milices arrêté, les États sont dans la confusion ! Les troupes de France approchent, l'évêque de Munster a déjà envahi et pillé la frontière. La populace soulevée a insulté ma maison, celle de notre père, en criant : A bas le *parti français!* vive Orange ! et mort aux de Witt! il faut que j'aille là, je ne puis rester ici, un moment de plus... je ne le puis...

A cette effrayante nouvelle, Corneille de Witt, cachant la cruelle émotion qu'il éprouvait, ne dit pas un mot qui pût faire penser qu'il voulait retenir un instant son frère ; ces deux grandes âmes se comprenaient trop bien; seulement, prenant les mains du grand pensionnaire : — Adieu donc, mon frère, mon tendre frère! Je vais tenter les chances d'un combat acharné. Vous allez affronter un peuple en furie. Adieu ! le juste qui n'a jamais failli par sa volonté, est toujours prêt à dire au Seigneur : me voici.

— Adieu ! mes amis, — dit le grand pensionnaire, — adieu, Ruyter ! si nous ne devons plus nous revoir en ce monde, nous emporterons du moins avec nous cette noble conviction de n'avoir eu jamais qu'un but, qu'une pensée au monde, le bonheur et la liberté de la république. Allons ! mon frère, il me reste un dernier effort à faire pour soutenir notre indépendance, je vais le tenter. Ruyter, mon bon et vieil ami, je vous laisse mon frère ; je n'ose vous dire de modérer sa témérité ; mais je vous dis, à vous, Corneille, que le ciel nous peut garder des jours meilleurs, et qu'alors ce serait un grave malheur pour la cause de la liberté, si nous manquions tous les deux à sa défense.

— Adieu ! mon ami, — dit Ruyter, les yeux humides, en embrassant Jean de Witt, — adieu ! tout n'est pas désespéré, si nous pouvons parvenir à écraser la flotte ennemie... et si Dieu m'exauce, nous l'écraserons.

Les deux frères se séparèrent, et Corneille de Witt resta sur le bord de Ruyter, pour y remplir, pendant la guerre, ses fonctions de plénipotentiaire des États-Généraux.

Les vents contrairés et forcés retinrent encore Ruyter au mouillage du Texel pendant trois jours ; mais le vent ayant sauté au nord-est pendant la nuit du 8 au 9 mai, l'amiral put appareiller dans la journée du 9, et, sortant par le Lands-Deep, il rallia la flotte qui l'attendait sous voile au dehors du Texel.

Cette flotte, en y comprenant les escadres de Zélande et du Quartier-du-Nord, qui devaient les rejoindre le jour même, se composait de douze vaisseaux de la Meuse, de dix-huit d'Amsterdam, de quatre du Quartier-du-Nord, et d'un de la Frise ; en outre, de onze frégates, douze brûlots, et neuf yachts ; en tout, soixante-sept voiles. Ruyter divisa cette flotte en trois escadres. L'escadre du centre, qu'il commandait, était forte de seize vaisseaux, quatre frégates, quatre yachts et six brûlots.

L'avant-garde, sous les ordres du lieutenant amiral Van Gent, était de quinze vaisseaux, quatre frégates, six yachts et six brûlots.

Enfin, l'arrière-garde, sous les ordres du lieutenant amiral Bankert, était de vingt vaisseaux, trois frégates, trois yachts et cinq brûlots.

Ruyter, ayant partagé l'escadre du centre, qu'il commandait spécialement, en trois divisions, une fois hors du Lands-Deep, appela à son bord les commandants des deux divisions, MM. le lieutenant amiral Van Nès, et le vice-amiral de Liefde. Ces officiers généraux arrivèrent bientôt à bord des *Sept-Provinces*, qui était en panne comme le reste de l'armée.

Après quelques compliments échangés, ils s'assirent à la table de conseil, et Ruyter leur dit :

— Nous voici, enfin, avec une bonne brise du nord-est, qui va nous porter, je l'espère, droit dans la Manche ; et peut-être nous mettre à même d'empêcher la jonction des Anglais et des Français ; je vous ai mandés, messieurs, pour convenir de nos dernières dispositions ; mon secrétaire va d'abord vous lire une instruction, que je vous prie d'écouter attentivement, comme étant le résumé des intentions de M. le plénipotentiaire et des miennes.

Les amiraux s'inclinèrent, et M. Andriga, secrétaire de l'amiral, donna lecture de l'instruction suivante :

ORDRE ET INSTRUCTION DONNÉE PAR LE LIEUTENANT AMIRAL DE RUYTER AUX OFFICIERS QUI SONT SUR LA PRINCIPALE ESCADRE DE L'ARMÉE DISTRIBUÉE EN TROIS DIVISIONS, AUQUEL ORDRE ILS SERONT TENUS DE SE CONFORMER EXACTEMENT :

« La première division, consistant en sept navires, un yacht
» et deux brûlots, sera commandée par le lieutenant amiral Van
» Nès ; la seconde, étant de sept navires, un yacht et deux brû-
» lots, sera commandée par le lieutenant amiral de Ruyter ; la
» troisième division, consistant en six navires, deux yachts et
» deux brûlots, sera commandée par le vice-amiral de Liefde.

» Lorsqu'on fera vent arrière ou vent largue, le lieutenant
» amiral Van Nès, avec sa division, se tiendra à tribord du lieu-
» tenant amiral de Ruyter ; en ce cas, le lieutenant amiral de
» Liefde se tiendra de la même manière à babord.

» Mais lorsqu'on ira à la bouline[1], le lieutenant amiral Van
» Nès, avec sa division, fera la tête de l'escadre, le lieutenant
» amiral Ruyter étant au milieu, et le lieutenant amiral de Liefde,
» avec la sienne, fera la queue. En changeant de bord, les vaisseaux
» qui seront le plus de l'arrière vireront toujours les premiers,
» en sorte que le vice-amiral de Liefde se trouvera alors à la tête
» du lieutenant amiral de Ruyter, et le lieutenant amiral Van
» Nès à la queue ; ainsi, toutes les fois qu'on revirera de bord, la

---

[1] Au plus près du vent.

» division de l'avant se trouvera être à l'arrière, et celle de l'ar-
» rière sera à l'avant, chacun gardant d'ailleurs son rang. — Le
» même ordre sera tenu par chaque vaisseau en particulier lors-
» que les divisions mettront à l'autre bord, et par les divisions à
» l'égard des escadres entières. Mais les brûlots et les yachts se
» rangeront toujours proche de l'arrière de chaque navire ou de
» la division où ils sont ordonnés par ces présentes : les premiers,
» afin qu'à la faveur de la force et de la fumée de leurs canons,
» ils puissent être adressés avec résolution et succès à celui ou à
» ceux des navires capitaux des ennemis qui pourraient avoir
» abordé les nôtres ; et les yachts, afin qu'ils puissent porter les
» avis et résister aux brûlots des ennemis en faisant tous leurs
» efforts pour les détruire, et afin que si quelqu'un de nos vais-
» seaux était coulé à fond ou brûlé, ils tâchent d'en sauver les
» équipages, sur peine aux officiers, à faute de ce faire, d'être
» exemplairement punis en leurs personnes.

» Fait à bord *des Sept-Provinces* naviguant devant la passe
» du Texel, au sud-ouest quart au sud, le 9 de mai 1672.

» *Signé :* C. DE WITT, MICHEL-ADRIANZ DE RUYTER. »

— Je vous recommande encore, messieurs, — dit Ruyter, après cette lecture terminée, — de bien vous conformer à cette instruction, chacun en votre particulier : c'est le seul moyen d'amener cette guerre à bonne fin.

— Allons, messieurs, — dit Corneille de Witt, — avec l'aide de Dieu, et votre bon secours, nous résisterons bravement à ceux qui nous attaquent ; tout va bien, d'ailleurs ; sur terre nos milices se forment, les partis se fondent et se rallient contre l'ennemi commun. Qu'ainsi donc le passé nous serve de garant pour l'avenir. Rappelez-vous le combat de 66, Chatam, Goérée, où vous avez combattu sous le brave amiral qui possède et mérite la confiance des États.

— Soyez sûr, monsieur, — dit M. de Liefde, — que nous ferons tout au monde pour le salut commun ; nos équipages sont remplis de zèle et de bonne volonté, et recrutés même de quelques Français.

— Quant aux Français, monsieur, — dit Corneille de Witt,

— je pense qu'il en faut embarquer le moins possible; s'ils s'offrent de bonne volonté, ils peuvent être des traîtres; si on les violente pour les engager, c'est d'abord une infraction au droit des gens, puis ils servent ensuite à regret, et conséquemment fort mal.

— Et à ce propos, — dit Ruyter, — j'ai vertement réprimandé Van Berg, du collége de Flessingue, qui avait voulu engager, malgré eux, deux mariniers français, dont l'un même a servi, je crois, sous moi en 66; heureusement qu'ils lui ont échappé.

— Certes, messieurs, — dit Corneille de Witt, — il n'en faut pas plus pour discréditer la meilleure cause; la nôtre est belle, pure, sans tache, conservons-la telle.

Après quelques instructions secondaires sur les signaux, les amiraux se retirèrent et regagnèrent leur bord. Puis, Ruyter ayant fait demander son capitaine de pavillon, lui dit :

— Monsieur Gent, signalez à l'escadre d'imiter ma manœuvre, et ordonnez à M. Zieger de faire l'est-sud-est quart sud.

Un moment après, la flotte hollandaise descendait dans la Manche pour s'opposer à la jonction des escadres anglaise et française.

Mais il était trop tard, ainsi qu'on va le voir, et selon ce qu'avait bien prévu Ruyter, la faute commise par l'ignorance et l'opiniâtreté des pilotes du Texel eut des suites irréparables.

CHAPITRE XIII.

La flotte française commandée par l'amiral d'Estrées est mouillée dans la rade de Brest. — Le P. l'Hoste. — Gaulhedek, pilote du *Saint-Philippe*. — Arrivée d'un yacht anglais. — Ordre du duc d'York d'appareiller. — Appareillage de la flotte. — Les Litanies bretonnes. — La flotte sort du port de Brest.

La rade, ou baie de Bertheaume, commence à l'est par la pointe Saint-Mathieu, et se termine à l'ouest par la pointe de Bertheaume, en dehors du *goulet*, qui sert de passe à la rade de Brest.

Depuis le 1er mai, M. le comte d'Estrées, parti de La Rochelle le 26 avril, avait opéré sa jonction avec le reste de l'armée, et toute la flotte française était mouillée dans cette rade.

M. Du Quesne commandait l'avant-garde, forte de dix vaisseaux; M. de Rabesnières avait sous ses ordres les huit vaisseaux d'avant-garde, et M. le comte d'Estrées s'était réservé le centre ou corps de bataille composé de douze vaisseaux.

L'amiral montait *le Saint-Philippe* de soixante-dix-huit canons et de six cents hommes d'équipage.

M. Du Quesne, *le Terrible*, de soixante-dix canons, et M. de Rabesnières, *le Superbe*.

Le mardi 11 mai, le soleil se leva pur et radieux à travers une légère brume qu'il eut bientôt dissipée, et continua de dorer de ses rayons les murailles noires du Jaër-Hol, espèce de redoute bâtie sur la côte de la baie de Bertheaume.

La flotte était mouillée en ordre de bataille, et le vaisseau *Saint-Philippe* se distinguait des autres par le pavillon carré qu'il portait à son mât de misaine, par les trois fanaux de cuivre doré[1] qui brillaient sur son couronnement de poupe, et enfin par son château d'avant richement orné, qui servait de corps de garde et de logement aux seconds maîtres.

Sur la dunette, deux personnages examinaient le temps et la direction des nuages avec une grande attention; c'était le chapelain et le premier pilote hauturier du bord.

Le chapelain, homme d'environ quarante ans, d'une taille moyenne, portait l'habillement de son état et de son ordre; son air était calme et grave, et sa figure à la fois douce et sagace. Ce chapelain était le révérend père *Jean l'Hoste*, de la compagnie de Jésus, à qui l'on doit un excellent *Traité de Tactique navale*, un des ouvrages classiques du temps.

---

[1] L'amiral commandant une escadre portait trois fanaux de poupe fixés sur le couronnement par des chandeliers de cuivre doré comme ces fanaux. Celui du milieu avait douze pieds de hauteur, et ceux de chaque bord seulement huit pieds; ils étaient aussi de cuivre doré, précieusement travaillés et chargés de moulures. Les vitres étaient de talc au lieu de verre. On consommait trente livres de bougie jaune par nuit pour l'entretien de ces trois fanaux. Chaque autre vaisseau avait son fanal de poupe, mais beaucoup moins grand.

Le père Jean l'Hoste était né à Pont-de-Vesle. Entré au séminaire de Toulon, il en sortit pour servir de chapelain à bord d'une escadre commandée par M. le comte d'Harcourt; doué d'un esprit éminemment observateur, et d'assez grandes connaissances mathématiques, dans les moments de loisir que lui laissaient sa profession, le père l'Hoste s'occupa incessamment des choses de la mer, compara la navigation ancienne à la navigation moderne, acquit aussi beaucoup d'expérience pratique dans les voyages qu'il fit comme chapelain; puis alors appliquant aux faits les méditations de la théorie, il finit par posséder une science fort étendue dans l'art de naviguer.

Lorsque M. le comte d'Estrées reçut du roi le commandement de l'escadre, il pria Colbert de demander le père l'Hoste au supérieur du séminaire de Toulon, tenant beaucoup à avoir à son bord un homme dont le savoir était si généralement apprécié.

Le personnage qui causait sur la dunette avec le père l'Hoste était, nous l'avons dit, le premier *officier* du bord, le pilote hauturier du vaisseau; car alors, dans la hiérarchie navale, le pilote passait pour l'homme le plus important du navire, puisque lui seul donnait la route, faisait les observations astronomiques, et indiquait l'heure ou le moment des mouillages et des appareillages, toujours, il est vrai, sous l'autorisation du capitaine; mais comme d'habitude les capitaines se déchargeaient de ces fonctions sur leur premier pilote, tout le monde à bord comptait avec ce dernier, et les capitaines eux-mêmes le traitaient toujours avec toutes sortes d'égards et de civilités.

Quant au titre d'officier que nous donnons au pilote, tous les maîtres et seconds maîtres prenaient cette qualification.

Mais bien qu'il fût officier-maître, Gaulhedek conservait fidèlement le costume breton.

A la longueur de la barbe grise du pilote, on eût facilement deviné que la semaine touchait à sa fin; car, le dimanche excepté, jamais le rasoir du barberot ou du frater n'approchait de la mâchoire carrée de ce fils de l'île de Batz. Quant à sa longue moustache noire, elle avait été respectée depuis un voyage que fit maître Gaulhedek dans le Nord. Cette mode hollandaise, lui ayant plu, il l'avait adoptée; d'ailleurs cette moustache s'assortissait parfaitement avec ces traits durs et prononcés qui caractérisent encore de nos jours le type de ces hommes rudes et forts qui vous disent fièrement : *Me zodeuzan Armoriq!* (Je suis de l'Armorique!)

Pour terminer ce portrait, je dirai qu'une toque de laine bleue couvrait les épais cheveux noirs du pilote, qui commençaient à grisonner. Autour de son cou nerveux et couleur de brique, tant le hâle et la bise de mer l'avaient tanné, s'agrafait, au moyen d'une ancre d'argent, le petit col d'une chemise de grosse toile jaune; il portait, en outre, une longue jaquette bleue et des chausses d'épaisse étoffe d'un gris blanc, si larges qu'elles avaient l'air d'un jupon, et si courtes qu'elles laissaient nues les jambes velues et musculeuses du pilote. J'oubliais une large ceinture de cuir à boucle de fer qui, lui ceignant les reins, lui attachait ses chausses sous sa jaquette; le pilote avait encore trois reliquaires attachés à des cordes de crin, qui se voyaient sur sa poitrine, à travers sa chemise entr'ouverte; enfin une petite lame d'argent, sur laquelle était gravée grossièrement une tête de taureau, pendait au bout d'un lacet mi-parti rouge et vert, que Gaulhedek portait autour de son cou.

Cette dernière relique paraissait surtout attirer l'attention du chapelain, qui l'examinait avec un regard curieux.

— Mais, dites-moi, pilote, et cette lame d'argent à figure de taureau, à quoi bon?

— *Torreben!...* mon père, à quoi bon? — dit le pilote, en employant cette exclamation encore commune en Bretagne, exclamation celtique ou saxonne, dont nous n'essaierons pas de donner la signification inconnue; — *Torreben!* mais c'est pour guérir le mal de cou que je me suis fait en plongeant du bec de Groïs dans les bas fonds... En revenant à flot je me suis frappé à la pointe du helhaker, et par Notre-Dame d'Auray, je suis resté couché à Porsenec pendant huit jours comme un trépassé; mais maintenant je souffre moins.

— Et où avez-vous eu cette relique, pilote?

— Elle me vient de mon père, qui l'avait reçue de monseigneur l'évêque de Saint-Pol; et elle m'a bien servi pour me guérir, car les reliques valent mieux que les mots consacrés, quoique je ne parle pas mal des mots consacrés, mon père... Mais quand j'aurai un membre cassé, et *que j'aurai dit sept fois danata*[1], ou que j'aurai été piqué d'un serpent, et que je dirai *trois fois bud*[2]..., je ne serai pas aussi sûr de guérir que si j'avais sur moi un flacon de l'eau de la fontaine *de Saint-Ké*[3] (et il montra une des reliques pendues à sa poitrine), ou une épingle d'argent qui a touché la châsse de *saint Jean du doigt* (et le pilote sortit une autre relique).

— Et vous avez raison, pilote, car ces mystérieuses invocations sont, au reste, des coutumes impies et sacriléges des druides, et il vaut mieux pour notre salut commun invoquer l'assistance des saints du paradis, que ces mots inconnus qui peuvent bien être du dictionnaire de l'ennemi des hommes. Mais, dites-moi, que pensez-vous du temps? le vent est si calme, que les plumes du pennon ne sont pas même soulevées.

— Mon père, ou je me trompe bien, ou nous aurons du vent du côté du sud; regardez ces petits nuages blancs rayés qu'on voit là-bas sur les terres de Dinan? Eh bien, mon père, si ces nuages tiennent une fois le soleil haut, c'est une brise de sud ou de sud-est. Et pourtant, fasse Notre-Dame d'Auray que cette brise ne se change pas en tempêtes ou en rafales, ce dont j'ai bien peur, car Guezenec se marie aujourd'hui à Lanveaux, voyez-vous, mon père, — dit le vieux Breton, avec un soupir...

— Et que peut donc faire ce mariage au temps, pilote?

— Oh! rien, mon père, cela n'y ferait rien absolument si Guezenec ne prenait pas sa commère pour sa femme.

— Comment, sa commère?

— Oui, mon père, la jeune fille qui a été marraine avec lui en ce temps qu'il était parrain du fils de Pierre-Marie *le trévier du port*[4].

— Mais encore une fois, pilote, qu'est-ce que cela fait au temps, qu'il prenne sa commère pour sa femme?...

— Torreben! ce que cela fait au temps, mon père! — s'écria le pilote, en reculant et joignant les mains d'un air de stupéfaction, — ce que cela fait au temps! — répéta-t-il encore, — les

---

[1] Le père Albert de Morlay.
[2] *Idem.*
[3] *Idem.*
[4] Le voilier.

évangiles de Conoilles ne sont-elles pas assez claires? — *Celui qui prendra sa commère en mariage, causera des orages sur mer toutes les fois qu'il la caressera*[1]; et quant à cela, mon père, Pierre Guezenec est un gars à causer plus de tempêtes que de calmes; et même...

Heureusement, l'arrivée de M. d'Estrées sur la dunette vint mettre un terme à une conversation qui allait peut-être devenir assez embarrassante pour le père l'Hoste.

Il est bon de rappeler encore ici que, sous le règne de Louis XIV, les officiers généraux ne portaient point d'uniformes; beaucoup de colonels n'en avaient pas non plus, et ce fut plus tard le sujet de graves plaintes et de grandes contestations lorsqu'on voulut les soumettre aux ordonnances de l'uniforme, ces gentilshommes prétendant qu'ils devaient être assez sûrs du respect de leurs soldats, et de l'influence qu'ils avaient sur eux pour se pouvoir passer de *cette livrée*[2].

Dans la marine même, l'ordonnance du roi qui autorisait les

---

[1] *Tristan le Voyageur*, vol. II, ch. 25.

[2] La noblesse avait encore de la hauteur; elle n'avait pu être assujettie à des résidences serviles et à des minuties inutiles et ridicules. Mon grand-père disait, par exemple, que de sa vie il n'avait voulu assister à un camp de paix, qui lui avait paru un exercice de marionnettes. On sait qu'il n'eût pas fallu proposer *aux officiers de ce temps de porter l'uniforme, encore moins de fixer les dimensions de leurs cheveux et de leurs manchettes.* L'anecdote du marquis de Coetquen est connue. Ce Breton, homme d'une grande naissance et chef d'une maison encore puissante, se fit casser à la tête de son régiment par Louis XIV lui-même qui en faisait la revue, et qui lui avait fait ordonner d'y paraître *en uniforme*. Il fut cassé, et dit après au roi : *Heureusement, Sire, que les morceaux me restent.*

(*Mémoires de Mirabeau.*)

Qui aurait dit qu'on assouplirait le génie militaire et qu'on le ferait dégénérer en esprit légionnaire, au point de faire des habits d'uniforme pour les officiers généraux et même pour les maréchaux de France!... Et on leur donnait cet uniforme sans penser qu'on avouait par cette bizarre prérogative que les officiers généraux sont des êtres inconnus aux soldats. Il est aisé de voir la confiance que peut avoir un soldat dans des chefs qu'on est obligé de lui désigner par des marques distinctives, sans lesquelles il ne les eût pas connus. Enfin, il y a quarante ans, un officier qui eût mis son uniforme un jour de bataille eût été déshonoré. Un officier qui ne le mettrait pas aujourd'hui serait regardé comme fou, indépendamment de l'ordonnance. (Mirabeau, *Essai sur le despotisme*, 1775.)

capitaines à porter un justaucorps bordé d'un passement d'or ou d'argent, ne les y contraignait pas.

M. d'Estrées était donc simplement vêtu d'un justaucorps brun, bordé d'un léger galon d'or, et comme à bord il ne portait pas de perruque, ses cheveux gris, courts et ras, étaient cachés sous un vieux feutre à larges bords, et sa main gauche toujours dans son écharpe noire.

Lorsque l'amiral parut sur la dunette, le pilote s'éloigna après l'avoir respectueusement salué, et alla s'établir dans la logette de l'habitacle.

— Eh bien! mon père, — dit l'amiral, — que vous disait notre pilote sur l'apparence du temps? s'il vous parlait selon ce que je désire, il nous annoncerait un bon vent pour sortir d'ici et rejoindre la flotte d'Angleterre avant que Ruyter ne soit descendu dans la Manche pour nous en empêcher.

— Que Dieu vous entende! monsieur le comte; car rien ne serait plus à propos que ce vent-là... Mais j'espère que vos désirs seront satisfaits; le pilote m'a fait remarquer ces nuages blancs, que vous voyez sur les hauteurs de Dinan, comme pronostic d'un vent de sud; et je me souviens que j'ai souvent observé ces rayures blanchâtres à l'horizon, dans les pays méridionaux où le vent du sud règne presque toujours.

— Ce pilote m'a été spécialement recommandé par M. le duc de Chaulnes, qui, dans un voyage qu'il fit sur les côtes de son gouvernement, a été tellement émerveillé des connaissances et de l'habileté de cet officier, aussi bien que des bons témoignages que M. l'intendant de Brest a rendus de lui, qu'il a promis à ce brave homme le premier vaisseau-amiral qu'on armerait; et en vérité, je lui crois du savoir et de l'expérience... Mais, vous-même, mon père, qui êtes plus à même que personne d'en donner avis, qu'en pensez-vous?

— En vérité, monsieur le comte, je l'ai interrogé sur diverses opérations que tout bon hauturier doit savoir faire, et il m'a fort sagement et habilement répondu. J'avoue même que, sous cette écorce rude et épaisse, j'ai été surpris de rencontrer beaucoup plus de science théorique que je ne pensais; il a même des connaissances mathématiques, et m'a montré diverses cartes marines et des profils de côtes, dont il a fait le portrait avec beaucoup d'adresse, ainsi que de plusieurs animaux inconnus, qu'il a vus dans de lointaines contrées.

— Je suis fort satisfait, mon père, que ce pilote soit si bien instruit de choses qu'il est, à la vérité, tenu de savoir, d'après les ordonnances du roi. A propos des ordonnances du roi, que disent les équipages? sont-ils satisfaits d'être nourris par le roi, maintenant[1], et de ce qu'on leur ménage quelque chose pour l'avenir?

— Ce sont de grands enfants, monsieur le comte, qui ne peu-

[1] Les ordonnances suivantes dues à Colbert, et qui remédièrent à un des plus graves abus du temps, c'est-à-dire à ce que *les équipages fussent nourris par les officiers*, sont de cette année, ainsi que celles qui ordonnaient aux commissaires, après le désarmement d'un vaisseau, de ne donner aux matelots que des frais de route jusqu'à leur destination, et une fois là seulement leur faire payer le reste de ce qui leur était dû, afin d'éviter qu'ils dissipassent dans les ports un argent nécessaire à eux et à leur famille.

— Sa Majesté ayant estimé nécessaire, pour le bien de son service, de décharger les capitaines de ses vaisseaux de guerre du soin de faire les vivres de leurs équipages, et d'établir un munitionnaire général pour les fournir, elle a voulu, par la présente, qu'elle veut être publiée dans tous ses ports et attachée au grand mât de ses vaisseaux de guerre, faire connaître aux capitaines et officiers commandant les équipages de ses vaisseaux, les conditions sous lesquelles sadite Majesté a donné ladite fourniture au sieur Jacquier, etc. — Fait à Saint-Germain, le 4 mars, 1672. — Signé Louis; et plus bas : Colbert.

— Sa Majesté étant informée que l'une des principales causes pour lesquelles les matelots et leurs familles même reçoivent peu d'utilité du service qu'ils rendent sur ses vaisseaux, provient de ce qu'après avoir reçu le parfait paiement de leur solde au désarmement, la plupart se débauchent dans les ports et y consument mal à propos ce dont ils pourraient aider leur famille, donnant pour excuse à leurs femmes et enfants, et même aux officiers et magistrats des lieux, qu'ils ont été mal payés ou qu'il leur a été retranché une partie de leur solde; à quoi voulant pourvoir, Sa Majesté veut et ordonne qu'aussitôt que les revues des équipages, lors du désarmement des vaisseaux, auront été faites, il soit fait des états de ce qui sera dû auxdits équipages, signés et certifiés des intendants ou commissaires généraux de marine départis dans les ports où les vaisseaux rendront le bord, et qu'il soit seulement payé à chaque officier marinier ou matelot habitué dans la province voisine, ce qu'il leur faudra pour se retirer chez eux. Et à l'égard du surplus, veut Sa Majesté qu'il soit payé *manuellement* sur les lieux par les commissaires ou autres officiers de marine qui y seront envoyés à cet effet, en présence des magistrats et consuls des villes et lieux de demeure desdits matelots et de leurs femmes et enfants, afin que personne

vent apprécier encore le bien qu'on leur veut ; mais les maîtres sont très-satisfaits de ces nouvelles ordonnances, qui assurent le bien des matelots, qu'ils aiment réellement ; et le premier pilote venait d'expliquer ces lois en breton à ses compatriotes.

— Allons, allons, mon père, je vois que nous avons en ce pilote un digne *Palinurus*, comme vous dites.

C'était bien de gaieté de cœur que l'amiral s'exposait au flux d'érudition qu'il venait de provoquer ; car une fois mis sur le sujet de la marine ancienne, le R. P. l'Hoste devenait souvent d'une intraitable prolixité. Aussi M. d'Estrées s'apercevant, mais trop tard, de sa faute, ressemblait-il assez à ses gens qui, ayant ouvert le robinet d'une fontaine, ne savent plus comment l'arrêter.

— Oui, monsieur, — répondit le père l'Hoste d'un air rayonnant ; — oui, monsieur, vous dites vrai : nous avons notre *Palinurus*, notre *Canopus*, quoique le pilote soit autre chose chez nous que le *rector navis* des anciens. Et, à ce propos, quand j'étais à Venise avec M. le comte d'Harcourt, je vis là le père Nobili, de notre ordre, qui me soutint que ce nom pilote dérivait du mot *pileus*, parce que, outre la longue robe rouge et verte qu'on donnait jadis à ceux qui étaient pilotes jurés, on y ajoutait encore un bonnet comme gage et signe de leur doctorande. Je pense, moi, au contraire, comme les révérends pères Fournier et Noblet, que ce nom de pilote dérive du mot *pile*, qui, en ancienne langue gauloise, signifiait *navire*.

n'en ignore, etc. — Fait à Saint-Germain, le 20 février 1672. — Signé : Louis ; et plus bas : Colbert.

— Sa Majesté étant informée qu'il se rencontre souvent des différends entre les officiers commandant ses vaisseaux de guerre, sur le choix des officiers mariniers, matelots et soldats qui doivent composer leurs équipages, ce qui cause beaucoup d'inégalité en la force desdits équipages, à quoi désirant remédier, Sa Majesté veut et ordonne qu'à l'avenir, et à commencer par l'armement prochain, tous les officiers mariniers, matelots et soldats levés et enrôlés pour servir sur lesdits vaisseaux soient choisis en présence des officiers des ports en la manière suivante, savoir : le vice-amiral aura le choix de cinq, le lieutenant général de quatre, le plus ancien capitaine de trois, et les trois autres capitaines de deux alternativement, et chacun selon leur rang, et ainsi de suite, jusqu'à ce que leurs équipages soient entièrement formés. — Mande et ordonne Sa Majesté à M. le comte de Vermandois, amiral de France, etc. — Fait à Saint-Germain, le 12 février 1672. — Signé : *Louis*, et plus bas : *Colbert*.

— Je ne vous conteste pas l'étymologie, mon père, et c'est avec conviction et passion que je me déclare de votre avis, — dit l'imprudent amiral.

— J'en étais sûr d'avance, monsieur le comte; comment quelqu'un d'aussi éclairé que vous aurait-il pu ne pas reconnaître une aussi flagrante vérité; car, voici qui vient encore la corroborer : il demeure patent que notre ancienne façon de jouer à croix ou pile ne doit cette appellation de croix ou *pile* qu'à la circonstance que voici, savoir : que la monnaie française de cette époque portait gravés, d'un côté, une croix, et de l'autre, un navire; comme celle des Romains, qui portait, d'un côté, les deux têtes de Janus, et de l'autre, le navire d'Énéas; de là, leur jeu dont parle Macrobius, *ludere capita navium;* et d'ailleurs, Froissard...

Heureusement pour l'amiral, à ce moment de la dissertation historique du révérend père, un petit yacht au pavillon d'Angleterre doubla la pointe Saint-Matthieu, à l'aide de ces longs avirons et de la marée qui montait; car le calme était si plein que ses voiles inutiles étaient à demi carguées.

Alors, l'amiral s'adressant au soldat de faction près des fanaux :

— Va dire à un de mes gens de monter ici ma lunette.

— En vérité, monsieur le comte, — dit le chapelain, — voici un yacht anglais qui file comme s'il avait vent arrière, et qui a bien fait de se précautionner de ces longs avirons.

M. le chevalier de Cou, capitaine de pavillon, parut sur la dunette.

— Monsieur de Cou, — lui dit l'amiral, — voici sans doute quelque message de M. le duc d'York, ou de Sa Majesté le roi d'Angleterre, fasse le ciel que la flotte anglaise soit déjà à Portsmouth !

A ce moment, le yacht fit un salut de neuf coups de canon; il amena son pavillon en se dirigeant toujours vers l'amiral.

— Monsieur de Cou, — dit ce dernier, — faites rendre ce salut, et veuillez recevoir à l'échelle l'envoyé de Sa Majesté le roi Charles, je vais l'attendre chez moi.

Bientôt le yacht mouilla, et son capitaine, M. Shelley, arrivant à bord du *Saint-Philippe,* fut conduit auprès de l'amiral, avec lequel il conféra une demi-heure; puis il regagna son bord, et remit à la voile, favorisé par une petite brise du sud-est, qui, selon les prédictions du pilote, vint à s'élever.

La marée ayant terminé son mouvement commençait à descendre. L'amiral se décida à appareiller, d'autant plus que les ordres que le capitaine Shelley lui avait apportés étaient des plus pressants ; puisque le duc d'York ordonnait à M. d'Estrées de se rendre sans délai à Portsmouth, afin d'opérer sa jonction avec la flotte anglaise, jonction que la flotte hollandaise voulait empêcher pour forcer les deux armées de combattre séparément.

L'amiral fit donc appeler son capitaine de pavillon, et lui dit :
— Monsieur de Cou, nous allons appareiller ; vous ferez signal à l'escadre d'imiter ma manœuvre, et de garder son ordre de bataille.

M. de Cou, ayant reçu cet ordre, appela le pilote et lui dit :
— Ne vous semble-t-il pas, pilote, qu'avec ce vent et cette marée nous pouvons sortir?

— Avec l'aide de Dieu, oui, monsieur.

— Sortez-nous donc alors ; et vous, maître d'équipage, suivez les ordres du pilote.

— L'ancre est à pic, monsieur, et nous n'attendons que l'ordre du pilote pour la bosser.

— Nous allons donc sortir, monsieur, — dit le pilote en regardant encore le penon qui flottait dans la direction du nord-ouest ; puis, tenant toujours la barre du gouvernail, il parut se recueillir un instant.

— Eh bien, qu'attendez-vous pour appareiller?—dit M. de Cou.

Mais, sans lui répondre, le pilote appela son fils Ivon, garçon de vingt ans environ, à longs cheveux noirs, et vêtu comme son père.

— Ivon, pendant que je vais sortir cette flotte par le passage de l'Iroise, vous réciterez les Litanies bretonnes, dont je vais dire le premier verset. Notre-Dame d'Auray accueillera la voix du fils comme celle du père.

Alors le vieux pilote et son fils, se découvrant la tête, s'agenouillèrent, et le père, sans quitter la barre du gouvernail, dit gravement :

Veillez sur moi, Notre-Dame d'Auray, dans ce mauvais

passage, car mon navire est bien petit et la mer de Dieu bien grande. Puis se relevant et s'adressant d'une voix forte et impérative au maître d'équipage : — Maître, faites bosser l'ancre et déferlez vos voiles.

Pendant qu'on exécutait cette manœuvre, Ivon resta à genoux aux pieds de son père, la tête baissée, les mains jointes ; et pendant que le pilote, les yeux tour à tour ardemment fixés sur la boussole et sur les brisans, sur les points de reconnaissance de la côte et sur les voiles du vaisseau, doublait les roches des Rospects, et les cheminées de Boufolve, son fils récitait dévotement, et sans lever les yeux, les litanies suivantes, que jamais marin breton n'oubliait dans les circonstances dangereuses de la navigation :

Saint Cloadec, dont la clochette avertit du bien à faire et du mal à éviter, priez pour nous.

Saint Vonga et saint Budoc, qui traversez les mers sur un rocher, priez pour nous.

Saint Guenolé, qui avez arraché de l'estomac d'un cygne l'œil de votre sœur bien-aimée, et qui l'avez remis à sa place sans qu'il perdît de son éclat, priez pour nous.

Saint Telo, qui visitez les paroisses monté sur un cerf rapide, et qui vous couchez sur un lit de cailloux trouvé formé le lendemain en lit de fleurs, priez pour nous.

Saint Didier, qui donnez au pain bénit sur vos autels le don de faire parler les enfants, priez pour nous.

Saint Sané, dont le collier de fer étrangle le parjure, priez pour nous[1].

Ces litanies ne cessèrent et Ivon ne se releva que lorsque tous les dangers furent évités, et que la pointe ouest de l'île d'Ouessant fut doublée par la flotte.

Telle était la force de cette flotte.

---

[1] L'abbé Deric, *Litanies bretonnes des mariniers mettant en mer.* Dom Lobineau, histoire de Bretagne.

AILE DROITE OU AVANT-GARDE DE L'ARMÉE.

VAISSEAUX.	COMMANDANTS.	Canons.	Soldats et matelots.
L'Illustre	M. le marquis de Grancey	70	430
Le Téméraire	M. de Larson	50	300
L'Admirable	M. de Beaulieu	68	500
Le Terrible (contre-amiral)	M. *Du Quesne*, lieuten.-gén.	70	500
Le Conquérant	M. de Tivas	70	500
Le Prince	M. le marquis d'Amfreville	50	300
Le Bourbon	M. de Kervin	50	300
Le Hasardeux	M. de La Vigerie	38	240
L'Alcyon	M. Bitaut de Bléor	46	240
Le Vaillant	M. le chevalier de Nesmond	50	320

CENTRE OU CORPS DE BATAILLE.

Le Foudroyant	M. Louis Gabaret	70	420
Le Brave	M. le chevalier de Valbelle	54	350
L'Aquilon	M. le chevalier d'Hally	50	300
Le Tonnant	M. Desardens	58	320
Le Saint-Philippe (vice-amiral)	M. LE COMTE D'ESTRÉES. M. de Cou, capit. de pavillon.	78	600
Le Grand	M. Gombaud	70	400
Le Duc	M. le chevalier de Sebville	50	300
L'École	M. le chevalier de Cogolin	38	240
L'Oriflamme	M. de Kerjean	50	300
L'Excellent	M. du Magnou	50	300
L'Arrogant	M. de Villeneuve-Ferrières	38	250

AILE GAUCHE OU ARRIÈRE-GARDE.

Le Fort	M. le comte de Blénac	60	350
Le Rubis	M. de St.-Aubin d'Infreville	46	240
Le Galant	M. le chevalier de Flacourt	46	240
Le Sans-Pareil	M. de la Clochéterie	66	400
Le Superbe (cornette)	M. *de Rabesnières*	70	480
Le Sage	M. de Tourville	50	300
Le Hardi	M. de la Roque-Garseval	38	250
L'Heureux	M. Panetié	50	300
L'Invincible	M. le commandeur de Verdille	70	400

FRÉGATES LÉGÈRES.

L'Aurore, capitaine de Chammartin.
La Gaillarde. . . . le sieur de Grosbois.
La Subtile. . . . . le sieur Roy, dit Champagne.
La Tempête. . . . de Méricourt.
La Railleuse. . . . de Gravenson.

BRÛLOTS.

Le Serpent, capitaine Rocuchon.
Le Déguisé. . . . . . Chaboisseau l'aîné.
Le Fanfaron.. . . . . Ozée Thomas.
Le Trompeur. . . . . Chaboisseau le cadet.
L'Inconnu. . . . . . . Vidau.
L'Émerillon.. . . . . Serpeau.
Le Sauvage . . . . . Jean Étienne.
Le Voilé. . . . . Tortel.

En tout trente vaisseaux, cinq frégates et huits brûlots.

L'amiral, suivi de toute l'armée, courut donc grand largue à peu près jusqu'à la hauteur du cap Lézard. Alors le pilote fit serrer le vent afin de faire le nord-nord-est pour gagner Portsmouth. Comme, d'après les instructions de l'amiral, le pilote avait l'ordre de ne pas trop s'éloigner des côtes de France jusqu'à la hauteur de Guernesey, afin d'avoir des havres de retraite à portée dans le cas où l'on rencontrerait la flotte hollandaise ; l'armée française, ayant passé au vent d'Ouessant, prolongea le partie septentrionale de la côte de Bretagne, qui s'étend depuis la pointe de Landegwan jusqu'aux îles Molène et Laniou, et serra la côte d'assez près pour voir les affreux brisants de ces parages, les plus dangereux de toute la Manche.

— Pilote, — dit le chapelain à Gaulhedek qui, une fois hors de la passe, avait remis le gouvernail aux mains du second, — nous croyez-vous assez au vent de cette côte si hérissée d'écueils ? voyez donc quoique le vent vienne presque de terre, quelle écume sur ces rochers !

— Eh bien, mon père, s'il soufflait un vent d'Avell-fall [1], quand même il ferait nuit... une nuit du mois noir [2], malgré cette nuit, vous verriez d'ici, comme vous la voyez à cette heure, cette écume aussi blanche que du lait... Mais que Notre-Dame d'Auray vous en garde jamais, mon père... car, quoique je sois né à l'île de Batz, et que je connaisse ces rochers et ces brisants, depuis le Taureau jusqu'à la pointe Arcoëstel, quand je dois approcher de ces parages maudits, hélas ! comme nous disons en breton : *bisoy quen me conseaff a maru garu ne marnaff !* (je ne dors jamais que je ne meure de mort amère !)

[1] Vent du nord-ouest.
[2] Le mois de novembre.

— Sans doute, ces parages sont dangereux, pilote, — dit l'amiral; — mais avec la grâce de Dieu, de bons yeux et une bonne sonde...

— La grâce de Dieu, et de Notre-Dame d'Auray, peut vous retirer des brisants, aussi facilement qu'un enfant peut retirer une coque de noix d'entre des roseaux, monseigneur... mais les yeux, la sonde et la science du marinier ne peuvent rien sur le pouvoir de Teuss[1], et si Notre-Dame d'Auray vous abandonne à Teuss, les démons des grèves de Saint-Pol se chargent de vous. Mais, monseigneur, ne parlons pas de cela devant cette côte, s'il vous plaît.

Et le pilote se retira gravement après avoir salué l'amiral et fait un signe de croix.

— Et qui dirait, mon père, qu'un homme bien ferme dans le danger, et que ses connaissances élèvent au-dessus du vulgaire, soit sujet à d'aussi singulières superstitions? — dit M. d'Estrées au chapelain, après que le pilote se fut retiré.

— Permettez-moi de vous faire observer, monsieur le comte, qu'il y a beaucoup de vrai dans ce qu'il dit, et que ce qu'il appelle les démons de la côte de Saint-Pol sont au moins aussi cruels que l'était jadis Nauplius, lequel Nauplius, pour se venger sur les Grecs de la mort de son fils Palamedes, les voyant en revenant du siége de Troie, accueillis par une furieuse tempête, monta sur un rocher où il alluma un grand feu, les trompant par ce phare mensonger, de telle sorte que la flotte grecque donna à travers des écueils, croyant entrer dans un havre bien assuré; mais au moins, si Nauplius vengeait son fils par un moyen cruel et blâmable, je le sais, au moins il ne profitait pas des débris de la flotte grecque.

— Mais le droit du bris[2], mon père, est aboli sur toutes les côtes de France... et cette coutume monstrueuse n'existe plus, grâce au ciel.

[1] Teuss, dieu des tempêtes.

NOTE HISTORIQUE SUR LE DROIT DE BRIS.

Quelques auteurs supposent que les premiers navigateurs faisant le métier de pirates sur les côtes, armèrent les populations contre eux, et don-

— Sans doute, monseigneur, le dernier édit de Sa Majesté, du 4 mars 1654, est formel à cet égard ; le droit est aboli, et même

nèrent ainsi naissance à ce *droit de bris,* qui n'était d'abord que le droit de profiter des dépouilles de l'ennemi. Plus tard il fut politique et habile d'attirer son ennemi sur les côtes par tous moyens possibles, pour le piller et le tuer : ce fut encore regardé comme un droit licite et une ruse de guerre.

Les anciens Gaulois et les autres peuples pratiquèrent ce droit ; on en peut juger par l'innombrable quantité de lois romaines portées en vue d'abolir cette coutume. Mais il paraît d'ailleurs que les premiers qui usèrent de ce droit furent les Rhodiens, au dire de *Seldenus* (*de Dominio maris*). Puis des Rhodiens cet usage passa aux Romains, habitants riverains. Et ce ne fut que longtemps après que le bénéfice du naufrage appartint au fisc, ce qui résulte de la supplique d'Eumedon à Antonin.

Les premiers empereurs qui renoncèrent à ces produits du fisc furent *Adrien* et *Antonin*, mais leurs successeurs plus avides ne les imitèrent pas, et réunirent de nouveau ce droit à leurs apanages ; de sorte que les habitants, dans ces meurtres et dans ces pillages qu'ils commettaient, ne voyaient qu'une atteinte portée au *fic*, et non un crime contre le droit des gens et des nations.

En 1179, les riverains commettaient de telles atrocités, que le concile de Latran, tenu sous Alexandre III, frappa d'anathème et d'excommunication ceux qui useraient de ce droit.

En 1231, saint Louis, ne pouvant remédier aux mêmes abus, composa avec Pierre de Dreux dit Mauclair, duc de Bretagne, et l'engagea à renoncer au droit de naufrage qu'il exerçait à la rigueur, à condition que les navigateurs prendraient de lui des *brefs* ou *brieux*, appelés les uns de sauveté, les autres de conduite et de victuailles.

En 1235 parurent les fameux *jugements d'Oleron,* dont l'auteur est inconnu, et que quelques-uns attribuent à la princesse Aliénor, duchesse d'Aquitaine, et à Richard son fils. Dans l'article 30 de ces règlements, on trouve qu'à défaut de réclamation le seigneur riverain serait tenu d'employer le prix de la vente des effets naufragés en œuvres pies, comme *distribuer aux pauvres, marier pauvres filles, selon raison et conscience, sans en retenir quart ni part, et sous peine d'encourir la malédiction de notre mère sainte Église.*

En 1543, François Ier, dans les articles 11 et 12 de son ordonnance du mois de février, remet en usage cette loi de Henri III, roi d'Angleterre, duc de Normandie, d'Aquitaine et comte d'Anjou et de Poitou, *qu'en cas de naufrage les effets et débris seraient recueillis par ses officiers et mis sous bonne garde pendant un mois et un jour, pour être rendus à ceux qui se présentant dans ledit temps prouveraient que ces effets leur appartenaient.*

Depuis cette époque 1543, si le droit de bris n'a pas été aboli de fait, toujours l'a-t-il été de droit, et la *réclamation* a-t-elle été admise de la part de ceux qui pouvaient prouver qu'ils avaient été pillés. Les édits de février 1576, d'août 1582, et de mars 1584, donnèrent une nouvelle force à ce droit

le droit de côte est réservé à Sa Majesté[1]; mais si ces droits n'existent pas juridiquement, hélas! monseigneur, ils existent malheureusement de fait sur cette côte surtout, qui semble habitée par de vrais démons, comme le dit notre pilote; et ce qu'il y a de plus affreux, c'est que quelques-uns des seigneurs riverains ont encore à cette heure des hommes à eux qu'ils appellent *roussiniers* ou *vagants*, qui vont se percher sur les rochers, aux approches des tempêtes, pour annoncer à leurs diaboliques compagnons le naufrage des navires, quand ce malheur arrive, afin que le seigneur riverain puisse avoir sa part des débris.

— Allons, mon père, cela est impossible... on vous a mal instruit.

— Hélas! malheureusement non, monsieur le comte, et ces Bretons, généralement bons et humains, une fois qu'il s'agit de naufrage deviennent de vrais diables incarnés; et pour revenir

de réclamation en investissant les officiers de l'amirauté du droit de connaître les naufrages et tous les procès à *mouvoir* en cette occasion.

Enfin, l'ordonnance de Louis XIV, par sa sévérité, devait mettre un terme à cette habitude de rapine et de meurtre, si cela eût été possible alors.

[1] Le droit de bris est aboli, excepté contre les pirates (A) et ennemis de la foi. Mais il reste le droit de côte, qui appartient au roi, c'est-à-dire que les espaves de mer lui appartiennent, en laissant un tiers aux sauveurs.

Il y a trois sortes de biens que la mer pousse journellement à la côte.

1re. *Les naufrages entiers*, sur lesquels le droit de bris fut jadis établi, mais maintenant abrogé;

2e. *Les choses de jet* fait volontairement en mer pour la conservation de l'équipage et du navire : ces choses peuvent être réclamées par les propriétaires;

La troisième sorte comprend les objets des deux premières qui ne sont réclamés par personne, et en outre les richesses que la mer tire de son sein et qu'elle expose naturellement à terre, comme l'ambre aromatique sur la côte de Guienne, le poisson, les coquillages, et ce que les seigneurs appellent *herpes marines*, du mot gaulois *herpir*, qui signifie *prendre*.

Ce sont ces *herpes marines* qui constituent le droit de côte ou d'épave, droit régal ou royal, que les officiers du roi ont eu beaucoup de peine à conserver pour leur maître contre les seigneurs particuliers qui le voulaient usurper. On appelait leurs *hommes* ceux qui sont maintenant *roussiniers* ou *vagants*, qui au moindre signe de tourmente courent à la côte voir s'il n'y a rien à butiner.

(*) Le droit de bris contre les pirates est de toute justice, puisqu'ils doivent eux-mêmes être brisés sous la roue. — Ordonnance de l'amirauté, 1584, art. 64.

aux seigneurs riverains, au commencement du siècle dernier non-seulement ils profitaient des naufrages, mais encore ils y excitaient en soudoyant les pilotes pour faire briser les vaisseaux sur leurs côtes. — Rappelez-vous le jugement d'Oleron, monsieur le comte : — *Tout dit seigneur convaincu d'avoir encouragé de malicieux pilotes à faire échouer le navire, ledit seigneur doit être pris, et tous ses biens vendus et confisqués en œuvres pitoyables, ou faire restitution à qui il appartiendra; et doit être ledit seigneur lié à un pilori au milieu de sa maison, et puis on doit mettre le feu aux quatre coins de la maison, et faire tout brûler, et les pierres des murailles jeter par terre, et* LA, *faire une place publique, et le marché pour vendre les pourceaux à jamais perpétuellement.* Et le même jugement d'Oleron, monsieur, condamne lesdits pilotes malicieux à être *branchés*, c'est-à-dire pendus, à la plus haute falaise des côtes pour servir de balise aux navigateurs, et servir d'exemple aux autres scélérats. Supplice d'ailleurs employé dans l'antiquité; car Nicétas, en ses annales, dit que l'empereur de Grèce, Andronicus ordonna de semblables peines contre les spoliateurs des navires; et le chancelier Bacon, dans son *Histoire de Henri VII*, parle aussi *des corps de pirates ou ignorants lamaneurs attachés à des balises ou amers*, de sorte que le *mort serve au vivant,* ainsi que dit le proverbe italien à propos de la vipère employée comme topique merveilleux.

— Je ne mets pas en doute le jugement d'Oleron, mon père, dit l'amiral un peu impatient; — mais ce qui me paraît peu probable, c'est qu'un gentilhomme puisse faire cause commune avec de tels misérables pour piller et tuer de malheureux naufragés; et, d'ailleurs, mon père, les gardes-côtes des officiers de l'amirauté ne doivent-ils pas veiller et ne veillent-ils pas jour et nuit (d'après l'ordonnance), pour être les premiers instruits d'une tempête et aller quérir de la force pour s'opposer à ces horreurs !

— Ah ! monsieur le comte, si vous saviez d'abord dans quelle classe on choisit ces gardes-côtes ! Tant qu'ils étaient du peuple riverain, l'habitude leur paraissait si équitable que non-seulement ils ne s'opposaient pas au pillage, mais qu'ils en profitaient. Alors M. le duc de Chaulnes crut bien innover en prenant ces gardes-côtes en d'autres contrées ; mais, hélas ! monsieur le comte, ces malheureux furent bientôt en butte aux plus mauvais traitements, et j'ai vu, sans pouvoir, hélas ! l'empêcher, le meurtre d'un des derniers que ces sauvages appelaient des bandouillers, à cause de leur bandouillère aux armes de monsieur l'amiral... Ah ! monsieur le comte, je vivrai bien longtemps avant que le souvenir de cette horrible scène soit sorti de ma mémoire.

— Vous avez assisté à une pareille scène ?

— Oui, monsieur le comte, et je ne puis encore m'expliquer par quelle étrange anomalie ces gens si bons, si hospitaliers pour tout être qui vient chez eux de l'intérieur des terres, deviennent voleurs et assassins quand il s'agit des naufragés... eux, qui dorment leur seuil ouvert, et chez qui le voyageur est aussi en sûreté que chez lui, sa valise fût-elle pleine d'or. Anomalie d'ailleurs commune dans l'antiquité, car...

— Oui, oui, mon père, ces contradictions sont incroyables ; et, tout ce qu'on peut désirer au monde, c'est de ne pas tomber dans les mains de si terribles gens. Ce disant, l'amiral salua le P. l'Hoste et rentra dans la dunette, voulant sans doute éviter la longue narration que le chapelain brûlait de lui faire, et échapper aux citations cruellement prolixes du révérend.

Le vent continua d'être si favorable que, deux jours après son départ de Brest, la flotte française arriva en vue de Portsmouth.

CHAPITRE XIV.

Mouillage de l'escadre française à l'île Sainte-Hélène. — Mémoire de d'Estrées sur l'arrivée du roi Charles II à bord des vaisseaux français. — Ses remarques. — Ses observations. — Du Quesne. — Desardens. — Conseil de guerre. — M. le duc d'York. — Lettre de Colbert de Croissy et de M. le comte d'Estrées au roi, depuis le 13 mai jusqu'au 6 juin. — On rencontre deux fois la flotte hollandaise ; mais on la perd de vue par le brouillard. — Mouillage de la flotte combinée à la rade de Southwold-Bay. — M. le duc d'York. — M. le comte de Sandwich. — M. le comte d'Estrées. — Dernier conseil. — Lettre de d'Estrées au roi. — Le capitaine Cogolin sort de la rade en éclaireur le soir du 6 juin.

Le fragment suivant du mémoire de M. le comte d'Estrées offre un tableau aussi curieux qu'animé de l'arrivée de Charles II à bord de l'escadre française. Viennent ensuite plusieurs lettres de M. Colbert de Croissy, ambassadeur, adressées au roi ou à Colbert, qui, jointes aux mémoires de d'Estrées, embrassent depuis le 13 mai jusqu'au 6 juin, veille du grand combat de Southwold-Bay.

On trouvera, dans ces documents, l'exposition claire et précise de tous les plans et projets arrêtés dans les différents conseils de guerre qui précédèrent la sanglante affaire du 7 juin.

MÉMOIRE DU COMTE D'ESTRÉES. [1]

« Les vaisseaux français mouillèrent le 13 à la rade de Sainte-Hélène, dans l'île de With, après deux jours de navigation. L'ambassadeur de France devança de quelques heures seulement l'arrivée du roi d'Angleterre à Portsmouth ; car à peine M. de Colbert était-il descendu du *Saint-Philippe*, amiral français, que l'on entendit les coups de canon annonçant l'arrivée du roi à Portsmouth. Le comte d'Estrées se mit aussitôt dans sa chaloupe avec les officiers généraux pour aller lui faire la révérence ; il trouva la garnison sous les armes, en haie depuis la porte de la ville jusqu'au château, où il fut conduit

---

[1] Bib. Roy. *Mss.* On a déjà cité un fragment de ce mémoire.

par le commandant. Le roi d'Angleterre le reçut avec toutes les marques de bonté et d'estime, et, après quelques discours sur le prompt et heureux passage de l'escadre de France, il l'assura qu'il en irait voir les vaisseaux le lendemain.

» Le vice-amiral eût été bien aise d'apprendre, par le moyen de l'ambassadeur de France, de quelle manière milord Arlington estimait que l'on dût répondre à l'honneur d'une telle visite, dont il y a peu d'exemples ; car encore que le roi d'Angleterre aille souvent visiter ses armées navales lorsqu'elles sont en état de sortir de la Tamise pour chercher les ennemis, ou au retour après un combat, on l'y reçoit avec peu de cérémonie ; on le salue simplement de cinq cris de tout l'équipage des vaisseaux sur lesquels il monte ou dont il approche à une certaine distance. Mais la réponse de l'un et de l'autre ne lui donna pas de grandes ouvertures, on lui manda seulement que le roi d'Angleterre serait satisfait de tous les honneurs qu'on voudrait lui rendre. Tellement que le comte d'Estrées, ne pouvant se régler sur des ordres ni sur des exemples, estima que l'on ne devait oublier aucune des circonstances propres à marquer le profond respect des Français pour la personne et la suprême dignité de ce prince.

» L'escadre de France, qui avait pu passer autrefois pour une triste armée, devait tenir la seconde place dans l'armée de la ligue, au lieu de l'escadre blanche qui, avec la rouge et la bleue, compose celle d'Angleterre. Quant aux vaisseaux français, au nombre de trente, de huits brûlots et quelques bâtiments de charge, ils étaient séparés en trois divisions. La première était composée de onze vaisseaux, et *le Saint-Philippe*, de soixante-seize pièces de canon, de cinq cent soixante hommes d'équipage, y portait le pavillon de vice-amiral; dans la seconde, *le Terrible*, commandé par Du Quesne, lieutenant général, portait celui de contre-amiral, et avait soixante-douze pièces de canon et quatre cent cinquante hommes d'équipage, et cette division était composée de dix vaisseaux. *Le Superbe*, sur lequel était monté de Rabesnières, chef d'escadre, avec un équipage pareil à celui du *Terrible*, et même nombre de canons, ne portait que la cornette au mât d'artimon, qui est une marque de commandement particulière aux Français, et dont les autres nations n'usent pas, et il n'avait que neuf vaisseaux dans sa division.

» La division du vice-amiral était mouillée au milieu des deux autres, et lui au milieu de ses vaisseaux, comme les autres pavillons dans leur division.

» Il était question, après la réponse de milord Arlington, de régler le salut que l'on devait rendre au roi d'Angleterre, et, comme on ne pouvait se dispenser de désarmer des canons en chaque vaisseau pour cet effet, et ne croyant pas aussi devoir ôter les boulets de tous, on estima qu'il fallait toutefois faire en sorte que les feux continuassent depuis la sortie du roi d'Angleterre de Portsmouth jusqu'à son arrivée aux vaisseaux. On jugea donc, pour y réussir, que chaque division devait saluer séparément l'une après l'autre; mais avec cette justesse, que le feu étant près de cesser dans l'une, suivant le nombre de coups qui avait été ordonné, l'autre commençât à tirer; puis tous les vaisseaux ensemble, après que le vaisseau portant pavillon aurait tiré vingt-trois coups de vingt-cinq qui avaient été réglés. On tint des chaloupes en garde pour être averti précisément de la sortie du roi d'Angleterre de Portsmouth. Ces mesures furent exécutées avec beaucoup d'ordre et de justesse, et cette sorte de salut fut un spectacle assez agréable, tous les capitaines de chaque division étant sur le pavillon sous lequel ils avaient été distribués, et placés le long de l'échelle, au lieu de matelots, pour aider à monter le roi seulement. Il arriva à neuf heures du matin au *Saint-Philippe*, suivi du duc de Buckingham, des comtes de Saint-Alban et d'Oxford, des milords Arlington et Clifford, et d'autant de courtisans qu'il en pouvait tenir dans quatre chaloupes.

» Les soldats et matelots étaient distribués aux postes que chacun devait occuper dans le combat. Le roi parut satisfait de l'ordre et du peu d'embarras des vaisseaux français, où l'on ne trouve ni retranchements ni corps de garde fermés; cela fait que l'on voit agir tout le monde, et qu'il serait honteux de ne pas défendre le premier pont jusqu'à la dernière extrémité. Le roi d'Angleterre loua cette manière; et, comme il a des connaissances fort particulières de la marine et des constructions des vaisseaux, il fut aussi fort juste à louer ou à blâmer dans les nôtres les choses qui le méritaient. Du *Saint-Philippe* il passa sur les autres pavillons; il descendit aussi dans leurs batteries, et les visita partout avec même curiosité. Il fit ensuite le tour de quelques vaisseaux dans sa chaloupe, et en aurait bien considéré davantage si le vent, devenu assez frais et contraire, ne l'eût obligé de monter sur un yacth pour retourner à Portsmouth. Il avait ordonné au comte d'Estrées de le suivre; et, l'ayant fait entrer dans sa chambre où il était seul, il lui témoigna qu'il avait été bien aise qu'on lui eût confié le commandement de l'escadre de France; qu'il la regardait comme un secours considérable à son armée, et en avait si bonne opinion qu'il ne doutait pas des succès de la campagne; qu'à la vérité on avait affaire à une armée fort instruite aux combats de mer, conduite par un chef de grande expérience, dont la prudence et la valeur avaient également paru en plusieurs rencontres; qu'outre cela, les Hollandais, jusqu'aux moindres capitaines, avaient une parfaite connaissance des lunes et des marées, dont la durée et les retours ne peuvent être bien connus que par une continuelle application; que l'on pouvait ajouter qu'ils savaient exactement garder leurs ordres de bataille, et n'étaient embarrassés d'aucun mouvement qu'il fallait faire dans un combat; mais qu'il était persuadé qu'ils cédaient en vigueur et en courage aux Français et aux Anglais : cependant que ces qualités, en quoi ils surpassaient leurs ennemis, pouvaient leur être contraires si elles n'étaient bien ménagées; que trop d'ardeur pouvait troubler l'ordre nécessaire pour les actions de mer, et surtout la prévention des Français pour les abordages; qu'ils ne sont ni si aisés ni si utiles qu'on le pense au commencement des combats; qu'il n'est à propos de les tenter que lorsque les ennemis sont en grand désordre; mais qu'alors, au lieu de se contenter de la prise de trois ou quatre vaisseaux, il faut avoir pour objet la ruine entière de leur armée. Après en avoir assez dit pour faire connaître au comte d'Estrées de quel esprit il désirait que les Français se pussent pénétrer, il ajouta qu'il voulait bien lui dire par avance les projets de la campagne; que pour rendre inutiles l'expérience et les chances des Hollandais, il avait résolu de les attirer dans une mer plus large et moins dangereuse qu'à leurs côtes; que son armée, après s'être pourvue d'eau et de vivres pour tenir la mer tout au moins deux mois, irait mouiller sur le Doggers-Bank[1], afin d'y attendre la flotte

[1] Doggers-Bank, Banc des Chiens; c'est un banc de sable très-considé-

des Indes ; que si la jalousie que ce mouillage donnerait à l'armée de Hollande l'engageait dans un combat, ce serait dans un endroit de la mer où elle ne pourrait mettre en usage ses ruses ordinaires ; et que si au contraire les Hollandais prenaient parti vers leurs côtes pour les défendre, il était impossible que la flotte des Indes pût échapper ; que même, si la fortune secondait ses armes et ses desseins, on pouvait réussir en tous les deux, au lieu que, cherchant les ennemis à leurs côtes, on ne pouvait espérer de victoire complète, ayant une retraite sûre dans leurs bancs dès qu'ils commenceraient à être en désordre.

» Deux ou trois heures après que le roi eût rentré dans Portsmouth, on vit arriver un yacht de l'armée, que le duc d'York avait détaché pour y porter de ses nouvelles.

» On apprit qu'elle était fort proche, et pourrait mouiller le soir ou le lendemain de bonne heure aux rades de l'île de With ; que, sur l'avis que le duc d'York avait eu que les Hollandais, faisant une extrême diligence, voulaient s'opposer à la jonction, il avait fait sortir ponctuellement de la Tamise tous les vaisseaux qu'il avait pu pour entrer dans la Manche et venir à l'île de With ; que cette précipitation l'avait obligé de laisser dans la rivière sept ou huit des plus grands vaisseaux, et empêché d'embarquer dans les autres la quantité de vivres nécessaires. Ce succès était dû à son seul avis, presque tous les officiers généraux en avaient de contraires ; mais, comme il jugeait que sans une extrême diligence il courait fortune d'être enfermé dans la Tamise, tandis que les Hollandais, maîtres de la mer, en auraient tout l'honneur et les avantages, non-seulement en rompant les mesures de leurs ennemis, mais encore par la prise de plusieurs vaisseaux anglais qui pouvaient entrer dans la Manche sans avis et sans précaution, il crut qu'il fallait donner quelque chose à la fortune ; et en effet, si elle n'eût favorisé ce parti, quoique fondé sur de si bonnes raisons, il aurait eu sujet de s'en repentir. Car les Hollandais, faisant consister tout le bonheur de la campagne à empêcher la jonction, ne perdirent pas de temps à se mettre en état de s'y opposer ; ils s'avancèrent au Pas-de-Calais dans le

---

rable entre la côte E. de l'Angleterre et les côtes O. de Hollande. Entre cette dernière et le Doggers-Bank, il y a un petit banc que l'on nomme Well-Banck.

temps que le duc d'York y arrivait, presque toute leur armée étant ensemble. Le duc d'York n'avait guère plus de quarante vaisseaux, et il est aisé de juger avec combien de désavantage il aurait été contraint de s'engager dans un combat, si un brouillard épais, survenu aussi à propos que dans les romans, n'eût dérobé l'armée d'Angleterre à celle de Hollande; il lui en coûta toutefois un vaisseau de trente-six pièces de canon, nommé *la Victoire*, qui, par malheur ou par la faute du capitaine, tomba la nuit au milieu des ennemis.

(*Bibl. roy., Mss.*)

LETTRE DE COLBERT DE CROISSY, AMBASSADEUR, A COLBERT, MINISTRE DE LA MARINE.

« A Londres, ce 19 mai 1672.

« Vous aurez su, par la dernière que je me suis donné l'honneur de vous écrire, que l'escadre de France était arrivée à la rade de Portsmouth le vendredi 13 du mois, à dix heures du matin, et que le dimanche suivant nous avions vu paraître toute la flotte anglaise à six ou sept lieues de ladite rade, en sorte qu'on pouvait s'assurer que le lendemain lundi la jonction serait faite. Cependant le vent n'ayant pas permis à M. le comte d'Estrées de lever l'ancre ce jour-là, elle a été remise au mardi; et quelque désir qu'eût le roi d'Angleterre de voir cette jonction, néanmoins l'avis qu'il avait reçu que six heures après que ses vaisseaux furent partis du Gun-Fleet[1] la flotte hollandaise, composée de soixante-douze vaisseaux de guerre, y arriva, et que, sans s'arrêter aux Dunes, elle avait continué à faire voile du côté de Portsmouth, ayant obligé ses ministres à lui représenter combien cette curiosité nuirait au bien de ses affaires, qu'elle pouvait même l'engager à une retraite devant les ennemis ou exposer sa personne à l'événement incertain d'un combat de mer, il fut enfin résolu que le duc de Buckingham, les comtes d'Arlington et d'Oxford, et milord Clifford iraient à bord de M. le duc d'York pour l'informer des intentions dudit roi, qui ayant bien voulu que j'assistasse au conseil qui serait tenu sur ledit vaisseau pour y délibérer sur ce qu'il y aurait à faire pendant

[1] Gun-Fleet, banc de sable étroit qui gît N. E. et S. O.; il est sur la côte N. O. du Canal du Roi, au large de l'embouchure de la Tamise.

la campagne, je me rendis avec lesdits ministres sur le bord du prince, où à peine fûmes-nous arrivés que les vaisseaux du roi notre maître, voguant en très-bon ordre, le vice-amiral à leur tête, passèrent à la portée du pistolet de l'amiral d'Angleterre, le saluèrent et furent salués en la manière qui avait été concertée. La joie fut d'autant plus grande parmi les Anglais, que leur armée n'étant auparavant composée que de quarante-cinq vaisseaux de guerre, il est indubitable qu'ils auraient été battus si les Hollandais les eussent pu joindre auparavant cette jonction. M. le comte d'Estrées s'y étant rendu peu de temps après avec MM. Du Quesne et de Rabesnières, ils furent reçus de monseigneur le duc d'York et des principaux de la flotte avec toutes les marques d'estime et d'amitié qu'ils pouvaient désirer ; et, après dîner il fut tenu conseil, dans lequel ledit comte d'Estrées prit sa place au-dessus du comte de Sandwich, vice-amiral d'Angleterre. On commença à examiner le capitaine et le maître d'un vaisseau hambourgeois qui avait été pris, lesquels firent rapport que la flotte hollandaise était mouillée à la hauteur de Douvres, et qu'elle espérait encore empêcher la jonction de l'escadre de Sa Majesté avec les vaisseaux anglais ; on y lut ensuite la lettre que le roi d'Angleterre écrivait au duc, laquelle ayant été expliquée en français, on apprit que son sentiment était d'attirer, s'il y avait moyen, les Hollandais dans le canal, et de les y combattre ; mais, en cas qu'ils se retirassent vers leurs côtes, où leurs bancs pourraient les favoriser, il ne fallait point y hasarder un combat, mais plutôt s'avancer vers le Doggers-Bank, ou en tel autre lieu qui serait estimé le plus propre, pour empêcher leurs flottes marchandes d'entrer dans leurs ports, et ruiner entièrement leur commerce pendant la campagne. M. le duc et tous ceux qui composaient ce conseil ont été d'un même avis sur le premier point, qui était de se mettre à la voile le lendemain, qui était hier (18 mai), sur les six heures du matin ; et, quoique le vent fût contraire pour aller du côté de Douvres, néanmoins s'avancer autant qu'il serait possible par les marées, et joindre s'il se pouvait la flotte hollandaise avant qu'elle pût repasser le Pas-de-Calais, sinon la poursuivre, et se faire voir vers les côtes de Flandre et de Hollande, pour ensuite prendre le parti que le roi d'Angleterre leur conseillait ou ordonnait.

Voilà la résolution dans laquelle nous avons laissé M. le duc d'York. M. le duc de Buckingham ayant voulu prendre sa part dans l'exécution, le milord Clifford, qui a déjà donné en beaucoup d'autres occasions des marques de sa valeur, dit qu'il voulait être de la partie ; milord Arlington témoigna aussi qu'encore que le roi son maître leur eût ordonné à tous expressément de retourner pour le servir de leurs conseils, et que son sentiment fût de lui obéir, néanmoins il ne prétendait pas s'en retourner si ceux avec lesquels il était venu ne s'en retournaient aussi. *En sorte que chacun demeura persuadé que tous les ministres du roi d'Angleterre allaient devenir volontaires dans cette guerre;* et ils persistèrent dans cette résolution jusqu'au soir, que M. le duc d'York trouva à propos d'user de son autorité, et de leur déclarer nettement qu'il ne souffrirait pas qu'ils demeurassent plus longtemps dans la flotte ; de sorte que les milords Arlington, Oxford et Clifford furent contraints de se rembarquer sur le yacht sur lequel nous étions venus ; mais le duc de Buckingham, qui avait pris un petit bâtiment pour lui, est demeuré sur les vaisseaux. Il ne me reste qu'à vous dire que j'ai laissé tous ceux qui commandent les vaisseaux du roi notre maître dans la résolution de bien faire leur devoir ; et les principaux d'entre les Anglais, surtout MM. Sprag et Holmes, dans le dessein d'instruire les moins expérimentés de leur manière de combattre et généralement de tout ce qu'ils savent de la guerre de mer. Et chacun avoue à présent que rien ne pouvait tant contribuer à unir étroitement d'amitié les deux nations que cette jonction des flottes. Aussitôt que cette armée navale paraîtra à la hauteur de Douvres, elle sera encore fortifiée des vaisseaux qui sont restés dans la Tamise, et elle sera dans peu composée de quatre-vingt-dix vaisseaux de guerre et de vingt-cinq brûlots au moins.

» Les Hollandais ont pris sur les Anglais un vaisseau appelé *la Victoire-Française*, armé de trente-six pièces de canon, qui escortait de petits bâtiments appelés *quaiches* chargés de matelots et de soldats, lesquels ont échappé. J'espère que dans peu on se revanchera bien sur eux de ce petit avantage.

» Je me suis donné l'honneur d'écrire au roi par cet ordinaire tout ce qui est contenu en ma lettre jusqu'ici.

» Je reçus hier, à mon retour ici, la lettre qu'il vous a plu de m'écrire du 13 de ce mois. Il n'a pas tenu à moi que M. le comte d'Estrées n'ait plus tôt reçu l'ordre du roi d'Angleterre de se rendre à Portsmouth ; mais, à vous dire le vrai, je crois que la frégate qui devait le porter n'a été retardée que parce que la flotte anglaise n'était pas encore en état de sortir de la Tamise pour aller joindre l'escadre de France, au cas que les Hollandais eussent été au-devant pour la combattre ; et je vous avoue que notre jonction est une espèce de miracle, et que si un brouillard épais n'avait pas retenu la flotte hollandaise, les Hollandais l'auraient jointe, et nous auraient mis hors d'état de rien entreprendre contre eux de toute la campagne. Si on avait été mieux averti, on n'aurait pas couru un si grand hasard, et la faute vient de ce que l'on confie les frégates d'avis à des gens dont peut-être les intentions ne sont pas beaucoup bonnes. J'espère que ce que j'en ai dit y fera apporter remède ; et cependant nos affaires sont à présent en bon état, et notre armée se fortifiera de jour à autre des vaisseaux que l'on achève d'équiper successivement. Je vois aussi l'amitié et la bonne intelligence si bien établies entre les deux nations, qu'il me semble qu'il ne puisse rien arriver qui la puisse troubler.

» Je vous puis dire avec vérité que les Anglais ont au moins un quart et même un tiers plus de matelots qu'il n'y en a sur les vaisseaux du roi notre maître, et, comme l'on se battra peut-être jusqu'à deux ou trois fois pendant cette campagne, comme on a fait dans les dernières guerres, et que nous en aurons apparemment beaucoup hors de service par mort, blessures ou maladies, lesquels, suivant le traité, Sa Majesté serait obligée de remplacer, il me semble qu'elle ne peut pas se dispenser de faire faire la levée de matelots que le roi d'Angleterre demande.

» Je dois encore vous dire que les Anglais ont vingt-quatre petits bâtiments pontés et fort vites à la voile, pour les défendre des brûlots. Ainsi, il nous en faudrait au moins dix ou douze, soit pinasses de Bayonne ou autres bâtiments des côtes de Normandie qui pourraient être propres pour cet effet [1].

[1] On se rappelle que dans le conseil de marine présidé par le roi, Du Quesne avait fortement insisté sur cette même mesure.

» Le sieur Dayne, qui est le plus habile homme pour la construction des vaisseaux qu'il y ait au monde, m'a aussi dit que les chaloupes de nos vaisseaux ne sont pas propres pour ces mers-ci, ni pour faire de l'eau, ni pour toutes les autres nécessités de la flotte ; cela m'a aussi été confirmé par M. Carteret et par milord Clifford, qui disent qu'il en faut faire acheter d'autres dans les docks des marchands de Londres ; mais auparavant de vous informer de toutes les raisons qu'ils m'ont dites, je prétends examiner avec le sieur de Vauvré, qui doit être ici demain, s'il y a une nécessité absolue ou non de faire la dépense qu'ils conseillent, et on n'entreprendra rien sans vos ordres. Ledit sieur de Vauvré est resté à Portsmouth pour faire exécuter l'ordre que je lui ai donné de faire partir *le Sans-Pareil* aussitôt qu'on aurait réparé ce qu'il a souffert de son abordage contre le vaisseau de M. de Rabesnières, et de renvoyer incessamment à l'escadre tout ce qu'il y avait dans le port de Portsmouth de bâtiments et matelots français, en sorte qu'ils puissent rejoindre l'armée auparavant qu'elle ait joint les Hollandais.

Le vaisseau *l'Excellent*, que commande M. de Verdilles, avait un peu touché en se touant ; mais comme c'est sur la vase, il n'a point été endommagé, et je ne doute pas qu'il ait rejoint à présent l'escadre.

» Je vous envoie la lettre que M. de Vauvré vous écrit, et celle par laquelle il m'informe de la prise qui a été envoyée à Portsmouth. Les armateurs feraient mieux de mener leurs prises dans les ports de France ; car les frais qu'ils feront ici pour en poursuivre le jugement monteront plus haut que le provenu. Je mande audit sieur de Vauvré d'attendre vos ordres là-dessus, et cependant si le vin dépérit, de le faire vendre par autorité de justice, et à condition d'en payer les droits dus au roi de la Grande-Bretagne.

» Je crois que ledit roi ira demain à Chatam pour presser par sa présence la sortie de ce qui lui reste de vaisseaux et brûlots dans la Tamise et en fortifier son armée navale, qui sera ce soir, je crois, à la hauteur de Douvres, et donnera infailliblement combat aux Hollandais si elle les peut joindre. Nous en attendons des nouvelles avec beaucoup d'impatience. Je crois que le roi d'Angleterre fait écrire par cet ordinaire à M. de Godolphin de témoigner au roi notre maître combien il est satisfait des vaisseaux que Sa Majesté lui a envoyés et de M. le comte d'Estrées qui les commande, aussi bien que de la ponctualité avec laquelle Sa Majesté a satisfait à tout ce qu'elle a promis ; et il n'y a personne ici qui eût jamais pu croire qu'une si grande et si belle escadre, dont la moitié a été équipuée à Rochefort, pût être prête à Brest plus de quinze jours auparavant la flotte anglaise. Tout le peuple en témoigne à présent de la joie; et je ne finirais point si je vous disais tous les bons effets que produit dans ce pays une si grande et si admirable ponctualité.

» COLBERT. »

(*Lettres de Colbert.—Bibl. roy. Mss.*)

MÉMOIRE DU COMTE D'ESTRÉES AU ROI.

« 25 mai 1672, à quatre lieues de Douvres.

» Je viens de recevoir, avec les ordres de M. le duc d'York de mettre à la voile, sur les avis qu'il a eus de l'armée ennemie, une lettre pour Sa Majesté, par laquelle il lui rend compte, ainsi qu'il m'avait fait l'honneur de me dire qu'il n'y manquerait pas, de tout ce qu'il avait fait depuis la jonction des vaisseaux de Sa Majesté avec l'armée navale d'Angleterre, tellement que, ne doutant pas qu'il ne mande précisément l'état et le lieu où est l'armée de Hollande, le dessein qu'il a pris de l'aller combattre, et l'avantage qu'on peut avoir sur elle en cet endroit, il me semble qu'il serait superflu d'y rien ajouter, si ce n'est qu'on n'a rien oublié pour disposer les capitaines des vaisseaux de Sa Majesté à bien faire leur devoir et quelque action digne de ses armes. Selon toutes les apparences, on le doit espérer, particulièrement s'ils gardent aussi bien leur ordre et leur rang qu'on leur a recommandé.

» Le capitaine de *la Gaillarde*, qui porte ce paquet à Calais, ramène avec lui cette prise chargée d'Espagnols dont on a rendu compte dans le précédent mémoire.

» Je ne dois pas oublier que M. le duc d'York m'a témoigné qu'il espérait qu'on réparerait les hommes qui seraient perdus dans un combat sur les vaisseaux de Sa Majesté, aussi bien que les munitions qui auraient été consommées, autrement que ce ne serait pas le moyen de profiter d'un succès heureux.

» Il m'a fait aussi entendre qu'en ce cas-là, il pourrait entreprendre sur la Zélande, et attaquer un fort qui garde les écluses de l'île de Walcheren, dont la prise ne serait pas fort difficile. Je crois qu'en cette rencontre on pourrait tirer des vaisseaux quatorze cents bons hommes.

» Le comte D'ESTRÉES. »

(*Lettres de Colbert, Bibl. roy. mss.*)

MÉMOIRE DE COLBERT, AMBASSADEUR.

« A Londres, ce 29 mai 1672.

» Je viens de recevoir la lettre qu'il vous a plu me faire l'honneur de m'écrire, du 25 de ce mois; et ce m'est une fort agréable nouvelle à porter au roi d'Angleterre, que de l'assurer que Sa Majesté donnera les ordres nécessaires pour lever encore sept à huit cents matelots; car je vous assure qu'outre l'intérêt qu'il a au bon succès de la flotte, il en prend encore un si grand dans la conservation des vaisseaux français, que je vous puis bien dire que les siens ne lui sont pas plus à cœur.

» Je tombe d'accord qu'il est impossible de remédier à présent au défaut de nos chaloupes, c'est-à-dire d'en faire construire d'autres; mais je vois, par les lettres de M. le vice-amiral, qu'il est d'une nécessité absolue de louer ici de petits bâtiments pour faire de l'eau, et cela m'est confirmé ici par le roi d'Angleterre, et par tous ceux qui sont les plus expérimentés dans cette marine; ce qui m'oblige d'écrire présentement à M. de Vauvré de faire un tour ici, afin que nous nous informions ensemble s'il n'y a pas de ces sortes de bâtiments dans tous les ports et rades d'Angleterre, auquel cas j'écrirais à M. le vice-amiral et à M. Arnoul de demander un ordre à M. le duc d'York pour faire fournir dans tous lesdits ports et rades le nombre de bâtiments dont nos vaisseaux auront besoin pour faire leur eau, et même d'en régler le prix par journées, en sorte que ledit sieur Arnoul en puisse trouver partout sans aucune contestation qui retarde le service; et je crois que de cette manière il en coûtera encore moins au roi que de louer ou acheter des bâtiments, et les faire suivre l'armée.

» Quant aux bâtiments pontés pour défendre nos vaisseaux contre les brûlots, il est certain que M. l'amiral, et tout ce qu'il y a d'officiers de marine, tant de France que d'Angleterre, sur la flotte, jugent qu'il est absolument nécessaire qu'au défaut de pinasses de Bayonne, nous ayons une douzaine de bonnes doubles chaloupes naviguées par douze rames, ainsi que vous l'offrez, et il serait à souhaiter qu'elles eussent déjà joint la flotte, le roi d'Angleterre la croyant à présent engagée dans un combat. Cependant toutes les nouvelles que nous en avons reçues, depuis le dernier changement de vent de l'est au sud-est, ne sont guère certaines : les dernières portent que la flotte hollandaise s'était retirée vers Aelburgh ; et, comme M. le duc d'York avait fait un bord vers Calais pendant que le vent d'est soufflait encore, prétendant ranger la côte de Flandre, et par ce moyen gagner le vent sur les Hollandais, et les empêcher de se retirer vers leurs côtes, il est arrivé que le vent s'est tourné au sud-est, et qu'ainsi ladite flotte hollandaise, se trouvant audit lieu d'Aelburgh, aura eu une grande avance et le vent favorable, en sorte qu'elle se sera pu retirer ; néanmoins le sieur de Vauvré m'écrit du 28 que notre flotte ayant effectivement rangé le même jour la côte de Flandre, le vent étant au sud-est, on a entendu, lorsqu'elle a été environ à huit lieues de Calais, tirer quantité de coups de canon jusque sur les sept heures du soir, ce qui a fait croire que notre flotte donnait chasse aux ennemis, et le roi même a dit qu'apparemment cette journée ne se passera point sans que les deux armées se rencontrent. Nous avons maintenant quatre-vingt-cinq bons vaisseaux de guerre très-bien armés, et environ vingt-cinq brûlots dans la flotte ; et je vous assure que le roi d'Angleterre fait tous ses efforts, il s'épuise même, pour fortifier de jour à autre son armée navale et de vaisseaux et de brûlots ; mais je vous avoue que s'il leur arrivait quelque disgrâce, il ne leur reste aucun fonds pour y remédier. Nous attendons avec bien de l'impatience des nouvelles. Cependant je crois que les Hollandais, qui ont toujours le vent sur nous, n'ont autre dessein que de nous attirer sur leurs côtes ; et, quelque envie qu'ait M. le duc d'York de leur donner combat, il ne le fera point qu'en pleine mer ou dans la Manche. Ainsi je suis toujours persuadé que notre flotte demeurera vers le Doggers-Bank jusqu'à la fin de juillet, que le retour de la flotte hollandaise des Indes pourra forcer les ennemis à un combat.

» J'informe M. le marquis de Seignelay de tout ce que je vous écris, et je continuerai à lui rendre compte directement de tout ce qu'il y aura de considérable ici.

» M. le vice-amiral n'a pas jugé à propos qu'on déchargeât aucun mât ni agrès des flûtes qui sont à la suite de l'escadre de Sa Majesté; cependant je suis de même avis que M. de Vauvré, qu'il aurait été fort nécessaire d'en avoir ici la plus grande partie, les plus grands radoubs ne pouvant se faire, selon mon sens, que dans les ports.

» COLBERT. »

(*Lettres de Colbert, Bibl. roy. mss.*)

MÉMOIRE DE M. LE COMTE D'ESTRÉES AU ROI DU 1er JUIN 1672.

« Le 29 du mois passé les ennemis furent découverts à l'ancre par les frégates françaises et anglaises détachées à la tête de l'armée. Cogolin, le capitaine de *l'Éole*, les aperçut le premier, et en vint faire son rapport à M. le duc d'York aussi exact qu'on pouvait le désirer, tant pour l'ordre qu'ils tenaient que pour le nombre de leurs vaisseaux.

» L'armée, qui avait déjà levé l'ancre lorsqu'il arriva, alla à eux à petites voiles pour rallier tous ses vaisseaux; mais les ennemis, qui étaient à cinq lieues sous le vent et à huit des bancs de Zélande, arrivèrent d'abord, et, après avoir couru quelque temps de cette sorte, tinrent le vent, et se mirent en posture d'attendre sur une ligne les pavillons au milieu de leurs escadres; comme on fut à une distance raisonnable, on forma de notre côté l'ordre de bataille, dont l'escadre des vaisseaux du roi, qui avaient l'avant-garde, commença de se mettre sur la ligne et d'approcher de l'ennemi; il est vrai que les divisions du vice-amiral et du chef d'escadre en étaient un peu plus près que celle du contre-amiral, qui avait tenu le vent davantage.

» Le soir, on détacha des frégates de toutes les trois escadres entre la ligne de notre armée et celle des ennemis pour observer et prendre garde s'ils changeraient de bord, ce qu'ils ne manquèrent pas de faire à l'entrée de la nuit.

» Dans le même temps, les frégates détachées ayant fait leurs signaux pour faire connaître à l'armée la manœuvre de l'ennemi, le vice-amiral français trouva qu'il n'était plus qu'à douze brasses d'eau, et, suivant l'opinion des pilotes, qu'il était trop près des bancs, tellement qu'il changea de bord aussi bien que toute l'armée.

» Mais le lendemain matin, 30 du mois, il s'éleva une brume si forte que l'armée se trouva séparée, et l'on ne vit plus les ennemis, si ce n'est qu'à neuf heures; la brume s'étant dissipée, on commença à se voir, et l'on prit la route de Southwold-Bay, ainsi qu'il avait été résolu; mais, presque en même temps, on découvrit l'armée ennemie à trois lieues de nous, qui avait le vent sur une partie de la nôtre. On fit le signal de se mettre en bataille; et l'escadre des vaisseaux du roi, qui, malgré les différents mouvements qu'on avait été obligé de faire la nuit, malgré la brume et les mauvais temps, était demeurée ensemble et au vent des ennemis, s'avança pour le conserver, et rallier treize vaisseaux de l'escadre bleue, sur lesquels l'armée ennemie aurait pu entreprendre si la blanche n'eût été en état de la défendre. Les vents s'étant ensuite augmentés, on tint toujours au plus près avec les basses voiles. Le soir, on mouilla pour rassembler les vaisseaux, et M. le duc d'York crut qu'il était à propos de continuer la route à Southwold-Bay pour s'y pourvoir d'eau, et se mettre en état de tenir la mer sur le Doggers-Bank, où, si l'armée navale de Hollande veut venir pour assurer le passage de ses flottes, elle n'aura plus l'avantage de ses bancs, et d'avoir des ports assez près pour s'y retirer; que, s'ils abandonnent les flottes, il est impossible qu'ils n'en reçoivent beaucoup d'incommodité.

» Il est arrivé en cette occasion comme en d'autres que ce mémoire trouvera Sa Majesté déjà informée des choses qui y sont contenues; mais j'espère qu'elle aura la bonté de l'attribuer au défaut de moyens de les lui faire savoir, et à ce que M. le duc d'York étant pressé de dépêcher ses courriers au roi d'Angleterre, je ne puis être averti à temps pour me servir des mêmes occasions.

» Il ne se peut rien ajouter aux honnêtetés que je reçois de

M. le duc d'York, ni à l'exactitude qu'il témoigne de satisfaire aux articles concertés entre M. l'ambassadeur et les commissaires du roi d'Angleterre, m'ayant averti lui-même ce matin de deux petites prises qui ont été faites depuis deux jours, et ordonné au commissaire général de l'armée navale d'Angleterre d'en donner part à celui qui est embarqué sur les vaisseaux de Sa Majesté.

» M. de Blancfort de Duras témoigne en toute occasion, auprès de M. le duc d'York, le zèle qu'il conserve pour tout ce qui regarde le service de Sa Majesté.

» Le comte D'ESTRÉES. »

(*Lettres de Colbert, Bibl. roy. mss.*)

LETTRE DE M. COLBERT, AMBASSADEUR, AU ROI.

« Le 2 juin 1672.

» Sire,

» Je crois, que M. le duc d'York informe Votre Majesté, par la lettre qu'il me vient d'envoyer, de ce qui s'est passé sous son commandement depuis la jonction des flottes, et principalement de la satisfaction qu'il a de la conduite de l'escadre de Votre Majesté qui se fait admirer par tous les Anglais, tant dans sa bonne manière de manœuvrer que dans l'observation ponctuelle des ordres et signaux.

» J'espère qu'on aura encore plus de sujets de s'estimer quand il y aura occasion d'agir. Les deux flottes ont été quelque temps en présence près de la côte d'Aelburg, et j'apprends que si M. le duc d'York avait voulu suivre le conseil d'une partie des commandants, et même sa propre inclination, il aurait commencé le combat, dont les suites lui auraient été funestes, par la quantité de bancs de sable entre lesquels les ennemis s'étaient postés; et comme il ne lui restait que deux heures avant la nuit, et que le lendemain le vent se renforça extraordinairement, ses grands vaisseaux, qui tirent beaucoup plus d'eau que les hollandais, auraient couru beaucoup de risque. Les ennemis se sont retirés sur leurs côtes, et le duc à la rade de Southwold-Bay pour y faire de l'eau, et pourvoir aux autres nécessités de son armée navale. Il ira ensuite se montrer aux côtes des ennemis, et puis se porter vers le Doggers-Bank.

» Ainsi que je me suis donné l'honneur de l'écrire à Votre Majesté, l'armée navale est à présent composée de cent trois bons vaisseaux de guerre, trente brûlots, sans compter les frégates d'avis et tous les autres bâtiments nécessaires au service de la flotte.

» Le roi d'Angleterre fait encore armer en diligence douze autres vaisseaux, et il me paraît assez que ce prince veut faire les derniers efforts pour remporter cette année quelque avantage considérable par mer sur les ennemis. Il m'entretint hier une bonne heure dans son cabinet sur ce qu'il jugeait devoir être fait dans cette campagne et même la prochaine, pour l'exécution tant de ses propres desseins que de ceux qui lui sont communs avec Votre Majesté.

» Et, comme il m'a dit qu'il voulait dans peu de jours tenir sur ce sujet un conseil avec quelques-uns de ses ministres et moi, j'en attendrai le résultat pour en informer Votre Majesté par le moyen d'un courrier.

» Je suis, etc., etc.

» COLBERT. »

(*Lettres de Colbert, Bibl. roy. mss.*)

MÉMOIRE DU COMTE D'ESTRÉES AU ROI.

« De la rade Southwold-Bay, le 6 juin 1672.

« Quoique j'ai écrit hier par la voie de monsieur l'ambassadeur du roi à Londres, je n'ai garde de laisser partir une barque de M. d'Elbœuf, qui vient d'arriver pour apprendre des nouvelles de cette armée, et qui veut s'en retourner incontinent, sans faire savoir par cette occasion que l'on a appris aujourd'hui de vaisseaux marchands qui ont passé dans l'armée de Hollande, qu'elle a abandonné le poste où elle était pour gagner le Texel, où apparemment l'opinion qu'elle a eue de l'arrivée prochaine de la flotte des Indes, et la crainte de ne pouvoir joindre les vaisseaux que l'on arme à Amsterdam, l'aura sans doute attirée. Cependant les vaisseaux anglais se pressent d'embarquer leurs vivres et faire leurs eaux; mais je vois bien qu'ils ne feront pas la diligence que M. le duc d'York avait espéré, et que celle qu'ont faite les vaisseaux de Sa Majesté est surprenante. Je me flatte qu'on pourra se passer d'une partie des bâtiments de Londres chargés d'eau, qu'on aurait demandés suivant les ordres et l'empressement de M. le duc d'York de remettre à la voile cinq jours après avoir mouillé. Je viens de donner part, par un courrier exprès, à monsieur l'ambassadeur, de l'état où nous sommes, et de l'espérance de pouvoir se passer d'une partie de ce secours, afin de ménager tout ce qui sera possible sur cette dépense.

» On continue toujours ici dans le dessein de se montrer à la côte de Hollande, et à y faire même des descentes, plus pour le bruit et l'éclat que pour en espérer un grand effet. Si ce n'est que je me persuade que le roi d'Angleterre croit que la présence de cette armée navale et l'entrée de celle du roi en même temps dans le pays fera naître le trouble et la confusion dans les conseils, et pourra réveiller les factions que l'on peut y avoir entretenues, au moins j'ai lieu de le penser sur la lettre que M. le duc d'York m'a fait voir, et qu'il reçut hier du roi d'Angleterre.

» Le comte D'ESTRÉES. »

(*Lettres de Colbert, Bibl. roy. mss.*)

Je joins ici l'état des flottes anglaise et française.

TABLEAU ET ORDRE DE BATAILLE DE LA FLOTTE ANGLO-FRANÇAISE.

LE 6 JUIN 1672.

ESCADRE BLEUE ou arrière-garde COMMANDÉE PAR LE Cte DE SANDWICH. (*anglais*)	ESCADRE ROUGE ou corps de bataille COMMANDÉE PAR M. LE DUC D'YORK. (*anglais*)	ESCADRE BLANCHE ou avant-garde COMMANDÉE PAR LE VICE-AM. D'ESTRÉES (*français*)
Mary.	York.	L'Illustre.
Ruby.	Greenwich.	Le Téméraire.
Triumph (le Triomphe).	Anne.	L'Admirable.
Sovereign (vice-amiral).	Charles (contre-amiral).	Le Terrible (c.-amiral).
Unicorn (la Licorne).	Rainbow (l'Arc-en-Ciel).	Le Conquérant.
Tiger (le Tigre).	Forester.	Le Prince.
Plymouth.	Dover (le Douvres).	Le Bourbon.
	Newcastle.	Le Hasardeux.
		L'Alcyon.
Mountague.	Yarmouth.	Le Vaillant.
Leopard.	Dreadnought (le Sans-	
Rupert.	Peur).	Le Foudroyant.
ROYAL JAMES (amiral).	Cambridge.	Le Brave.
Henry.	Fairfax.	L'Aquilon.
Crown (la Couronne).	Victory (la Victoire).	Le Tonnant.
Edgard (le Tranchant).	ROYAL PRINCE (amiral).	Le SAINT-PHILIPPE (vice-
Revenge.	Saint-Michael.	amiral).
Success.	Montmouth.	Le Grand.
Princess.	Adventure.	Le Duc.
Saint-David.	Royal-Catherine.	L'Éole.
	Phenix.	L'Oriflamme.
		L'Excellent.
Glocester.		L'Arrogant.
Bonaventure.	Resolution.	
Saint-George.	Bristol.	Le Fort.
Saint-Andrew (contre-amiral).	London (vice-amiral).	Le Rubis.
	Old James (le Vieux-Jacques).	Le Galant.
Warspite (le dépit de la guerre).	Sweepstakes (le Rafletout)	Le Sans-Pareil.
	Dunkirk (le Dunkerque).	Le Superbe (cornette).
Antelope.	Diamond (le Diamant).	Le Sage.
French Ruby (le Rubis français).	Monk.	Le Hardi.
	Dartmouth.	L'Heureux.
		L'Invincible.

Ce fut à l'issue d'un conseil tenu le 6 juin, entre MM. le duc d'York, amiral d'Angleterre, commandant en chef la flotte combinée, le comte de Sandwich [1], amiral de l'escadre bleue, et le comte d'Estrées, commandant l'escadre blanche, que ce dernier écrivait au roi, la dépêche précédente, se trouvant encore à bord du *Prince*, vaisseau-amiral anglais de cent canons, mouillé depuis trois jours, ainsi que les autres navires des escadres dans la rade de *Southwold-Bay*.

Le conseil avait été remarquable par une discussion fort vive qui s'était élevée entre le duc d'York et le comte de Sandwich; bien que celui-ci ne se fût en rien écarté du respect qu'il devait à l'amiral, frère du roi, son maître, en soutenant une opinion qu'il croyait bonne, et que les événements justifièrent de reste, il s'était attiré de la part de M. le duc d'York un mot d'une extrême dureté, voici à quel propos:

Le matin de ce jour-là, voyant le vent qui était ouest tourner tout à coup au nord-est, M. le duc d'York avait fait appeler son capitaine de pavillon, sir John Cox, pour lui ordonner de faire à la flotte le signal de prendre le large et de se ranger en ordre de bataille, afin d'être prêt à recevoir les Hollandais dans le cas où, profitant de cette brise favorable qui les portait au vent de Southwold-Bay, ils y viendraient attaquer les flottes alliées. Sir John Cox, dans lequel le duc avait la plus aveugle confiance, lui répondit que, selon son opinion, on ne courait pas risque que les ennemis vinssent insulter l'armée, que leur flotte était dans la position de la flotte combinée, c'est-à-dire occupée à s'approvisionner; que le capitaine Finch, un des croiseurs anglais récemment arrivé de la côte de Hollande, avait rapporté que l'ennemi était à l'ancre sur la rade de Goërée, la plupart des vaisseaux ayant leurs mâts de hune calés, et embarquant des munitions de toutes sortes. Sir John avait conclu de ces renseignements qu'il n'était pas probable que les Hollandais fussent de sitôt prêts à mettre à la voile, et qu'ainsi il serait beaucoup plus

---

[1] Edouard, baron de Montagu de Saint-Neoth, vicomte de Lichinbrook, comte de Sandwich, chevalier de la Jarretière, membre du conseil privé; amiral de la Manche, né en 1625. Il avait alors quarante-sept ans. Il était de la même famille que les comtes de Manchester et d'Halifax, et petit-fils de lord Montagu de Bougton, commandant un régiment pour Charles Ier.

avantageux à Son Altesse Royale de demeurer mouillée, où elle était, vingt-quatre heures de plus, ce qui suffirait pour achever l'approvisionnement de sa flotte, approvisionnement qui ne pourrait, si on la mouillait plus loin du rivage, se terminer de plusieurs jours. Enfin M. le d'York, s'étant laissé persuader de demeurer comme il était, avait conservé son mouillage au nord et au fond de la baie.

Dans le conseil qui se tint ensuite, ainsi qu'on l'a dit, le comte de Sandwich avait vivement combattu la résolution que le duc d'York avait prise d'après l'avis de sir John Cox. Mais, soit que le duc d'York fût convaincu de la solidité des raisons données par son capitaine, soit plutôt qu'il s'obstinât à ne pas revenir sur une résolution déjà prise, et ce à l'instance du comte de Sandwich qu'il n'aimait pas, le duc répondit avec hauteur au comte de Sandwich, qui exagérait l'imprudence de cette profonde sécurité, et le danger de ce mouillage si l'on était surpris. — *Oh! je sais, milord, que vous êtes fort prudent... très-prudent... mais votre prudence permettra pourtant qu'en cette rencontre j'agisse comme je le veux, et comme je le dois.*

En appuyant sur les mots *prudent* avec une intention évidemment blessante, le duc s'en faisait un moyen de blâme indirect, aussi cruel qu'il était peu mérité; car le comte de Sandwich avait toujours vaillamment servi, entre autres fois lors du combat de 1665, où il enleva à l'abordage le vaisseau de l'amiral hollandais Opdam, qui périt dans cette bataille.

Écrasé sous ce reproche, le comte de Sandwich pâlit et répondit seulement en s'inclinant : — *J'ose assurer à Votre Altesse Royale que je n'ai mérité ni ne mériterai jamais le reproche de lâcheté qu'elle vient de m'adresser, elle le verra bien.* Puis, saluant respectueusement le duc, il sortit de la grand'chambre pour retourner à bord de son vaisseau *le Royal-James*, de cent canons.

Le comte d'Estrées, qui rentrait dans la chambre du conseil au moment où le comte de Sandwich en sortait, fut frappé de son air sombre et désespéré, et ne put s'empêcher de faire part de cette remarque au duc d'York, qui répondit froidement : — Milord Sandwich est sujet à de ces sortes d'hypocondries.

Le fait est que lord Sandwich s'exposa tellement et si imprudemment dans le combat du 7 juin, qu'il y périt avec son fils.

Le duc d'York avait alors trente-neuf ans. Sa figure rude, austère et pensive, inspirait plutôt l'éloignement que l'attraction car, ainsi que son frère Charles, il ne possédait pas le secret de cette joyeuse humeur, de cette spirituelle bonhomie qui, cachant sous une apparente cordialité un épouvantable égoïsme, savait parfois charmer jusqu'aux plus violents détracteurs de ce roi insouciant et sceptique, qui se moquait de tout et de tous, de lui-même, du pape, de ses favoris, de ses ministres, de ses maîtresses, de son peuple, de la catholicité, et enfin de la superbe de Louis XIV, dont il empochait gaiement les subsides en disant :
— *Non olent servitudinem*[1].

Le duc d'York, au contraire, catholique fervent et exalté, surtout depuis son affiliation à l'ordre des Jésuites, en 1669, d'un caractère ferme et opiniâtre, d'une religion inviolable pour sa parole, voulant résolument, à sa manière, le bien et l'honneur de l'Angleterre; persuadé que la monarchie absolue, appuyée sur le catholicisme pur, le conduirait à ce but; d'un ordre et d'une économie, dans ses affaires, qui approchaient de l'avarice; ami sûr et fidèle, mais implacable ennemi; si peu voluptueux, que le roi Charles disait plaisamment, en parlant d'un des objets du goût peu élevé de M. le duc d'York : — *C'est le confesseur de mon frère qui lui a imposé cette maîtresse-là pour pénitence;* — en un mot, le duc d'York avait pour ainsi dire l'exagération de tous les sentiments dont la complète négation formait le trait le plus arrêté du caractère du roi Charles, si, à part son impérieuse habitude de satisfaire le caprice du moment à quelque prix que ce fût, argent, hommes ou nation, il y eût jamais quelque chose d'arrêté dans ce qu'on est obligé d'appeler le *caractère* du bon Rowley[2].

Quant aux connaissances nautiques du duc d'York, elles étaient grandes et complètes; sa charge d'amiral d'Angleterre convenait parfaitement à ses goûts et aux études toutes spéciales qu'il avait faites de la marine. Il avait singulièrement perfectionné l'usage des signaux sur mer, et s'occupait fort de l'emménagement des

---

[1] Ils ne sentent pas la servitude.
[2] On sait que ce fut un des surnoms de S. M. d'Angleterre.

vaisseaux. Ce fut encore lui qui engagea surtout le roi son frère à remplacer, par un nombre égal de matelots, une grande partie des troupes de terre et d'artillerie qu'on embarquait à bord des vaisseaux anglais, et à ordonner enfin que les matelots seraient à la fois canonniers, marins et soldats. Sur terre, le duc d'York avait appris la guerre à l'école de Turenne, de Condé, de don Juan d'Autriche, et commandant sur mer depuis 1664, il avait, dans plusieurs batailles rangées, acquis une grande habitude pratique de la navigation en escadre.

Nous avons laissé le comte d'Estrées et le duc d'York dans la chambre du conseil. Soit que le duc ait réfléchi aux observations du comte de Sandwich, ou qu'il ait eu d'avance l'intention de l'ordre qu'il donna au comte d'Estrées, il dit à ce dernier :

— Monsieur le comte, comme votre escadre a presque terminé ses approvisionnements d'eau, je désirerais que vous la fissiez mouiller plus au sud et plus au large de la baie, pour être prêts en cas de surprise, non que je craigne le moins du monde d'être inquiété, mais c'est une précaution qu'il est toujours bon de prendre, et je vais tout à l'heure faire donner le signal de cette manœuvre.

— Les ordres de votre Altesse vont être exécutés à l'instant, — dit le comte d'Estrées.

— Adieu donc, monsieur le comte... J'espère, que vous n'oublierez pas la promesse que vous m'avez faite de venir ce soir souper ici, pour porter un toast en l'honneur du jour de la naissance du roi mon frère.

— Que votre Altesse soit persuadée que cette faveur m'était trop précieuse pour que je l'aie oubliée, — dit le comte d'Estrées en s'inclinant ; puis, sortant de la chambre, il fit demander son canot pour rallier son bord, et faire exécuter les ordres qui ne tardèrent pas à lui être signalés par l'amiral d'Angleterre.

On verra plus tard combien les prévisions du comte de Sandwich étaient fondées, et avec quel heureux instinct le duc d'York fit mouiller son avant-garde (l'escadre française) plus au large ; car les renseignements donnés par le capitaine Cox étaient faux.

Au lieu d'être mouillés au Texel, Ruyter se trouvait ce jour-là même, le 6 juin au matin, à dix milles du North-Foreland, et apprenant là, par un bateau charbonnier, la position de la flotte anglo-française à *Solebay*, il avait mis immédiatement à la voile dans cette direction, et était, à cette heure, en marche pour venir surprendre le duc d'York au mouillage.

La baie de Southwold, appelée communément *Solebay*[1], était située sur la côte orientale de l'Angleterre, dans le comté de Suffolk, à trente lieues environ de l'embouchure de la Tamise en remontant vers le nord. A l'entrée de cette baie, d'un côté le banc Sizewell, et de l'autre le banc Bamard, étendaient au loin leurs lignes sableuses sur lesquelles la mer brisait doucement.

La rade de Southwold était partagée en deux bassins nord et sud par une langue de terre qui s'avançait de l'ouest vers l'est jusqu'aux deux tiers de la largeur de cette baie; la rivière Blith, venant de l'ouest, se déchargeait dans le bassin du nord, et un assez grand bourg, ombragé de vieux chênes, s'élevait sur le rivage méridional de cette jolie rivière.

Vers le milieu de l'isthme dont on a parlé, un petit fort, surmonté d'une tour de signaux, élevait ses murailles de pierre grise sur des rochers bruns tapissés de nombreuses plantes marines d'un vert d'émeraude; enfin, au loin, on voyait la masse blanche et crayeuse des hautes dunes du cap Earton, immense promontoire situé vers le sud, qui, de ce côté, abritait la rade, et puis encaissant la baie, c'étaient ces molles et grasses prairies d'Angleterre qui, s'abaissant vers la côte, y laissaient voir de beaux troupeaux paissant çà et là, ou bien sur la pelouse épaisse d'une colline, au milieu de quelque grand bouquet d'arbres séculaires, quelque joli cottage aux murailles de briques à demi cachées sous le feuillage d'un rosier en fleurs.

La rade, du côté de la rivière Blith, offrait surtout le coup d'œil le plus animé. L'escadre française, qui venait de mouiller au sud et plus au large, formait l'avant-garde, tandis que le corps de bataille et l'arrière-garde étaient mouillés vers le nord, et fort proche du rivage, ainsi qu'on l'a dit.

Sillonnant la rade en tous sens, une multitude d'embarcations allaient emplir leurs futailles de l'eau limpide et fraîche de la rivière; chaque chaloupe se distinguait par le pavillon de sa nation et le costume de ses marins. — Les matelots anglais, uni-

---

[1] Southwold-Bay, par 52° 22' N. et 1° 2' à l'O. de Paris.

formément vêtus de jaquettes et de chausses de toile blanche serrées autour des reins par des ceintures de laine rouge, avaient cette apparence de propreté, cette allure leste et dégagée que ne possédaient pas encore les marins français, qui portaient alors généralement le costume de leur province.

Ainsi, les larges braies de Bretons, aux longs cheveux et aux jambes nues, les chausses plus étroites, et les grandes bottes de pêcheurs dunkerquois et normands, contrastaient avec le vêtement brun des Rochellois; seulement les uniformes blancs à parements bleus, et les feutres galonnés de quelque soldat ou sergent de marine, rappelaient que cette foule de matelots, vêtus de costumes si variés, appartenaient aux vaisseaux du roi.

Il était environ huit heures du soir, le soleil commençait à disparaître au couchant, et presque toutes les chaloupes et embarcations regagnaient leur bord, chargées de futailles pleines d'eau. Les marins, gais et chantants, ramaient avec vigueur, et levaient leurs avirons en cadence : plusieurs s'étant éparpillés dans les plaines pendant que les tonnes se remplissaient, avaient rapporté de gros bouquets de fleurs cueillies dans les blés déjà jaunissants; et ces hommes rudes et naïfs, à qui l'aspect de ces champs fertiles avait rappelé le doux souvenir de leurs campagnes et de leurs chaumières natales, s'épanouissaient à cette belle soirée de juin en ralliant joyeusement leur navire, après cette chaude et laborieuse journée.

Le ciel pur et sans nuages s'empourprait des derniers rayons du soleil, et rien n'était plus majestueux que cette flotte de cent vaisseaux de guerre mouillés sur cette rade calme comme un lac, et couverte de milliers de barques; puis tout cet aspect de guerre contrastait singulièrement avec la tranquillité sereine de la côte; car là tout respirait le calme et la paix... A mesure que l'heure du retour des paysans s'approchait, on voyait au loin au-dessus du bourg et des habitations semées dans les vertes plaines, s'élever peu à peu mille petits nuages de fumée blanche irisés d'azur et d'or par les feux du soleil couchant, tandis que le long du rivage de pesantes charrettes de foin odorant, attelées de grands bœufs, et accompagnées de quelque robuste fermier monté sur son poney, regagnaient lentement leurs métairies.

Mais, lorsque le soleil eut tout à fait disparu derrière les hautes montagnes de l'ouest, un coup de canon retentit sourdement à bord du *Saint-Philippe*. A ce signal, un roulement de tambour se fit entendre sur tous les vaisseaux français, et sur chacun le pavillon du roi fut amené, la garde relevée, les postes placés pour la nuit, et sur chacun aussi la cloche tinta longuement pour appeler les équipages à la prière du soir, dite par les chapelains de chaque bord.

Le révérend père l'Hoste, chapelain du *Saint-Philippe*, était déjà sur le pont de ce beau vaisseau ; au dernier son de la cloche ses gaillards se couvrirent de monde, et bientôt le père l'Hoste s'agenouillant, l'amiral et son état-major l'imitèrent, se découvrirent et se mirent à genoux sur la dunette, tandis que les matelots et les soldats se tenaient sur le pont dans un profond et religieux silence.

Alors le chapelain, d'une voix pure, grave et sonore, entonna l'*Ave maris stella*, qui fut répété en chœur par tout l'équipage, puis l'*Exaudiat*, dont le chapelain dit le premier verset, puis l'oraison pour le roi ; et enfin, un acte de contrition auquel l'équipage répondit par le *Confiteor*; après quoi, le chapelain donna une absolution générale. — On cria *vive le roi* trois fois, et l'équipage alla souper.

Au moment où le vice-amiral demandait son canot pour se rendre à bord du duc d'York, on vit poindre à l'entrée de la baie les deux frégates anglaises et la frégate française qui croisaient au large pour éclairer la côte et éviter toute surprise. La brise du nord-est fraîchissant, les deux anglaises entrèrent vent arrière et sous petite voilure dans la rade, et mouillèrent proche de la passe pour être plus tôt prêtes à appareiller le lendemain ; mais la frégate française, l'*Éole*, au lieu d'imiter la manœuvre de ces deux bâtiments, resta un instant en panne, mit une embarcation à la mer, puis, pour l'attendre, courut quelques bordées sous ses huniers en dehors de la passe.

Bientôt on vit le canot de l'*Éole* se diriger vers le *Saint-Philippe*.

— Regardez donc, mon père, — dit M. d'Estrées au chapelain, — voici que la frégate de Cogolin reste dehors au lieu de rentrer en rade comme les frégates anglaises... que signifie cela?

— Je ne sais, monsieur, c'est peut-être pour quelque raison importante, car voici bien les Anglais qui rentrent.

— Il faut donc que ce soit quelque chose de particulier à M. de Cogolin ou à notre escadre, dit l'amiral d'un air pensif.

Puis il ajouta : — De toutes façons, ce ne peut être que pour le bien du service du roi que Cogolin agit de la sorte, car déjà une fois, grâce à la marche supérieure de sa frégate, il a découvert l'armée hollandaise ce jour où le brouillard nous a séparés.

— Mais voici l'embarcation qui s'avance, monsieur le comte, et nous saurons bientôt ce que c'est; et à ce propos rien ne me paraît plus prudent que d'avoir de ces sortes d'éclaireurs, et il est même dommage qu'on ne puisse envoyer quelque bâtiment léger en manière d'ambassade, au milieu d'une flotte ennemie, sous le prétexte de vouloir parlementer ou défier un ou plusieurs vaisseaux à combat égal.

— Et pourquoi cela, mon père?

— Mais, monsieur le comte, pour pénétrer les plans et les projets de l'ennemi, ainsi que le fit autrefois Sextus-Pompeius, en Sicile: on enverrait donc, je suppose, dans ce bâtiment léger, que je dis, des officiers adroits, travestis en mariniers, lesquels, pendant que l'ambassadeur ou porteur de défi parlementerait, tâcheraient de connaître les projets ennemis en faisant jaser les matelots.

— Mais cela, mon père, — dit d'Estrées en souriant, — est un peu contre les droits de la guerre, et les jaseurs pourraient d'ailleurs donner lieu à des soupçons.

— Dans ce dernier cas, monsieur le comte, et pour détourner tout soupçon, il serait bon que l'ambassadeur ou porteur du cartel fît administrer aux jaseurs ou officiers travestis une forte bastonnade, en manière de réprimande, auquel cas mesdits officiers travestis prendraient la bastonnade en patience, songeant qu'ils servent les intérêts de leur maître comme fit autrefois Lucinius, brave capitaine, qui fut bâtonné par Lælius en pareil rencontre.

— Peste, mon père, vos moyens sont rudes, et puisque voici Cogolin qui monte à bord, nous allons lui demander son sentiment à ce sujet.

— A ce moment, M. de Cogolin, capitaine de vaisseau, parut sur la dunette, et salua l'amiral.

M. de Cogolin avait environ trente-quatre ans, et portait le justaucorps à brevet.

— Bonsoir, monsieur de Cogolin, — lui dit le vice-amiral, — pourquoi donc restez-vous en dehors de la passe au lieu de venir au mouillage comme les Anglais?

— En voyant une brise aussi favorable pour nous attaquer que celle qui vente à cette heure, monsieur, et bien que je n'aie rien découvert au large, j'ai cru, avant que de rentrer en rade, devoir venir vous demander, monsieur, si vous ne trouveriez pas à propos que je restasse cette nuit en croisière.

— Je n'en vois pas trop l'urgente nécessité, monsieur, car on sait de science certaine que la flotte des États remonte maintenant au nord, et qu'elle se dirige vers le Texel et les bancs de Flandre pour protéger la rentrée de ses convois, et assurer ses côtes contre nos insultes... — Pourtant, — ajouta M. d'Estrées après un moment de réflexion, — pourtant j'approuve votre idée; il ne peut d'ailleurs, y avoir aucun inconvénient à cela... oui, oui, retournez croiser cette nuit, je prends sur moi de vous excuser auprès de M. le duc d'York de ce que vous n'aurez pas imité la manœuvre de ses éclaireurs qui viennent de rentrer en rade. — Aussi, allez, monsieur, et je n'oublierai pas votre bonne volonté pour le service du roi.

M. de Cogolin salua, et prit congé de l'amiral, qui, accompagné de son capitaine de pavillon et du père l'Hoste, se rendit à bord du duc d'York.

Peu de temps après, alors que le crépuscule projetait ses ombres envahissantes, et que les échos de Southwold retentissaient des gais huzza et des fanfares guerrières de la flotte anglaise, éclairée de mille fanaux étincelants, on vit la frégate *l'Éole* courir quelques bordées pour s'élever au vent de la baie; puis, cachant ses feux, s'avancer hardie, silencieuse et vigilante dans les profondeurs de l'horizon, où l'on put suivre encore quelque temps sa marche, grâce à la blancheur de ses voiles... Mais la nuit devenant sombre, l'alerte frégate, qui allait seule veiller pour tous, ne fut plus qu'une forme légère et indécise, qui bientôt disparut tout à fait dans les ténébreuses vapeurs de l'Océan.

. . . .

Le lendemain, 7 juin, vers trois heures du matin, une tiède nuit d'été étendait son voile sur la mer, à peine ondulée par une brise d'est-nord-est ; le silence de cette sombre immensité était quelquefois interrompu par le choc de deux lourdes lames longuement et pesamment soulevées par une faible houle qui, venant de l'est, les déroulait vers l'Angleterre, dans la direction de la côte orientale du comté de Suffolk.

Au milieu de ces vagues noirâtres sans horizon, et malgré l'obscurité de la nuit, on voyait la coque blanche et les voiles aussi blanches d'une petite frégate, qui tenait le plus près du vent sous ses huniers et ses perroquets. La mer, toujours très-phosphorescente à cette époque de l'année, scintillait au loin comme un sillage de feu, derrière la poupe sans fanal de ce navire, ou pétillait sous le tranchant de son taillemer comme une nuée d'étincelles.

Cette frégate était *l'Éole :* elle croisait depuis la veille dans ces parages, et se trouvait alors à sept milles environ de la rade de Southwold, où était, on le sait, mouillée la flotte anglo-française.

L'équipage de *l'Éole* était tout entier sur le pont ; car, pour bien remplir l'importante mission qu'on lui avait confiée, M. de Cogolin, en expérimenté capitaine, avait voulu que tout son monde fût prêt en cas d'alerte. Aussi, quoique ses feux fussent cachés, le branlebas de combat était fait partout, et les mantelets des sabords, soigneusement fermés, empêchaient de voir du dehors la batterie illuminée à l'intérieur et remplie de canonniers prêts à servir leurs pièces ; dans les hunes, et jusque sur la pomme des mâts, M. de Cogolin avait fait disposer un grand nombre de fusées et d'artifices de signaux, afin d'être à même d'avertir la flotte dans le cas où il reconnaîtrait l'ennemi.

Les matelots de *l'Éole*, que sa marche supérieure rendait propre à ce service d'éclaireur, étaient tous marins d'élite, et les deux meilleurs pilotes de la Manche faisaient la route de cette frégate.

Des mariniers, placés en vigie aux bossoirs, sur le tourmentin et dans la hune de misaine, avaient reçu l'ordre de veiller au large avec la plus grande attention, tandis que le reste de l'équipage était sur le pont prêt à se jeter sur les bras des vergues et les amures, dans le cas où il deviendrait nécessaire de virer de bord précipitamment et de prendre chasse devant l'ennemi.

Ces dispositions sagement ordonnées, M. de Cogolin continuait sa croisière, et par son ordre, toutes les cinq minutes, à un léger coup de cloche, les vigies se disaient l'une à l'autre: *Notre-Dame, bon quart.*

M. de Cogolin attendait le lever du soleil avec la plus grande impatience; aussi à certaine lueur douteuse qui fit peu à peu et imperceptiblement pâlir les étoiles et permit de distinguer confusément la ligne d'horizon du côté du Levant, il ne put retenir une exclamation de joie : — Enfin, — dit-il à son maître pilote, — le jour vient! le jour vient!

— Oui, monsieur, et avant un quart d'heure, s'il plaît à Dieu, nous pourrons éclairer cet horizon.

— Et vous, — dit M. de Cogolin au maître d'équipage, — recommandez surtout aux vigies de regarder maintenant dans le nord-est, de tous leurs yeux; car c'est de ce côté-là que doivent arriver les Hollandais du bonhomme Ruyter, s'ils ont à venir.

Les ordres du capitaine furent exécutés, et lui-même, monté sur le bastingage de tribord, se tenant d'une main aux haubans d'artimon, attachait un regard fixe sur le Levant, qui se colorait peu à peu des premières lueurs du jour.

— Ne voyez-vous rien, pilote, vous qui avez des yeux plus exercés que les miens? — demanda le capitaine.

— Rien, monsieur; car c'est à peine si vers l'Orient on peut déjà distinguer nettement la mer du ciel. Mais, allons, allons, voilà pourtant qu'on voit maintenant la ligne noire des vagues.

— Vous avez raison, pilote, les étoiles brillent moins, la brise fraîchit, le soleil monte. Sang-Dieu! qu'il monte donc vite, et que ma lunette me puisse servir à quelque chose.

Bientôt, en effet, le soleil se leva.

Un large sillon de lumière, effleurant le sommet des vagues vertes et sombres, se projeta de l'orient au couchant; et *l'Éole*, qui se trouvait dans cette direction, fut soudainement éclairé de mille reflets éclatants, qui dorèrent la courbe de ses voiles blanches, ses flancs arrondis et la sculpture délicate de son château d'avant.

Avant que le disque du soleil n'eût paru au-dessus des eaux, M. de Cogolin et le pilote interrogeaient déjà tous les points de l'horizon, au moyen de leurs longues-vues, lorsque, tout à coup, abaissant leurs lunettes en même temps, ces deux marins se firent l'un à l'autre un geste des plus expressifs en montrant le Levant. Puis le capitaine s'écria d'une voix tonnante :

—Maître, faites virer de bord... Vite, vite, couvrez *l'Éole* de toute la toile qu'elle peut porter; et vous, pilote, à la barre, à la barre... et droit à Solebay, *voici l'ennemi!*

A ce mot, l'équipage agit avec un ensemble et une rapidité extraordinaires; cinquante hommes furent jetés sur les bras des vergues, et *l'Éole*, virant lestement de bord, commença de courir grand largue vers Southwold-Bay, et à déployer toutes les voiles qu'elle pouvait porter depuis ses civadières jusqu'à ses bonnettes.

— Maître canonnier, à vos pièces, — s'écria Cogolin monté sur le bastingage de tribord, — et tirez en salut jusqu'à la vue de terre, toute votre artillerie, pendant que vos fusées d'artifice éclateront des hunes et de la pomme des mâts.

— Et vous, timonnier, couvrez *l'Éole* de pavois et de flammes, vite, vite... Mes enfants, que *l'Éole* s'adresse aux yeux et aux oreilles de nos frères de Solebay qui ne s'attendent pas à entrer sitôt en branle... Courage, enfants!... courage, si nous arrivons à temps, *l'Éole* aura sauvé l'armée!

— Monsieur le chevalier, on est paré dans la batterie, — vint dire le connétable (maître canonnier).

—Faites donc feu, mon brave... et mettez double charge... feu partout, feu toujours; qu'on nous entende, qu'on nous voie de loin... Et vous, mes enfants, vive le roi à la première salve pour nous porter bonheur.

Le connétable descendit, et bientôt le premier coup de canon retentit sur la mer calme et déserte... A ce moment, le pavillon de France se hissa fièrement à poupe, et fut salué par trois cris de Vive le roi!

Au même instant aussi, mille banderolles et pavillons de toutes couleurs s'élevèrent sous le vent; et des fusées d'un rouge assez ardent pour être visibles, même en plein jour, s'élancèrent de la pomme des mâts, et tombèrent en pluie d'étincelles pendant que l'artillerie ne cessait de tonner... Il est impossible de décrire le tableau que devait présenter cette frégate, sous toutes voiles, inondée de soleil, faisant feu de ses deux bords, lançant des gerbes de flammes empourprées du sommet de ses mâts pavoisés, éblouissante d'éclat, étourdissante de bruit, glissant avec rapidité sur l'Océan, et laissant après elle un long nuage de fumée, tournoyant comme la poussière soulevée par un char.

Et puis sur le pont, et comme pour contraster avec tout ce dehors de bruit, de lumière et de couleurs, c'était un calme, un silence profond ; car la frégate faisant toute la voile, toute la route qu'elle pouvait faire en ligne directe, le capitaine, le maître et les matelots attentifs, mais inoccupés à la manœuvre, n'avaient plus qu'à hâter de tous leurs vœux la rapidité de la marche de *l'Éole*.

La batterie offrait un spectacle plus animé : les canonniers et les soldats de la marine qui manœuvraient l'artillerie, exaltés par l'odeur de la poudre et par cet exercice entraînant, s'excitaient entre eux et s'identifiaient pour ainsi dire avec cette retentissante et grande voix de leurs canons, qui devait porter ces mots jusqu'aux échos de Southwold : — *Voici l'ennemi!*

Car le capitaine Cogolin ne s'était pas trompé : c'était bien la flotte de Ruyter, arrivant grand largue, et formant une imposante ligne de bataille, qui de ses ailes immenses embrassait presque tout l'horizon.

Bien que *l'Éole* fût de première vitesse, et que le flot et le vent le portassent droit sur Southwold, il est impossible d'exprimer l'affreuse anxiété de M. de Cogolin ; car la brise et la marée qui favorisaient sa marche, favorisaient aussi la flotte hollandaise, qui, à chaque instant, se dessinait plus nettement à l'horizon. Ce capitaine songeait presque avec désespoir à la surprise écrasante que devait faire éprouver aux amiraux la nouvelle qu'il apportait; la plupart des vaisseaux étant mouillés près de la côte, ayant peut-être la moitié de leurs équipages à terre occupés à faire de l'eau, ne s'attendant nullement à être attaqués, et devant encore lutter contre le vent et la marée pour sortir de la baie, dans le cas même où ils seraient avertis à temps de l'arrivée des ennemis.

Qu'on se figure donc l'angoisse de ce jeune officier, qui, les yeux tantôt ardemment fixés sur la flotte hollandaise, tantôt sur les voiles de sa frégate, semblait vouloir lui communiquer sa fiévreuse impatience, bien que la marche de ce navire fût aussi rapide que possible ; mais l'inaction, le calme dans lequel Cogolin était forcé de rester au milieu de cette fuite, lui paraissaient insupportables. Au moins à terre, soit en courant, soit en hâtant de sa voix et de l'éperon l'allure d'un cheval, on participe à l'action, le mouvement vous exalte, vous vous sentez avancer ; mais, être là, froid et debout sur une planche, ne pouvoir ni d'un cri ni d'un geste hâter une marche due à des moyens muets et mécaniques ; être immobile quand on paierait de son sang chaque pas vers le but, c'est en vérité un supplice horrible...

Aussi M. de Cogolin dit-il à son pilote, en lui montrant la voilure de la frégate : — Et n'avoir pas un pouce de toile de plus à mettre au vent, et supporter cette allure régulière et monotone... Au moins, à bord d'une galère, on force de rames, on exalte, on emporte son équipage... le mouvement répond à votre impatience... mais à nos bords... pilote... être réduits à regarder les voiles se gonfler, et à attendre... c'est odieux...

— Mais aussi, monsieur, une pauvre voile ne se lasse pas, ne va pas par accoups, tantôt vite, tantôt doucement ; si un boulet la troue, on en envergue une autre, et tout est dit ; allez, allez, monsieur, pour fuir, chasser ou combattre un ennemi, ces galères que vous dites, ces barques à voleurs, ces bagnes à rames, ne vaudront jamais le plus petit brigantin monté par d'honnêtes marins... Mais, Dieu soit loué, monsieur, voici la pointe sud du banc de Sizewell, je vais prendre la barre ; dans une demi-heure nous entrerons dans Solebay.

— Oui, que Dieu soit loué, pilote... — s'écria Cogolin. Puis, s'adressant à M. de Besy, un de ses volontaires : — Courez dans la batterie, monsieur, dire qu'on redouble d'activité, que les salves se succèdent sans interruption ; car, par le Dieu qui nous entend, le moment est grave !...

— Le jeune gentilhomme descendit, et Cogolin, prenant sa

longue-vue, regarda vers le nord-est avec une anxiété croissante. Le soleil était déjà haut, et l'on distinguait parfaitement à l'horizon les larges envergures des huniers de la flotte ennemie, qui approchait toujours à toutes voiles... Cogolin compta quatre-vingt-dix-huit navires, puis entre lui et l'armée ennemie il aperçut bientôt cinq frégates qui éclairaient la flotte hollandaise.

Enfin *l'Éole* entra dans Southwold-Bay, au bruit de son artillerie et de ses cris retentissants poussés par tout son équipage :
— L'ennemi !... l'ennemi !... —

Aussitôt, un cutter anglais, mouillé près de la passe, mit précipitamment à la voile, et se dirigea vers le nord de la baie pour prévenir le duc d'York.

L'Éole resta en panne à deux portées de canon du *Saint-Philippe*; M. de Cogolin se jeta dans son canot accosta bientôt l'amiral, et était sur le pont de ce bâtiment, que le comte d'Estrées dormait encore.

— L'ennemi ! l'ennemi ! monsieur, — cria de Cogolin à M. d'Hérouard de la Piogerie (major des vaisseaux et de la marine du Ponant), qui, par hasard, était déjà levé, — l'ennemi me suit, ayant comme moi le vent et la marée pour lui.

M. d'Hérouard, stupéfait de cette nouvelle, ne put que faire un signe à M. de Cogolin, pour lui dire de le suivre dans la chambre de l'amiral. Introduit près de M. d'Estrées, qui était encore au lit, M. de Cogolin lui donna rapidement les détails de sa croisière.

— Monsieur d'Hérouard, — dit le comte d'Estrées en se faisant vite habiller et armer, — allez à l'instant à bord de M. le duc d'York lui demander ses ordres.

— Monsieur de Cou, — ajouta-t-il à son capitaine de pavillon, — faites lever l'ancre à l'instant, ordonnez de faire le branle-bas de combat partout, et donnez le signal à la flotte d'imiter ma manœuvre. Puis, se retournant vers Cogolin, d'un air consterné ? — Ah ! monsieur, qui donc aurait pensé cela... et M. le duc d'York qui se croyait certain que l'amiral hollandais était mouillé au Texel.

— C'est une bien funeste ignorance, monsieur l'amiral, mais heureusement que votre escadre est mouillée plus au large.

— Sans doute, et, malheureusement, j'ai encore une partie

des équipages de mes vaisseaux à terre, mes barques longues y sont mouillées pour le service de l'eau, et c'est à peine si j'en aurai le nombre nécessaire pour détourner les brûlots.

Peu de temps après M. d'Hérouard revint du bord du duc d'York, et dit à M. d'Estrées : — Monsieur, Son Altesse le duc d'York était couchée : en apprenant cette approche si inattendue des Hollandais, elle m'a ordonné de vous dire d'appareiller en coupant vos câbles ou en les filant par le bout, ET DE TENIR LE VENT AUTANT QUE POSSIBLE, parce qu'il prévoyait bien que lui-même aurait beaucoup de peine à s'élever avec son escadre ; Son Altesse ajouta, en riant, que c'était une bonne chance pour célébrer la naissance du roi son frère.

— Faites venir M. de Cou, — dit l'amiral ; puis, il ajouta : — Adieu, M. de Cogolin, retournez à votre bord, vous avez sauvé l'armée du roi.

M. de Cou entra.

— Monsieur, faites couper les câbles, et appareillons sur l'heure.

Mais, monseigneur, les chaloupes et matelots de la plupart des vaisseaux sont encore à terre.

— Il n'importe, monsieur, il n'importe, faites appareiller, et donnez le signal à tous les vaisseaux qui seront prêts d'imiter ma manœuvre.

— Je l'ai déjà fait, monsieur.

Le mouvement nécessaire à l'appareillage se terminait, lorsque le vice-amiral parut sur le pont. Après une courte prière, dite par le père l'Hoste, on hissa le pavillon de combat, et *le Saint-Philippe* mit à la voile sous ses huniers, ayant à vaincre le flot assez fort.

Les vaisseaux *le Grand, le Tonnant, le Foudroyant, l'Excellent, le Superbe, l'Aquilon* et *l'Invincible*, n'ayant personne à terre, imitèrent la manœuvre de l'amiral, et le suivirent ; lorsqu'ils arrivèrent dans la passe de la baie, ils purent voir la flotte hollandaise venant droit sur eux sur une seule ligne.

Au grand étonnement des officiers de l'escadre, et *malgré l'ordre formel que lui avait donné M. le duc d'York*, DE TENIR LE VENT, M. d'Estrées laissa AU CONTRAIRE ARRIVER VERS LE SUD, et bientôt l'action s'engagea au *nord*, ainsi qu'on va le voir, entre les flottes anglaise et hollandaise.

CHAPITRE XV.

Combat du 7 juin. — Relations contradictoires de M. le comte d'Estrées, de M. le duc d'York et de Ruyter. — Lettre de M. le marquis de Grancey au sujet de ce combat. — Réflexions sur la conduite du vice-amiral comte d'Estrées. — Lettres de Colbert de Croissy, ambassadeur à Londres, au sujet de l'affaire du 7 juin et de la division qui règne entre les officiers français de l'escadre à propos de MM. le comte d'Estrées et Du Quesne. — Justification de ce dernier.

Avant que d'entrer dans la moindre réflexion sur le combat du 7 juin, nous allons laisser parler les faits, et donner d'abord la relation du vice-amiral d'Estrées, puis celle de M. le duc d'York, puis enfin celle de Ruyter. Les faits posés, on en tirera les conséquences naturelles.

RELATION DU COMBAT DONNÉ LE 7 JUIN ENTRE L'ARMÉE D'ANGLETERRE ET CELLE DE HOLLANDE.

« 7 juin 1672.

» L'armée de Hollande, après s'être fortifiée de quelques vaisseaux équipés à Amsterdam, dont on ne sait pas le nombre, parut, le 7 du mois, à la pointe du jour, à la vue d'une frégate détachée des vaisseaux du roi, qui était en garde à la tête de l'armée. Cogolin, qui la commandait, vigilant et entendu capitaine, ne manqua pas de faire les signaux; et, sans l'avis qu'il en donna, les ennemis auraient pu surprendre l'armée à l'ancre, les frégates anglaises n'ayant rien découvert du bord qu'elles avaient couru.

» Je ne doute pas que cette espérance ne leur ait fait prendre la résolution de nous venir combattre, fortifiés encore de la pensée que, lorsqu'une armée est près des côtes pour y faire de l'eau, il manque toujours des chaloupes et beaucoup de monde aux vaisseaux, et que l'ordre ne peut jamais être si grand que lorsque l'on est sous les voiles.

» Le vent qui les portait est celui qui traverse la côte de Solebay, tellement qu'outre que l'escadre rouge était mouillée fort près de terre, ils jugeaient bien qu'il était difficile à l'armée d'Angleterre de s'élever, et de courir d'assez longues bordées pour disputer le vent.

» Pour l'escadre des vaisseaux de Sa Majesté, elle était mouillée un peu plus au large; et, nonobstant la nécessité où elle était de faire beaucoup plus d'eau que les Anglais, on usa de cette précaution, la plupart des capitaines souhaitant le contraire.

» Les ennemis s'étant donc avancés avec cet avantage, au nombre de quatre-vingt-six vaisseaux de guerre et de trente brûlots, et force galiotes, commencèrent à arriver sur nous à sept heures du matin, que l'on était déjà sous les voiles. *L'aile qui était opposée à l'escadre française tint le vent davantage, et courut un bord différent du reste de son armée;* et dans le même temps, le major des vaisseaux, que le vice-amiral avait envoyé pour recevoir les ordres de M. le duc d'York, lui rapporta qu'il eût à tenir le vent autant qu'il serait possible, et que pour lui il aurait beaucoup de peine à s'élever, tellement que, *jugeant qu'il ne pouvait tenir le vent avantageusement que du bord que l'escadre de Zélande courait, différent de celui de son armée, le vice-amiral prit le parti de la combattre, et la percer avec son escadre pour aller joindre M. le duc d'York et le dégager.* Ce mouvement attira sur eux quarante-trois vaisseaux de guerre ou environ, et cinq ou six brûlots, dont il y avait quatre pavillons: un d'amiral, un de vice-amiral et deux de contre-amiraux.

» Le combat commença de cette sorte presque en même temps de tous les côtés. Le milord Sandwich fit ce qu'il put pour percer l'escadre opposée, n'ayant plus de mer à courir, et ne pouvant s'étendre à cause des bancs, ni prendre un autre parti. Dans ce dessein, un vaisseau de l'ennemi, de soixante pièces, l'ayant approché pour l'arrêter, il l'aborda et le prit; mais il fut ensuite repris par les Hollandais. On lui détacha ensuite deux brûlots, dont il se dégagea, quoiqu'il y eût plus de trois cents hommes morts ou hors de combat; mais enfin un vice-amiral hollandais lui en ayant mené un autre, il ne put s'en sauver, et l'on croit qu'il a péri dans le feu, le capitaine qui servait sous lui ayant eu moyen de s'échapper avec une partie de l'équipage.

Pour M. le duc d'York, pressé par les mêmes raisons qu'avait eues le milord Sandwich de changer de bord, il se résolut de revirer dans la ligne de l'ennemi; ce qu'il fit aussitôt qu'il eut monté sur le vaisseau de M. Holmes, ayant été obligé de quitter le sien, qui, dès le commencement du combat, avait été incommodé et perdu le capitaine Cox, qui fut tué à ses côtés. Il perça cette ligne avec beaucoup de fortune, et gagna le vent des ennemis, suivi de peu de vaisseaux. La confusion et le combat furent grands en cet endroit et dans cette mêlée. Les Hollandais abordèrent *la Catherine*, commandée par le chevalier de Chichely, et l'emportèrent; mais il fut repris aussitôt par les Anglais, comme le vaisseau de M. Digby, qui fut aussi abordé.

» Quoique M. le duc d'York écrive à Sa Majesté, il m'a toutefois ordonné de faire cette relation sur les choses qu'il m'a dites...

» Il ne peut pas mieux faire ni témoigner plus de sens et de courage qu'il a fait en cette occasion. Il a monté trois vaisseaux différents, ayant été obligé de passer de celui du chevalier Holmes sur celui de Spragge, vice-amiral de l'escadre rouge. Il m'a dit aussi qu'on ne saurait croire combien le vaisseau de milord Sandwich a bien fait son devoir, et à quel point a été la constance et la fermeté des équipages.

» L'armée d'Angleterre a perdu quatre capitaines, savoir : Cox, M. Digby, Hollis, et un autre dont j'ai oublié le nom; mais on peut bien dire qu'elle a eu l'avantage dans ce combat, puisque les ennemis ne se sont pas servis de celui qu'ils avaient sur nous, qu'ils se sont retirés les premiers, et que les Anglais leur ont pris deux grands vaisseaux.

Chichely a été mené prisonnier en Hollande. Il y a plusieurs autres particularités qu'il était impossible de savoir lorsque j'ai vu M. le duc d'York, que l'on mandera à la première occasion.

» Pour les Français, dans le même temps que les ennemis commencèrent le combat du côté de l'escadre rouge et bleue, les Zélandais, qui leur étaient opposés, commencèrent aussi à les canonner; mais, soit qu'ils n'eussent pas résolu de les enfoncer, ou qu'ils eussent ordre d'en user ainsi, ils tinrent le vent le plus qu'il leur fut possible à une distance raisonnable pour canonner. Il y eut un grand feu pendant tout le jour, que douze ou quinze vaisseaux de Sa Majesté soutinrent avec beaucoup d'ordre et de vigueur ; mais il ne fut pas possible d'exécuter le dessein qu'on avait pris de percer cette escadre et de lui gagner le vent ; car, outre que l'ennemi n'en donnait pas le moyen, les vaisseaux de l'avant-garde ne tenaient pas assez le vent pour y réussir, quoique le vice-amiral le tînt le plus qu'il fût possible, et qu'on le vît tout le jour entre ses vaisseaux et la ligne de l'ennemi.

» L'amiral zélandais tenta deux fois d'arriver sur le vice-amiral avec trois brûlots et trois ou quatre des plus grands vaisseaux de son escadre ; mais, soit qu'il ne voulût faire qu'une tentative, ou bien qu'il crût qu'on n'en était pas étonné, la dernière fois il changea de bord, et se retira vers son amiral. On fit de notre part ce qu'il fut possible pour regagner au vent et rejoindre M. le duc d'York, ce que l'on ne put faire qu'hier au matin, que tout le monde se rallia à lui, vingt vaisseaux anglais s'étant joints à nous pour le rejoindre.

» On ne sait pas bien encore l'état auquel sont tous les vaisseaux. Ceux qui ont combattu plus que les autres sont tous assez incommodés. Le brûlot *l'Émerillon*, de l'escadre du sieur de Rabesnières, se tenant témérairement entre la ligne des ennemis et la nôtre, a été coulé bas ; mais tout l'équipage s'est sauvé.

» *Le Superbe*, qui ne pouvait plus tenir sur l'eau à cause des coups de canon qu'il avait reçus, s'est retiré dans la Tamise ce matin. Je ne doute pas aussi qu'il n'ait perdu beaucoup de monde. Le capitaine est blessé à la jambe d'un coup de canon ; mais on ne tient pas sa blessure mortelle. Desardens a eu la jambe emportée d'un coup de canon. Du Magnou est aussi blessé d'un éclat à la jambe. Pour le *Saint-Philippe*, quoiqu'il y ait eu quarante-deux hommes morts ou blessés mortellement et vingt-cinq de blessures légères, le sort n'est point tombé sur les officiers, et il n'y a eu personne de quelque considération que le chevalier de Bezy, qui a été autrefois garde de la marine : il a reçu plusieurs coups à l'eau et vingt dans ses mâts, qui les ont un peu incommodés.

» Hier, 8 du mois, après que M. le duc d'York eut rassemblé ses vaisseaux et vu les ennemis sous le vent, on arriva sur eux pour conserver la réputation et l'honneur du combat, ayant plié et s'étant retirés les premiers, quoique les avantages soient fort partagés. Ils me parurent moins forts de vingt vaisseaux ; il y en a eu de démâtés par les Anglais, et deux par les nôtres.

» Quelques coups de canon du *Saint-Philippe* coulèrent bas une galiote, dont il ne se sauva personne ; un brûlot de l'ennemi brûla de lui-même devant nous avec les hommes ; et il est impossible que les ennemis ne soient furieusement incommodés, puisqu'ils ont pris le parti de se retirer si vite. On les poussa hier jusqu'à nous trouver engagés dans les bancs d'Ostende. On n'en vint pas aux coups de canon, parce qu'ils plièrent et mirent des voiles, qu'il survint une brume, et que les vaisseaux de notre avant-garde tinrent le vent plus qu'il ne fallait.

» Sa Majesté aura la bonté d'excuser si cette relation est confuse, et si toutes les choses ne sont pas dans leur ordre, étant extrêmement pressé de lui envoyer la nouvelle de ce combat.

» Quoique l'on ne puisse rien reprocher au gros de l'escadre de Sa Majesté, cependant on peut l'assurer que si tous les vaisseaux s'étaient tenus dans leur rang, et avaient observé exactement la manœuvre du vice-amiral, on aurait pu faire une action très-glorieuse et digne de ses armes ; il est certain que les ennemis ne nous en ont pas toutefois donné le moyen. Comme il n'y a plus de remèdes sur le choix des capitaines de cette escadre, j'attendrai à rendre compte à Sa Majesté de ceux qui auront bien ou mal fait lorsque j'aurai l'honneur de la voir ; cependant elle le pourra juger par la revue des morts et blessés que l'on enverra à la première occasion.

» J'ai beaucoup de sujet de me louer des capitaines embarqués sur *le Saint-Philippe*, et particulièrement du sieur de Gabaret, en qui je ne connaissais pas les talents et les bonnes qualités qu'il a fait paraître. Le capitaine Heemskerk, que j'ai fait passer sur mon bord, sur le point de l'occasion, est un homme très-utile dans cette guerre, et qui a très-bien servi dans cette action. S'il plaisait à Sa Majesté de reconnaître par quelque petite gratification le zèle et les services que ces trois capitaines ont rendus, cela ne pourrait être que très-avantageux à son service. Le sieur de Cou a été blessé d'un éclat dans le côté, dont il est encore un peu incommodé.

» Le 9 juin 1672, entre Arwich et Ostende.

» Le comte D'ESTRÉES. »

Archives de la Marine. (*Versailles.*)

Suit la relation de M. le duc d'York, extraite de ses mémoires.

« ... Aussitôt qu'il fut jour, nous aperçûmes la flotte ennemie au vent, marchant droit sur nous. Ceux de nos vaisseaux de ligne et de nos brûlots qui se trouvaient plus près de la côte que les vaisseaux de pavillon, et quelques autres de nos grands vaisseaux, mirent sous voile à la première alarme pour venir se placer au poste qui leur était assigné dans l'ordre de bataille; mais la marée qui portait au vent et le vent d'est empêchèrent la plupart d'arriver au commencement du combat; en sorte qu'il n'y avait pas en tout plus de vingt vaisseaux, tant de l'escadre rouge que de la bleue, pour soutenir le premier choc de celles de Ruyter et de Van Gent. L'escadre de Zélande, commandée par Bankert, eut affaire à l'escadre française, commandée par le comte d'Estrées : *Tous deux gouvernaient vers le sud, et étaient amurés à bâbord dès le commencement du combat; tandis que le duc et le comte de Sandwich se tenaient orientés au plus près du vent, les amures à tribord.* Le comte, à la tête de l'escadre bleue, en vint aux mains avec Van Gent à l'escadre d'Amsterdam, et Ruyter avec l'escadre de la Meuse eurent à faire au duc et à l'escadre rouge.

» Pour mieux éviter toute confusion et toute erreur panique, le duc commença par défendre très-prudemment qu'aucun de ceux qui l'environnaient ne se permît d'importuner les officiers des équipages de questions inutiles; il interdit de prononcer seulement tout haut le mot de brûlot, et ordonna que, si on en apercevait un s'approcher de son vaisseau sans que lui ou ses officiers s'en aperçussent, on vînt le lui dire tout bas à lui-même, ou à l'officier qui se trouverait le plus près de ceux qui l'auraient aperçu.

» Entre sept et huit heures du matin, le combat commença avec beaucoup de fureur. Les Hollandais avaient l'avantage du vent, et Ruyter avait bien compté en profiter ; car, aussitôt que le duc et lui se furent lâché chacun leur bordée, espérant d'en finir promptement de Son Altesse Royale, il lui envoya deux brûlots. Sir Édouard Scott, qui avait précédemment servi sur terre sous les ordres de Son Altesse Royale, et qui maintenant l'accompagnait en qualité de volontaire, fut le premier qui les aperçut ; mais se rappelant les ordres de Son Altesse, il en avertit à l'oreille sir John Cox, qui se trouvait alors près de lui. En ce moment, comme sir John appelait un officier pour lui donner ses ordres en conséquence, un boulet le renversa mort, et emporta en même temps la tête de M. Bell, autre volontaire. Sir Édouard s'adressa alors au duc lui-même, qui donna sur-le-champ ses ordres, de manière que le premier de ces brûlots fut bien vite expédié, et celui qui venait ensuite mis hors de service pour le moment.

» Pendant ce temps, le duc et le peu de vaisseaux qui se trouvaient près de lui étaient tellement travaillés par Ruyter et ses seconds, qu'avant onze heures, son vaisseau, *le Prince*, avait son grand mât de hune brisé, sa voile d'avant, ses haubans de tribord, et le reste de ses agrès et de ses voiles de combat absolument en pièces, et plus de deux cents hommes tués ou blessés ; tellement que Son Altesse Royale, le voyant hors d'état de tenir plus long-temps, fut forcée de le quitter, après avoir ordonné en secret à son capitaine de le remorquer hors de la ligne, et de tâcher de le réparer ou du moins de le sauver des brûlots ennemis. Pour éviter le bruit ou la surprise qu'aurait occasionné son départ, le duc descendit dans les entreponts, comme pour donner quelques ordres, et de là se glissa dans sa chaloupe, n'emmenant avec lui que lord Feversham, M. Henri Savil, M. Ashton, Dupuy et son maître pilote. Sa chaloupe le conduisit au *Saint-Michel*, vaisseau de second rang, commandé par sir Robert Holmes, qui, se trouvant à l'avant de son escadre un peu sous le vent, n'avait pas beaucoup souffert.

» Aussitôt qu'il fut à bord du *Saint-Michel*, il fit hisser son pavillon qu'il avait apporté avec lui ; mais, comme il ne faisait pas assez de vent pour le déployer, il fut obligé d'envoyer sa chaloupe avertir le vaisseau le plus voisin du lieu où il se trouvait alors.

» Tandis que les choses se passaient ainsi sur le point où le duc était en personne, les Français gouvernaient vers le sud, orientés aussi près du vent qu'ils le pouvaient. Mais Bankert et l'escadre zélandaise ne les pressèrent pas aussi vivement qu'ils auraient pu le faire; car à peine les approchèrent-ils à plus de demi-portée de canon, ce qui ne diminua pas peu la réputation qu'avaient acquise les Zélandais, dans les deux dernières guerres, d'être les plus braves d'entre les marins hollandais; aussi ces deux escadres souffrirent-elles fort peu. Il n'en était pas ainsi de la rouge et de la bleue. Ruyter et Van Gent les pressaient rudement, d'autant plus hardis à les attaquer qu'elles n'avaient pas en ligne, lors de la première attaque, plus de vingt vaisseaux, le reste n'ayant pu rejoindre la ligne que dans l'après-midi.

» Aussitôt que le duc fut à bord du *Saint-Michel*, il fut obligé de virer de bord, à cause d'un banc de sable situé par le travers de Laistoff, et gouverna vers le sud, serrant le vent d'aussi près qu'il lui était possible: par ce moyen, il gagna le vent sur Ruyter et la plus grande partie de son escadre; mais il avait toujours au vent l'escadre d'Amsterdam, qui avait été obligée de virer de bord pour la même raison : en sorte que le duc avait les ennemis des deux côtés, et fut forcé de marcher quelque temps à la tête de sa division, afin que le petit nombre de vaisseaux qui le suivaient pussent tirer dans ses eaux et virer de bord après lui. Le reste courut sous le vent de Ruyter, en sorte que l'ennemi et nous étions fort entremêlés.

» Peu de temps après que le duc eut commencé de gouverner vers le sud, une brise légère s'éleva à l'est. La fumée se dissipa, et il put un peu regarder autour de lui. La première chose qu'il vit fut le pavillon bleu du comte de Sandwich, qui s'élevait, un peu en avant de lui, au-dessus de la fumée, si épaisse autour de lui, qu'on ne pouvait apercevoir la coque d'aucun de ses vaisseaux. Tandis que la rouge était aux mains avec Ruyter et son escadre, la division de Sandwich n'était pas moins chaudement engagée avec l'escadre de Van Gent. Le vaisseau de celui-ci était en panne sur le flanc de celui du comte; tandis qu'en même temps un capitaine Brakel, marin très-audacieux et à tête chaude, avait placé son bâtiment de soixante-dix canons par le travers du vaisseau du comte; en sorte qu'entre deux, l'enfilant de l'avant et de l'arrière, ils lui tuaient une multitude de ses gens, ce qui obligea le comte, pour se débarrasser d'un si incommode voisin, d'ordonner à ses gens de monter à l'abordage sur le vaisseau de Brakel. Ils y entrèrent l'épée, la pique et le pistolet à la main, et, après quelque résistance, s'en rendirent les maîtres, ce qui donna au comte le moyen de respirer un peu. Cependant Van Gent et ses seconds avait tellement tiré sur son vaisseau, *le Royal-James*, et lui avaient tué ou mis hors de service un si grand nombre de ses gens, qu'il fut obligé de faire revenir à son bord ceux qui s'étaient rendus maîtres du vaisseau de Brakel; et, ayant envoyé prendre l'avis du capitaine Haddoc, officier expérimenté, qui en ce moment se faisait panser à fond de cale d'une blessure qu'il avait reçue dans le pied d'une balle de mousquet, d'après son conseil, il jeta une ancre, attachée pour un cas pareil hors de la sainte-barbe. Cette manœuvre eut l'effet qu'il désirait, qui fut de se débarrasser du vaisseau de Brakel; mais il fut cause, en partie, de la perte du *Royal-James;* car, comme au commencement du combat son vaisseau se trouvait un peu au vent de sa division, en mettant à l'ancre, il la laissa s'éloigner de lui, en sorte que l'ennemi put l'approcher de plus près.

» Ce fut environ à ce moment-là que Van Gent fut tué d'un coup de sa propre artillerie; mais cela n'empêcha pas l'ennemi de poursuivre vivement *le Royal-James*, et de lui envoyer un brûlot, que le comte coula avant qu'il pût l'atteindre. Il n'était plus à l'ancre; car, aussitôt qu'il avait été débarrassé du vaisseau de Brakel, il avait coupé le câble qui sortait de la sainte-barbe; mais il s'était déjà presque tiré du milieu des Hollandais, lorsqu'un autre brûlot visa sur lui. Il s'efforça de l'éviter; mais son vaisseau était tellement désemparé, qu'il n'en put venir à bout, et que le brûlot l'aborda du côté du vent, s'attacha à son bâbord et le brûla.

» Le duc le vit avec douleur, mais sans pouvoir l'empêcher, étant sous le vent; il passa pourtant tout près, et vit la mer couverte des gens de son équipage, dont les uns allaient à fond, d'autres nageaient, et d'autres s'accrochaient à tout ce qu'ils pouvaient saisir. Il ordonna au *Dartmouth*, qui venait d'arriver près de lui, de se mettre en panne et d'en sauver le plus qu'il pourrait. Ce vaisseau et quelques-unes des chaloupes de ligne qui se trouvaient à la suite du duc parvinrent à en sauver trois à quatre cents, du nombre desquels étaient le capitaine Haddoc, le lieutenant Majo, le maître charpentier, et un nommé Lowd, domestique du comte de Sandwich, qui, à son arrivée à Londres, fut fait page à la chambre du roi; le comte, son maître, n'eut pas le même bonheur : il se noya, et son corps, ayant ensuite été retrouvé, fut enterré honorablement dans la chapelle d'Henri VII [1].

» Quelque temps après, *le Phénix*, petit vaisseau de quatrième rang, capitaine Lenève, et ensuite *la Résolution*, vaisseau de troisième rang, capitaine Berry, et *le Cambridge*, aussi de troisième rang, capitaine sir Freetchville-Hollis, vinrent très à propos se ranger en avant du *Saint-Michel*, qui se trouvait alors entre les deux lignes hollandaises, et avait reçu tant de coups à fleur d'eau que l'eau qu'il faisait l'empêchait de marcher. Le duc s'en étant aperçu, fit descendre un lieutenant, qui lui rapporta qu'il y avait cinq pieds d'eau dans la cale. Cependant, par les soins et le travail des pompiers, on parvint bientôt à boucher les voies d'eau et à vider la cale autant qu'il était nécessaire, sans être obligé de mettre en panne et de cesser le feu.

» L'escadre d'Amsterdam gouverna en ce moment vers le duc, comme si elle eût été dans l'intention de l'attaquer de plus près; mais tout à coup elle se remit de nouveau en panne, et se contenta de le foudroyer de son canon. Le duc apprit ensuite la cause de cette diversité de mouvements. Le capitaine qui commandait alors le vaisseau de Van Gent avait été tué au moment où il s'avançait vers le duc; et celui qui prit après lui le commandement du vaisseau et de l'escadre n'eut pas le courage d'accomplir ce que l'autre avait eu le projet de faire. Quelque

[1] Le duc de Buckingham, dans un fragment de mémoires sur sa propre vie, nous apprend que la veille du combat personne n'ayant l'idée qu'on dût se battre le lendemain, le comte de Sandwich, qui dînait sur le vaisseau de M. Digby, parut singulièrement sombre et de mauvaise humeur, ce qui était tout à fait contraire à son humeur habituelle. « Nous en fûmes tous frappés, dit le duc, mais nous le remarquâmes bien davantage après l'événement. »
(Memoirs of his grace John Buckingham, tom. 2 de ses œuvres, p. 10.)

temps après, Van Nès l'aîné, qui portait un pavillon à son grand mât, se trouvant sous le vent du duc, vira de bord, coupa entre l'escadre de Ruyter et celle d'Amsterdam, et vint se mettre en avant de la flotte hollandaise avec quelques vaisseaux de l'escadre de Ruyter; après quoi, virant une seconde fois de bord, il gouverna droit sur le duc pour gagner le vent sur lui, et lui envoyer quelques brûlots qui l'accompagnaient ; mais, lorsque *le Stavern,* un de ses seconds qui marchait à l'avant de son vaisseau, se trouva à portée des batteries du duc, le cœur manqua à Van Nès ; et, au lieu de suivre *le Stavern,* vaisseau de cinquante et quelques canons, commandé par le capitaine Elzevier, il vira de bord et s'enfuit avec ses brûlots, laissant derrière lui *le Stavern,* qui fut tellement désemparé par les bordées que lui lâchèrent *le Saint-Michel* et les vaisseaux de la suite du duc, qu'il se rendit au *Greenwich*, bâtiment de quatrième rang, capitaine Green.

» *Le Saint-Michel* avait alors de nouveau tant d'eau dans sa cale, qu'il gouverna sous le vent ; en sorte que, comme il avait le vent sur les Hollandais, il arriva à portée de mousquet de leur flotte. Au moment où il passait près du premier grand vaisseau des Hollandais, second du vice-amiral, quelques-uns des gens qui étaient à l'avant du *Saint-Michel* crièrent de ne pas tirer sur le vaisseau hollandais, car il avait amené ; mais le duc s'aperçut bien à la manœuvre de l'autre que c'était une méprise, et que le pavillon que l'on croyait avoir été amené avait été abattu d'un coup de feu. Il ordonna donc qu'on lâchât au vaisseau hollandais toute la bordée du *Saint-Michel*, qui rasa le pont dans tous les sens.

» Sir Edouard Spragge et quelques vaisseaux de sa division étaient venus se ranger à l'avant du duc ; mais le comte d'Ossory, dans *le Victorieux,* qui s'était toujours tenu à l'arrière du *Saint-Michel,* se trouva tellement désemparé, qu'il fut forcé de se retirer pour se réparer. A sa place, vint le capitaine Georges Legg, dans *le Fairfax,* vaisseau de troisième rang. Il était plus de cinq heures après midi quand sir Robert Holmes vint dire au duc que *le Saint-Michel* n'était plus en état de tenir en ligne ; car, outre ce qu'il avait perdu de monde et le mauvais état de ses mâts, de ses voiles et de ses agrès, il y avait tant d'eau dans la cale, que, si on ne mettait sur-le-champ en panne pour boucher les crevasses, il serait impossible de le tenir à flot. Le duc se résolut de passer sur le vaisseau de sir Edouard Spragge, *le London*, et en même temps ordonna à sir Robert Holmes de ne pas ôter son pavillon et de ne pas sortir de la ligne jusqu'à ce qu'il revît le pavillon du duc flotter sur *le London*, de peur que s'il disparaissait pendant un certain temps, cela ne portât le découragement dans la flotte. Ce fût une très-utile précaution; car, bien que la chaloupe qui conduisait le duc au *London* marchât très-bien, et eût de très-bons rameurs, il fut près de trois quarts d'heure avant de pouvoir gagner *le London*, que le vent, qui avait fraîchi, avait porté fort loin en avant du *Saint-Michel*.

» Le duc, en arrivant à bord du *London*, le trouva aussi fort endommagé, particulièrement dans les grandes voiles. Il avait eu affaire au vaisseau de Van Nès le jeune, contre-amiral. Celui-ci, qui était au vent, venait rapidement sur nous; mais il était alors sept heures du soir. Ruyter fit un signal à tous ceux de ses vaisseaux qui se trouvaient au vent du sien de gouverner de son côté, et lui-même gouverna de manière à rejoindre l'escadre de Zélande, alors sous le vent de la sienne et aux mains avec les Français. Dans cette manœuvre, il s'avança sur *le Rainbow*, vieux bâtiment de second rang, capitaine Story. *Le Rainbow* était un vaisseau à trois ponts, mais seulement de cinquante-six canons. Ruyter s'imagina qu'il fuirait devant lui; mais, voyant que l'audacieux capitaine n'en voulait rien faire, il mit en panne, et demeura à l'avant du *Rainbow*, qu'il ne jugeait pas prudent d'attaquer, ayant au vent et sous le vent deux de nos vaisseaux. Il continua donc de prendre chasse pour rejoindre les Zélandais. Ce mouvement de la flotte hollandaise donna à sir John Jordan et aux cinq ou six vaisseaux qui l'accompagnaient la facilité de rejoindre le duc, au vent duquel ils se trouvaient presque depuis le commencement du combat. Le duc avait donc alors le vent sur l'ennemi avec vingt-cinq ou trente vaisseaux de guerre et quelques brûlots. Le reste des bâtiments de sa flotte s'était avancé vent arrière de même que Ruyter, et avait rejoint les Français, en sorte qu'ils se trouvaient sous le vent des Hollandais; mais le duc jugea que ce qu'il y avait de mieux à faire était de rester où il était, précisément au vent de l'ennemi, qui avait alors réuni toute sa flotte.

» Ce fut en cette situation que se trouvèrent les deux flottes après le coucher du soleil ; et ainsi finit cette mémorable journée, où les Hollandais, avec tous les avantages que leur donnaient la surprise, le vent et la supériorité du nombre, furent loin d'obtenir la victoire sur les Anglais, puisqu'au contraire, ils furent les premiers à quitter la mer et à se retirer dans leurs ports, comme on le verra bientôt. Mais, avant de passer à ce qui arriva le lendemain, on ne peut, sans faire injustice à la valeur anglaise, se dispenser de rapporter quelques actions mémorables qui eurent lieu dans le combat de ce jour, et dont on n'a pas encore parlé. Nous avons déjà dit que les Hollandais s'étaient portés en nombre très-supérieur contre la division où se trouvait le duc en personne, et dont ils avaient fait le but principal de leurs efforts. Ainsi donc, non-seulement le vaisseau du duc, mais ses seconds, placés près de lui, avaient essuyé le plus fort du feu de l'ennemi. Tandis que Ruyter pressait si vivement le duc sur *le Prince*, qu'il montait alors, quelques vaisseaux placés à l'arrière du sien n'attaquaient pas moins chaudement *le Royal-Catherine*, gros bâtiment du second rang, qui était un peu au vent du *Prince* et dans ses eaux, et faisait des efforts pour arriver au poste qui lui était désigné, de se tenir à l'arrière du *Victorieux*, un des seconds du duc, monté par le lord Ossory, et qui se trouvait alors précisément à l'arrière du *Prince*. *Le Royal-Catherine* ne fit pas partir sa bordée aussitôt qu'il l'aurait dû, par la faute du maître canonnier, dont les munitions n'étaient pas rangées comme elles auraient dû l'être, ce qui portait le désordre dans tout son service. Sir John, nouvellement arrivé de la Méditerranée, dans *le Dreadnought*, vaisseau de troisième rang, n'était monté à bord du *Royal-Catherine* que la veille du combat, et par conséquent n'avait pas eu le loisir de l'examiner et de remédier à ce qui manquait. Ce feu si mou du *Royal-Catherine* enhardit l'ennemi à le presser plus vivement, et à y envoyer quelques brûlots. Les deux premiers furent repoussés par les boute-hors ; mais deux autres parvinrent à s'y attacher, un entre autres en travers de l'avant. Alors, contre l'ordre du capitaine, l'équipage amena son pavillon et se rendit. Les Hollandais y envoyèrent leurs chaloupes, qui emmenèrent sir John, son lieutenant, et plusieurs des gens de l'équipage, mettant tout le reste à fond de cale, à l'exception du maître canonnier, du charpentier et du contre-maître. Ils laissèrent sur le vaisseau un de leurs lieutenants avec ce qu'il fallait de monde pour l'emmener. Les Hollandais, demeurés dans le vaisseau, plus occupés de le piller que de toute autre chose, ne s'étaient pas tenus aussi près qu'ils l'auraient dû de ceux de leurs vaisseaux qui avaient fait la prise ; si bien que, lorsque le lieutenant hollandais reçut enfin l'ordre de faire sortir tout le monde du bâtiment et d'y mettre le feu, tandis qu'il se préparait à l'exécuter, le maître canonnier, le charpentier et le contre-maître, demeurés sur le pont, se consultèrent et convinrent, lorsque leurs gens sortiraient des écoutilles, de les appeler à eux, et de les engager à tomber avec eux sur les Hollandais, ce qu'ils firent. Ils se saisirent des piques, des crocs de fer et de tout ce qui se trouvait sur le pont, et vinrent facilement à bout des Hollandais, les firent prisonniers, et se trouvèrent de nouveau maîtres du vaisseau[1]. Sir Édouard Spragge, de son poste, à l'arrière du duc, avait vu tout ce qui s'était passé sur *le Royal-Catherine*, mais sans pouvoir le secourir, parce qu'il était sous le vent ; il envoya l'ordre à ceux qui l'avaient repris de se diriger vers la rivière, parce que le vaisseau n'était pas pour ce jour-là en état de service.

» Deux brûlots hollandais s'attachèrent à *l'Edgard*, vaisseau de troisième rang de soixante-dix canons ; mais le capitaine Wetwang, qui le commandait, se démena de telle sorte que, bien que sa grande voile fût déjà en feu, et que près de quatre-vingts des gens de son équipage eussent déjà sauté à la mer, il parvint à se débarrasser des brûlots.

[1] Le duc de Buckingham paraît attribuer cette action surtout au contre-maître, qui, avec son sifflet, rassembla tous ses gens et les excita à se jeter sur les Hollandais. Ce contre-maître s'appelait Small. « J'ai été, dit le duc, » à portée de le bien connaître dans la suite, lorsque je commandais *le* » *Royal-Catherine*. C'était un non-conformiste, toujours de sens rassis, » humble, tranquille, trop doux même pour un métier si turbulent. Il me » représentait souvent ces enthousiastes qui ont fait tant d'actions de bra-» voure dans nos guerres civiles. Il avait plutôt l'air d'un pâtre que d'un » soldat. C'était un héros sous la figure d'un saint. »
(Memoirs of his grace John Buckingham, tome 2, de ses œuvres, page 11.)

» Le capitaine Francis Digby, second fils du comte de Bristol, capitaine du *Henry*, vaisseau de second rang, fut attaqué successivement par six brûlots. Il en repoussa cinq, et avait la main sur le boute-hors pour se débarrasser du sixième, lorsqu'il fut renversé mort d'une balle. Le brûlot n'en fut pas moins repoussé. Bientôt après son premier lieutenant fut tué, ainsi que Bennet, capitaine au régiment du duc, dont la compagnie servait sur ce bâtiment, et l'enseigne du même régiment. Alors un vaisseau hollandais de soixante-dix canons, voyant que *le Henry* était en fort mauvais état, et qu'il ne restait presque plus personne sur le pont, vint à l'abordage, et l'équipage hollandais se rendit maître du pont du gaillard d'avant et de la grand'chambre; mais le reste de l'équipage du *Henry* demeura en possession du dernier pont et de la sainte-barbe, et continua de tirer. Sir Roger Strickland, qui commandait *le Plymouth*, petit vaisseau de troisième rang, arriva au secours du *Henry*. Le contre-maître du *Henry* était demeuré à son poste sur le gaillard d'avant, soit que les Hollandais, occupés à piller la grand'chambre, ne l'eussent pas aperçu, ou que, comme il était blond et gras, ils l'eussent pris pour un de leurs gens. Voyant *le Plymouth* gouverner vers lui, il ordonna au timonnier de donner un coup de timon, au moyen duquel l'arrière du *Henry* choqua si rudement le vaisseau hollandais qu'il s'en débarrassa; et sir Roger, étant arrivé un moment après, lâcha au vaisseau hollandais une bordée qui l'obligea de s'éloigner, et de laisser le lieutenant et ceux de ses gens qui étaient montés à l'abordage sur *le Henry* à la merci de ceux dont ils avaient cru se rendre maîtres.

» Mais il faut aller retrouver la flotte dans la situation où nous l'avons laissée après le coucher du soleil. La nuit fut belle et calme. On s'occupa des deux côtés à réparer les vaisseaux, l'intention du duc étant de recommencer le combat le lendemain matin. Au commencement de la nuit, on vit, du vaisseau du duc, un grand bâtiment qui brûlait au milieu de la flotte hollandaise. On craignit d'abord que ce ne fût un de nos vaisseaux désemparés tombé entre les mains des ennemis tandis qu'ils gouvernaient pour rejoindre les Zélandais; mais il se trouva que c'était un vaisseau des Hollandais tellement désemparé qu'après en avoir fait sortir l'équipage, ils y avaient eux-mêmes mis le feu.

» Le lendemain matin, au point du jour, le duc se trouva, avec les vaisseaux dont j'ai parlé, à une demi-lieue environ au vent des Hollandais. Une brise légère continuait à souffler de l'est, et le temps était clair. Au lever du soleil, il n'aperçut aucun des vaisseaux qui formait le reste de sa flotte, dont il se trouvait alors au vent. Vers neuf heures du matin, il commença à les apercevoir sous le vent et un peu à l'arrière des Hollandais. Alors il gouverna vers eux, et passa près de l'ennemi, qui continua sa route sans essayer de l'empêcher de rejoindre le reste de sa flotte. Il la rejoignit avant onze heures, et remonta à bord de son vaisseau *le Prince*, que le capitaine Narborough avait réparé et mis en état de service. Il l'avait recruté de l'équipage des deux brûlots, dont l'un avait brûlé et l'autre coulé la veille. Arrivé sur *le Prince*, le duc fit mettre en panne, et donna le signal pour convoquer à bord de son vaisseau tous les officiers généraux, afin de se faire rendre compte de l'état des bâtiments qu'ils commandaient. Pendant ce temps, les Hollandais, qui continuaient de gouverner vers le sud, se trouvèrent tout à fait hors de vue. D'après le rapport des officiers généraux, il se trouva qu'on avait perdu *le Royal-James*; que *le Charles II* et *le Saint-Michel* avaient tellement souffert, qu'il fallait absolument les envoyer à Sheerness, où était déjà *le Victorieux*, *le Henry*, *le Royal-Catherine*, de troisième rang; *le Fairfax*, *le Dunkirk*, *le York*, de quatrième rang; et *le Greenwich*, commandé par le capitaine Green, qui avait emmené avec lui *le Stavern* sans en avoir reçu l'ordre; il fut cassé pour cela. On reconnut aussi que la plupart des vaisseaux en état de servir avaient presque épuisé leurs munitions.

Il fut donc décidé, sur l'avis unanime de tous les officiers généraux alors présents, de forcer de voiles pour se rendre à Sheerness, et chacun retourna à son bord pour attendre que le vaisseau amiral donnât le signal du départ.

Mais à peine y étaient-ils rentrés, que de l'arrière du vaisseau amiral on aperçut la flotte ennemie gouvernant sur nous. Le duc alors ne jugea pas devoir suivre le projet arrêté; mais, au lieu de cela, pensa qu'il fallait prendre le vent et rallier la flotte ennemie. Il donna donc à la sienne le signal de se mettre en ordre de bataille. On fit d'abord partir pour le Nore et pour Sheerness tous les vaisseaux maltraités, excepté deux, *le Saint-Michel* et *le Fairfax*, qui trouvèrent moyen de rester quoique fort crevassés et en mauvais état. Le comte d'Estrées, avec l'escadre française, avait l'avant-garde ; l'escadre bleue, alors commandée par le vice-amiral sir Joseph Jordan et le contre-amiral sir John Kempthor, avait l'arrière-garde. Sir John Harman, qui avait renvoyé son vaisseau avec le reste des vaisseaux désemparés, vint à bord de celui du duc, qui lui ordonna de se rendre à bord du *Cambridge*, dont le capitaine, sir Freetchville-Hollis, avait été tué la veille, et d'y mettre son pavillon de contre-amiral de l'escadre rouge.

» La flotte anglaise, ainsi en bon ordre, gouverna vers la flotte hollandaise, sur laquelle elle avait l'avantage du vent ; mais, lorsque notre avant-garde fut arrivée à la hauteur du milieu de la ligne hollandaise, Ruyter fit à toute sa flotte le signal de virer de bord à la fois, et ils s'éloignèrent serrant le vent pour gagner leurs côtes. Le duc fit alors signal à son avant-garde de forcer de voiles ; toute la ligne en fit autant, se portant sur l'ennemi. Aussitôt qu'il vit M. Du Quesne, qui, son pavillon au mât de hune, conduisait les Français, arrivé à la hauteur de la tête de la flotte ennemie, il donna le signal du combat, et gouverna sur les Hollandais, sur qui nous avions alors le vent, et dont nous n'étions pas à plus de demi-portée de canon. Il était deux heures après midi. Les Hollandais, voyant que la chose était sérieuse, au lieu d'attendre le duc ou de faire leur retraite en bon ordre, forcèrent de voiles sans s'arrêter à mettre en sûreté leurs vaisseaux désemparés. Le duc en compta quinze à l'arrière de leur flotte, et avait toutes les raisons du monde de croire qu'il s'en rendrait bientôt maître ; mais il plut à Dieu d'en ordonner autrement : car, en ce moment même, l'air, jusqu'alors serein et brillant de soleil, se chargea tout à coup d'un brouillard tellement épais, qu'on ne se voyait pas de l'avant à l'arrière du vaisseau. Le duc, voyant arriver le brouillard, fit retirer le signal du combat, qui était un drapeau rouge au haut du mât de hune, mit en panne, serrant le vent le plus qu'il put, afin que pendant le brouillard les Hollandais ne le prissent pas sur lui. Il dura plus d'une heure ; et quand il s'éclaircit, nous étions toujours au vent, éloignés de l'ennemi de plus de portée de canon. Le

4.

vent étant alors au nord-ouest, le duc fit déployer le pavillon sanglant, comme l'appellent les marins, et gouverna de nouveau sur les Hollandais pour engager le combat; mais, avant qu'il pût en venir aux mains avec eux, le vent augmenta à tel point, que, la mer étant trop grosse, il lui devint impossible de faire usage de ses basses batteries. Il retira donc son pavillon sanglant, et continua de tenir le vent sur les Hollandais, qui se dirigèrent sur Weelings. Vers neuf heures ou dix heures du soir, le vent soufflant toujours très-frais, le duc vira de bord pour éviter le danger de donner sur les bancs de Flandre. Il marcha donc jusqu'à minuit en serrant le vent; puis, virant de bord une seconde fois, se remit à la poursuite de l'ennemi jusqu'au lendemain matin; mais alors, ne l'apercevant plus, et jugeant qu'il s'était mis à l'abri dans ses sables, où l'on ne pouvait songer à le suivre, il jugea devoir changer de marche, et se rendre à force de voiles à la balise du Nore, afin de s'y réparer, espérant avec raison reprendre la mer le premier après l'avoir quittée le dernier. »

Vient enfin la relation de Ruyter, extraite de sa vie.

» A la pointe du jour, les Hollandais, étant arrivés par un vent d'est-nord-est devant Southwold-Bay, qui est un port entre Harwich et Yarmouth, découvrirent, sur les cinq heures, l'armée ennemie, composée des forces de France et d'Angleterre, et forte à peu près de cent trente voiles. Néanmoins d'autres ont assuré que les Anglais seuls avaient cent seize navires de guerre et vingt-quatre quaiches, et que les Français en avaient quarante-huit ou trente-trois, selon le rapport de quelques autres, avec huit brûlots et quatre flûtes. De plus, on prétend que les vaisseaux anglais étaient tous ensemble montés de vingt-trois mille cinq cent trente hommes, et de quatre mille quatre-vingt-douze pièces de canon, et que les français portaient près de onze mille hommes et mille neuf cent vingt-six canons. Leur armée était à l'ancre; et les Hollandais parurent si subitement devant la baie, que plusieurs navires ennemis furent obligés de couper leurs câbles pour se mettre sous voiles et en ligne, ce qui se fit avec beaucoup de diligence. Elle était divisée en trois escadres, ainsi que celles des Provinces-Unies. Le duc d'York, en qualité d'amiral du royaume, la commandait en chef, étant au milieu avec l'escadre rouge sous lui. L'escadre blanche, presque toute composée de Français, était à l'aile droite, commandée par Jean, comte d'Estrées, vice-amiral de France. L'amiral Édouard Montagu, comte de Sandwich, commandait l'escadre bleue, qui faisait l'aile gauche. Le duc d'York montait *le Prince* ou, comme d'autres l'ont appelé, *le Saint-Michel*, portant le pavillon royal au grand mât. L'armée des deux rois, ayant mis à la voile, porta le cap au nord, et celle des États, qui avait alors l'avantage du vent, mais d'un vent fort faible, arrivait peu à peu sur les ennemis. Ensuite le lieutenant amiral Ruyter mit le pavillon rouge au perroquet de fougue pour signal de commencer le combat, gouvernant de son côté au sud, afin de tomber sur l'escadre rouge des Anglais. Le lieutenant amiral Bankert courut le même bord, et fit aussi le sud pour attaquer l'escadre blanche des Français; et le lieutenant amiral Van Gent tourna l'escadre bleue, qui était plus au nord. Les trois escadres s'avancèrent chacune en son rang, ce que leurs divisions firent aussi toutes en même temps et presque en une droite ligne, Ruyter étant au milieu, Bankert à sa gauche, et Van Gent à sa droite. Les deux navires de guerre, accompagnés des deux brûlots détachés de chaque division, ainsi qu'il a été dit, faisant ensemble le nombre de dix-huit navires et de dix-huit brûlots, naviguaient un peu de l'avant, chaque partie de ce détachement à la tête de son escadre, de laquelle il était suivi. Ruyter avait exhorté en peu de paroles toute son armée à bien faire son devoir, et avait vivement remontré quelle était la conséquence du combat où ils allaient tous s'engager, et quelles en devaient être les suites, puisqu'il ne s'agissait pas de moins que du salut de la patrie, de la liberté des Provinces-Unies, des biens, du sang et de la vie de chaque particulier, et qu'il n'y avait que leur courage qui pût les garantir de l'injuste violence des deux rois qui les attaquaient. Après cela, sur les sept ou huit heures du matin, les deux armées ennemies s'engagèrent dans une terrible bataille. Ruyter, de qui l'escadre gouvernait sur l'escadre rouge, dit à son premier pilote: *Pilote Zeger, voilà notre homme,* montrant du doigt le duc d'York. Le pilote, ôtant son bonnet, répondit à la matelotte: *Monsieur, vous allez le rencontrer.* Et en disant cela, il arriva droit sur lui, jusqu'à une portée de mousquet. Alors l'amiral anglais vint lui prêter le côté, et lui envoya une bordée, à quoi le Hollandais répondit de toutes les siennes, ce qui couvrit l'air d'une si épaisse fumée, qu'il n'y eut plus moyen de rien apercevoir, le peu de vent même qu'il faisait étant tout à fait tombé dans ce moment-là, comme si c'eût été sous les coups qu'on avait tirés. Il est impossible de bien représenter ni même de s'imaginer toute l'horreur du combat qui suivit cette première décharge. *Les Sept-Provinces* et l'amiral anglais furent pendant plus de deux heures au côté et sous le feu l'un de l'autre, tant qu'ils en demeurèrent presque tout désemparés. Le canon de Ruyter fut si bien servi, que des mousquets n'eussent pu tirer plus vite, et qu'enfin, sur les neuf heures, le grand mât de hune du duc d'York fut abattu avec son pavillon rouge; et il aurait alors couru grand risque d'être abordé par des brûlots, si le calme ne les en eût pas empêchés. Il prit donc en cet instant le parti d'arriver et de se séparer de Ruyter; mais sa place fut bientôt remplie par plus d'un grand navire de son parti. Cependant il fut obligé de passer à bord du *Londres* et d'y faire transporter son pavillon, qui y fut arboré; mais, depuis, il ne se rapprocha plus de l'amiral de Hollande. A peu près en ce même temps, le capitaine Engel de Ruyter, qui combattait en son poste dans la division de son père, fut si fort blessé d'un gros éclat à l'estomac, que, deux ou trois jours après, il ne pouvait plus ni parler ni faire entendre aucune forme de voix. Ses lanternes à cartouches avaient été vidées et remplies deux fois pendant le combat. Il avait abattu ce jour-là le grand mât de hune d'un navire anglais, et avait eu onze hommes de morts à son bord et quinze de blessés, dont il y en avait dix qui l'étaient dangereusement. Il avait reçu six coups à l'eau; trois de ses canons avaient eu la bouche emportée, et son grand mât de hune aussi bien que sa vergue d'artimon étaient fort endommagés. Deux jeunes aventuriers des meilleures familles d'Amsterdam et un avocat de la même ville signalèrent, en cette occasion, et leur valeur et l'amour qu'ils avaient pour leur patrie. Ils s'étaient embarqués en qualité de volontaires avec un assez grand nombre de matelots qu'ils avaient levés à leurs dépens. Le premier, qui était Girard Hasselaar, issu de la généreuse famille des bourgmestres

Hasselaar, laissant à Amsterdam deux jeunes filles qui avaient déjà perdu leur mère, fille de Girard Hasselaar, bourgmestre et grand bailli, commandait, avec quarante matelots portant des bonnets à l'anglaise bordés de velours rouges, à bord du *Protecteur*, commandé par le capitaine David Swerius, dans l'escadre du lieutenant amiral Ruyter. Là, son zèle fut malheureusement éteint dans son sang; mais rien ne pourra jamais effacer l'éclat de la gloire qu'il s'est acquise en mourant ainsi au lit d'honneur pour sa patrie, et le coup de boulet qui le mit au tombeau servira du moins à faire vivre sa mémoire dans les cœurs de tous les véritables Hollandais. Le second, qui était Conrad de Heemskerk, fils du docte conseiller feu Jean de Heemskerk, et d'une sœur du bourgmestre Conrad Van Beuningen, si célèbre par son éloquence et par ses diverses ambassades, était, avec cinquante matelots portant aussi des bonnets à l'anglaise bordés de velours bleu, à bord du *Dauphin*, commandé par le lieutenant amiral Van Gent; et, après avoir donné de belles preuves de son courage, il revint heureusement sans avoir reçu aucune blessure. Le troisième, qui était Jean Bergh, avocat, issu d'une bonne famille de Naarden, mais habitant d'Amsterdam, et enseigne de la bourgeoisie, était, avec huit matelots portant des bonnets bordés de vert et de gris, à bord de *la Ville d'Utrecht*, vaisseau commandé par Jean Bont, dans la division du vice-amiral de Liefde. Celui-ci eut aussi l'avantage de survivre à une action si noble et si hardie, et le plaisir de raconter ensuite ce qu'il avait vu des particularités de la bataille. *Le ruart Corneille de Witt, qui avait été tourmenté de fluxions depuis qu'il était sur mer, ayant encore alors quelque incommodité à la jambe, fit porter un fauteuil de velours vert sur le haut de la dunette; et quand il était las d'être debout, il s'asseyait sur un coussin du même velours, où étaient les armes de l'état en broderie. Il se tint en ce lieu-là tout le jour, afin de voir ce qui se passait et d'observer la conduite et les actions de chaque particulier; mais, la fumée continuelle s'opposant à son dessein, à peine pouvait-il apercevoir jusqu'à la distance de la longueur d'un navire. Cependant il ne hasardait pas moins sa vie que le moindre matelot, et les boulets ne volaient pas moins autour de lui. Il avait dans ce temps-là pour hallebardiers douze* soldats vêtus de rouge doublé de jaune, qui sont les livrées de Hollande. Comme ils se tenaient proche de lui au haut de la dunette, près de la frise, il y eut un boulet de canon qui, venant siffler à ses oreilles, en abattit trois presque à ses pieds, et en blessa deux ou trois autres mortellement, à l'un desquels il emporta les deux jambes. Intrépide au milieu d'un si grand danger, Corneille de Witt dit sans s'émouvoir à de Vitt, gendre de Ruyter, capitaine des soldats qui étaient près de lui, qu'il eût à faire jeter à la mer les trois corps tout vêtus, ce qui fut à l'instant exécuté.

Il faut maintenant passer aux autres circonstances de cette mémorable bataille. Dès le commencement, le lieutenant amiral Van Nès, avec quelques vaisseaux de sa division, porta sur le vice-amiral et sur le contre-amiral de l'escadre rouge ; et en leur faisant sa décharge, il courut le même bord qu'eux au nord ; mais le calme devint si grand au parage où ils étaient, qu'ils ne faisaient que dériver les uns parmi les autres, et qu'il était impossible que les vaisseaux fissent assez de mouvements, ou pour s'écarter, ou pour avancer, ou pour reculer. Ainsi Van Nès et le vice-amiral de l'escadre rouge anglaise furent tout proches et flanc à flanc l'un de l'autre pendant une heure et demie, faisant un feu continuel, chacun sur son ennemi. Au même instant, Van Nès perdit de vue le capitaine Braakel, la fumée l'empêchant de plus rien voir tant soit peu loin de son bord ; et lorsqu'elle commença à se dissiper, il aperçut des vaisseaux coulés bas, ce qui lui fit soupçonner que celui de ce brave capitaine pouvait être de ce nombre. Le lieutenant colonel Palm et le contre-amiral Van Nès eurent le malheur de s'aborder alors, et ils dérivèrent ainsi engagés ensemble sans pouvoir se déborder à cause du calme, jusqu'à ce que Palm eût jeté l'ancre ; mais cette manœuvre les fit enfin séparer. Sur le midi, le *Royal-Catherine*, navire anglais, monté de quatre-vingts pièces de canon, et commandé par le capitaine Jean Chichely, fit chapelle à l'avant du lieutenant amiral Van Nès, sans pouvoir ni venir au vent ni arriver : ainsi ils dérivèrent longtemps l'un proche de l'autre en s'envoyant sans cesse leurs bordées. Alors un brûlot de la division de Van Nès se faisant nager vers l'anglais, celui-ci baissa l'enseigne de poupe et voulut se rendre. Cependant le feu prit au brûlot, et Van Nès, qui dérivait toujours, fut sur le point d'en être touché à l'arrière, et se vit dans un fort grand péril, le brûlot se trouvant entre lui et l'anglais ; mais, ayant fait tous ses efforts pour s'en éloigner, le brûlot vint enfin au côté de Chichely, auquel Van Nès tira quelques coups à l'eau. Chichely détourna aussi le brûlot, mais il n'en était pas moins sur le point de périr ; car ses sabords de tribord étaient déjà dans l'eau. Van Nès, qui s'en aperçut, envoya le capitaine Van Aarsen avec la frégate *l'Utrecht* et le commandeur Wynant Van Meurs avec l'yacht *le Rotterdam*, pour enlever l'équipage, et ensuite couler le vaisseau à fond ou le brûler. Ils y allèrent, et prirent une partie de l'équipage avec le capitaine. Cependant le lieutenant amiral Van Nès, ayant viré au sud, et s'étant de nouveau engagé avec les ennemis, ne sut point alors ce qu'était devenu le vaisseau de Chichely. Mais ensuite on apprit d'Angleterre que les Hollandais qui l'avaient abordé s'étaient tellement amusés au pillage, et si mal à propos oubliés eux-mêmes, ne gardant plus aucun ordre, que les Anglais, se servant de l'occasion, les attaquèrent, en tuèrent quelques-uns, reprirent le navire, et l'emmenèrent dans un de leurs ports. Jean Van Braakel, qui commandait *la Grande-Hollande*, et qui était, comme on l'a vu, l'un des six ordonnés pour se mettre un peu de l'avant de l'escadre de Ruyter, afin d'adresser chacun un brûlot, fit ce jour-là une action d'une hardiesse étonnante, telle qu'il ne s'était encore rien vu de pareil dans un combat, néanmoins sans ordre, et peut-être un peu contre l'ordre, mais pourtant d'une grande conséquence. Suivant les ordres prescrits, son rang était de combattre dans l'escadre de Ruyter, et dans la division de Van Nès, contre les vaisseaux de l'escadre rouge ; mais, au commencement du combat, s'étant écarté sur la droite avec le brûlot de Dirk Munnik, il porta le cap au nord, vers Montagu, amiral de l'escadre bleue, et gouverna droit sur lui sans tirer un seul coup, quoique quelques Anglais le canonnassent de toute leur force pour l'empêcher d'avancer. Montagu, de son côté, faisait des décharges si terribles pour le détourner, qu'il semblait que c'était une grêle de boulets et de chevilles de fer qui tombât, et que leur chute fît bouillonner et élever la mer comme si elle eût été remplie de baleines. Mais Braakel, nonobstant qu'on lui tuât beaucoup de ses gens, ne tira pas un coup qu'il n'eût abordé et accroché *le Royal-Jacques*, que montait Montagu, et qui avait fait ses décharges. Alors le hollandais lui envoya à son tour toutes ses bordées, qui tuèrent une multitude de gens et en blessèrent encore davantage, les blessés jetant des cris horribles. A l'instant, il se livra un combat épouvantable entre les deux ennemis, dont les forces étaient bien inégales : Braakel paraissait auprès de Montagu comme une barque auprès d'un gros navire; car son vaisseau ne portait pas plus de trois cents hommes et de soixante-deux pièces de canon, et l'amiral anglais portait mille hommes et cent quatre canons. Cependant le hollandais demeura une heure et demie à son côté, faisant un feu continuel, et le réduisant dans un tel état qu'il se serait rendu, comme son lieutenant le rapporta depuis, si le vaisseau de Braakel avait porté un pavillon. Il reçut à la vérité des gens frais, qui lui furent envoyés dans des chaloupes, et tâcha, en sautant à l'abordage, d'accabler son ennemi par le nombre; mais, quoique les Anglais fussent déjà sur le premier pont, les Hollandais ne tinrent pas moins ferme, et se défendirent d'en bas sans plier. Toutefois, le vaisseau fut percé de tant de coups, et ses agrès furent si incommodés, qu'il ne pouvait plus porter de voiles; outre cela, Montagu coula à fond deux ou trois brûlots qui arrivaient encore sur lui. Le ruart ayant vu que Braakel, au lieu de combattre près de Ruyter et de Van Nès, contre l'escadre rouge, était allé avec tant de témérité s'engager avec Montagu, s'irrita fort de ce mépris de ses ordres, exemple dangereux et qui est de la dernière conséquence dans les combats, et prétendit que cette action méritait châtiment, quoiqu'il ne laissât pas de l'admirer en elle-même et de la louer ; mais il eût souhaité qu'elle eût été faite contre le duc d'York, puisqu'alors, au lieu de devoir être punie ou vantée, elle n'aurait été digne que d'applaudissements et de récompense. Cependant l'escadre du lieutenant amiral Van Gent étant aussi entrée en action, il y eut d'autres vaisseaux qui tombèrent sur Montagu, ce qui l'obligea de redoubler ses efforts pour couper les amarres et se déborder de Braakel, à quoi ayant enfin réussi, le capitaine hollandais dériva tout désemparé; mais, quoique l'amiral anglais se fût dégagé de lui, il n'était pourtant plus en état de se défendre. Il ne laissa pas néanmoins de se maintenir, et de donner les dernières

preuves d'une valeur infortunée jusqu'à midi, que le vice-amiral Sweers, ayant cru l'aborder, vit que Jean Danielz Van den Ryn, commandant du brûlot *la Paix*, arrivait aussi sur lui ; et à cette vue, changeant de dessein, il se retira après lui avoir envoyé sa bordée, et laissa agir le brûlot, qui, jetant les grapins à ce superbe vaisseau, le réduisit aussitôt en cendres, spectacle également digne de la compassion des siens et de ses ennemis. Il brûla sans sauter en l'air, parce que Braakel l'avait percé de tant de coups que toute sa poudre était mouillée, et que, sans le brûlot, il était déjà près de couler bas. Les matelots se jetèrent à la mer à centaines, tâchant d'éviter le feu par l'eau. L'amiral Montagu voulut se sauver avec son fils dans la chaloupe ; mais la multitude des matelots qui s'y jetèrent en même temps la firent enfoncer, de sorte qu'il y périt misérablement avec son fils, ou, comme d'autres ont rapporté, avec ses deux fils. Telle fut la fin déplorable de ce comte, qui était vice-amiral d'Angleterre, vaillant, intelligent, civil, prudent, honnête dans ses manières et dans ses discours, et qui avait rendu de grands services à son roi, non-seulement à la guerre, mais aussi dans les affaires d'État et dans les ambassades. Son corps, qui flottait parmi les autres, fut pêché ; mais son visage, ses beaux cheveux et son estomac, hâves ou brûlés par le feu, le rendaient tellement défiguré qu'il n'était reconnaissable que par ses habits. Il fut porté à Londres, et inhumé avec toutes les cérémonies dues à son rang et à son mérite. Sa perte fut accompagnée de celle de plusieurs autres personnes de considération ; mais son capitaine, nommé Haddok, quoique blessé, se soutint à la nage, et fut retiré de l'eau. Son lieutenant fut aussi sauvé par la chaloupe du brûlot qui l'avait mis en feu, et mené encore avant midi à bord de Ruyter, qui lui fit donner des habits et le voulut faire descendre à fond de cale, afin qu'il ne lui arrivât plus aucun accident particulier ; mais il pria qu'on le laissât sur le pont, et qu'il pût voir ce qui se passerait, disant au lieutenant amiral : « Monsieur, c'est là se battre :
» il n'est pas encore midi, et cependant voilà plus d'expédition
» faite qu'il ne s'en fit en quatre jours, l'an 1666. » Il demeura sur le pont, n'étant point blessé. Pour le commandant Van den Ryn, de qui le brûlot avait mis le feu au vaisseau de Montagu, il reçut dans la suite avec son équipage six mille livres de récom-

pense. Le lieutenant amiral Van Gent, irrité contre les Anglais qui avaient demandé qu'il fût puni pour n'avoir pas voulu baisser pavillon devant l'yacht *le Merlin*, porta avec beaucoup d'ardeur sur l'escadre bleue, et perça au travers avec tant de courage, qu'il y jeta l'épouvante; mais une demi-heure après le commencement du combat, il fut malheureusement atteint d'un boulet qui lui ôta la vie, et priva les États d'un de leurs meilleurs officiers. C'est ainsi que mourut le vaillant Guillaume-Joseph baron de Gent, lieutenant amiral de Hollande sous le collége de l'amirauté d'Amsterdam, et côlonel du premier régiment des troupes de l'État, issu d'une noble famille de Gueldres, et qui comptait parmi ses ancêtres le fameux Martin Van Rossem, ce foudre de guerre, et parmi ses oncles, Walraven et Oton, barons de Gent, célèbres par leurs belles actions dans la guerre contre l'Espagne, mais particulièrement ce dernier, connu sous le titre de seigneur de Dieden, sous lequel il se signala à la prise de Wesel, l'an 1629. Notre Guillaume-Joseph, qui avait premièrement servi sur terre était devenu en fort peu d'années un très-excellent officier de mer, qui, d'abord en divers combats, sous les yeux du lieutenant amiral Ruyter, et ensuite depuis son avancement, avait donné des preuves extraordinaires de valeur et de prudence, surtout dans l'entreprise exécutée sur *le Medwei* près de Chatam; et qui, après cela, n'avait pas acquis moins de gloire dans une expédition qu'il avait faite contre les corsaires turcs, de sorte qu'on ne pouvait attendre que de grandes choses de lui. Sa perte fut d'autant plus sensible à tous ceux qui étaient affectionnés à la patrie, qu'il mourait presque à la fleur de son âge, et lorsqu'il était le plus en état de lui rendre service. Son corps fut envoyé en Hollande dans une galiote, où, après avoir été embaumé à La Haye, il fut porté à Utrecht, et enterré dans l'église cathédrale avec toutes les plus honorables cérémonies qu'on ait coutume de pratiquer. On lui a depuis élevé, aux dépens du public, un magnifique tombeau de marbre, où ses vertus et ses illustres faits, gravés en lettres d'or, doivent être, aux yeux de la postérité, autant d'aiguillons à la gloire.

» *Pour revenir aux circonstances de la bataille, dans le même temps que les escadres des deux lieutenants amiraux de Hollande s'étaient engagées avec les ennemis, celle du lieute-*

nant amiral Bankert avait de son côté mis le cap sur leur escadre blanche, composée principalement de Français, et le combat n'avait pas moins commencé rudement entre celles-ci ; mais le comte d'Estrées revira bientôt au sud, et, par ce moyen, il s'éloigna des Anglais. Bankert le suivit, et, faisant le sud comme lui, ils demeurèrent presque tout le jour engagés ensemble, les Français baissant toujours sous le vent, et Bankert chassant sur eux de toute sa force, sans toutefois remporter beaucoup d'avantages. Véritablement, quelques-uns ont dit qu'on avait coulé à fond un gros navire français ; mais je n'en ai trouvé aucune certitude. D'autres ont estimé que le but de la France n'avait été que de regarder de loin le combat pour conserver ses vaisseaux, en laissant les deux nations de l'Europe les plus puissantes sur mer consumer leurs forces et s'entre-détruire, afin de pouvoir mieux dans la suite venir à bout de leurs desseins. Cependant l'escadre rouge et celle de Ruyter continuaient à faire un feu épouvantable l'une sur l'autre ; mais enfin, faute de vent, on se trouva en état de ne pouvoir plus gouverner et de dériver les uns parmi les autres, si bien qu'à peine pouvait-on plus garder aucun ordre, et que les vaisseaux qui venaient à s'aborder s'incommodaient d'autant plus qu'il était impossible de changer assez promptement de bord. Il se fit alors des deux côtés des exploits dignes d'une éternelle mémoire. Un grand navire anglais monté de soixante-dix pièces de canon fut mis en feu par un brûlot, et deux autres furent coulés bas. On croit même qu'il en fut détruit davantage, et par le feu, et par l'eau ; mais je n'en puis rien dire de précis, parce que ceux qui ont fait le rapport, ayant été en différentes escadres, se sont quelquefois mépris dans la confusion du combat, et, brouillant leurs idées, ils ont attribué à un vaisseau ce qui était arrivé à un autre, ou ont fait deux divers récits touchant un même vaisseau ; il y eut neuf ou dix brûlots hollandais détruits ou brûlés sans avoir pu faire aucun effet : les coups d'un seul navire anglais en brûlèrent cinq ou six. *Le Josué*, monté par le capitaine Jean Dik, fut coulé à fond. *Le Stavern*, monté par le capitaine Elzevier, qui se défendit vaillamment, fut néanmoins pris. Après la mort de Van Gent, son navire, et par conséquent la plus grande partie de son escadre, puisque chaque escadre observe et suit son pavillon, tint le vent sans faire presque aucun mouvement, et sans porter comme auparavant sur l'escadre bleue des Anglais. Ce fut à la plupart de ceux-ci une occasion de se joindre à l'escadre rouge, et d'aller fondre en si grand nombre sur Ruyter qu'ils espérèrent l'accabler ; mais il ne tourna jamais la barre du gouvernail pour arriver devant l'ennemi, et le combat n'en devint que plus violent et plus opiniâtre. Ensuite Panhuis, capitaine des troupes se rendit à son bord ; et, ayant secrètement informé le ruart de la mort de Van Gent, il eut ordre de garder encore le secret, et de faire en sorte que, le même navire continuant à porter le pavillon d'amiral, on prît soin de le conduire avec tant de précaution, qu'on ne pût rien apercevoir du changement qui était survenu. Panhuis retourna donc à son bord avec cet ordre, et, à sa venue, il fit arriver de nouveau l'escadre de Gent sur les ennemis, et alors on vit redoubler la chaleur du combat. Au commencement, Ruyter avait gouverné au sud ; mais ensuite, les Anglais ayant viré au nord, Ruyter revira aussi ; et, ayant couru près de deux heures le même bord qu'eux, il les serra si fort contre le rivage, qu'ils furent contraints de revirer au sud ; ce qu'il fit aussi en même temps, courant si près de terre que, lorsqu'il fut un peu dégagé de la fumée qui l'environnait, il pouvait distinctement de son bord apercevoir les maisons et les hommes. Les Anglais, ayant porté le cap au sud, forcèrent de voiles pour gagner le vent de l'escadre de Ruyter, qui, voyant leur manœuvre, et s'apercevant de leur dessein, fit tous ses efforts pour conserver son avantage, fort satisfait de ce qu'en prenant cette route, ils lui donnaient moyen de s'approcher de Bankert et des Français, qui étaient fort éloignés vers le sud, et de combattre à une moindre distance du lieutenant amiral de Zélande, afin de lui pouvoir donner secours s'il en avait besoin. Ainsi il tint toujours le vent, et se servit de cet avantage autant qu'il put, mais beaucoup moins qu'il n'aurait fait si le calme ne l'en eût point empêché. Cependant on combattait sans relâche. Jean Herman, contre-amiral de l'escadre rouge, officier brave et courageux, fut longtemps, avec quelques autres des siens, au côté ou proche de Ruyter, faisant un feu furieux, à quoi le général ne manqua pas de répondre de même. Sur le soir, cinq Anglais de l'escadre bleue, ayant passé au vent de lui, firent mine de vouloir arriver sur son vaisseau avec deux brûlots, ne voyant plus auprès de lui que le capitaine Philippe Van Almonde et un senau : mais ils manquèrent de cœur ; car, quoiqu'ils eussent un vice-amiral parmi eux, tous les cinq mirent néanmoins en panne avant que d'être à la portée de son canon, au lieu de conduire les brûlots à son bord à la faveur de leurs décharges et de la fumée ; mais les brûlots, plus hardis, ne laissant pas d'arriver, Almonde et le senau, selon leur devoir, allèrent se mettre entre eux et l'amiral, qui n'eût pu s'empêcher d'en être abordé, n'ayant point de chaloupe pour aller les détourner, parce que les siennes avaient été toutes deux coulées à fond. A ce défaut, Almonde et le senau se mirent en état de lui rendre ce service ; mais, quelque résistance que ce brave capitaine fît de son canon et de sa chaloupe pour éviter lui-même le péril, il ne put empêcher que l'un des brûlots ne jetât les grapins à ses haubans d'artimon. On crut alors qu'il était perdu. Néanmoins, le feu ayant un peu couvé dans le brûlot, il eut encore le temps de couper ses haubans et de se déborder, en sorte que le brûlot, dérivant à son arrière, s'en trouva assez loin pour ne lui faire aucun dommage lorsqu'il commença à s'enflammer. L'autre brûlot, ayant vu ce qui s'était passé, ne fut pas aussi hardi que le premier : il fit le tour par l'arrière de Ruyter, et prit son cours vers le contre-amiral de l'escadre rouge, qui était encore sous le vent à lui. Les vaisseaux hollandais qui étaient au vent de Ruyter s'avançant alors pour le soutenir, le combat continua encore plus opiniâtrément qu'il n'avait fait. Cependant on vit de loin que l'escadre blanche du comte d'Estrées était descendue de plus de deux lieues sous le vent de celles des Anglais, et que l'escadre de Bankert, étant en bon état, lui donnait la chasse. Mais, comme dans les batailles navales on se bat en divers endroits, quelquefois en même temps, quelquefois en des temps différents, et que la fumée empêche souvent qu'on ne voie ce qui se passe, tellement qu'une escadre ou une division, la plupart du temps, ne sait pas en quel état est l'autre, il est presque impossible qu'on puisse rapporter nettement toutes les différentes circonstances de ce qui s'est passé en changeant de cours, en arrivant ou en revirant, et de ne pas placer quelquefois plus tard dans sa narration ce qui, en effet, est arrivé plus tôt, ou de ne pas raconter plus tôt ce qui est arrivé plus tard. On peut encore moins faire tout à la fois le récit de ce qui s'est passé en différents endroits dans un même temps, et c'est ce qu'on peut appliquer à l'ordre que je suis obligé de tenir en rapportant ici dans la suite les divers incidents arrivés en cette journée à la division du lieutenant amiral Van Nès.

» Lorsqu'après midi le général Ruyter eut porté le cap au sud, comme avaient fait les Anglais, le vent commença un peu à fraîchir de l'est-nord-est, et alors le lieutenant amiral Van Nès fit enverguer un nouveau hunier à la place du premier, qui avait été emporté de la vergue et déchiré du haut en bas. Au même temps, ayant vu le capitaine Braakel entièrement désemparé, il donna ordre au capitaine Aarsen, qui était revenu avec sa frégate auprès de lui, d'aller remorquer du milieu des ennemis jusqu'en Zélande. Ce vaillant capitaine avait à son bord cent cinquante morts ou blessés, et était blessé lui-même, outre que tout était presque brisé dans son vaisseau. Le capitaine Nicolas Boes, qui montait *le Jaasveldt*, ayant perdu son grand mât et son mât de misaine, demanda à Van Nès ce qu'il ferait. Le lieutenant amiral lui répondit qu'il devait faire tous ses efforts pour s'écarter de l'ennemi. Il pria qu'on le remorquât. Van Nès lui dit qu'il fallait qu'il se tirât d'affaire lui-même, parce qu'il n'y avait plus de frégate dans sa division pour lui donner. A l'instant, quelques Anglais vinrent passer devant Van Nès et devant les autres vaisseaux hollandais qui étaient avec lui, sur lesquels ceux-ci ayant fait un grand feu, ils en abordèrent un qui baissa aussitôt le pavillon; mais il ne fut point emmené dans les ports des Provinces-Unies, soit qu'il fût brûlé, ou abandonné, ou repris. Van Nès, après avoir encore un peu attendu les Anglais, eut le duc d'York à son arrière; et en même temps le vice-amiral avec le contre-amiral de l'escadre rouge, étant au vent avec lui, ils s'avancèrent aussi à son côté à la portée du canon, et lui envoyèrent leurs bordées. Le lieutenant amiral hollandais n'avait que six ou huit vaisseaux avec lui, outre le vice-amiral Sweers, qui était un peu de l'avant, et qui gouverna alors sur les Anglais en tâchant de regagner le vent; mais, n'ayant pu y réussir, il revira sur le même lieutenant amiral Van Nès. Il y eut un grand navire ennemi fort désemparé, qui, ayant tourné pour prendre vent en poupe, se rendit par ce moyen derrière l'escadre anglaise. Cependant, la fumée ayant commencé à se dissiper, Van Nès, avec ce qu'il avait de vaisseaux, vit Ruyter et le navire de Van Gent au vent qui baissaient vers eux, et en ce moment les Anglais arrivèrent un peu; alors Van Nès vira au nord, et monta au vent des ennemis, qui se tinrent sous le vent de ses vaisseaux à son arrière. Ainsi, s'étant avancé jusqu'à l'escadre de Van Gent, il mit aussitôt le cap au sud, et alla de nouveau aux ennemis, faisant un feu terrible sur les vaisseaux de l'escadre rouge qui étaient demeurés sous le vent à lui. Au même instant, il vit le général Ruyter de l'arrière sous le vent, qui n'était accompagné que de deux où trois vaisseaux, l'armée n'ayant pu s'empêcher de s'écarter fort par le calme, et sur lequel portait l'escadre bleue anglaise, dont le contre-amiral était déjà à son côté. Alors Van Nès, ayant fait vent en poupe, arriva sur l'arrière de l'escadre bleue, et lorsqu'il en fut proche, il se fit un grand feu de part et d'autre. Van Nès envoya deux fois toute sa bordée au contre-amiral, ce qui obligea les ennemis de se retirer, et de tourner à l'arrière de Ruyter. Dans ce même moment, le vice-amiral de l'escadre bleue était un peu au vent, avec six ou sept vaisseaux qui arrivèrent sur le contre-amiral Van Nès, lequel était tout à fait désemparé. Le lieutenant-amiral son frère, le voyant en ce péril, porta vite sur les Anglais, et courut à son secours. Aussitôt ceux-ci remirent au plus près du vent, et le navire du contre-amiral Van Nès ayant été mené au gros de l'armée, fut de là remorqué en Zélande; mais pour le contre-amiral, il passa au bord du capitaine Laucourt, où il continua à donner des preuves de son courage. Au même temps, le navire de Van Gent et d'autres de son escadre s'étant rendus auprès de Ruyter, l'escadre rouge des Anglais changea de bord et prit son cours au vent de Van Nès; et l'escadre bleue qui était sous le vent à lui, porta aussi le cap au nord, et alla se joindre aux autres Anglais qui s'étaient tenus au vent de lui. Toutes les escadres de Ruyter, Van Nès et Van Gent se rejoignirent aussi, comme il a été remarqué ci-dessus, et firent le sud. Les Anglais ayant donc pris leur cours vers le nord, la nuit qui survint termina cet opiniâtre combat. Le lieutenant amiral Bankert, qui s'était attaché à l'escadre blanche et qui lui avait donné la chasse, se rendit dès le même soir avec la sienne sous le pavillon. Il avait été blessé à la jambe, et il fut contraint de garder le lit pendant quelques jours. C'est ainsi que cessa l'effusion du sang qui se fit en cette cruelle journée, de laquelle dépendait la destinée des Provinces-Unies. Le général Ruyter déclara qu'*il s'était trouvé en beaucoup de batailles, mais qu'il n'en avait jamais vu de si terrible, ni qui eût duré si longtemps.* Le lieutenant du feu amiral Montagu, qui, après la perte de son navire, ayant été mené à bord de Ruyter, avait vu de ses propres yeux tout ce qui s'était passé jusqu'à la nuit, ne pouvait se lasser d'admirer la conduite et la valeur de cet illustre amiral. Je sais même d'un témoin oculaire, qui mangea au soir avec ce lieutenant et avec d'autres officiers du vaisseau, que, lorsqu'on vint à parler de Ruyter, l'Anglais ne put s'empêcher de le louer hautement, et de leur dire enfin à tous, comme ravi en admiration : « Oui, c'est cela un amiral ; » c'est un amiral, un capitaine, un pilote, un matelot, un sol- » dat. Oui, cet homme-là, ce héros, est tout cela ensemble. » On a dit qu'en cette journée son navire seul avait employé vingt-cinq milliers de poudre, et qu'il avait tiré près de deux mille cinq cents coups de canon; aussi demeura-t-il fort incommodé en ses mâts, en ses vergues et en ses voiles, ayant même quelques coups à l'eau. Il y avait à son bord trente hommes de morts et autant de dangereusement blessés, dont la plupart avaient perdu les bras ou les jambes, outre plusieurs autres blessés qui n'étaient point en danger. Il y eut un certain matelot dont le bras venait d'être emporté sur le gaillard d'avant, qui, étant descendu seul au bas, vite comme le vent, et venant à la cuisine où il y avait presse pour faire entrer les blessés, cria d'une voix ferme et d'un courage qui ne l'était pas moins : « Faites place ! A quoi vous amusez-vous ici? quand même on » aurait emporté la tête à un pauvre homme, à peine seriez-vous » prêts à lui donner la main. » Et en disant cela, il se lança tout d'un coup au-dedans. Pour le nombre des morts et des blessés qui étaient sur les autres vaisseaux, comme je n'en ai point trouvé de mémoires, je ne puis aussi le marquer ; du moins il est certain que, hormis Van Gent, il y eut très-peu de capitaines et de gens remarquables tués parmi les Hollandais. Du côté des Anglais, outre l'amiral Montagu, on perdit près de dix-huit capitaines ou chevaliers et gens de qualité ; il y en eut dix-neuf de dangereusement blessés, et le nombre des matelots blessés ou morts fut de deux mille cinq cents hommes. Outre cela, on fit sur eux quantité de prisonniers, qu'on sauva tant du navire de Montagu que des autres qui furent brûlés ou coulés à fond, et qui, ayant été d'abord distribués sur les vaisseaux, furent ensuite envoyés en Hollande. Parmi les Hollandais, plusieurs d'entre leurs navires qui avaient été le plus longtemps et le plus avant dans la mêlée, se trouvèrent fort endommagés, particulièrement *le Dauphin*, que montait le feu lieutenant amiral Van Gent ; *l'Éléphant*, que commandait le vice-amiral Sweers, et beaucoup d'autres.

» Le général Ruyter, qui aurait bien voulu pousser plus loin l'avantage qu'il avait déjà eu, fit toute la nuit, avec son armée, le sud-sud-est par un vent d'est, afin de rejoindre au matin les ennemis.

» Cependant tous les vaisseaux furent occupés à épisser les cordages, à étancher les voies d'eau, à emplir des gargousses, et enfin à se préparer à un nouveau combat. Dans la même nuit ou à la pointe du jour, *le Westergo*, monté par le capitaine Y. de Hilkes Kolaart, sauta par sa propre poudre, le feu y ayant pris par malheur ou par négligence ; mais, comme le feu y avait couvé quelque temps avant qu'il sautât, le lieutenant, le pilote et près de quatre-vingts hommes eurent le loisir de se jeter dans un petit bâtiment qui les alla prendre, et ils furent distribués sur les vaisseaux de Frise. Le jour suivant, le ruart et le général parurent résolus à retourner au combat, et à aller attaquer de nouveau les armées ennemies, qui, en changeant de bord, avaient gagné le vent. Le vice-amiral Sweers eut ordre, par manière de provision, de tenir la place de Van Gent, et d'arborer le pavillon au grand mât pour commander l'escadre comme lieutenant amiral. On fit en même temps passer le contre-amiral de Haan à bord du *Dauphin*, où il devait mettre le pavillon de vice-amiral ; et le capitaine Jacques Van Meeuwn fut établi contre-amiral de la même escadre. A la pointe du jour, Ruyter découvrit les Anglais, forts de près de cinquante voiles, droit au nord-ouest, à trois lieues de lui. Sur les huit ou neuf heures, ayant viré au nord, il vit peu après toute l'armée royale au nord de la sienne, forte d'environ cent voiles. Vers les onze heures, il revira à l'est-sud-est par un vent frais d'est-nord-est, et navigua ainsi tout le jour à une lieue des ennemis, qui, étant toujours au vent et éloignés des Hollandais, continuaient à courir le même bord qu'eux, sans vouloir arriver ou sans l'oser. Il sembla néanmoins, sur les quatre heures du soir, que les deux armées ennemies allaient s'engager; mais il se leva une brume épaisse qui les fit encore plus éloigner l'une de l'autre. Sur les six heures, l'air s'étant éclairci, on revit les Anglais et les Français bien loin au vent, sans se mettre en devoir de s'approcher des Hollandais, qui avaient fait tous leurs efforts pour les joindre. Ainsi ils continuèrent tous à courir le même bord jusqu'à neuf heures du soir, que les ennemis revirèrent; mais Ruyter courut toujours au sud-sud-est jusqu'à minuit, qu'il porta le cap au nord-nord-ouest jusqu'au lendemain. Cette seconde journée fit voir clairement à qui appartenait l'honneur de la première, et de quel côté avait été l'avantage, ou du côté des Hollandais, qui avaient de nouveau recherché le combat avec tant d'ardeur, et qui y avaient si hautement provoqué leurs ennemis, ou de celui des Anglais et des Français, qui avaient évité avec tant de soin la rencontre de ceux qui les poursuivaient. Pendant qu'on donnait ainsi la chasse à l'armée royale, Ruyter, ayant remarqué que l'escadre de Bankert et celle de Sweers étaient un peu trop loin de la sienne, et que tous leurs vaisseaux en général s'étaient trop étendus, et en ayant averti le ruart, on envoya un petit bâtiment leur porter un ordre par écrit de se resserrer un peu, afin que les ennemis ne prissent pas occasion de percer au milieu d'eux et de les couper; que si néanmoins les ennemis en venaient à bout, l'un des deux, soit Bankert, soit Sweers, c'est-à-dire celui qui se trouverait le plus proche d'eux, porterait sur eux avec son escadre, dans l'espérance qu'on pourrait se rallier pour se soutenir, et qu'on pourrait encore remporter quelque avantage ce jour-là ou le lendemain. Le même jour, le capitaine Adrien Teding Berkout, qui commandait *le Lion-Rouge*, monté de quarante-quatre pièces de canon, venant du quartier du nord, se rendit sous le pavillon, aussi bien qu'un brûlot qui venait de la Meuse. Le matin du 9 juin, un peu avant le jour, Ruyter revira à l'est-sud-est, et courut grand risque de voir tomber ses mâts, tant ils avaient été percés dans la précédente bataille. Ensuite le ruart et lui jugèrent à propos de faire prendre à l'armée son cours vers la Zélande, pour deux raisons principales : la première, parce qu'il y avait plusieurs vaisseaux à qui il ne restait que très-peu de poudre et de boulets, et qu'on pouvait leur en envoyer là fort facilement ; la seconde raison, afin qu'on pût livrer la bataille sur les côtes de l'État, ce que Ruyter et les autres officiers généraux tenaient pour un grand avantage, parce que, lorsqu'on était proche de celles d'Angleterre, les vaisseaux qui se trouvaient désemparés ne pouvaient se retirer qu'avec beaucoup de péril et avec le secours d'un ou de deux autres, dont par ce moyen l'armée se trouvait encore affaiblie ; au lieu que tous ces inconvénients étaient beaucoup moindres lorsqu'on était proche de ses propres côtes. Sur les sept heures, on laissa tomber l'ancre, et chacun s'occupa à jumeller, à surlier et à roster ses mâts et ses vergues, à épisser les cordages, et à préparer tout ce qui était nécessaire. Les ennemis étaient alors à quatre lieues nord-nord-ouest des Hollandais, sur lesquels ils pouvaient arriver vent arrière tandis qu'ils étaient à l'ancre ; mais il parut bien en ce moment que ce n'était pas ce qu'ils cherchaient. Après cela, l'armée des États vint ancrer au nord-nord-ouest de l'île de Walcheren, Westcapel lui demeurant à quatre lieues sud-sud-est. Le 10, on envoya les blessés aux hôpitaux de Flessingue, de Middelbourg et de Veere. Le même jour, le capitaine Jacques Willemsz Broeder arriva du Texel avec la frégate *Edam* pour se joindre à l'armée ; et le vice-amiral Sweers fit entrer son vaisseau, *l'Eléphant*, à Flessingue pour boucher ses voies d'eau, et par la même raison, celui du feu lieutenant amiral Van Gent entra ensuite dans la passe. A l'égard des autres, on s'employa continuellement pendant quelques jours à rétablir ce qui était incommodé et à tenir tout paré. On détacha trois frégates, sous les capitaines Broeder, Tyloos et Valk, pour croiser depuis l'armée jusqu'à la Meuse, et jusqu'au milieu de la mer entre la Meuse et l'Angleterre ; et trois senaus pour croiser depuis la Zélande jusqu'au milieu de la mer, entre la Meuse et Olphernes, et de là vers South-Bay, et de South-Bay jusqu'à l'embouchure de la Tamise, pour revenir ensuite à l'armée faire le rapport de ce qu'ils auraient découvert, afin d'apprendre par ce moyen en quel parage seraient les ennemis. Depuis, on envoya encore tour à tour d'autres frégates et d'autres bâtiments à la découverte. Le 12, il survint un gros temps, et deux vaisseaux ayant perdu, l'un son beaupré et son mât de misaine, et l'autre son grand mât, on les fit entrer dans le Wielingen, au-dessus de Flessingue, jusqu'au Flaak, pour les faire remâter. »

On va maintenant extraire de ces différentes relations les passages relatifs à un fait non pas nouveau dans la politique de Louis XIV, c'est-à-dire relatifs à un nouveau déni de secours tout à fait semblable à celui de 1666 ; car en 1672, comme en 1666, Louis XIV préférait laisser ses vaisseaux en sûreté, pendant que ses alliés et ses ennemis s'entre-détruisaient.

Voici l'extrait de la relation hollandaise :

« Pour en revenir aux circonstances de la bataille, dans le même temps que les escadres des deux lieutenants amiraux de Hollande s'étaient engagées avec les ennemis, celle du lieutenant amiral Bankert avait de son côté mis le cap sur leur escadre blanche, composée de Français, et le combat n'avait pas moins rudement commencé entre celles-ci ; mais le comte d'Estrées revira bientôt au sud, et par ce moyen il s'éloigna des Anglais. Bankert le suivit, et faisant le sud comme lui, ils demeurèrent presque tout le jour engagés ensemble, les Français baissant toujours sous le vent, et Bankert chassant sur eux de toute sa force, sans toutefois remporter beaucoup d'avantages. Véritablement, quelques-uns ont dit qu'on avait coulé un gros navire français à fond ; mais je n'en ai trouvé aucune certitude. D'autres ont estimé que le but de la France n'avait été que de regarder le combat, pour conserver ses vaisseaux, en laissant les deux nations de l'Europe les plus puissantes sur mer consumer leurs forces et s'entre-détruire, afin de pouvoir dans la suite venir à bout de ses desseins. »

Cette autre est extraite des *Annales des Provinces-Unies*, t. II, p. 206 (par Basnage).

« Après avoir rapporté ce qui se passa à la division de Ruyter, voyons ce que firent les autres. Bankert, amiral de Zélande, courut moins de péril, parce qu'il eut affaire aux Français, qui, selon toutes les apparences, avaient les ordres secrets d'être spectateurs du combat, et de n'y entrer pas. En effet, le comte d'Estrées revira d'abord au sud, ce qui l'éloigna des Anglais, et Bankert, qui le suivait, fut réduit à faire des décharges qui emportèrent seulement un officier de distinction, et percèrent tellement un vaisseau français, qu'il coula bas. Sur le soir, le comte d'Estrées mit toutes ses voiles afin d'entrer promptement dans le canal. L'intérêt de la France demandait qu'elle laissât affaiblir les deux puissances maritimes qui pouvaient lui nuire : elle s'embarrassait peu du reproche qu'on pourrait lui faire d'avoir manqué aux engagements d'un nouveau traité, pourvu qu'elle en tirât cet avantage. »

Ce qui suit est extrait de la relation originale et autographe de d'Estrées, déjà citée :

« L'aile hollandaise qui était opposée à l'escadre française tint le vent davantage, et courut un bord différent du reste de son armée. »

Plus loin :

« Pour les Français, dans le même temps que les ennemis commencèrent le combat du côté de l'escadre rouge et bleue, les Zélandais qui leur étaient opposés commencèrent aussi à les canonner ; mais, soit qu'ils n'eussent pas résolu de les enfoncer, *ou qu'ils eussent ordre d'en user ainsi,* ils tinrent le vent le plus qu'il leur fut possible à une distance raisonnable pour canonner. »

Plus loin, enfin :

« Soit que l'amiral zélandais ne voulût faire qu'une tentative, ou bien qu'il crût qu'on n'en était pas étonné, ou bien qu'il eût *un ordre d'en user ainsi,* la dernière fois il changea de bord, et se retira vers son amiral. »

Enfin, dans la relation du duc d'York, on lit :

« Malgré les ordres que j'avais donnés, l'escadre française et l'escadre zélandaise qui lui était opposée gouvernaient vers le sud, et étaient amurées à bâbord dès le commencement du combat, tandis que le duc et le comte de Sandwich se tenaient orientés au plus près du vent, les amures à tribord. »

Enfin, dans le cas où ces éclaircissements ne seraient pas suffisants, voici une lettre des plus explicatives, écrite par M. le marquis de Grancey, un des meilleurs officiers de l'armée.

Il est impossible de dire avec plus d'esprit et de malice ce qu'on a fait et ce qu'on aurait dû faire ou ne pas faire dans cette occasion.

Cette lettre est adressée à Colbert :

« Monseigneur,

» Je laisse à beaucoup d'autres qui ont l'esprit mieux tourné que moi à la relation, à vous faire la description d'un grand combat ; pour moi, je m'attendais bien d'entrer en danse, quoique le dernier de la ligne, et de parvenir à la plus forte mêlée ; *lorsque, contre l'attente de tous les gens du métier, M. le vice-amiral, au lieu de suivre M. le duc d'York, qui courait au nord, mit à l'autre bord pour venir escarmoucher contre l'escadre de Flessingue, qui avait reviré probablement pour nous amuser. L'on escarmoucha d'assez loin pour que j'aie regret à dix-huit cents coups de canon que je tirai pour faire comme les autres. Nous fîmes quantité de petites bordées, tout ainsi comme si nous eussions été de l'escadre de Flessingue, revirant avec eux. Bien des gens croient que si nous eussions couru un bon bord, que nous les eussions mis plus proche de nous ; mais pour moi, monseigneur, je suis de ces gens qui ont foi pour les généraux et leur capacité dès qu'il est écrit et signé Louis ; et ce que les autres attribueraient à une grande faute dans le métier, j'aime mieux l'attribuer à quelque ordre secret, ou à quelque délicatesse du métier, qui passe ma capacité et douze ans d'expérience que j'ai à la marine.*

» C'est de la bonté que vous m'avez promise, monseigneur, que j'espère qu'elle ne me sera pas inutile. J'espère, par votre moyen, aller un peu plus vite que je n'ai été, si ce pauvre Désardans, qui n'a qu'une jambe à cloche-pied, allait passer devant moi, sans passer plus outre, je m'asseyerais là, quitterais mon épée, prendrais une plume, et j'écrirais sous un de vos commis jusques à la consommation des siècles, pour ne vous être pas inutile, ayant fait vœu d'être toute ma vie, etc.,

» Le marquis DE GRANCEY. »

(*Lettres de Colbert, Bib. roy., Mss.*)

Voici enfin les dépêches de Colbert de Croissy.

DÉPÊCHE DE COLBERT DE CROISSY A COLBERT.

« A Londres, ce 13 juin 1672.

» Je ne doute pas que vous ne soyez dans une grande impatience de recevoir une relation exacte de ce qui s'est passé dans le combat de nos flottes avec les Hollandais; mais cependant je ne puis rien vous écrire de plus certain par cet ordinaire que par ma précédente, n'ayant reçu encore aucune lettre de M. le comte d'Estrées; et comme j'apprends que M. le duc d'York a fait défense dans toute la flotte d'écrire, je crois que l'on pourrait bien avoir ôté en même temps le moyen à M. le comte d'Estrées de me faire savoir de ses nouvelles, ayant trop de preuves de son exactitude pour douter que, dans une occasion aussi importante, il n'eût informé le roi et vous de ce qui s'est passé; et peut-être l'aura-t-il fait directement par Dunkerque ou Calais, M. le duc d'Elbeuf ayant envoyé, à ce que j'apprends, un petit bâtiment vers la flotte pour en savoir des nouvelles. J'ai aussi envoyé un de mes gens vers lui avec milord Clifford; mais, comme l'yacht qui les porte a toujours eu le vent contraire, je n'espère pas sitôt de réponse à mes lettres. Le roi d'Angleterre reçut encore hier une lettre de M. le duc d'York; mais il l'a tenue si secrète, que je n'en ai pu savoir le contenu; et milord Arlington m'a seulement dit qu'elle n'ajoutait rien à la précédente, dont je vous ai écrit la substance, sinon que M. le duc devait aujourd'hui assembler tous les pavillons, et faire avec eux une relation du combat, que l'on devait recevoir aujourd'hui; si j'en puis avoir copie, je ne manquerai pas de vous l'envoyer. *Cependant, comme les bons rapports que l'on avait faits de notre escadre ont irrité ceux qui voient avec regret la bonne union de la France avec l'Angleterre, ils commencèrent hier à débiter dans la Bourse des nouvelles toutes contraires* aux premiers avis, disant que les Français n'avaient point combattu, et qu'ils étaient cause de tout le mal que la flotte anglaise a souffert; et quoique le roi d'Angleterre continue à s'en louer, néanmoins ceux de sa cour tiennent le même discours qu'à la Bourse, ce qui augmente l'impatience que j'ai d'en voir une relation véritable.

» M. des Rabesnières est arrivé à Chatam fort blessé, et son vaisseau, qui a échoué au Midelgronde, a été relevé, et a besoin d'un fort grand radoub, pour lequel M. de Vauvré est parti ce matin; et je fais prier par lui ledit sieur des Rabesnières de venir prendre une chambre chez moi, s'il est en état de souffrir le transport par terre ou par eau; j'ai dit aussi audit sieur de Vauvré de savoir de lui s'il est en état de parler de tout ce qui s'est passé, et de vous en envoyer une relation.

» Comme j'envoie un courrier à M. Le Tellier pour lui porter un mémoire par lequel je rends compte au roi de quelques affaires de conséquence dont le roi d'Angleterre et milord d'Arlington m'ont entretenu, et que je n'ose pas envoyer directement à Sa Majesté, parce qu'elles sont d'une nature à être examinées à Saint-Germain, et qu'aussi ledit mémoire pourrait être pris par les ennemis, je me sers de cette occasion pour vous informer que, dans les mêmes conférences que j'ai eues avec le roi d'Angleterre, il m'a dit que, *comme les flottes avaient couru beaucoup de risques cette année dans leur jonction à Portsmouth, et qu'il y avait à craindre que les Hollandais ne fussent encore plus diligents que nous l'année prochaine à mettre en mer, il croyait que le plus sûr parti que l'on pourrait prendre était de faire hiverner l'escadre de France dans les ports d'Angleterre, et de renvoyer les équipages en France pour retourner à la fin de mars, lorsque les vaisseaux seraient radoubés. Je lui ai dit toutes les raisons qui me font juger que la chose n'est pas praticable, et en d'autres que tous les meilleurs charpentiers calfats et autres ouvriers étant employés aux radoubs de ses vaisseaux, nous n'en trouverions que de fort ignorants et beaucoup plus chers que ceux que nous avons en France, où les magasins sont déjà pourvus de toutes les choses nécessaires pour ledit radoub; mais enfin, sans vous faire le détail de ce que j'ai dit, et qui m'a été répondu, je crois que la raison dont je ne me suis pas expliqué vous touchera aussi bien que moi plus que toutes les autres, qui est, qu'il n'est pas de la prudence d'abandonner les vaisseaux du roi désarmés, pendant tout l'hiver, dans les pays étrangers; quelque sujet que nous ayons de nous louer de la bonne foi dudit roi, ainsi qu'il m'ait dit qu'il fallait s'assembler pour ce sujet, je m'en tiendrai toujours aux raisons que j'ai eues de refuser ce parti.*

» Pour ce qui regarde le combat, je crois que vous jugez assez, par les précautions que l'on prend pour empêcher que les relations ne nous en viennent, que nos flottes ont été surprises par les ennemis, et que, quand même nous n'y aurions perdu que *le Royal-James*, qui était le plus beau vaisseau de l'Angleterre, néanmoins, comme il y en a déjà huit de retournés, tous brisés de coups, et qu'apparemment il y en a encore beaucoup d'autres dans la flotte, les ennemis ont toujours l'avantage, quand ils auraient fait plus de pertes que nous, d'avoir assuré le retour de leur flotte des Indes, en nous faisant perdre un temps considérable à faire radouber nos vaisseaux; et, comme le roi d'Angleterre est averti qu'ils ont environ trente vaisseaux tous prêts à sortir, et remplacer par ce moyen ceux qui sont hors de service, il juge, avec raison, que nous devons de part et d'autre mettre toutes pierres en œuvre pour fortifier puissamment notre flotte. Il va faire partir pour ce sujet trois vaisseaux du port de Portsmouth, où l'on travaille en toute diligence à mettre aussi ceux de la Tamise en état d'aller joindre la flotte; il souhaiterait aussi que Sa Majesté voulût bien fortifier son escadre des vaisseaux qu'elle a à l'entrée de la Manche, disant qu'il y va de la gloire des deux couronnes de faire les derniers efforts pour remporter au plus tôt un avantage considérable sur les ennemis; et, en cela, je suis fort de son sentiment. Il dit aussi que, quand il vous restera une ou deux petites frégates qui croiseront la Manche et s'entendront avec les siennes pour la sûreté des marchands, cela suffira; et vous considérerez aussi que les mêmes vaisseaux que Sa Majesté enverrait à M. le comte d'Estrées pourront servir, après la première occasion de combattre, à aller quérir nos vivres à Dieppe et au Havre, et les escorter jusqu'à la flotte; enfin vous jugez assez de quelle conséquence il est de fortifier incessamment notre escadre, et j'espère que vous serez d'avis de faire toutes choses possibles pour cela, et que vous pousserez incessamment la levée de sept à huit cents matelots, qui sont à présent nécessaires pour remplacer les malades et blessés, qui, je crois, auront été portés dans les ports de France, n'ayant pas appris qu'il en soit arrivé en Angleterre. Vous pourrez faire embarquer lesdits matelots sur les vaisseaux de guerre que l'on vous demande, au cas que vous jugiez à propos de les envoyer. Il vous plaira aussi faire partir les doubles chaloupes qui nous sont nécessaires contre les brûlots ; et enfin je crois qu'il est besoin de faire connaître dans cette occasion au roi d'Angleterre que l'on se porte avec chaleur à le secourir, et que l'on n'épargne point la dépense pour cet effet.

» Je vous envoie la lettre que M. de Vauvré m'écrit de Chatam, où il a laissé M. des Rabesnières fort blessé, et son vaisseau n'est point encore revenu, ce qui m'inquiète fort.

» *Les rapports que le sieur Schmit, capitaine anglais, a faits à son retour, et quelques lettres qui sont venues de la flotte, sont fort désavantageuses à l'escadre de Sa Majesté ; et présentement toute la cour et toute la ville sont persuadées que la plupart de nos vaisseaux n'ont point combattu, et que les autres n'ont fait qu'escarmoucher contre quelques vaisseaux zélandais détachés pour les amuser. On dit même qu'ils n'ont fait que ce à quoi on se devait attendre, et cent autres sottises qui vont être des semences de divisions auxquelles il sera très-difficile de remédier, quoique le roi d'Angleterre et milord d'Arlington y fissent tout leur possible. Il y a même ici des gens du conseil dudit roi qui ont dit qu'il fallait qu'il fît la paix avec les Hollandais, et qu'il se raccommodât avec son parlement, en lui faisant quelque excuse sur ce qu'il a entrepris sans l'assembler. Enfin tout ce qu'il y a de gens contraires aux desseins du roi d'Angleterre, qui sont en beaucoup plus grand nombre que les autres, triomphent à présent, et le petit peuple crie fort contre les Français.*

» En vous écrivant ceci, milord d'Arlington est entré chez moi avec une contenance assez embarrassée, et qui m'a fait d'abord juger de sa proposition, qui est que je savais assez combien le roi son maître s'était épuisé de finances et de crédit dans l'armement de sa flotte, et qu'en effet, *il ne lui restait à présent* aucun moyen de la remettre en état d'aller chercher les ennemis, à moins que je ne voulusse par mon crédit lui faire trouver jusqu'à vingt mille livres sterling. Je lui ai dit qu'il ne m'en restait pas deux pour le radoub de notre escadre, et que tout ce que je pouvais faire, ce serait d'avertir le roi et vous de leurs nécessités par un courrier exprès ; mais, après m'avoir fait connaître qu'elles étaient pressantes, pour ne souffrir aucun délai, et sachant d'ailleurs l'extrémité où est à présent ledit roi, à n'en pouvoir douter, je me suis résolu d'employer tout mon crédit, et d'envoyer chez tous les marchands français pour trouver au moins jusqu'à dix mille livres sterling, et au-delà même si je puis. Ce n'est pas que je n'aie considéré le mal qui me pourrait arriver de faire cette avance sans l'ordre du roi ; mais, comme je pourrais bien ruiner entièrement les affaires de Sa Majesté en ce pays si je ne donnais promptement ce secours, qui n'est qu'une avance sur ce qu'elle doit payer au mois d'octobre, j'ai cru qu'elle ne le trouverait pas mauvais. Si vous êtes du même sentiment que moi, j'espère que vous voudrez bien ordonner à M. Formont d'écrire au sieur Carbonel de faire en sorte d'achever cette partie au plus tôt. Je suis, avec respect, tout à vous.

» COLBERT. »

« Je rouvre ma lettre pour vous dire que M. de Blanquefort vient d'arriver, qui a apporté au roi des lettres de M. le duc, qui est rentré avec toute la flotte dans la Tamise, et m'a dit que le vaisseau de M. des Rabesnières est à présent à Sheerness en toute sûreté. M. de Blanquefort a dit tout haut au roi que l'escadre de France avait fait des merveilles, et que si quelqu'un avait dit le contraire, M. le duc serait le premier à l'en démentir. Le roi a fort appuyé ce qu'a dit ledit sieur de Blanquefort, ce qui a bien mortifié un milord qui était l'auteur de la calomnie ; et il a aussi approuvé la proposition que j'ai faite que ceux qui nous blâment veuillent bien aller sur nos vaisseaux pour observer de quelle manière on s'y gouvernera dans le premier combat, qu'on leur y ferait bonne chère, et qu'ils pourraient parler plus pertinemment à leur retour. J'espère que ces médisants se tairont dorénavant. Ledit sieur de Blanquefort m'a dit que M. le duc avait envoyé à Calais une relation pour Sa Majesté, de ce qui s'est passé au combat, et que M. le comte d'Estrées avait écrit par la même voie : ainsi il ne reste plus qu'à se radouber et à se préparer pour un autre combat. Je m'en vais demain avec le roi d'Angleterre pour voir la flotte et visiter nos blessés, entre autres MM. des Rabesnières et Désardans, qui sont fort blessés, et que j'assisterai autant qu'il me sera possible. »

(*Bibl. roy., Mss. Lettres de Colbert.*)

LETTRE DE D'ESTRÉES A COLBERT.

« J'ajouterai à la relation que je fais porter à M. l'ambassadeur à Londres, pour vous être rendue plus promptement, que M. des Rabesnières s'étant fait porter à terre, et dans la crainte qu'il ne soit pas en état de servir le reste de la campagne, je prends la liberté de vous faire considérer qu'il n'y a pas de temps à perdre pour remplir les places vacantes dans les vaisseaux. Quoique j'apprenne que M. le marquis de Thémines ait bien fait son devoir dans le combat, étant si jeune et mon neveu, je n'ose vous le proposer. Nous manquons toutefois ici de sujets, et les plus jeunes, assistés de bons lieutenants, ne feraient peut-être pas plus mal que les plus anciens.

» J'attendrai avec impatience les ordres de Sa Majesté sur cela, aussi bien que sur la cornette qu'il faudra remettre sur un autre vaisseau, si M. des Rabesnières ne peut servir.

» Le commandeur de Verdille ayant donné des preuves de courage et de fermeté, on ne peut lui refuser cette marque d'honneur pour le reste de la campagne, sans donner un méchant exemple, d'autant plus qu'il est déjà dans cette escadre, et que c'est le plus ancien capitaine de tous ceux qui sont ici.

» Je ne manquerai pas de faire porter à Calais et à Dunkerque nos malades et nos blessés, et de faire partir incessamment l'escorte pour aller chercher les vivres, afin qu'ils puissent être embarqués dans la rivière pendant le temps que l'on y sera pour se raccommoder. Il me semble même que, pour assurer cette escorte, il est bon d'en envoyer deux, ce que je ne manquerai pas de proposer aujourd'hui à M. le duc d'York, où je ne vois aucune difficulté.

» J'envoie une liste des morts et blessés qui n'a pu être complète, *le Superbe* ayant été obligé d'entrer dans la Tamise sans me donner part de son incommodité; j'apprends toutefois qu'il a eu trente morts ou blessés considérablement.

» M. Du Quesne et quelques vaisseaux de sa division ne m'ont pas aussi envoyé leurs listes, telles que je les demande, signées des écrivains du roi. Mais je sais néanmoins qu'il y a eu dans tous les vaisseaux des gens tués ou blessés, hormis dans un ou deux, et même sur les frégates légères ou brûlots.

» Hier, *le Tonnant* et *le Rubis* touchèrent aussi bien que deux grands vaisseaux anglais. *Le Tonnant* n'a eu aucune incommodité; mais j'appréhende qu'il n'en soit pas de même du *Rubis*: c'est un si méchant vaisseau de voile, qu'il est presque inutile dans un combat, ne pouvant tenir en ligne.

» Je suis, avec toute sorte de reconnaissance et de respect,

» Monsieur,

» Votre très-humble et très-obéissant serviteur,

» Le comte D'ESTRÉES. »

Dans la Tamise, à cinq lieues de la bouée du nord, le 16 juin 1672.

LETTRE DE COLBERT DE CROISSY A COLBERT.

» A Londres, ce 20 juin 1672.

» J'ai reçu à bord de M. le duc d'York les deux lettres qu'il vous a plu de m'écrire, des 11 et 13 de ce mois, avec la lettre de 3,000 livres sterling. Je m'étais rendu à la flotte pour le même dessein que vous m'insinuiez par la dernière dont vous m'avez honoré, et surtout pour bien approfondir la vérité de ce qui s'est passé dans le dernier combat, et ne pas ajouter foi témérairement aux rapports qui pourraient préjudicier à l'honneur de ceux qui exposent leur vie pour le service du roi; mais quoique je n'en aie déjà que trop appris, tant des personnes de qualité des deux nations qui étaient sur la flotte, que des officiers, pilotes, capitaines de brûlots, matelots et soldats, tant Français qu'Anglais et que tous, généralement, accusent M. Du Quesne de deux choses : l'une, de n'avoir pas tenu le vent comme M. le comte d'Estrées le jour du combat, en sorte qu'il a toujours été hors la portée du canon des ennemis avec toute son escadre ; l'autre, que le lendemain, lorsque l'escadre de France avait le vent sur les ennemis, et que l'amiral avait fait le signal du combat, il n'avait pas arrivé comme il devait pour le commencer ; néanmoins, je crois que vous devez, aussi bien que moi, suspendre votre jugement jusqu'au premier ordinaire, m'en retournant demain à la flotte, tant pour parler audit sieur Du Quesne, qui m'en a prié, que pour demeurer sur nos vaisseaux ou à Chatam, jusqu'à ce qu'ils soient entièrement radoubés. Je dois cependant vous dire que, quoique M. Du Quesne se plaigne que M. le vice-amiral lui veuille du mal, il n'y a cependant personne dans toute l'armée qui m'ait parlé si honnêtement dudit sieur vice-amiral, et même M. le duc de Buckingham nous ayant tiré à part, et nous ayant dit que la faiblesse que ledit sieur Du Quesne et toute son escadre avait témoignée dans ce dernier combat était trop publique pour devoir être tenue secrète ; et tout le monde même criant en général contre les Français, il était nécessaire de dire nettement ceux qui avaient fait leur devoir et ceux qui y avaient manqué, afin de rendre l'honneur à ceux qui le méritent, et le blâme aux autres, ledit sieur comte d'Estrées lui fit réponse qu'il ne savait pas de quoi les Anglais se pouvaient plaindre de nous, puisque nous avions occupé tout un jour trente-cinq vaisseaux de guerre zélandais et dix brûlots, que nous avions fait souffrir beaucoup plus de perte et de dommages aux ennemis que nous n'en avons reçu ; que si parmi notre escadre il y en avait qui n'avaient pas si bien fait leur devoir que les autres, c'était à nous à en informer le roi notre maître, pour en faire la distinction à l'avenir dans la distribution de ses emplois et de ses grâces ; mais qu'à l'égard du roi d'Angleterre, il croyait qu'il avait sujet d'être satisfait ; et lorsque ledit duc répliqua qu'il n'y avait pas plus de dix ou douze de nos vaisseaux qui avaient combattu, le comte d'Estrées lui dit qu'il n'y en avait pas aussi plus de vingt des Anglais, comme il est vrai aussi de leur aveu ; j'ajouterai à tout cela que je voyais bien, par les récits qui m'étaient faits, que tous ceux qui n'avaient pas combattu, tant Français qu'Anglais, n'avaient pas manqué de bonne volonté ni de courage, et que s'ils ne l'avaient pas témoigné, ils pouvaient avoir été retardés par les gens qu'ils avaient à terre par le calme, et parce que leurs vaisseaux ne sont pas si bons voiliers que les autres; et qu'il ne fallait pas douter que dans la première occasion ils ne donnassent des preuves de la passion qu'ils ont d'imiter l'illustre exemple que leur donne un frère unique du roi, et présomptif héritier de la couronne. Sa Majesté de la Grande-Bretagne, et le duc d'York, qui ont su mes sentiments là-dessus, les ont fort approuvés, et m'ont dit qu'il n'était pas question de faire le procès aux deux tiers de l'armée qui n'ont pas combattu; et qu'il fallait, au contraire, louer tous ceux qui ont bien fait, et animer les autres à faire encore mieux dans la première occasion. Ceux que j'ai appris qui se sont le plus signalés sont :

» M. le vice-amiral, dont les pilotes anglais qui le servent ont dit des merveilles, non-seulement à moi, mais à tous les Anglais qui ont été sur son bord, et toute l'armée, généralement, en tombe d'accord.

» M. des Rabesnières, qui était sans contredit un des plus braves hommes et des plus entendus qu'il y ait jamais eu dans la marine, et dont nous ne pouvons assez regretter la perte; toutes les compagnies anglaises et les officiers du roi d'Angleterre ont honoré ses funérailles à Chatam, et le sieur de Vauvré les a faites, par mon ordre, aussi magnifiques qu'il se pouvait; mais je crois qu'il est du service du roi de lui faire au plus tôt quelque belle épitaphe, qui marque l'estime que Sa Majesté fait de ceux qui le servent bien. Le roi d'Angleterre a fait faire à Chatam l'oraison funèbre dudit sieur des Rabesnières, et avait ordonné à ses officiers de payer les dépenses des obsèques; mais je l'ai empêché.

» M. Desardans a aussi très-bien fait son devoir; il a eu, comme vous savez, la jambe emportée. J'avais dit au sieur de Vauvré de le faire transporter dans mon logis, où j'en aurais eu tout le soin possible; mais je n'ai point de ses nouvelles, ce qui me fait croire qu'il aura bien pu se faire transporter en France.

» M. du Magnou, qui est aussi blessé, s'est comporté fort bravement.

» Il y a encore M. de Gabaret, le commandeur de Verdille, le chevalier de Valbelle, le chevalier de Tourville, le chevalier de Sepville, de Cogolin, qui est le seul qui a averti de la venue des ennemis, et qui leur a ensuite fait tout le mal que son petit vaisseau pouvait ; Gombaut a bien combattu dans le commencement pendant trois heures, et on dit qu'il ne s'est retiré que parce que son vaisseau était désagréé et incapable d'agir. Je vous écrirai avec plus de certitude qui sont les autres par le premier ordinaire.

» Quant aux capitaines de brûlots, je n'ai pas appris qu'il y en ait d'autres qui se soient signalés que Serpau ; mais sur tout cela je me remets encore à ma première lettre, m'en retournant demain sur le lieu avec assez de gens pour tenir table, y régaler les officiers et les entendre parler ; et je vous assure qu'il ne tiendra point à moi que le radoub ne soit bientôt fait, et qu'ils ne fassent bien leur devoir dans la première occasion.

» Nous venons d'apprendre que les Hollandais sont déjà en mer, ainsi que vous l'avez prévu, et qu'ils ont eu un renfort de quatorze vaisseaux de guerre et six brûlots ; et comme je ne doute point qu'ils ne viennent bientôt à l'embouchure de la Tamise, je ne sais plus comment nous pourrons avoir nos matelots, vivres, poudres, et toutes les autres choses que vous nous voudrez envoyer. M. le prince Robert est à présent vice-amiral d'Angleterre, et M. Spragge sera le reste de la campagne amiral de l'escadre bleue, ce qui a rebuté du service M. Holmes, qui a demandé et obtenu son congé ; mais depuis, le roi son maître lui a parlé avec tant de témoignages de l'honneur de son estime et de sa bienveillance, qu'il paraît résolu à achever la campagne ; et, à vous dire le vrai, on ne peut assez louer sa valeur.

» Je viens de recevoir une lettre de M. de Vauvré, qui m'oblige à partir cette nuit afin d'apaiser d'autant plus tôt les aigreurs que le dernier combat a fait naître parmi les capitaines des vaisseaux du roi, les uns étant pour M. le comte d'Estrées, et les autres pour M. Du Quesne, qui ne veut point aller voir mondit sieur le vice-amiral ; mais comme celui-ci est le chef, qu'il se conduit d'ailleurs, à ce qu'il m'en a paru, avec beaucoup de douceur et d'honnêteté, et que dans le combat il a acquis la réputation d'un très-brave et même très-habile capitaine, au rapport des Anglais aussi bien que des Français, je commence à craindre qu'on n'ait eu raison de me dire que ledit sieur Du Quesne ne cherche des sujets de plainte contre mondit sieur le vice-amiral, que pour rendre suspect le rapport véritable qu'il aura pu faire de ce qui s'est passé ; enfin, le premier a les louanges de toute l'armée, et l'autre le blâme ; en sorte que, quand il aurait fait ce qu'il doit, il a toujours le malheur d'être fort décrié.

» Faites-moi, s'il vous plaît, savoir si nous devons acheter ici un ou deux brûlots, ou si vous nous en enverrez ; il est nécessaire aussi qu'il vous plaise faire partir les matelots que vous avez fait lever ; et M. le prince Robert me conseille de les faire venir avec toutes nos munitions à Portsmouth, d'où on les pourra faire joindre l'armée avec plus de sûreté que s'ils venaient directement à Chatam ; j'en conférerai demain avec M. le vice-amiral. Je vois, par la dernière que vous m'avez fait l'honneur de m'écrire, que vous nous envoyez une très-grande quantité de mâts, dont j'espère que nous n'aurons pas besoin. Je suis avec respect, tout à vous,

» COLBERT. »

« Je suis encore obligé de vous dire que le capitaine de la frégate appelée *la Subtile* a amené à Portsmouth un vaisseau de Bremen, chargé de vin et d'eau-de-vie, venant de Bordeaux ; je n'en ai pas encore vu les pièces ; mais il me paraît, et par la nature de son chargement, par le passeport, et par la déposition de l'équipage, que cette prise n'est pas bonne ; et apparemment, si elle l'était, on l'aurait plutôt amenée dans les ports de France que de m'en venir embarrasser ici ; cependant, pour peu qu'on diffère à relâcher la prise, tout le vin sera perdu, et il y aura de grands dommages pour les propriétaires. »

(*Bibl. roy. Mss. Lettres de Colbert.*)

LETTRE DE COLBERT DE CROISSY A COLBERT.

« A bord de *l'Henriette*, près Chatam, ce 23 juin 1672.

» Je demeurai hier toute la journée près de nos vaisseaux en de longs éclaircissemens sur ce qui s'est passé au dernier combat ; et quoique M. le comte d'Estrées eût, auparavant mon arrivée, été sur le bord de M. Du Quesne, et eût fait tous ses efforts pour rétablir la bonne intelligence, néanmoins je trouvai ledit sieur Du Quesne extraordinairement aigri; mais je lui ai fait connaître qu'il avait tout sujet de se louer de mondit sieur le comte d'Estrées, et que l'on ne devait imputer les bruits qui ont couru au préjudice de son honneur qu'à quelques Anglais mal affectionnés au service du roi leur maître; qu'au fond, et Sa Majesté Britannique et tout le monde était persuadé que l'escadre de France avait très-bien fait son devoir, ayant occupé toute celle de Zélande, beaucoup plus nombreuse, pendant un jour entier, et lui ayant causé beaucoup plus de dommages que nous n'en avons souffert; que si quelqu'un des capitaines s'était plus signalé que les autres en combattant de plus près, on n'en avait pas plus mauvaise opinion des autres, puisque, n'ayant pas pu gagner le vent, il était à la liberté des ennemis de les approcher ou de s'en éloigner; enfin, après d'autres semblables discours, j'ai un peu apaisé sa colère, et il m'a dit toutes les raisons qu'il avait eues de faire, le jour du combat et le lendemain, les manœuvres dont on le blâmait; il m'a même fait voir les *ordres qu'il avait de retenir l'ardeur des capitaines de son escadre; il s'est aussi plaint de ce que les fréquents revirements de bord que M. le vice-amiral avait faits étaient cause que toute l'escadre n'avait pas pu suivre; bref, il m'a fait connaître qu'il avait combattu lorsqu'il fallait, et m'a persuadé qu'il avait fait tout ce qui lui était possible en cette occasion, aussi bien qu'en celle du lendemain; mais comme c'est une démonstration très-difficile à faire par lettre, je ne puis l'entreprendre; mais je vous puis dire seulement que je l'ai mis dans une assez bonne assiette, à ce qu'il m'a paru.* Il m'a dit aussi que les capitaines de son escadre me viendraient voir aujourd'hui, et je tâcherai pareillement de faire cesser leur ressentiment, qu'on m'a dit être si grand, qu'il y aurait à craindre des combats particuliers, et des querelles capables de faire un très-grand préjudice au service du roi, si l'on n'y remédiait.

» En vous écrivant, mon courrier est arrivé, qui m'a rendu la lettre qu'il vous a plu de m'écrire, du 18 de ce mois. Vous avez à présent reçu la relation que le roi d'Angleterre a fait imprimer de ce qui s'est passé au dernier combat; elle est assez succincte, et ne donne pas à notre escadre toute la louange qu'elle aurait pu mériter; mais je n'ai pas cru devoir faire une négociation pour obliger ceux qui l'ont faite à en parler autrement. Je ne puis non plus rien ajouter à ce que je vous ai écrit ci-devant touchant les morts et blessés, et qui sont les personnes qui se sont signalées. Je trouve les sentiments de tous ceux qui composent notre escadre si différents, que je ne puis pas en faire un jugement bien certain. Quant aux vaisseaux, ils ont fort avancé leur radoub, par le moyen des flûtes qu'ils ont auprès d'eux, et il n'y a à Sheerness que les vaisseaux de MM. des Rabesnières et Desardans, lesquels, quoique fort maltraités, pourront être raccommodés à la fin de cette semaine ou au commencement de l'autre. J'ai vu à Chatam le capitaine du dernier, qui a eu la jambe coupée, et qui n'est pas en état de servir cette campagne; je lui ai offert tout ce qui pouvait dépendre de moi, aussi bien qu'à M. du Magnou, qui a bonne volonté de retourner sur son bord; mais je crois que sa blessure, qui n'est pas petite, l'en empêchera.

» Il y a encore ici le vaisseau *le Rubis*, qui a échoué, et que nous ferons mettre dans les docks demain matin pour le radouber.

» Nous avons aussi le brûlot du sieur Vidault, qui a besoin de quatre mâts, que je suis contraint de faire acheter, à cause que s'il fallait attendre ceux de la flûte, il y en aurait encore pour longtemps.

» Je ferai tout ce qui me sera possible pour disposer M. le duc d'York à se remettre en mer avec tous les vaisseaux qui sont en état; mais comme le vaisseau *le Prince*, sur lequel il monte, est à présent sans mâts, et que les douze plus beaux vaisseaux de l'armée ne peuvent de sortir de Sheerness de sept ou huit jours, je n'ai aucune espérance de réussir dans cette négociation. Le roi d'Angleterre se tiendra assurément fort obligé à Sa Majesté de l'ordre que vous avez donné pour lui faire fournir vingt mille livres sterling; et je ne me suis aussi chargé de vous en écrire, que parce que j'ai vu une nécessité indispensable pour le service du roi de faire cette avance.

» Je suis, avec respect, tout à vous,

» COLBERT. »

(*Bibl. roy., Mss. Lettres de Colbert.*)

LETTRE DU CHEVALIER CHARLES DE FEUQUIÈRE, VOLONTAIRE A BORD DU TERRIBLE, A SON FRÈRE, LE MARQUIS DE FEUQUIÈRE, SUR LE COMBAT DU 7 JUIN 1672.

« De l'embouchure de la Tamise.

« On nous dit ici que le roi prend par jour deux villes : jamais conquérant n'a été si vite. La cour d'Angleterre, et principalement le roi, qui est à l'armée depuis deux jours, paraît avoir beaucoup de joie de toutes ces bonnes nouvelles. M. de Buckingham et M. d'Arlington partirent dimanche pour aller trouver le roi. Le courrier de M. de Pomponne, qui était venu trouver M. l'ambassadeur à Londres, partit aussi le même jour, dans le même bâtiment hollandais qui l'avait amené ici ; je lui donnai une lettre pour M. de Pomponne, et une autre pour Fourmont, où je lui mandais au net la manière avec laquelle nous avions combattu, qu'on disait n'être pas à l'honneur de M. Du Quesne, pour lequel je prends un peu d'intérêt, étant dans son vaisseau, et y étant avec autant d'agrément que j'y suis. On ne peut pas au monde traiter les gens plus honnêtement qu'il nous traite ; enfin, si j'avais à servir sur la mer, j'aimerais mieux être sous lui que dans aucun autre vaisseau. Je ne souhaite pourtant pas de servir sur la mer, y étant toujours malade. Je mandais donc à M. de Pomponne que c'était avec injustice qu'on disait que M. Du Quesne n'avait pas fait son devoir, ayant aussi bien fait qu'on pouvait faire, et ayant été aussi près des ennemis que les autres. Enfin nous étions des coquins qui n'avions pas un coup dans notre bord ; cependant il s'est trouvé que nous en avions au moins cinquante ou soixante : il n'a tenu qu'à M. le comte d'Estrées que nous en eussions davantage, ayant abandonné les Anglais aussi vilainement que nous fîmes. Cependant ils sont contents de nous, parce que, par un bonheur extrême, nous leur avons retiré de dessus les bras l'escadre de Zélande, qu'ils appréhendaient plus que les autres. M. l'ambassadeur a été assez longtemps ici. L'on n'a jamais vu un homme si outré, contre nous autres prétendus coquins, qu'il était. Il s'en est pourtant retourné fort satisfait de nous, après avoir entendu nos raisons. Cela a fait de grandes divisions dans l'armée et de grands ennemis au comte d'Estrées, qui, pourtant, est venu dans notre bord dire qu'il n'avait jamais parlé de cela, et qu'il était tout près d'aller dans tous les autres vaisseaux leur dire la même chose. Cependant il souffre que, devant lui, certains volontaires et officiers parlent de cela : cela est fort vilain à lui. Nous sortirons demain de la rivière ; l'on ne sait pas encore où l'on ira, parce que l'on ne sait pas de nouvelles des Hollandais. L'on croyait, il y a quelques jours, qu'ils avaient désarmé, et présentement on dit qu'ils sont allés au-devant de leurs flottes des Indes. Si cela est, nous pourrions encore avoir un combat qui pourrait bien finir la campagne de mer, car je crois qu'on s'approcherait bien plus près qu'on n'a fait. Ils ont beaucoup de brûlots, et si, par malheur, ils avaient le vent bon, ce sont les gens du monde qui savent le mieux brûler. C'était une chose épouvantable que de voir le vaisseau du comte de Sandwich, qui était le plus grand et le plus beau vaisseau de l'armée, en feu. Pourvu que nous nous battions encore une bonne fois, je n'aurais pas de regret de n'avoir pas servi sur terre, car c'est la plus belle chose du monde de voir l'ordre d'un combat naval. Je m'en vais chez M. le duc d'York, où le roi est. C'est le prince du monde qui traite le mieux les Français, leur parlant toujours de toutes sortes de choses... [1]

» Le chevalier DE FEUQUIÈRE. »

Il demeure évident, ainsi qu'on vient de le voir, par les relations hollandaise, anglaise et française, par les lettres du marquis de Grancey et de M. Colbert de Croissy, que Louis XIV avait donné des ordres secrets à d'Estrées, qui enjoignaient à cet amiral de rester autant que possible spectateur du combat, et de n'y prendre part qu'à la dernière extrémité [2].

Cette conduite fut diversement interprétée.

Les gens froids et calculateurs qui pensaient au positif, au réel, répétèrent ce qu'ils avaient déjà dit, lorsqu'en 1666, Louis XIV, n'opérant pas sa jonction avec la flotte hollandaise, la laissa aux prises avec la flotte anglaise : *Il était de bonne po-*

---

[1] Cette lettre fait partie des papiers de famille de madame la duchesse Decazes, qui a bien voulu nous autoriser à la publier.
[2] Revoir plus haut l'instruction de Louis XIV à d'Estrées.

litique de laisser deux puissances rivales s'entre-détruire au profit de la France, qui, plus tard, pouvait avoir pour ennemie l'une ou l'autre de ces puissances.

Il faut dire aussi qu'en 1672 la question était plus compliquée : Louis XIV, envahissant sûrement la Hollande par terre, n'avait qu'un intérêt secondaire à prendre part à l'action sur mer, qui ne pouvait jamais être décisive tant que les forces des combattants seraient à peu près égales; tandis que le poids de son escadre, jetée dans la balance, pouvait faire détruire la marine hollandaise, et donner trop d'importance alors à la marine anglaise.

Bon ou mauvais, Louis XIV prit le parti contraire : ce fut de tenir ces deux puissances maritimes en échec, jusqu'à ce qu'il fût en état d'avoir une marine assez importante pour, à la rigueur, faire face à toutes deux.

Il demeure encore évident que cette convention tacite de ne pas engager l'avant-garde de la flotte hollandaise contre Louis XIV était arrêtée, sans doute, entre ce roi et quelques personnages influents de la république; car, pour qui a la moindre connaissance de la marine, il est palpable que si l'amiral Bankert, ayant le vent, eût voulu attaquer rudement l'escadre française, qui était sous le vent et obligée de ranger la côte, il eût engagé vigoureusement le combat.

Que penser de ce ménagement? Était-ce un dernier effort tenté par Jean de Witt pour apaiser la colère de Louis XIV, et l'engager à ménager ces malheureuses provinces? Était-ce lâcheté de l'amiral Bankert? Cette dernière supposition ne se peut admettre; car, au combat de 1666, ce marin se battit avec la plus grande intrépidité.

La première supposition est donc plus probable et plus rationnelle.

Quant au demi-silence gardé par l'Angleterre à ce sujet, il est concevable en cela que Charles II était, ainsi qu'on l'a vu par les mêmes lettres, réduit à de telles extrémités, qu'il fallut que M. de Croissy courût les gens d'affaires pour lui trouver 20,000 livres sterling.

Or, quand on est réduit à de pareilles extrémités, quand on

est gagé par un maître aussi peu endurant que Louis XIV, on a fort mauvaise grâce de se plaindre.

Encore une fois, les *faits* sont là, et bien que ces tempéraments dussent faire éprouver à tous les capitaines de l'armée la généreuse impatience si spirituellement exprimée par la lettre du marquis de Grancey, en bonne et égoïste politique, cette généreuse impatience devait peut-être se taire devant l'exigence bien entendue des intérêts matériels.

CHAPITRE XVI.

Conquêtes de Louis XIV dans les Provinces-Unies. — Tentatives de meurtre sur le grand pensionnaire Jean de Witt, à La Haye, et sur son frère, à Dordrecht. — Le peuple soulevé demande l'abolition de l'édit perpétuel et le rétablissement du stathoudérat en faveur du prince d'Orange. — Jean de Witt se démet de ses fonctions politiques. — Ses lettres à Ruyter. — Corneille de Witt est accusé par Tichelaar d'avoir voulu le provoquer au meurtre du prince d'Orange. — Procès de Corneille de Witt. — Il est mis à la torture. — Sa fermeté. — Il est condamné au bannissement. — Jean de Witt vient le voir en prison. — Les deux frères y sont massacrés. — Monstruosités commises en Hollande par les armées du roi. — Bref de S. S. le pape Clément X, à Louis XIV, pour le féliciter sur ses conquêtes.

Les mois de juin et d'août 1672 furent remarquables par le rétablissement du stathoudérat en faveur du prince d'Orange et par le massacre des frères de Witt [1].

Cette page sanglante de l'histoire *humaine* est extrêmement curieuse à lire; car jamais, je crois, l'humanité ne s'y est révélée plus sublime, et aussi plus féroce, plus insensée, plus stupide, plus lâchement adulatrice, en un mot, plus *sui generis*.

Ce serait, en vérité, à faire frémir, si l'on ne savait, après tout, que l'homme n'a été, n'est, et ne sera jamais que *l'homme*,

---

[1] Voir (pour tous les détails et particularités de ce chapitre) : Lettres de M. d'Amerong, Mss. — Lettres et Mémoires du chevalier Temple. — Lettres d'Arlington. — Hist. des Provinces-Unies, par Vicquefort, Mss. — Avis aux fidèles Hollandais, par le même, 1672. — Vie de Ruyter, in-f°, Amsterdam. — Vie des frères de Witt, in-12, La Haye. — Manuscrit des Blancs-Manteaux, Bibl. roy., Mss. — Annales des Provinces-Unies.

un pauvre ange déchu, qui doit porter, hélas! éternellement au front le stigmate indélébile de sa tache originelle.

Résumons les faits.

Au mépris des lois, des traités, des serments, sans prétexte, sans intérêt, sans raison, les armées de Louis XIV, commandées par Turenne, Luxembourg et Condé, en moins d'un mois arrivent au cœur de la république.

En suite de cette rapide et facile invasion, tout ce que l'imagination en délire d'une soldatesque effrénée peut inventer de plus monstrueux, forme je ne sais quel chaos de crimes sans nom, dont les plus simples éléments sont le meurtre, l'incendie, le viol et le pillage.

L'épée au poing, le casque en tête, criant : *Tue les hérétiques!* un prince de l'Eglise et du saint-empire, l'évêque de Munster, gagé par Louis XIV, ravageant tout sur son passage, a recours aux jongleries les plus effrontées et les plus profanes, *aux charmes magiques* [1], en un mot, pour épouvanter encore les populations qu'il décime!...

Qui traite-t-on ainsi?

Des paysans, des bourgeois, des femmes, des enfants, laissés

---

[1] ... On vit un nouveau feu d'artifice. Du sein des bombes et des pots à feu sortaient des lames de cuivre gravées en caractères gothiques et chargées de figures effrayantes. Le dessein du prélat était de jeter la terreur par ces talismans. En effet, le peuple en fut épouvanté; et ceux qui voulurent le rassurer en se moquant d'une superstition aussi ridicule, et en se raillant de sa crédulité, furent d'abord regardés comme des impies et des athées. Rabenhaupt, qui avait intérêt à dissiper le préjugé d'un peuple si sottement alarmé qu'il aurait sacrifié la ville à la crainte des puissances infernales qu'on évoquait contre lui, pria les théologiens de le détromper. Ils le désabusèrent, en lui faisant voir que la religion protestante, dont il faisait profession, ne s'accordait point avec ces terreurs paniques. L'un représenta que le saint évêque de Munster, ne pouvant prendre la ville par le secours de Simon Pierre, implorait celui de Simon le magicien, et l'autre, remontant jusqu'au siège de Bois-le-Duc, fait par le prince Frédéric Henri en 1629, apprit au peuple que c'était un artifice ancien et usé, puisqu'on avait trouvé dans cette ville un grand nombre de lames de cuivre chargées d'imprécations avec le nom de Dieu, celui des anges et de quelques saints, à la faveur desquels les prêtres persuadaient aux assiégés qu'ils pouvaient charmer les armes des assiégeants, et se garantir des coups des hérétiques.

Voici les mots et les caractères qu'on lisait sur quelques-unes des lames

sans défense par des milices effrayées ou des troupes sans discipline.

Bientôt cette malheureuse république, épouvantée, meurtrie, saignante, se met à deux genoux devant Louvois, joint les mains, lui demande grâce et pitié, et lui offre son or, sa nationalité, son sol.

Mais elle est repoussée avec des injures qu'on aurait honte de répéter, parce qu'il ne fallait à Louvois, ni ce sol, ni cet or, ni cette nationalité, car ces propositions acceptées, la paix était faite, et à Louvois il fallait la *guerre*, on l'a dit, la *guerre pour donner de l'importance à sa charge et embarrasser Colbert.*

La république éplorée se tourne alors vers l'Angleterre : de ce côté, c'est Buckingham qui joint à la cruauté de Louvois un persiflage révoltant et des prétentions impossibles à remplir. — Puis, d'ailleurs, l'Angleterre à la solde de Louis XIV ne pouvait vouloir que ce que voulait Louvois.

Enfin, envahie, déchirée, désespérée, la république veut s'ensevelir sous les eaux de la mer ; mais jusqu'au suicide, tout lui manque : un soleil dévorant a tari ses écluses.

Alors ce peuple devient ivre, furieux, et tourne contre lui-même sa rage et son désespoir : on l'a frappé, il faut qu'il frappe. Ami ou ennemi, innocent ou coupable, il lui faut des victimes à égorger ; il massacre, il s'entre-tue : de là, d'effroyables soulèvements ; de là, des meurtres et des cruautés inouïes dans l'histoire.

Puis, jetant un coup d'œil froid et calculateur sur ces tableaux de désolation, un homme de vingt-deux ans à peine traverse cette effroyable époque, calme, pâle et silencieux, observant tout, se

qu'on trouva dans les bombes que l'évêque de Munster fit jeter dans Groningue : « Pater et principium sapientia Filius Spiritùs Sancti et Si-
» ranus MTOBCDEMC. EINUS DC DC DD O EOP EHOPRTGKHNAR ;
» Amen. »

Tout ce qu'il y a d'intelligible sont les premiers termes : le Père qui est le principe de toutes choses, le Fils qui est la sagesse, et le Saint-Esprit Siranus, Amen. Quelque intention qu'on puisse avoir, il y a de l'impiété à des chrétiens qui croient la Trinité, de la faire entrer dans ces sortes de choses, et une telle profanation convient encore moins à des évêques qu'à tout autre. On dit qu'on trouva aussi sur d'autres plaques ces paroles, fort claires pour ceux auxquels elles s'adressaient : Celui qui se retire de la ville est un honnête homme ; mais celui qui ne livre pas ce qu'il a vendu est un traître.

(Basnage, Annales des Provinces-Unies, in-f°., t. II, p. 273.)

servant de tout, tenant compte et exemple de tout, cédant devant l'ennemi pas à pas, ne tentant rien, ne prenant aucune responsabilité, parce qu'il sent que son heure n'est pas encore venue; Guillaume d'Orange, en un mot, attend, avec une prudence au-dessus de son âge, que la tourmente populaire jette enfin à ses pieds un pouvoir qu'il brûle de saisir, mais qu'il a le génie de savoir attendre.

Et pourtant cette république, qu'on écrase dans le sang, était sincèrement dévouée à Louis XIV! et pourtant le parti français, représenté par Jean de Witt, qui conduisait les affaires des Provinces-Unies, était attaché à la France par les triples liens de la foi jurée, de l'intérêt public, et des convictions personnelles!

Or, en ravageant cette république qui ne lui avait été que secourable, quel résultat obtient donc Louis XIV, ou plutôt Louvois? — La ruine du parti français, le massacre des frères de Witt. — Qui remplace le parti français? — Le parti orangiste, ennemi déclaré de la France. — Qui remplace Jean de Witt? — Guillaume d'Orange, Guillaume d'Orange! l'ennemi le plus fatal et le plus acharné de la France!

Ce n'est pas tout : cette conduite insensée de Louis XIV soulèvera l'Europe contre lui. Ce ne sera plus dès lors la *triple alliance* qu'on lui opposera : ce sera une ligue universelle, une coalition formidable, qui, grandissant de ce jour, menacera incessamment la France, la mettra à deux doigts de sa perte; et pourtant, cette ligue, malgré des calamités et des désastres sans nombre, ne pourra empêcher Louis XIV, vieux, abandonné, ruiné, attaqué par tous, d'atteindre, à la fin de sa longue carrière d'ambitions malheureuses, le but constant où tendirent toujours Richelieu, Mazarin, et de Lionne; à savoir : — *l'exaltation d'un prince de la maison de Bourbon au trône d'Espagne;* — et d'arriver ainsi, par les ruses les plus sacriléges, par les moyens les plus excécrables [1], à cette usurpation flagrante, si nécessaire, dit-on, à la *balance politique* de l'Europe.

Quelle singulière combinaison *providentielle !*

Mais, pour revenir au fait partiel du meurtre des frères de Witt,

[1] On sait, et on verra plus tard par quelles jongleries impies, par quels scandaleux et indécents manéges, la cour de France fit extorquer le testament du roi d'Espagne en faveur du duc d'Anjou.

qui consomma la ruine du parti français, il demeure de la plus éclatante vérité que ce meurtre et la ruine de ce parti ne furent qu'une conséquence de la trahison de Louis XIV envers les États, puisque ces deux grands hommes furent égorgés aux cris de *mort au parti français!* Ces mots disent tout.

Voici, d'ailleurs, comment les choses se passèrent quant à ces meurtres :

On sait que Corneille de Witt, député plénipotentiaire des États sur leur flotte, assistait au combat de Southwold-Bay ; on sait que, placé sur la dunette des *Sept-Provinces*, à l'endroit le plus dangereux du vaisseau, entendant sans pâlir l'ouragan chargé de fer qui grondait autour de lui, gravement assis dans sa chaire d'ivoire, entouré des gardes des États, dont plusieurs tombèrent morts à ses pieds, il parut planer sur cette longue journée meurtrière, grand, impassible et fort comme le pouvoir moral qu'il représentait, puisque par ses yeux la république regardait silencieusement combattre ses escadres.

En quittant la flotte, fatigué, souffrant, Corneille de Witt revint à Dordrecht : là, il trouva le peuple déchaîné contre lui ; sa maison et celle de son père avaient été insultées.

On avait fait plus encore.

Dans la maison de ville de Dordrecht il y avait un magnifique tableau de Van den Velde, représentant l'incendie du port de Chatam, et sur le premier plan de ce tableau on voyait le portrait de Corneille de Witt, qui contribua puissamment à cette expédition si funeste aux Anglais.

Ce tableau avait été fait par ordre des États, afin de perpétuer le souvenir de cette grande victoire, et aussi d'honorer publiquement le courage du ruart [1].

Le peuple, soulevé par plusieurs gens de la bourgeoisie, courut donc à la maison de ville, mit le tableau en pièces, coupa soigneusement la tête de Corneille de Witt, et la cloua sur un gibet avec d'atroces pasquinades.

Puis l'émeute devint inquiétante, et prit bientôt un caractère de grave révolution politique ; c'étaient des cris sans fin de *Vive*

---

[1] Corneille de Witt était *ruart* du bailliage de Putten, c'est-à-dire intendant des digues et canaux

Orange ! à bas l'édit perpétuel ! Nous voulons le prince pour stathouder ! Mort au parti français !

Cependant l'armée du roi avançait toujours : les cruautés inouïes des soldats, encore outrées s'il se pouvait par des récits exagérés, portaient l'irritation à son comble ; les instincts animaux et féroces de la populace s'éveillaient, le tigre commençait à gronder en mâchant à vide...

Les magistrats effrayés députent des envoyés au camp de Bodegrave, afin de supplier le prince d'Orange de se rendre à Dordrecht pour calmer le peuple par sa présence. Guillaume, ne voulant pas céder à une première supplication, accueillit froidement cette mission, et répondit avec son flegme ordinaire : — *Ma présence ne serait bonne à rien à Dordrecht, puisque je n'ai aucun pouvoir civil, et que j'ai d'ailleurs prêté le serment de ne jamais accepter le stathoudérat. Que Dieu sauve les Provinces, dont je ne suis que l'enfant et le soldat.*

Ces paroles, rapportées par les députés, exaltent encore plus le peuple, qui, toujours travaillé par des menées secrètes, s'insurge avec la dernière violence, et force les magistrats de rédiger à la hâte une supplique au prince, afin de le prier d'accepter le stathoudérat, et aussi de dresser un acte qui, relevant Guillaume d'Orange de son serment, abolisse à jamais l'édit perpétuel.

C'était exiger le changement radical de la constitution des Provinces-Unies. Hébétés par la terreur, gagnés par les émissaires du prince, peut-être aussi, comme il arrive presque toujours dans ces crises effrayantes, préférant se décharger sur un pouvoir unique de toute responsabilité, les députés de Dordrecht, sans consulter les autres colléges de l'Union, osent formuler ces actes à la hâte, et les font porter immédiatement au prince, toujours au camp de Bodegrave, peu distant de Dordrecht.

Quand les envoyés arrivèrent, Guillaume d'Orange était à cheval, partant pour une reconnaissance : il descendit et les reçut debout dans sa tente.

Il ouvre les dépêches, les lit, et répond aux députés : — *Dieu seul, messieurs, ou ses ministres, peuvent délier d'un serment juré à la face de l'Éternel. J'ai juré devant Dieu et devant les hommes, de ne jamais accepter le stathoudérat tel que l'exerçaient mes ancêtres; un ministre de Dieu seul peut me relever de ce serment.*

M. de Zuylistein, oncle naturel du prince, fit sur-le-champ avancer deux pasteurs réformés, nommés Dibbedig et Vrichem, qui délièrent d'autant plus facilement Guillaume, que ces ministres avaient été les premiers promoteurs des désordres de Dordrecht, en excitant la populace par leurs prédications outrées contre de Witt et le parti français.

Après avoir été de la sorte débarrassé de son serment, en présence de son état-major, pâle, souffrant, presque courbé sous le poids de son armure de fer, mais soutenu par l'énergie fiévreuse de son tempérament, Guillaume d'Orange, aussi simplement vêtu que le dernier de ses capitaines, sortit de sa tente et remonta son magnifique cheval de bataille avec l'habitude d'un écuyer consommé, toussa légèrement, car son asthme lui brûlait toujours la poitrine, et dit de sa voix brève en grasseyant un peu :

— *Maintenant, allons à Dordrecht, messieurs.*

Et ces mots furent prononcés sans que la moindre émotion se peignît sur ce front impénétrable ; ni l'orgueil du triomphe, ni la joie de se voir enfin arrivé au stathoudérat, à ce but qu'il poursuivait, quoique jeune, depuis tant d'années avec une persévérance si opiniâtre et si secrète ; encore une fois, rien ne se révéla, le prince fut impassible comme toujours.

Arrivé aux faubourgs de Dordrecht, Guillaume trouva le populaire assemblé, et les magistrats de la ville qui l'attendaient. Les cris de *vive Orange !* redoublèrent alors, et prirent un tel accent de menace pour tout ce qui n'était pas orangiste, qu'un bourgmestre, répétant ce cri pour apaiser la populace, fut interrompu par un des meneurs de cette révolution, qui s'écria insolemment : — *Ce cri-là est un baiser de Judas : nous demandons si le prince est stathouder ou non ? S'il ne l'est pas, nous allons le porter nous-mêmes à cette charge et massacrer tous les scélérats qui s'y opposent.*

Au milieu de ces cris, le prince se rendit à l'hôtel de ville, et là, du haut du balcon, un fiscal lut au peuple un acte authentique par lequel le collége de cette province *renonçait à l'édit perpétuel, déclarait le prince d'Orange gouverneur et capitaine général, tant par terre que par mer, et lui déférait les mêmes di-*

gnités, pouvoirs, autorités, que ses ancêtres avaient possédés;* et pour cela, le dispensait, autant qu'il en avait le pouvoir, du serment qu'il avait juré de ne jamais accepter le stathoudérat.*

Corneille de Witt, malade depuis son retour de la flotte, apprit avec un chagrin mortel cette révolution. L'influence politique que son parti avait si péniblement acquise depuis vingt ans était ruinée en un jour, et la république retournait ainsi sous le pouvoir militaire et despotique des stathouders, auxquels la faction de Lowestein l'avait autrefois arraché.

Lorsqu'on lui vint apporter cet édit à signer, Corneille de Witt refusa : — *J'ai,* — dit-il, — *juré aux États souverains des Provinces-Unies de m'opposer de toutes mes forces au rétablissement du stathoudérat; je maintiendrai ce serment contre la régence de Dordrecht, qui n'a pas le droit, à elle seule, de reconnaître Son Altesse pour stathouder, au nom des autres provinces de l'Union.*

Le peuple, apprenant le refus de Corneille de Witt, commença de s'assembler autour de sa demeure, en criant *Vive Orange! mort au parti français!* Mais Corneille de Witt, restant impassible dans le lit où il était couché, dit à sa femme et à ses amis, qui l'engageaient à signer : — *A Chatam, aux bancs d'Harwich, à Solebay, j'ai vu la mort d'assez près pour ne pas craindre les menaces du peuple.* Apprenant ce nouveau refus, les cris de la populace devinrent effrayants; et sa grande et terrible voix commença de mugir au dehors...

La femme de Corneille de Witt et ses deux enfants, baignés de larmes, agenouillés près de son lit, l'imploraient d'une voix déchirante, tandis que le peuple brisait les carreaux de la maison, sous une grêle de pierres, et faisait trembler la porte ferrée sous le coup des leviers.

Enfin, la tête perdue, la femme de Corneille de Witt se releva, et, prenant ses deux petits enfants dans ses bras, elle s'écria : — *Eh bien! je vais ouvrir la porte, me jeter avec mes deux enfants au-devant du peuple, et lui demander grâce pour ces pauvres innocentes créatures, Corneille! puisque vous vous opiniâtrez à les exposer à une mort affreuse et certaine, si la populace, ivre et furieuse, entre ici de force.*

L'air résolu de madame de Witt en prononçant ces mots, les

nouvelles supplications de ses amis, et cette pensée, qu'en effet le peuple pouvait, dans sa rage, égorger sa femme et ses enfants, décidèrent Corneille de Witt. Il leva les yeux au ciel, signa, et dit : — *C'en est donc fait de notre indépendance si chèrement achetée!* Puis il ajouta ces lettres à son seing, — V. C. (*vi coactus, contraint par la force*), afin de protester au moins contre la violence qu'on lui faisait.

Cette adhésion apaisa pour un moment le peuple de Dordrecht, puis l'on sut, le lendemain et les jours suivants, que le 29 juin cette sédition en faveur du prince d'Orange avait éclaté dans presque toutes les villes de l'Union, et que le peuple, dirigé par quelques gens de la bourgeoisie, avait obligé partout les colléges à abolir l'édit perpétuel, et à proclamer le stathoudérat de Guillaume d'Orange.

Il est évident que ce prince et ses amis ne pouvaient être étrangers à des mouvements populaires si favorables à son pouvoir, mouvements qui éclatèrent avec tant d'unité, et qui furent si habilement attribués à l'horreur que causaient aux populations les cruautés inouïes de l'armée du roi, malheurs et désastres que les orangistes reprochaient à la fatale influence du parti français.

D'ailleurs, le pouvoir de Guillaume ne pouvait s'établir solidement et sûrement que sur les ruines de ce parti français, qui, par sa longue et salutaire direction des affaires, avait acquis de nombreux partisans, effrayés, il est vrai, à cette heure, mais qui, l'orage passé, pouvaient reparaître de tous côtés, s'il leur restait un homme de ralliement, et venir alors singulièrement embarrasser la cabale orangiste au milieu de son triomphe.

Or, le parti républicain ou français était surtout incarné dans la personne des frères de Witt : aussi tâcha-t-on de s'en défaire; et, en vérité, il était bien impossible que ces malheureux, que la trahison de Louis XIV avait déjà mis en butte aux vengeances et à la haine du peuple, échappassent encore à l'exigence de certains intérêts privés qui demandaient leur mort.

Voici donc ce qui, d'un autre côté, s'était passé à La Haye le 23 juin 1672.

Il était environ une heure du matin; le long bâtiment de la salle des États s'étendait sombre et silencieux au bout de la place de Buytenhoff. Une seule fenêtre de cet immense édifice était éclairée. Dans le modeste cabinet où s'ouvrait cette fenêtre, travaillant à la lueur d'une lampe entourée de papiers d'État, on aurait pu voir Jean de Witt, parfois triste et méditatif, appuyant son front brûlant sur ses mains, réfléchir profondément, puis se réveillant comme en sursaut, continuer d'expédier les affaires de la république avec cette incessante activité qu'il résumait par cette maxime : — *Faire chaque jour les affaires du jour.*

Une heure avait depuis longtemps tinté dans le silence de la nuit, que Jean de Witt travaillait encore, car ce grand homme disait ces mots sublimes à propos de la force qu'il lui fallait, et qu'il savait trouver pour suffire à ses immenses travaux : — *Si l'on veut bien servir l'État, il faut soigner sa santé pour pouvoir lui sacrifier sa vie...*

Enfin, comme deux heures sonnaient à l'horloge de la châtellenie, Jean de Witt éteignit sa lampe, sortit de son cabinet, éveilla son laquais et son clerc, qui dormaient dans l'antichambre; puis, précédé du premier, qui portait un flambeau, et suivi du second, qui portait ses papiers, il sortit de la salle des États.

La nuit était obscure et chaude, une lourde nuit de juin; le ciel couvert de nuages épais était çà et là sillonné par de vifs et longs éclairs de chaleur qui faisaient parfois pâlir la lumière du flambeau du laquais.

Craignant l'orage, Jean de Witt pressa le pas, et il était arrivé au-delà de la prison de Buytenhoff, au pied d'une petite muraille isolée qui borde le vivier, lorsque quatre hommes sortirent tout à coup d'un enfoncement pratiqué au bout de cette ruelle.

L'un d'eux, nommé Borrebagh, éteignit le flambeau du laquais; le deuxième, Pierre Vander Graaf, attaqua le clerc et lui enleva ses papiers, tandis que le nommé de Bruyn tomba sur Jean de Witt sans mot dire, et lui porta un coup de couteau dans le côté.

Jean de Witt, quoique sans armes, et surpris, eut la présence d'esprit de saisir son assassin corps à corps, et le terrassa. Mais la nuit était si obscure, que les complices de Bruyn le voyant tomber, se rouler et se débattre avec le grand pensionnaire, blessèrent l'assassin avant de pouvoir bien ajuster la victime; pourtant le frère aîné de Vander Graaf parvint, à la lueur d'un éclair, à donner un si profond coup de couteau à Jean de Witt dans la jointure de l'épaule, que le grand pensionnaire, déjà affaibli par deux larges blessures qu'il avait au cou et à la tête, tomba évanoui, et baigné dans son sang.

Pendant cette lutte sanglante, l'épée de Vander Graaf, qui était moins large que le fourreau, en sortit, et servit de pièce de conviction pour le procès.

Les assassins, croyant Jean de Witt mort, se sauvèrent.

Le clerc et le laquais perdant la tête pendant cette horrible scène, s'étaient enfuis. Ce ne fut que deux heures après qu'ils se hasardèrent à venir sur le lieu du crime, et qu'ils ramassèrent leur maître qu'ils portèrent chez lui.

Les blessures de Jean de Witt, bien que très-profondes, ne l'empêchèrent pas le lendemain d'écrire la lettre suivante aux États, dans laquelle il rend compte, avec un calme stoïque, de l'assassinat dont il a été victime.

« Grands et puissants seigneurs. Comme je me retirais hier du palais de vos nobles et grandes puissances, entre une heure et deux heures après minuit, une personne qui m'est inconnue arracha des mains de mon valet le flambeau qu'il portait pour m'éclairer, et l'éteignit aussitôt; je fus attaqué par quatre hommes portant des épées ou des couteaux, qui, sans dire un seul mot, me firent plusieurs blessures et me donnèrent un coup de sabre sur le col. Après m'être défendu quelques instants, je tombai et reçus une blessure et une contusion à la tête; les assassins se sont ensuite enfuis, croyant sans doute avoir exécuté leur dessein. Cependant, ils ne m'ont blessé qu'en deux endroits du corps; j'ai reçu un coup dans le côté droit, entre la cinquième et la sixième côte, et un autre par derrière, vers la jointure de l'épaule gauche; outre les blessures au col et à la tête, dont j'ai parlé, messieurs Vander Straëten et Helvétius, médecins, et les deux chirurgiens de Welde, qui m'ont visité et mis le présent appareil à mes blessures, jugent qu'elles ne sont pas encore dangereuses; de sorte que j'ai sujet de remercier Dieu de ce que cette rencontre ne m'a pas été plus fatale; mais comme je ne suis pourtant pas en état de faire les fonctions de ma charge auprès de vos nobles et grandes puissances, je les supplie très-humblement de m'en dispenser, jusqu'à ce que je sois en meilleur état. Je prie Dieu, grands et puissants seigneurs, qu'il veuille bien bénir extraordinairement votre illustre gouvernement dans ce temps dangereux ; et suis, etc. »

Les deux frères Vander Graaf étaient les chefs de cette entreprise, et leurs complices : — Adolphe Borrebagh, commis des postes de Maëstricht, et Corneille de Bruyn, officier de la bourgeoisie de La Haye.

Le seul Vander Graaf put être atteint. Ses trois complices se réfugièrent *dans le camp du prince d'Orange, d'où on tenta vainement d'obtenir leur extradition.* Les États de Hollande, qui étaient assemblés, chargèrent la cour d'instruire le procès ; Vander Graaf, condamné à mort, reconnût son crime, et dit *qu'il ne savait aucune raison qui l'eût porté à cet attentat, si ce n'est qu'il était abandonné de Dieu.*

Le grand pensionnaire, intercédé par le peuple de demander la grâce du coupable, refusa, parce qu'en sa personne on avait attaqué, disait-il, le premier pouvoir des Provinces, et qu'il ne voulait pas faire au peuple une injuste concession. — « *Le peu-*
» *ple me hait sans raison,* — ajouta-t-il, — *et je ne veux pas*
» *regagner son amitié par une démarche dont ceux qui me rem-*
» *placent dans le gouvernement auraient un jour le droit de se*
» *plaindre par le pernicieux exemple que donnerait l'impunité*
» *d'un pareil crime.* »

Graaf subit sa sentence, et au moment d'avoir la tête tranchée, il dit à l'ecclésiastique qui l'exhortait : — « *Lorsque j'eus résolu*
» *de tuer le grand pensionnaire, je priai Dieu de faire réussir*
» *mon entreprise si ce ministre trahissait sa patrie, mais que*
» *s'il était innocent et honnête homme, il plût à Dieu de m'ôter*
» *la vie.* »

L'impunité des complices de Graaf, cachés, on l'a dit, parmi les troupes du prince d'Orange, les faveurs singulières accordées par Son Altesse à Borrebagh, qui non-seulement conserva l'emploi qu'il avait lors de l'assassinat de Jean de Witt, mais obtint plus tard la survivance de sa place en faveur de son fils, tout cela prouve assez que ce meurtre n'était pas une vengeance particulière, d'autant plus que, par une coïncidence très-particulière, le même jour, et presque à la même heure où cet assassinat était commis sur le grand pensionnaire, on faisait à

Dordrecht une pareille tentative sur la personne de son frère, Corneille de Witt.

A onze heures du soir, le 23 juin, cinq hommes armés se présentèrent à la porte de ce dernier. Les gens de Corneille de Witt représentèrent à ces hommes que leur maître était couché; mais les assassins ne tenant compte de cette observation, voulurent entrer de force dans la chambre du ruart. Par bonheur, pendant cette contestation, un valet avait été chercher la garde bourgeoise : elle vint, et chassa ces meurtriers au moment où ils allaient pénétrer jusqu'à la personne de Corneille de Witt.

Les deux frères ayant échappé à ces deux assassinats, leurs ennemis acharnés eurent alors recours à une machination infernale. Ils soudoyèrent je ne sais quel misérable chirurgien repris de justice, qui vint accuser Corneille de Witt... *de lui avoir proposé une somme d'argent pour assassiner le prince d'O- rangé...* La lettre suivante, de Jean de Witt à Ruyter, entre dans tous les détails de cette accusation, aussi atroce qu'insensée.

« Monsieur et bon ami,

» J'ai reçu en son temps la lettre que vous m'avez fait l'honneur de m'écrire le 25 du mois dernier, par laquelle vous me témoignez la part que vous prenez à mon infortune, et combien vous êtes touché des blessures qui m'ont été faites; je m'en trouve à présent, grâce à Dieu, si bien guéri, qu'il y en a déjà trois qui sont déjà guéries, et que la quatrième, la plus grande et la plus profonde de toutes, quoique la moins dangereuse, paraît aussi en état de se fermer bientôt; la fièvre continue que j'ai eue pendant plus de huit jours a cessé, et non-seulement je me promène déjà dans la maison, mais dimanche dernier j'eus assez de force pour aller à l'église. Au reste, l'envie que quelques personnes malicieuses portent à notre famille a monté à un si haut point dans ces temps malheureux, qu'outre les marques que quelques-uns m'en ont données en croyant m'ôter du monde par un assassinat, on tâche aujourd'hui de se défaire de mon frère, le ruart de Putten, par les voies de la justice. Vous aurez sans doute appris que le procureur fiscal l'a fait arrêter par ordre de la cour de Hollande, et l'a fait conduire dans la châtellenie de cette même cour, où on le garde encore présentement. Nous n'avons pu nous imaginer quelle pouvait être la cause, ou plutôt le prétexte de cet emprisonnement; nous savions seulement qu'on parlait confusément de trois milliers de poudre à canon, qu'il avait fait venir avec lui de l'armée navale à Dordrecht; et que c'était là-dessus, apparemment, que cette accusation était fondée. Mais nous avons bientôt su qu'il y avait un autre complot formé : c'est qu'un certain chirurgien, nommé Guillaume Tichelaar, qui demeure ou a demeuré dans le ressort de Piershil, et aussi sous la juridiction de Geervliet, a dénoncé avec une hardiesse et une impudence inouïe le ruart de Putten, et a déclaré que mon frère avait voulu le corrompre par une grosse somme d'argent et le porter à assassiner le prince d'Orange. Mais comme je suis assuré que mon frère n'est pas capable de concevoir le dessein d'un attentat si exécrable, et encore moins de l'exécuter, j'ai aussi une ferme persuasion qu'ayant plu à Dieu de me délivrer comme par miracle des mains de ces quatre assassins, il ne permettra pas aussi que l'innocence soit opprimée par la fourberie et la calomnie; mais qu'il fera que le ruart se tirera des embûches qui lui ont été dressées, comme j'ai échappé des mains de mes meurtriers. Outre que nous savons pour certain que le chirurgien qui a fait cette dénonciation a été accusé ci-devant par mon frère en qualité de ruart de Putten, devant le siége de la justice de ce pays-là, d'avoir voulu violer une femme, pour lequel crime il fut condamné à demander pardon, à genoux, à Dieu et à la justice; de sorte que c'est un homme noté d'infamie, et qui apparemment est animé contre le ruart par le ressentiment qu'il a de l'accusation que mon frère a portée contre lui; nous savons aussi de science certaine, qu'il y a trois jours ou trois semaines que le même chirurgien, étant venu chez mon frère à Dordrecht, demanda à lui parler seul; et que l'ayant fait entrer, ma belle-sœur, sa femme, commanda à l'un de ses domestiques de se tenir à la porte de la chambre, et de prendre garde à ce qui se passerait, en cas que cet homme eût quelques mauvais desseins contre son mari. Ce domestique a témoigné et a fait sa déposition affirmée par serment devant les commissaires de la cour, qu'étant ainsi à la porte de ladite chambre, il entendit que le chirurgien offrait à son maître de lui déclarer quelques affaires secrètes, sur quoi son maître répondit : *Si c'est quelque chose de bon, vous le pouvez découvrir, et je suis prêt de vous entendre et de vous seconder de tout mon cœur ; mais si c'est une méchante affaire, ne m'en parlez point; car je ne manquerais pas aussitôt de la dénoncer à la régence ou à la justice.* Que là-dessus, après quelques discours de part et d'autre, le chirurgien vint enfin à dire : *Puisque monsieur ne désire pas que je m'ouvre de mon secret, je le garderai donc par-devers moi;* et qu'alors il se retira brusquement. Mon frère déclara tout aussitôt ce qui s'était passé au secrétaire de la justice de Dordrecht, qu'il envoya chercher pour cet effet, et le pria d'en donner avis à messieurs les bourgmestres; ce qui fut fait. Outre cela, il l'envoya encore dénoncer au lieutenant du grand prévôt, parce que le grand prévôt était malade, afin qu'il fît la recherche de la personne de Tichelaar, ce qui fut aussitôt fait; mais il ne se trouva pas. Ainsi, je ne vois pas qu'il y ait lieu de rien appréhender dans cette affaire, sinon le malheur du temps, et la malice des hommes. Cette malice va si loin, que l'on ose avancer publiquement que l'incommodité du bras gauche de mon frère n'est pas causée par une fluxion, mais qu'elle vient d'une blessure que vous lui avez faite au même bras gauche, dans la chaleur d'une vive contestation que vous avez eue avec lui sur la flotte. On répand encore un bruit qui ne trouve que trop de créance : c'est que mon frère ne voulut point qu'on engageât le combat avec les ennemis, surtout avec les Français. On ajoute qu'il empêcha le second jour la continuation de la bataille, et on débite plusieurs autres impostures. C'est pourquoi, monsieur et ami, je vous supplie très-humblement de vouloir écrire à Leurs Hautes Puissances, pour rendre témoignage à la vérité, et justice à mon frère, en faisant une déclaration contraire à tout ce qu'on lui impute, et conforme à ce qui s'est passé. J'ai pris la liberté d'en dresser un projet que je joins ici, croyant que vous ne le trouverez pas mauvais. Vous aurez la bonté de l'examiner, et de voir s'il ne contient pas la pure vérité ; et s'il y a quelque chose qui s'en éloigne tant soit peu, je vous prie de le réformer selon le véritable état des choses. Je laisse à votre discrétion d'y joindre, si vous le jugez à propos, un récit ou un témoignage de la manière dont mon frère s'est comporté dans la bataille; parce qu'on débite ici, parmi le peuple, *qu'il s'est caché dans la fosse aux câbles*. Par là vous obligerez infiniment celui qui est et *demeurera* toujours,

» Monsieur,

» Votre très-humble serviteur,

» Jean de WITT. »

Ruyter ayant reçu cette lettre le 4 d'août, y fit le même jour la réponse suivante :

« Monsieur et ami,

» Comme j'ai, d'un côté, beaucoup de joie d'apprendre par votre lettre du 2 du courant, que j'ai reçue aujourd'hui, que, par la bénédiction de Dieu, vous êtes guéri de vos blessures, j'ai, de l'autre, un grand chagrin des peines qu'on fait à monsieur votre frère ; s'il est aussi innocent que je le crois, sur tout le reste de ce qu'on peut lui imputer, qu'il l'est en effet de ce qui s'est passé sur la flotte, on lui fait là une terrible injustice. C'est ce qui m'a d'abord fait prendre la résolution d'écrire à leurs nobles et grandes puissances MM. les États de Hollande et de West-Frise, sous le cachet de la république, la lettre que je vous envoie, pour donner les témoignages que vous me demandez. Je suis persuadé que ce que j'écris suffira pour désabuser toutes les personnes raisonnables. Si j'y puis contribuer en quelque autre chose, je serai toujours prêt à le faire, étant véritablement, monsieur et ami, etc.

» Michel Adr. DE RUYTER. »

La lettre que Ruyter écrivit en effet aux États-Généraux justifiait complétement et énergiquement le ruart du reproche de lâcheté et de trahison. Malgré cela, le ruart fut décrété d'accusation d'après la déposition de Tichelaar.

Tichelaar avait confié son accusation à M. de Bie, maître-d'hôtel de Guillaume d'Orange, pour la faire passer à Son Altesse et à ceux qu'elle pourrait intéresser. M. de Zuylisten, oncle naturel du prince, en ayant eu avis, la lui communiqua aussitôt ; et, sans attendre le retour du courrier, on en donna connaissance à la cour de justice, afin qu'elle fît les procédures nécessaires. Comme tout le procès roule sur la déposition de Tichelaar, on la donne ici telle qu'il l'a publiée lui-même.

« Tichelaar déposait : — Qu'étant arrivé à Dordrecht le 7 juillet 1672, auprès du grand bailli pour se plaindre à lui de l'injustice qu'on lui faisait au lieu de sa résidence, contre sa servante, avec laquelle il était en procès, il trouva le bailli (Corneille de Witt) couché sur son lit, lui fit ses plaintes contre le prévôt de Piershil, lui demandant aide et faveur contre les injustes procédures dont on avait usé envers lui ; ce que le bailli lui promit, ajoutant à cela, avec des paroles obligeantes, qu'il se sentait disposé de faire toute autre chose pour lui, pourvu qu'il voulût lui prêter la main en une entreprise qu'il avait faite, qui était d'ôter la vie au prince d'Orange, et que pour cet effet il lui dit les paroles suivantes, lui Tichelaar, étant assis devant le lit : — *Vous avez bien entendu qu'on a fait le prince stathouder, que le peuple m'a contraint d'y consentir, et d'en signer les actes, et qu'ils n'auront point de repos jusqu'à ce qu'ils l'aient fait souverain, ce qui causerait sans doute la ruine de l'État ; parce qu'il pourrait arriver que le prince se marierait à la fille de quelque potentat, si bien que, par révolution, l'État pourrait tomber entre les mains de quelque prince étranger.* Sur quoi, le chirurgien ayant demandé au bailli ce qu'il désirait de lui, il lui répondit : — *Si je savais que vous le disiez à homme du monde, je vous ferais ôter la vie sans rémission.* Et que là-dessus, lui, Tichelaar, extrêmement troublé de ces paroles, proposa divers moyens pour exécuter l'entreprise ; à savoir, de s'en aller à l'armée, et de se rendre familier avec les valets de Son Altesse, afin d'épier l'occasion de mettre le poison en quelque verre de vin ou de bière, pour lequel effet il prendrait garde quand on donnerait à boire au prince ; et qu'en cas que cela ne réussît pas, il ferait en sorte de le tuer avec quelque arme à feu lorsqu'il sortirait à la campagne avec peu de suite. Et qu'en cas que cela ne voulût point réussir, il se rendrait le soir au logement ou à la tente de Son Altesse, et lui donnerait son reste avec une épée, dague ou pistolet, en entrant ou sortant, et se sauverait à la faveur des ténèbres ; ou enfin, qu'il épierait le prince dans son carrosse, ou en quelque autre lieu qu'il jugerait le plus favorable pour l'exécution de son entreprise. Qu'il avait même demandé au ruart quelques personnes pour son secours ; mais qu'il l'avait refusé, comme ayant trop peur d'être découvert ; qu'il lui avait aussi demandé un écrit, et que, l'ayant pareillement refusé, il donna six ducatons pour arrhes de la promesse, disant qu'il n'avait pas davantage d'argent sur lui, et qu'il n'en voulait pas demander à sa femme, de peur de donner quelque soupçon ; qu'il lui donnerait 30,000 francs pour sa récompense, avec la charge de bailli de Beyerlaudt, et promesse d'avancer tous ses amis, mais à condition d'être secret et fidèle ; le tout ainsi qu'il se voit plus amplement par ladite relation. Et que là-dessus le ruart, s'apercevant du trouble et de l'agitation du chirurgien, comme ayant crainte de la mort, il lui dit :— Il faut en venir à bout, ou bien crever ; l'État ne sera jamais bien gouverné tant que le prince sera vivant ; c'est pourquoi il faut l'ôter du monde à quelque prix que ce soit. Et voyant que son étonnement augmentait encore, il ajouta : — Il y a encore plus de trente des principaux seigneurs de notre État qui emploieraient volontiers quelqu'un pour ôter la vie au prince ; mais qu'il l'avait préféré à tout autre, parce qu'il le savait homme d'exécution. Si bien que le chirurgien prit congé du ruart après avoir fait serment de tenir le tout secret ; mais sentant sa conscience chargée, il s'adressa premièrement au sieur de Bie, maître d'hôtel de Son Altesse, et puis après au sieur de Zuylistein. Sur quoi, ayant été examiné sévèrement par la cour, on ordonna de prendre le ruart et de l'amener à La Haye. Ce qui ayant été fait, il avait osé dire qu'il ne connaissait pas son accusateur ; mais qu'ayant été convaincu, il confessa le contraire, si bien qu'ils furent tous deux mis en prison, afin d'être confrontés l'un à l'autre. »

Ainsi, sur la seule accusation d'un pareil misérable, sans témoignage, sans preuve, Corneille de Witt, ruart et grand bailli de Putten, Corneille de Witt, l'homme de Chatam, de Southwold, celui qui depuis vingt ans occupait un des premiers emplois de la république, fut enlevé de Dordrecht, et conduit à La Haye comme le dernier des criminels.

Dans le premier moment de généreuse colère causée par un aussi infâme traitement, Corneille de Witt s'écria, quand on le confronta avec Tichelaar : — *Est-ce que je connais un pareil misérable !* —

Ce cri d'indignation, cette énergique protestation d'un honnête homme qui se voit mettre en parallèle avec un criminel comme Tichelaar, fut la seule base de l'effroyable procédure qui va suivre. Et bien que le ruart eût fait ses dépositions auprès du fiscal, aussitôt après la mystérieuse visite de Tichelaar, bien que Jean de Witt eût, dans sa lettre publique adressée à Ruyter, donné jusqu'aux moindres détails de cette entrevue, les juges commissaires osèrent arguer de ces mots arrachés par le mépris et l'irritation : — *Est-ce que je connais un pareil misérable !* — que le ruart *niant une entrevue constatée par témoins, il était évidemment coupable.*

Le procès s'instruisit donc.

Jean de Witt, lui, après avoir en vain usé son crédit expirant pour faire cesser un aussi épouvantable procès, se démit de sa charge de grand pensionnaire. Il refusa aussi les offres que lui firent quelques amis de le placer auprès du prince d'Orange, qui promettait de lui conserver son autorité s'il voulait se rallier à lui et se vouer à servir le stathoudérat; mais Jean de Witt, fidèle jusqu'à la fin de sa vie à ses convictions politiques, refusa une alliance qui aurait peut-être encore pu le sauver. — *Les peuples,* — dit-il, — *me haïssent sans que je leur en aie donné aucun sujet : ces sortes de haines sont ordinairement les plus violentes. Tout ce qui passerait par mes mains ne pourrait que leur être désagréable, et quelque précaution que je prisse, ils me rendraient toujours garant des mauvais succès. A l'égard de ce qu'on dit, que j'aurais sous le stathoudérat la fonction que j'ai eue auparavant, c'est la chose la moins capable de m'éblouir que cet avantage personnel; je serais indigne de la confiance que mes maîtres ont eue en moi si je continuais de servir par un principe aussi lâche et si indigne d'un honnête homme.*

Jean de Witt donna donc la démission de sa charge de grand pensionnaire par une longue lettre aux États, où il énumérait sans orgueil, mais avec calme, conscience et sérénité, les services qu'il avait rendus à l'État depuis dix-neuf ans; il terminait en disant qu'il se retirait dans l'espoir de voir prospérer la république.

Cette lettre, qu'il écrivit à Ruyter à ce sujet, est comme un résumé de ce mémoire.

« Monsieur et ami,

» La prise des villes sur le Rhin en si peu de temps, l'irruption de l'ennemi jusqu'aux bords de l'Yssel, la perte totale des provinces de Gueldres, d'Utrecht et d'Over-Yssel, presque sans résistance, et par une lâcheté inouïe, si ce n'est par trahison à l'égard de quelques-uns, m'ont de plus en plus confirmé la vérité de ce qu'on appliqua autrefois à la république romaine : *Prospera omnes sibi vindicant, adversa uni imputantur* (chacun s'attribue la gloire des bons succès; mais on impute tous les mauvais à un seul). C'est ce que j'ai éprouvé moi-même. Le peuple de Hollande ne m'a pas seulement chargé de tous ses désastres et de toutes les calamités arrivées à notre république, il ne s'est pas contenté de me voir tomber sans armes et sans défense entre les mains de quatre personnes armées, qui ont eu intention de me massacrer; mais lorsque, par la Providence divine, j'ai échappé vif de leurs mains, et qu'ils m'ont vu guéri des blessures que j'avais reçues, ils ont pris une haine mortelle contre ceux de leurs magistrats et ceux de leurs souverains qu'ils croyaient avoir pris le plus de part dans la direction des affaires, et surtout contre moi, quoique je n'aie été qu'un serviteur fidèle des États. C'est ce qui m'a obligé de demander ma démission de la charge de pensionnaire. Sur le fondement compris dans la proposition que j'ai faite, premièrement de bouche, et que j'ai ensuite délivrée par écrit, leurs nobles et grandes puissances ont eu la bonté de m'accorder ma demande, comme vous le pourrez voir dans l'extrait que je vous envoie. J'ai cru qu'il était de mon devoir de vous le faire savoir, afin que vous ne m'adressiez plus désormais les lettres qui regardent l'État, mais que vous les envoyiez par provision à l'adresse de M. le pensionnaire de Hollande et de West-Frise, ou de celui qui exerce présentement cette charge.

» Je suis, etc.

» Jean DE WITT. »

Jean de Witt, rentré dans la vie commune, s'occupa tout entier du procès de son frère ; mais l'acharnement était tel contre cette malheureuse famille, que ses sollicitations demeurèrent sans résultat.

Lorsqu'on demanda au prince d'Orange s'il fallait donner des commissaires spéciaux pour juger Corneille de Witt, il répondit : — *Il n'y a pas deux justices ; celle qui a puni Vander Graaf* (assassin de Jean de Witt) *saura bien démêler quel est le véritable coupable, de Tichelaar ou de Corneille de Witt.*

Le procès s'instruisit donc selon les formes ordinaires, et Corneille de Witt fut renvoyé devant la cour de justice, composée de six conseillers.

Or, le 16 d'août 1672, la scène suivante se passait à La Haye :

Assez proche de la salle des États, au bout d'une place carrée, était un long bâtiment noirci par le temps ; çà et là, au milieu de ses hautes murailles, on voyait quelques fenêtres grillées par de lourds barreaux de fer ; devant sa porte basse, étroite et voûtée, défendue par un corps de garde, deux soldats vêtus de justaucorps rouges, doublés de jaune, et portant un mousquet à rouet, montaient la garde.

Ce bâtiment était la prison de Buytenhoff ; sur la place qui l'entourait, une nombreuse populace et plusieurs groupes de bourgeois et de miliciens se pressaient d'un air sombre, et les yeux de presque toute cette multitude étaient avidement fixés sur la petite fenêtre d'une tourelle qui flanquait un des angles de la prison.

L'aspect de cette foule était effrayant.

Là, des matelots, reconnaissables à leurs larges vestes et au long couteau qu'ils avaient passé dans leur ceinture de cuir, causaient vivement entre eux ; ailleurs, des officiers et des soldats de la milice urbaine écoutaient avidement les récits de quelques paysans réfugiés, qui racontaient avec terreur les scènes de carnage et de dévastation commises par l'armée du roi de France. Ailleurs, encore, les bourgeois se pressaient autour de ces placards incendiaires qui appelaient le peuple à la révolte et au pillage. Et puis, de temps à autre, quelque orateur populaire, haranguant ces groupes animés, montrait du poing la petite tourelle dont on a parlé, et proférait d'affreuses menaces que la foule répétait avec frénésie.

Parmi ces fougueux orateurs, on en remarquait un surtout, d'une taille athlétique, vêtu de brun avec un feutre noir à plume rouge. Cet homme, d'un blond ardent, avait la figure et les yeux injectés par le sang et la colère. C'était un riche orfévre de La Haye, nommé Henri Veroëf, et l'un des ennemis les plus acharnés des frères de Witt.

Monté sur la roue d'un charriot dételé, l'orfévre écumait de fureur; et, les yeux éclatants d'une joie sauvage, il disait, en montrant à la foule assemblée autour de lui la tourelle de la prison : — Mes amis, le scélérat avoue son crime à l'heure qu'il est; oui, oui, ce gueux de Corneille de Witt est à la question; on lui grille les pouces avec une mèche de mousquet; mais ce n'est pas assez, il nous faut la mort de ce brigand! de ce traître !

— Oui! oui! mort aux traîtres! — cria la populace en battant des mains : — Vive Orange! Mort au parti français!

— Oui, — s'écria Veroëf, — mort au parti français! Mort aux de Witt, qui nous ont livrés sans défense au roi Louis! Mort aux traîtres qui sont cause de tous nos malheurs!

— A mort les traîtres! — répétait le peuple avec frénésie.

— A mort! tue! tue! — dit l'orfévre, écumant; — je ne serai content que lorsque j'aurai arraché le cœur du ventre de ces deux chiens! A mort! à mort! et qu'après la torture on nous livre le ruart et le grand Jean aussi; nous en ferons notre affaire. A mort! à mort!

— A mort! Vive Orange! Tue les Français! — cria le peuple.

— Eh bien! mes amis, à la geôle! à la geôle! — dit l'orfévre, qui brandissait un long couteau de matelot.

Puis, descendant de son charriot, il courut vers la prison, située à l'autre extrémité de la place, suivi par cette foule en délire.

Arrivés là, ils trouvèrent les soldats rangés en bataille devant la porte, et faisant bonne contenance. Alors l'orfévre s'écria :

— Eh bien! donc, allons lui donner l'aubade sous la tourelle, où on *nous le grille*, le scélérat; qu'il entende au moins que nous sommes là... *à l'attendre* !

Et cette masse furieuse, intimidée par les soldats, longea les murs de la prison, et alla se grouper au-dessous de la petite tourelle dont on a parlé, en poussant de temps à autre d'horribles cris de meurtre.

Dans cette tourelle était en effet la chambre tortionnaire.

C'était une salle ronde, éclairée par une haute et unique fenêtre, avec des murs gris et humides; on voyait quelques anneaux de fer scellés çà et là aux murailles et aux dalles qui pavaient cette pièce; puis, dans un coin, un réchaud, un chevalet, et plusieurs autres instruments de torture.

Il était onze heures du matin; le ciel était bleu, le soleil rayonnait, le jour qui venait du haut, encore resserré par la seule fenêtre de cette salle, jetait sur la terrible scène qu'on va décrire un éclatant et vigoureux coloris, une opposition de vive lumière et d'ombres tranchées, que Rembrandt eût enviée.

Dans cette pièce, il y a huit personnes: trois juges commissaires vêtus de noir, la tête couverte d'un chaperon, et debout; au-dessous de la fenêtre, et à côté d'eux, le greffier, vêtu de noir aussi, un genou en terre, prêt à écrire sur un registre les réponses du patient.

Le bourreau de Harlem et son aide, habillés de surtouts de cuir à tabliers, sont occupés auprès d'une table de chêne massive et un peu inclinée; enfin, sur cette table est garrotté le patient, Corneille de Witt, ruart et grand bailli de Putten.

Grâce à la haute croisée qui éclairait cette pièce, les trois juges, ainsi que le greffier, placés au-dessous de la fenêtre et près du mur, restaient dans l'ombre; seulement un vif reflet de lumière contournait leur chaperon, et, tombant sur leurs épaules, y dessinait nettement quelques plis de leurs robes noires; puis le bourreau et son aide, effacés dans la demi-teinte, n'avaient que le profil de vigoureusement éclairé; tandis que Corneille de Witt, attaché sur cette table, posée tout en face de la fenêtre, semblait concentrer, pour ainsi dire, sur lui seul cette nappe de lumière éblouissante.

Le ruart, lié sur la table par des sangles qui lui passaient autour des pieds et des cuisses, y était assis, les jambes étendues; il portait des chausses de velours noir; on lui avait ôté son pourpoint, et sa chemise, relevée jusqu'aux épaules, laissait voir ses bras nus.

Les mains et les poignets de Corneille de Witt disparaissaient dans un instrument de torture composé de trois planches garnies de lames de plomb; on avait d'abord joint les mains du patient en glissant entre elles la première de ces planches ; puis on avait mis chacune des deux autres sur chaque main, à cette fin qu'au moyen de deux bandes de fer serrées par des vis de pression on pût écraser plus ou moins entre elles les poignets du ruart.

A ce moment, et d'après un signe des juges, le bourreau, qui venait de serrer violemment la vis, se reposait, l'aide soutenait les mains du patient qui s'appuyait sur lui, et le greffier impassible, se préparant à écrire, regardait au jour si sa plume était bien imbibée d'encre.

La figure de Corneille de Witt était sublime, l'ardeur de la fièvre et de la souffrance avait légèrement coloré ses joues, ordinairement pâles; et son regard calme et ferme semblait encore défier la douleur aiguë qu'il venait d'éprouver.

— Ne voulez-vous donc rien confesser ? — lui dit un juge.

— Rien, — répondit le ruart en faisant un signe négatif rempli de résignation et de majesté, qui fit ondoyer sur son large front les longs cheveux bruns qui se séparaient sur le sommet de sa tête.

— Vous persistez à dire que vous n'avez pas commis l'exécrable dessein de faire assassiner Son Altesse Royale monseigneur le prince d'Orange, stathouder des Provinces-Unies, capitaine général de leurs armées de terre, et amiral général de leurs armées de mer?

Cette énumération pompeuse des titres du prince fit sourire amèrement Corneille de Witt, qui répondit :

— Monsieur, si j'avais voulu assassiner Son Altesse, j'aurais au moins eu l'énergie de mon crime, et je n'aurais pas, pour cela, employé le bras d'un autre.

— Accusé, réfléchissez bien, nos moyens de torture ne sont pas à bout; il en reste encore de terribles pour vous obliger à confesser votre crime abominable.

— Vous me couperiez en morceaux, monsieur, que je ne pourrais avouer une chose à laquelle je n'ai jamais pensé.

— Ainsi, accusé, vous refusez de rien confesser?

— Je n'ai rien à confesser?

Et la vis de pression recommença de jouer.

Puis, pour augmenter la douleur, à mesure que le bourreau écrasait les mains, l'aide, passant par derrière le ruart, tiraillait les deux coudes, donnant ainsi aux articulations du poignet qui se détendait sous ces accoups, de cruelles secousses.

Cette souffrance devait être horrible. Corneille de Witt s'affaissa sur lui-même, pâlit extrêmement, contracta ses lèvres, ferma les yeux, et un mouvement convulsif agita ses paupières.

A ce moment, un long et épouvantable hurlement de la populace monta jusqu'à la tourelle, et ce dut être un spectacle saisissant que cette torture infligée dans une sombre prison pendant que la terrible voix d'une populace en furie, mugissant au dehors, demandait la mort du patient.

En entendant ces affreuses clameurs : — *Mort aux de Witt !* — Corneille redressa tout à coup la tête; ses yeux étincelèrent; puis, par un effort désespéré du moral sur le physique, par un de ces élans incompréhensibles de l'âme qui peuvent, pour un moment, la dégager des étreintes matérielles du corps, Corneille de Witt, abandonnant ses mains aux bourreaux, qui redoublèrent la torture, jetant un regard inspiré vers le ciel, et tournant vers la fenêtre sa noble figure, qui resplendit alors de lumière et de sérénité, d'une voix mâle et forte il récita ces vers d'Horace, pendant que les cris de meurtre retentissaient au pied de la tourelle :

> Justum et tenacem propositi virum
> Non civium ardor prava jubentium,
> Non vultus instantis tyranni
> Mente quatit solida.....

(Ni la fureur d'une populace injuste, ni l'air menaçant d'un souverain qui n'agit que par caprice, ni les plus cruels tourmens, ne sont pas capables d'ébranler la fermeté d'un homme droit à qui sa conscience ne reproche rien.)

Cette scène était écrasante...[1]

Le bourreau s'arrêta; les juges se regardèrent comme épou-

---

[1] *Annales des Provinces-Unies,* par Basnage, in-folio. La Haye, MDCCXXI, t. II, p. 300. — *Vie de Corneille de Witt.* — Wicquefort, mss.

vantés de leur iniquité, toute l'horreur absurde de ce procès vint tout à coup se montrer à leurs yeux, lorsqu'ils songèrent que, sur la seule accusation d'un misérable, ils faisaient torturer le vainqueur de Chatam, celui qui venait encore de se montrer si intrépide sur leur flotte, un homme, enfin, honoré, admiré de tous... et puis soudain, et par une contradiction tout humaine, ils s'irritèrent encore davantage contre l'objet de leur cruauté, et voulurent, en augmentant l'horreur de ses tortures, donner, pour ainsi dire, plus de vraisemblance à son crime.

Alors l'un d'eux, pâle, haletant, dit au bourreau : — La mèche soufrée, la mèche soufrée, il confessera peut-être !

Le bourreau prit une mèche sur un réchaud, et s'approcha de ces chairs meurtries et saignantes dégagées des plaques de bois.

— Accusé, ne voulez-vous donc rien confesser ?

— Rien, monsieur.

— La souffrance va être horrible !

— A cette heure solennelle, monsieur, il ne s'agit pas de souffrance, mais de vérité.

— Vous vous refusez à rien confesser ? encore une fois, vous vous y refusez ?

— Monsieur, épargnez-moi ces demandes ; je n'ai rien à confesser. Quant à la torture, faites..., mon corps est à vous.

— Faites donc, — dit le juge au bourreau, qui approcha une mèche allumée des mains ensanglantées de Corneille de Witt.

La souffrance était intolérable ; le ruart fit un bond effrayant sur la table ; mais l'aide du bourreau l'y retint avec force.

Le bourreau approcha de nouveau sa mèche, et le ruart poussa un cri terrible.

— Confessez... confessez, — crièrent les trois juges presque avec effroi.

Le ruart, les dents convulsivement serrées par la souffrance, resta immobile, et ne dit mot.

Sur un nouveau signe des juges, le bourreau recommença.

— Confessez... confessez, — reprirent encore les trois juges.

Mais les forces de Corneille de Witt étaient à bout ; toute l'énergie de cette grande âme ne put lutter plus longtemps contre d'aussi atroces douleurs ; il poussa un long gémissement, et tomba évanoui sur la table, en disant : — Mon Dieu ! mon Dieu !

Le greffier n'eut à écrire aucun aveu...

Le ruart fut reporté dans sa prison, et confié aux soins des médecins.

. . . .

Le procès se continua; et, soit que les juges fussent enfin honteux de leur cruauté, soit que l'on comprît, d'après son inébranlable fermeté, que Corneille de Witt ne dirait rien de contraire à la vérité, on ne le mit pas davantage à la question.

Le 19 août, Tichelaar, relâché, alla ameuter la populace déjà si irritée; et le lendemain, 20 août, jour où la sentence du ruart devait lui être prononcée, les abords de la prison étaient encombrés d'une populace qui manifestait des intentions si menaçantes, que les États donnèrent ordre au comte de Tilly, capitaine des compagnies de cavalerie de La Haye, de monter à cheval, et de poster la compagnie de M. Stenhuysen dans le Buytenhoff, au-devant du corps de garde de la prison; tandis que les compagnies de M. Stenhuysen le fils et de Tilly se mettraient en bataille sur la place de la prison, en s'étendant jusqu'au Kneuterdyk.

On leur commandait de garder ces trois postes jusqu'à nouvel ordre.

Pendant ce temps, une compagnie de la garde bourgeoise, dite du *Drapeau-Bleu*, assiégeait la prison, en jetant de grands cris de *Mort aux traîtres!* et de *Vive Orange!*

Le comte de Tilly, posté devant la porte de la prison avec sa cavalerie, qui prolongeait le front de cette compagnie bourgeoise, ordonna à ses cavaliers de tenir leurs armes hautes, sans tirer un seul coup, à moins qu'ils ne fussent prévenus par les milices.

Les milices, de leur côté, craignant de se voir attaquées par la cavalerie, tinrent le mousquet sur la fourchette et la mèche compassée, sans cesser toutefois de pousser des cris terribles et des injures contre M. de Tilly.

Celui-ci, homme jeune encore, portant une cuirasse et une plume orange, l'air fier et martial, poussa son cheval noir, et s'adressant au front de la compagnie du Drapeau-Bleu avec beaucoup de sang-froid et de fermeté :

— Si vous voulez remplir La Haye de sang et de carnage, messieurs, tirez les premiers; mais, de par Dieu! je vous ferai

18.

voir que les cavaliers de Tilly peuvent vous rendre en balles de pistolets ce que vous leur prêterez en balles de mousquets.

— Nous voulons la mort des traîtres, — s'écria l'orfévre Veroëf, qui était aussi un des meneurs de cette compagnie ; car cet homme se retrouvait partout.

— Les traîtres, s'ils sont traîtres, monsieur, ont été jugés ; et vous saurez tout à l'heure leur condamnation, — dit M. de Tilly.

— Tichelaar est en liberté — reprit Veroëf, — il est donc vrai, alors, que le ruart a voulu assassiner le prince. Mort au ruart et au parti français !

La populace redoubla de vociférations, et M. de Tilly rejoignit son escadron en faisant un geste de mépris.

— Tilly est aussi un traître ! — s'écria Veroëf. Puis s'adressant à quelques officiers de la garde bourgeoise : — Allons demander à la maison de ville la retraite de ces cavaliers de Tilly, qui veulent empêcher la justice du peuple.

— Oui, oui, mort aux traîtres ! — cria le peuple ; — Vive la compagnie du Drapeau-Bleu ! A la maison de ville !... à la maison de ville !

Et Veroëf y courut à la tête de quelques officiers bourgeois et d'une multitude déchaînée.

En y arrivant, ils trouvèrent dans la salle des États-Généraux deux seuls députés, MM. d'Asperen et Bowelt ; les autres avaient lâchement pris la fuite.

— Monsieur, — dit l'orfévre, — si la compagnie du comte de Tilly ne se retire pas, tout va être à sac dans La Haye ! les milices bourgeoises ne peuvent tolérer les insolences de ces cavaliers, qui menacent le peuple les armes hautes. En un mot, si on ne lui donne pas l'ordre de quitter le Buytenhoff, nous les chasserons nous-mêmes. D'ailleurs, on dit que les matelots et paysans des villages voisins s'approchent pour piller La Haye ! c'est donc à la cavalerie à aller au-devant d'eux ; enfin, que vous l'ordonniez ou non, — ajouta insolemment Veroëf, — je vous jure, par la mort du traître qui a voulu assassiner le prince, je vous jure que si les cavaliers de Tilly n'ont pas évacué la place dans un quart d'heure, la tuerie va commencer.

Soit qu'ils fussent intimidés par cette violence, soit qu'ils fussent dévoués aux intérêts du prince, ou qu'ils craignissent les suites affreuses d'une pareille collision, les deux députés eurent l'incroyable faiblesse de donner l'ordre par écrit au comte de Tilly de faire retirer la cavalerie.

C'était ôter le dernier frein qui contînt la populace, c'était lui livrer la prison, et conséquemment Corneille de Witt, puisque ces compagnies de cavalerie défendaient seules ses approches.

Veroëf prit l'ordre, et revint triomphant le donner à lire à M. de Tilly, qui le prit, le parcourut; puis, cédant à un mouvement d'indignation, il dit en levant son épée sur l'orfévre : — Si je m'écoutais, je délivrerais la terre d'un grand misérable !

Puis, se retournant vers ses officiers, et remettant son arme dans le fourreau, il leur dit : — Allons, partons, messieurs; mais le ruart est perdu.

Et la cavalerie commença de sortir lentement de la place au milieu des cris et des huées de la populace.

A peu près à ce moment, sur le midi, le greffier des États entra dans la chambre de la prison où était couché Corneille de Witt, et lui lut en ces termes la sentence prononcée contre lui :

« La cour de Hollande, ayant vu et examiné les documents qui lui ont été délivrés par le procureur général de la cour, contre et à la charge de maître Corneille de Witt, ancien bourgmestre de Dordrecht, et ruart du pays de Putten, présentement prisonnier en la prison de ladite cour, comme aussi son examen, ses confrontations, et ce qui a été délivré de sa part, et ayant examiné tout ce qui pouvait servir à cette matière, déclare le prisonnier déchu de toutes ses charges et dignités, le bannit hors de la province de Hollande et de West-Frise, sans pouvoir jamais y rentrer, sous peine d'une punition plus sévère, et le condamne aux frais de la justice.

» Ce, ont signé les commissaires, Aden Paw, sieur de Bennebrock, président; Albert Nicrop, Guillaume Goës, Frédérik Van Hier, sieur de Zoëtermer, Corneille Baan, et Matthieu Gol, conseillers de la cour de Hollande et de West-Frise. »

— Monsieur, — dit le ruart avec dignité, après avoir entendu cette lecture, — si je suis assassin, je mérite la mort; si je suis innocent, je dois être mis en liberté, et mon accusateur puni. J'appelle de cette sentence au grand conseil.

— Voulez-vous bien, alors, monsieur, écrire au bas de cet acte votre opposition ?

— Écrire !... monsieur, écrire !... — dit amèrement Corneille de Witt en montrant ses mains mutilées ; — vous voyez que je ne le puis pas ; écrivez, je vous prie, monsieur... je tâcherai de signer... et puisse cette opposition empêcher une bien grande injustice !

Cette formalité remplie, le greffier salua et sortit.

Le ruart resta seul dans la petite chambre où il était couché ; sa figure était pâle encore des souffrances de la torture ; vêtu d'une longue robe de chambre de velours noir, il avait les mains enveloppées de bandelettes, et était couché à moitié sur son lit ; à côté de lui il y avait une petite table, et dessus une Bible ouverte.

Après le départ du greffier, Corneille de Witt resta un moment pensif ; puis, essuyant une larme que les plus affreuses tortures n'avaient pu lui arracher, il prit la Bible ouverte, et continua de lire ces versets du livre de Job, qui avaient une si terrible analogie avec sa position :

« *Si j'ai vécu en impie, malheur à moi ; mais j'ai agi avec justice, et néanmoins, accablé d'affliction, et pénétré de ma misère, je ne relèverai point la tête.*

» *Si je la levais, vous produiriez contre moi d'autres témoins, vous multiplieriez les effets de votre colère, qui m'accableraient tour à tour, et une armée de maux m'assiégeraient.*

» *Le peu de jours qui me restent ne finiront-ils pas bientôt ? Que Dieu cesse donc de me frapper, et qu'il retire sa main de dessus moi, afin que je respire un peu.*

» *Avant que j'aille en cette terre, d'où je ne reviendrai point... en cette terre couverte des ténèbres et de l'obscurité de la mort ;*

» *En cette terre de ténèbres où habite l'ombre de la mort, et où on ne voit plus le bel ordre du monde, mais une nuit perpétuelle.* »

. . . .

Corneille de Witt lisait ces derniers mots, lorsque tout à coup la porte s'ouvrit, et Jean de Witt parut dans la chambre.

— Dieu du ciel ! — s'écria le ruart en laissant tomber sa

Bible, et se dressant sur son lit avec une expression indicible de terreur, — Jean, que venez-vous faire ici ?

— Comment ?

— Oui, que voulez-vous ? mon Dieu ! que voulez-vous ?

— Ce que je veux !

— Mais... oui, oui ; encore une fois, malheureux, que venez-vous faire ici ? voulez-vous donc vous faire égorger ?

— Ce que je viens faire ! — dit Jean de Witt, stupéfait, et pâlissant malgré lui, — ce que je viens faire ?... Mais ne venez-vous pas de me faire demander à l'instant même ?

— Moi... moi... !

— Comment ! ce n'est pas vous ?

Corneille de Witt, un instant absorbé dans ses réflexions, ne répondit pas ; puis tout à coup, joignant ses mains mutilées, avec un geste d'horreur et de désespoir, il s'écria :

— Ah ! maintenant, je comprends tout. Mon frère... mon pauvre frère, je comprends tout ! Nous sommes perdus... c'est fait de nous !

— Par pitié, mon frère, expliquez-vous !

— Oui... mais, dites... dites, mon Dieu ! dites, comment cela est-il arrivé !... qui vous est venu chercher... que vous a-t-on dit ?

— Eh bien ! donc, tout à l'heure j'étais à me raser, lorsque le gardien de la geôle vint trouver ma sœur, et lui demanda la bien-venue due à ceux qui apportent de bonnes nouvelles ; aussitôt ma sœur lui demande quelles étaient ces nouvelles : il répond que vous alliez être mis en liberté. A ces mots, ma sœur accourt me chercher ; je viens, et je demande à cet homme s'il était bien vrai que vous ne fussiez pas banni ; il me répond qu'il l'ignore, que le geôlier lui a seulement dit que vous alliez être mis en liberté, et que vous vouliez me parler sur-le-champ [1].

— Les infâmes ! les infâmes !

— Que vous vouliez me parler sur-le-champ, à moi et à notre père.

— A notre père ! aussi à notre père !... Oui... oui, écraser la famille du même coup ! Oh ! les malheureux !

— Comme mon père était à la régence, je ne l'envoyai pas

---

[1] Voir les auteurs ci-dessus cités.

quérir, et je demande tout de suite mon manteau. Alors ma fille se jette à mes pieds pour me supplier de ne pas venir ici, me disant qu'il y avait grand danger à cause du peuple, et que si vous aviez voulu me parler vous m'eussiez sans doute écrit, et non pas envoyé le gardien sans un mot. Je lui réponds à cela que les blessures de vos mains ne vous avaient pas sans doute permis d'écrire; et bien que ma fille me suppliât d'envoyer quelqu'un s'informer auprès de vous si vous me demandiez en effet, je ne l'écoute pas, et je pars aussitôt, et me voici... Maintenant, je comprends...

— Pauvre enfant ! l'instinct de son cœur la guidait... Mais, comment avez-vous pu traverser toute cette populace furieuse ?

— Je ne l'ai pas traversée; le gardien m'a fait passer par la ruelle du Vivier de Buytenhoff, et entrer par les derrières de la prison.

— Oh ! le piége était bien conçu. Quel bonheur, mon Dieu, quel bonheur que mon père ait été à la régence !...

— Non, cela est impossible ! — dit Jean de Witt après un moment de profonde réflexion, — cela serait trop affreux; ils ne peuvent, après tout, vouloir nous égorger ici... Non... non, cela est impossible !... D'ailleurs, il est temps encore, mon frère, Partons !... En apprenant votre bannissement, j'avais ordonné à un carrosse de venir vous prendre. Venez... venez...

— Partez, mon frère... ; quant à moi... je reste...

— Vous restez ! — s'écria Jean de Witt épouvanté. — Vous restez !

— Sortir d'ici ! ce serait accepter ce jugement odieux et inique. Je reste pour protester.

— Vous ne resterez pas, Corneille, vous ne pouvez pas rester. Songez donc qu'à chaque minute votre départ peut devenir impossible; songez donc qu'il y a contre vous, contre moi, un détestable complot pour nous tuer ici peut-être. Mon frère ! venez... venez... au nom du ciel ! venez...

— Jean, — dit le ruart avec une fermeté pleine de douceur, — je vous ai dit que je resterais.

— Mais vous vous perdez, malheureux !

— Non... je me justifie.

— Mais, votre femme, vos enfants ?

— Ma mémoire leur restera pure et sans tache.

— Mon frère !... mon frère !... Corneille !

— Je vous en supplie, Jean, pas un mot de plus, et partez... Partez, il en est temps encore...

— Eh bien ! alors, je reste aussi...

A ce moment, on entendit des pas lourds et mesurés derrière la porte, et des crosses de mousquets retentirent sur les dalles sonores du couloir.

A ce bruit, les deux frères tressaillirent et échangèrent, dans le plus profond silence, un regard impossible à rendre.

Puis, Jean de Witt se précipita sur la porte ; elle était fermée ; il la secoua violemment.

— Que voulez-vous ? — dit une voix rude.

— Pourquoi cette porte est-elle fermée ? — dit Jean de Witt, — ouvrez-la... je veux sortir.

— Vous ne pouvez plus sortir, — dit la voix.

— Je vous dis que je veux sortir, moi, Jean de Witt, et emmener avec moi mon frère, Corneille de Witt, condamné au bannissement, et comme, tel, devant quitter le territoire de la république dans le plus bref délai.

— Jean ! — s'écria le ruart.

Mais, Jean de Witt lui faisant de la main un geste suppliant, il se tut.

— Vous ne pouvez plus sortir, — répéta la voix.

— Mais, puisque je viens d'amener un carrosse pour emmener mon frère.

— On a renvoyé le carrosse, les traîtres ne s'en vont pas en carrosse, — dit la voix.

— Mais, je suis libre, moi... moi, Jean de Witt, et je veux sortir à l'instant.

— Vous n'êtes plus libre à cette heure.

Les deux frères se regardèrent encore une fois : ils virent que tout espoir était perdu.

Jean de Witt ne dit pas un mot de plus, se retourna vers le ruart, et, par un mouvement simultané, les deux frères se jetant dans les bras l'un de l'autre, s'embrassèrent avec effusion.

Pendant ce temps, Tichelaar et Veroëf continuaient d'ameuter la populace au dehors, en criant : — Le chien et son frère vont sortir de la prison, il ne faut pas qu'ils en échappent.

— Oui, oui ! aux armes ! — hurla le peuple, qui, craignant que les deux frères ne lui échappassent, voulut que deux officiers de la bourgeoisie. MM. Bugeswacht et Van Os, allassent s'assurer que les deux frères étaient bien dans la prison.

Voici le dénouement de cet horrible drame, tel qu'il est raconté dans les *Annales des Provinces-Unies*, ouvrage reconnu par son imposante et grave autorité. Cette relation est empreinte d'un tel cachet de naïveté, qu'on a craint d'y rien changer.

« Deux officiers et quatre bourgeois montèrent dans la chambre de MM. de Witt ; le conseiller pensionnaire leur représenta avec tant de douceur et de force l'innocence de son frère, et l'injustice que le peuple leur faisait en se soulevant contre eux, qu'ils promirent d'obtenir leur liberté ; quelques bourgeois de la même compagnie vinrent aussi voir si les deux frères étaient dans leur chambre. A une heure après midi, le fiscal entra avec quelques officiers et cinq ou six bourgeois ; le fiscal dit au ruart qu'il fallait que ces bourgeois restassent avec lui pour répondre au peuple de sa présence. M. de Witt, croyant que cela ne regardait que le ruart, tenta de nouveau de sortir de la chambre ; mais les bourgeois l'arrêtèrent. Le fiscal se retira en priant les deux frères d'avoir patience jusqu'à ce que le tumulte fût apaisé, et les laissa avec les bourgeois, qui les prièrent à dîner avec eux. En sortant de table, le ruart, que la torture avait extrêmement affaibli, se jeta sur son lit en robe de chambre, et son frère, qui vint s'y asseoir à côté de lui, prit la *Bible*, et continua de lui en lire quelques chapitres.

» Cinq heures après que la cavalerie de M. de Tilly eut disparu, la compagnie bourgeoise du Drapeau-Bleu, qui reçut en sortant de la place de Pleyn des rafraîchissements de bière, de vin et d'eau-de-vie, dont elle n'avait pas besoin pour augmenter sa fureur trop violente, s'avança par la cour, sur les quatre heures après-dînée ; de là elle marcha droit à la porte de la prison avec des cris redoublés et animés par M. Van Banchen, échevin de La Haye, que les mutins regardaient comme un de leurs chefs ; elle força la compagnie qui était de garde à la porte, disant qu'elle n'avait d'autres desseins que de conduire les deux frères au prince d'Orange, pour qu'il décidât de leur sort. Cependant les mutins ne laissèrent pas de tirer une grêle de coups de mousquet contre la porte de la prison; et n'ayant pu en faire sauter la serrure et les gonds à coups de mousquets, l'orfévre Veroëf, un des chefs les plus furieux des mutins, alla enlever chez un marchand un gros marteau avec lequel il brisa la porte; mais les mutins, enragés de ne la pouvoir briser entièrement, menacèrent avec des serments exécrables de tuer tous ceux qui étaient dans la prison, si on ne la leur ouvrait pas. Le geôlier, épouvanté de ces menaces, ou *plutôt gagné*, ouvrit enfin. La porte ne fut pas plus tôt ouverte qu'ils montèrent en foule les degrés de la prison, et entrèrent dans la chambre où étaient les deux frères.

» Ils trouvèrent le ruart en robe de chambre sur son lit, et son frère assis à côté, en manteau de velours, et lisant l'Écriture sainte.

» Le grand pensionnaire tâcha d'inspirer quelques sentiments d'humanité à ces furieux; mais, loin de se laisser fléchir, ils forcèrent le ruart et lui à sortir de la chambre, et leur dirent qu'on allait les conduire à la place où on exécutait les criminels.

» Les deux frères se dirent un tendre adieu sur le haut de l'escalier, et le ruart, qui était très-faible, descendit appuyé sur son frère, qui, conservant beaucoup de tranquillité dans un péril aussi imminent, exhorta doucement les bourgeois à rentrer dans leur devoir.

» *Mes amis, leur disait-il en descendant l'escalier, à quoi aboutira tout ceci : nous sommes innocents ; nous ne sommes pas traîtres ; conduisez-nous où vous voudrez, et nous faites examiner.* On ne répondit à ses exhortations que par de violents outrages, en criant : — *Marche... marche; tu verras bientôt ce qui arrivera!* Un maréchal avait déjà voulu assommer le ruart sur son lit, et l'aurait tué si le coup de fléau qu'il lui déchargea n'eût rencontré le bois du lit. En descendant, un autre mutin le frappa par derrière avec une planche, et lui fit rouler les degrés jusqu'à la porte, d'où on ne le releva que pour le traîner par les cheveux jusqu'à l'arcade qui est proche de la prison qui conduit à l'échafaud. Le grand pensionnaire, dont le chapeau était tombé sur l'escalier, sortit tête nue de la prison, et cherchant des yeux son frère déjà massacré. A ce moment, un notaire, nommé Van Soenen, lui porta un coup de pique au visage. Cette blessure ne l'empêcha pas de faire ses efforts pour passer derrière les rangs des soldats, croyant y retrouver son frère; mais les bourgeois s'étant aperçus de ce dessein, lui fermèrent le passage. Alors un nommé Pierre Veranghuen tira sur lui un coup de mousquet; mais son fusil n'ayant pas pris feu, il donna à Jean de Witt un si furieux coup sur la tête, qu'il le terrassa. Cependant Jean de Witt eut encore assez de force pour se relever sur ses deux genoux, et crier : *Mon frère !* lorsqu'un nommé Van Valen le prit par le col, le coucha par terre, lui mit le pied sur la poitrine, et lui tira un coup de pistolet à bout portant dans la tête, en criant : *Voilà le scélérat qui a trahi sa patrie !*

» Les deux frères morts, les bourgeois formèrent un demi-cercle autour des cadavres, et firent sur eux nombre de décharges; après quoi on dépouilla les deux corps, et on déchira leurs habits en mille morceaux, qu'on distribua dans les villages voisins. Il n'y eut que le manteau du grand pensionnaire qui resta entier; un valet de poste s'en saisit et l'exposa en vente dans le Vyverberg, en disant : *Voilà la guenille du grand Jean !*

» On commit les dernières indignités sur les cadavres des deux frères, et après les avoir traînés tous deux dans la boue jusqu'au lieu où on exécute les scélérats, on les pendit par les pieds à un gibet fait en forme d'estrapade, où, faute de corde, on les attacha avec des mèches de mousquet.

» Celui qui remplissait les fonctions de bourreau ayant aperçu M. Simousson, pasteur de La Haye, lui demanda :

» — *Monsieur le ministre, sont-ils assez haut perchés ?*

» — *Non,* — dit le ministre, — *non; pendez ce grand coquin un échelon plus haut !*

» Il parlait de Jean de Witt.

» La rage ne se borna pas là ; on coupa au conseiller pensionnaire les deux doigts qu'il avait levés pour jurer l'observation de l'Édit perpétuel, et dont il s'était servi pour le signer. On coupa ensuite à l'un et à l'autre le nez, les oreilles, et les doigts des pieds et des mains et les autres extrémités du corps, *que l'on vendit publiquement depuis dix sous jusqu'à trente.* Veroëf, l'orfévre, ouvrit les corps des deux frères et en arracha les deux cœurs, qu'il conserva longtemps, et qu'il montra pour de l'argent.

» L'un de ces forcenés, ne pouvant emporter avec les dents les parties honteuses du ruart, les lui coupa; un autre lui arracha un œil et l'avala; enfin, un troisième, ayant coupé à Jean de Witt un morceau de chair à la hanche, dit : — *J'ai résolu de rôtir ce morceau et de le manger avec mon ami Tichelaar, quand je devrais en crever !* »

. . . .

Immédiatement après ce massacre, les députés envoyèrent un courrier au prince d'Orange, qui était alors à Alphen, riant village situé sur le Rhin, entre Leyde et Woërden.

Le prince était sur le point de se mettre à table lorsque le courrier arriva portant deux dépêches.

S. A. lut la première, et dit :

— Messieurs, je vous annonce une bonne nouvelle pour les amis de M. Fagel, que j'aime fort; il a été nommé hier grand pensionnaire de Hollande, par la démission de M. Jean de Witt.

M. Fagel était un des plus chauds partisans du prince.

Puis, dépliant la seconde, le prince pâlit malgré lui, et s'écria : — Messieurs, les frères de Witt ont été horriblement assassinés hier à La Haye par la populace : que Dieu les absolve, s'il est vrai qu'ils aient trahi leur pays.

Puis, tendant la dépêche à M. de Zuylistein, — Lisez ceci, monsieur.

Et le prince se mit à table, mangea peu et fort vite.

M. Zuylistein, ayant lu, frémit d'horreur, et dit au prince : — Votre Altesse ordonnera-t-elle des poursuites contre les meurtriers ?

— Des poursuites ? — dit le prince, en attachant son regard terne et froid sur M. Zuylistein, — non, non, monsieur, vous ordonnerez à M. de Maasdam, membre du collége des nobles, de dire à leurs nobles et grandes puissances *que je regarde toute recherche au sujet de ce meurtre comme dangereuse au repos public, et que je ne veux pas qu'on en fasse*[1].

---

[1] Voir les auteurs cités.

— Puis, vous, monsieur, — ajouta-t-il en se tournant vers son chapelain, — vous ordonnerez des prières pour les âmes de MM. de Witt.

Le prince se retira.

Voilà comment Guillaume d'Orange fut rétabli dans ses charges héréditaires, le parti français ruiné, et les deux frères de Witt payés de leur dévouement au pays et de leur foi dans la parole du grand roi.

On a vu l'assassinat des frères de Witt; voici maintenant une relation véritable des suites de la conquête de Louis XIV, qui ne dévoile qu'un coin de cet immense et effroyable tableau.

« Les deux villages de Swammerdam et de Bodegrave, composés de six cents maisons, furent réduits en cendres; il n'en resta qu'une seule, que le hasard fit échapper à la fureur du soldat et à l'incendie général. On se fit un devoir de religion de la ruine des églises des hérétiques : aucune ne fut épargnée. Les bâtiments publics où l'on administrait la justice et la police subirent le même sort. Les soldats qui avaient formé ce dessein cruel s'étaient, en sortant d'Utrecht, armés d'*allumettes* et d'autres matières combustibles. On enfermait le père et la mère avec leurs enfants chez eux, afin d'éteindre une famille dans un instant; et lorsqu'on remua les cendres et les ruines des maisons, on trouva quantité de corps à demi consumés, et les enfants brûlés dans les bras de ceux et de celles qui leur avaient donné la vie. Une mère, qu'une vieillesse décrépite rendait aveugle et un objet digne de compassion, fut tuée en présence de quatre enfants qui l'assistaient, et n'eut avec eux qu'un même tombeau dans les flammes qui les réduisirent en cendres. Comme la cruauté se diversifie à l'infini, une autre mère, qui avait élevé un pareil nombre d'enfants, les vit tuer sous ses yeux, et fût ensuite immolée à la fureur des bourreaux. Le prince d'Orange, qui arriva deux jours après sur les lieux, trouva quantité d'enfants dont on avait coupé les bras et les jambes, et d'autres corps mutilés qu'il laissa quelque temps sans sépulture, exposés aux yeux des passants, afin qu'ils apprissent par cet affreux spectacle ce qu'ils devaient attendre des Français. Les soldats se divertissaient à saisir ces innocentes créatures par les pieds, les lançaient en l'air, et les recevaient sur la pointe des piques et des épées, heureux d'y trouver la mort, puisqu'on précipitait les uns dans les flammes, et qu'on imaginait de nouveaux tourments pour faire périr les autres. On violait les filles en présence de leurs mères, les femmes sous les yeux de leurs maris; et les soldats qui ne trouvaient pas assez d'objets pour assouvir leur brutalité, parce qu'ils étaient en trop grand nombre, satisfaisaient tour à tour leur infâme passion sur une même personne, jusqu'au nombre de vingt et au-delà, et lui épargnaient ensuite la douleur de survivre à sa honte en la jetant dans l'eau et dans le feu. L'avarice, jointe à la cruauté, animait l'officier aussi bien que le soldat : on pendait les hommes dans la cheminée de leur maison, et on y allumait un grand feu, afin que la fumée des tourbes et la flamme qui en sortait ensuite, les étouffant et les brûlant tour à tour, ils fussent contraints de découvrir l'argent qu'ils possédaient, et que souvent ils ne possédaient point, tellement qu'ils étaient les victimes d'une imagination également sordide et barbare.

» Les supplices et les cruautés ordinaires ne suffisant pas pour assouvir la fureur du soldat, il en inventa d'extraordinaires. Il dépouillait les filles et les femmes qu'il avait violées, et les chassait toutes nues dans la campagne, où elles périssaient de froid. Un officier suisse, trouvant deux filles de bonne maison dans ce triste état, leur donna son manteau et quelque linge qu'il avait, et en allant à son poste, les recommanda à un officier français, lequel, bien loin de les protéger, en abusa dans la rue, les prostitua ensuite à ses soldats, qui, après leur avoir fait les derniers outrages, leur coupèrent le sein, le lardèrent avec les baguettes de leurs fusils, et laissèrent leurs corps exposés sur la levée qui mène de Bodegrave à Woërden [1]. Il y en avait d'autres auxquelles on coupait le sein, qu'on saupoudrait ensuite de poivre, de sel, quelquefois même de poudre à canon, à laquelle on mettait le feu pour les faire mourir plus cruellement. Un de ces scélérats qui, étant à Bodegrave, avait eu la barbarie de couper le sein d'une femme en couches, et d'y mettre du poivre, mourut à l'hôpital de Nimègue, dans un affreux désespoir, d'une frénésie causée par les remords cuisants de sa conscience ulcérée, qui lui représentaient continuellement l'image de cette femme, dont il s'ima-

---

[1] On verra le nom de ce village, cité plus bas, dans l'épître au roi.

ginait entendre encore les cris douloureux. On attachait les autres par les cheveux, ou sous les aisselles, à des arbres, afin qu'elles demeurassent exposées dans une honteuse nudité à toutes les injures de l'air. Un batelier fut cloué par la main au mât de son vaisseau, et sa femme violée sous ses yeux, qu'on lui défendit de détourner un moment d'un spectacle si infâme, sous peine de la mort. Beaucoup d'autres maris eurent le même sort, et furent forcés à coups de bâton et de plat d'épée d'être témoins oculaires d'un semblable outrage. Enfin on ne respecta pas même les corps morts : deux cadavres qu'on portait en terre furent dépouillés du linceul qui les couvrait ; l'un fut jeté dans le feu avec son cercueil, l'autre en fut tiré, et eut l'eau du canal pour sépulcre.

(*Annales des Provinces-Unies.*)

. . . .
Ainsi que le meurtre des frères de Witt, ces atrocités monstrueuses étaient les conséquences naturelles et inévitables de l'invasion de Louis XIV en Hollande.

A ce propos, résumons encore les faits : l'étude en est curieuse, et va bientôt offrir de nouveaux contrastes qui seront assez piquants.

Qu'on se rappelle cette longue chaîne de roueries, de crimes, de vénalité sacrilége, de parjures, de corruptions qui joint ces deux années 1670 et 1672, depuis cet infâme traité conclu en pleine paix contre les Sept-Provinces, jusqu'à la dévastation de cette malheureuse république ; depuis la prostitution de mademoiselle de Keroualle jusqu'à la nouvelle trahison de Louis XIV envers l'Angleterre, son alliée, jusqu'au massacre des frères de Witt.

On ne peut le nier : tout cela fut l'œuvre du grand roi, ou plutôt de l'intraitable orgueil du ministre qui le dominait durement, de Louvois, en un mot, *qui* ne voulait, lui, qu'*embarrasser Colbert*.

Or, on est déjà comme épouvanté en songeant que la haine jalouse et mesquine d'un commis brutal contre un autre commis son rival, ait pu soulever de pareils orages sur l'Europe, et enfanter une longue série d'effrayantes calamités et de maux irréparables...

Mais ce qui épouvante peut-être davantage, ou plutôt ce qui, en vérité, fait rire d'un air assez homérique, c'est de voir que depuis le grand poëte jusqu'au grave historien, que depuis le prince de l'Eglise jusqu'au vicaire de Jésus-Christ, chacun a voulu payer, à genoux, son lâche tribut d'ignobles flatteries, de louanges effrontées et misérables, à propos de cette effroyable invasion, de ses causes honteuses et sacriléges, et de ses sanglants résultats.

Ainsi le sévère Boileau, le grand satirique, l'impitoyable censeur, dans sa froide et basse mélopée, non content de crier *gloire à Louis!* s'égaie encore impudemment de la sauvagerie des noms de *ces ruines fumantes soumises à l'incomparable vainqueur!* il ne trouve que de niaises plaisanteries indignes même d'un pédant de collége, à propos de ces malheureuses villes pillées, dévastées, qui ne pouvaient éteindre l'incendie qui les dévorait qu'en s'abîmant sous les eaux de la mer.

Voici ce curieux témoignage de la dignité de l'art au dix-septième siècle :

> En vain pour te louer ma muse toujours prête,
> Vingt fois de la Hollande a tenté la conquête.
> Ce pays, où cent murs n'ont pu te résister,
> Grand roi, n'est pas en vers si facile à dompter.
> Des villes que tu prends les noms durs et barbares
> N'offrent de toutes parts que syllabes bizarres ;
> Et, l'oreille effrayée, il faut, depuis l'Issel,
> Pour trouver un beau mot, courir jusqu'au Tessel.
> Oui, partout de son nom chaque place munie
> Tient bon contre les vers, en détruit l'harmonie.
> Et qui peut sans frémir aborder *Voërden ?*
> Quel vers ne tomberait au seul nom de Heusden ?
> Quelle muse, à rimer en tous lieux disposée,
> Oserait approcher des bords du Zuyderzée ?
>
> . . . .
>
> Du fleuve (le Rhin) ainsi dompté la déroute éclatante
> A Wurts jusqu'en son camp va porter l'épouvante.
> Wurts, l'espoir du pays et l'appui de ses murs ;
> Wurts... Ah ! quel nom, grand roi ! quel Hector que ce Wurts !
> Sans ce terrible nom, mal né pour les oreilles,
> Que j'allais à tes yeux étaler de merveilles ! etc., etc.
>
> (*Épître IV, au roi.*)

Puis, après le satirique, vient le grand tragique, l'historiographe de France, le tendre et religieux Racine. Il faut lire son *Précis de la guerre de 1672*; c'est à n'y pas croire, c'est à demeurer confondu devant ce ton de placide et naïve bonhomie avec laquelle il expose les griefs du grand roi contre cette petite république, *que ses richesses et son abondance*, dit-il, *rendaient redoutable à ses voisins*.

Écoutons-le ;

« ... Cette petite république faisait tout le commerce des Indes orientales, où elle avait presque entièrement détruit la puissance des Portugais. Elle traitait d'égale avec l'Angleterre, sur qui elle avait même remporté de glorieux avantages, et dont elle avait tout récemment brûlé les vaisseaux dans la Tamise ; et enfin, aveuglée de sa prospérité, elle commença de méconnaître la main qui l'avait tant de fois affermie et soutenue. Elle prétendit faire la loi à l'Europe ; elle se ligua avec les ennemis de la France, *et se vanta qu'elle seule avait mis des bornes aux conquêtes du roi* — (toujours cette niaiserie de la médaille de Josué). — Elle opprima les catholiques dans tous les pays de sa domination, et s'opposa au commerce des Français dans les Indes ; en un mot, elle n'oublia rien de ce qui pouvait attirer sur elle l'orage qui la vint inonder. — Le roi, las de souffrir *ses insolences*, résolut de les prévenir : il déclara la guerre aux Hollandais sur le commencement du printemps, et marcha aussitôt contre eux. »

Puis, après plusieurs assertions aussi singulières que celle-ci : *Jamais prince* (Louis XIV) *n'observa si religieusement sa parole. — Ce n'est pas une chose concevable que, dans la fidélité qu'il a gardée* (Louis XIV) *à ses alliés, il a toujours eu plus soin de leurs intérêts que des siens propres*. Le tendre Racine conclut ainsi à propos de cette conquête :

« Par là on peut voir qu'il y a quelquefois des choses vraies qui ne sont pas vraisemblables aux yeux des hommes, et que nous traitons souvent de fabuleux dans les histoires des événements qui, tout incroyables qu'ils sont, ne laissent pas d'être véritables. En effet, comment la postérité pourra-t-elle croire qu'un prince, en moins de deux mois, ait pris quarante villes fortifiées régulièrement ; qu'il ait conquis une aussi grande étendue de pays en aussi peu de temps qu'il en faut pour faire le voyage, et que la destruction d'une des plus redoutables puissances de l'Europe n'ait été que l'ouvrage de sept semaines? »

Ce n'est pas tout, après les poëtes à allégories païennes, après les flagorneries olympiques devaient venir les flagorneries chrétiennes; après le Jupiter-Tonnant, après le vieux Rhin surpris dans ses verts roseaux parmi les naïades craintives, c'est Jéhovah couronnant par la victoire l'œuvre si amoureusement bien commencée par mademoiselle de Keroualle; c'est le dieu des armées, aidant fort Louvois à bien embarrasser Colbert.

En un mot, ce n'est plus Racine, Boileau, Bossuet, ces hautes supériorités de l'intelligence et de la raison, qui exaltent et consacrent en un merveilleux langage les plus honteux appétits charnels, les plus hideux parjures, les entreprises les plus féroces et les plus impies: c'est quelqu'un qui, selon la hiérarchie religieuse du monde chrétien, est au-dessous de Dieu, mais au-dessus des rois; c'est la personnification la plus imposante des vertus humaines; c'est celui qui, placé au sommet de l'édifice social, reçoit seul de Dieu la divine et solennelle mission de le représenter sur la terre dans toute sa majestueuse pureté; c'est celui qui peut lier et délier ici-bas; c'est le pape, en un mot, le pape Clément X, qui écrit de sa main pontificale le bref suivant à Louis XIV, qui se délassait alors de ses conquêtes dans les jolis bras de madame de Montespan, dont il venait d'exiler l'incommode et fâcheux mari.

« Notre cher fils en Jésus-Christ, salut et bénédiction apos-
» tolique.

» L'univers, contemplant le renversement par vos armes vic-
» torieuses d'une puissance élevée sur les ruines d'un pouvoir
» légitime, et nuisible d'ailleurs aux intérêts de la royauté, féli-
» cite Votre Majesté, dont le jeune front est décoré de glorieux
» triomphes et paré de riches dépouilles. Les entrailles de notre
» charité pontificale ne sauraient non plus se contenir, et nous
» voyons avec une joie égale à la vôtre les accroissements de la
» vraie religion unis aux succès de Votre Majesté, joie qui répond
» à la grandeur des pouvoirs dont la bonté divine nous a inves-
» tis. En effet, les églises rendues aux catholiques, la discipline
» religieuse rétablie dans les cloîtres, les prêtres remplissant les

» diverses fonctions du culte divin, les habitants pouvant librement
» pratiquer la vérité, *tels sont les faits qui suffisent pour démon-*
» *trer que la mission de Votre Majesté venait d'en haut, lors-*
» *qu'elle s'est élancée à pas de géant dans le chemin de la*
» *victoire.*

» Permettez donc, roi Très-Chrétien, que, pour consolider les
» résultats glorieux déjà obtenus par la guerre et par la paix,
» notre zèle et notre attachement apostoliques excitent encore
» votre piété royale, ainsi que vous le fera mieux comprendre,
» sur plusieurs points, notre nonce, l'archevêque de Florence.

» En attendant, nous n'omettrons point de placer au pied du
» trône de la miséricorde divine les sentiments paternels dont
» notre cœur est rempli pour votre conservation et le succès
» de vos vœux pour la gloire de Dieu, afin que la bénédiction
» apostolique que nous vous donnons puise sa confirmation et sa
» force dans cette source propice.

» Donné à Rome, à Sainte-Marie-Majeure, sous l'anneau du
» pêcheur, le 23 août 1672, la troisième année de notre pon-
» tificat. »

(*Archiv. des aff. étrang. — Rome. 1672. — Suppl.*)

Or donc, à propos de tant de louanges pour tant de crimes, de tant d'adversités pour tant de vertus, en voyant hommes ou nations subir éternellement la loi du plus fort, en voyant l'innocence presque toujours victime du méchant, qui jouit et triomphe (en ce monde seulement, car Dieu est juste); à propos de cela, on nous permettra de répéter ces paroles déjà dites.

Mais, trouver cent fois réalisé dans l'histoire ce qu'on appelle le rêve d'un esprit morose et chagrin; mais retrouver à chaque page de l'humanité cette impitoyable raillerie de la destinée; *Heur aux forts et aux méchants, malheur aux faibles et aux justes!* mais voir que les conceptions les plus cyniques et les plus monstrueuses sont bien en dessous *de ce qui a été;* mais voir que la corruption la plus insolente et la plus effrontée paraît naïve et modeste auprès de ce qui a été; mais voir que, pour tant de vices, de corruptions et de cruautés, ç'a été d'éclatants triomphes, une vie royale et resplendissante d'amour et de gloire; et puis enfin, après la mort de ces grands criminels, voir les plus hautes et les plus graves intelligences de l'Église venir impudemment, en plein temple, à la face de Dieu, les aduler jusque sous le linceul, dans le plus pompeux et le plus magnifique des langages, sans larmes pour les victimes, sans anathèmes contre les bourreaux; je le répète, dès l'abord, cela ferait peur si on ne s'était pas attendu à trouver l'histoire si *humaine*.

LIVRE CINQUIÈME.

CHAPITRE PREMIER.

Combat du 7 juin 1673, entre les flottes anglo-française et la flotte des Provinces-Unies. L'escadre française est postée cette fois au corps de bataille. — Relation du vice-amiral d'Estrées et de M. le chevalier de Valbelle. — Combat du 21 août de la même année. — L'escadre française forme l'avant-garde. — Quelques vaisseaux combattent, mais le gros de l'escadre ne combat pas. — Relation du vice-amiral d'Estrées. — Lettre et plainte du marquis de Martel, sur ce que le vice-amiral d'Estrées n'a pas combattu. — Plaintes du prince Rupert contre l'escadre française. — Lettres de Colbert de Croissy à ce sujet. — Réponse du vice-amiral d'Estrées et du marquis de Seignelay. — Enquête secrète ordonnée par Colbert pour éclaircir ce fait. — Texte curieux de cette enquête confirmant la lettre de M. de Martel.

Dans cette année 1673, il y eut deux batailles navales : la première se donna, le 7 juin, près des bancs de Flandre, un an, jour pour jour, après le combat de Southwold-Bay ; la seconde se livra le 21 août.

Dans le premier de ces deux combats, l'escadre française, au lieu de former l'avant-garde ou l'arrière-garde de la flotte combinée, d'après les ordres du roi d'Angleterre, composa le corps de bataille.

Sans nul doute, cette détermination fut prise pour satisfaire à l'opinion publique, qui se plaignait hautement que, lors du combat de Southwold-Bay, l'escadre française, ayant un poste séparé, n'avait pas voulu participer à l'action.

Ainsi qu'on va le voir, cette précaution de Charles II le servit, car l'escadre française, placée de la sorte, et abandonnée à l'impulsion généreuse de chaque capitaine de vaisseau, se battit bravement, reçut des louanges unanimes de l'amiral et des officiers anglais, louanges qui contrastèrent cruellement avec les reproches dont on avait accablé M. d'Estrées lors du combat de Southwold, en 1672, et dont on l'accabla de nouveau lors du deuxième combat qui eut lieu le 21 août 1673 ; car cet amiral tenait fort à exécuter, quand il le pouvait, les ordres secrets de Louis, qui lui enjoignaient nettement de *ne pas hasarder ses vaisseaux dans le péril, et de se méfier des Anglais.*

Aussi, lors du second combat de l'année 1673, Louis XIV, qui traitait cavalièrement le roi Charles de maître payant à valet gagé, et s'arrangeait peu de cette gloire maritime acquise par la perte de ses vaisseaux, Louis XIV exigea que son escadre eût cette fois un poste distinct, à l'avant-garde de la flotte ; de la sorte, ce qui était arrivé déjà lors du combat de Southwold se renouvela, à savoir, que le vice-amiral resta pendant cinq heures spectateur du combat, malgré les signaux et les ordres réitérés de M. le prince Rupert, qui avait succédé à M. le duc d'York dans la charge d'amiral d'Angleterre, ce dernier ayant été obligé de quitter cette charge pour cause de catholicité.

Ce second déni d'assistance exalta terriblement la nation anglaise contre Louis XIV : le prince Rupert fit une relation des faits ; M. Martel, un des chefs d'escadre français, en publia pareillement une autre, qui eût été écrasante pour M. le vice-amiral d'Estrées, si ce dernier n'eût aussi pu se retrancher derrière les ordres secrets qui lui ordonnaient itérativement d'agir ainsi qu'il avait agi.

Malgré ces ordres secrets, on fit apparemment quelques maladroites réponses aux reproches de M. le prince Rupert. On verra ces pièces, dont une est de la main de M. le vice-amiral d'Estrées, et l'autre de la main de M. le marquis de Seignelay.

Malgré ces réfutations, seulement destinées au public, il demeura évidemment prouvé, par l'enquête secrète ordonnée par Colbert, et faite par M. de Seuil, enquête dont on donnera le texte plus bas, que les plaintes des Anglais étaient fondées, et que l'escadre française ne fit cette fois qu'assister au combat, et encore de fort loin.

Ainsi, en 1666, Louis XIV, allié de la Hollande contre l'Angleterre, au lieu de secourir la république contre son ennemie, s'oppose à la jonction de la flotte, et laisse Hollandais et Anglais s'entre-détruire.

Ainsi, en 1672, allié de l'Angleterre contre la Hollande, son escadre, au lieu de suivre les ordres du duc d'York, laisse arriver au sud, tandis qu'au nord, Anglais et Hollandais se battaient avec acharnement.

Ainsi, en 1673, lors du premier combat, l'escadre française, mêlée aux vaisseaux anglais, et se trouvant forcément bord à bord avec l'ennemi, se comporte vaillamment, tandis que lors du second combat, ayant repris son poste indépendant à l'avant-garde, et pouvant alors obéir aux ordres de son vice-amiral, elle passe sans danger entre deux divisions anglaise et hollandaise, qui combattaient, s'élève au vent, et là, malgré les signaux réitérés du prince Rupert, qui, placé sous le vent, lui ordonnait de venir à son secours, elle reste spectatrice du combat; sous quel étrange prétexte? sous celui-ci : — *que le pavillon bleu hissé à la corne d'artimon, par le prince Rupert, n'était pas porté dans le livre de signaux comme signifiant :* — *laissez arriver sur l'ennemi,* — *mais bien* : VENEZ VOUS RANGER DANS MES EAUX. — Ce serait à ne pas croire, si la correspondance n'existait pas. Comment! lorsque l'amiral se trouve vigoureusement engagé, n'est-ce pas identiquement la même chose pour lui d'ordonner à son allié de *laisser arriver sur l'ennemi qui l'attaque?* — ou — *de lui ordonner de venir se ranger dans ses eaux?* — c'est-à-dire beaupré sur poupe; car, encore une fois, n'est-il pas évident que venir se ranger dans les eaux d'un navire qui combat, c'est pour prendre part à l'action?

La seconde raison donnée par le vice-amiral n'est pas moins ridicule; il objecta : qu'ayant gagné le vent sur l'ennemi, il voulait conserver cet avantage *pour le lendemain,* dans le cas où le combat se serait engagé de nouveau, et que c'était encore pour garder cette position, qu'il n'avait pas obéi au signal du prince Rupert, qui lui ordonnait de laisser arriver et de venir se ranger dans ses eaux.

Tel sont les faits.

De tout ceci, il ressort cette vérité palpable : que tant que ses vaisseaux ne furent qu'auxiliaires, Louis XIV voulut qu'ils laissassent, autant que possible, ennemis ou alliés s'entre-détruire, afin de profiter de la ruine de tous deux; mais aussi que, lorsque les vaisseaux de France eurent à combattre seuls, ils s'en acquittèrent bravement, ainsi qu'on l'a vu à l'attaque de Candie, au premier combat de 73, et qu'on le verra plus tard à Messine, à Tabago, à Rio-Janeiro, à La Hogue.

Militairement parlant, cette façon d'agir en cas d'alliance n'est guère honorable, il faut l'avouer; et ce dut être un bien cruel supplice pour tous ces braves capitaines de vaisseaux ou chefs d'escadre, tel que Du Quesne, Valbelle, Grancey, Martel, Tourville, Desardens, Gabaret, et sans doute aussi pour le comte d'Estrées lui-même, de jouer, aux yeux des Anglais et de toute l'Europe, ce rôle de lâcheté que leur imposait la politique déloyale du grand roi.

Mais, matériellement parlant, une telle façon d'agir n'était peut-être pas malhabile, en cela qu'elle aidait à la ruine de deux marines puissantes et rivales, qui se détruisaient l'une par l'autre au profit de la marine française.

Et puis enfin, que cela soit honorable ou lâche, sage ou insensé, cela a été : or cela doit être dit, l'histoire n'étant après tout que l'exposition nette et précise des faits tels qu'ils se sont passés; c'est ensuite aux philosophes et aux moralistes de conclure selon leur point de vue religieux, monarchique, fatal ou providentiel, comme ils disent.

Voici les documents relatifs à ces deux combats.

D'abord une lettre de M. le marquis de Seignelay, qui était depuis longtemps à Rochefort, pour hâter les armements dont il s'occupait avec une incessante activité.

LETTRE DU MARQUIS DE SEIGNELAY A SON PÈRE.

« A La Rochelle, ce 4 mai 1673.

» J'arrive de bord des vaisseaux, où j'ai passé la nuit pour les faire mettre tous à la voile; j'ai été de bord en bord pour faire appareiller devant moi, et il fallait cela pour les résoudre à partir; enfin ils le sont, Dieu merci, par un vent d'est-nord-est très-favorable, et tous leurs équipages sont complets de matelots et de soldats. *Le Maure* n'a pu partir en même temps, ni les brûlots de Desgrois et de Rocuchon; mais ils sont tous en rade de chef de baie, et *le Maure* partira après-demain sans faute. Comme le sieur de Seuil m'a écrit de Brest que, quelque diligence qu'ils pussent faire, il manquerait encore plus de quatre à cinq cents soldats pour rendre les équipages complets, et que ceux-ci le sont à présent, sans la recrue de M. d'Albret, qui doit arriver ici demain ou après, composée de quatre cents soldats, j'ai laissé les ordres à M. de Terron, et au commissaire Grandin, qui est ici, de faire embarquer lesdits quatre cents hommes sur le vaisseau *le Maure* et sur les brûlots, pour être pris sur les vaisseaux de Brest. Je crois qu'après cela ils auront leurs équipages complets. J'ai déjà écrit depuis huit jours à M. le vice-amiral, que je pourrais lui envoyer un nombre d'hommes considérable; ainsi je crois qu'il s'attend à cette recrue.

» L'escadre du détroit partira au jusant de ce soir, sans faute, et j'achève à présent l'instruction de Châteaurenault, n'ayant pas eu le temps de lui en donner plus tôt. En cas que vous ne la trouviez pas bien, il sera facile de lui en envoyer une autre à La Corogne, où il va à présent, pour aller croiser à la côte de Biscaye et de Galice.

» *L'Hirondelle* et *l'Émerillon*, vaisseaux garde-côtes, ont aussi leur nombre complet, et sont prêts à partir.

» Beauregard est un homme dont je ne crois pas que vous ayez satisfaction; il ne fait aucune diligence pour son départ, et c'est le plus petit génie qu'on puisse dire : il semble qu'il ait à équiper une flotte, et il trouve des difficultés à tout. Cependant je viens encore de lui parler pour le presser de partir.

» M. de Terron alla hier à La Rochelle; il se porte mieux. Je lui ai communiqué votre dernière lettre, et je crois qu'il ne sera pas difficile de s'assurer ici d'un bon nombre de soldats pour les armements prochains, sans avoir la peine que nous avons eue en celui-ci; et puisque, en trois semaines, j'ai trouvé le moyen de faire quinze cents soldats, quoiqu'on me dît, lorsque j'arrivai, qu'on n'en ferait pas six dans toute la province, à cause de la grande quantité qui avait été levée, il est à croire que quand on prendra de plus loin ses mesures, et qu'on y aura de l'application, on y réussira facilement; j'ai même encore découvert sur les fins des facilités plus grandes que je ne pensais, et j'espère que l'année prochaine nous éviterons tous ces embarras.

» Je vous renvoie votre courrier pour vous apprendre la nouvelle du départ de la flotte, et pour faire préparer des relais sur mon chemin. Je partirai demain sans faute, à trois heures du matin.

» SEIGNELAY; »

(*Archives de la Marine, à Versailles.*)

Cette lettre de Colbert de Croissy, ambassadeur à Londres, annonce la jonction de l'escadre française avec la flotte anglaise.

« À La Rye, ce 29 mai 1673.

» L'escadre des vaisseaux de Sa Majesté se joignit à la flotte anglaise vendredi 26, à six heures du matin, les vents contraires n'ayant pas permis de le pouvoir faire plus tôt. Le samedi, le roi d'Angleterre demeura tout le jour à bord de l'amiral ; et le lendemain M. le comte d'Estrées, ne songeant qu'à me régaler à dîner chez lui, il fut agréablement surpris par l'arrivée inopinée dudit roi et de M. le duc d'York, qui dînèrent sur son bord, et louèrent fort la beauté et bonté, tant du vaisseau *la Reine* que de tous ceux qui composent ladite escadre, la force de leur armement et le bon choix des officiers. Ils ont résolu, avec M. le prince Rupert, de ne point lever l'ancre que le vent ne soit favorable pour aller chercher les ennemis, ce général disant qu'une navigation bord sur bord par le vent qu'il fait n'avancerait rien, et ruinerait les voiles, cordages, et même les vaisseaux, par les fréquents abordages qui se font. Ledit roi a nommé M. le comte d'Ossery pour commander le vaisseau *le Saint-Michel*, et porter le pavillon de contre-amiral de l'escadre bleue. C'est, monsieur, tout ce que le peu de temps que j'ai me permet de vous écrire pour cette fois, étant obligé de partir présentement avec le roi d'Angleterre pour me rendre à Londres aujourd'hui, et satisfaire aux ordres que je viens de recevoir de Sa Majesté.

» COLBERT. »

Viennent ici les tableaux comparatifs des forces des escadres française et anglaises. On voit, ainsi qu'on l'a déjà dit, que cette fois l'escadre française composait l'escadre blanche ou corps de bataille.

TABLEAUX DES FORCES FRANÇAISES ET ANGLAISES.

ESCADRE BLEUE ou aile gauche COMMANDÉE PAR LE CHEV. E. SPRAGGE, (anglais.)	ESCADRE BLANCHE ou corps de bataille COMMANDÉE PAR M. LE COMTE D'ESTRÉES, (français.)	ESCADRE ROUGE ou aile droite COMMANDÉE PAR LE PRINCE RUPERT, (anglais.)
Diamond.	Le Bon.	Maryose.
Unicorne.	Le Bourbon.	Victory.
Ruby.	Le Maure.	Assurance.
Monk.	Le Fortuné.	Fairfax.
Saint-Andrew (vice-amiral).	L'Orgueilleux (cornette).	Charles.
Plymouth.	L'Illustre.	Montmouth.
Faulcon.	Le Duc.	Newcastle.
Marie.	Le Grand.	Revenge.
Bonaventure.		Yarmouth.
	L'Excellent.	R. Catherine.
Dreadnougth.	L'Apollon.	Glocester.
Saint-George.	L'Invincible.	Henry.
Antelop.	Le Tonnant.	Crown.
Henrietta.	La Reine (vice-amiral).	Edgar.
Prince (amiral).	Le Foudroyant.	Royal-Charles (amiral).
Cambridge.	Le Glorieux.	Rupert.
Advice.	Le Fier.	Princess.
Sovereign.	L'Aimable.	Lyon.
Dunkirk.	Le Vaillant.	
Hampshire.	Le Précieux.	Constant-Warvit.
York.	Le Sans-Pareil.	Anne.
Sweepstakes.	Le Terrible (contre-amiral).	French-Ruby.
Troiftsure.		Resolution.
Saint-Michel (contre-amiral).	Le Conquérant.	London.
	L'Aquilon.	Warpicht.
Greenwich.	Le Prince.	Happy-Return.
Foresight.	Le Téméraire.	Triumph.
Raimbow.	Le Sage.	Staverene.
Sinaltoro.	L'Oriflamme.	

Cette lettre de Colbert de Croissy annonce officiellement que cette année l'ordre de bataille a été changé, et que l'escadre française, au lieu d'être placée à l'avant-garde, a son poste au corps de bataille.

Sans nul doute, cette nouvelle disposition fut une conséquence des réclamations du parlement anglais, qui reprocha fort durement aux ministres du roi Charles, que *les Français s'amusaient à les laisser s'exterminer à leur profit.*

« Londres, le 1ᵉʳ juin 1673.

» Monsieur,

» Le vent étant depuis deux jours assez favorable à notre flotte pour aller chercher les ennemis, on ne doute pas qu'elle ne se soit mise à la voile quoique l'on n'en ait point encore reçu de nouvelles certaines ; et comme la résolution a été prise d'attaquer la flotte des États-Généraux, quand même elle se serait retirée près de leurs bancs de sable, tout ce qu'il y a de plus expérimentés capitaines étant tombés d'accord qu'on les y pourrait combattre, j'espère que je pourrai bientôt vous informer de quelque succès considérable. *L'ordre de bataille a été changé cette année ; et au lieu que l'escadre de France était, l'année dernière, à l'avant-garde, elle fera, cette année, le corps de bataille, et* APPAREMMENT AURA A SOUTENIR LE PLUS RUDE CHOC DES ENNEMIS. M. de Martel n'est point encore joint ; mais les vingt-sept vaisseaux que M. le vice-amiral a présentement sous lui sont, comme vous savez, monsieur, beaucoup plus forts que les trente de l'année dernière, et les lettres que je reçois de M. Colbert, par cet ordinaire, me donnent tout sujet d'espérer que mondit sieur de Martel aura joint auparavant qu'il se donne un combat.

» J'ai déjà reçu une lettre de change de quinze cents livres sterling pour les dépenses de la marine ; et outre que j'ai trouvé M. le vice-amiral fort disposé à ne point faire de dépenses inutiles, je tiendrai aussi la main à ce que M. de Sausigny ne fasse que celles qui sont absolument nécessaires, et je lui ai déjà dit de vous en envoyer de temps en temps des états, et de me les faire voir ; je ne manquerai pas aussi, monsieur, de vous en envoyer un courrier exprès, lorsqu'il se sera passé quelque chose de considérable, quoique je ne doute pas que vous n'en soyez plus tôt averti, ou par M. le comte d'Estrées, ou par la voie de Hollande. Nous venons de recevoir avis de Douvres, qu'hier, à midi, la flotte a passé à la vue de ce port, cinglant par un vent fort favorable vers la Hollande, et l'on ne doute point qu'elle ne soit à présent près des côtes ennemies, et qu'il n'y ait combat dans un jour ou deux.   » COLBERT. »

RELATION DE M. LE VICE-AMIRAL, DU COMBAT QUI SE LIVRA LE 7 JUIN 1673.

« Le temps avait été si mauvais depuis le 2, que l'armée avait mouillé à l'entrée des bancs de Flandres ; mais le 7, toutes choses ayant été disposées après le conseil que l'on tint le 6 pour résoudre la manière de faire, j'ai ordonné dès le soir le détachement des vaisseaux qui devaient s'avancer à la tête de l'armée, suivant le projet dont j'ai déjà rendu compte. On mit à la voile à dix heures du matin, avec un vent favorable et la marée dont on avait choisi le temps exprès ; et tous les vaisseaux, tant les détachés que les autres, s'avancèrent pour combattre les ennemis, les premiers à la tête, ce qui apporta ensuite un peu de désordre et de confusion ; car, comme ils étaient déjà plus avancés, ils engagèrent le combat plus tôt que ceux qui les suivaient, et ne se remirent pas après dans l'ordre qu'ils y devaient tenir.

» Il est vrai qu'ayant été envoyés dans cette pensée que *les ennemis ne voudraient pas s'opiniâtrer au combat, et que n'étant pas dans un si grand nombre qu'on les a trouvés ci joints, ils prendraient le parti de se retirer*, les vaisseaux détachés, particulièrement les français, crurent qu'ils devaient toujours donner devant les autres ; et quoique ce fût par un motif de hardiesse et de courage, cela ne laissa pas toutefois de penser causer un grand embarras dans la suite.

» Quelques-uns se trouvèrent à la tête de l'escadre rouge, et s'y signalèrent, particulièrement M. de Tivas, capitaine du vaisseau *le Conquérant*, qui, s'étant approché d'abord de l'amiral Tromp, qui tenait le poste de l'avant-garde avec douze ou quinze vaisseaux, se fit remarquer par M. le prince Rupert, qui a témoigné du regret de sa mort ; car il fut quelque temps après tué d'une volée de canon dans le combat, et son vaisseau, en assez méchant état, s'est retiré depuis dans la Tamise pour se raccommoder, sans que j'en aie pu apprendre des nouvelles. Le sieur d'Estivalle se trouva au même endroit, et les Anglais le remarquèrent, ainsi que deux autres moindres vaisseaux, *l'Aquilon* et *l'Oriflamme* ; mais il revint prendre son poste auprès du pavillon aussitôt qu'il le put faire.

» M. le prince Rupert avait engagé le combat avec l'escadre rouge, et commencé à faire plier l'ennemi, lorsqu'au corps de bataille, et particulièrement une partie des vaisseaux de la division du vice-amiral, et ceux qui restaient avec M. le marquis de Grancey, pressèrent si vivement les vaisseaux qui leur étaient opposés, qu'ils commencèrent à quitter leur ligne ; et l'amiral de Zélande se trouvant lui-même extrêmement incommodé par M. le marquis de Grancey, eût été emporté et poussé comme les autres, si, dans ce temps-là l'amiral Ruyter, voyant bien qu'il ne pouvait rétablir ce désordre sans le secourir, ou soit encore qu'il fût lui-même trop près des bancs, n'eût pris le parti de changer le bord, et de percer et couper la ligne de notre armée entre le contre-amiral et le vice-amiral des vaisseaux de Sa Majesté. Près de vingt-cinq vaisseaux changèrent de bord avec lui ; et comme on jugea bien de son dessein, et combien il était nécessaire de s'y opposer en le tenant sous le vent, on résolut de l'attendre, en sorte qu'il fut obligé de plier ou de s'aborder plutôt que de se laisser gagner au vent.

» En approchant du pavillon de Sa Majesté, il jugea de la nécessité d'arriver sous lui, et passa entre lui et le vaisseau de M. de Preully, à la portée du pistolet, avec neuf vaisseaux ou brûlots qui le suivirent.

» *Le Tonnant* était seul, pour lors, le plus près du vice-amiral ; mais *le Foudroyant*, un peu plus sous le vent de lui à l'arrière, se voyant dans la nécessité de plier ou d'aborder l'amiral Ruyter, ou le premier vaisseau qui avait passé à sa tête, accrocha celui-ci, et ayant jeté du monde dessus, s'en rendit le maître. Chaboissière, et le chevalier de Léry, lieutenants, y étant sautés, mais n'ayant point été suivis de tout leur équipage, y demeurèrent longtemps, ayant fait fuir les Hollandais au fond de cale, pris et enlevé des prisonniers, et obligé une partie à se retirer dans les chaloupes à vers terre, dont on n'était alors éloigné que de deux lieues.

» Ces deux lieutenants firent parfaitement leur devoir : le premier fut blessé dangereusement d'un coup de pistolet, et l'autre ayant été colleté par le lieutenant du vaisseau hollandais, le tua d'un coup d'épée, et eût été en danger, sans un volontaire appelé Durivaux, qui tua le capitaine. Ils ont rapporté les épées de ces deux officiers. Pendant ce temps-là, Ruyter, qui avait été obligé d'arriver, s'étant mêlé avec tous les vaisseaux français qui étaient sous le vent, et une partie de l'escadre bleue, se trouva de la sorte séparé de son avant-garde, et entièrement de Tromp, qui conservait le vent sur une partie de la division du vice-amiral.

» Le sieur Gabaret, capitaine du *Foudroyant*, n'eut pas le temps d'enfoncer vaisseau, ou ne voulut pas s'en charger, soit à cause du monde qu'il aurait perdu, soit que c'eût été infailliblement se commettre à se faire prendre, étant sous le vent de cette escadre dans le même temps que l'amiral Ruyter se trouvait mêlé avec les vaisseaux que l'on a dit ci-dessus. M. le prince Rupert, qui était toujours au vent de cette escadre, arriva sur eux, et l'on ne doutait point qu'étant entièrement séparée, elle n'eût couru fortune, si Ruyter n'eût pris le parti de courir de ce côté-là pour s'en approcher; ce qu'il fit jusqu'à dix heures du soir que finit le combat.

» Il est aisé de considérer qu'ayant à combattre dans les bancs avec de grands vaisseaux qui tirent beaucoup d'eau, et où l'on ne peut s'étendre sans trouver la terre, on ne peut se servir de l'avantage qu'on a sur l'ennemi qu'on a fait plier, par la raison que l'on a d'appréhender de s'échouer.

» Je ne doute pas aussi que, bien que les Hollandais aient beaucoup souffert, et qu'on ait vu brûler de leurs vaisseaux, et d'autres se retirer en fort méchant état, *que sans le peu d'ordre que gardèrent les capitaines de nos brûlots, dont ceux qui étaient détachés se précipitèrent eux-mêmes avec trop de témérité, sans attendre les vaisseaux pour les conduire, ils eussent encore plus fait de mal à l'ennemi, s'ils avaient conservé, dans la mêlée de l'escadre de Rotterdam avec nos vaisseaux, cette chaleur qu'ils employèrent si mal à propos*[1].

» On rendra compte, à la fin, de la manière *dont ils sont tous péris, à la réserve* du jeune Chaboisseau qui, vient d'arriver, à ce que j'ai su, *avec son brûlot*.

» Il n'est pas possible de témoigner ici combien Sa Majesté a sujet d'être satisfaite de tous les capitaines qui ont l'honneur de la servir.

[1] On verra plus bas que ce fut par la seule imprudence de M. d'Estrées que ces malheureux furent sacrifiés.

» M. le marquis de Grancey, et toute la division, ont pressé extrêmement les ennemis, et s'il y avait quelque chose à trouver à redire dans cette action, c'est *un peu trop de chaleur qui le porta d'arriver sur l'ennemi* avec une partie de ceux de la division du vice-amiral.

» Tous, hormis le marquis de Preuilly et le sieur Gabaret, dont on a déjà parlé, se trouvèrent mêlés avec l'escadre de Rotterdam, et y firent des merveilles.

» Les capitaines détachés qui combattirent à la tête de l'escadre rouge étaient les sieurs Thivas, d'Estivalle, le chevalier de Béthune, et Louis Gabaret; et la division de M. Désardens lui-même, et le chevalier de Tourville, qui était à la tête, firent tout ce que l'on pouvait attendre d'eux, et empêchèrent particulièrement un vice-amiral avec d'autres vaisseaux de gagner le vent au pavillon de Sa Majesté.

» La chaleur même que la plupart des capitaines ont témoignée d'abord en pressant les ennemis, n'a pas été accompagnée de trouble ni de confusion; mais au plus fort de la mêlée, ils ont parfaitement bien tenu leur ordre et fait leur manœuvre, et je ne *regrette rien que l'imprudence et la témérité des capitaines de brûlots.*

» M. le prince Rupert m'a témoigné ce matin beaucoup de satisfaction du service que nos vaisseaux avaient rendu, et a ajouté que les Hollandais n'avaient jamais combattu avec tant de hardiesse et de ruse qu'en cette dernière occasion. Et si l'on considère que le vaisseau qui porte le pavillon de Sa Majesté tire vingt-deux pieds et demi d'eau, et tous les grands vaisseaux anglais presque autant, on jugera sans doute que c'est une entreprise très-hardie, et que personne jusqu'ici n'avait osé tenter avec une grande armée.

» On a appris des prisonniers faits par le sieur Gabaret, que tous les vaisseaux qui composent l'armée des États sont au nombre de cent sept voiles, dont il y avait soixante grands vaisseaux.

» Les Anglais ont perdu, à ce que j'ai appris cinq capitaines, et M. d'Hamilton, qui commande un régiment, a eu la jambe emportée dans le vaisseau de M. le prince Rupert.

» Dans l'escadre des vaisseaux du roi on n'a perdu que le

sieur de Tivas, capitaine, et un enseigne du *Sans-Pareil*, appelé Potier.

» Je ne sais point encore si dans *le Conquérant* et dans *le Bon* il n'y aurait point quelque officier de blessé ; car ces deux vaisseaux ont été très-maltraités.

» Le chevalier de Flacourt, capitaine, est blessé d'un éclat qui lui fend le menton et lui casse une dent ou deux.

» Sur *l'Apollon*, un enseigne appelé Sicart a les deux mâchoires emportées.

Sur *le Foudroyant*, Chaboissière, lieutenant, est extrêmement blessé d'un coup de pistolet à travers le corps ; sur le même vaisseau, un volontaire par lettre de cachet, nommé Durivaux, dont on a déjà parlé, est aussi blessé.

» Sur *l'Orgueilleux*, à ce qu'a dit M. de Grancey, le marquis de Bonivet, volontaire, blessé.

» Sur le vice-amiral, un garde de la marine, appelé de Sèche, blessé d'un éclat.

» Sur *le Tonnant*, le chevalier de Roncerolles, a eu le bras droit emporté d'un coup de canon.

» Des capitaines des brûlots détachés, Vidaut fut tué au commencement du combat.

» Chaboisseau l'aîné fut coulé à fond, et revint au vice-amiral.

» Rocuchon, tué d'un coup de mousquet, et son maître d'équipage, à ce que l'on a dit, n'a pas laissé de brûler un vaisseau hollandais.

» Saint-Michel : son vaisseau fut démâté, et voulant aborder, fut blessé d'un coup de mousquet au travers du corps, duquel il y a peu à espérer.

» Desgrois : on sut seulement qu'il était démâté parmi les ennemis.

» Ozée Thomas, de même.

» Le vieux et le jeune Serpaut, brûlots du vice-amiral : le vieux aborda un vice-amiral de Hollande par son beaupré dans le temps que Ruyter se mêla avec les vaisseaux français ; quant au jeune, qui était éloigné du pavillon, on n'en a appris aucune nouvelle, si ce n'est qu'il a brûlé.

» On ne sait pas encore le nombre des morts et des blessés des équipages de chaque bord.

» Parmi les prisonniers que les gens de M. Gabaret ont faits dans le vaisseau *le Deventer*, commandé par le capitaine Kuilenburg, il s'est trouvé deux Français et un Anglais. On a fait remettre celui-ci entre les mains de M. le prince Rupert, qui a dit qu'on en ferait une prompte justice; je fais garder les Français fort soigneusement, pour les mettre dans le conseil de guerre après que Sa Majesté l'aura ordonné.

» Comme il faudrait étendre ce mémoire si l'on voulait rapporter ici toutes les aventures particulières de chaque vaisseau, le sieur de Saint-Amand ne manquera pas de rendre compte à Sa Majesté de ce que j'ai appris; mais on ne peut lui rien mander de tous qui ne la doive satisfaire.

» Le comte D'ESTRÉES. »

« On ne peut s'empêcher de dire ici que les sieurs comtes de Limoges et de Levaré, Desmaret de Vouzy, et les sieurs de La Porte et de Saint-Amand, volontaires, embarqués sur le vice-amiral, se sont parfaitement bien acquittés de leur devoir. »

(*Archives de la marine, à Versailles.*)

NOMS DES OFFICIERS QUI ONT ÉTÉ TUÉS AU COMBAT DU 7 JUIN 1673.

« Le sieur Tivas, capitaine.
» Le sieur d'Estivalle, capitaine.
» Le sieur de Matassière, lieutenant de *l'Aquilon*.
» Le sieur Scotias, enseigne sur *le Fier*.
» Le sieur de Marsilly, enseigne sur *le Prince*.
» Le sieur Potier, enseigne sur *le Sans-Pareil*. »

NOMS DES OFFICIERS BLESSÉS.

« Le sieur Charles de Flacourt, blessé d'un éclat au visage.
» Le sieur de Villeneuve-Ferrières, d'un éclat à la cuisse et à la jambe.
» Le sieur de Beaulieu, d'une contusion.
» Le sieur Chaboissière, lieutenant du *Foudroyant*, de trois coups de pistolet dans le corps et d'un coup de sabre.
» Le sieur chevalier de Roncerolles, enseigne sur *le Tonnant*, un bras emporté.

» Le sieur chevalier de Monbaud, enseigne sur *le Grand*, un bras emporté.

» Le sieur Sicart, enseigne sans brevet sur *l'Apollon*, le menton et les mâchoires emportés, et une partie de la langue, en sorte qu'il ne peut plus parler.

» Le sieur Jaquier, lieutenant sans brevet sur *l'Invincible*, le bras rompu.

» Le sieur de l'Isle, enseigne sans brevet sur *l'Aquilon*, blessé au visage.

» Le sieur Nicolas Cadeneau, enseigne sur le *Sans-Pareil*, blessé d'un éclat à la cuisse. »

CAPITAINES DE BRULOTS, MORTS.

« Le sieur Serpaut, l'aîné.
» Le sieur Vidaut.
» Le sieur Ozée Thomas.
» Le sieur Rocuchon.
» Le sieur Desgroyes.
» Le sieur Saint-Michel. »

CAPITAINES DE BRULOTS, BLESSÉS.

« Le sieur Serpaut le cadet, le visage et les bras brûlés.
» Le sieur Chaboisseau, aussi brûlé aux mêmes endroits.
» Le sieur Guillotin, brûlé de même. »

(*Arch. de la marine, à Versailles.*)

On voit, en comparant les pertes de ce combat du 7 juin à celui de la même date 1672, et à celui du mois d'août 1673, combien elles sont plus considérables que les deux autres.

Presque tous les capitaines de brûlots furent tués ou blessés, il faut le dire, par la fatale précipitation avec laquelle l'amiral d'Estrées les engagea contre les vaisseaux ennemis dont il craignait de se voir abordé.

Car alors les brûlots offraient à peu près pour les combats sur mer les mêmes effets et les mêmes résultats que les mines et les fourneaux dans les combats de terre.

En général aussi le but de chaque amiral était d'attacher, autant que possible, des brûlots aux *pavillons* ennemis, pour les détruire comme étant toujours les vaisseaux les plus importants, et par le nombre de leurs canons, et par le rang des officiers supérieurs qui les montaient.

Encore une remarque à faire à propos des capitaines de brûlots : c'est qu'on ne voyait dans leurs cadres que des noms des plus obscurs ; ces malheureux étant, tôt ou tard, voués à une mort presque certaine, et généralement presque toujours sacrifiés.

On parlera d'ailleurs plus tard de cette singulière et si brave classe de marins qui avaient, pour ainsi dire, des coutumes et des mœurs à part des autres officiers.

La relation suivante du prince Rupert rend justice au courage des Français dans cette affaire.

LETTRE DE M. LE PRINCE RUPERT A LORD ARLINGTON, SUR LE COMBAT DU 7 JUIN 1673, DATÉE DU BORD DU ROYAL-CHARLES, PRÈS DE LOSTERBANK, DISTANT DE SEPT LIEUES DE EST-CAPEL, LE 29 MAI 1673 (8 JUIN), A UNE HEURE APRÈS-MIDI, LE VENT AU SUD-OUEST.

« Je vous rends compte de ce qui se passa hier 28 (7 juin) de ce mois, autant que l'état où je suis à présent me le peut permettre, n'ayant point eu le temps d'apprendre les particularités de la perte des ennemis. Le mauvais temps nous ayant ci-devant donné la commodité et le loisir de sonder tous les bancs, il fut résolu le 27 (6 juin), au conseil de guerre qui fut tenu à mon bord avec tous les officiers portant pavillon, d'attaquer les ennemis, qui étaient à l'ancre sur une ligne entre le Rassen et le Stonbank[1]. Suivant cela, je détachai une escadre composée de trois divisions de la flotte, dans chacune desquelles le plus vieux capitaine commandait, et elle consistait en tout en trente-cinq frégates et treize brûlots, outre les petites caiches pour sonder devant lesdits vaisseaux. Hier au matin, environ sur les huit heures, ce détachement s'avança vers les ennemis, le vent étant au sud-ouest ; et sur le midi, ils attaquèrent l'avant-garde commandée par Tromp. Nous fûmes contraints d'engager le combat

---

[1] Ce sont deux bancs de sable près de Schoonveld.

plus tôt que je ne m'étais proposé, pour prévenir l'ennemi, qui tâchait de gagner le vent. L'escadre commandée par Tromp fut si pressée par nos vaisseaux, qu'il plia et se retira aussi loin que les bancs de sable lui purent permettre. L'escadre commandée par Ruyter tomba en partage au comte d'Estrées et à l'escadre de France, qui s'est comportée fort courageusement. Le sieur Édouard Spragge, de son côté, maintint aussi le combat avec tant de courage et de résolution, que le corps entier plia, en telle sorte que, sans la crainte des bancs, nous les aurions poussés jusque dans leurs ports, et le roi aurait eu un meilleur compte d'eux. La chose étant dans cet état, et la nuit approchant, je jugeai à propos de m'éloigner un peu, et de jeter l'ancre en ce lieu d'où je vous écris à présent. Les ennemis ont fait une perte considérable, et qu'ils ne pourront pas réparer facilement, y ayant eu grande quantité de leurs hommes de tués, beaucoup de vaisseaux hors de combat, et quelques-uns coulés à fond; Ruyter et Tromp ont couru grand hasard d'être brûlés par quelques-uns de nos brûlots s'ils s'étaient comportés comme ils devaient faire. Nos pertes sont peu considérables, n'y ayant que deux de nos vaisseaux mis hors de combat, savoir : *le Cambridge* et *la Résolution*, lesquels j'enverrai se faire radouber ; le reste se réparera facilement ici. Nous n'avons pas perdu beaucoup de commandants ; jusqu'ici, je ne puis vous informer des officiers tués, sinon de ceux-ci :

» Capitaine Fowles.
» Capitaine Worden.
» Capitaine Finches.
» Le colonel Hamilton y a perdu une jambe.
» Tous les officiers et commandants, généralement, se sont très-bien comportés, et je vous en enverrai les particularités quand je serai mieux informé. Ceux qui se sont signalés dans mon escadre sont : les capitaines l'Aigle, chevalier Jean Holmes, capitaine Wetwans, capitaine Story, chevalier Roger Strickland, et le chevalier Guillaume Rives ; le premier prit un vaisseau de l'ennemi, et le dernier, ayant mené et laissé son brûlot au-dessus du vent du vaisseau de Tromp, et lui prenant le dessous du vent dudit vaisseau, en sorte que, si le capitaine du brûlot eût fait son devoir, le vaisseau de Tromp aurait été infaillible-

ment brûlé, nonobstant quoi le capitaine Story et Wetwans le maltraitèrent, en sorte qu'ils donnèrent lieu à Rines de se faire un passage au travers des ennemis. J'espère que Sa Majesté sera satisfaite, si elle considère le lieu où nous engageâmes le combat et les bancs de sable, et qu'elle jugera que nous avons fait tout ce que l'on pouvait attendre. Ainsi je me remets au favorable jugement de Sa Majesté, à qui je souhaite toute sorte de bonheur. »

(*Arch. de la Marine, à Versailles.*)

Cette charmante relation du même combat est écrite par M. le chevalier Valbelle, un des hommes les moins connus et les plus spirituels de ces temps-là, et dont on parlera fort longuement à propos de l'expédition de Messine. On va voir que cette fois l'escadre française, mêlée à la flotte anglaise et livrée à la généreuse impulsion de chaque capitaine, fit glorieusement son devoir.

RELATION DE M. LE CHEVALIER DE VALBELLE, CAPITAINE DU GLORIEUX, DU COMBAT DONNÉ LE 7 JUIN 1673.

« Ce 8 juin, aux bancs appelés *Nous en sommes dehors.*

» Je sais que vous verrez plus d'une relation de la bataille que nous avons donnée contre la flotte hollandaise; mais j'ose vous assurer, que vous n'en verrez point de plus véritable. Le 3 du courant, nous arrivâmes aux bancs d'Ostende, et en y mouillant, nous découvrîmes la flotte des ennemis qui était à l'ancre à Deurloo, qui est le passage par où l'on va à Midelbourg et à Flessingue.

» Le soir, M. le prince Rupert appela les officiers généraux au conseil, et ils résolurent de les attaquer le lendemain; mais comme il y a dans ces bancs une interdiction pour les grands navires, et pour ceux qui sont fort pontés, on en choisit trente avec huit brûlots pour les insulter au poste qu'ils occupaient, en cas qu'ils ne missent pas à la voile; le vent fut si forcé, quoique favorable, que bien loin d'appareiller pour faire cette expédition, nous fûmes contraints de caler nos huniers et nos vergues; cette tourmente dura jusqu'à la nuit du 6 au 7, qui est le même jour que M. de Ruyter vint nous attaquer à Southwold-Bay : je crois que M. le prince Rupert, pour lui rendre la pareille, fut fort aise de voir le vent doux et favorable; c'est pourquoi il fit le signal pour les navires détachés, lesquels nous suivions de près afin de les soutenir, s'ils trouvaient de la résistance.

» Mais contre la mauvaise opinion que les Anglais avaient des Hollandais, ils n'attendirent point à l'ancre, et bien loin de se retirer, ils sortirent et furent rangés en bataille avant que nous eussions joint les vaisseaux détachés. M. Foran, qui monte *le Grand,* les commandait; *le Maure, l'Aquilon, le Vaillant, l'Illustre, l'Invincible, l'Oriflamme, le Conquérant* et *l'Apollon,* étaient de cette partie; les capitaines qui montaient ces navires, impatients de combattre les ennemis qui étaient à la voile, et qui faisaient porter à l'est-nord-est, ne nous attendirent point; le marquis d'Amfreville commença le combat.

» M. Tromp était à l'avant-garde, M. de Ruyter au corps de bataille, et M. Banker à l'arrière-garde; ils marchaient en bon ordre, et nous nous y serions mis sans les vaisseaux détachés; je leur attribue une partie de notre désordre, et l'autre au zèle indiscret de quelques-uns, lequel ne nous a pas été peu glorieux dans la suite; car les vaisseaux détachés ne prirent pas le poste qu'ils devaient garder, ni ne joignirent que fort tard le chef de leur division; il y en a eu même qui ne le virent point de toute la journée, et qui combattirent où ils se trouvèrent quand nous fûmes aux mains.

» MM. de Tivas, de Béthune, et Louis Gabaret, se rangèrent auprès du prince Rupert, qui menait l'avant-garde. Ce prince se loue fort de leur conduite et de leur bravoure, il ne se lasse point d'en parler; le navire de M. Tromp, qui lui était opposé, ayant manqué de virer, à cause qu'il était démâté de son petit hunier, fut forcé de faire vent arrière, et son escadre aussi: cette manœuvre, qui le séparait de sa flotte, semblait nous annoncer la victoire; mais, par je ne sais quelle fatalité, il se tira d'affaire; Tivas, qui montait *le Conquérant,* s'attacha à prêter le côté au navire sur lequel était Tromp, et le serra de si près, qu'il l'aurait abordé si un coup de canon ne l'eût emporté; on peut dire de lui ce que Virgile disait autrefois de ses héros:

Vitamque volunt pro laude pacisci.

» Les occasions de la guerre, monsieur, sont périlleuses, mais la gloire qu'elle apporte a toujours passé parmi les braves pour une assez grande récompense. M. de Tivas n'en aura pas d'autres ; il est fort regretté des Anglais, et de tout le monde : c'était un bon acteur, il me conservait soixante pistoles, et cela étant ainsi, je perds corps et bien.

» M. le comte d'Estrées, qui était au corps de bataille, et tous nos chefs et capitaines, ne virent de ce mouvement que la séparation de l'avant-garde ennemie dans sa flotte, et attendant que M. le prince Rupert nous en rendît bon compte, nous marchions droit à M. de Ruyter qui ne nous attendait pas, afin d'étendre sa ligne et de bien ranger sa flotte en bataille, à ce que plusieurs croient ; quelques-uns disent qu'il se hâtait pour tâcher de joindre Tromp, et donner de la jalousie au prince Rupert, qui le suivait, et afin de nous gagner le vent.

» M. Desardens, qui était à notre avant-garde, le conservait en allant toujours à lui ; M. le vice-amiral suivait en bon ordre, quand M. le marquis de Grancey, voyant que notre avant-garde combattait, se détacha avec quelques navires de sa division, et arriva sur les paresseux de celle de M. de Ruyter ; il s'engagea même avec l'arrière-garde de ses ennemis, que le chevalier Spragge, qui commande l'escadre bleue, devait combattre.

» J'accusai d'abord notre chef d'escadre d'imprudence et de témérité, et néanmoins je ne fus pas assez sage pour me retenir, et me laissant aller à mon penchant, j'arrivai sur lui pour l'aider à se défendre ; car il trouva à qui parler, et ses forces n'étaient pas égales à celles des ennemis qui l'auraient enveloppé, pris ou brûlé ; le moins qui lui pouvait arriver était de s'échouer.

» MM. les chevaliers de Sebeville, d'Ailly, et le sieur du Magnou, ne furent pas plus retenus que moi ; ils voulurent prendre part à ce combat, et j'ose vous dire qu'il me semble que nous aimions mieux être accusés d'imprudence que de timidité ; en ne secourant pas un de nos pavillons ; sans mentir, les ennemis plièrent devant nous, cinq firent vent arrière par pure faiblesse ; et à la réserve d'un assez grand, qui ne fit servir sa misaine que quand nous fûmes proches de lui, tous les autres fuyaient, les uns en dépendant et plusieurs sans conserver les apparences : celui qui avait témoigné de la fierté nous salua, et il le fût aussi, mais chaudement ; il tarda tant à faire sa décharge, que nous le soupçonnâmes brûlot.

» Bankert voyant le désordre de sa division, revira pour rassurer ses gens, et fut attaquer le marquis de Grancey, qui soutint vertement le feu de son canon, et lui fit sentir celui de *l'Orgueilleux ;* le combat fut chaud de part et d'autre, et si ledit Bankert n'eût pas perdu le mât de son petit hunier, il aurait été opiniâtre ; cet accident l'obligea d'arriver : si deux capitaines de brûlots qui se trouvèrent heureusement avec nous, se fussent conduits avec un peu de jugement, je suis persuadé que nous aurions eu le plaisir de lui en conduire un à bord. M. de Grancey envoya sa chaloupe à un desdits brûlots pour encourager l'équipage, et M. de Cou et moi, nous crevions, à leur crier, de n'avancer qu'avec nous ; mais ils se firent dégréer, et nous ne pûmes nous en servir.

» M. de Ruyter, qui a toujours l'œil ouvert sur sa flotte, et qui est assurément fort habile, voyant son arrière-garde poussée par huit ou neuf navires français, revira, à mon avis, pour en rallier les navires et la secourir ; bien des gens soutiennent qu'il ne pouvait faire que cette manœuvre, parce qu'il allait insensiblement sur les sables où il nous voulait attirer, s'il eût continué sa route ; pour moi, je ne suis pas de cette opinion, et j'appuie la mienne sur des raisons que je supprime, parce que ce n'est pas le temps de vous les dire : suffit que je vous mande qu'il revira sur nous en bon ordre et en galant homme.

» Ce mouvement, que ceux qui savent un peu le métier n'attendaient pas, me surprit, et bien d'autres en furent étonnés ; car y a-t-il quelqu'un qui peut se figurer qu'il laissa Tromp exposé à M. le prince Rupert, qui commande l'escadron rouge, sans comparaison plus fort que celui de Rotterdam, qui ne nous a paru composé que de quatorze ou quinze navires, pour venir au secours de son arrière-garde qui pouvait, en dépendant, faire sa retraite dans les bancs où nous n'avions osé le suivre.

» Ce n'est pas, monsieur, qu'il n'y ait des raisons contre ce que j'avance, et que M. Ruyter n'ait peut-être cru passer au vent de notre vice-amiral, et le forcer après avec ses brûlots d'arriver, ce qui était très-dangereux. Mais M. le comte d'Estrées qui l'observait, lui en fit perdre l'espérance, s'il l'avait cue, par sa manœuvre ; car il fit servir sa grande voile pour aller au plus près. M. de Preully, qui était à l'avant de *la Reine*, et qui est son matelot, fit la même manœuvre ; et M. Gabaret, qui est aussi son matelot, quoique sous le vent et fort éloigné du vice-amiral, ne laissa pas de manœuvrer comme lui.

M. Désardens, qui commandait l'avant-garde de notre escadron, allait aussi au plus près ; et le vaisseau *le Sans-Pareil*, que monte Tourville, qui est matelot de notre contre-amiral, fut le premier qui rencontra M. Ruyter ; et ledit sieur ne pouvant lui passer au vent, parce que ledit chevalier le tenait sans relâcher de rien, n'arriva pas seulement pour lui, mais pour *le Terrible*, auquel il donna toute sa bordée ; M. Désardens ne l'épargna pas non plus : de là, il courut vers *la Reine*, et ne pouvant la doubler, il passa entre elle et *le Tonnant*, qui était sous le vent.

C'était, sans mentir, une assez belle chose à voir, que de regarder ces deux navires aller affronter M. Ruyter, accompagné de deux pavillons et de six autres grands navires qui venaient droit à eux avec une forte envie de leur disputer le vent ; mais il ne hasarda pas de la contenter, et je loue sa modération ; car c'est un avantage qu'on ne peut prendre sans s'aborder, à moins qu'un des deux ne plie ou n'aborde le plus opiniâtre : les conséquences en sont périlleuses et les suites effroyables.

» Quelque occupé que je fusse à songer à moi, je jetais souvent les yeux de ce côté-là, ne pouvant me consoler de mon imprudence ; aussi toutes mes résolutions étaient extrêmes : je ne vous en dis pas davantage. Le comte d'Estrées m'avait choisi pour être à la tête de la flotte, s'il eût commandé notre avant-garde : c'est un poste d'honneur et de confiance ; mais quand il vit qu'il commandait le corps de bataille, il me tira de la division de M. Désardens pour me mettre dans la sienne ; et cependant j'étais dans celle du marquis de Grancey ; figurez-vous, s'il vous plaît, mon déplaisir, et croyez que mon esprit me faisait alors une guerre plus cruelle que ceux des Hollandais, parce que je voyais *la Reine* avec *le Tonnant*, et point d'autre navire, ni derrière, ni à côté, quelque précaution que M. le comte d'Estrées eût prise pour en avoir de bons. Je vous attendrirais, monsieur, si je vous contais tout ce qui se passa dans mon cœur en ce moment; et si je n'avais à vous conter des choses plus dignes de votre curiosité, je le ferais volontiers. Vous saurez donc que Preully fut salué, et *le Tonnant* dégrée par le canon de ces mangeurs de fromage, qui ne le manient point mal; sans branler, il le lui rendit, et fit sur eux une belle décharge; celle que *la Reine* lui fit quand il fut vergue à vergue d'elle fut violente, et la mousqueterie n'alla point plus vite que le canon. M. Ruyter n'y répondait pas comme je croyais. Je ne saurais attribuer son silence à la faiblesse de son équipage; je croirais aisément que les autres navires sont mal armés; mais on ne me persuadera pas que le pavillon d'Amsterdam ne le soit bien.

M. Gabaret, qui venait derrière notre vice-amiral, et qui était sous le vent, évita M. Ruyter, en arrivant sur un de ses seconds qu'il ne voulait point aborder; l'Hollandais aussi s'efforça de ne venir pas à l'abordage : mais toute leur science fut inutile et vaine; malgré eux, ils s'abordèrent; *le Foudroyant* demeura sous le vent de l'autre, et après une heure de conversation, ils se séparèrent.

» Le chevalier de Léry, et Chaboissière, lieutenant de M. Gabaret, sautèrent l'épée à la main dans le navire hollandais; peu de monde les suivit; Léry donna de son épée dans le ventre du lieutenant, et avec toute sa blessure, ce vilain le saisit au corps et le jeta sur le tillac, où il l'aurait étranglé sans M. Durivaux, volontaire, qui le tua d'un coup de pistolet dans la tête; le capitaine fut aussi assommé. Chaboissière a reçu dans cette attaque deux coups de pistolet, et retourna dans *le Foudroyant* pour se faire panser; il dit à M. Gabaret que les ennemis avaient abandonné le haut du navire, mais que, pour s'en rendre maître, il fallait y faire monter des gens, ce qui ne s'exécuta point; je n'en sais point les raisons : M. Gabaret les dira. Pour moi, je voudrais bien que pareille fortune me fût venue pour voir ce qui en serait arrivé : mon cœur me dit que j'aurais peut-être trouvé à bord de ce navire ennemi, ou la mort, ou la cornette que je cherche; elle doit être le prix de la vertu, et la récompense des bonnes actions. M. Gabaret a fait dix ou douze prisonniers, parmi lesquels il y a un Anglais, et deux Français, les autres sont Valons et Hollandais.

» Sérieusement, les Français ont méprisé les périls, et marché sur les bancs de sable avec autant de confiance que s'ils eussent été en pleine mer. Ne croyez-vous pas que ce soit un opéra, louvoyer avec *la Reine* au travers de ces sables et de ces basses? Elle veut vingt-trois pieds d'eau, et elle a passé plus d'une fois à sept brasses. La seule pensée m'effraie. M. de Ruyter a là des seconds fermes et invincibles, et contre lesquels c'est être fou que de combattre.

» Je vous vois d'ici impatient de savoir la fin de cette bataille, et la destinée de M. de Grancey et des autres qui se sont mêlés avec les ennemis. Pour satisfaire votre curiosité, je vous dirai que chacun revira pour s'efforcer de gagner son poste; quant à moi, mon principal soin fut d'éviter M. Ruyter et sa suite : la mienne était trop petite pour oser parler à lui tête à tête. *L'Apollon*, que M. de Langeron monte, fut le premier qu'il rencontra sous le vent; et, en arrivant sur son navire, il fit une décharge sur *le Fier*, qui lui passait au vent et fort proche. Le chevalier d'Ailly lui répondit de son mieux; cela sauva quelques coups à Langeron : il en fut quitte pour dix ou douze boulets dans son navire, et il rendit dix-huit pour trente-six, n'en ayant pas de plus fort. Je fis carguer ma grande voile pour l'attendre. M. de Ruyter, à cause de la vieille connaissance, m'épargna, et ne fit point tirer sur *le Glorieux*. Dès que je ne fus plus sous son canon, je revirai, et Langeron aussi, pour nous rapprocher de M. le comte d'Estrées, qui venait en dépendant pour se rallier aux vaisseaux de sa division et nous faciliter son approche. M. le prince Rupert venait aussi vers nous au vent de Tromp, avec lequel il combattait. Cependant M. Ruyter marchait au corps de bataille avec peu de voiles pour attendre les navires de son avant-garde, en ayant fait revirer sur elle pour la secourir en cas qu'elle eût besoin d'aide.

» C'est ici, mon cher monsieur, où ma conduite fut régulière. J'étais à deux volées de canon, et peut-être moins, de M. d'Estrées, et sous le vent qui était petit, et je voyais, à même distance de mon vaisseau, une frégate anglaise nommée *la Cambris*, désemparée de son grand hunier et de sa grande vergue; avec tout cela néanmoins le capitaine, qui était attaqué par les ennemis vigoureusement, témoignait tant d'intrépidité, que je ne pouvais souffrir patiemment sa perte, que je croyais infaillible s'il n'était secouru. Peu de gens s'empressaient pour le défendre et l'assister : je n'en voulus pas grossir le nombre ; et, sans consulter personne, je lui envoyai ma chaloupe avec le sieur Jean-Paul Laugier, un de mes lieutenants, pour la commander ; il avait ordre de faire ce que le sieur Herbert (c'est le nom du capitaine) lui commanderait : ledit sieur Herbert le pria de remorquer son navire, ce qu'il fit jusqu'à une heure de nuit.

» Ce sont de ces caresses, monsieur, qu'il ne faut pas faire deux fois, à cause du besoin qu'on peut avoir de sa chaloupe, et des hasards où l'on s'expose quand on s'en défait, puisque c'est la seule ressource que nous avons contre les brûlots, et que nous n'avons pas de moyen plus sûr pour faire boucher les coups de canon qui sont à fleur d'eau qu'en y mettant nos calefateurs. C'est pourquoi, après avoir envoyé ces secours, je mis mon petit hunier sur le mât, et partageai avec ledit sieur Herbert tous les coups de canon que Tromp, qui était à son arrière, faisait tirer sur lui. Je soutins ce feu deux heures durant ; et, heureusement pour *la Cambris*, le grand mât du navire que Tromp montait tomba. Ce coup l'obligea d'arriver, et sa retraite ne soulagea pas médiocrement l'équipage de cette frégate anglaise. Elle a été si maltraitée qu'elle gagna la nuit même la côte d'Angleterre. Je crois que ce coup partit du bord du *Glorieux*, et je me l'attribue sans m'en faire de fête, parce qu'il n'y avait point de navire que le mien à côté de celui de Tromp, et que nous étions aux coups de mousquet ; tous les autres vaisseaux étaient à plus de la portée du canon, et mon plaisir était de faire cette action à la vue de M. d'Estrées, et à portée de pistolet de M. Spragge, que vous aurez vu à la cour, et qui est amiral bleu.

» M. le prince Rupert m'a fort remercié ; il m'a dit que le roi notre maître le saurait : si ce bonheur m'arrive, je m'estime fort heureux ; mais il y manquerait quelque chose que je désire aussi : c'est que monseigneur le sache aussi. Après ce coup fortuné, nous ne tirâmes plus que de loin à loin, et la nuit fit taire le canon. Ce combat commença à une heure, et ne finit qu'à neuf du soir. Les ennemis mouillèrent, et nous ne posâmes l'ancre que le matin à vue les uns des autres. Nous leur avons fait de grands dommages, et, sans mentir, ils en auraient reçu qui auraient fait du bruit dans le monde sans ce détachement et sans la mauvaise conduite des capitaines des brûlots. Je suis en colère contre eux. Vidaut est le seul dont on se loue : il a été tué, et son équipage mit le feu au navire; Rocuchon a péri de même; je ne sais pas l'aventure des autres; mais je sais bien, et vous en assure, que de neuf que nous en avions, il ne nous en reste qu'un, et il nous en faut si nous donnons une seconde bataille.

» L'armée des ennemis est de cent voiles, et plus forte que les Anglais ne disent; il y a soixante-dix bons navires. La nôtre est plus nombreuse; mais il y a bien de petits bâtiments; nos vaisseaux sont maltraités par les manœuvres; grâces à Dieu, nous n'en avons point perdu. Chose digne de remarque, nous devions ne combattre que le corps de bataille des ennemis, et nous avons eu affaire et à l'avant-garde et à l'arrière-garde. Les Hollandais, à ne vous rien cacher, n'ont eu que le plaisir de nous suivre une heure, et ce fut quand M. Ruyter revira, et qu'il nous força pour venir rassurer ceux que huit ou neuf navires français avaient poussés.

» Si nous n'eussions été rangés en bataille, et chacun en notre place, M. Ruyter n'aurait pas pris cette résolution; et s'il n'eût point attendu Tromp, je serais de l'opinion de ceux que la peur de la terre le fit revirer. Sans M. le comte d'Estrées, qui demeura toujours au vent, et qui le conserva, n'ayant que M. de Preully avec lui, nous aurions eu bien de la peine à nous tirer d'affaire : la manœuvre qu'il fit sauva les brebis qu'un zèle indiscret avait égarées du troupeau; de ma vie ce malheur ne m'arrivera, j'en suis corrigé pour toujours.

» Je ne vous parle point de l'escadre bleue d'Angleterre, parce que les vaisseaux qui la composent étaient tous désemparés. J'en ai vu cinq ou six, avec cette enseigne, qui se sont jetés au feu loyalement; j'en ai observé qui se tenaient au vent, et que je n'ai garde de blâmer, parce que ce sont des capitaines braves et expérimentés.

» Au reste, je me confirme plus que jamais dans l'opinion que j'ai des Hollandais. Ils ont témoigné plus de finesse, d'habileté et de courage en cette bataille qu'en toutes les autres qu'ils ont données ; les Anglais en conviennent. Nous verrons ce que dira *la Gazette* ; j'attends impatiemment de la voir.

Nous n'avons d'officiers morts que M. Tivas, capitaine, et les sieurs Sicart et Potier, enseignes, l'un de M. de Tourville, et l'autre de Langeron ; le chevalier de Flacourt, capitaine, blessé légèrement d'un éclat à la joue, et Chaboissière, lieutenant, de deux coups de pistolet, dont on croit qu'il mourra.

» Deux de mes matelots ont perdu chacun un bras ; le reste se porte bien. J'en loue Dieu de tout mon cœur. Monseigneur a sujet d'être content de la marine. Je me fais un plaisir d'écrire cette bataille, parce que ce m'en est un d'avoir à louer tout le monde. M. l'ambassadeur le réjouira par ses lettres, j'en suis très-persuadé ; car nous avons tout risqué pour faire parler avantageusement des forces navales du roi notre maître. Nous avons parlé de fort près à ses ennemis, et ils nous craindront plus assurément qu'ils ne faisaient. Le bon Dieu, qui nous a servi de pilote, n'est pas toujours payé pour l'être, et Sa Majesté ne doit pas abuser de sa bonté ni se confier trop à sa bonne fortune. Faites un peu de réflexion à mes paroles, et vous verrez au travers qu'il ne faut pas donner deux batailles parmi de ces bancs, mais au large. C'est tout ce que j'ai cru vous devoir mander.

» Je suis, autant qu'on le peut être, votre serviteur, etc.

» Le chevalier DE VALBELLE. »

(*Arch. de la Marine, à Versailles.*)

Cette lettre de M. Colbert de Croissy, ambassadeur, annonce que M. le duc d'York s'est démis de la charge de grand amiral, et parle de quelques divisions à bord de l'escadre, ensuite du premier combat de l'année 1673.

« Londres, le 29 juin 1673.

» Monsieur,

» M. le duc d'York s'étant aujourd'hui démis de la charge de grand amiral, elle sera dorénavant exercée par neuf commissaires, savoir : le prince Rupert, le grand chancelier, le grand trésorier, qui est à présent M. Asborn, les ducs de Buckingham, Lauderdal, d'Ormond, milord Arlington, M. de Conventry et

M. Carteret. Le roi d'Angleterre même présidera à ce conseil, et il fait aussi expédier une commission de généralissime en faveur de Son Altesse Royale, pour commander, cette campagne, les armées de terre et de mer. M. le prince Rupert prétendait commander les vaisseaux sous lui ; mais milord Arlington ayant représenté au roi son maître, que le traité ne le permettait pas, il a été résolu que ledit prince se mettrait sur le même vaisseau que M. le duc d'York, en sorte qu'il n'y aura qu'un seul pavillon et un seul commandement au-dessus de M. le comte d'Estrées. Ainsi, sans que j'aie été obligé de faire aucune remontrance, on s'est réglé ici sur le pied du traité. On attend M. de Schomberg avec impatience, pour se servir de sa personne, dans cette expédition, en qualité de lieutenant général, conjointement avec M. le duc de Buckingam, sous l'autorité de Son Altesse Royale ; mais les dernières lettres qu'on a reçues de M. de Schomberg donnent sujet de croire qu'il ne veuille pas rouler avec ledit duc de Buckingham ; on m'a prié de le disposer à n'en point faire de difficultés, à quoi je m'emploierai sincèrement pour la satisfaction de Sa Majesté de la Grande-Bretagne, et pour le bon service de cette entreprise, qui a besoin de chefs expérimentés.

Il y a un peu de division parmi l'escadre de Sa Majesté, à cause que M. de Valbelle a dit et écrit que M. de Gabaret aurait pu prendre le vaisseau *le Deventer*, et qu'il se plaint, aussi bien que M. de Tourville et quelques autres capitaines, que M. le vice-amiral ne rend pas justice à ceux qui se sont signalés le plus, et ne veut faire valoir que ceux qu'il croit le plus dans sa dépendance ; mais je les ai assurés que comme M. le comte d'Estrées sait très-bien faire son devoir, il sait aussi donner à chacun, dans ses relations, les louanges qu'ils ont méritées, et il ne tiendra pas à moi que je ne les remette tous en parfaite intelligence.

» Il est certain que toute l'escadre a très-bien fait, que M. de Tivas y a donné des preuves d'une valeur extraordinaire, et qui ont donné de l'admiration au prince Rupert et à tous les Anglais ; que MM. Désardens, de Grancey, de Valbelle, Tourville, Sepeville et Langeron s'y sont signalés ; que M. de La Barre, de Cou, et les deux Gabaret, y ont très-bien fait leur devoir ; que le sieur chevalier de Léry y a acquis une très-grande estime par tout ce qu'il a fait dans le vaisseau *le Deventer*. Enfin je vous avoue qu'il n'y a personne qui ne mérite des louanges particulières, et que c'est une chose surprenante que, dans une marine renaissante, M. Colbert ait pu trouver trente capitaines, et une infinité d'autres, tant capitaines en second qu'officiers subalternes, parmi lesquels on peut dire qu'il n'y a pas de rebut.

» M. Colbert a si bien pourvu à toutes choses pour l'escadre de Sa Majesté, que j'espère qu'elle sera aussitôt prête que la flotte anglaise.

» Je viens de recevoir la lettre que vous m'avez fait l'honneur de m'écrire du 20, qui m'informe de tous les ordres que vous avez donnés pour remettre les vaisseaux du roi en bon état; et comme M. le comte d'Estrées est à présent ici, nous retrancherons conjointement toutes les dépenses qui ne seront pas absolument nécessaires.

» Je suis, etc.

» COLBERT »

« Londres, ce 20 juillet 1673.

« Monsieur,

« J'ai reçu la lettre que vous m'avez fait l'honneur de m'écrire, du 10 de ce mois, par laquelle il vous plaît me témoigner que le roi est satisfait des diligences que l'on a faites pour remettre l'escadre de Sa Majesté en état de combattre une troisième fois, et il est certain que, par l'exécution ponctuelle des bons ordres que vous avez donnés pour cet effet, il n'y a pas un seul vaisseau (même celui de *la Thérèse*, que je vous ai écrit avoir perdu tous ses mâts, voiles et agrès, par un coup de mer) qui ne soit depuis deux jours en état de faire voile; et aussitôt que les troupes du roi d'Angleterre seront embarquées, à quoi on travaille incessamment, l'armée navale retournera vers les côtes de Hollande. M. le prince Rupert est généralissime de terre et de mer; mais s'il se fait une descente, ce sera M. de Schomberg qui commandera toutes les troupes en qualité de seul général. M. de Saussigny est allé à la Bouée du Nord pour retirer des décharges de tout ce qu'il a fourni, et je presse, de mon côté les officiers du roi d'Angleterre de nous donner des états arrêtés par eux de tout ce qui a été pris dans leurs magasins, et des journées des charpentiers et autres ouvriers anglais qui ont été employés à la construction des mâts ; après quoi je ne perdrai pas de temps à arrêter le compte de la dépense pour vous l'envoyer, ou à M. Colbert, étant avec respect. »

Cette autre lettre de Colbert de Croissy donne le plan de bataille arrêté dans le conseil de guerre tenu à bord du *Royal-Sovereign*, sous la présidence du roi Charles.

AU CONSEIL DE GUERRE DES OFFICIERS PORTANT PAVILLONS DANS LA FLOTTE DE SA MAJESTÉ (SA MAJESTÉ PRÉSENTE), TENU A BORD DU ROYAL-SOVEREIGN, LE 26° DE JUILLET 1673.

« Charles roi ;

» Résolu :

» Que Son Altesse le prince Rupert immédiatement fasse voile (le temps et le vent le permettant), avec la flotte sous son commandement, hors de la *Tamise*, prenant avec lui les vaisseaux et bâtiments auxquels sont embarqués l'infanterie avec leurs munitions, provisions et bagages, et quittant en mer, Son Altesse, au premier lieu, aura soin d'envoyer un convoi suffisant avec ladite infanterie, leurs munitions, provisions et bagages, à Yarmouth, pour y être disposés selon les ordres de Sa Majesté donnés à cet effet au comte de Schomberg.

» Ce qu'étant fait, Son Altesse, avec la flotte, fera voile vers la côte de Flandres, et la pavoisera, près ou loin de la flotte ennemie, mouillant au Skonevelt, selon qu'il jugera à propos, considérant leur posture, leur temps, vent et autres circonstances ; mais sans considération quelconque, qu'il ne hasarde d'attaquer l'ennemi au Skonevelt, jusqu'à leur information des conditions, traités et autres affaires de Sa Majesté. Il a reçu des ordres pour le faire de Sa Majesté. Que Son Altesse, s'étant ainsi montrée avec la flotte de celle des Hollandais, fera voile vers le Texel, où il est à espérer que les ennemis l'attireront (et qu'il aura ainsi lieu de combattre en pleine mer), pour prendre une descente sur leurs côtes, et secourir leur flotte des Indes. Son Altesse, arrivée en ce lieu, l'emploiera et disposera la flotte comme de temps en temps il jugera le plus à propos pour le service de Sa Majesté.

» C. R. »

L'escadre française qui, lors de l'engagement du 7 juin, avait été placée au corps de bataille, ne conserva pas ce poste lors de ce nouveau combat. Louis XIV exigea nettement qu'elle fût placée à l'avant-garde. Aussi va-t-on voir que, selon ses ordres secrets, M. le comte d'Estrées se conduisit comme en 1672, c'est-à-dire qu'il empêcha son escadre de donner, à la réserve du marquis de Martel qui, ne pouvant retenir son bouillant courage, se précipita au fort du combat.

RELATION DE M. LE VICE-AMIRAL SUR LE COMBAT DU 21 AOUT 1673.

(Joint à la lettre de M. le vice-amiral, du 23 août.)

« Depuis le 12, il n'a été possible de donner aucune nouvelle de cette armée, les vents ayant toujours été extrêmement grands jusqu'au 17, que l'on fut obligé d'avoir toujours les mâts de hune bas; cependant, nos vaisseaux de garde ne laissèrent pas de découvrir l'armée ennemie ce même jour, qui s'était avancée jusqu'à quatre lieues du Texel, et cinq lieues de cette armée, et selon les apparences, y était depuis le 13, et y avait essuyé le même coup de vent que nous.

» On ne doute pas que M. le prince d'Orange ne leur ait fait quitter leurs bancs, et agir contre leur ordinaire, qui est de se ménager davantage qu'ils n'ont fait dans la dernière occasion.

» Pour M. le prince Rupert, ayant pris la résolution de les combattre, il l'aurait fait le 18, si les vents, étant devenus encore forcés, ne l'avaient obligé de demeurer à l'ancre, et de mettre encore les mâts de hune bas; ayant toutefois cessé le 19, on se disposa le lendemain à aller chercher les ennemis, et le matin, une flûte de la flotte des Indes ayant donné dans la division de M. Désardens, croyant se rencontrer dans l'armée de Hollande, y fut prise par le capitaine du *Bourbon*, qui y envoya sa chaloupe avec un lieutenant pour la garder et s'en rendre maître. Aussitôt que j'en fus averti, je pris un extrême soin qu'il n'en fût diverti aucune chose, et le commissaire général y étant allé quelques heures après, il y mit tout l'ordre qui pouvait dépendre de lui ; j'en donnai part aussitôt à M. le prince Rupert, et comme sur le rapport des prisonniers, on peut croire que cette prise peut valoir cinq ou six cent mille francs, je n'estimai pas, en cette rencontre, me devoir abstenir de parler (comme en passant) sur le partage du tiers qui appartient à Sa Majesté ; et je reçus ordre de lui d'y laisser les soldats et matelots français, et qu'il se contenterait d'y faire embarquer le commissaire des prises à la suite de l'armée d'Angleterre, qui ayant conféré avec celui de Sa Majesté, s'y embarqua le 20 ; et je crois que la flûte partit en même temps pour aller à Londres ; comme de notre côté on courait sur les ennemis qui avaient mis à la voile, et tâchaient à gagner le vent que nous avions sur eux, dans la pensée de conserver cet avantage, on courut quasi jusqu'à terre, à deux lieues du Texel (la côte étant assez saine en cet endroit); mais comme les ennemis la connaissent encore mieux que nous, ils tinrent le vent davantage. En étant approché de plus près pendant la nuit, joint que M. le prince Rupert, m'ayant mandé à neuf heures du soir de n'aller qu'à petites voiles, à cause de la défiance où l'on était de quelques bancs, l'escadre de Sa Majesté, qui était à la tête, aurait donné, à une heure après minuit, au milieu de l'armée des ennemis si l'on n'avait découvert leurs feux, ce qui m'obligea d'envoyer une barque longue sur laquelle ils tirèrent deux coups de canon, qui ayant fait connaître la même chose à M. le prince Rupert, changea aussi de bord, par la même raison que les ennemis avaient fait.

» Mais à la pointe du jour, le 21, on découvrit les ennemis fort étendus sur une ligne et assez près de terre, à un endroit de la côte qui s'appelle Camperdunes. Quoiqu'ils eussent l'avantage du vent, on prit le parti de les attendre et de les combattre ; et comme ils avaient le même désir, on ne fut pas longtemps sans se joindre.

» Le combat commença à huit heures et demie, et par les différents changements que l'on avait été obligé de faire, l'escadre de Sa Majesté se rencontra au poste de l'avant-garde, ainsi qu'elle le doit avoir ; l'ordre de bataille des ennemis était différent de celui où on les avait vus d'autres fois : il y avait quinze ou seize vaisseaux à la tête qui tenaient extrêmement le vent, et occupaient une partie de l'escadre de Sa Majesté.

» Le reste était opposé à une partie du corps de bataille des ennemis, savoir : la division de M. Désardens, et *l'Aimable* et *l'Invincible* de la mienne.

» Les ennemis s'approchèrent de près, et plus qu'à l'ordinaire; mais comme la tête tenait toujours le vent, et qu'ainsi la partie de l'escadre de Sa Majesté, que je viens de dire, aurait eu peu de part au combat, on jugea quasi dans tous les bords qu'il n'y avait autre chose à faire qu'à percer les vaisseaux hollandais de l'avant-garde, et les faire plier ensuite, pour gagner le vent à toute l'armée. Une heure ou deux après le commencement du combat, il survint une brume qui m'empêcha de prendre ce parti; mais ayant duré peu de temps, aussitôt que je crus pouvoir être aperçu du vice-amiral de l'escadre rouge, et des vaisseaux de Sa Majesté, qui étaient plus sous le vent que moi, j'envoyai une barque longue à M. Martel, pour l'avertir de ce que j'avais envie de faire; mais elle n'était pas encore arrivée à son bord, qu'il avait déjà commencé d'en changer, ayant jugé qu'il pouvait passer au vent de cette avant-garde. Pour le vaisseau que je monte, on jugea bien qu'il ne pouvait pas gagner si haut, et qu'il fallait nécessairement passer au milieu de sept ou huit navires, suivis de trois brûlots; mais comme c'était le seul moyen de rompre et de mettre en désordre cette avant-garde, on crut qu'il serait fort avantageux de le tenter : on y réussit, et on se démêla de deux brûlots, dont un fut fort près de nous aborder; et quoique l'autre en passât un peu plus loin, ce ne fut, toutefois, qu'un peu plus que la portée de pistolet.

» On ne doute point que l'on n'ait mis le feu au premier, fort à propos, par une des pièces de l'avant. Tous les vaisseaux de la division du vice-amiral ayant suivi le pavillon, les Zélandais, qui tenaient cette tête, et particulièrement le vice-amiral, eurent beaucoup à souffrir. Les uns arrivèrent vent arrière; ainsi toute cette escadre se trouva en désordre, et l'on ne songea plus, de notre côté, qu'à joindre les vaisseaux ennemis qui combattaient contre ceux de l'escadre rouge, et une partie de la nôtre.

» Mais les ennemis nous parurent si éloignés, parce que tous les vaisseaux qui combattaient avaient toujours arrivé, qu'on désespérait quasi de les pouvoir joindre, quoiqu'on fît force de voiles, et que je n'eusse pas seulement attendu à me réparer, ce qui me faisait craindre que M. le prince Rupert ne fût trop pressé par eux; cela augmentait encore l'impatience que l'on en avait. Cependant, quelque diligence que l'on pût faire, ayant fait vent arrière depuis une heure jusque entre six et sept heures du soir, il fut impossible d'en approcher qu'à cette heure-là. Sur les deux heures, les ennemis ne tirèrent plus sur M. le prince Rupert, mais arrivèrent toujours vent arrière.

» Depuis, j'ai appris avec surprise que M. Spragge, s'étant séparé dès le commencement du combat de M. le prince Rupert, avait pensé causer un grand contre-temps, si la jalousie que leur donnait l'escadre de Sa Majesté, qui avait gagné le vent, ne les eût toujours tenus en échec, et empêché d'entreprendre plus qu'ils n'auraient fait sur les vaisseaux qu'ils avaient sous le vent. Du reste, quoiqu'il n'ait pas témoigné toute la conduite qu'il serait nécessaire à un chef d'une grande escadre, tout le monde demeure d'accord qu'il a agi en brave soldat, et a péri enfin dans une grande chaloupe, à bord d'un vaisseau où il voulait monter, ayant été obligé de quitter le sien qui était entièrement désemparé; la chaloupe, ayant été percée d'un coup de canon, fut bientôt emplie d'eau, et, n'ayant pu se soutenir à la mer, il fut noyé sans l'avoir même quittée.

» Le vaisseau de Tromp, contre qui il combattit tout le jour, n'a pas été mieux traité, et l'on ne vit point son pavillon le soir, lorsque toutes les escadres se retirèrent de part et d'autre.

» Les Hollandais demeurèrent jusqu'au soir à canonner sous le vent quelques vaisseaux de l'escadre bleue qui étaient incommodés dans leurs mâts; mais, comme ils tiraient d'assez loin, on jugea bien qu'ils ne voulaient faire autre chose et se retirer ensuite.

» Pour l'escadre de Sa Majesté, elle s'était déjà ralliée à eux, et tous les vaisseaux qui la composent s'étaient rejoints au vent. M. Désardens avec partie de sa division l'ayant encore gagné sur quelques vaisseaux ennemis, le brûlot *l'Arrogant* qui le suivait, commandé par le capitaine Guillotin, aborda un grand vaisseau hollandais; mais, comme le vaisseau était grand et fort, et qu'il l'aborda avec trop de force, cela le fit reculer, et donna le temps aux Hollandais de mouiller et de s'en garantir.

» J'ai appris qu'on ne peut pas mieux faire qu'a fait ce capitaine de brûlot.

» On n'a rien perdu dans l'escadre de Sa Majesté que le sien, et lui se retira avec beaucoup de bonheur dans une des flûtes de l'escadre qui était au vent.

» Les Anglais n'ont perdu que deux ou trois brûlots, qui ont brûlé inutilement, et ils ont eu seulement des vaisseaux démâtés.

» Tout le monde assure que les Hollandais ont perdu un vaisseau coulé à fond, et un autre brûlé de son propre feu.

» Trois de leurs brûlots ont brûlé devant nous inutilement, et l'on doute si un vaisseau, où le feu se mit auparavant, était de guerre ou armé en brûlot; outre cela, ils ont autant, pour le moins, de vaisseaux démâtés que les Anglais.

» Il est impossible qu'ils n'aient aussi perdu beaucoup de monde.

» Je ne sais pas encore le nombre des morts et des blessés dans l'escadre de Sa Majesté, parce que depuis hier je n'ai pas encore pu voir tous les capitaines. Je sais seulement que le sieur d'Estivalle fut tué au commencement du combat, ayant fait voir une grande fermeté avec le chevalier de Sepeville qui était engagé comme lui au milieu des ennemis, et qui ne laissa pas de me venir joindre ensuite ; que le chevalier de Montbaux, enseigne sur *le Grand*, a le bras cassé.

» Scossias, enseigne du *Fier*, tué ; et le capitaine Jacob, embarqué sur *l'Invincible*, un bras emporté.

» Parmi les Anglais, il y a M. Spragge qui a été noyé, et un capitaine appelé Eneves, tué.

» Le sieur Rives a eu les mâchoires emportées, et un autre capitaine, dont je ne sais pas le nom, a eu le bras emporté.

» On fera savoir plus particulièrement, par la première occasion, toutes les particularités qu'on aurait oubliées ou qu'on n'a pas sues d'abord, étant pressé de faire porter ce mémoire à Sa Majesté.

» On ne doit pas oublier, sur le sujet de la flûte hollandaise venant des Indes, de dire qu'on a su des prisonniers que toute la flotte n'était composée que de cinq bâtiments encore, outre celui-là de même grandeur, et d'un encore, chargés à peu près de marchandises de même prix; que l'on n'a osé en charger à Batavia davantage, et qu'ils présument que ces autres bâtiments, dont on n'a point de nouvelles, ont été pris par les Anglais qui les attendaient à l'île de Sainte-Hélène, et dont celui-ci ne s'est échappé que parce qu'il est bon voilier. »

(*Arch. de la Marine, à Versailles.*)

Après ce combat, l'indignation générale éclata en Angleterre contre l'escadre française. M. le prince Rupert, qui, à propos du combat du 7 juin, avait rendu tant de justice au vice-amiral d'Estrées, se plaignit amèrement et écrivit cette relation, dont on donne la traduction annotée de la main de M. le vice-amiral d'Estrées. Les personnes qui ont quelques connaissances nautiques pourront apprécier le poids et la solidité des objections de M. d'Estrées.

BRIÈVE RELATION DE CE QUI S'EST PASSÉ AU COMBAT DES ARMÉES NAVALES DE SA MAJESTÉ ET DE CELLES DU ROI DE FRANCE SOUS MON COMMANDEMENT, CONTRE CELLE DES HOLLANDAIS, LE 21 AOUT 1673, PRÈS LE TEXEL.

« Le lundi 21 août, dès la pointe du jour, nous aperçûmes l'armée navale hollandaise à une lieue et demie de nous, vers le vent qui était lors est-sud-est ; elle était peu éloignée de terre, le temps étant fort beau; leur flotte et la nôtre étaient en ce temps-là du côté du nord du Texel. Sur les six heures du matin, je fis faire le signal à notre flotte, afin qu'elle prît la route vers le sud, comme elle fit alors; les Français avaient l'avant-garde[1], j'étais au corps de bataille, et le chevalier Edouard Spragge commandait l'escadre du pavillon bleu ; il avait l'arrière-garde. Environ le même temps, la flotte hollandaise nous approcha, et Ruyter envoya le vice-amiral de Zélande, avec sept vaisseaux de guerre et trois brûlots, pour engager au combat l'escadre de France; l'amiral Tromp, avec son escadre composée de vingt-six vaisseaux de guerre et sept brûlots, attaqua l'amiral du bleu

---

[1] Cela est malicieux, puisque la division de M. Désardens et une partie de celle de M. le comte d'Estrées combattirent contre Bankert et son escadre. (Cette note et toutes les suivantes sont du vice-amiral d'Estrées.)

et son escadre, qui mit son hunier d'avant en panne sur les mâts pour les attendre, contre mon ordre exprès et son devoir. Ruyter et Bankert, avec le reste de leur flotte et brûlots, vinrent sur moi et sur notre escadre, et environ les huit heures le combat commença[1]; et sur les neuf heures, il s'éleva un brouillard avec une petite pluie qui continua jusque sur le midi, auquel temps l'air s'est éclairci, et le vent tourna au sud qui mit les Français, qui avaient alors l'avant-garde, au-dessus du vent des Hollandais; lesquels Français, au lieu de s'en servir et de venir combattre les ennemis, comme j'attendais cela d'eux, au contraire ils se retirèrent vers le sud[2]; et le vent étant pour lors sud-sud-est, ils s'éloignèrent à pleines voiles de deux grandes lieues avant qu'ils eussent reviré de bord vers les ennemis, ce qui donna lieu et occasion au vice-amiral de Zélande, avec sa division, de les quitter et de venir sur moi.

» En même temps j'aperçus le chevalier Jean Chichely, mon contre-amiral, fort éloigné de moi sous le vent : toutes les forces de Ruyter et de Bankert vinrent fondre sur ma division et sur celle de mon vice-amiral[3], et de plus, ils coupèrent entre la division de mon contre-amiral et moi, de sorte que vers le midi j'avais à combattre Ruyter et toute son escadre à ma hanche, sous le vent, et un autre amiral, avec encore deux vaisseaux pavillons à ma hanche, du côté du vent, et l'escadre de Zélande sur mon travers, au-dessus du vent. Ayant ainsi combattu quelque temps et fait grand feu de mes deux bords[4], j'arrivai sur mon contre-amiral, en forçant les ennemis de me laisser passer, et ainsi de le rejoindre; après quoi, environ deux heures, je découvris l'escadre bleue, à trois lieues sous le vent de moi, qui avait le cap au nord-est; et moi, ne sachant en quel état était cette escadre, et m'apercevant que leur canon ne jouait plus guère, je fis autant de force de voiles qu'il nous fut

[1] Et la division de M. Désardens, qui ne revira le bord que sur le midi, dans le temps que le prince Rupert commença à plier.

[2] Cela n'a pas de sens, puisque les Français de l'avant-garde revirèrent de bord sur la division du vice-amiral, et la rompirent, et firent brûler quatre brûlots.

[3] Encore une fois la division de M. Désardens y était aussi.

[4] Il n'a jamais tiré que de ses pièces d'arrière depuis le brouillard ou pluie.

possible pour joindre cette escadre et les assister et les secourir dans cette pressante occasion, le vent étant alors sud-sud-ouest.

» Ruyter n'eut pas plutôt reconnu mon dessein, qu'il arriva sur moi avec toute sa flotte pour secourir Tromp, si bien que tout ce que nous pûmes faire fut de nous prêter le côté à portée de canon, sans faire feu de part ni d'autre ; et comme nous étions à la voile, en arrivant nous aperçûmes plusieurs vaisseaux de l'escadre bleue que nous jugeâmes avoir été endommagés, étant écartés de leurs corps du côté du vent, aussi bien que quelques-uns de mon escadre, auxquels je fis tirer un coup de canon pour les faire arriver sur nous, ce qu'ils ne firent pourtant pas. Sur les quatre heures, nous approchâmes l'escadre bleue, où nous trouvâmes *le Royal-Prince* entièrement hors d'état de combattre ; son grand mât d'artimon et son mât de hunier d'avant tout coupés du canon, et plusieurs autres vaisseaux désemparés. Le vice-amiral de l'escadre bleue réparant les manœuvres, le contre-amiral aussi du bleu, le comte d'Ossery, près de lui deux frégates, pareillement raccommodaient leurs manœuvres. Etant proche de l'arrière du *Royal-Prince*, entre lesdits vaisseaux, et les ennemis faisant raccommoder les manœuvres, y mettre des voiles neuves, je commandai sur l'heure deux frégates pour touer *le Royal-Prince* et le tirer hors de là. L'escadre de Tromp étant à l'est de lui avait nombre de ses vaisseaux désemparés, une partie de cette escadre ayant perdu leurs mâts de hune et vergues ; l'autre avec son vice-amiral et contre-amiral étant lors au plus près du vent, vers l'est, faisant force de toutes leurs voiles pour gagner le vent, ce qui m'obligea de revirer encore vers l'escadre bleue[1] ; et quand nous arrivâmes près d'eux, il était environ quatre ou cinq heures, auquel temps Ruyter arriva aussitôt avec toute sa flotte, à dessein de se rendre maître de nos vaisseaux estropiés et hors de combat, qui étaient *le Royal-Prince* et autres. Je demeurai auprès d'eux, du côté du vent du contre-amiral du bleu, jusqu'à ce que notre flotte fût en ordre d'atta-

---

[1] Il n'était pas nécessaire de revirer sur l'escadre bleue, puisqu'il l'était allé chercher vent arrière, et toutes voiles hors.

quer derechef les ennemis; je fis mettre le signal ordinaire pour faire joindre tous les vaisseaux à leur poste, qui est le pavillon bleu sur la vergue d'artimon[1], et envoyai des ketches et chaloupes aux vaisseaux qui étaient sur le vent de venir à nous; sur quoi nous arrivâmes et fûmes nous poster entre Ruyter et nos vaisseaux estropiés, et fis tirer du canon aux vaisseaux qui étaient vers le vent pour les faire arriver sur nous; mais pas un d'eux ne m'approcha pour m'assister, excepté le comte d'Ossery et le chevalier Kempthorne; si bien que j'ai grande raison de croire que si heureusement je n'étais pas venu à leur secours, l'escadre bleue était entièrement perdue, puisqu'ils étaient tellement désemparés, qu'il ne le pouvaient pas être davantage; seulement les deux vaissaux pavillons du milord d'Ossery et le chevalier Kempthorne me donnèrent quelques secours après notre jonction. Vers les cinq heures, Ruyter, accompagné de ses pavillons et flûtes, se vint poster vergue à vergue de moi; et là recommençant encore un très-rude combat[2], dans l'engagement duquel il n'y eut aucun vaisseau pour me seconder que le vice-amiral, le capitaine David dans *le Triomphe*, le capitaine Stout dans *le Dépit de la Guerre*; et de ma division, le chevalier Jean Holmes dans *le Ruppert*, capitaine Legg dans *la Catherine*, le chevalier Jean Berry dans *la Résolution*, capitaine Jean Frullay dans *la Marie*, capitaine Caster dans *la Couronne*, capitaine Booth dans *la Perle*, bref, en tout treize ou quatorze vaisseaux. Le combat fut fort chaud et de près : là je mis les ennemis dans un grand désordre, et détachai deux brûlots que j'envoyai parmi eux, qui les approchèrent fort; et si alors les Français, qui étaient à certaine distance sur le vent, avaient obéi à mon signal et qu'ils fussent arrivés sur les ennemis, conformément à leurs devoirs, nous aurions mis les ennemis en déroute et les eussions entièrement détruits. C'était la plus belle et la plus avantageuse occasion

---

[1] Le pavillon bleu, à la vergue d'artimon, signifie de se mettre dans les eaux de l'amiral.

[2] Cela ne nous a point paru ni par le feu des vaisseaux ni par la perte des gens, n'y ayant eu que onze hommes de tués et blessés dans l'amiral : M. notre commissaire général fut de ce nombre, s'y étant trouvé par hasard.

qui ait été jamais perdue à la mer. Le combat continua jusqu'au jour failli et justement soleil couché, quand je me retirai en faisant peu de voiles et pour conduire des vaisseaux estropiés[1], les Hollandais aussi tournant le cap à l'est, et ainsi finit cette bataille ; lorsqu'il me vint un officier du comte d'Estrées pour recevoir des ordres et savoir à quelle intention on avait arboré un pavillon bleu sur la vergue du mât d'artimon[2] : de quoi je m'étonnai fort, puisqu'il n'y avait pas d'instruction plus claire et plus facile à concevoir entre tous les signaux pour combattre que celui-ci[3] ; et de plus, il ne manquait pas d'éclaircissement pour les signaux, ni d'instruction pour lui dire ce qu'il devait avoir fait, la chose étant sue et connue aux yeux de toute la flotte. Quand l'obscurité de la nuit fut venue, les ennemis se retirèrent sur leurs côtes, et je crus avoir raison d'en être satisfait, m'étant proposé, si je ne pouvais l'éviter, de ne point hasarder un nouvel engagement au combat le jour suivant, à moins que j'eusse meilleure assurance non-seulement du comte d'Estrées, mais aussi que quelques-uns de nos capitaines eussent résolu et promis de mieux faire, puisqu'ils m'avaient manqué en celle-ci.

» En cette bataille, les Anglais ni les Français n'ont pas perdu aucun vaisseau de guerre ; je ne crois pas aussi que les Hollandais aient grand sujet de se réjouir considérant toutes choses, et je sais aussi que je n'ai de ma vie été assisté de la Providence et dans ma conduite en cette occasion, que d'avoir ramené ainsi la flotte de Sa Majesté[4]. »

(*Archives de la Marine à Versailles.*)

Cette lettre de M. de Colbert de Croissy donne avis à M. de Seignelay, des premiers symptômes de mécontentement qui s'élevèrent en Angleterre, à propos de la conduite de l'escadre française.

[1] Ils n'ont jamais gardé un plus bel ordre.
[2] Ils se seraient mis sous le vent, puisque c'était le signal pour se mettre dans les eaux de l'amiral, et non pour combattre.
[3] Encore une fois le pavillon bleu est pour se ranger dans les eaux de l'amiral, et non pour combattre.
[4] Il fut résolu qu'on retournerait au combat dans le conseil du 23 août, et il n'en a rien fait.

COPIE DE LA LETTRE ÉCRITE A MONSEIGNEUR LE MARQUIS DE SEIGNELAY, PAR MONSEIGNEUR L'AMBASSADEUR.

« Le 29 août 1673.

» Je ne doute point que vous n'ayez déjà appris, par l'arrivée de M. Chapellain, tout ce qu'a fait l'escadre de Sa Majesté dans le dernier combat ; mais, quoiqu'elle y ait tenu toute la conduite qu'on pouvait désirer de braves et habiles gens, M. le prince Rupert n'a pas laissé que de blâmer extrêmement par ses lettres ; en sorte qu'à peine ses courriers sont-ils arrivés, que le bruit a couru dans toute la ville que les Français n'avaient rien fait qui vaille, et qu'ils étaient d'intelligence avec les Hollandais. Cette première impression a duré pendant deux jours, aussi bien à la cour que dans la ville ; mais M. le major étant arrivé samedi, la nuit, je lui fis, le lendemain, avoir une longue audience du roi d'Angleterre, à son lever, dans laquelle il contenta fort ce prince, et lui donna moyen de désabuser toute sa cour de ce qu'elle avait pu croire au préjudice de l'escadre de France. Il est vrai que ledit roi et M. le duc d'York, avaient déjà fait, par avance, tout ce que je pouvais désirer d'eux, et que Sa Majesté Britannique m'avait même avoué que ces fâcheux bruits étaient de purs effets des mauvaises intentions du prince Rupert, de la conduite duquel il m'a témoigné être fort mal content ; mais comme il a bien des raisons aussi qui ne lui permettent pas d'ôter le commandement de sa flotte audit prince, il faudra que M. le comte d'Estrées tâche de s'accommoder à sa bizarrerie, et milord Arlington m'a même extrêmement prié, de la part du roi son maître, d'adoucir toutes choses autant qu'il me serait possible, et de ne rien écrire à Sa Majesté, qui la pût obliger à quelque ressentiment ; mais j'ai cru qu'il était de mon devoir de lui rendre, par vous, un compte fidèle de ce que j'ai appris sur cette matière, et de remettre à la prudence de Sa Majesté d'en user ainsi qu'elle jugera convenable au bien de son service. J'ai, cependant, empêché qu'on imprime la relation de M. le prince Rupert, quoique adoucie par M. Arlington, et on en demanda, hier, une à la hâte au major, laquelle il fit avec une si grande exactitude, qu'elle aurait contenu cinq ou six pages d'écriture; aussi, je la réduisis promptement, à la prière de M. Arlington, au peu de lignes que vous verrez par la copie ci-jointe; mais comme il n'a pas su le détail de ce qu'ont fait M. de Martel et les capitaines de sa division, ni toutes les autres actions des braves officiers, j'espère que mon omission ne préjudiciera point à leur réputation ni à l'estime qu'on en doit faire, *car certainement on se loue fort dudit sieur de Martel;* ledit sieur major me fait espérer que nos vaisseaux pourront se réparer en pleine mer de ce qu'ils ont souffert dans ce dernier combat, et que, s'il ne se passe rien de nouveau, on ne sera point obligé de rentrer dans la Tamise.

» Je suis, etc. »

Voici une grave accusation portée par M. le marquis de Martel, *dont on se loue fort,* contre le vice-amiral d'Estrées; on y verra, malgré les réfutations faites apparemment pour le public, que l'instruction secrète de M. de Seuil reproduit, comme fondés, tous les reproches faits au vice-amiral par M. de Martel, dans la lettre suivante, qui précise les faits avec une rare netteté.

COPIE D'UNE LETTRE DE M. LE MARQUIS DE MARTEL
A MONSEIGNEUR L'AMBASSADEUR.

« Du 6 septembre 1673.

» Je ne doute pas que monsieur le major ne vous ait informé du combat que nous avons fait le 21 août; mais je suis persuadé que les Anglais ne demeurent pas d'accord de sa relation: quoique je pourrais être suspect pour n'être pas en bonne intelligence avec M. d'Estrées, je prends, monsieur, la liberté de vous dire à peu près les choses qui se sont passées, et toute l'armée en demeurera d'accord.

» Le 21 août, à la pointe du jour, l'armée des Hollandais parut au vent de nous, à deux lieues de distance, et le prince Rupert se mit en bataille sur une ligne; il composait le corps de bataille, M. Spragge, l'arrière-garde, M. d'Estrées, l'avant-garde; l'on m'avait fait l'honneur de me donner, avec ma division de dix navires, et trois brûlots, la tête de l'avant-garde. Comme nous marchions tous sur une ligne au plus près du vent, j'étais donc le premier de la ligne ; les ennemis nous ayant considérés et vus en cet ordre, prirent leurs résolutions de la manière qu'ils devaient nous attaquer, qui fut de détacher le vice-amiral de Zélande avec dix navires de guerre et deux brûlots pour m'attaquer, ce qu'il fit avec toute force de voiles ; MM. Ruyter et Tromp arrivèrent sur le gros de l'armée. M. le prince Rupert et Spragge les reçurent avec beaucoup de résolution et d'honneur ; M. d'Estrées, au lieu de prendre le parti de faire tête au gros de cette armée, et de combattre un des pavillons, tint toujours au plus près du vent, et, par ce moyen, évita le combat, et laissa M. le prince Rupert et M. Spragge soutenir toute l'armée des ennemis, à la réserve de l'escadre de Zélande, qui était aux mains avec moi ; si bien que M. d'Estrées se trouva dans une intervalle entre M. le prince Rupert et moi, où il n'y avait pas un seul vaisseau ennemi ; il y demeura deux heures, tantôt le vent sur les voiles ; après, il faisait porter, mais s'éloignant toujours de M. le prince Rupert, et de Spragge, qui faisaient un feu terrible les uns contre les autres ; cela dura depuis huit heures du matin jusque sur les onze heures, sans que M. d'Estrées eût tiré un coup de canon ; je fus assez heureux, après un long combat, quoique peu assisté des vaisseaux de ma division, de battre les Zélandais en leur gagnant le vent, leur ayant mis le feu à un de leurs brûlots et d'un coup de canon, en avoir dégréé un de leurs plus forts, de faire plier le vice-amiral vent arrière, lequel ne put éviter, avec trois de son escadre, de passer au milieu de la division de M. d'Estrées, ce qui lui donna lieu de tirer quelques coups de canon, et d'en recevoir, en passant quelques-uns ; sans cela, il n'aurait pas tiré, en toute la journée, un seul coup ; et ce qu'il a tiré est comme rien et fort honteux pour lui, de n'avoir pas fait périr des vaisseaux maltraités, et qui lui passèrent au travers toute sa division ; sur le midi m'étant raccommodé et mis en état de pouvoir tenir voile, j'arrivai sur l'armée des Anglais et des Hollandais, qui se battaient furieusement ; M. d'Estrées me voyant dans le dessein d'aller au secours des Anglais, fit même route ; et comme nous en étions fort loin, nous ne pûmes y arriver que sur les cinq heures du soir.

» Voici la grande faute que M. d'Estrées a encore faite, car il pouvait réparer celle du matin; ceci est l'évangile. Les Hollandais nous voyant arriver vent arrière sur eux se retirèrent du combat, et firent un corps de quarante vaisseaux, croyant que M. d'Estrées fondrait sur eux: lui n'avait point combattu, et eux, qui étaient tous délabrés et maltraités du long combat, firent vent arrière, afin de se battre en retraite, et de gagner la nuit, qui était proche. Comme j'avais approché plus près les ennemis que M. d'Estrées, je leur tirai quelques coups de canon, et partie de ma division leur en tirèrent, ne faisant qu'attendre M. d'Estrées pour donner dessus tous ensemble, ou ses ordres ou signaux de donner; car il nous avait lié les mains de ne faire aucune attaque sans son ordre, à peine de désobéissance, comme l'on peut voir par son écrit envoyé par monsieur le major. M. le prince Rupert, qui était proche et en état de donner, voyant que le temps se perdait, et que M. d'Estrées au lieu d'arriver pour attaquer les ennemis tenait le vent, M. le prince Rupert mit un pavillon bleu marqué dans les signaux généraux pour arriver et attaquer les ennemis. M. d'Estrées continua de tenir le vent sans faire nul compte d'attaquer les ennemis; sur le soleil couché, il envoya le major à M. le prince Rupert, et passa proche de moi, me demandant en quel état j'étais du combat que j'avais fait. Nous nous sommes séparés cette nuit-là des ennemis. Voilà la vérité. M. d'Estrées a déshonoré la nation, ayant fait tout autant mal qu'il pouvait. Les Anglais pestent avec grande raison contre lui. Il cherche tous les moyens de s'excuser; il a fait des relations qui se trouveront si fausses que cela lui fera tort; il a pris tous les devants, envoyant son secrétaire à l'insu de tout le monde. J'ai écrit au roi et à M. Colbert la vérité de tout. Il est vrai que les Anglais ont fait tout ce qui se peut faire, et on a juste sujet de n'être pas content de M. d'Estrées. Tout roule sur lui; car les capitaines auraient fait leur devoir s'il les y avait menés, je le veux croire. Si l'on veut faire réflexion sur tous les combats que l'on a rendus, M. d'Estrées n'a jamais fait aucune action de vigueur dans cette campagne; et s'il l'avait voulu au premier combat, il aurait abordé Ruyter et l'aurait pris, étant très-maltraité; ç'a été lui qui a fait perdre tous ces pauvres capitaines de brûlots, leur ayant fait le signal trop tôt. L'an passé, ce qu'il a fait à Du Quesne crie vengeance devant Dieu; enfin il y a si bien pris ses partis qu'il n'a jamais voulu s'engager à faire aucune attaque. L'on peut dire avec vérité que c'est un pauvre homme, fort décrié parmi les Anglais ; je ne crois pas qu'ils veuillent aller à la guerre avec lui, n'y ayant nulle créance.

» Je suis, avec le respect que je vous ai voué, monsieur, votre très-humble et très-obéissant serviteur.

» P. MARTEL. »

Le 6 septembre 1673.

(*Arch. de la marine, à Versailles.*)

Les lettres suivantes de M. de Croissy sont relatives aux reproches faits à l'escadre française, et donnent les plus curieux détails sur ces contestations, dans lesquelles le roi Charles, gêné par la *reconnaissance* qu'il devait au roi, et craignant de perdre ses subsides, donne tour à tour raison à tout le monde, et s'excuse avec une adresse infinie de ne prendre aucun parti à ce sujet, se rejetant toujours sur la bravoure de ses alliés et la royale parole de son frère de France.

« Londres, le 7 septembre 1673.

» Monsieur,

» Vous recevrez cette lettre en même temps que celle que je me donnai l'honneur de vous écrire l'ordinaire dernier, parce que, comme j'étais sur le point d'envoyer les premières à la poste la nuit du 4 au 5, milord Arlington m'envoya dire que le roi son maître avait résolu de retenir les lettres pour cette fois, et fermer les ports pour empêcher que les ennemis n'eussent connaissance du retour des flottes dans la Tamise, au préjudice des ordres que Sa Majesté Britannique avait envoyés au prince Rupert d'aller mouiller vers les Dunes, et, au cas que le vent fût à l'est, de se retirer à la Fosse-de-Saint-Jean. Cette contravention, que ledit prince a assez mal exécutée, a si fort déplu audit roi, qu'il a pris résolution de faire revenir ce prince, sous prétexte de le consulter, mais, en effet, pour le retenir auprès de lui, et de donner le commandement de sa flotte au sieur Ormond, qui a la place du feu sieur Spragge. Ce changement m'a fait beaucoup de peine, étant un peu rude à un vice-amiral de France d'être commandé par un homme si peu relevé ; mais, comme le roi d'Angleterre donne au mérite dudit sieur Ormond le commandement de toute sa flotte, qu'on lui remet aussi entre les mains le pouvoir que Sa Majesté a donné à M. le prince Rupert pour substituer en son absence, et qu'enfin l'escadre de Sa Majesté n'est qu'auxiliaire, je n'ai trouvé aucune raison, ni dans notre traité, ni dans nos conventions, qui pût me donner lieu de faire une plus grande opposition à ce changement, outre que, le prince Rupert étant si mal intentionné, il est toujours avantageux au service du roi qu'il n'ait plus le commandement. Il arriva hier au soir ici, et je ne doute point que son retour ne fasse recommencer les calomnies contre M. le comte d'Estrées, que j'avais entièrement justifié, depuis deux jours, à la honte et à la confusion dudit prince Rupert. Vous avez su, monsieur, que nous étions accusés de trois choses : la première, d'avoir laissé prendre le vent aux ennemis pendant la nuit du 20 au 21, faute d'avoir fait la manœuvre qui nous était ordonnée ; la seconde, de n'avoir pas assez arrivé sur les ennemis depuis le midi du 21, que l'escadre de France eut gagné le vent sur eux ; et la troisième, de n'avoir pas suivi le signal que le prince Rupert fit sur la fin du jour pour venir dans ses eaux. Ce prince avait fait publier par milord Wahan, le colonel Howart, et par d'autres ses émissaires, que ces trois fautes l'avaient empêché d'emporter une pleine victoire sur les ennemis ; que le roi notre maître était d'intelligence avec les Hollandais, et qu'il ne fallait rien espérer de bon de notre jonction. Comme le peuple est assez susceptible de toutes les calomnies que l'on invente contre la France, vous pouvez vous imaginer, monsieur, quel mauvais effet celles-ci avaient produit. Cependant la première a été d'abord détruite dans l'esprit du roi, le major lui ayant fait voir clairement que M. le comte d'Estrées avait ponctuellement suivi l'ordre du prince Rupert la nuit du 20 au 21 ; quant à la seconde, *nous avons soutenu, et espérons même de justifier bientôt, qu'après que l'escadre de France eut percé celle de Bankert et gagné le vent, elle n'employa pas une demi-heure de temps à remettre ses manœuvres rompues en état de profiter, et que M. le vice-amiral mit, aussi bien que tous les vaisseaux de son escadre, toutes voiles dehors, et arriva incessamment sur celle de Bankert, en sorte que s'il ne l'a pu joindre, et secourir par conséquent le prince Rupert aussitôt qu'il aurait désiré, on ne le doit disputer qu'à ce que les vaisseaux hollandais sont encore meilleurs voiliers que ceux de France, et que ledit prince Rupert ne tenait pas assez ferme pour être bientôt rejoint.* Ainsi la justification de cette seconde accusation n'est pas avantageuse audit prince. Pour ce qui regarde la troisième, le roi d'Angleterre était tombé d'accord la première fois que le major lui en parla en ma présence, que, si M. le comte d'Estrées n'avait pu apercevoir que sur les sept heures du soir le pavillon bleu sur la vergue d'artimon de l'amiral (qui est le signal que lui faisait le prince Rupert de venir dans ses eaux), et qu'il ne l'ait pas pu suivre sans perdre le vent qu'il avait sur les ennemis, il avait très-bien fait de se conserver cet avantage. Ainsi, toutes ces accusations s'étant trouvées mal fondées, Sa Majesté Britannique avait écrit au prince Rupert qu'il avait eu grand tort de vouloir ôter par ses lettres la réputation au Français, et ruiner la bonne intelligence qu'il lui a tant recommandé d'entretenir; mais ce prince lui a répliqué que ce n'était pas lui seul, mais la plupart des capitaines français mêmes qui blâmaient le comte d'Estrées[1]; et il a envoyé en même temps ici le sieur Holmes, cadet de celui que vous connaissez, qui a avancé au roi, en ma présence, que le signal du *pavillon bleu sur la vergue d'artimon était pour arriver sur les ennemis et les combattre, et non pas pour venir dans les eaux du prince Rupert;* ce qui a obligé ledit roi de se faire représenter incontinent l'instruction, dans laquelle on a reconnu que ce que disait ledit sieur Holmes *était faux, et que le signal était pour venir dans les eaux dudit prince Rupert.* Cela m'a donné lieu de parler avec plus de hauteur, et de dire au roi que, puisque les Français étaient suffisamment justifiés, et que le prince Rupert ne cessait de vouloir rendre suspectes les intentions de Sa Majesté pour l'Angleterre, et d'attaquer la réputation de ses armes, je croyais ne devoir plus avoir pour ce prince les ménagements qui m'avaient fait assoupir tous sujets de plaintes, tant qu'il avait gardé quelque apparence d'honnêteté avec les Français; que M. le comte d'Es-

---

[1] Voir plus bas l'instruction secrète de de Seuil.

trées et moi avions empêché que les capitaines français qui avaient assez remarqué dans le premier et le second combat jusqu'où allaient les mauvaises intentions dudit prince Rupert contre la France, n'ouvrant la bouche qu'à son désavantage ; qu'au contraire, quoique l'escadre de France eût soutenu le principal effort des ennemis et ébauché la victoire, qu'il ne tenait qu'à M. le prince Rupert de la remporter pleine et entière, néanmoins ils lui avaient donné tout l'honneur du peu d'avantage que l'on avait eu sur les ennemis ; mais je n'avais pas pu empêcher qu'il ne restât dans l'esprit, et du comte d'Estrées, et de tous les capitaines français, un juste soupçon que ledit prince voulait perdre l'escadre de France, et croyait acquérir par là plus de mérite auprès du petit peuple, auquel il avait plus d'envie de plaire qu'au roi son maître et son bienfaiteur que par aucune victoire ; qu'ainsi, quoique Sa Majesté ait expressément commandé à monsieur le vice-amiral et à tous les officiers de la flotte de n'épargner ni ses vaisseaux ni leur vie lorsqu'il s'agira de servir ledit roi d'Angleterre et d'obéir à son général, en sorte qu'il soit satisfait d'eux, néanmoins cette obéissance ne devait pas être si aveugle qu'elle dût les obliger à se perdre si manifestement, sans que ledit roi en pût retirer aucun fruit ; que le signal du prince Rupert était de cette nature, puisqu'il leur laissait perdre le vent à l'entrée de la nuit, les exposait sous le vent de cinquante vaisseaux des ennemis, qui n'auraient pas eu de peine le lendemain à faire périr la flotte des deux rois, et à en remporter une pleine victoire. Ledit roi a fort approuvé ce que je lui ai dit, et a extrêmement blâmé la conduite de M. le prince Rupert, me faisant même confidence de tous les manquements et malhonnêtetés de ce prince, m'avouant qu'il avait été trompé dans l'espérance qu'il avait conçue de lui dans cette campagne, et m'assurant qu'il ne lui donnerait jamais un semblable commandement. Cependant, monsieur, je vois que cette affaire n'est pas encore finie, et que j'aurai encore bien des batailles à livrer auparavant qu'on cesse d'en parler. Mais aussitôt que M. le comte d'Estrées m'aura envoyé quelques preuves dont j'ai besoin, j'épargnerai d'autant moins ledit prince Rupert que je vois bien que, s'il se relève, il sera très-difficile de maintenir l'alliance de France dans la prochaine séance du parlement, n'y ayant que la cabale qui nous est contraire qui le soutient auprès dudit roi, et qui fait les derniers efforts pour nous décrier. Depuis ma lettre écrite, je me suis promené dans le parc avec le roi d'Angleterre, et le prince Rupert a parlé derrière moi avec M. de Canaples de ce qui s'est passé dans le dernier combat avec beaucoup plus d'honnêteté sur le sujet de l'escadre de France qu'il n'en a écrit; et je vois bien que les réprimandes de Sa Majesté Britannique lui donnent du déplaisir de s'être emporté comme il a fait, et qu'il souhaite qu'il n'en soit plus parlé; il veut même se justifier auprès de Sa Majesté.

» Le duc de Monmouth va monter un vaisseau de soixante pièces de canon, et l'on ne doute pas qu'il n'ait bientôt le commandement de toute la flotte.

» COLBERT. »

(*Lettres de Colbert, Bibl. roy., Mss.*)

Dans la lettre suivante, M. de Croissy ne loue plus si fort M. de Martel.

« Londres, le 11 septembre 1673.

» J'informe amplement M. le marquis de Seignelay du tort irréparable que cause aux intérêts du roi, en ce pays-ci, l'emportement de M. de Martel contre M. le comte d'Estrées; et comme il a déjà fait tout l'éclat et tout le mauvais effet qu'on en pouvait craindre, tant ici qu'en Hollande, je crois qu'il ne faut pas feindre de demander au roi d'Angleterre des commissaires non suspects, pour informer tant sur les vaisseaux français qu'anglais, et pousser le prince Rupert comme le plus grand ennemi de la France, et j'ose même dire du roi d'Angleterre, son bienfaiteur. Car, à vous dire le vrai, M. de Martel, par sa relation, a mis ici les affaires du roi dans un si mauvais état, qu'il sera difficile au roi d'Angleterre de soutenir l'alliance de France dans le prochain parlement, si la conduite du comte d'Estrées dans le dernier combat n'est justifiée avec beaucoup de hauteur. J'attendrai avec impatience les ordres du roi sur toute cette affaire, et cependant vous me ferez grand plaisir de me donner vos conseils sur la manière dont vous croyez que je me doive conduire. J'avais eu dessein d'aller sur les vaisseaux pour pacifier tous ces différends; mais j'ai considéré que l'accommodement entre M. le comte d'Estrées et M. de Martel serait plutôt préjudiciable dans la conjoncture présente, qu'utile au service du roi; et je me crois très-nécessaire ici pour réfuter toutes les calomnies qu'on invente tous les jours contre nous, pour rendre suspecte auprès du roi d'Angleterre la sincérité des intentions de Sa Majesté.

« COLBERT. »

(*Lettres de Colbert. Bibl. roy. Mss.*)

« Londres, le 11 septembre 1673.

» Monsieur,

» Je vous ai écrit, par ma dernière, que j'avais entièrement justifié la conduite de M. le comte d'Estrées auprès du roi d'Angleterre, qu'il m'avait même témoigné son mécontentement contre M. le prince Rupert, et assuré qu'il ne lui confierait jamais le commandement de ses flottes. Ce prince étant retourné ici depuis trois jours, a fait voir audit roi, au duc d'York, aux ministres et à tous les principaux de la cour et de la ville, une relation, ou plutôt un libelle diffamatoire contre M. le comte d'Estrées, qui fait plus de tort ici aux intérêts du roi que tout ce que les Espagnols et les Hollandais s'efforcent de faire tous les jours pour ruiner l'alliance de France; et l'on ne feint pas de dire *que M. le comte d'Estrées ne se serait pas comporté si lâchement, s'il n'en avait reçu des ordres secrets de Sa Majesté;* que la France est d'intelligence avec les Hollandais, que l'Angleterre ne doit rien espérer de notre jonction, qu'elle sera abandonnée de notre escadre dans toutes les entreprises qu'elle pourra faire; et enfin, j'appris hier de milord Kraft que beaucoup de personnes de cette cour (qu'il est inutile de nommer, dînant chez lui, et l'entendant parler à la justification de l'escadre de France, lui dirent qu'il n'y avait plus que le roi d'Angleterre, le duc d'York, lui et moi, qui parlassent de cette manière; mais que si le roi d'Angleterre n'appuyait le prince contre les Français, la chambre basse le soutiendrait. Le colonel Howart, le comte de Carlisle, et d'autres émissaires dudit prince Rupert, ont même écrit de tous côtés aux principaux membres du parlement tout ce qui peut les aigrir contre la France. Ainsi, vous ne devez pas douter, monsieur, que la division des chefs de l'escadre ne donne de puissants moyens aux ennemis de la France pour rompre l'alliance que nous avons avec l'Angleterre. Je vous envoie la lettre que m'a écrite ledit sieur de Martel, avec la réponse que je lui ai faite, et si je puis avoir la copie que milord Arlington m'a promise de la relation que l'on fait courir sous le nom dudit sieur de Martel, je la joindrai à ma lettre. Je renvoie aujourd'hui M. de Saint-Amand vers M. le comte d'Estrées; et comme cette affaire a si fort éclaté, par la malice du prince Rupert et de ses émissaires, qu'il n'en faut pas craindre dorénavant (quelque chose qu'on fasse) de plus méchants effets que ceux qu'elle a déjà produits, et dans l'Angleterre, et chez nos ennemis, je vois qu'il est de la gloire du roi et de la réputation de ses armes, de la pousser à bout, et de faire voir que si l'on n'a pas eu tous les succès qu'on pouvait désirer, on n'en doit imputer la faute qu'à M. le prince Rupert; et pour cela, je crois qu'il est nécessaire que M. le comte d'Estrées écrive au roi d'Angleterre même la conduite qu'il a tenue dans le dernier combat, et qu'il le prie d'envoyer des commissaires non suspects pour informer sur chaque vaisseau, tant français qu'anglais, de ce qui s'est passé; parce que, comme ledit sieur de Saint-Amand m'assure que tous les capitaines de l'escadre de France sont d'un même sentiment, à la réserve des trois qui commandent les vaisseaux que M. de Martel a amenés de Levant, et qu'au contraire, parmi les Anglais, il y en a plus qui blâment la conduite de M. le prince Rupert que de ceux qui la soutiennent, il y a lieu d'espérer que cette information ne peut être qu'à notre avantage; mais, en tout cas, il est certain que, si nous n'agissons fièrement et avec hauteur, toute l'Angleterre demeurera persuadée que nous avons tort, et ce sera la ruine inévitable de nos intérêts dans le prochain parlement.

» Le roi d'Angleterre me dit hier qu'il avait reçu avis que les ennemis étaient vers le Texel, au nombre de soixante vaisseaux de guerre, et qu'il ferait sortir au plus tôt l'escadre de France de la Tamise, avec environ quarante vaisseaux anglais, pour assurer le retour des vaisseaux des Indes qui sont vers la Manche; après quoi les vaisseaux de Sa Majesté pourraient s'en retourner dans les ports de France. Mais comme les vaisseaux anglais n'ont pas encore pris leurs vivres, je crains bien que ceux du roi n'arrivent encore plus tard que l'année dernière, quelques sollicitations que je puisse faire pour qu'ils soient bientôt congédiés.

» M. de Saussigny vient de retourner de la flotte, et m'a dit qu'il y avait deux mille malades sur l'escadre de France, et qu'on en avait mis à terre une bonne partie.

» Depuis ma lettre écrite, j'ai reçu les deux dont il vous a plu m'honorer, des 4 et 6 de ce mois. Je n'ai rien à ajouter à tout ce qui regarde les démêlés entre M. le prince Rupert et M. de Martel, d'une part, et le comte d'Estrées, d'autre, sinon que le roi d'Angleterre, avec qui j'ai eu l'honneur de dîner aujourd'hui, m'a dit qu'il avait trouvé la relation dudit sieur de Martel si emportée et si extravagante, qu'elle justifiait le comte d'Estrées; qu'il voyait bien aussi que ceux qui l'accusaient agissaient plus contre l'intérêt de sa couronne que contre celui de Sa Majesté, duquel il m'a assuré que rien au monde ne serait jamais capable de le séparer. Milord Arlington m'a aussi parlé dans le même sens; et si M. le comte d'Estrées suit le conseil que je lui fais donner par M. de Saint-Amand, j'espère sortir de cette affaire à la confusion des accusateurs; mais il n'est pas, selon mon sens, du service de Sa Majesté de demander rien davantage au roi d'Angleterre contre ledit prince Rupert, sinon qu'elle ne lui confie pas pour l'année prochaine le commandement de sa flotte. Le roi d'Angleterre prétend que sa flotte tienne la mer, c'est-à-dire qu'elle demeure vers les dunes, ou à la Fosse-Saint-Jean, jusqu'à ce que les vaisseaux des Indes, qui sont dans les ports d'Irlande, et qui n'auront pu se mettre à la voile qu'aujourd'hui, seront rentrés dans la Tamise; après quoi l'escadre de France sera congédiée, et on enverra une escadre de dix ou douze vaisseaux anglais vers Yarmouth. C'est tout ce que j'ai pu apprendre des résolutions du roi d'Angleterre; et quant au nombre de vaisseaux qu'il tiendra dans la Manche pour la sûreté du commerce, comme on ne m'a jamais répondu catégoriquement l'année dernière sur ce point, quelque instance que j'aie faite, ni sur la dernière demande que j'en ai réitérée, je n'espère pas en apprendre davantage que ce que le public en saura par la Gazette, et je vous dirais bien quelles sont là-dessus leurs raisons et leurs maximes; mais cela ne servirait qu'à vous importuner d'une plus longue lettre.

» Je demanderai au roi d'Angleterre qu'il lui plaise faire faire une évaluation raisonnable de la prise du vaisseau des Indes, et de prendre ce qui appartiendra à Sa Majesté pour son tiers, à compte du premier paiement; car je crois que, quand il n'y aura que mille pièces, plus ou moins, le roi voudra bien qu'on en use de sa part avec cette honnêteté, d'autant plus qu'on en aura apparemment davantage par cette voie que par une grande exactitude.

» Je vous ai informé des connaissances que j'ai prises de l'état de nos affaires dans les Indes-Orientales. M. de La Haye est toujours à Saint-Thomé; mais nos vaisseaux sont mouillés dans une rade où il est impossible, à ce qu'on dit, qu'ils demeurent l'hiver.

» COLBERT. »

(*Lettres de Colbert.* — *Bibl. roy. Mss.*)

« Londres, le 18 septembre 1673.

» Monsieur,

» Je me suis donné l'honneur de vous informer, par ma précédente, du préjudice que causait aux affaires du roi, en ce pays, la relation que M. le prince Rupert fait courir sous le nom de M. de Martel, ce que j'ai fait connaître qu'il était absolument nécessaire, pour le service de Sa Majesté, qu'il m'en envoyât un désaveu par écrit; j'ai conseillé en même temps à M. le comte d'Estrées de demander au roi d'Angleterre des commissaires non suspects pour informer de ce qui s'est passé, tant dans le dernier combat que dans les précédents; et la lettre qu'il a écrite à Sa Majesté de la Grande-Bretagne sur ce sujet a produit un très-bon effet, non-seulement dans l'esprit de ce prince et de ceux qui sont bien intentionnés pour le maintien de l'alliance avec la France, mais même parmi toutes les personnes un peu indifférentes, et donne un très-grand embarras aux partisans des ennemis de Sa Majesté; en sorte que si le sieur Sicé, que j'ai renvoyé vers ledit sieur de Martel, son beau-frère, pour lui faire connaître de bouche combien le piége dans lequel M. le prince Rupert l'a fait tomber lui peut attirer de malheurs, me rapporte le désaveu que je lui ai demandé, j'espère réparer une bonne partie du mal que les accusations du prince Rupert nous ont fait. Mais je vous avoue, monsieur, qu'il est encore plus grand que je ne vous puis l'exprimer, et que presque tout le royaume est à présent persuadé que M. le comte d'Estrées avait ordre de ne point combattre. MM. de Valbelle, Gabaret, de Tourville et de Langeron, qui sont venus ici de son consentement, ont beaucoup contribué à confirmer le roi d'Angleterre dans la bonne opinion qu'il a toujours eue dudit sieur comte d'Estrées. Mais la cabale de M. le prince Rupert a fait conserver à ce prince le commandement de la flotte jusqu'à présent, contre la parole que ledit roi m'avait donnée de ne l'y plus renvoyer; et comme je ne doute point qu'elle ne réveille encore cette affaire lorsque le parlement sera assemblé, j'ai prié lesdits sieurs capitaines de me faire un mémoire de toutes les fautes qu'ils ont vu commettre audit prince Rupert dans le troisième combat qu'il a donné, afin de m'en pouvoir servir ainsi que je le jugerai à propos pour le service de Sa Majesté. Aussitôt que les vaisseaux auront pris les vivres qui leur sont nécessaires, à quoi on ne perd pas un moment de temps, et que les malades, que l'on dit être au nombre de trois mille, pourront être rembarqués, M. le comte d'Estrées sortira de la Tamise pour s'en retourner dans les ports de France, le roi d'Angleterre m'ayant témoigné désirer qu'il n'apportât aucun retardement à son départ; et vous pouvez juger aussi, monsieur, par le peu de vivres qui restent auxdits vaisseaux, et la longue navigation qu'ils ont à faire, qu'il n'y a pas de temps à perdre.

» COLBERT. »

(*Lettres de Colbert. — Bibl. roy. Mss.*)

Cette lettre de Colbert de Croissy est remarquable en ce qu'elle annonce que le roi d'Angleterre, selon son système de pondération, a fait un présent à M. de Martel.

« Londres, le 25 septembre 1673.

» Monsieur,

» Le courrier de M. Colbert me rendit hier les lettres qu'il vous a plu m'écrire, des 15 et 19 de ce mois, et je ne doute point que le vôtre n'ait trouvé M. le vice-amiral à la voile vers le Mildelgrond, où il m'écrivit hier qu'il mouillerait cette nuit, pour continuer ensuite sa navigation vers les ports de France, autant que le vent lui permettra.

» Vous aurez été informé, monsieur, par mes précédentes, de tout ce que j'ai fait pour justifier la conduite de M. le comte d'Estrées, et que ce n'a été qu'à l'extrémité, et lorsque j'ai vu qu'on ajoutait beaucoup plus de foi à la relation de M. de Martel qu'à mes raisons et répliques, que j'ai conseillé à M. le vice-amiral de demander des commissaires non suspects pour informer de ce qui s'est passé, sachant bien que le prince Rupert avait plus d'intérêt que nous de l'empêcher, et le roi d'Angleterre assez d'esprit pour le refuser, comme il a fait d'une manière très-obligeante pour les Français. Enfin, monsieur, cette instance me servira de preuve convaincante de la bonne conduite de l'escadre de Sa Majesté contre ceux qui la voudront blâmer dans le prochain parlement ; et les présents que le roi d'Angleterre a envoyés à M. le comte d'Estrées, à M. Désardens et au major, marquent assez la satisfaction qu'il en a ; il est vrai qu'il en a aussi donné à M. de Martel, et je l'aurais empêché si je l'avais su ; mais ce n'est que parce qu'il est lieutenant général, et que ledit roi a cru avec raison ne devoir pas entrer en connaissance de ce qu'il y a à blâmer dans la conduite particulière dudit sieur de Martel. Enfin, monsieur, je peux vous assurer que j'ai conduit cette affaire d'une manière que j'ai sujet d'espérer qu'elle ne fera pas grand tort au service du roi, et qu'elle tournera à la confusion du prince Rupert et de ceux qui lui ont conseillé d'agir comme il a fait : le chancelier même, qui a le plus envenimé cette affaire, commence à s'en repentir, et le roi d'Angleterre a si bien fait connaître combien sa conduite lui avait déplu, qu'il tâche à présent d'étouffer tout le mal qu'elle a fait, et promet d'employer tout son crédit et ses amis pour empêcher qu'on n'attaque l'alliance de France dans le prochain parlement. Le prince Rupert, qui revint hier de la flotte, m'a paru assez mortifié ; il m'a même fait plus de saluts, dans la chambre de la reine, que je ne lui en ai rendu ; et je crois qu'il serait fort aise de se raccommoder si je voulais lui aller rendre la première visite, ce que je n'ai pas cru devoir faire dans la conjoncture présente, jusqu'à ce qu'il ait apaisé par ses lettres le juste ressentiment de Sa Majesté, et qu'elle m'ait ordonné de le voir.

» Le sieur de Sicé m'avait promis qu'il m'enverrait un désaveu, signé par M. de Martel, de la relation qui a couru sous son nom, pour m'en servir en cas de besoin, *mais il ne l'a pas fait*; j'avais aussi prié les capitaines que M. le vice-amiral a envoyés ici de me faire un mémoire véritable de toutes les fautes qu'ils ont vu commettre à M. le prince Rupert dans les deux premiers combats, afin de m'en servir contre lui au cas que sa cabale veuille blâmer dans le parlement prochain la conduite de l'escadre de France; *mais ils ne me l'ont pas envoyé,* et je crois qu'il est du service du roi de les presser de le faire.

» Je me suis donné l'honneur de vous informer des raisons qui avaient rendu inutiles toutes les instances que j'ai faites pour faire demeurer les flottes en mer jusqu'au mois d'octobre; milord Arlington m'assura hier que le roi son maître avait résolu de tenir une escadre de dix vaisseaux vers Yarmouth, et une autre de pareil nombre vers les dunes; il a ajouté que comme les marchands anglais se sont plaints que Sa Majesté n'avait pas l'année dernière, à beaucoup près, tout le nombre de vaisseaux que j'avais promis par son ordre qu'elle entretiendrait pendant l'hiver pour la sûreté du commerce, il me priait d'en donner un état véritable; et des endroits qu'ils garderaient, offrant de m'en remettre en même temps un de ceux que le roi son maître avait en mer, afin que les sujets, de part et d'autre, puissent prendre des mesures certaines pour leur commerce. Le roi d'Angleterre m'a dit aussi qu'il prendrait dans peu de jours ses résolutions là-dessus; et quoique vous m'ayez donné déjà, par votre lettre du 17, une connaissance générale des intentions de Sa Majesté sur ce point, je vous prie, monsieur, de m'en envoyer un mémoire en détail, que je puisse donner ici, pour en tirer un pareil, quoique, à vous dire le vrai, je crois qu'on me cachera autant qu'on pourra la vérité, par beaucoup de raisons particulières à ce gouvernement-ci, dont il est inutile de vous importuner.

» COLBERT. »

(*Lettres de Colbert. — Bibl. roy. Mss.*)

« Londres, le 28 septembre 1673.

» On ne m'a point encore rendu les lettres de l'ordinaire, ainsi je ne puis accuser la réception de celles dont vous pourriez m'avoir honoré. Vous serez informé de ce que je continue de faire ici pour détruire le mauvais effet que les accusations du prince Rupert et la prétendue relation de M. de Martel ont produit, par l'information que j'envoie à M. le marquis de Seignelay, dont je joins ici copie; je dois seulement y ajouter que le pauvre M. de Martel est au désespoir d'être tombé dans un aussi fâcheux piége, et m'a fait prier par son beau-frère de faire tout ce qui me serait possible pour l'en tirer; mais je lui ai dit que le mal était plus facile à faire qu'à réparer, et qu'il n'y avait point d'autre voie que de m'envoyer le désaveu par écrit que je lui ai demandé. Effectivement, c'est un pauvre homme qui n'a pas beaucoup de lumière, et il s'est imaginé que tout ce qu'il dirait contre M. le comte d'Estrées ne pourrait nuire au service de Sa Majesté. Pour ce qui regarde la conduite et du chef et des capitaines de l'escadre de France, dans le dernier combat, je continue à m'éclaircir de la vérité, autant qu'il m'est possible, pour vous en pouvoir bien informer ensuite par une voie sûre.

» Le roi d'Angleterre m'a renvoyé, pour le paiement prochain, à son grand trésorier, qui consent qu'il soit fait par lettres de change, de la même manière que le précédent, et l'on me promet de me tenir compte du tiers qui appartient à Sa Majesté, sur la prise faite sur les Hollandais du vaisseau des Indes Orientales, dont l'évaluation se doit faire au premier jour.

» COLBERT. »

(*Lettres de Colbert. — Bibl. roy. Mss.*)

Ici M. le marquis de Seignelay répond à sa manière aux reproches que l'Angleterre faisait à la flotte française au sujet du combat. On est presque honteux de citer d'aussi puériles et mauvaises réponses. On les a seulement soulignées.

MÉMOIRE DU MARQUIS DE SEIGNELAY SUR LA RELATION DE M. LE PRINCE RUPERT.

13 novembre 1673.

EXTRAIT DES PRINCIPAUX POINTS CONTENUS EN LA RELATION DE M. LE PRINCE RUPERT CONTRE L'ESCADRE DE FRANCE.

« PREMIER POINT. — *Qu'il n'y avait que sept vaisseaux et trois brûlots de l'escadre de Zélande qui ont combattu l'escadre de France.*

» *Réponse.* — Il est certain, par le témoignage de toute l'armée, que l'escadre de Zélande, qui a combattu contre l'escadre de France, était composée de dix-neuf vaisseaux et huit brûlots;

» Et, sur ce que la même relation porte que Bankert, amiral de Zélande, a combattu contre le prince Rupert :

» Il n'est encore que trop certain que Bankert a combattu contre l'escadre de France ; que le sieur d'Estivalle, capitaine de *l'Invincible*, combattit contre lui, et fut tué sur son vaisseau d'un coup de canon de cet amiral.

» 2ᵉ POINT. — *Que l'escadre de France s'éloigna de deux grandes lieues à pleines voiles avant de revirer sur les ennemis.*

» *Réponse.* — Quand le prince Rupert a écrit cet endroit de sa relation, il ne s'est pas souvenu qu'il a dit un peu auparavant que le vent était tourné au sud, d'autant qu'il *aurait fallu que le vice-amiral de France avec toute l'escadre eût mis le cap au sud pour s'éloigner des ennemis, ainsi porter le cap droit contre le vent ; en sorte que cette accusation se détruit d'elle-même*, et il est assez difficile de se persuader comment l'on a pu avancer une fausseté aussi manifeste. Mais, comme M. le prince Rupert dit lui-même qu'il alla à toutes voiles pour secourir l'escadre bleue qui n'avait pas trop besoin de son secours, et qui était, ainsi qu'il le dit lui-même, à trois grandes lieues, sous le vent, *il s'est facilement imaginé, allant aussi vite qu'il allait que c'était l'escadre de France qui s'éloignait de lui*, sans faire réflexion qu'ayant le vent contraire, elle ne le pouvait pas, et que c'était lui qui s'éloignait d'elle avec un vent fort frais.

» 3ᵉ POINT. — *Que l'escadre de France n'a point reviré le bord assez promptement, et n'a fait assez de diligence pour profiter de l'avantage du vent qu'elle avait pour venir combattre les ennemis.*

» *Réponse.* — M. le prince Rupert ne tint le vent devant Ruyter que jusqu'à huit ou neuf heures du matin, et aussitôt il plia à toutes voiles pour aller au secours de l'escadre bleue ; et, comme l'escadre de France soutint le vent et combattit contre l'escadre de Zélande jusqu'à midi, tous les vaisseaux de cette escadre revirèrent de bord en même temps, et tous les capitaines firent raccommoder dans la route les manœuvres qui leur avaient été coupées dans le combat. Mais, encore qu'ils fissent force de voiles, M. le prince Rupert s'était si fort éloigné en trois ou quatre heures d'avance qu'il avait sur l'escadre de France qu'elle ne le put rejoindre que sur le six heures du soir, et *alors cette escadre avait si bien conduit la manœuvre qu'elle se trouva avoir l'avantage du vent* sur les ennemis, M. le prince Rupert étant toujours sous le vent.

» 4° POINT. — *Que l'escadre de France n'a point combattu les ennemis, suivant le signal qu'il fit du pavillon bleu un mât d'artimon.*

» *Réponse.* — Il a été vérifié en présence du roi d'Angleterre que ce signal *n'était pas celui du combat, mais celui de se ranger dans ses eaux.* Mais le vice-amiral de France voyant qu'en exécutant ce signal il s'allait mettre sous le vent de la flotte ennemie, il conserva son avantage, ne doutant point que de moment à autre M. le prince Rupert changerait son signal *ou lui enverrait porter ordre de combattre,* ce que toutefois il ne fit point; et, comme il était déjà sept heures du soir, le vice-amiral de France *conserva le vent, ne doutant point que M. le prince Rupert ne voulût combattre le lendemain matin.*

» L'on peut dire en général de ce combat que Spragge a fait en brave et galant homme, s'étant mis en panne pour attendre Tromp et le combattre; mais, comme Tromp avait le vent sur lui, et que ses voiles qu'il avait mises en panne ne le soutenaient point, il dévira, et s'éloigna très-fort de l'escadre rouge.

» Que M. le prince Rupert a voulu avoir trop de soin de l'escadre bleue, qui était à trois lieues de lui, et dont il ne pouvait pas savoir le succès, et que pour aller à son secours il a plié un peu trop devant l'ennemi. A l'égard de l'escadre de France, elle a fait une fort bonne manœuvre, puisqu'elle a *soutenu et gagné le vent sur l'escadre qui la combattait;* et l'on peut dire certainement que, si le prince n'avait point été si vite au secours de cette escadre bleue, et que celle de France l'eût pu joindre seulement deux heures plus tôt, venant avec vent arrière sur les ennemis, la flotte de Hollande était entièrement perdue. »

(*Archives de la marine, à Versailles.*)

MÉMOIRE DE M. LE COMTE D'ESTRÉES SUR LA RELATION DU PRINCE RUPERT, POUR AJOUTER AUX REMARQUES FAITES PAR M. LE MARQUIS DE SEIGNELAY SUR LA RELATION DE M. LE PRINCE RUPERT.

« Il dit : *Ruyter et Bankert, avec le reste de leur flotte et brûlots, vinrent sur moi et sur notre escadre, et le combat commença environ les huit heures.*

» Il y a lieu de s'étonner qu'il ait voulu avancer une chose si contraire à la vérité, puisque tout le monde sait que cet amiral de Zélande, appelé Bankert, combattit à neuf heures et demie jusqu'à dix contre les vaisseaux français de la division du vice-amiral, et que d'autres vaisseaux zélandais, qui suivaient ledit amiral, étaient engagés en même temps avec la division de M. Désardens, chef d'escadre de France; et que lorsque le vice-amiral de France revira pour couper celui de Zélande, les seconds combattaient des deux bords.

» *Auquel temps l'air s'éclaircit et le vent tourna est-sud-est, qui mit les Français, qui avaient alors l'avant-garde, au-dessus du vent des Hollandais.*

» Il y aurait lieu de s'étonner comment le vent en changeant aurait pu mettre les Français au vent et n'y pas mettre M. le prince Rupert, ou du moins d'une très-grande partie des vaisseaux ennemis, puisque l'escadre rouge et la blanche étaient au commencement du combat sur une même ligne, si l'on n'apprenait en même temps que ledit prince commença d'arriver une demi-heure après le combat, et que l'escadre blanche tint toujours le vent autant qu'il lui fut possible.

» *Au contraire, ils se retirèrent vers le sud.*

» Cet endroit est une merveilleuse contradiction, puisque des vaisseaux ne vont pas *droit du côté que vient le vent*[1]; il faut aussi savoir que tous les vaisseaux français ne revirèrent pas en même temps, que toute la division du chef d'escadre combattait, avec quelques vaisseaux de la division du vice-amiral, contre d'autres vaisseaux de l'escadre de Zélande, tandis qu'il

[1] C'est à faire pitié; puisque le vent n'était pas *sud*, mais *est-sud-est*. Cette ridicule objection avait été aussi faite par M. de Seignelay.

coupa en deux la division du vice-amiral, laquelle s'enfuit en si grand désordre qu'elle n'approcha pas de M. le prince Rupert, et ne fut en état de retourner que lorsque M. le prince Rupert prêtait le côté à de Ruyter, sans faire feu de part ni d'autre, comme il est dit dans la relation, et même plus tard.

» *Ruyter n'eut pas plus tôt connu mon dessein qu'il arriva sur moi avec toute sa flotte pour secourir Tromp, si bien que tout ce que nous pûmes faire fut de nous prêter le côté, à la portée du canon, sans faire feu de part ni d'autre.*

» Il est difficile de voir une plus grande contradiction, puisque arriver et prêter le côté à la portée du canon sont deux choses incompatibles dans un même temps; mais il n'y a personne qui ne juge qu'au moins cette façon de combattre à cinq heures durant, n'est pas assez dangereuse pour croire, comme il est dit à la fin de la relation, que jamais il n'a été si assisté de la Providence divine qu'en cette occasion.

» Il est toutefois constant qu'alors Ruyter mit le cap au nord-est, et M. le prince Rupert au nord-nord-ouest.

» *Et si alors les Français, qui étaient à une certaine distance sur le vent, avaient obéi à mon signal, et qu'ils fussent arrivés sur les ennemis, conformément à leur devoir, nous aurions mis les ennemis en déroute, et les eussions entièrement détruits. C'était la plus belle et la plus avantageuse occasion qui ait jamais été perdue à la mer.*

» Il y a apparence que M. le prince Rupert avait fait des merveilles avant que les Français l'eussent approché; mais, pour lors, il avait la proue tournée pour faire retraite, et non pas du côté des ennemis. Le vice-amiral de sa division faisait l'arrière-garde et le suivait; et ce rude combat, qui avait recommencé sur les cinq heures, avait fini pour lui à cinq heures et demie du soir, et ayant duré jusqu'à jour failli pour les autres, était entretenu par quatre ou cinq vaisseaux hollandais qui tiraient sous le vent, pendant que M. le prince Rupert se retirait avec beaucoup de voiles, et non pas avec peu, comme il est allégué. Les brûlots que l'on détacha ne firent aucun effet, parce qu'ils furent envoyés de loin et n'étaient pas soutenus.

» *Et ainsi finit cette bataille, lorsqu'il me vint un officier du comte d'Estrées pour recevoir des ordres et savoir à quelle intention on avait arboré un pavillon bleu sur la vergue d'artimon; de quoi je m'étonnai fort, puisqu'il n'y avait pas d'instruction plus claire et plus facile à concevoir entre tous les signaux pour combattre que celui-ci, et de plus, il ne manquait pas d'éclaircissement pour les signaux; ni d'instruction pour lui dire ce qu'il devait avoir fait.*

» Tout le monde sait que l'aide-major des vaisseaux français fut envoyé à une heure et demie dans une barque longue à bord du *Souverain*, pour recevoir des ordres sur ce que M. le prince Rupert arrivait si fort, et que l'on n'apercevait plus l'escadre bleue. De sorte que ce fut longtemps devant que le pavillon bleu eût été mis à l'artimon, et que ce n'était pas à dessein d'apprendre ce qu'il voulait dire qu'on le fit partir; mais il peut l'avoir demandé de lui-même, parce qu'il n'avait pas le livre des ordres. On le fit partir dans une barque longue qui d'ordinaire double le sillage des grands vaisseaux; cependant il ne put arriver que sur les cinq à six heures; mais quoiqu'on l'eût aperçu du *Souverain*, on ne lui envoya de chaloupe que sur les huit heures, parce que l'on ne songe pas à toutes choses dans le grand engagement où se trouvait à six heures M. le prince Rupert.

» *Quand l'obscurité de la nuit fut venue, les ennemis se retirèrent sur leurs côtes, et je crus avoir raison d'en être satisfait, m'étant proposé, si je ne pouvais l'éviter, de ne pas hasarder un nouvel engagement le jour suivant, à moins que j'eusse meilleure assurance du comte d'Estrées, mais aussi que quelques-uns de nos capitaines eussent résolu et promis de mieux faire, puisqu'ils m'avaient manqué en celui-ci.*

» Il est vrai que les ennemis se retirèrent; mais M. le prince Rupert ne fit pas mettre des feux qu'il n'en fût parfaitement assuré, ayant attendu à commander qu'on les allumât qu'il était plus de dix heures et demie, et il est certain qu'il a sujet d'être satisfait des Hollandais, parce qu'ils ne l'ont pas trop pressé dans sa retraite; mais quant à la raison qu'il allègue pour n'avoir pas recommencé le combat le lendemain, il ne fallait pas d'autres assurances des Français et du comte d'Estrées que des trois combats de la campagne; et pour ce qui regarde les capitaines anglais dont il lui plaît de se plaindre, quand on songe que l'année passée, après avoir été surpris à l'ancre, on poussa le lendemain les ennemis dans leurs bancs, et on remporta sur eux de notables avantages, il est bien difficile que l'on puisse consentir à rejeter sur de si braves gens le fondement du dessein de ne pas combattre, mais bien au peu de désir que M. le prince Rupert a témoigné en toutes les occasions de la campagne de retourner aux ennemis le lendemain. »

(*Archives de la marine, à Versailles.*)

Ce mémoire, tout entier de la main du comte d'Estrées, est complétement récusé par la pièce suivante, le rapport contradictoire de M. de Seuil. Il est impossible de résumer plus de faits. Ce rapport et celui qui le suit sont extrêmement curieux, le dernier surtout, en cela qu'ils citent l'autorité de chaque officier recommandable de l'escadre à propos de la conduite de M. le vice-amiral d'Estrées, et qu'ils confirment en un mot ce qu'on a déjà dit à propos du déni d'assistance lors du dernier combat, et de la bravoure de presque tous les capitaines lors du combat du 7 juin. La seconde partie du deuxième rapport offre aussi, pour ainsi dire, une statistique de l'état moral du corps de la marine, admirablement bien résumée; on découvre dans ce peu de lignes le germe de toutes les dissensions qui souvent furent si nuisibles aux armes de la France.

RAPPORT DE L'INFORMATION SECRÈTE SUR LA CAMPAGNE DE LA MANCHE, PAR M. DE SEUIL.

« A Brest, le 23 novembre 1673.

» Par ce qui m'est revenu de m'être informé de la conduite et des actions des officiers des vaisseaux du roi pendant la dernière campagne de la Manche, j'ai appris :

PREMIER COMBAT.

« Que chacun en général peut être satisfait de ce que les Français ont fait dans la journée du premier combat des armées navales, puisqu'ils y ont soutenu et entrepris autant ou plus que les Anglais, et qu'ils sont allés au feu de l'ennemi avec autant de résolution qu'il s'en pouvait attendre.

» Quelques-uns qui ont regardé de près disent *que, quand M. de Ruyter revira de sa première bordée, on vit huit des vaisseaux du roi, apparemment surpris du revirement imprévu, qui revirèrent devant lui avec plus de hâte que la bienséance n'eût voulu.* M. de Valbelle, qui était de ces revireurs, en dit des raisons, *mais il y ajoute qu'il y en eut qui allèrent si loin qu'on ne les revit qu'un long temps après.*

» *Que M. le vice-amiral y a laissé échapper une action de décision qu'il devait entreprendre; ce fut environ le midi quand, ayant le vent sur les Hollandais, qui étaient alors assez mêlés, il manqua de revirer pour arriver sur eux, afin de tirer profit de son avantage; au lieu d'arriver, faisant servir sa grande voile, il tint le vent, et, sans avoir aucun ennemi devant ou derrière, il s'amusa à courir un bord d'une lieue de longueur.*

» *Les brûlots ont été consommés dans ce combat avec aussi peu d'utilité que de conduite; aucuns d'eux se sont perdus par la témérité de leurs capitaines, qui sont allés précipitamment à l'ennemi sans en avoir eu l'ordre et sans y être accompagnés; les autres y ont été mandés avec ordre des commandants, mais sans y être escortés et couverts comme il en est l'usage; de sorte que, se trouvant seuls entre deux lignes, en vue et au blanc de l'ennemi, ils en étaient coulés bas, ou endommagés beaucoup avant qu'il pussent être en place d'exécution.* »

SECOND COMBAT.

« Il est rapporté que les Français ont commis plusieurs fautes dans cette journée.

» Celle par laquelle ils ont commencé est d'avoir laissé le gros des ennemis sur les Anglais pour *aller, avec tous les vaisseaux du roi, s'arrêter au vice-amiral de Zélande, qui, n'en ayant que neuf, eût été assez occupé de la seule division de M. de Martel.*

» *Ce vice-amiral leur ayant échappé pendant que les Anglais faisaient le sud-ouest, ils sont allés courir à l'est pendant cinq horloges, sans que qui que ce fût leur disputât rien pour les y obliger.*

» *Et après cette course les Français ayant reviré toutes voiles hors, et étant arrivés entre les cinq à six heures environ à la* portée du canon des ennemis, au lieu d'arriver sur ceux qui n'étaient point en ordre et qui semblaient embarrassés de quelque vaisseau endommagé, ou bien au lieu de se remettre dans les eaux de M. le prince Rupert sans profiter de leurs avantages en donnant sur les ennemis ou en canonnant, ils se mirent en panne côté à travers et sans mouvement, donnant lieu et temps aux ennemis de se retirer au Texel aussi aisément qu'ils firent. La conservation du vent pour le lendemain est traitée de vision par plusieurs, qui estiment que l'on ne se pouvait guère commettre en enfonçant les ennemis en désordre, parce que, en tout cas, la journée n'avait plus guère à durer; et par la raison d'ailleurs que les ennemis eussent tombé aux Anglais qui leur étaient sous le vent, et bien en état de les soutenir.

» Le vice-amiral de Zélande, dont j'ai parlé, s'est mis en début à ne pouvoir manquer d'être pris lui troisième pour peu que l'on s'y fût attaché. Étant écarté de M. de Ruyter, il prit le parti de percer au travers de la division des Français pour aller le joindre ; et, passant à travers des vaisseaux qui étaient alors avec M. de Martel, ce vice-amiral se trouva pendant un long temps sous le vent de douze vaisseaux français, et au vent de M. de Preully qui le serrait à ceux du vent, n'en étant éloigné que de la portée du pistolet, sans que M. de Martel ait arrivé pour l'aborder, et que ni MM. Du Magnou, Langeron ou Villeneuve-Ferrières, qui s'en sont trouvés tout proche, aient donné dessus comme ils le pouvaient, étant si forts en seconds.

» M. de Martel n'a pas été épargné d'avoir manqué ce vice-amiral, et il a été parlé aussi de ce qu'il s'est approché deux fois des ennemis sans y tenir ; il est vrai qu'il n'y fut pas suivi et qu'il s'en plaint, et particulièrement de quelques capitaines, dont on ne nomme que le chevalier de Beaumont, qui, d'un dire commun, n'a pas fait ce qu'il pouvait. »

Sur la conduite de MM. les généraux.

« Chacun sait que si M. le prince Rupert eût autrement ménagé les Français qu'il n'a fait, et que s'il n'avait pas fait dans les trois journées des démarches aussi extraordinaires qu'ont été les siennes, sur la confiance que l'on y aurait eu, on se serait abandonné à beaucoup plus de choses, et qu'il en serait venu beaucoup plus de satisfaction de la campagne.

» M. le comte d'Estrées ne manque point de gens qui censurent sa conduite; il lui est imputé d'être si prévenu de sa capacité qu'il ne prend point de conseil de ceux qui lui en peuvent donner; d'où il arrive que, comme il n'a pas toutes les expériences ni toutes les vues, il en tombe dans des fautes qui font souffrir ceux qui ont à le suivre. Il est taxé de jalouser tout jusques aux petites choses, se faisant l'homme de tout; et, n'y pouvant suffire, une partie des affaires demeurent ou se font imparfaitement; à quoi est à ajouter que les officiers généraux ou particuliers auxquels il diminue ce qu'ils pourraient ou devraient faire en ont des mortifications qui les éloignent de lui, et qui les tirent d'une partie de la considération dans laquelle ils se tiendraient.

» Ses manières avec les officiers, toujours tendues sur la hauteur et sur la supériorité, ne sont pas encore de leurs goûts, et on leur attribue les premières causes de son divorce avec les lieutenants généraux.

» Les officiers ou capitaines plus sensés sont persuadés de la nécessité de mettre une personne forte à servir auprès de M. le vice-amiral; ils parlent d'un lieutenant général ou d'un chef d'escadre; mais au moins un homme de la façon de M. Gabaret l'aîné.

» Les capitaines qui ont servi sur la Reine disent que pendant la campagne ils n'ont été appelés ou consultés sur aucune rencontre importante.

» Il est rapporté qu'il y avait un homme sur le même vaisseau qui, pendant un des combats, allait au gouvernail faire remettre au loff, quand M. le vice-amiral, ayant dit d'arriver, rentrait dans sa chambre; même il est encore rapporté dans le public que c'est sur le conseil de deux volontaires, qu'on ne nomme pas, qu'il s'est appuyé pour retenir le vent en mettant en panne le soir de la troisième journée. Il y a quelques plaintes de ce que ses domestiques entrent trop dans les discussions aux occurences d'affaires du roi. »

Pour les capitaines.

« L'on prétend que le roi a mis un sujet de trouble dans les combats et de discorde entre les capitaines quand Sa Majesté a fait promettre des charges à ceux qui se signaleraient plus, parce qu'ils en prennent sujet de se tirer des lignes pour aller chercher aventure et d'en rompre leurs ordres, et par la raison encore que, comme ils font souvent tous également, les plus ambitieux voulant néanmoins s'élever cabalent pour décrier leurs concurrens contre la vérité, et donnant prise pour les enquereller, sont cause des désunions que l'on voit entre eux. Il se dit que l'on a échauffé la querelle d'entre M. de Valbelle et M. Gabaret, afin qu'en les engageant à se battre, ils en fussent obligés de sortir du service; et que M. Martel s'en allant pour dîner avec M. le vice-amiral, fut passer à bord de *l'Orgueilleux*, où il en fut détourné sur des donnés à entendre qu'il n'y recevrait pas assez de civilités.

» Les relations de combats, dans lesquelles on n'a employé jusques ici que quelques personnes affichées, font un des premiers chagrins et entretenement des officiers dont il n'est point fait mention; et il en est revenu des explications aigres qui ont tourné en des froideurs. Ils voudraient généralement, ou qu'elles fussent bannies, ou qu'il n'y fût parlé que des morts, des blessés et des actions singulières. Un capitaine dit avoir vu un de ses camarades ne faire pas ce qu'il eût pu selon le caractère de son naturel, afin, se disait-il, de ne travailler point à l'histoire d'autrui, et y ajoutant qu'il aurait beau se battre, et qu'il n'en serait pas plus connu.

» L'on convient que le roi a un corps de bons officiers de marine capables d'exécuter de grandes choses quand ils seront menés. De mon information secrète, je n'ai rien pu apprendre d'eux en particulier qui ne rapporte à ceci, et je n'y ai trouvé à reprocher que ce que j'ai ci-devant dit sur les trois combats; ils conviennent pourtant sans se nommer qu'il y en a qui s'exposent plus que les autres, et quelques-uns qui ne paraissent vers l'ennemi que quand ils y voient un intervalle de vaisseaux, et que d'autres aussi sont plus chauds que leurs camarades pour se trouver où il y a plus d'attaque; par exemple, à la troisième journée, le chevalier de Sepville, qui était de garde, trouva moyen d'être de bonne heure au combat et en ligne; au lieu que le chevalier de Nesmond, qui était aussi de garde avec lui, n'y parut point ou peu à celui qui me l'a dit. Je ne puis distinguer ici ceux qui m'ont été nommés pour être plus capables de soutenir et d'entreprendre de bonnes actions, parce que j'y ai trouvé assez de contradiction pour me faire craindre que l'on m'en ait parlé avec passion, intérêt, ou avec esprit de cabale, en sorte qu'il ne serait pas sûr d'y ajouter foi.

» Pour la netteté sur les vaisseaux, elle y pourrait être plus grande que je ne l'y ai trouvée; les bestiaux que l'on y nourrit entre les ponts y font une saleté et une mauvaise odeur qu'il est difficile d'empêcher; j'y ai vu les ponts mouillés et salis de longue main. *Le Téméraire* m'a paru plus plein de crottes et plus boueux que les autres, et *le Vaillant* un peu plus négligé; les officiers du *Téméraire* ne savaient pas, au désarmement, qu'il y eût été embarqué du vinaigre pour en faire brûler entre les ponts, afin d'en purifier l'air; leur négligence a pu procéder de ce que M. de Saint-Aubin ne les a pas satisfaits dans ses manières de vivre avec eux, comme il lui en arrive presque autant à toutes les campagnes; il lui serait nécessaire d'avoir des officiers de l'ordre matelot.

» En général, il est rare de voir les capitaines de qualité prendre d'autres soins pour leurs vaisseaux que ceux qui regardent le combat, leur sûreté et leurs tables; ils se prévalent de leurs ressources, et je ne connais de moyen de les amener aux autres soins que ceux de l'exemple du supérieur général; de la négligence de ces capitaines de qualité procède le relâchement des capitaines, qui ne sont plus obligés à bien servir, parce qu'ils ont toujours à montrer qui fait moins qu'eux. »

Pour les partances et retours.

« Si, à la dernière séparation des armées, les vaisseaux du roi étaient ramenés directement en France au lieu d'être entrés dans la Tamise, on y ménagerait, outre beaucoup de dépense, un temps pour la commodité du retour, d'autant plus précieux qu'il est ordinairement proche de l'équinoxe, où commencent les grands vents.

» M. le vice-amiral a trop précipité la dernière partance de la Tamise ; il n'a point attendu le retour de la plupart des chaloupes qui étaient à terre pour des vivres, et il avait donné à juger qu'il ne partirait pas le jour qu'il a appareillé.

» Il partit trop tard, et on lui impute de partir ordinairement de cette manière, et que s'il s'en est venu seul, c'est qu'il a manqué d'aller au rendez-vous qu'il avait donné à Portsmouth et à Torbay, en cas de relâche.

» Si, après la partance de la Tamise, au lieu de mouiller au nord Forland, il eût fait tenir la mer pendant la nuit, on eût gagné l'île de Wight le lendemain, et évité le désordre causé par le mauvais temps qui surprit les vaisseaux à l'ancre dans la mauvaise rade de la Rie.

» La rade de la Rie étant aussi dangereuse et aussi exposée qu'elle est, il convenait de retourner aux Dunes, au lieu d'estaller la marée dans cette rade dans un temps comme celui qu'il faisait, et pendant la maline, où un capitaine dit qu'il était presque impossible que les ancres et les câbles tinssent, fussent-ils d'acier. »

Pour les vivres.

« D'un commun accord chacun souhaiterait que l'on en embarquât moins que l'on a fait, et particulièrement quand les équipages sont grands : les vaisseaux en iraient mieux, ils en seraient plus sains, et les vivres s'en conservant davantage seraient mieux ménagés et feraient moins de maux. »

Pour les qualités des vaisseaux.

« Je dois rapporter que le vaisseau *la Reine* est en toute manière un des meilleurs que l'on connaisse, et qu'il n'est pas encore revenu un capitaine pour désarmer, qui n'ait dit des louanges de son vaisseau ; chacun rapportant que, à la fin des campagnes, les vaisseaux du roi vont dans le général aussi bien que les vaisseaux anglais, et que si les Français n'avaient pas plus de vivres à porter qu'eux, et étaient aussi frais carénés, ils les égaleraient en tout.

» A Brest, le 23 novembre 1673. »

(*Archives de la Marine à Versailles.*)

MÉMOIRE POUR SERVIR A L'INFORMATION SECRÈTE DE CE QUI S'EST PASSÉ DANS L'ARMÉE NAVALE PENDANT LA DERNIÈRE CAMPAGNE 1673.

Au dire de MM. de Preully et de Belle-Ile.	« Lors du premier combat, quand M. de Ruyter, après avoir couru son premier bord, revira sur nous, il y eût huit de nos vaisseaux que l'on vit faire vent arrière devant lui, les capitaines en étant étonnés.
Le sieur de Kerguelin, capitaine de flûte.	» M. le vice-amiral, au commencement du premier combat, vers le midi, les ennemis étant sous le vent et en peloton, au lieu de revirer le bord pour tomber sur eux, mit sa grande voile et tenant le vent s'en alla courir à une lieue de Ruyter, sans avoir aucun ennemi devant lui.
Serpault, capitaine de brûlot.	» Les brûlots mal consommés contre l'ordre, sans appui et sur des commandements mal dirigés; M. le vice-amiral avait même fait tenir un des siens devant lui et entre son vaisseau et l'ennemi ; impossible de faire réussir de cette façon et qu'on n'y périsse.
M. de Belle-Ile.	» Dans le second combat, *le vaisseau la Reine, vaisseau du comte d'Estrées, a été vu à couvert de l'ennemi par un vaisseau du pavillon rouge qui, quand il culait pour laisser passer la Reine vers l'ennemi, le même vaisseau* la Reine, *faisant même manœuvre, se laissait culer aussi, et avançait aussi, comme l'anglais, quand il faisait porter pour la laisser derrière. Il a été su que l'anglais en a dit de grosses injures du général français à un Français volontaire sur son bord, qui voyait ce manège des deux vaisseaux.*
Tous les officiers.	» Au troisième combat : *le parti d'avoir couru après les vaisseaux de l'escadre de Zélande n'a pas été approuvé*; il eût été mieux

	d'y envoyer un détachement pour joindre le gros à M. le prince Rupert.
Le sieur de Kerguelin.	» Les Anglais y faisant le sud-ouest, nous courûmes à l'est, et pendant cinq horloges, *n'ayant qui que ce soit qui nous disputait rien.*
M. de Nesmond et tous.	» *Avoir tenu le vent le soir afin de le conserver pour le lendemain est tout au moins plus prudent que brave.*
Lui, Rosmadec et ses officiers.	» M. de Valbelle faisant signe du chapeau et criant pour faire arriver *la Reine*, qui n'en fit rien.
Belle-Ile et tous les officiers.	» M. LE VICE-AMIRAL A DONNÉ A ENTENDRE, APRÈS LE COMBAT, ET SURTOUT A M. DE GRANCEY, QUE LE ROI NE VOULAIT PAS QUE L'ON HASARDAT SES VAISSEAUX DANS LE PÉRIL, ET A MÊME FAIT CONNAITRE QUE L'INTENTION ÉTAIT QUE L'ON SE MÉFIAT DES ANGLAIS. »

. . . .

On ne s'étendra pas davantage sur les conséquences politiques de ces deux dénis d'assistance qui, soulevant le parlement d'indignation contre l'alliance française, contribuèrent si puissamment à la paix séparée de l'Angleterre avec la Hollande.

Ces faits, complétement ignorés, pouvaient tellement prêter à la contradiction, vu les pompeuses mélopées qui depuis bien longtemps ont cours à propos du *grand siècle,* qu'on a préféré de donner ici naïvement toutes ces pièces servant à la fois de récit et de preuves à ce qu'on avait avancé déjà.

Cette action navale fut la dernière de l'année 1673; et vers le mois de décembre, Louis XIV, apprenant que Charles II était sur le point de céder aux exigences de son parlement, qui demandait absolument à faire la paix avec la Hollande, offrit à son frère d'Angleterre, par M. de Ruvigny, cinq millions et demi de subsides s'il voulait rejeter ces propositions et dissoudre le parlement. Mais les préliminaires étant trop avancés, la paix entre l'Angleterre et la République fut signée à

Westminster, le 9 février 1674, et Charles II resta neutre à l'égard de la France.

Cette paix, qui semblait devoir rompre l'union qui régnait entre Louis XIV et Charles II, en fit naître, au contraire, une plus intime, peut-être parce qu'elle était plus secrète. La duchesse de Portsmouth, au comble de la faveur, entretenait le joyeux monarque dans ces sentiments, si largement rétribués d'ailleurs par Louis XIV. Sachant que ce roi voulait mettre sa marine sur un plus grand pied encore, Charles II envoya à Rouen plusieurs modèles de vaisseaux et un assez grand nombre de ses meilleurs constructeurs, qui plus est, il se chargea de faire les vivres de l'armée de M. de Turenne ; et, somme toute, nuisit aux Hollandais le plus qu'il lui fut possible.

Les suites de cette guerre de Hollande, d'abord si facile, ne répondaient pas à ses commencements, le prince d'Orange et le vieux duc de Lorraine montraient une activité désespérante. Au commencement de cette année, Louis XIV fut obligé de mettre trois puissantes armées sur pied. L'opiniâtre et fatale jalousie de Louvois entravait toutes les résolutions de Turenne, et bien que ce grand général y eut peu d'égard, le service en souffrait.

Puis, les membres de la coalition gagée par la France contre la Hollande, diminuaient peu à peu : d'abord l'évêque de Munster fit sa paix avec la République, et l'électeur de Cologne suivit bientôt son exemple.

Malgré cette défection, Louis XIV, constant dans ses projets contre l'Espagne, envahit de nouveau la Franche-Comté. Après plusieurs batailles sanglantes, le Palatinat est mis à feu et à sang par l'ordre de Louvois, impitoyablement exécuté d'ailleurs par Turenne. Pendant ce temps, l'Espagne, qui avait une armée en Catalogne, tâcha de faire une diversion en attaquant le Roussillon. Cette tentative offrait de grandes chances de succès, car la noblesse, chargée de taxes, menaçait de se soulever. Le comte de Schomberg fut envoyé, avec une armée de débarquement, sur les côtes de la Catalogne ; le duc de Vivonne commandait l'escadre qui portait ces troupes destinées à opérer une descente dans ces parages. Cette expédition, contre le Roussillon, aurait eu les suites les plus fâcheuses, si le soulèvement de Messine, habilement exploité, n'eût obligé l'Espagne d'envoyer en Sicile son armée de Catalogne, qui venait de remporter déjà un avantage assez considérable sur M. de Schomberg.

A peu près au même temps, Tromp croisa sur les côtes de Bretagne et de Normandie, sans tirer autre avantage de cette expédition que d'enlever comme otage le prieur d'un couvent de l'île de Noirmoutiers, et de faire une descente infructueuse à Belle-Isle. Ruyter, de son côté, tenta une attaque sur la Martinique, qui n'eut aucun résultat important.

Voici d'ailleurs une dépêche de M. le duc de Chaulnes, écrite à M. de Seignelay, à ce sujet :

« De Brest, ce 1er octobre 1674.

» Je ne doute pas, monsieur, que vous n'ayez été informé directement par Saint-Malo du retour de Ruyter ; je ne laisserai pourtant pas de vous faire savoir ce que j'appris hier sur la prise qu'un des vaisseaux armés de Saint-Malo a faite d'un des vaisseaux de la flotte de Ruyter. Il dit que Ruyter mouilla le 22 mai au Torbay, sur la côte d'Angleterre, avec trente-sept vaisseaux et six brûlots. Le capitaine de la prise dit que Ruyter passa de Torbay aux îles Canaries, et de ces îles directement à celle de la Martinique ; que le lendemain de son arrivée, qui fut le 30 juillet, il entra dans la baie, fit canonner la forteresse, et, à la faveur du feu de plusieurs frégates légères, fit mettre pied à terre à quatre mille hommes ; qu'un des vaisseaux du roi qui voyait la descente à revers l'incommoda beaucoup, et qu'un autre vaisseau coulé à fond empêcha l'approche des gros vaisseaux ; qu'il y eut un fort rude combat à terre, dans lequel la plupart des officiers hollandais furent tués ; que quatre cents de leurs soldats demeurèrent sur la place, ainsi que plus de huit cents blessés ou hors de combat ; que Ruyter, sur le rapport que lui envoya faire le jeune comte de Horn, qui commandait à terre, tint conseil de guerre, après lequel il ordonna fort mélancoliquement le rembarquement de l'infanterie et le partage des blessés dans chaque navire. Le brûlot pris par le capitaine qui raconte tout ceci eut en partage de blessés le corps embaumé d'un lieutenant-colonel, nommé Stellan, mort de ses blessures à bord du jeune fils de Ruyter, qui lui promit, comme il s'allait mourir, de l'envoyer sûrement enterrer à La Haye, ce qui consola grandement ce moribond, officier fort aimé et considéré de M. le prince d'Orange.

» Le duc DE CHAULNES (gouverneur de Bretagne). »
(*Lettre de Colbert, Mss., Bibl. roy.*)

Quant à la flotte de Tromp, on voit, ainsi qu'on l'a dit plus haut, par ces extraits des lettres de MM. de Lavardin et de Saint-Aignan, qu'après avoir croisé dans la Manche et être venue mouiller à Belle-Isle, elle fit voile de nouveau vers le nord.

A M. DE SEIGNELAY.

« Belle-Isle, le 6 septembre.

» L'escadre hollandaise, de dix-huit à vingt navires, dont neuf étaient gros, s'étant augmentée jusques à vingt-quatre, a mis à la voile ce matin, et fait sa route vers l'île de Groais. Ceux qui sont restés sous cette île ne sont pas au nombre de plus de neuf ou dix, dont seulement quatre gros. Les gens qu'ils avaient descendus à terre ont seulement brûlé les églises de cette petite île et mis à terre leurs malades, qui sont en assez grand nombre, à ce qu'on m'assure.

» Le marquis DE LAVARDIN. »

A M. DE SEIGNELAY.

« Brest, le 7 septembre.

» Nous attendions, monsieur, de moment à autre les nouvelles du passage des escadres sur Ouessant pour retourner dans leurs ports, lorsque nous sûmes qu'elles étaient encore à l'île de Groais, et qu'elles n'avaient pas profité du vent de sud-est pour entrer dans la Manche. Elles ont été trois jours mouillées aux îles de Groais et Glenan. Quelque infanterie étant descendue dans la première pour la piller, mais l'ayant trouvée presque déserte, le dépit qu'en eurent les soldats, joint à l'avis qu'on leur donna (peut-être pour les en faire sortir plus tôt) que les sources étaient empoisonnées, fit qu'ils mirent le feu à plusieurs cabanes. Quatorze navires se sont depuis séparés pour retourner vers Belle-

Isle, ce qui marque que l'amiral Bankert n'a pas encore dessein de s'en retourner.

» Le duc DE CHAULNES. »

(*Lettre de Colbert., Mss., Bibl. roy.*)

Enfin, une lettre du 9 septembre, datée de Port-Louis, annonce le départ de la flotte hollandaise, qui inquiéta pendant trois mois les côtes de France, et qui retourna en Hollande sans avoir obtenu aucun succès.

Le soulèvement de Messine ayant amené une des expéditions maritimes les plus importantes de ces temps-là, on doit d'abord donner quelques détails sur les causes singulières qui, dès 1664, préparèrent la rébellion ou plutôt la révolution de 1674, dont la France aurait pu tirer de si grands avantages.

CHAPITRE II.

Guerre de Messine. — Exposé de la situation de Messine depuis 1665 jusqu'à 1674. — Ses divers soulèvements. — Leurs causes. — Sédition de juillet 1674. — Procession de la lettre dite de la *lettre de la sainte Vierge aux Messinois*. — Le tailleur Antonio Adam. — Première cause de la révolte. — Le marquis de Crispano. — Les Merli. — Les Malvizzi. — Le marquis de Bayonna. — Le sénat de Messine déclare le gouverneur et le vice-roi pour l'Espagne déchus de leurs droits. — Les Messinois attaqués envoient des députés à M. le duc d'Estrées, ambassadeur de France à Rome, pour demander l'intervention et le secours de Louis XIV.

Cette guerre de Messine, qui dura si longtemps, qui fut si onéreuse à la France et si fatale aux Messinois, abandonnés plus tard par Louis XIV à la vengeance de l'Espagne, après avoir été excités et soutenus par lui dans leur rébellion ; cette guerre pouvait avoir les plus avantageux résultats pour la France, et porter un coup funeste à la monarchie espagnole, si, par haine de Colbert et de son fils, chargés de la marine, M. de Louvois n'eût pas compromis le succès de cette expédition en refusant les troupes nécessaires à l'entière occupation de la Sicile ; et si enfin la mollesse et l'insouciance incompréhensible de M. le duc de Vivonne, nommé vice-roi de cette possession, n'eût rendu vaines toutes les espérances qu'on pouvait attendre d'une aussi importante et si facile conquête.

Avant d'arriver au dernier soulèvement de 1674, qui mit cette ville aux mains de la France, il est indispensable d'exposer rapidement les diverses périodes de l'histoire de Sicile depuis 1665 [1].

Charles II, né le 6 novembre 1661, du second mariage de Philippe IV avec Marie-Anne d'Autriche, succéda le 17 septembre 1665 aux royaumes de son père. Plusieurs historiens ont observé que depuis les grandes contestations des maisons de France et d'Aragon, les Siciliens, et surtout les Messinois, ne furent jamais si malheureux que sous ce règne ; mais que jamais aussi l'esprit inquiet et turbulent de ce peuple ne vint se heurter contre une autorité plus despotique et plus intraitable que celle des vice-rois de ces temps-là.

Quant à la cause première et vraie des troubles sérieux qui agitèrent Messine pendant cette période (de 1665 à 1674), elle est fort simple et des plus humaines : ce fut une lutte d'intérêts purement matériels.

Lors de la grande sédition de Palerme, fomentée par le tireur d'or Alesi, qui, se mettant à la tête des rebelles, chassa le vice-roi, la cour d'Espagne avait été si contente de la fidélité que la ville de Messine lui avait témoignée, qu'à la sollicitation de don Ansalon, elle ordonna, le 31 mai 1663, que *toutes les soies de Sicile sortiraient à l'avenir par le port de Messine.*

On conçoit quels immenses avantages les Messinois devaient trouver dans cette disposition; aussi un pareil monopole excitant le mécontentement et l'envie des autres villes de Sicile, elles réclamèrent vivement contre cette faveur.

---

[1] On sait que la Sicile ne fut plus qu'une sorte de province de l'Espagne, à dater de l'année 1412, où elle passa tout à fait sous la domination des rois d'Espagne et d'Aragon.

La Sicile est située entre l'Italie et l'Afrique, bien qu'avec distance inégale, vu qu'elle est seulement séparée de la première par le petit détroit ou phare de Messine, qui n'a que trois milles d'Italie de large, c'est-à-dire entre le cap de Faro de cette île, et le lieu de Sciglio ou pointe du Cheval de Calabre, au lieu que le plus court trajet de Sicile en Afrique est de quatre-vingts milles, c'est-à-dire entre le cap Boco ou Marsala de cette île et celui de Tunis, ou cap Bona en Afrique.

Néanmoins, lorsque le duc de Sermonète, vice-roi de Sicile, arriva dans Messine en 1664, les sénateurs le prièrent de faire publier l'ordonnance du roi touchant les soies, lui représentant que cette faveur n'était de fait qu'une confirmation d'un privilége accordé aux Messinois, l'an 1591, par le roi Philippe II.

Les autres villes de Sicile, ainsi qu'on l'a dit, s'émurent violemment, et envoyèrent quelques notables représenter au duc de Sermonète qu'une pareille mesure ruinait les autres ports de l'île au profit de Messine.

Le duc de Sermonète, fort embarrassé, tint un grand conseil dans lequel on examina s'il convenait ou non de publier l'ordonnance relative aux soies, et il fut décidé que le bien du royaume demandait la suppression de ce privilége.

A cette nouvelle, les Messinois, irrités, se soulevèrent à leur tour, et contraignirent le vice-roi d'ordonner au tribunal dit du *patrimoine royal* d'enregistrer l'édit, et de le faire exécuter.

Alors toute la Sicile, et surtout Palerme, recommença de se plaindre de nouveau et avec de fortes instances d'une telle partialité ; aussi le conseil d'Espagne, sachant d'ailleurs la violence qui avait été faite au vice-roi par les gens de Messine, suspendit en définitive l'exécution de l'ordonnance concernant les soies, et ce malgré l'édit de la reine.

Mais la ville de Messine, s'opiniâtrant dans ses prétentions, députa à Madrid don Philippe Cigala et Sylvestre Fenga pour soutenir ses droits, tandis que la ville de Palerme y envoya de son côté le docteur don Francisco de Terano, pour défendre ses intérêts contre Messine.

La lutte se concentra donc entre ces deux villes, dès longtemps rivales, et si jalouses l'une de l'autre que, pour éviter tout prétexte aux fréquentes collisions qui s'élevaient souvent entre les Palermitains et les Messinois, la cour d'Espagne avait autrefois résolu que les vices-rois habiteraient alternativement ces deux résidences.

Arrivant en cour, les députés de Messine commencèrent par prétendre à être reçus comme les ambassadeurs de princes souverains, soutenant que plusieurs précédents leur assuraient cette prérogative. L'introducteur des ambassadeurs répondit à cela qu'il ne pouvait les traiter de la sorte sans un ordre exprès de la reine, régente pendant la minorité de Charles II.

Don Philippe Cigala répliqua par un long et substantiel mémoire, dans lequel il maintenait que pendant le règne de Philippe IV on avait toujours traité les envoyés de Messine comme ceux des princes souverains. Aussitôt le docteur don Francisco de Terano riposta par un non moins long et non moins substantiel mémoire, dans lequel il énumérait à son tour toutes les raisons de justice et d'égalité qui devaient porter la régente à ne pas sacrifier ses fidèles Palermitains à ses non plus fidèles Messinois, et à recevoir les députés de ces deux bonnes villes sur le même pied.

Mais cette ridicule et singulière lutte de prétentions vaniteuses entre Palerme et Messine était loin d'être à bout; la politique espagnole trouvait trop son intérêt dans ces discussions irritantes, pour ne pas aviver, au contraire, ces rivalités jalouses entre les villes les plus importantes de cet état fédératif, afin d'y rendre impossible toute unité, toute nationalité, et de dominer plus assurément ce riche et beau royaume.

Aussi, pendant les longs délais qu'entraîna cette affaire, les esprits s'aigrirent, les passions s'exaltèrent, et lorsque enfin la reine régente, contre l'avis du conseil d'Italie, décida de son autorité privée que les députés messinois n'auraient à l'avenir d'autres prérogatives que celles accordées aux envoyés des autres villes de Sicile, et que l'édit des soies serait abrogé, les députés messinois se retirèrent fièrement, sans prendre congé ni du roi ni de la reine, et protestèrent publiquement, en quittant Madrid, contre cette violation de leurs privilèges.

Déchus de toutes leurs espérances, voyant l'ordonnance des soies rapportée, encore animés par leurs députés, qui, furieux du peu de succès de leur mission, ne se ménagèrent pas d'en attribuer la ruine à l'injustice flagrante de la cour, les Messinois essayèrent pendant cette année de se rébeller plusieurs fois contre l'Espagne; mais ces tentatives demeurèrent sans autre résultat que l'exécution de quelques révoltés.

Les années suivantes furent moins tumultueuses, et don Francisco Fernandès de la Cueva, duc d'Albuquerque, succédant, en 1667, au duc de Sermonète, il ne se passa rien de fâcheux sous son ministère. Il fut remplacé, l'an 1670, par don Claude Lamoral, prince de Ligne, nommé vice-roi de Sicile.

Ce fut plus tard, en 1672, que commença de poindre cette longue série de troubles, terminés par la grande révolution de 1674, qui mit Messine au pouvoir de Louis XIV.

A cette époque (1672), la cour d'Espagne en était encore à choisir le capitaine général, ou *stradico*, qui devait servir sous le vice-roi, lorsque don Luis del Hojo, homme entreprenant, perdu de dettes et de débauches, rempli de manége et de fausseté, vint proposer à la reine de réduire Messine à la plus passive obéissance, d'empêcher à l'avenir toute révolte en cette ville-là, en changeant radicalement la forme républicaine de son gouvernement, et de la mettre alors, sans condition, pieds et poings liés, sous la dépendance absolue de l'Espagne, si on voulait le faire, lui don Luis del Hojo, stradico de Messine [1].

Sans doute fascinée par l'esprit diabolique ou l'imperturbable assurance de cet homme, après avoir eu plusieurs entretiens avec lui, la reine d'Espagne le fit enfin nommer stradico, et il partit bientôt pour Messine, afin de réaliser les promesses qu'il avait assurément faites à sa cour. On doit s'arrêter quelque peu sur le caractère de cet homme, un de ces types rares, qui savent et peuvent, à l'aide d'une odieuse mais habile dissimulation, pénétrer les masses, s'y infiltrer, pour ainsi dire, peu à peu, et y déposer le germe dangereux que plus tard l'insurrection doit féconder et faire éclore; de ces hommes, enfin, qui, presque sans complices, arrivent à remuer profondément toute une population, en employant, comme leviers puissans, la réaction toujours assurée de deux ou trois passions primordiales et organiques chez l'homme, telles que l'envie, l'intérêt particulier, ou le fanatisme religieux. Seulement, ainsi qu'on le verra plus tard, don Luis, en osant trop et trop tôt, perdit en un jour sa popularité si laborieusement acquise.

Connaissant les idées superstitieuses des Messinois, et sachant

[1] Cette fonction était la première de la ville et donnait une très-grande autorité, puisqu'elle correspondait en quelque sorte à celle de gouverneur, et qu'on la regardait en Espagne comme une des plus grandes charges d'Italie et la plus honorable après celles d'ambassadeur à Rome, de vice-roi de Sicile et de Naples, et de gouverneur de Milan.

aussi que tous les dehors de la dévotion et de la sainteté leur imposaient singulièrement, cet homme avait pris tout d'abord le masque qui devait assurer ses desseins ; et, avec une inconcevable persistance d'hypocrisie, avait commencé de jouer, dans un but politique, ce rôle de tartufe, que Molière, avec la sublime prescience du génie, avait deviné et jeté dans la vie intime.

Ainsi, don Luis, en débarquant à Messine, commença par baiser la première dalle du port avec un pieux enthousiasme, disant qu'on ne pouvait jamais assez témoigner son culte pour une ville toute spécialement placée sous la protection de la mère de Dieu [1]. Ce premier hommage, rendu à Messine dans ce que sa superstition avait de plus cher, frappa le peuple, qui, dès lors, commença de prendre don Luis en grande vénération. Le stradico ne se démentit pas : incessamment dans les églises et dans les hôpitaux, on le trouvait moins chez lui que dans les lieux de cette nature ; puis la fréquentation régulière des sacrements venait compléter cette dévote existence ; communiant très-souvent, il voulait de plus que tous ses domestiques l'imitassent. Mais ce qui parlait encore plus en sa faveur, et ce qui ôtait même la pensée de douter de la sincérité de ses intentions, c'est que la piété de don Luis était rehaussée par l'éclat d'un grand nombre d'aumônes, car les cinquante mille écus que le stradico avait demandés pour ce fait à sa cour étaient distribués avec un merveilleux à-propos.

L'effet de ces aumônes fut prodigieux ; en peu de temps don Luis fut, aux yeux du peuple, un ange envoyé d'en haut pour secourir les misérables ; et il se trouva bientôt en si grande estime, dit un manuscrit contemporain, que « c'eût été une es-
» pèce d'hérésie que de douter de sa probité, et l'on se serait
» attiré de méchantes affaires si, par un scrupule quoique bien
» fondé, on eût voulu démêler ses tromperies ; de plus, il s'en-
» tretenait familièrement avec les gens du peuple, comme, au
» contraire, il évitait avec soin la rencontre de la noblesse et
» des bourgeois. Au reste, les conversations qu'il avait avec le
» peuple n'étaient que de schoses saintes, d'histoires de dévotion,
» d'aventures miraculeuses ; et il prenait tant de soin de la gloire

---

[1] On verra plus bas à quel propos.

» des saints, qu'il leur attribuait souvent des miracles dont il
» était l'auteur. Il n'oubliait pas aussi la sienne sur ce chapitre :
» il s'en est quelquefois attribué, et en a fait même imprimer un
» fait par lui, malgré la répugnance que l'archevêque témoigna
» de lui accorder cette liberté. »

D'après ceci, le but de don Luis était évident et facile à pénétrer : il voulait exciter et soulever le peuple contre la bourgeoisie et la noblesse, en exaltant, jusqu'au reproche, les richesses de l'une et les priviléges aristocratiques de l'autre, afin d'anéantir ces deux classes importantes, qui seules défendaient avec énergie les franchises de la ville ; puis profitant des indécisions qui suivent toute révolte, il comptait facilement imposer à Messine un gouvernement despotique tout à fait sous la main de l'Espagne.

Il est impossible d'imaginer avec quel art perfide cet homme semait la défiance et l'animosité, contre les classes supérieures, dans le cœur de cette population ardente et impressionnable ; on ne pourrait croire aux sourdes menées qu'il employait pour se faire des créatures aux dépens de la popularité du sénat et de la bourgeoisie. Ainsi, arrivait-il quelque crime dont il connût que le peuple souhaitât le châtiment, il délivrait le coupable ; un autre passait-il pour innocent, il le punissait ; et, ce qui paraît incroyable, c'est que, dans l'un et l'autre cas, il savait persuader à la populace, ainsi trompée dans son attente, qu'il n'agissait de la sorte que parce qu'il y était contraint par le sénat, dont il reconnaissait le premier toute l'injustice.

De la sorte, la population s'aigrit extrêmement contre les sénateurs et les bourgeois ; mais le ressentiment de cette aigreur ne se manifestait encore que par quelques pasquinades ou quelques cris sans importance. Don Luis voulut des troubles plus sérieux, et pour parvenir à les soulever, il employa un moyen aussi terrible qu'extraordinaire : ce serait à n'y pas croire, si l'autorité irrécusable du rapport déjà cité, et emprunté aux archives du ministère des affaires étrangères, n'en démontrait toute l'exacte vérité. Voici comment s'exprime ce mémoire à ce sujet :

« *Don Luis del Hojo jugea que la famine serait le plus sûr moyen pour parvenir à ses fins ; car dans ces calamités, on voit* toujours les pauvres enrager contre les riches, par la comparaison de leurs misères avec l'abondance des autres. »

Pour cet effet, il écrivit à tous les ministres du roi d'Espagne qui sont en Italie d'empêcher de tous côtés qu'on vendît des blés aux Messinois, et tâcha d'obliger tous les paysans à la même cruauté, ce qui réduisit dans peu de temps cette grande ville à une disette effroyable de vivres pour un peuple si nombreux et si peu accoutumé à la souffrir. De sorte que le sénat, affligé comme on se le peut imaginer d'une si étrange nouveauté et si peu prévue, fut obligé de faire fermer les boutiques de pain et de le faire distribuer par poids à chacun. Cet ordre aurait empêché sans doute le peuple de crier contre le ministre, et l'aurait aisément accoutumé à souffrir une misère générale s'il n'eût été irrité par les discours séditieux des émissaires de don Luis, qui lui représentaient que non-seulement les sénateurs étaient cause de ce désordre, mais que leur avarice insatiable, et l'envie de faire un gros gain dans la conjoncture présente où la famine était encore dans les autres provinces d'Italie, leur faisaient cacher les blés qui étaient dans la ville pour les transporter au dehors (ce qui était un véritable artifice et une menterie inventés pour exciter la haine du peuple). *Cependant, pour appuyer l'invention et la rendre de quelque apparence, don Luis del Hojo faisait marcher dans l'obscurité de la nuit un crocheteur chargé d'un sac de blé percé par le fond, qui le répandait partout le long des rues, et faisait ainsi une traînée et un chemin du lieu d'où on l'avait pris jusqu'à celui où il avait été porté, et il prenait le soin de le faire passer, tantôt par la porte d'un sénateur, tantôt devant la maison d'un autre, et ainsi du reste des principaux de la ville, jusques à la marine, où on chargeait apparemment le blé. Le lendemain, quand le peuple était assemblé, ou sur le port, ou dans les carrefours, quatre ou cinq des adhérents de don Luis se mêlaient dans ces pelotons, et faisant semblant de regarder à terre par hasard, ils faisaient apercevoir à leur compagnie de ce blé répandu, et la menaient comme par la main, à la faveur de ce sentier qu'on avait fait la nuit, jusqu'à la porte du sénateur où commençait cette route de blé, par où ils leur faisaient remarquer qu'il en faisait porter à la marine, pour l'embarquer.* Il n'en fallait pas davantage pour enflammer un peuple que la disette avait déjà réduit au désespoir. Ces misérables continuaient leur rôle avec la même adresse; et, prenant occasion de ce qu'ils voyaient, de crier aussitôt qu'ils étaient trahis, que la ville regorgeait de blé, et que le peuple mourait de faim au milieu de l'abondance, ils rejetaient tous leurs malheurs sur l'avarice des riches; à quoi les partisans de don Luis ajoutaient que ce bon seigneur était bien informé de tout cela, qu'il en était au dernier désespoir, et qu'aimant le peuple comme il faisait, il aurait remédié à ce désordre si on lui en avait laissé le pouvoir.

De fait, cette famine factice irrita tellement le peuple, que *Joseph Martinès*, se mettant à la tête d'une populace armée, alla dans le palais pour y tuer tous les sénateurs qui y étaient; heureusement pour eux, ceux qui s'y trouvèrent mirent l'épée à la main, et poussèrent si vivement ces meurtriers qu'ils les obligèrent de s'enfuir. Don Luis fit arrêter Martinès; mais toute la punition qu'il lui infligea se réduisit à le bannir.

La populace, plus animée que jamais, s'émut le 30 mars, alla mettre le feu aux maisons de plusieurs sénateurs; et ce que la flamme épargna fut pillé. Don Luis, averti de ce désordre, ne se pressa point d'y remédier: il se contenta de se rendre au palais après l'incendie, puis s'étant assis, il harangua la multitude, se répandit en invectives sanglantes contre la tyrannie des sénateurs; puis enfin, croyant séduire le plus grand nombre, il proposa de changer l'ordre anciennement en usage pour l'élection des patriciens.

Jusqu'alors, sur six sénateurs il y en avait quatre de l'ordre des nobles et deux de la bourgeoisie. Don Luis, au mépris de cette loi fondamentale, voulut que le nombre des élus fût également réparti entre la noblesse et la bourgeoisie, et de plus, diminua beaucoup les pouvoirs de ce nouveau gouvernement.

Ce n'était pas assez : don Luis, pour être plus facilement maître de la ville, avait résolu de surprendre les forts gardés par la milice urbaine, et de les confier à ses troupes espagnoles; mais son dessein ayant transpiré, les nouveaux sénateurs donnèrent ordre à la milice messinoise de se tenir si en garde que l'entreprise du gouverneur échoua.

Ces menées de don Luis, cette dernière tentative surtout,

éveillant enfin les soupçons du peuple aveugle jusque-là, une députation de nobles, de bourgeois, et même des consuls des métiers, se rendit au palais, pour supplier les sénateurs de déclarer le stratico ennemi public.

Avant que de se déterminer à une résolution de cette conséquence, le sénat jugea qu'il était à propos de convoquer une assemblée générale des Messinois, afin de savoir le sentiment de tous les particuliers.

Mais, tandis qu'on sonnait la cloche qui devait assembler la population entière sur la place publique, redoutant peut-être le résultat de cette délibération, don Luis, suivi d'une troupe de ses satellites et de la fange de la populace à laquelle s'étaient joints les prisonniers qu'il avait fait sortir des prisons pour cette exécution, don Luis alla brûler et piller les maisons des principaux Messinois qui s'étaient le plus opposés à ses projets, puis il publia ensuite une ordonnance, par laquelle il déposait les six sénateurs. Tous ceux dont les maisons avaient été brûlées furent déclarés criminels de lèse-majesté, et il promit de plus, que ceux qui avaient participé à cette dévastation ne pourraient être recherchés.

Ce fut alors que le stradico voulut que ceux qui lui étaient attachés prissent le nom de *merli*, ce qui signifiait, selon lui, partisans de la paix; il faisait par là, dit un contemporain, « al-
» lusion aux merles qui tiennent longtemps dans leur bec
» une branche d'olivier, et il donna, au contraire, le nom de
» *malvizzi* à ceux qui soutenaient les priviléges de la ville : le
» malvizzi étant une espèce de grive qui se contente de bec-
» queter les olives, et qui ne saurait en garder une branche
» dans son bec. Mais il arriva, contre l'intention de don Luis,
» que le nom de malvizzi devint très-honorable, et que celui de
» merli fut regardé comme honteux. Les merli n'étaient pres-
» que que la lie du peuple, et les malvizzi, au contraire, com-
» prenaient tout ce qu'il y avait de considérable dans la ville,
» en un mot, tous ceux qui étaient très-zélés pour la gloire et
» les priviléges de Messine. »

Don Luis, après cette expédition aussi folle que désespérée, manda au vice-roi de venir promptement à Messine, d'y amener des troupes et d'y apporter du blé, l'assurant qu'avec ces précautions il serait facile d'empêcher la noblesse et la bourgeoisie de remuer ; *la populace lui étant dévouée, et toute prête à recommencer le pillage sur un signe de lui.*

Le prince vint effectivement à Messine avec trois galères et deux vaisseux chargés de froment ; mais il ne fut pas sans inquiétude lorsqu'il put apprécier le dangereux effet que les violences de don Luis avaient produit dans l'esprit du plus grand nombre des Messinois, et du dangereux exemple que pouvaient donner tant de rapines et de crimes impunis.

Aussi commença-t-il dès lors par témoigner que le stradico ne s'était pas comporté avec assez de sagesse, et parut être dans la résolution de rendre justice à ceux qui avaient été opprimés injustement ; il publia un ordre de rapporter tout ce qui avait été enlevé pendant les derniers troubles, « sous peine d'être procédé contre ceux qui garderaient ce qui ne leur appartenait pas comme s'ils l'avaient volé » ; puis il rendit quelques jours après une seconde ordonnance qui annulait celle où don Luis avait déclaré plusieurs des principaux des Messinois criminels de lèse-majesté, et de plus il était enjoint à ces derniers de venir se justifier.

De son côté don Luis remit au prince un mémoire dans lequel la conduite des principaux Messinois était présentée sous le plus mauvais jour : « Il y accusait ceux qui avaient été en place de ne s'être servi de leur autorité que pour diminuer celle du roi, et pour traiter avec une dureté tyrannique ceux sur lesquels ils avaient quelques juridictions. Mais le prince de Ligne ajouta peu de crédit au mémoire de don Luis, et, en conséquence, ceux qui avaient pillé les maisons des sénateurs furent condamnés à de grosses amendes, et envoyés prisonniers dans diverses forteresses du royaume. »

Peu de temps après, don Luis, bien que destitué de ses fonctions de stradico, sans doute sur les représentations du prince de Ligne, resta pourtant à Messine par ordre de la cour comme conseiller de don Diego Soria, marquis de Crispano, nouveau gouverneur, qui vint en Sicile avec la mission de sévir contre les Messinois avec la dernière violence s'ils se rébellaient davantage.

Voyant les fausses et dangereuses mesures que prenait l'Espagne, malgré ses avis réitérés, le prince de Ligne, qui jugeait sainement les choses, demanda son rappel; mais comme il s'intéressait aux Messinois, il leur conseilla d'envoyer quelqu'un à Madrid pour y justifier de leur conduite. Ils nommèrent pour ce voyage le père Jean-Baptiste, de la compagnie de Jésus, et Étienne Maure, deux hommes très-instruits des prérogatives de Messine, et de la conduite que les ministres d'Espagne et les sénateurs avaient tenue dans ces derniers troubles.

Ils arrivèrent à Madrid sur la fin d'octobre 1673; et tandis qu'on trouvait tous les jours des prétextes pour leur refuser audience, ils eurent le chagrin de voir qu'un homme dépêché contre eux par le marquis de Crispano fut reçu par la reine aussitôt son arrivée, quoique cet émissaire fût un de ceux qui s'étaient le plus signalés dans le pillage et l'incendie des maisons patriciennes.

Cependant la cour d'Espagne, agréant la démission du prince de Ligne, le nomma gouverneur de l'état de Milan. Avant son départ, le prince avait eu la douleur de voir à Trapani de grands troubles, qui n'avaient pu être assoupis que par des exécutions sanglantes. Le peuple de Trapani, persuadé que les jurats de la ville s'étaient mal comportés dans la distribution du froment, les déposa. Cela ne se fit pas sans tumulte; aussi le prince de Ligne ordonna-t-il au docteur Martinelli et à don Joseph Cigala, évêque de Mazara, d'aller à Trapani pour apaiser ces désordres. Ceci s'était passé l'an 1672. Les divisions continuèrent, et les commissaires envoyés par le vice-roi n'ayant pas pu les terminer, don François, marquis de Bayonna, eut ordre d'aller à Trapani. Il s'y rendit, avec deux galères, le 4 février 1673, fit arrêter le chef des séditieux; huit des plus coupables furent pendus; vingt autres furent condamnés aux galères.

Donc le prince de Ligne partit le 7 juin 1674 pour aller prendre possession de son nouveau gouvernement, et il laissa président de Sicile le marquis de Bayonna, dont nous venons de parler.

Ce dernier se déclara hautement pour la cabale des merli, et parut vouloir tenir la voie que don Luis et le marquis de Crispano avaient suivie jusque-là. Mais à peine était-il entré en exercice qu'il s'éleva une nouvelle sédition dans Messine, sédition dont les suites mirent presque toute la Sicile sous la domination française. Voici à quel propos.

Le 6 juillet 1674, selon la coutume, on célébrait dans cette ville la *Fête de la Lettre*. Cette cérémonie fort imposante, et toute particulière à Messine, avait été instituée en mémoire du fait suivant :

En l'an 42[1] de Jésus-Christ, saint Paul vint en Sicile et y fit deux sermons qui produisirent un prodigieux effet : l'un traitait de la passion de Jésus-Christ, l'autre de la virginité de la Vierge. En un mot, les Siciliens, et surtout les Messinois, furent si touchés et si émerveillés de l'éloquence de l'apôtre, qu'ils se rangèrent incontinent sous la protection de la mère de Dieu.

Or, comme la mère de Dieu vivait encore, les Messinois lui envoyèrent des députés ; elle les accueillit avec toutes sortes d'égards et de civilités, leur donna une boucle de ses cheveux, et poussa même la bonté jusqu'à écrire cette lettre charmante aux Siciliens :

« *La Vierge Marie, fille de Joachim, très-humble mère de Dieu Jésus-Christ crucifié, de la tribu de Juda, de la race de David, salut et bénédiction de Dieu le Père tout-puissant à tous les Messiniens.*

» *Il est certain que par une grande foi vous nous avez envoyé des députés ; en conséquence d'une délibération publique, et puisque vous avouez que notre fils est Dieu et homme en même temps, qu'il est monté au ciel après sa résurrection, ce que vous avez appris par la prédication de saint Paul, apôtre, nous vous bénissons, vous et votre ville, et nous voulons toujours être votre protectrice.*

---

[1] M. de Burigny, dans son *Discours sur l'établissement de la religion chrétienne, en Sicile*, tome I, page 334, fait observer que saint Paul ne vint en Sicile que l'an 60 et non l'an 42 ; qu'on ne compta par indictions que plusieurs siècles après l'Assomption de la Vierge, et qu'on ne data de l'an de grâce ou de la naissance de Jésus-Christ que beaucoup plus tard encore : ces erreurs matérielles font suspecter fort la vérité de la lettre, quoique le révérend père jésuite Melchior Incofer ait écrit un énorme in-folio pour prouver que cette lettre a été véritablement écrite par la Vierge.

» *L'an 42 de notre fils, indiction première, le 3 juin, le 27 de la lune, à Jérusalem.* »

Cette lettre, écrite en hébreu, fut respectueusement conservée dans la cathédrale de Messine jusqu'au dernier tremblement de terre qui bouleversa cette ville en 1774 ; ce fut alors que la lettre s'égara parmi les décombres.

Le jour où l'on célébrait cette fête *della Lettera*, toute la ville de Messine était en émoi : dès le matin on pavoisait les maisons des plus riches étoffes, on jonchait les rues de fleurs et de feuillage, car la procession les devait parcourir toutes.

Cette procession était superbe, et le clergé messinois y déployait une pompe et un luxe incroyables : au milieu du saint cortége on remarquait surtout une magnifique châsse d'argent ciselée, portée par huit chanoines de la cathédrale : dans cette châsse, un ostensoir du plus pur cristal de roche, éblouissant d'or et de pierreries, renfermait la boucle de cheveux de la Vierge, ainsi que son miraculeux autographe.

Puis, pour abriter cette châsse, six sénateurs, vêtus de leurs longues robes de satin noir garnies de dentelles, portaient un dais de velours bleu tout brodé d'argent et couvert d'ondoyans panaches de plumes blanches.

Or donc, ainsi qu'on l'a dit, le 6 juillet 1674, les Messinois faisaient de nombreux préparatifs pour cette solennité, et, entre autres, les habitants de quelques maisons qui bordaient à gauche la place de l'église de Malte avaient disposé avec beaucoup d'art de longues banderoles de soie blanche, toutes couvertes d'arabesques en fleurs naturelles. Cette gracieuse décoration était due à l'habileté d'un certain Antonio Adam, tailleur, homme actif, ingénieux et entreprenant, qui surtout s'était acquis une véritable popularité dans son quartier par les saillies de son esprit inculte, mais jovial et satirique.

Ce jour-là même, Antonio Adam venait d'en donner une nouvelle preuve : il avait imaginé de mettre au-dessus de sa porte les portraits de la Vierge et du roi d'Espagne, entourés d'emblèmes de dévotion, d'amour et de respect ; mais au milieu de la rue et en face de ce tableau, il avait élevé une statue à deux faces, assez grossièrement travaillée : l'un des deux visages ressemblait à ne pas s'y tromper à don Luis, et l'autre au gouverneur actuel, don Diego Soria, marquis de Crispano ; enfin, au-dessous de cette statue était écrite en lettres rouges cette pasquinade :

Les deux scélérats n'en font qu'un.

Les *merli* partisans de la faction espagnole et du gouverneur, comprenant l'allusion, firent grand bruit, coururent au palais du vice-roi, où résidait alors le marquis de Crispano, et lui apprirent l'insulte qu'on faisait à sa personne et à son autorité ; aussitôt ce dernier donna l'ordre d'arrêter Antonio Adam, le tailleur, ce qui fut fait à l'instant.

Cette mesure maladroite eut les plus fâcheuses conséquences pour l'Espagne ; car, en apprenant l'arrestation du tailleur, les *malvizzi* excitèrent à leur tour la défiance et la haine du peuple, en lui montrant que le gouverneur ne se contentait plus d'attaquer les droits et les priviléges de la noblesse et de la bourgeoisie, mais encore ceux de la classe industrieuse de Messine. Aussi le peuple commerçant, qui s'était montré jusque-là sinon partisan, au moins indifférent aux excès commis par la populace contre les nobles et les bourgeois, se souleva tout entier à propos de l'arrestation d'un des siens, du tailleur Antonio Adam ; et la cabale espagnole fut à jamais ruinée par cette alliance soudaine du *tiers-état* aux deux autres classes supérieures.

Une députation des consuls des métiers se rendit aussitôt auprès du marquis de Crispano, pour demander la liberté du tailleur ; mais cette grâce lui fut durement refusée.

Alors les esprits s'irritèrent, une menaçante rumeur circula sourdement dans la ville, et tous les sombres présages d'une nouvelle et violente sédition commencèrent de s'amonceler. Effrayé, le marquis de Crispano convoqua, dit-on les plus ardents *merli*, leur déclara que l'heure de se débarrasser d'un sénat insolent était venue, que la superbe des bourgeois et des marchands était aussi intolérable, et qu'il fallait en finir avec ces rebelles par des *vêpres messinoises* qui vaudraient bien les *vêpres siciliennes*.

Cette proposition fut accueillie avec chaleur, et son exécution remise au lendemain 7 juillet. Le soir vint, et l'agitation allait croissante dans Messine ; les torches destinées à éclairer chaque fenêtre pendant les réjouissances publiques de la fête *della Lettera*, demeurèrent allumées toute la nuit, et la population entière stationna dans les rues, pressentant pour le lendemain quelque grand événement.

Enfin, le 7 juillet, le marquis de Crispano, qui avait pris la précaution de se faire accompagner des plus hardis *merli* et d'une garde de deux mille soldats espagnols, envoya l'ordre aux sénateurs et aux consuls des métiers de se rendre à son hôtel, afin d'y conférer d'affaires importantes. Ils obéirent, n'étant pas sans inquiétude, parce qu'ils savaient combien le marquis était malintentionné pour eux.

Le sénat, composé de six jurats, dont trois étaient élus parmi la plus ancienne noblesse de la ville et trois parmi la plus haute bourgeoisie, arriva donc à la porte du gouverneur à dix heures du matin avec cinq consuls des professions marchandes ; la porte s'ouvrit, les lourds carrosses qui les transportaient entrèrent dans la cour de l'hôtel du gouverneur, et les portes se refermèrent aussitôt.

A ce moment les carrosses furent environnés d'une foule de domestiques du marquis, de *merli* déterminés et de bandits calabrois, sorte de condottieri gagés par le gouverneur, qui, brandissant leurs épées, vinrent menacer les envoyés avec d'effroyables cris de mort ; pourtant cette multitude demeura contenue par le sang-froid des jurats et des consuls, qui, vêtus de leurs longues robes de gala, montèrent gravement les degrés garnis de hallebardiers espagnols, et arrivèrent dans une vaste salle, au fond de laquelle ils trouvèrent le marquis de Crispano assis et couvert, entouré de ses officiers et de ses gardes.

Aussitôt, éclatant avec violence, le gouverneur leur reprocha « d'être *de mauvais sujets du roi*, d'abuser de leur autorité pour soulever les peuples contre le ministère, et de nuire le plus qu'ils pouvaient aux *merli* qui étaient les plus fidèles sujets de Sa Majesté. » Le gouverneur leur reprocha encore de « ne pas savoir ce que c'était de rendre la justice, et les assura enfin que s'ils ne changeaient de conduite, ils couraient risque de perdre honteusement la vie sur un échafaud. [1] ».

[1] Manuscrit déjà cité. — Rome, 1674. — (*Arch. des Aff. étr.*)

Les sénateurs, bien qu'à la discrétion du marquis, répondirent avec fermeté « qu'ils respectaient les ministres du roi ; mais qu'ils ne pouvaient pas s'empêcher d'employer toute leur attention pour prévenir les funestes desseins des *merli* contre leurs franchises et leur liberté, et que la peur d'un échafaud ne les empêcherait jamais de soutenir et de défendre les priviléges qu'ils avaient reçus de leurs pères. »

Malgré sa modération et sa dignité, cette réponse faillit coûter cher aux jurats, car plusieurs des gardes et des officiers du marquis mirent la main sur leurs épées ; mais un signe de leur maître les retint, et après avoir essuyé mille injures de ces partisans, les sénateurs purent se retirer et sortir de l'hôtel de don Crispano, qui craignait sans doute de causer une révolte trop violente en agissant avec plus de rigueur.

Le bruit avait pourtant couru dans la ville que les jurats étaient en très-grand danger : les *malvizzi* s'émurent aussitôt, et comme ils couraient au palais pour les délivrer, ils les trouvèrent en chemin qui revenaient. Leurs carrosses furent alors entourés d'une foule immense qui criait : *A bas l'Espagne ! vivent nos franchises !* et c'est au milieu de ce tumulte que les sénateurs se rendirent au palais où ils tenaient habituellement leurs séances.

Comme lors des cas d'alarme ou d'urgence, la grosse cloche de ce palais tinta longuement pour y mander les autres sénateurs qui formaient le grand conseil.

Peu d'entre eux manquèrent à ce simple et imposant appel, bientôt le grand conseil fut en nombre, et résolut unanimement d'opposer la force aux desseins du stradico.

Pendant que la cloche du sénat tintait, de son côté le gouverneur faisait tirer en salut les deux pièces de canon placées sur une plate-forme de son palais pour appeler à lui les troupes espagnoles, qui vinrent en assez grand nombre s'enfermer dans cette espèce de fort, qui fut bientôt bloqué par les Messinois.

Pendant ce temps-là, les sénateurs, en séance permanente, rendaient une ordonnance par laquelle « ils déclaraient ennemis de la patrie, perturbateurs du repos public, don Diego Soria, marquis de Crispano, Caraffa, vicaire général, don Luis del Hojo, et plusieurs autres. Ils protestèrent qu'ils voulaient rentrer dans la jouissance des droits dont ils avaient été dépouillés injustement, et remettre le gouvernement de la ville sur l'ancien pied, regardant comme nul tout ce qui avait été fait à leur préjudice sous la magistrature de don Luis, et décidaient enfin que pour leur conservation ils ne feraient aucune difficulté de toucher aux deniers royaux. »

Cette déclaration fut rendue le 7 juillet même, à quatre heures du soir.

Le sénat songea ensuite à sa défense. Don Jean Pizzinga fut chargé d'aller dans la campagne voisine exciter les paysans à prendre les armes, et il ramena deux mille personnes bien armées.

Malgré cette apparente sédition, la ville songeait alors si peu à secouer le joug de l'Espagne qu'elle envoya des députés au marquis de Bayonna, à l'ambassadeur d'Espagne à Rome, au gouverneur de Milan et au vice-roi de Naples pour les prier d'interposer leur autorité, afin qu'on leur rendît justice.

Malheureusement pour l'Espagne, et surtout pour les Messinois, sans prévoir la portée de leurs réponses, ces officiers de la cour d'Espagne accueillirent fort mal les envoyés; le marquis d'Astorga, vice-roi de Naples, répondit même durement que les Messinois n'avaient que trop mérité qu'on démantelât leur ville et qu'on la détruisît. La cruauté décisive de ces réponses exaspéra les Messinois, et une rébellion, que quelque légère concession eût pu calmer, devint une révolte ouverte, qui pensa porter un coup mortel à la monarchie d'Espagne, si Louis XIV eût su mieux profiter des immenses avantages qu'il pouvait tirer de ces circonstances.

Les Messinois, perdant tout espoir de pardon, travaillèrent donc à mettre la ville en état de défense, et les bourgeois eurent ordre de s'armer. Il fut décidé qu'il y aurait de la lumière sur les fenêtres pendant toute la nuit pour prévenir les surprises. Le sénat publia un manifeste où, après avoir exposé les violences du stradico, il déclarait « qu'il prenait les armes par la nécessité où il était de travailler à la conservation d'une ville dont ses ennemis avaient juré la ruine, et il assurait qu'il ne croyait rien faire en cela qui ne fût agréable au roi, dont l'intérêt demandait qu'on ne laissât point détruire une de ses plus fidèles villes. »

Pendant ce temps, le marquis de Crispano, toujours assiégé dans le palais, écrasait par ses batteries les maisons de Messine.

Apprenant cette sédition, le marquis de Bayonna, qui avait succédé au prince de Ligne, vice-roi de Sicile, se présenta pour entrer dans la ville, et envoya faire part de son arrivée au sénat.

Les sénateurs lui firent dire qu'ils étaient prêts à le recevoir avec le respect qui lui était dû, mais à condition qu'il exilât le stradico et ses adhérens, et qu'il n'entrât point à Messine à main armée. Le marquis de Bayonna, à peine âgé de vingt-quatre ans, violent et emporté, fit fouetter l'envoyé des sénateurs, et leur répondit « qu'ils étaient bien insolents de lui dicter des lois ; qu'il entrerait malgré eux dans Messine, puis qu'après il la raserait et y sèmerait du sel. »

Cette réponse ayant été rapportée, la fureur du peuple fut indicible. Le sénat, jugeant dès lors qu'il n'y avait point de justice à espérer du marquis de Bayonna, et qu'il soutiendrait au contraire les prétentions du gouverneur, le sénat, dis-je, convoqua le peuple sur la place Marine au son des cloches de la cathédrale.

Cette place fut bientôt remplie d'une foule immense, qui resta muette et silencieuse jusqu'à ce que le greffier du sénat eût dit en s'adressant à la multitude d'une voix sonore : « Les Messinois veulent-ils donner l'entrée de leur ville au marquis de Bayonna ? — Non, non ! plutôt la mort ! » dirent mille voix avec une exaltation impossible à décrire, et avec une telle unité d'intention qu'un seul s'étant avisé de dire qu'il serait peut-être à propos de faire encore quelques tentatives pour parvenir à un accommodement, il fut accablé de coups et envoyé en prison comme un traître.

Aussitôt que cette résolution eût été prise, on fit dire au marquis de Bayonna que s'il persistait à vouloir entrer on tirerait le canon sur lui. S'imaginant que les Messinois n'oseraient effectuer leurs menaces, il fit avancer sa gondole ; mais une bordée de canon l'obligea de virer de bord. On prétend même que peu s'en fallut qu'il ne fût tué. Il se retira donc à Melazzo, où il manda toutes les troupes espagnoles après avoir convoqué les barons du royaume, et se résolut d'attaquer vivement Messine et par terre et par mer.

Après un aussi grand éclat, les Messinois virent bien qu'il n'y avait ni justice ni grâce à espérer de la cour de Madrid. Aussi le sénat jugea à propos d'envoyer des députés au duc d'Estrées, alors ambassadeur de France à Rome, afin de supplier Louis XIV, par l'intermédiaire de ce ministre, de prendre Messine sous sa protection.

Les députés de Messine étaient don Antoine Caffaro et Laurent de Tamaso.

On doit donner ici quelques détails sur le duc et le cardinal d'Estrées, qui les premiers prévirent toute la portée de cette sédition.

CHAPITRE III.

Le cardinal César d'Estrées. — Madame la princesse de Chalais, plus tard princesse des Ursins. — Les cardinaux de Bouillon. — Porto-Carrero. — Rospigliosi. — Le duc de Bracciano. — Projet de mariage de madame de Chalais avec le duc de Bracciano. — Troubles de Messine. — Les bandits des Abruzzes. — Dépêches de MM. le duc et le cardinal d'Estrées au roi et à M. de Pomponne à ce sujet.

Le 1er août 1674, sur les sept heures du soir, un magnifique carrosse, entouré d'un grand nombre de pages, d'estafiers et de gentilshommes superbement vêtus, aux couleurs de la maison d'Estrées, stationnait devant la porte du couvent de Santa-Maria, situé proche le palais Farnèze, et les oisifs admiraient la splendeur de l'équipage de son éminence M. le cardinal César d'Estrées, qui visitait alors madame la princesse de Chalais, veuve, depuis 1670, d'Adrien-Blaise de Talleyrand, dit prince de Chalais (M. de Chalais ne prétendant pour ce titre à aucun rang ni distinction).

Atteint par l'édit contre les duels, M. de Chalais avait été obligé de quitter la France en 1663, lui et ses seconds, MM. de Flamarens et de Noirmoutiers, en raison de leur rencontre avec MM. de La Frette, de Saint-Aignan et d'Argenlieu.

On doit consacrer quelques lignes au cardinal d'Estrées et à madame de Chalais (plus tard princesse des Ursins), qui jouèrent un rôle si important et si considérable dans bien des affaires de ces temps-là.

Ce fut Gabrielle d'Estrées, la belle maîtresse de Henri IV, qui porta au comble la prodigieuse et singulière illustration de cette famille d'Estrées qui, chose rare, fut souvent par son mérite assez à la hauteur de cette fortune inespérée.

« Les d'Estrées, dit M. de Saint-Simon, étaient de nouveaux et obscurs gentilshommes du pays Boulonnais; et le cardinal avouait franchement qu'il connaissait ses pères jusqu'à un qui avait été page de la reine Anne, duchesse de Bretagne, mais que par-delà il n'en savait rien, et qu'il ne fallait pas chercher. »

Le cardinal César d'Estrées, dont on va parler ici, était fils du vieux maréchal d'Estrées, qui fut toute sa vie mêlé aux plus grandes affaires par le nombre et la distinction de ses emplois.

Frère du duc et du comte d'Estrées, le premier, ambassadeur de France à Rome, et le second vice-amiral des armées navales du roi, on a vu dans son temps et à propos de l'expédition de Candie, que César d'Estrées, évêque de Laon, bien que fort appuyé par le Portugal et la maison de Vendôme, fut, malgré la perte de M. de Beaufort, sacrifié au duc d'Albret (cardinal de Bouillon) lors de la nomination aux chapeaux vacants en 1669.

Fait cardinal *in petto*, en 1671, grâce, dit-on, à l'influence que donnait à sa maison le mariage récent de M. d'Estrées, marquis de Cœuvres, son neveu, avec mademoiselle de Lionne, fille du ministre des affaires étrangères, il ne fut déclaré que l'année d'après (1672), sous le pontificat de Clément X.

Né en 1628, César d'Estrées, presque au sortir des bancs de la Sorbonne, où il avait fort brillé, fut évêque et duc de Laon qu'il n'avait pas 25 ans : d'un esprit vif, bouillant, décidé, avec beaucoup d'érudition, de belles-lettres et de savante et profonde théologie, ce fut un des hommes les plus influents de l'assemblée du clergé qui se tint en 1660; aussi de Lionne le chargea-t-il d'accommoder les différends des quatre évêques qui, malgré la décision du pape, avaient refusé de souscrire à la condamnation de Jansenius, et qui menaçaient de commencer un schisme dangereux pour le repos de l'Église. César d'Estrées mit tant de prudence et d'adresse dans cette négociation, il apporta dans ces questions irritantes des tempéraments si habilement ménagés, et inspira aux dissidents une telle sympathie par le charme irrésistible de son esprit, que, sans vouloir tout à fait se soumettre, les quatre évêques adhérèrent *presque uniquement pour lui plaire,* disent les mémoires contemporains, à une apparente réconciliation que l'on appela la *Paix de l'Église,* et qui assoupit, pendant quelque temps du moins, ces disputes religieuses soulevées par les jésuites contre les jansénistes.

Fort attaché d'ailleurs aux libertés de l'Église gallicane, et connaissant mieux que pas un la cour de Rome, ses intrigues secrètes et ses machines souterraines, le cardinal réussissait singulièrement aussi dans des missions beaucoup plus mondaines, et par une vocation toute spéciale, il se plaisait extrêmement à faire de la *politique matrimoniale,* si cela peut se dire, ne s'entremettant jamais de faire réussir quelque union sans parvenir à la conclure, qu'il s'agît de celle de sa maîtresse ou d'alliances royales, peu lui importait. Ainsi, pour son début, c'est d'abord, en 1665, le mariage de mademoiselle de Nemours avec M. le duc de Savoie; en 1666, celui d'Alphonse, roi de Portugal, avec la sœur cadette de cette princesse; en 1673, celui de M. le duc d'York avec madame la princesse de Modène; en 1675, celui de madame de Chalais, sa maîtresse, avec le duc de Bracciano, prince des Ursins; en 1677, celui de madame la princesse électorale de Bavière avec monseigneur le dauphin; enfin ce serait à ne pas tarir sur l'ardeur *conjungante* de ce grand prélat, qui, ne pouvant se marier lui-même, éprouvait sans doute un véritable plaisir à tant marier les autres.

Bien que son frère aîné, M. le duc d'Estrées, chef de cette maison, fût ambassadeur de France à Rome et y résidât, par une disposition presque singulière dans l'ordre diplomatique, le cardinal y avait, pour ainsi dire, la même mission[1], et son frère, avec lequel il vécut toujours d'ailleurs dans la plus intime et la plus étroite union, ne faisant jamais rien sans le consulter, n'agis-

---

[1] M. le cardinal d'Estrées était chargé d'affaires de France à Rome.

sait que d'après son inspiration, et ce, fort à raison, car le cardinal était d'une autre étoffe que le duc : initié fort jeune par son père, qu'il n'avait jamais quitté, au secret des plus importantes négociations, il en acquit bientôt le tour et le manége, et dut surtout à cette expérience précoce des choses et des hommes une surprenante faculté de décision prompte et nette, basée sur un admirable discernement de ses véritables intérêts, qu'il savait démêler à travers le dédale des propositions les plus détournées et les plus insidieuses. Aussi, habitué jeune au succès, il n'avait pas cette indécision, cette méfiance de soi qui nuit extrêmement ; sachant par preuve tout l'indicible attrait de son esprit, aussi fin, aussi souple, aussi gracieux, qu'il était réservé, profond et imposant quand il le fallait, jamais il n'entreprenait rien qu'avec cette espèce d'arrière-pensée de réussite qui est presque la garantie du succès.

Joignez à cela que César d'Estrées était un de ces hommes harmonieux au dehors, chez lesquels tout séduit, parce que tout est d'accord : beauté, naissance, esprit de mille sortes, richesse, élégance, goût sûr et parfait, convenances et tact exquis ; le cardinal réalisait enfin presque l'idéal d'une de ces organisations impératives nées pour manier les hauts intérêts et influencer puissamment les hommes, parce que, depuis les gens les plus futiles jusqu'aux esprits les plus sérieux, chacun se trouve, à son grand orgueil, pour ainsi dire, représenté, grandi, réfléchi dans une des faces de ces natures si merveilleusement complètes et multiples.

Fort magnifique et fort grand seigneur en toutes choses, César d'Estrées était encore extrêmement aumônier et pitoyable, adoré de ses gentilshommes et de ses premiers domestiques, dont il désarmait, pour ainsi dire, la cupidité par l'opiniâtre et confiante incurie de ses affaires, dans laquelle il vécut toujours, et dont ils ne purent jamais le tirer, témoin cette délicieuse et si comique scène de la visite du cardinal Bronzi, racontée si spirituellement par M. de Saint-Simon [1].

[1] Voici cette ravissante anecdote qui peint tout un côté du caractère de ce prélat.
Il ne pouvait ouïr parler de ses affaires domestiques : pressé et tourmenté par son intendant et son maître d'hôtel de voir enfin ses comptes

Ami sûr et solide, mais implacable ennemi, le ressentiment de la haine ou de l'affection de César d'Estrées était également outré; singulièrement distrait, il lui arrivait de ce côté les plus plaisantes aventures du monde, et, entre autres, celle de ce grand dîner qu'il donnait à Fontainebleau pour M. le prince de Toscane, qui fut le seul convive qu'il oublia de prier. Extrêmement et autant courtisan que courtisé, ce fut lui qui répondit effrontément à Louis XIV, qui se plaignait de n'avoir plus de dents : *Eh! sire, qui est-ce qui a des dents!*

Mais le rare de cette réponse, dit un contemporain, c'est que le cardinal avait, lui, des dents admirablement blanches et bien rangées, et qu'ouvrant fort la bouche en parlant, il ne pouvait s'empêcher de les montrer.

qu'il n'avait point vus depuis nombre d'années, il leur donna un jour : ils exigèrent qu'il fermerait sa porte pour n'être pas interrompus; il y consentit avec peine, puis se ravisa, et leur dit que, pour le cardinal Bronzi, au moins, qui était à Paris, son ami et son confrère, il ne pouvait s'empêcher de le voir, mais que ce serait merveille si ce seul homme, qu'il ne pouvait refuser, venait précisément ce jour-là. Tout de suite il envoya un domestique affidé au cardinal de Bronzi, le prier avec instance de venir chez lui un tel jour entre trois et quatre heures, qu'il le conjurait de n'y pas manquer et qu'il lui en dirait la raison; mais, sur toutes choses, qu'il parût venir de lui-même. Il fit monter son suisse dès le matin du jour donné, à qui il défendit de laisser entrer qui que ce fût de toute l'après-dînée, excepté le seul cardinal Bronzi, qui sûrement ne viendrait pas; néanmoins que s'il s'en avisait, il ne fallait pas le renvoyer. Ses gens, ravis d'avoir à le tenir toute la journée sur ses affaires, sans y être interrompus, arrivent sur les trois heures. Le cardinal laisse sa famille et le peu de gens qui, ce jour-là, avaient soupé chez lui, et passe dans un cabinet où ses gens d'affaires étalèrent leurs papiers. Il leur disait mille choses ineptes sur la dépense, où il n'entendait rien, et regardait sans cesse vers la fenêtre sans en faire semblant, soupirant en secret après une prompte délivrance. Un peu avant quatre heures arrive un carrosse dans la cour : ses gens d'affaires se fâchent contre le suisse et crient qu'il n'y aura donc pas moyen de travailler. Le cardinal, ravi, s'excuse sur les ordres qu'il a donnés. « Vous verrez, ajoute-t-il, que ce sera le cardinal de Bronzi, le seul homme que j'ai excepté et qui tout juste s'avise de venir aujourd'hui. » Tout aussitôt on le lui annonce: lui, à hausser les épaules, mais à faire ôter les papiers et la table à ses gens d'affaires, à s'en aller en pestant; dès qu'il fut seul avec Bronzi, il lui conta pourquoi il lui avait demandé cette visite et à en bien rire tous les deux. Depuis, ses gens d'affaires ne l'y rattrapèrent, et de sa vie il n'en voulut ouïr parler. Ils étaient d'ailleurs de la plus exacte et entière probité.—(Saint-Simon, vol. II.)

Aimant beaucoup les lettres, et les cultivant, intimement lié avec les beaux esprits du temps, Ménage, Chapelain, Valincourt très-bel esprit lui-même, de la meilleure, de la plus instructive, et de la plus agréable compagnie, le cardinal avait été et était encore fort galant et fort recherché; mais ses liaisons furent habituellement conduites avec une extrême mesure et décence; ses goûts étaient peu italiens, et il n'avait jamais guère qu'une maîtresse à la fois, et encore toujours très-choisie et très-considérable.

Telle était madame de Chalais, dont le cardinal s'occupait alors, et qui fut depuis, on l'a dit, si célèbre sous le nom de la princesse des Ursins.

Anne-Marie de la Trémouille, fille de Louis de la Trémouille, duc de Noirmoutiers, avait en ce temps-là 32 ans: elle avait épousé, en 1659, M. de Chalais, qui mourut à Venise en 1670, et la laissa veuve, sans enfants, et sans aucun bien. Lorsque son mari mourut, madame de Chalais, retirée dans un petit couvent, habita Rome et l'habita longtemps après: c'était une femme d'un esprit surprenant, délié, plein de subtilités et de ressources, glorieuse, altière, ardente, étrangement ambitieuse, et dévorée du désir de se mêler aux grands intérêts d'État, dont elle se croyait fermement le génie, mais cachant au vulgaire cette ambition, au-dessus de sa force et de son sexe, sous une apparente et complète indifférence de toute visée politique, et, en secret, poursuivant opiniâtrément son rêve doré.

Aussi, du fond de ce modeste couvent de Santa-Maria, où elle était demeurée depuis son veuvage, elle influençait souvent les décisions du cabinet de Saint-Pierre, par la tendre autorité qu'elle avait su conserver sur le cœur d'un assez gros nombre de cardinaux des plus comptés, qui depuis la mort de M. de Chalais, et sans doute pour se compenser un peu de la vénérable mule du saint Père, agenouillant la pourpre romaine devant la belle veuve, avaient amoureusement baisé les plus jolis pieds de la chrétienté; car l'amie de César d'Estrées, toujours d'une scrupuleuse et entière fidélité dans sa liaison intime avec le sacré collége, semblait s'être absolument consacrée à cette espèce de *communion cardinale*.

Parmi les plus fervents et les plus heureux des adorateurs de madame de Chalais, on avait surtout envié les cardinaux de Bouillon, Porto-Carrero et Rospigliosi : aussi verra-t-on bientôt que ces tendres et nombreuses avances ne furent pas perdues pour la charmante veuve, et avec quelle ardeur unanime, avec quel ensemble entraînant, le sacré collége, reconnaissant de tant de doux souvenirs, s'unissant presque tout entier à S. E. le cardinal d'Estrées, finit par enlacer fort et ferme, dans l'inextricable lien du mariage, le duc de Bracciano, prince des Ursins, avec madame de Chalais.

Rien n'est plus curieux que toute cette négociation de mariage, conduite avec un art et une adresse infinis par le cardinal et madame de Chalais. Malheureusement, le cadre et les bornes de cet ouvrage obligent d'être succinct ; mais on va donner une idée sommaire de l'exposition de cette délicieuse comédie.

Flavio, duc de Bracciano, prince des Ursins, un des plus grands seigneurs de Rome, alors âgé de soixante ans, d'une santé faible et maladive, devint veuf, le 29 avril 1674, de Ludovisia, nièce de Grégoire XV. N'ayant point d'enfants, il voulut se remarier. Entre autres deux partis considérables se présentaient : d'abord, la princesse de Venaffro, sa cousine, veuve du prince Savelli, âgée de vingt-cinq ans, fort belle, d'une vertu et d'une piété exemplaires, et ayant plus de 200,000 écus de bien. Puis Lucizia Colonna, veuve du duc de Bassanello, sœur du connétable Colonne, âgée de trente ans, rare beauté, les délices et l'admiration de Rome, et ayant près de 1,600,000 écus, une fortune royale.

Or, le duc de Bracciano flottait indécis entre ces deux propositions, qui lui agréaient extrêmement, lorsque le cardinal résolut de lui faire épouser, au contraire, madame de Chalais, qui était étrangère, sans aucun bien, et avait seulement plus d'années et moins de charmes que ses rivales. Comment le cardinal parvint à conclure une union aussi extraordinaire, comment et pourquoi il fit intervenir dans ce mariage-là, le pape, Louis XIV, Pomponne, le sacré collége, les jésuites, on le verra plus bas; seulement on peut dire d'avance que le bonhomme Bracciano, aveuglé, étourdi, fasciné, vint donner tête baissée, et de toutes ses forces, dans le piége qui lui était si habilement et si gracieusement tendu, et où il demeura.

D'ailleurs, les mariages Bassanello et Venaffro une fois ruinés, il ne restait plus qu'à séduire le vieux duc, et madame de Chalais n'y pouvait faillir. Véritablement douée d'un charme inouï, voulant plaire pour plaire, elle était assurée de séduire quand elle le voulait bien ; causant et racontant à ravir, très-grande dame en tout, mais seulement entêtée, jusqu'à la folie, de sa personne et de sa beauté, qui, sans être précisément remarquable, avait beaucoup de race et de montant ; elle était aussi d'une superbe à confondre, et devenait emportée, intraitable, cruelle même, quand on la blessait dans cet orgueil épouvantable.

Ce fut elle qui, longtemps après et au fort de son crédit et de sa faveur auprès du roi d'Espagne Philippe V, et de la reine qu'elle gouvernait à sa guise, osa faire arrêter, aux portes de Madrid, un courrier de l'ambassadeur de Louis XIV, saisir les dépêches que ce ministre écrivait au roi, sûre d'y trouver une dénonciation suscitée contre elle, par ce même cardinal d'Estrées qui lui fut aussi hostile, à cette époque (1703), qu'il s'était montré dévoué en la voulant marier si avantageusement en 1674.

Quant à cette dépêche, adressée directement à Louis XIV en 1703, l'ambassadeur y appuyait surtout sur les rapports intimes qui existaient entre la princesse des Ursins et son premier écuyer, nommé d'Aubigny[1], qui la gouvernait, disait-on,

[1] Voici une note de Saint-Simon très-explicite à cet égard.

« Dans la suite, un cinquième fut souvent admis à ce conseil étroit, l'unique où se réglaient toutes choses : ce cinquième était bien couplé avec Orry. Il s'appelait Aubigny, fils d'un procureur au Châtelet de Paris ; c'était un beau et grand drôle, très-bien fait et très-découplé de corps et d'esprit, qui était depuis longues années à la princesse des Ursins sur le pied et sous le nom d'écuyer, et sur laquelle il avait le pouvoir qu'ont ceux qui suppléent à l'insuffisance des maris. Louville, à qui la camarera major (princesse des Ursins) voulut parler une après-dînée avec le duc de Médina Cœli, voulant les voir sans être interrompue, entra, suivie d'eux, dans une pièce reculée de son appartement. D'Aubigny y écrivait, qui, ne voyant entrer que sa maîtresse, se mit à jurer et à lui demander si elle ne le laisserait jamais une heure en repos, en lui donnant les noms les plus libres et les plus étranges, avec une impétuosité si brusque que tout fut dit avant que la princesse des Ursins pût lui montrer qui la suivait. Tous quatre demeurèrent confondus ; d'Aubigny à s'enfuir ; le duc et Louville à considérer la chambre pour laisser quelques moments à la camarera major pour

et conséquemment aussi la monarchie espagnole. Cette intimité, ajoutait la dépêche, était tellement familière et évidente qu'on était obligé de croire la princesse des Ursins mariée secrètement avec ce domestique, pour s'éviter une supposition outrageante pour une femme de son rang. Dans son impérieuse fierté, la princesse, au contraire, bien plus outrée de ce soupçon de mariage avec son écuyer que du scandale qu'on faisait de sa liaison avec lui, écrivit seulement ces trois mots en marge de la dépêche : — *Pour mariée...* NON ; — les signa, recacheta le paquet, et envoya le tout en cet état à Louis XIV, qui fut, on le pense bien, dans une furieuse colère.

Mais n'anticipons pas sur les événements, et revenons à ce qui se passait le 2 août dans l'oratoire de madame de Chalais, situé au premier étage du couvent de Santa-Maria.

Rien n'était de meilleur goût et plus élégant que l'intérieur de cette pièce, dont les deux fenêtres s'ouvraient sur le jardin du couvent.

C'était une de ces demeures à la fois mystiques et amoureuses, dont le caractère ne peut plus guère se rencontrer encore qu'en Italie ou en Espagne, un de ces gracieux mélanges de profane et de sacré, qui frappent et plaisent comme tous les contrastes. Ainsi, auprès d'un charmant prie-Dieu en ivoire sculpté, garni de coussins de velours nacarat, et placé au-dessous d'une madone qui resplendissait de broderies, dans sa niche d'azur semée d'étoiles d'or, on voyait, spécialement destinée à madame de Chalais, une voluptueuse chaise longue, élevée sur une espèce d'estrade couverte d'un riche tapis de Turquie, dont les deux degrés supportaient plusieurs grands vases de porcelaine remplis de fleurs, sorte de barrière fraîche et parfumée qui séparait la divinité de ses adorateurs. Plus loin,

---

se remettre, et les prendre eux-mêmes. Le rare est qu'après cela, il n'y parut pas, et qu'ils se mirent à conférer comme s'il ne fût rien arrivé. Bientôt après, ce compagnon, qui n'était qu'un avec Orry, qui le gorgea de biens dans les suites, fut logé au palais comme un homme sans conséquence par son état, mais où? Dans l'appartement de l'infante Marie-Thérèse, devenue épouse de Louis XIV ; et cet appartement paraissant trop petit pour ce seigneur, on y ajouta quelques pièces contiguës ; ce ne fut pas sans murmures d'une nouveauté si étrange, mais il fallut bien le supporter. Grands et autres, tout fléchit le genou devant ce favori. »

une riche bibliothèque d'ébène, incrustée d'étain et de cuivre, renfermait les livres de prédilection de la jolie veuve ; le cristal des vitres supérieures laissait lire le titre d'un assez grand nombre de ces ouvrages, presque tous de théologie et de piété ; mais le corps inférieur de la bibliothèque cachait, sous ses panneaux d'écaille, le nom de plusieurs écrivains moins orthodoxes : Machiavel, Grotius, les écrits passionnés de l'Isola, enfin tous ces ouvrages ou pamphlets politiques imprimés en Hollande pour et contre la France, l'Empire et l'Espagne, et qui représentaient pour ainsi dire le journalisme du temps ; puis enfin, sur les derniers rayons, *les Amours des Gaules* de Bussy-Rabutin, et certains recueils de chansons manuscrites un peu libertines, que les amis de madame de Chalais lui envoyaient de Paris ; somme toute, cette bibliothèque était comme le résumé de la vie, des goûts, ou des semblants de la belle veuve. Quelques bronzes et marbres antiques du plus pur dessin étaient épars çà et là sur de petites consoles de bois doré ; et la tenture de demi-deuil de taffetas gris, attachée aux murailles par de gros clous à tête d'argent, était cachée en quelques endroits par de fort beaux tableaux de l'école italienne ; enfin, dans un coin de cette pièce, on voyait un théorbe et un clavecin ouvert avec son pupitre chargé de musique.

Assise, ou plutôt à demi couchée sur sa chaise longue, madame de Chalais, âgée de trente-deux ans, on l'a dit, était vêtue de noir, couleur qu'elle n'avait pas quittée depuis la mort de M. de Chalais, peut-être parce que le noir lui allait à ravir, peut-être aussi parce que ce semblant de deuil éternel pouvait affriander le vulgaire des prétendants à sa main, les flatter d'un obstacle de plus à vaincre, et leur donner d'autant plus de confiance dans l'avenir qu'une douleur, apparemment si continuée, devait leur répondre du passé.

Madame de Chalais était une femme de taille moyenne, mais parfaite : ses sourcils de jais se dessinaient vigoureusement au-dessus de ses deux grands yeux bleus, bordés de longs cils noirs et frisés, qui promettaient beaucoup et tenaient, dit-on, de reste ; sa peau, d'un velouté presque doré, était d'un poli et d'une finesse remarquables, et lorsqu'en souriant ses lèvres rouges et minces s'entr'ouvraient, sa figure brune semblait comme éclairée par l'éblouissante blancheur de l'émail de ses dents; son front haut et large était couronné par de magnifiques cheveux de ce beau noir bleu à reflets brillants : faite à peindre, avec une gorge, des bras, des mains et des pieds surtout à désespérer Phydias, dit un ecclésiastique contemporain, madame de Chalais avait surtout alors, si cela se peut dire, cette pratique de poses gracieuses, cette expérience de ce qui séduit et de ce qui sied, cette merveilleuse science de l'*à-propos* que les femmes de cet âge et de cet esprit peuvent seules posséder, et qui les rend d'un commerce si charmant et si irrésistible. Joignez à cela que madame de Chalais avait beaucoup vu, beaucoup lu, beaucoup observé, beaucoup retenu; et qu'avec infiniment de savoir et d'esprit, elle avait encore le secret de faire extrêmement ressortir et valoir l'esprit et la science des autres; enfin, bien que profondément secrète et dissimulée, quand elle le voulait ou qu'il le fallait, elle avait l'air du monde le plus ouvert, le plus noble et le plus imposant.

Le cardinal d'Estrées, assis tout auprès de la chaise longue, sortait du Saint-Siége, et était encore en costume de cérémonie : sa longue robe rouge dessinait à merveille sa haute et belle taille; ses cheveux, par une faveur de l'art ou de la nature, bien qu'il eût alors quarante-six ans, paraissaient aussi bruns que sa moustache, et tombaient en longues boucles sur son merveilleux point de Venise, dont les broderies délicates se détachaient à ravir sur le pourpre de sa robe; sa figure fraîche et fleurie, sans être grasse, était pleine de charme et de noblesse; ses yeux noirs pétillaient d'esprit et de feu, et son aimable sourire laissait presque toujours voir ces dents magnifiques, qui vingt ans après contredisaient encore si malicieusement l'inconcevable réponse du cardinal sexagénaire à Louis XIV, se plaignant alors d'être édenté.

Et de fait, en voyant ce beau cardinal et cette jolie veuve, il était impossible de ne pas demeurer frappé de la parfaite et extrême convenance de leur union : mêmes rapports d'âge, d'esprit, de finesse, de savoir et d'expérience; se sachant trop bien, et depuis trop longtemps, l'un l'autre, pour ruser ou mentir; tous les semblants réservés au monde et aux dupes disparaissaient entre eux devant la solidité d'une affection qui datait de leur première jeunesse; car, bien avant son mariage avec M. de Chalais, et lorsque César d'Estrées était au fort de tous ses agréments, mademoiselle de la Trémouille, ainsi que madame sa tante, ne bougeaient à Paris de l'hôtel d'Estrées, tandis qu'en province le voisinage des terres de Cœuvres et de Noirmoutiers les rapprochait encore. Aussi en faisait-on cent contes, et des plus graveleux.

Bien que leurs éminences messeigneurs de Bouillon, Porto-Carrero, Rospigliosi, eussent çà et là effleuré le cœur de madame de Chalais, César d'Estrées, beaucoup trop du monde pour lui savoir mauvais gré de ces prétextes qu'elle se donnait pour connaître et influencer les résolutions de la cour de Rome, César d'Estrées, dis-je, conserva fort longtemps sur elle cet ascendant inaltérable qui survit toujours au premier amour.

Ainsi donc on ne s'étonnera pas de trouver dans la conversation qui va se lier entre deux amis si sûrs et si anciens, une précision et une netteté de termes et de pensées, auxquels plusieurs dépêches citées plus bas serviront pour ainsi dire de corollaires.

— Encore une fois, c'est une chimère à laquelle il ne faut pas songer, César, — disait madame de Chalais au cardinal.

— Et moi, par ma barette, je vous dis, Marie, que vous serez duchesse de Bracciano, princesse des Ursins.

— Vous verrez bien.

— Je l'espère fort que je le verrai; car sans cela, grâce à mon serment de tout à l'heure, je demeurerais décardinalisé.

— Mais vous savez mieux que personne, mon ami, que M. de Bracciano n'a jamais eu de vues sur moi.

— Non, sans doute; mais son âme damnée, le révérend P. Ripa, que j'ai gagné par quelque régal, sans pressentir le duc en quoi que ce soit, a fort habilement fait votre éloge, juste au moment où je venais de traverser les deux mariages que Bracciano voulait conclure : le premier (que nous fîmes manquer au palais par le refus de dispense), avec madame de Venaffro, sa parente, et le second (que nous ruinâmes par le connétable Colonne lui-même), avec la duchesse de Bassanello. Or, maintenant, les unions Bassanello et Venaffro manquées, sur quel parti Bracciano peut-il convenablement jeter les yeux à Rome? Sur aucun, avouez-le, Marie.

— Oh! je vous avouerai cela de tout mon cœur, parce que je suis un peu comprise dans cet *aucun*-là... En un mot, si vous êtes le moins du monde de mes amis, avant même que cette visée de demander ma main ne vienne à M. de Bracciano, vous devez le faire prévenir d'une chose bien positive, c'est qu'il ne doit ni ne peut penser à une telle union.

— Et pourquoi cela?

— Parce que je refuserais ses offres, oui. Vous voilà tout stupéfait... Certainement, oui, je les refuserais, préférant l'état de veuve, ce modeste et tranquille couvent, le souvenir de M. de Chalais, ma vie obscure et retirée, à de nouvelles chaînes, telles dorées qu'elles fussent, — dit madame de Chalais du ton le plus naturel et le plus résolu.

A ces mots, les traits du cardinal exprimèrent d'abord l'étonnement le plus complet : d'un mouvement brusque, il se redressa sur son siége, et regarda fixement madame de Chalais sans dire une parole; puis, laissant tomber ses deux mains sur les bras de son fauteuil, il répéta lentement, en attachant sur elle un coup d'œil perçant et profond :

— Vous refuseriez le duc de Bracciano... le plus grand seigneur de Rome!... Vous le refuseriez!

— Je le refuserais assurément, à moins que le roi mon maître et le vôtre ne m'imposât ce grand sacrifice, comme utile à ses plus chers intérêts : alors mes regrets, mon amour d'obscurité, mon souvenir de M. de Chalais, céderaient peut-être, je le crois, à de pareilles raisons, et non pas à l'espérance d'une position brillante, je l'avoue, mais que je rougirais de paraître solliciter...

— Le roi?... — dit le cardinal de l'air du monde le plus surpris; — le roi intervenir?...

Madame de Chalais regarda un moment César d'Estrées en silence, attacha sur lui ses yeux brillants, comme s'ils eussent dû lui dévoiler sa pensée tout entière... puis voyant le cardinal toujours étonné, elle ajouta d'un ton d'impatience et de dépit :

— Puisque vous ne m'entendez pas, brisons là sur ce sujet.

— Ah! je comprends! — s'écria César d'Estrées en se frappant tout à coup le front; puis, se renversant dans son fauteuil, il s'écria en riant d'un air un peu confus : — Oui, j'étais un sot, je comprends tout...

— Enfin... — dit madame de Chalais d'un ton impérieux et presque moqueur.

Alors, César d'Estrées, quittant son fauteuil, vint se mettre à genoux sur le degré qui supportait la chaise longue, et, baisant la belle main que madame de Chalais lui donnait en souriant, il lui dit :

— Pourrez-vous jamais me pardonner ? Et je ne vous avais pas devinée ! Quoi ! je n'avais pas d'abord pénétré que le seul moyen d'assurer presque certainement votre mariage avec un homme tel que Bracciano, c'était d'abord de le lui faire représenter pour ainsi dire comme impossible, et d'y intéresser *l'incomparable maître*, comme disait ce pauvre de Lionne.

— Votre éminence remarquera que je n'ai pas dit un mot de cela, — répondit Marie en souriant de la façon la plus spirituelle et la plus maligne.

— Mais c'est que c'est le moyen le plus sûr de mener cette affaire à bonne fin, — dit le cardinal en faisant un signe qui prouvait assez à madame de Chalais le peu de cas qu'il faisait de sa dénégation ; — oui, sans doute, vous l'avez merveilleusement pénétré, tout le nœud de l'affaire est là ; rien n'est plus clair ; Bracciano, ou plutôt le rang et l'état qu'il vous donne, vous convient à merveille. On vient de lui rompre deux mariages qu'il désirait ; venir aussitôt après lui faire votre éloge et lui proposer votre main, un enfant n'y serait pas pris ; il faut, au contraire, avec art lui proposer un troisième parti qui ne soit pas vous, et qui lui déplaise, en lui faisant adroitement entendre que c'est un grand dommage que vous soyez aussi décidément résolue à ne vous jamais marier, puis passer outre et parler de ce déplaisant troisième parti... Or, ou je me trompe fort, ou votre refus anticipé doit ôter tout soupçon à Bracciano que ses mariages aient été traversés pour le jeter après à vos pieds ; puis l'étonner extrêmement, et irriter sa vanité en se voyant d'avance éconduit par vous, tandis que les Venaffro et Bassanello, qui avaient tant de biens, se trouvaient trop heureuses de cette union.

— Je vous admire, César.

— Sans nul doute, alors Bracciano veut au moins tenter l'aventure; son orgueil (n'est-il pas Ursins?) n'y tient pas; il vous fait pressentir : nouveau, formidable et formel refus... De mon côté, pendant que la vanité de Bracciano se monte et se désole, je fais entendre au roi qu'il est extrêmement de sa gandeur, de son intérêt, de sa politique, que le mariage se fasse; et aussitôt Sa Majesté écrit à mon frère et à moi sous ce point de vue. Mais, en vérité, — dit le cardinal en s'interrompant, — Marie! Marie!... je ne suis qu'une pécore,... et vous êtes admirable!

— Mais encore une fois, César, c'est vous qui êtes admirable d'orgueil de trouver autant de poids et de solidité à vos propres imaginations, car je n'ai dit un mot de toutes ces belles choses, — reprit madame de Chalais, avec une grande affectation de naïveté.

— De grâce, ne raillez pas, — dit le cardinal avec impatience; car, avec son habitude de pénétration rapide, il voyait toute cette négociation se dérouler devant lui; aussi continua-t-il avec feu : — Une fois les intérêts du roi et la vanité du bonhomme Bracciano bien engagés là, cela va de soi-même, il devient facile de tout obtenir... Le duc ne peut pas croire à vos refus, on vous le présente : vous êtes là, Marie, belle comme aujourd'hui, l'air triste et pensif, douce, bonne, et faisant à ravir vos beaux yeux humides quand vous parlerez de ce pauvre Chalais que vous regrettez tant... une véritable Andromaque... Que vous dirai-je? Bracciano demeure stupéfait de tant de charmes, de tant de fidélité à un défunt, de tant de résignation... En un mot, je vous connais, vous le fascinez, vous l'ensorcelez, vous le rendez ivre... fou; puis un bon refus, du reste, le plus gracieux, mais le plus absolu, le vient écraser... Alors il se désole, se lamente, et déclare qu'il ne se mariera de ses jours, si ce n'est avec vous... C'est là que je l'attends : aussitôt j'expédie courrier sur courrier pour démontrer évidemment à l'incomparable maître que le veuvage de Bracciano peut devenir une question de la plus haute politique... une affaire d'État.

— Une affaire d'État!... voyez un peu!... le veuvage du pauvre duc une affaire d'État!

— Mais sans doute : s'il reste veuf, sa fortune ne retourne-t-elle pas aux Gravina?

— Eh bien !

— Les Gravina ne doivent-ils pas être extrêmement Espagnols, ou plutôt ne sont-ils pas extrêmement Espagnols ? Or, une pareille fortune, ou plutôt l'influence qu'elle donne, ne peut-elle pas devenir ainsi une arme des plus dangereuses entre les mains de cette branche si évidemment ennemie de notre maître ? Or, au fait, quel est à cette heure le but unique, universel de notre politique ? De nuire à l'Espagne, à Naples par les brigands que l'on soudoie ; à Messine, par les soulèvements que l'on y excite... Eh bien ! on poursuivra, on atteindra, on blessera la monarchie espagnole jusque par le mariage du bonhomme Bracciano.

Madame de Chalais ne put s'empêcher de rire, et le cardinal continua.

— En un mot, plus j'exagère la question, plus je lui donne d'importance, plus le maître incomparable redouble d'instances pour vous décider... Pomponne est fort de vos amis et des miens, il donne à cette affaire la même couleur que nous ; et le bonhomme Bracciano voyant le plus grand roi du monde tâcher de vous fléchir, en perd la tête : sa cervelle italienne bouillonne d'orgueil et de vanité ; aussi je ne puis prévoir quels sacrifices il est prêt à faire, surtout si on lui laisse entrevoir que s'il peut jamais parvenir à obtenir de vous de sécher vos larmes, et d'oublier Chalais... il serait possible que, pour le récompenser ainsi qu'il le mérite du très-éminent service qu'il vient de rendre à notre maître, à l'État... que dis-je, à l'État ? à l'Europe... en vous épousant, il serait possible, dis-je qu'on lui accordât *l'ordre* à lui... Bracciano. Vous concevez alors, Marie, qu'il n'y aurait dans ce cas plus qu'une chose à craindre, à savoir que la raison du pauvre duc ne s'égarât et que vous n'eussiez à conduire un fou à l'autel... Ah ! Marie !... Marie ! je ne vous dis plus maintenant par ma barette, mais par votre incomparable esprit, que vous serez princesse des Ursins.

— De la sorte, je le croirais assez, César ; mais dans toutes ces choses, il faut faire, vous le savez mieux que moi, la part des mauvaises chances... et dans cette affaire, que vous vous exagérez en bien, il en est quelques-unes... Entre nous, César, les malveillants (ici madame de Chalais sourit) peuvent fort noircir notre commerce amical : songez que je vous vois presque tous les jours et fort longuement.

— Mais heureusement, Marie, — répondit le cardinal, en souriant, — heureusement qu'avec une adresse infinie vous savez rendre mes fréquentes visites moins remarquables en recevant presque tous les jours et fort longuement aussi Rospigliosi, Porto-Carrero, Bouillon, quand il vient à Rome, enfin presque tout le collége, en un mot... Or, parfaitement accueillir tous les élus du sacré collége, cela serait si compromettant, que cela ne peut compromettre le moins du monde ; et en cela, Marie, je vous sais un gré que je ne saurais vous dire de cette résolution que vous avez prise de supporter toutes ces ennuyeuses éminences, de sembler même les traiter en toutes choses avec autant et quelquefois plus de bienveillance que moi-même, à cette seule fin d'effacer tout ce qui pourrait paraître de peu orthodoxe dans notre amitié.

Madame de Chalais ne put réprimer un léger mouvement de dépit en entendant cette malice du cardinal, et puis elle ajouta en souriant : — Ne dites donc pas de pareilles méchancetés, César... parlons plutôt de ce qui vous intéresse, puisque voilà la question de ce mariage chimérique à peu près épuisée... Où en êtes-vous de Messine ?

— Avant de vous parler de Messine, Marie, laissez-moi vous dire encore une des raisons qui nous doivent engager à agir de la sorte que je vous propose... c'est-à-dire d'intéresser beaucoup le roi à votre mariage... c'est que ce sera là une merveilleuse occasion de forcer un peu la main à madame votre tante pour lui faire rendre ce qu'elle vous retient. Enfin, laissez-moi ce soin, ce soir même je joindrai à ce sujet une longue note à nos dépêches sur Messine, et à notre prochain courrier, vous en verrez les effets... vous verrez que ce mariage...

— Mais, en vérité, César, ne parlons plus de cela, je vous prie ; songez donc que c'est vous qui me parlez de mariage, que c'est moi qui vous réponds... César !... César !... avec nos souvenirs, aux termes où nous en sommes... cela est bien cruel ! oh ! bien cruel !... — dit madame de Chalais avec un soupir.

En entendant la jolie veuve exprimer cette un peu tardive répugnance, le cardinal ne put s'empêcher de sourire et de lui dire : — Allons, Marie, à merveille, vous répétez un peu avec moi le rôle que vous devez jouer avec le bonhomme Bracciano... j'y consens et...

— Puisque nous parlons de Messine, César ; et vos envoyés, les avez-vous vus ? — dit madame de Chalais en feignant de n'avoir pas entendu.

César d'Estrées regarda un instant Marie, la menaça en riant, et répondit : — Non certes, ce n'est seulement qu'à la nuit, ce soir, que nous devons les mystérieusement introduire dans notre immunité, grâce au casino du palais Farnèze qui y communique par un degré souterrain.

— Et comment M. de Pomponne conduit-il cette affaire-là ?

— Faiblement ; on temporise trop, à mon avis. C'est comme l'affaire de Naples ; on ne laisse pas agir mes pauvres chers bandits qui nous coûtent si peu et qui ravagent si bien les Abruzzes et font tant de mal à l'Espagne en faisant leurs affaires particulières. Il y aurait là, si on le voulait, toutes les chances d'une merveilleuse sédition ; mais encore une fois, à mon sens, on regarde ces affaires en France comme de trop peu de chose ; tandis qu'au contraire, en appuyant ces soulèvements, et surtout celui de Messine et de la Sicile contre l'Espagne, on peut peut-être entraîner le royaume de Naples dans le même abîme et faire une utile diversion à la Catalogne ; car on s'émeut fort dans le Roussillon. J'ai reçu des lettres de Vivonne, qui depuis trois mois croise avec ses vaisseaux et ses galères sur ces côtes-là pour tâcher d'y débarquer les troupes du maréchal de Schomberg.

— Mais ce *gros crevé* est impayable ; il bataille tant sur terre et sur mer que c'est tout une héroïde que sa vie...

— Sans doute, seulement au passage du Rhin, qu'il a intrépidement passé ; d'ailleurs, le pauvre Jean Leblanc, son cheval favori, ployant sous le faix des nouveaux lauriers de son maître, a bien manqué de le laisser dans le fleuve ; aussi le gros crevé s'écria-t-il, dit-on, « Holà ! Jean Leblanc, ne vas pas noyer en » eau douce un général des galères. »

— C'est bien lui... toujours le même... une plaisanterie au moment du péril. Mais il est des mieux en cour à cette heure ; il a pour *presque* beaux-frères les deux maîtres... aussi, avec les droits de la Montespan et de la Thiange sur le roi et sur Seignelay, Vivonne peut tout espérer à cette heure.

— Et je pense bien que cette croisière n'est qu'un pas pour lui donner mieux; son poste est des plus importants... et l'on ne peut trop l'en divertir... Pourtant, si le roi envoyait des secours considérables à Messine, nul doute que Vivonne n'y fût pour quelque chose... Mon Dieu! qu'il vienne donc, ou plutôt que Pomponne comprenne davantage les suites probables de ce soulèvement. Il peut en dériver des résultats d'un bonheur incalculable pour les intérêts de notre maître; car Naples et la Sicile échappant à l'Espagne, il devient presque impossible à cette puissance de conserver l'état de Milan; la Flandre se voit privée de ses meilleures troupes; l'autorité des ministres d'Espagne à la cour de Rome est anéantie, et en même temps aussi tous ces petits princes d'Italie, qui ne demandent que faiblesse pour insulter, n'y manqueront pas, et secoueront sans doute la dépendance dans laquelle Madrid les a tenus si longtemps.

— Entre nous, mon ami, ces raisons m'avaient déjà frappée; car voyez que le roi peut porter un coup mortel à la monarchie espagnole par le hasard qui le sert, et qu'enfin ce que de grandes armées n'ont jamais pu accomplir est faisable aujourd'hui par le chemin que Messine vient de frayer.

— Sans doute; et, combiné avec les troubles de Naples que mes chers bandits des Abruzzes nous mûrissent, il n'est pas à douter que tout n'arrive à bonne fin.

— Et ce chef dont vous m'avez parlé?
— Pablo Baglio?
— Lui-même.
— Oh! le drôle est reparti, et je l'attends un jour ou l'autre... Quel compagnon! il est le digne fils de Giuseppe Baglio, qui surprit et ravagea Cambly pour donner au feu le cardinal Mazarin un échantillon de son savoir-faire, sans lequel échantillon le bon cardinal ne le voulait pas employer.

— Et ce digne fils de son père n'a-t-il pas fait quelque preuve aussi?

— Des plus magnifiques. Ayant su, le 12 juillet, que le président de l'Aquila avait ramassé près de mille cinq cents hommes de sbires ou de milice pour aller attaquer les brigands dans la montagne où ils étaient retournés avec leur butin, le digne Pablo n'attendit pas le président; il marcha droit à sa rencontre, et le poussa si vigoureusement qu'après avoir couru risque de sa vie et essuyé beaucoup d'arquebusades, le président s'enfuit avec tous les gens qui l'accompagnaient, et ainsi porta lui-même à Naples la nouvelle de sa défaite. Ainsi voyez combien tout est favorable; car Naples et Messine seront toujours les deux points les plus vulnérables de la monarchie espagnole. Encore une fois, je suis à m'étonner comment M. de Pomponne met autant de mollesse à profiter de ce soulèvement.

— Mais, César, ceci est tout simple : Louvois ne veut pas. Cette guerre se trouverait dans les attributions de Colbert, puisque c'est une guerre maritime; et par son influence sur l'esprit du maître, il entrave tout.

— Et c'est grand dommage; mais, hélas ! Louvois est Louvois...

— Allons, — ajouta le cardinal, — la nuit est tout à fait venue... Adieu, Marie. Il me faut aller à l'ambassade pour recevoir et entretenir ces mystérieux envoyés messinois, que l'abbé Scarlati nous doit amener. Je voudrais pouvoir expédier cette nuit même mon courrier au roi. Me permettez-vous donc, de me charger de vos intérêts, Marie, et d'engager le mariage Bracciano comme je l'entends?

— Son excellence n'est-elle pas sûre d'avance de toute ma reconnaissance! — dit madame de Chalais en entendant gratter à la porte de l'oratoire.

Sur un ordre de sa maîtresse, une femme de chambre entra, donna des lumières; et le cardinal, ayant cérémonieusement baisé la main de la belle veuve, regagna le palais de l'ambassade de France.

. . . .

Le lendemain, 2 août, le courrier de Rome à Paris portait au roi les dépêches suivantes.

Cette première lettre de M. le cardinal d'Estrées à M. de Pomponne est relative à ses vues sur le mariage de madame de Chalais.

« Rome, 18 août 1674.

» Quand je vous informai, il y a quinze jours, monsieur, de nos projets sur M. de Bracciano, je vous représentai en même temps les motifs qui devaient faire désirer à Sa Majesté que le duc se remariât promptement, et les honnêtetés qu'il était à propos de lui faire pour l'y amener davantage. L'un et l'autre fut agréé par Sa Majesté, et les termes obligeants dont elle s'expliqua en lui répondant firent tout l'effet que j'en avais attendu; car cette marque du désir et de l'estime de Sa Majesté le fortifia contre plusieurs diligences qu'on faisait continuellement du côté du palais pour combattre cette résolution. Je pensai dès lors à quelque chose de plus; mais je ne m'en déclarai pas encore, parce que, pour y réussir, il fallait qu'il se mûrît comme de lui-même, et ne le pas précipiter. C'était de le déterminer à faire un mariage en France, dans lequel, outre l'avantage de le lier plus étroitement au service de Sa Majesté, je n'imaginais pas seulement quelque sorte d'éclat pour la nation, en ce que le premier seigneur de Rome vînt choisir une femme parmi nous; mais j'y trouvais un autre intérêt plus solide, puisque, par le moyen de cette femme, soit qu'elle eût des enfants, ou qu'elle n'en eût pas, pourvu qu'elle sût ménager l'esprit de son mari, il pouvait être porté à donner sa succession, dont il peut disposer librement, à une autre branche de sa maison que celle de Gravina, qui ne peut être qu'espagnole, et par là perpétuer l'attachement de la maison Ursine à cette couronne. Je me gardai bien toutefois de lui rien découvrir de cette vue; car je le voyais embarqué dans le dessein d'épouser la princesse de Venaffro, et dans l'espérance d'en obtenir la dispense; ce que je n'estimai jamais possible, car je la traversai, et, par cette raison, j'applaudis encore plus à la tentative qu'il faisait. Ayant été exclu de la dispense, il me communiqua qu'on voulait le faire songer à la duchesse de Bassanello, sœur du connétable Colonne. Je ne lui témoignai pas moins de complaisance sur ce second parti, que je savais, par plusieurs raisons, d'une discussion longue et difficile; mais je lui fis insinuer cependant par le P. Ripa, de la compagnie de Jésus, qui a un grand crédit auprès de lui, et qui s'en est très-bien servi en cette rencontre, que si ce second parti ne réussissait pas, on en voyait peu dans Rome qui lui fussent propres, et qu'il aurait plus de satisfaction d'en prendre un en France ; que cette pensée plairait à Sa Majesté, et lui donnerait lieu de redoubler sa protection vers le duc et le cardinal son frère. Il eût bien désiré que je fusse entré en matière sur cela, mais je l'ai évité. Je lui ai laissé peser ces considérations ; et, pour lui faire voir que je ne parlais que par son intérêt, et sans aucune fin particulière, je l'ai voulu réduire à s'en expliquer. Enfin la chose a tourné comme je l'avais espéré ; car le cardinal Ursin me témoigna avant-hier fort au long, après en avoir parlé à M. l'ambassadeur plus succinctement, que le duc son frère voulait se remarier au plus tôt, selon les volontés du roi ; qu'il songeait même à épouser une Française pour donner encore à Sa Majesté une plus grande marque de sa soumission, et que, s'il osait, il prendrait la liberté de supplier le roi qu'il eût l'honneur de la recevoir de sa main ; il ajouta en même temps que madame de Chalais, dont il connaissait la naissance et la vertu, étant déjà accoutumée aux manières du pays, lui paraîtrait fort convenable si Sa Majesté l'agréait ; qu'il remettrait toutefois entièrement son choix entre les mains de Sa Majesté ; qu'il espérait qu'elle aurait la bonté de protéger encore plus particulièrement sa famille après ce nouveau témoignage de son dévouement. Nous louâmes extrêmement sa résolution ; nous l'assurâmes que Sa Majesté l'apprendrait avec bien de la joie ; qu'ayant toujours estimé le mérite de cette dame, elle serait apparemment bien aise qu'il la préférât à toute autre ; que toutefois il ne pouvait mieux faire que de s'abandonner entièrement à Sa Majesté ; que pour elle, ce que nous avions connu, et en France, et ici, de sa conduite et de son esprit, était digne de toute sorte d'estime ; mais qu'elle avait paru jusqu'à cette heure occupée de la perte de son mari, et éloignée d'un second mariage ; pourtant que nous nous servirions d'une proposition aussi éclatante pour ébranler sa première résolution. Le cardinal Ursin me parla de son bien ; je lui dis ce que j'en avais su dans le temps qu'elle fut mariée, et lorsqu'elle ne bougeait de l'hôtel d'Estrées, et je reconnus qu'il lui fallait quelque argent comptant. C'est pourquoi si Sa Majesté, comme je me le persuade, veut que cette affaire soit traitée, il faudra que madame de Noirmoutiers, entre les mains de qui le mariage de madame de Chalais est demeuré, se résolve à lui en donner une partie. C'est une diligence que M. de Vitry et ses autres parents auront à faire quand elle se sera résolue à se marier. Cela ne doit pas être difficile; car, en quelque lieu qu'elle vive, on ne peut lui refuser son bien. Cependant, pour y donner plus de chaleur, il n'y aura pas de mal que madame de Noirmoutiers connaisse que Sa Majesté regarde cette affaire comme une chose qui importe à son service; qu'elle lui saura bon gré des facilités qu'elle apportera à sa prompte conclusion, et qu'elle aura soin de sa famille dans les occasions qui se présenteront.

» Quant au duc de Bracciano, comme il croit acquérir par cette résolution quelque mérite auprès de Sa Majesté et se rendre plus digne de ses grâces, il me semble qu'on le doit confirmer dans cette opinion; et j'estimerais que dans cette conjoncture Sa Majesté pourrait, en considération de son mariage, lui assigner ponctuellement une pension à l'avenir, ou bien faire connaître au cardinal Ursin, qui a demandé il y a quelque temps quelque bénéfice, qu'elle est disposée de l'en gratifier au plus tôt; faire espérer l'ordre du Saint-Esprit au duc de Bracciano, ou, si on le lui a voulu donner autrefois, le lui accorder en cette occasion : c'est un honneur qu'il sentirait extrêmement; et enfin montrer en général un grand agrément pour le dessein qu'il a formé d'après nos visées, et l'assurer qu'il ne se trompe pas en croyant qu'elle en redoublera sa protection pour lui; et, comme il est fort à propos que la personne qu'il veut épouser entre dans cette maison fort accréditée, il sera bon que, dans l'article ostensible qu'il plaira à Sa Majesté de nous écrire sur tout cela, on parle d'elle en termes très-avantageux, et de sa naissance comme de sa personne; car les grandes alliances qu'ils ont dans leur maison les rendent fort sensibles sur ce point.

Pour ce qui regarde madame de Chalais, je vous en écrivis l'année passée tout le bien que j'en connaissais, et il me semble que l'abbé de Saint-Martin a enchéri sur ma lettre; ainsi je ne le répéterai pas. Elle a été jusqu'à cette heure fort touchée de la mémoire de son mari et dans le plus grand éloignement du mariage. Quand la duchesse de Bracciano mourut, beaucoup de gens lui parlèrent en l'air de cette affaire; moi-même je l'en ai retenue, et toutes les fois que ce chapitre a été traité : *ingemuit, lacrymisque genas implevit obortis*. Depuis quelques jours, M. de Vitry, ayant su le bruit qui d'abord s'en était répandu sans fondement aucun, lui en a écrit avec tant de force, qu'il a fait plus d'impression. D'ailleurs, comme la gloire et l'élévation la touchent, et qu'elle a le courage de ne se pas lasser d'un petit couvent où elle est depuis deux ans, elle aura bien celui de s'ennuyer quand il le faudra dans la maison d'un homme qui a peu de santé et près de soixante ans, pourvu qu'outre la distinction du rang, il lui paraisse que le roi le désire, et l'estime assez pour la croire capable de le servir dans cet établissement. Tout ce qui combat dans son esprit pour la mémoire de son mari, à qui il n'en arrivera ni bien ni mal, cédera à une si forte considération, et l'ombre de la volonté du roi détruira la peine ou le scrupule qu'elle aurait de ne pas résister. Je croirais donc, monsieur, que vous me pourriez écrire un article dans lequel vous me diriez que le roi sait et loue ses regrets, et les sentiments qu'elle a pour une personne qui lui devait être si cher; mais qu'il a trop bonne opinion d'elle pour douter que sa gloire ne la porte à prendre un rang aussi distingué que celui qu'on peut lui offrir, et dans lequel il se promet qu'elle sera en état de le bien servir; qu'il approuve extrêmement cette proposition, et qu'il désire qu'elle s'effectue. Il est constant qu'avec l'estime et la considération extraordinaire qu'elle s'est acquise parmi un grand nombre de cardinaux, et l'intelligence et le talent qu'elle a pour cette cour et le commerce des étrangers, elle fera la première figure dans Rome, et *sera propre à beaucoup de choses*.

» Le cardinal Rospigliosi, qui la voit souvent, parce qu'elle est amie intime de sa belle-sœur, et qui est toujours plein de mille vues, m'en a parlé beaucoup de fois comme d'une chose nécessaire à ménager, et dans laquelle il imagine plusieurs avantages pour cette cour. Je lui paraissais même trop inappliqué sur cela, et peut-être vous en écrira-t-il quand il saura jusqu'où la chose est engagée.

» J'ai mis cette affaire dans un mémoire séparé, et je vous prie de remarquer qu'il importe de la tenir secrète en France comme ici, jusqu'à ce qu'elle soit conclue; car il n'y a rien que le palais et les Gravina ne fassent pour la traverser. Personne jusqu'à cette heure ne l'a pénétrée. Les discours vagues qu'on en a semés d'abord, comme ils n'avaient point de subsistance dans un projet réel, ils n'ont pas laissé d'impression. »

Voici un fragment de la dépêche du cardinal, à Pomponne, au sujet des bandits de Naples dont on a parlé.

« Sur le sujet des bandits, dont j'ai compris que vous voulez parler quand vous vous êtes servi du terme de mutins, en lesquels la distribution de quelque argent pourrait être avantageuse, je vous dirai, monsieur, qu'il ne sera pas bien difficile d'établir avec eux quelque correspondance. Les principaux chefs de l'Abruzze se retirèrent dans l'état ecclésiastique, du côté d'Ascoli, où l'on trouvera des gens qui pourront se charger des propositions : ceux-là ont quelques relations à l'autre troupe qui est du côté de Calabre. L'un d'eux m'a promis, dans quinze jours ou trois semaines au plus, une relation très-particulière de leurs personnes, de leurs qualités, et de l'état où ils se trouvent, sur laquelle on pourra plus aisément établir un jugement certain. Cependant, ce qui paraît en gros de ces sortes de gens, c'est qu'ils sont gens plutôt à piller les particuliers, désoler la campagne, et ramasser pendant l'été de quoi vivre dans les montagnes et dans les terres où ils se retirent l'hiver, qu'à former des desseins de suite et de durée. Ils sont extrêmement odieux aux peuples, et quoique quelques-uns d'entre eux soient favorisés par des gens de qualité, dans des provinces, qui s'en servent pour exercer leurs vengeances particulières, ou qui participent à leurs rapines et à leurs brigandages, il n'y en a point qui ne déteste et ne maudisse en public ce ralliement de scélérats, qu'il fomente souvent en secret ; on dit même qu'ils se font la guerre les uns aux autres, et que comme les officiers du royaume leur accordent leur impunité à prix d'argent à condition d'apporter quelques têtes de leurs compagnons, il arrive que la plupart obtiennent de cette manière leur abolition pour les crimes qu'ils ont commis l'été. Cependant l'audace et le nombre des bandits ayant paru plus grands que les autres années, et leur conduite plus concertée, on m'a dit que depuis peu on avait révoqué le pouvoir de leur accorder l'impunité.

» Ce changement les jetant dans le désespoir pourrait leur faire entreprendre quelque chose : on ne croit pas qu'il fût difficile de les engager, avec un peu de secours, à se saisir d'un poste dans les pays où ils ont plus de forces, et à le garder quelque temps. Ils prirent, en 53 ou en 54, une ville appelée Cambly, M. le cardinal Mazarin ayant voulu cette épreuve de leur savoir-faire avant que de recevoir les propositions qu'ils lui avaient fait porter. Mais je ne sais si cette exécution seule causerait aux Espagnols l'alarme et l'inquiétude que Sa Majesté voudrait exciter par les troubles de ce royaume ; ce n'est pas que si l'on travaillait d'ailleurs à quelque chose, la diversion qu'on pourrait faire par le moyen de ces gens-là ne pût être de bon usage et n'augmentât l'embarras des ministres d'Espagne. »

Ces dépêches sont relatives au soulèvement de Messine.

« 2 août 1674.

» Sire,

» M. le cardinal d'Estrées avait informé, par l'ordinaire dernier, M. de Pomponne, de tout ce qu'il avait appris sur le soulèvement de Messine au moment que la nouvelle en arriva, et sur les premières notions, quoique dignes de considération, nous ne jugeâmes pas à propos de dépêcher un courrier exprès, ou d'envoyer l'ordinaire en extraordinaire ; mais ce que nous avons su depuis nous a paru assez important pour en rendre compte à Votre Majesté en diligence. Nous nous servons toutefois de toute la précaution possible, afin de tenir cette expédition secrète ou pour le moins ambiguë. Deux gentilshommes siciliens de qualité et de mérite sont ici depuis plusieurs mois : l'un s'appelle don Philippe Cigala, âgé d'environ soixante ans ; et l'autre, le baron di Catani, qui en a environ quarante-cinq : ayant été soupçonnés d'avoir fomenté la sédition qui arriva à Messine il y a vingt mois, et qui fut apaisée par le prince de Ligne, on leur commanda de sortir du pays, et ils se retirèrent ici. Le premier, qui est d'une maison très-noble, dont l'origine est génoise, a connu à Gênes M. l'abbé Scarlatti, et a continué depuis son commerce et sa liaison avec lui ; il a été jurat de la ville, qui est le premier poste de ceux du pays, toujours occupé par des personnes de la première qualité. Ces deux hommes lui firent savoir qu'ils pouvaient n'être pas inutiles au service de Votre Majesté dans la conjoncture présente, et qu'il nous en avertit, M. le cardinal et moi, afin que nous puissions nous en prévaloir en ce que nous jugerions à propos. Comme cet abbé a un très-grand attachement et un très-grand zèle pour ce qui regarde le service de Votre Majesté, il eut bien de la joie d'en pouvoir donner quelques marques en cette occasion, et ne perdit point de temps à nous venir trouver. Nous dîmes qu'il remerciât de notre part ces deux gentilshommes, et qu'il leur fît connaître que nous apprendrions volontiers ce qu'ils croyaient pouvoir faire pour servir Votre Majesté, soit qu'ils voulussent eux-mêmes nous parler secrètement, ou s'en ouvrir à quelque autre : ils répondirent qu'ils se retiraient chez eux toujours avant la nuit, par la crainte qu'ils avaient que les Espagnols ne les fissent assassiner ; qu'une sortie extraordinaire donnerait trop de soupçon ; qu'ils se pourrait faire qu'ils auraient ordre de leur ville de les venir trouver, et qu'en cas que le soulèvement durât, ils viendraient d'eux-mêmes se réfugier dans mon quartier, parce qu'ils ne se croyaient pas en sûreté ailleurs ; qu'apparemment on leur aurait déjà écrit, et qu'ils attendaient à toute heure des nouvelles et des commissions ; mais que cependant ils nous communiqueraient toutes les lumières qu'ils avaient, par le moyen de l'abbé Scarlatti, auquel ils ont confié tout ce que contient le mémoire qu'il a dressé lui-même dans notre langue, et qui accompagne cette dépêche. Si Votre Majesté jugeait à propos que je témoignasse de sa part à cet abbé qu'elle lui sait gré de la manière dont elle a su qu'il en use dans toutes les occasions qui regardent son service et particulièrement dans cette dernière, cette marque de la bonté de Votre Majesté serait bien sensible et lui donnerait plus de force pour agir lorsqu'il serait nécessaire. Il a de l'esprit, du savoir-faire, beaucoup d'habitude ici, et est bien capable de servir. Depuis hier au soir nous avons reçu trois différents extraits de lettres de Naples, par lesquels il est aisé de juger que l'affaire est considérable, puisque le peuple et la noblesse agissent de concert, et que le vice-roi est obligé d'y accourir avec toutes les forces du royaume, qu'il ne croit pas toutefois suffisantes, puisqu'il demande celles de Naples, qu'on y envoie d'une manière qui ne montre que trop l'impuissance. Ces lettres du 17 sont de l'inquisiteur et d'un homme qualifié clerc de chambre, qui écrivit à leurs intimes amis. Le troisième extrait est sorti du palais de Nittard, au moins j'ai sujet de le croire par la manière dont il m'est venu : ils jugent tous que c'est un dessein prémédité, et qui peut s'étendre au-delà de la ville de Messine, si le parti des habitants est supérieur à celui du gouverneur, et se rend maître de la ville; les moyens présents de le soumettre sont si faibles, à ce qu'il paraît, et du côté de Sicile, et du côté de Naples; et les plus éloignés sont assez lents pour croire que les ordres ou les vaisseaux de Sa Majesté y pourraient arriver à temps.

» Ce qui me plaît davantage du mémoire, c'est que les choses que les Siciliens demandent sont justement dans les bornes des petits secours que M. de Pomponne proposait de donner à un parti qui s'effleurait dans le royaume de Naples, et ne les excède pas. Ainsi, si cette révolution dure, Votre Majesté y trouvera naturellement la division qu'elle projetait, sans l'avoir attirée; et sa durée cependant faciliterait extrêmement les desseins d'exciter des mouvements dans le royaume de Naples; car, outre que cet exemple encouragerait les mécontents, les forces d'Espagne étant occupées à la réduction de Messine, laisseront le royaume plus exposé aux entreprises qu'on y pourrait faire, et dans le temps qu'ils voudront éteindre le feu de Sicile, ils verront paraître un grand embrasement du côté de Naples.

» Toutes les apparences sont qu'il y a plus de préméditation et de profondeur dans ces désordres que de hasard : l'union du peuple et de la noblesse, l'attaque réglée du palais du gouverneur, par la mort duquel ils auraient cru se rendre maîtres de tous les châteaux, la conjoncture de l'éloignement des galères, du départ du prince de Ligne, et de l'intérim du vice-roi, et, par-dessus tout, ce que les Siciliens ont dit d'abord, et l'opinion qu'ils ont qu'on leur enverra des ordres pour nous venir trouver, et que la ville aura pu disputer déjà pour Votre Majesté.

» M. le cardinal d'Estrées avait mandé que l'évêque de Palerme était vice-roi pendant l'intérim, comme on l'écrivait de Madrid; mais nous avons su depuis qu'il s'en est excusé, et qu'on a cru un homme d'esprit plus propre à cet emploi, par toutes les connaissances que nous avons ramassées de plusieurs endroits. Nous jugeons que pour charmer les peuples, il faut les flatter ou d'une forme de république, s'ils y veulent songer, ou d'un roi particulier et tel qu'ils le voudront choisir, et lui promettre, pour l'un et pour l'autre, l'entière protection de Votre Majesté.

» Il est bien certain, Sire, que s'ils se soustraient de la domination d'Espagne, ils deviendront toujours absolument de Votre Majesté, dans quelque sorte de gouvernement qu'ils vivent. Nous donnerions de bon cœur et nos biens et nos vies par contribuer à une chose si avantageuse au service de Votre Majesté, et si elle nous jugeait propre, ou quelqu'un de nous, à nous y porter, ce serait une gloire et une joie inexprimables.

» Je suis avec un profond respect,

» Sire,

» de Votre Majesté,

» le très-humble, très-obéissant, très-obligé
» et très-fidèle serviteur et sujet,

» *Signé:* Le duc d'ESTRÉES. »

« Sire,

» Comme nous étions sur le point de fermer nos paquets, l'abbé Scarlatti nous vint trouver hier sur le midi, de la part des deux Siciliens, pour nous dire que le fils du premier jurat, d'une maison considérable, nommé Caffaro, et neveu de don Philippe Cigala, accompagné d'un député, et parti le 21 de Messine, était arrivé le matin premier jour d'août à Ripe, et que le sénat et le peuple les avaient envoyés vers moi pour implorer l'assistance de Votre Majesté; que ne se tenant pas en sûreté dans une maison ordinaire, ils avaient impatience de se rendre dans mon immunité.

» J'envoyai aussitôt un carrosse les prendre au lieu où l'abbé Scarlatti les avait laissés, et je les fis conduire, le plus secrètement que je pus, dans le casino du palais Farnèze, sans que personne s'en aperçût; et comme cette maison communique par un degré secret avec le palais, il me fut aisé de les faire introduire la nuit dans mon appartement. Les deux gentilshommes siciliens dont j'ai parlé, l'un dans l'impatience de voir son neveu, et l'autre de savoir des nouvelles, les vinrent trouver à l'entrée de la nuit au lieu où ils étaient, et les accompagnèrent. Nous les entretînmes tous quatre longtemps, M. le cardinal et moi ; nous leur demandâmes l'état de la ville, de leurs forces, de leurs munitions, de celles des Espagnols, et quels étaient leurs besoins plus pressants.

» Ils nous dirent que la ville avait vingt mille hommes portant les armes, et dont elle se pouvait servir, desquels la plupart braves et fort résolus ; qu'ils pouvaient avoir des vivres pour trois mois, et pour quatre même, pourvu qu'on usât un peu d'économie ; qu'ils étaient maîtres de la plupart des forts ou bastions, et que les Espagnols n'en tenaient que trois ; que celui de San Salvador, à l'entrée du port, était le plus considérable, que la fortification n'en est pas bonne, que par cet endroit le gouverneur recevait des secours et des vivres de Reggio, sans qu'ils pussent l'en empêcher ; et qu'il aurait été pris il y a longtemps s'ils n'avaient pas eu peur de manquer de poudre, dont ils étaient peu pourvus, et que c'était le plus nécessaire, comme nous le pouvions juger.

» Nous leur demandâmes combien ils estimaient qu'il en faudrait avoir, aussi bien que des balles dont ils manquaient. Ils nous dirent qu'avec ce qui leur en restait, cinquante ou soixante milliers pourraient suffire, et des balles en proportion ; que pour l'attaque du château, et pour leur défense, des ingénieurs et des officiers d'artillerie leur seraient nécessaires, avec quelques officiers d'armée qui les pussent conduire et régler, en cas que Sa Majesté n'y débarquât pas des troupes. Nous leur représentâmes que toutes ces diligences seraient inutiles, si la ville ne pouvait se maintenir autant de temps qu'il en faudrait pour attendre les secours de Sa Majesté, et nous calculâmes que, du jour que le courrier pourrait être dépêché, jusqu'à l'arrivée des vaisseaux, des galères ou des munitions que Sa Majesté y enverrait, il fallait faire état de cinq semaines, auxquelles ajoutant les douze jours que le fils du jurat avait employés dans son voyage, ils pouvaient considérer si les forces de Naples et de Sicile seraient en état de les réduire auparavant, parce que tous nos plans seraient inutiles ; que peut-être les ordres de Sa Majesté seraient exécutés plus promptement, parce que, sur nos premiers avis, elle aurait pu prendre ses résolutions ; mais que, pour ne se pas mécompter, il fallait se régler sur le temps que je marquais.

» Ils répondirent qu'ils ne doutaient pas que les secours de Sa Majesté ne vinssent assez tôt s'ils arrivaient en cinq semaines, et que ce qui leur donnait plus de lieu de croire qu'on attendrait jusque-là, c'est qu'ils avaient laissé leur ville si engagée dans la rupture avec les ministres d'Espagne, qu'elle n'espérait plus de salut que par sa résistance. Ils ajoutèrent que ce qui avait rallié le sénat et le peuple contre le gouverneur n'était pas l'effet d'un emportement, ou d'un chagrin que le hasard leur aurait inspiré, mais une ferme persuasion qu'on voulait, non-seulement détruire leurs priviléges, mais faire mourir plusieurs personnes principales et suspectes qui les soutenaient, comme le gouverneur l'aurait exécuté s'il n'avait été prévenu.

» Je ne dois pas oublier, à ce propos, de dire à Votre Majesté que je vois d'autant plus d'apparence que les choses se porteront à l'extrémité, que j'ai su par un endroit fort assuré, qu'on avait consulté le prince de Ligne sur la première nouvelle de ce mouvement, parce qu'il avait l'expérience de celui qui s'éleva il y a deux ans ; et qu'il avait répondu, sans hésiter, qu'on ne viendrait jamais à bout de cette ville si l'on ne la réduisait par la force ; de sorte que les choses s'aigrissant, il est visible que ces peuples ne croiront plus pouvoir éviter leur ruine en revenant à l'obéissance. L'offre qu'on leur a faite de l'éloignement du gouverneur ne les a pas contentés : ils ont voulu qu'une certaine faction, nommée des *merles*, qui sont les satellites des officiers d'Espagne et les exécuteurs de leurs volontés et violences, fût exterminée ; ils ont tiré le canon sur le vice-roi quand il s'est approché d'eux, et semblent lui avoir donné la loi au lieu de la recevoir : tout cela les a mis dans un étrange engagement.

» Nous leur avons demandé si les villes voisines et amies de Messine, comme Syracuse, Catane, leur avaient fait savoir quelque chose, et s'étaient offertes de les assister. Ils nous ont dit que sous main elles applaudissaient à leur soulèvement, qu'elles leur avaient fait savoir de leurs nouvelles ; mais qu'il semblait qu'elles attendissent l'événement avant que de se déclarer ; que, du reste, leur aliénation n'était guère moins grande que celle de Messine ; qu'à Palerme même, qui est le siége du vice-roi, et qu'on tient toujours désunie de Messine, il y avait des semences de révolte et de faction, et des restes de celle qui excita le soulèvement de 1647, qui précéda de peu de temps celui de Naples. Sur les forces des Espagnols, et sur les préparatifs qu'ils faisaient pour les attaquer, ils ont répondu qu'ils n'avaient que deux galères et quelques barques ou tartanes pour porter leurs soldats; que le marquis de Bayonne amassait le plus de milice qu'il pouvait et de noblesse; mais qu'il n'était pas en état de faire un siége; qu'on avait commandé que le bataillon de Naples s'approchât de Reggio et s'assemblât dans la Calabre; qu'ils ne savaient si les Napolitains passeraient volontiers la mer pour leur faire la guerre; qu'en tout cas ils étaient, aussi bien qu'eux, assez dépourvus des choses nécessaires, et que les montagnes qui entouraient leur ville la rendent presque inaccessible du côté de terre. Tout cela s'accorde avec les relations que nous avons eues d'ailleurs.

» Don Philippe Cigala, qui paraît un homme de bon esprit et de plus grande expérience que son neveu, s'est étendu plus longtemps que lui sur la disposition générale, tant de ce royaume que de celui de Naples: il a conclu que, si Sa Majesté faisait paraître sa flotte dans ce pays-là, et qu'au même temps qu'elle secourrait Messine elle fît publier que non-seulement elle prenait ce royaume sous sa protection, mais qu'elle lui voulait donner un prince de sa maison pour roi, ce serait un puissant moyen pour soutenir tout le royaume, à qui la domination espagnole était devenue insupportable, et qu'en même temps cet exemple causerait des révolutions dans le royaume de Naples, où elles n'y sont pas moins prêtes, et pour le moins dans toute la côte qui est opposée à la Sicile, qui, par le voisinage et le commerce, a des sentiments bien conformes.

» Je lui ai répondu, sans entrer dans la proposition, qu'il fallait songer présentement à garantir leur ville de la vengeance et de l'oppression des Espagnols, et qu'ensuite on ferait d'autres projets; ce que je lui ai répondu dans la pensée que peut-être cette ville, jalouse de sa liberté, s'engagerait plus volontiers si on la flattait d'un établissement plus conforme à son inclination, et parce que je n'ai pu juger si, dans la disposition des choses présentes, Sa Majesté voudrait s'appliquer à d'autres choses qu'à la diversion que M. de Pomponne a proposée à M. le cardinal d'Estrées, et entreprendre un dessein d'un si grand éclat, au milieu des craintes et des jalousies que sa gloire et sa puissance excitent en beaucoup de pays.

» Cependant, ce qui nous a paru de plus pressé et de plus important, a été, outre l'expédition de ce courrier, d'obliger les Siciliens d'envoyer une felouque messinoise, dont le patron leur est affidé, et que le hasard leur a fait trouver à Rome, porter des nouvelles au jurat de l'arrivée de son fils, de son entrevue avec le ministre de Votre Majesté, des expéditions que nous faisons pour leur intérêt, des grandes espérances qu'ils doivent concevoir d'être secourus, pourvu qu'ils aient la générosité d'attendre l'assistance de Votre Majesté, afin que ce premier avis donne de la vigueur au peuple, et le détourne des propositions d'un accommodement que la lassitude ou la crainte leur pourrait faire embrasser; et, dans cette pensée, nous nous sommes aussi bien entendus sur le peu d'espérance qu'ils doivent avoir dans la douceur des Espagnols, et l'inévitable ruine dont ils seront accablés s'ils se remettent sous leur dépendance. Il m'a paru que nous les en avons pleinement persuadés, quoique déjà ils en parlassent de la même sorte. Cette barque doit partir cette nuit ou demain matin. La troisième diligence que nous avons crue convenable, c'est d'engager le fils du jurat, et l'habitant qui l'accompagne, de s'acheminer vers Livourne, et de là ménager leur passage jusqu'à Marseille, afin que, si Votre Majesté juge à propos de les secourir, de quelque manière qu'elle veuille le faire, ils se trouvent sur les lieux pour donner toutes les lumières nécessaires, tant pour l'abord de Messine que pour les autres conduits, et qu'ils se prévalent, en même temps, de cette occasion pour la sûreté de leur retour.

» Nous avons estimé de plus qu'il était à propos de presser leur départ, afin qu'on ne pût disconvenir s'ils avaient traité avec nous, comme un plus long séjour aurait donné lieu de le soupçonner et de le pénétrer, redoublant en même temps les précautions des Espagnols.

» Pour les deux gentilshommes qui étaient ici, et qui ne se croient plus en sûreté dans la maison d'un particulier, nous ne pouvons moins faire que de les conserver dans le palais, avec le plus de précaution et de secret qu'il se pourra.

» Ils étaient logés chez un nommé Valenti, qui a eu une grande part aux affaires de Naples, auquel ils ont une pleine confiance. Il entre dans tous leurs desseins; et il faut qu'il ait une grande passion pour le service de Sa Majesté, puisqu'il s'y engage si avant, étant pourvu depuis peu d'une charge de la chambre qui lui vaut 2,000 écus romains, et qu'apparemment il perdrait s'il était découvert. Il a un frère banquier à Paris; mais il a recommandé surtout qu'on ne lui en donne aucune connaissance, et que son nom et ses services demeurent toujours cachés. On ne peut aussi louer assez le zèle de l'abbé Scarlatti, qui, sans mesure aucune pour les Espagnols, et sans bienfait de Votre Majesté, se hasarde à toute chose.

» Je suis, avec un très-profond respect,

» Sire,

de Votre Majesté

» le très-humble, très-obéissant, très-obligé et très-fidèle sujet et serviteur, »

» *Signé :* Le duc d'ESTRÉES. »

Ci-joint un mémoire dressé par M. l'abbé Scarlatti.

« La ville de Messine, qui se dit la capitale de la Sicile, dont, en effet, elle n'est que la seconde, Palerme ayant tous les droits et les prérogatives de la métropole de ce royaume, a été de tout temps très-jalouse de conserver ses droits et ses priviléges, dont elle a joui toujours, tant par les concessions des anciens rois de Sicile, que par les usurpations de ses propres consuls et échevins, qu'on y appelle du nom de jurats, lequel est sacré et vénérable parmi eux au point qu'il n'y a pas un seul de toute la ville qui ne crût être bienheureux de sacrifier son bien et sa vie pour le service et l'avantage de ses magistrats.

» Ce corps, qu'on appelle le sénat, est composé des nobles de l'ordre sénatoire et de quelques bourgeois les plus notables. Le changement s'en fait tous les ans à la Saint-Marc, et la seule chose à laquelle les gens de Messine s'occupent, c'est la brigue de ces charges annuelles, qu'ils considèrent extrêmement, tant par la raison que les jurats sont maîtres absolus de la ville, que pour les profits qu'ils tirent de leur administration.

» Ceux de Messine avancent, parmi leurs autres priviléges, celui de pouvoir contraindre le vice-roi de Sicile de demeurer six mois tous les ans dans leur ville, ce qui n'arrive presque jamais d'ordinaire, à cause des insultes que plusieurs d'entre eux ont souffertes par l'insolence du sénat et du peuple, qui les a forcés de sortir et de s'en aller autre part, au gré et au caprice d'une multitude, jalouse au dernier point de sa liberté et de ses franchises.

» Il y a aussi dans Messine un gouverneur particulier de justice, qu'on appelle stradico, dont la charge dure deux ans, et c'est alternativement à un Italien et à un Espagnol de l'exercer, et au roi Catholique d'en disposer suivant cette alternative. Ce stradico, d'ordinaire, est bien embarrassé de se voir contraint de suivre partout les mouvemens du sénat, qui se mêle de tout, à ce point que le stradico n'est pas absolu au fait même de justice, laquelle est entre ses mains, et de ses juges, dont quelques-uns sont Italiens et d'autres Espagnols, faisant tous ensemble une chambre qui n'est guère différente des présidiaux de France.

» Il y a aussi un magistrat qu'on appelle le *secret*. C'est d'ordinaire un Sicilien qui achète sa charge, et qui a soin des rentes et des revenus du roi, qui se montent à fort peu dans la ville de Messine.

» Quant au fait des armes, les Espagnols y ont d'autres châtelains, c'est-à-dire quatre gouverneurs des quatre châteaux que Sa Majesté Catholique a dans la ville, dont le principal et le plus important est celui de Salvador, qui est gardé par une garnison d'environ deux cents Espagnols.

» Dans les trois autres, que tient le roi, il peut y avoir en tout autres trois cents Espagnols, de sorte qu'il n'y a que cinq cents Espagnols dans cette grande ville.

» D'autre part, le sénat a seize bastions renforcés, dont neuf, qui sont les plus importants, sont garnis de grosses pièces de canon de fonte, et de couleuvrines les plus belles qu'il y ait dans toute l'Italie, principalement ce boulevard qu'on appelle Port-Royal, à l'embouchure du port, lequel bastion, par son enceinte et ses fortifications, ne cède pas à une très-bonne citadelle, soixante hommes de garnison y étant d'ordinaire, dépendant des jurats, qui commandent tant aux autres garnisons des autres quinze bastions qui sont à eux, qu'à toute la milice de la ville, des faubourgs et des environs qu'on appelle des *fories*, c'est-à-dire de quatre grandes lieues de France tout autour de la ville.

» Il y a encore un commencement d'une très-grande et belle citadelle, appelée Torre-Tittoria, dans l'endroit le plus éminent de la ville, tous les fondements en étant achevés, les murailles en plusieurs endroits élevées jusqu'au cordon, de sorte qu'en peu de temps l'on pourrait la mettre en état de défense.

» La ville a dans ses seize bastions environ quatre-vingts pièces de canon de fonte, des mousquets pour armer vingt mille hommes, tous les bourgeois et paysans d'alentour ayant leurs fusils, qu'ils manient fort adroitement ; mais pour des boulets, des mèches et de la poudre, ils en ont fort peu ; point de piques, et moins encore de personnes capables de conduire leur milice, qui se monte à vingt mille hommes, tous déterminés, hardis et résolus; mais pour de la cavalerie ils n'en ont point du tout, non plus que de chevaux, l'usage du pays étant de se servir de mulets pour les charges et les carrosses, et de bœufs et d'ânes pour la campagne. La ville est peuplée d'environ quatre-vingt-dix mille âmes avec les faubourgs, lesquels ensemble, avec les fories, font en tout environ cent vingt mille âmes.

» Il y a présentement du blé pour cinq mois, du vin et de l'huile en très-grande abondance, et pour tout le reste il n'y manque rien de ce qui est nécessaire pour la subsistance de ce grand peuple. Cette ville est presque inaccessible du côté de terre, à cause des montagnes et des précipices qui l'environnent de tous côtés, et ses propres bastions sont assez forts, et rangés pour empêcher les travaux et les approches des ennemis.

» D'autre part, les Espagnols, comme nous venons de le dire, n'ont que cinq cents hommes de leur nation dans Messine, en ont environ deux mille disposés dans les autres garnisons de toute la Sicile, dont ils ne se sauraient servir ailleurs, et autres deux mille, dont le nombre n'est jamais complet, près du vice-roi, à Palerme, lequel a aussi une compagnie de ses gardes de cent cavaliers bourguignons; et ce sont toutes les forces du roi Catholique dans la Sicile, sans y comprendre ses cinq galères, qui sont à présent en Espagne avec la plupart de celles de Naples.

» Le vice-roi, à présent par intérim, qu'on ne qualifie que de président, est le marquis de Bayonne, Espagnol, général des galères de Sicile, âgé d'environ vingt-six ans, qui est l'aîné du marquis de Santa-Croce. Pour la petite ville de Melasso, près l'embouchure du Faro, qui est à vingt-quatre milles de Messine par terre, et a un port capable de tenir dix galères, mais qui n'est pas sûr à tous les vents, les Espagnols y ont une garnison d'environ cent hommes, et le chemin de là à Messine, par terre, est, à cause des montagnes, très-dangereux et très-difficile, ainsi que, par cette raison, de Messine à Palerme, d'où l'on compte deux cents milles, tant par mer que par terre.

(*Archives des aff. étrang.* — *Rome*, 1674-1676).

CHAPITRE IV.

Le chevalier de Valbelle est envoyé au secours de Messine. — Son premier combat. — Son arrivée à Messine. — Ses lettres au roi. — Il revient à Toulon demander un nouveau secours.

Les avantages que devait trouver Louis XIV dans le soulèvement de Messine étaient si évidents, qu'il n'hésita pas à envoyer sur-le-champ quelques secours aux Messinois, sans pourtant se décider encore à les prendre tout à fait sous sa protection immédiate.

Le premier secours fut envoyé sous le commandement du chevalier de Valbelle, un des meilleurs officiers des vaisseaux du roi, et dont on a déjà pu juger l'esprit brillant et railleur dans sa relation à Colbert, lors du combat du 7 juin 1673.

On doit entrer dans quelques détails biographiques sur le chevalier de Valbelle, non-seulement un des marins les plus braves et les plus comptés de ces temps-là, et par sa science théorique et par sa longue expérience pratique ; mais qui était encore, à notre sens, un homme extrêmement remarquable sous le point de vue littéraire.

La famille de Valbelle était provençale ; à cette époque (1674), on voyait encore à Marseille leur antique habitation : c'était une maison bâtie vers la fin du seizième siècle, ornée de quelques sculptures délicates et d'un porche à colonnettes qui supportait leurs armoiries taillées dans la pierre vive.

Ce qui témoignait le plus en faveur de la bravoure héréditaire de cette famille, c'est qu'on voyait, au-dessus du maître-autel de l'église paroissiale de Marseille, les flammes, étendards et pavillons des galères espagnoles, que Côme II de Valbelle, père du chevalier, avait battues devant Gênes, en 1638, combat dans lequel il fut tué sur sa galère, qui portait son nom, ainsi qu'on le verra plus bas.

Plusieurs généalogistes font remonter l'origine de la famille de Valbelle jusqu'aux anciens vicomtes de Marseille, issus des comtes de Provence. Pourtant on voit, par une note manuscrite du carton de d'Hozier, qu'un sieur de la Garcinière écrivait à M. Robin de Briançon, auteur du *Nobiliaire de Provence*, « que la famille de Valbelle ne remontait pas plus haut qu'à Honoré I*er*, apothicaire de son état, qui, après s'être fort enrichi dans son métier, fut élu second consul de Marseille, en l'année 1528, et que de cet Honoré descend toute la famille de Valbelle. »

A cela, un autre généalogiste répond : « que ce fait même démontre la faussetée de l'assertion, puisqu'on n'a jamais vu de deuxième consul de Marseille tiré d'un *art mécanique*. »

Enfin, le fameux généalogiste d'Hozier écrit de sa main, en marge d'une de ces lettres contradictoires : « Malgré les conseils donnés dans cette lettre, et les titres qui y sont énoncés, le feu sieur Robert de Briançon ne laissa pas de faire et de dresser la fausse généalogie de cette famille (de Valbelle), comme elle le voulait, moyennant le paiement de 1,000 pistoles qu'elle donna. »

Sans rien décider parmi ces allégations si diverses, on ne parlera ici que du père et du grand-père du chevalier de Valbelle, dont les services dans la marine sont surtout constatés.

Antoine de Valbelle, grand-père du chevalier, fut capitaine de cinquante hommes d'armes des ordonnances du roi, commanda une de ses galères en 1579, et se battit bravement, en 1584, à la tête des milices que Marseille avait levées lors de la guerre des huguenots. Il se maria, vers cette époque, avec Anne-Félix de la Reinarde, de laquelle il eut deux fils : Côme II de Valbelle, et François de Valbelle, qui prit les ordres, et fut sacristain de l'abbaye Saint-Victor.

Côme II de Valbelle (père du chevalier) fut capitaine de cent hommes d'armes du roi, et commanda fort jeune une galère de S. M. appelée *la Valbelle*. Lors du combat de 1638, entre les flottes espagnoles et françaises, ainsi qu'on l'a dit, il fut tué sur cette galère, et enterré à Gênes, où la république lui fit faire des obsèques magnifiques. Il avait épousé, l'an 1606, Anne-Marguerite de Paule, fille de François de Paule et de Jeanne de Puget. Il en eut deux fils : Jean-Philippe et Jean-Baptiste de Valbelle. Jean-Philippe de Valbelle, l'aîné, frère du chevalier, fut grièvement blessé dans le combat où son père fut tué, et ce fut à la suite de ce combat qu'il eut le commandement de *la Valbelle*, ainsi que le prouve le brevet suivant :

BREVET DE CAPITAINE DE GALÈRE, ACCORDÉ AU SIEUR JEAN-PHILIPPE DE VALBELLE, LE 15 DÉCEMBRE 1638.

» Aujourd'hui, quinzième du mois de décembre mil six cent trente-huit, le roi étant à Saint-Germain-en-Laie, mettant en considération la valeur avec laquelle le sieur de Valbelle, capitaine d'une des galères de Sa Majesté, a servi au combat que ses galères ont gagné contre celles du roi d'Espagne, au mois de septembre dernier, où il a été tué, et que le sieur de Valbelle, son fils aîné et lieutenant en icelle, y a été grièvement blessé, et jusques au danger de la mort, en défendant ladite galère avec son père contre deux autres, en sorte qu'elle n'est tombée entre les mains des ennemis qu'après la mort dudit sieur de Valbelle père, et que ledit fils a été mis hors de combat avec les autres officiers et soldats, dont même il y a eu une grande partie de tués, et ladite galère tout à fait ruinée et désarmée; et Sa Majesté voulant reconnaître les services dudit sieur de Valbelle fils, ensemble ceux de son père, et ayant une particulière connaissance de son courage et capacité, et de sa fidélité et affection à son service, elle lui a donné et accordé la charge de capitaine de l'une de ses galères qu'avait son père, pour en jouir aux mêmes honneurs, autorité, prérogatives et prééminences qu'il a faites; et pour remplacer sadite galère, lui a accordé et fait don d'une de celles du roi d'Espagne prises audit combat, qui sera choisie par le sieur Du Pont de Courlay, général des galères de France, et lieutenant général de Sa Majesté ès-mers de Levant, fournie de chiourmes, et de tout l'équipage nécessaire sur une galère au mieux que se pourra, et sera remise ès-mains dudit sieur de Valbelle, pour être soudoyée et entrenue sous le nom dudit sieur de Valbelle, tout ainsi qu'était celle dont Sa Majesté avait ci-devant honoré son père : en témoin de quoi elle m'a commandé de lui expédier le présent brevet qu'elle a signé de sa main, et fait contresigner par moi, son conseiller secrétaire d'État et de ses commandements et finances.

» LOUIS. »

« Collationné à l'original en parchemin, sans sceau, par moi, conseiller du roi et intendant-général de la marine, soussigné.

» D'INFREVILLE. »

Le second fils de Côme II de Valbelle fut Jean-Baptiste de Valbelle, dont on va s'occuper ici.

Entré fort jeune au service de Malte, dont il prit l'ordre, il commença de servir à bord des galères, et obtint son brevet de capitaine dans ce corps, en 1647, après avoir passé par les grades d'enseigne et de lieutenant. En 1655, lorsque la marine du roi était fort affaiblie, il arma à ses frais deux galères pour faire la course contre les Espagnols et les Turcs, et se distingua par plusieurs beaux combats. En 1666, bien qu'il fût le troisième capitaine des galères par ancienneté, il passa dans le corps de vaisseaux. Voici comme il s'exprime au sujet de cette permutation, dans un Mémoire[1] adressé à Colbert en 1669, à propos d'une difficulté de rang survenue entre lui et M. le chevalier de Beaumont.

« Les passions sont crédules et téméraires, monseigneur; pardonnez à celle que j'ai pour le commandement, je vous en supplie avec toute sorte de respect. Je n'ai garde non plus de vous parler des services que j'ai rendus avec les armements

---

[1] *Bibl. Roy. Mss.* — Colbert.

particuliers que j'ai faits dix années durant. Ces commissions de courir ou sur les ennemis du roi, ou sur ceux de Dieu, ne peuvent me donner aucun rang, je le sais. Dans ces voyages, j'ai appris seulement à servir Sa Majesté et à ne me laisser pas tromper aux officiers subalternes qui abusent quelquefois de la facilité ou de l'ignorance des capitaines.

» Mais ce n'est pas de quoi j'ai à vous entretenir, monseigneur, mais de vos commissions. J'ai donné les originaux du brevet de capitaine de galère de 1647 à monsieur l'intendant, et aussi l'extrait de ma commission de capitaine du vaisseau *le Sauveur*, de mars 1666.

» Vous vous souviendrez, monseigneur, que lorsque vous me fîtes savoir que le roi me donnait le commandement de ce vaisseau, et que j'eus l'honneur de vous remercier de cet honneur, je vous représentai qu'en entrant dans le corps des vaisseaux il me faudrait prendre la queue, au lieu que demeurant dans celui des galères, je me trouvais à la tête, n'ayant d'anciens que MM. de la Brossardière, de Manse et de Montolieu. Vous me répondîtes, monseigneur : « Holmes commande une escadre anglaise dans la Méditerranée, il vous faut l'aller chercher; servez bien, monsieur, et ne vous mettez en peine de rien. » Le lendemain, par votre ordre, je remerciai le roi, et lui dis la même chose que je vous avais dite. Le roi me répondit tout comme vous avez fait : « Servez bien, monsieur, et ne vous mettez en peine de rien. » Pourtant, monseigneur, me voici fort en peine et en l'état que j'avais toujours appréhendé : deux de mes camarades qui sont à mon grand regret plus jeunes que moi, prétendent me commander. »

Cette contestation se termina d'ailleurs tout à l'avantage du chevalier de Valbelle.

Ce capitaine, bien que la navigation des vaisseaux différât beaucoup de celle des galères, s'y appliqua et y réussit singulièrement, aidé d'ailleurs des connaissances nautiques et astronomiques qu'il possédait déjà. On a vu, par sa lettre de 1673, qu'il prit une part active à ce combat.

En 1674, le chevalier de Valbelle avait environ cinquante-et-un ans ; c'était un homme de taille moyenne, nerveux, basané, et encore d'une adresse et d'une agilité merveilleuses ; avec cela, l'air glorieux, moqueur, et la physionomie la plus spirituelle du monde. On va voir, dans sa correspondance secrète avec le roi ou les ministres, que par le sel de ses plaisanteries et la tournure particulière et originale de son esprit, il savait se donner mille licences, parler hardiment de tout et de tous; et, sûr de plaire, d'amuser et d'instruire, écrire à Colbert et à Seignelay tout à fait sur le ton de la plus parfaite et familière égalité.

Dans sa jeunesse il avait été fort galant, et même quelque chose de plus : grâce à la facilité des mœurs méridionales, sa figure, sa bravoure, son esprit, le scandale habile de plusieurs de ses aventures et quelque bien, l'avaient singulièrement accrédité auprès des femmes. A ce propos, voici une lettre anonyme adressée à Colbert, et ne portant pas de date précise, mais évidemment écrite alors que le chevalier était capitaine des galères à Marseille. Cette lettre est *d'une pauvre femme en Jésus-Christ*, comme elle se nomme, et qui, sans doute victime de l'inconstance du chevalier, voulait ainsi se venger d'une rivale et d'un infidèle.

On donne ici cette lettre, parce qu'à travers la dénonciation dictée par une rancune toute féminine, on y trouve quelques traits caractérisés de la physionomie de Valbelle.

AVIS CONTRE LE SIEUR CHEVALIER DE VALBELLE, A MONSEIGNEUR COLBERT.

« Monseigneur,

» *Une pauvre femme en Jésus-Christ* a recours à votre grandeur, comme à un miroir de vertu et de dévotion, de vouloir, pour la gloire de Dieu, remédier à un scandale public causé par *le fier Artaban chevalier de Valbelle,* capitaine d'une des galères du roi, débauchant et causant mille désordres dans les familles, et particulièrement dans celle d'un honnête marchand, lui ayant débauché sa femme, et l'ayant obligée à mander son mari en Levant pour avoir plus de liberté dans ces commerces luxurieux et scandaleux, passant les jours et nuits avec elle, au scandale d'une ville comme Marseille; contrefaisant le faux dévot en public, et étant un véritable scélérat, n'ayant point de religion : *il est vrai que ses prédécesseurs se sont trouvés à crucifier le fils de Dieu; de là vous pouvez juger par la pièce de l'échantillon;* exerçant sur sa galère toutes les vexations pour avoir de l'argent pour subvenir à ses infâmes débauches ; faisant travailler les forçats en broderie, et leur donnant pour paiement des coups de bâton ; changeant les bas officiers et mariniers de rames[1], en tirant de l'argent, et n'ayant aucun zèle de charité pour la chiourme, en ayant tué un de sa propre main à coups de bâton ; passant des passevolants[2] toutes les campagnes en nombre considérable ; faisant servir les mariniers de rames pour soldats de parade, et à ses officiers leur refusant les avantages que le roi leur donne d'un valet passé et d'un droit d'une *once de chair*, que la ville donne en suite d'un traité fait par M. de Gondy, jadis général des galères. Je vous écris toutes ces vérités avec bien de la douleur ; mais, comme c'est pour un bien et pour la gloire de Dieu, je passe par-dessus tout en m'adressant à une personne si illustre pour y remédier, et espérant que votre grandeur ne fera pas éclater les infâmes pratiques d'un luxurieux en public, et qu'elle y mettra ordre avec discrétion, ce que j'attends avec l'aide de Dieu, et suis avec respect en Jésus-Christ. »

(*Cette lettre n'a signature ni date.*)
(*Bibl. roy. Mss.*)

On voit facilement, par les reproches réitérés de luxure, de débauche et de scandale, que *la pauvre femme en Jésus-Christ* regrettait, hélas ! sans doute, de ne pouvoir plus, du moins quant à elle, accuser de telles abominations, ce scélérat, *dont les prédécesseurs s'étaient trouvés à crucifier le fils de Dieu,* ainsi qu'elle le dit naïvement.

Le reproche de sévérité adressé à Valbelle était juste, car sa dureté pour son équipage était connue, et pour ainsi dire proverbiale, et aussi la rigueur avec laquelle surtout lui, Tourville

---

[1] On se souvient que sur les cinq hommes qui manœuvraient une rame à bord des galères, il y avait quatre forçats et un marinier libre qui n'était pas de la chiourme.

[2] On appelait ainsi un certain nombre de passagers que le capitaine embarquait à son bord comme amis ou domestiques. L'auteur de la lettre veut faire entendre que M. de Valbelle se faisait payer ce passage.

et Du Quesne veillaient à ce que leurs officiers n'encombrassent pas les navires de laquais inutiles. Reste le reproche de faire travailler les forçats en broderie. On avouera au moins que rien n'était moins fatigant; et d'ailleurs il était imposé, pour ainsi dire, à chaque capitaine d'occuper la chiourme à quelques travaux mécaniques, alors que les galères étaient dans le port.

Les mémoires secrets adressés à Colbert, par Valbelle, lors de son arrivée en Sicile, offrent le tableau le plus vivant et le plus animé de la ville de Messine et de sa population. L'inépuisable raillerie du chevalier se prend à tout : usages, modes, mœurs, superstitions, tandis que son esprit, juste et droit, développe, avec une merveilleuse lucidité, les grands avantages politiques et commerciaux que Louis XIV pourrait retirer en occupant ces possessions.

Il est impossible, je crois, de n'être pas vivement frappé de ce style nerveux, incisif, soudain, si hautain sous son apparente modestie, et d'une ironie si amère dans ses réticences, réticences tellement diaphanes, pour ainsi dire, que ce qu'elles semblent vouloir cacher demeure aussi évident, et qu'on le remarque même davantage par cette suspension perfide.

Les lettres du chevalier de Valbelle m'ont paru participer à la fois de la manière de M. de Saint-Simon et de celle de madame de Sévigné. C'est la raillerie mordante du premier, moins son indignation de grand seigneur honnête homme contre les vices qu'il attaque; c'est le charmant laisser-aller, la spirituelle insouciance de la seconde, qu'elle ait à parler d'une pendaison ou d'une coiffure nouvelle. Mais ce qui est une qualité toute particulière à M. de Valbelle, c'est une connaissance approfondie de son art, jointe à des vues d'une extrême justesse, qui s'appliquaient non-seulement aux choses de la guerre, mais à l'administration; car un fait entièrement ignoré jusqu'ici, je crois, c'est que le chevalier de Valbelle a eu le premier la pensée d'organiser ce qu'on appelle le classement des matelots, coutume qui s'est perpétuée jusqu'à nos jours.

Voici une lettre de Valbelle, du mois de mars 1669, qui fait cette proposition à Colbert, en déduisant, avec une grande logique et clarté, les raisons qui militent en faveur de cette combinaison administrative.

LETTRE DE DE VALBELLE, DE MARSEILLE, 1669.

« La passion que j'ai toujours eue de servir le roi, et de mériter par ce moyen l'estime de votre grandeur, me donne la liberté de lui représenter que les peines et les difficultés qu'il y a bien souvent de trouver des matelots pour composer les équipages des vaisseaux de Sa Majesté ne procèdent pas seulement de ce qu'ils ne sont pas toujours satisfaits de leurs capitaines, mais parce qu'au retour de la campagne ils ne peuvent pas retourner chez eux, ni avoir leur congé comme ceux des galères, qui par cette raison n'en manquent jamais. Voilà, monseigneur, l'unique sujet que ces sortes de gens ont de préférer le service des vaisseaux marchands à ceux de Sa Majesté, et ils aiment mieux souvent s'absenter et s'exposer à la rigueur des ordonnances qu'à cette contrainte. Mais, monseigneur, pour trouver un remède à ce mal, et faire qu'en tout temps il y ait un nombre de matelots suffisant pour le service du roi et l'entretien du commerce, qui sont les deux choses que votre grandeur passionne le plus, et qu'elle fait réussir avec tant de bonheur, il semble, monseigneur, si vous le trouvez à propos, qu'il serait expédient de savoir le nombre et le nom de tous les matelots qui sont dans tous les lieux maritimes, et qui naviguent dans ces mers, pour en faire dresser une confrérie et espèce de communauté dans tous les ports de cette province, avec défense à ceux qui n'y seront pas enrôlés de pouvoir naviguer ni monter aucun vaisseau ou autre bâtiment, sous des peines très-rigoureuses; ce qu'étant une fois établi, on n'aurait qu'à suivre ce rôle, qui se trouverait aux registres du greffier de l'amirauté; et sur ce même état, on ferait tous les ans le choix et le département de ceux qui auraient à servir sur les vaisseaux du roi pour être libres à la fin de la campagne. Cet ordre, monseigneur, apporterait sans doute une grande facilité et même de l'attachement et affection pour le service, outre que par ce moyen on pourrait facilement découvrir ceux qui, s'oubliant de leur devoir, prendraient parti avec les étrangers.

» Pardonnez, s'il vous plaît, monseigneur, à mon zèle : votre grandeur sait mieux que qui que ce soit ce qu'il y a à faire en cela pour le service du roi et le bien du commerce ; je m'offre seulement d'y travailler suivant les ordres et les commandements de votre grandeur, dont elle ne saurait honorer personne qui les reçoive avec plus de soumission et d'attachement que votre , etc.

» VALBELLE. »

Quant aux mémoires de Valbelle adressés à Colbert pour être lus au roi, ce ministre y attachait une si grande importance, qu'en marge de sa relation du 7 octobre 1671, qu'on va lire, on trouve ces mots de la main de Seignelay :

Relation du chevalier de Valbelle du 7 octobre, à lire au roi à l'endroit marqué.

Et plus bas de la main de Colbert ces autres mots :

Aussi je m'étonnais fort que vous eussiez oublié cette relation.

Voici ce document :

RELATION DE TOUT CE QUI S'EST PASSÉ A MESSINE. — M. LE CHEVALIER DE VALBELLE, LE 7 OCTOBRE 1674.

« Le 27 du mois passé, les six vaisseaux de guerre et les trois brûlots commandés par le chevalier de Valbelle, une tartane et une barque chargée de blé, entrèrent dans le phare de Messine, du côté du nord, et mouillèrent à vingt-deux heures en la rade qui est entre l'église Saint-François et le Paradis. Il est difficile de croire la joie que montrèrent les Messinois après qu'ils eurent reconnu les vaisseaux de Sa Majesté : nous n'avions pas assez de cordages pour amarrer les felouques qui venaient à nos bords; ils nous étourdissaient à force de crier : Vive le roi de France ! Nous vîmes déployer en plusieurs endroits des pavillons blancs, et tout cela se faisait au bruit du canon et du mousquet, des tambours et des trompettes.

» Le même jour, à une heure de nuit, le sénat en corps fut au vaisseau *le Pompeux*. Le jurat, qui porta la parole, après avoir fait et reçu les compliments ordinaires au chevalier de Valbelle, lui dit, de la part de tous les habitants de la ville de Messine, qu'ils se donnaient au roi et le reconnaissaient pour leur seigneur et leur maître ; et ledit chevalier lui répondit que le roi voulait seulement être leur protecteur, et qu'assurément il leur enverrait tous les secours dont ils auraient besoin pour parvenir à leurs desseins. Alors un des sénateurs dit : Cela est honnête et généreux ; mais nous ne le serions pas si nous ne marquions par notre reconnaissance et par toutes nos actions *quel re de France e patrone e signore nostro*. Après cela ils sortirent du vaisseau, et on les salua de onze coups de canon, comme l'on avait fait à leur entrée.

» Le lendemain, 28 du courant, le chevalier de Valbelle estima leur devoir rendre la visite : MM. Dailly et Langeron l'accompagnèrent. Le sénat, averti, députa deux sénateurs pour le recevoir au sortir de sa chaloupe : ils étaient suivis d'une foule de gens de tout âge et de toute condition ; il les menèrent entendre la messe aux Minimes, qui sont voisins de la mer, et de là, en carrosse, à la Banque, c'est-à-dire à l'Hôtel de Ville. Les rues étaient bordées des deux côtés du peuple, qui était en armes ; les dames, qui etaient aux fenêtres et aux portes de leurs maisons, nous jetaient par galanterie des confitures dans la tête. Nous fûmes deux heures à nous rendre audit hôtel, où nous trouvâmes deux sénateurs, suivis des principaux marchands, qui reçurent ledit sieur chevalier à la porte de la première salle, et deux autres, accompagnés de la noblesse, à celle de la chambre du conseil, dans laquelle il y avait un tableau de la Vierge leur protectrice, et un portrait du roi nôtre, qui nous donna lieu de parler de bien des choses, et particulièrement de la haine que les Messinois avaient autrefois pour notre nation, et de celle qu'ils ont aujourd'hui pour les Espagnols. Votre très-humble serviteur finit la conversation en leur disant *che tutti gli mali Francesi, e tutti gli boni Spagnoli erano morti*. Cette réponse plut extrêmement au sénat, et il est difficile de croire combien sont extrêmes les honneurs qu'ils ont faits au chevalier de Valbelle et à tous les Français.

» Dans la même chambre il y avait un trône élevé de quatre marches, couvert d'un grand tapis, et sept siéges dessus ; les sénateurs prièrent le chevalier de Valbelle d'y monter, et de s'asseoir à celui du milieu, ce qu'il refusa très-civilement de faire ; son refus n'empêcha pourtant pas ces messieurs de le presser, jusqu'à lui dire qu'il importait au service du roi et de la ville que le peuple le vît au milieu d'eux, et qu'il assurât ceux qui étaient présents de l'honneur que le roi leur faisait de les protéger ; ce qu'il fit en peu de paroles et en leur protestant hautement que Sa Majesté ne l'aurait pas envoyé ici avec ses vaisseaux et de la poudre, si elle n'avait résolu de les secourir puissamment.

Le discours fut court et persuasif, parce qu'il était agréable : on y applaudit par des cris de vive le roi de France ! qui se communiquèrent à toute la ville, et furent suivis d'une infinité de coups de canon et de mousquet, qui se firent entendre plus longtemps que je ne souhaitais ; car je venais d'apprendre qu'en une revue que le marquis de Bayonne faisait faire à Melasso de la milice du pays qu'il a appelée auprès de sa personne, un galant homme, dont on ne sait pas le nom, le coucha en joue et tua le duc de Saint-Juan qui était à côté de son excellence.

L'aventure de ce vice-roi par intérim, arrivée de fraîche date, m'obligea de dire aux Messinois qui tiraient : *basta, signori, bisogno esparrare con fructu*, et réservez votre poudre pour les ennemis ; mais ce fut inutilement. MM. Dailly et Langeron goguenardaient et ne pensaient pas au défunt duc ; car vous savez que malheur d'autrui n'est que songe, et moi j'en fis de même et les laissai tirer tout leur saoul. Cette cérémonie dura bien quatre heures, et les cris d'allégresse, le bruit des cloches et le feu du mousquet ne cessèrent qu'après qu'ils nous eurent ramenés et vus dans nos chaloupes, mais avec une foule de monde que nous ne pouvions regarder sans être surpris. Je ne pouvais dissimuler ma joie, et il n'était pas juste de la tenir secrète ; elle s'augmenta quand je fus au vaisseau *le Pompeux*, et pour cause.

» Par là, vous voyez combien les Messinois sont envenimés contre les Espagnols, et combien sont bonnes les dispositions de ce peuple pour le roi notre maître. Le nom de protecteur et d'ami ne leur est pas agréable, et ils ne s'en accommodent pas ; pour moi, je ne me rétracte point, et ne leur parle jamais que de protection. Leur envoyé à Rome, le vice-consul, et l'habitant que nous avons vu à Toulon, ne disaient pas vrai, quand ils nous assuraient qu'ils étaient maîtres de tous les châteaux, à la réserve du Salvador; car après leur départ, celui de Mattagrifone et celui de Consagre ont été pris, l'un par mine et l'autre par escalade.

» Il ne reste donc plus à prendre que celui qu'on appelle le Salvador, qui est à l'entrée du port, et je ne crois pas que les Messinois puissent s'en rendre maîtres; s'ils avaient des soldats aguerris et des officiers, ce ne serait pas une affaire ; mais tout cela manque, et tout ce qui est nécessaire pour un siége ne se trouve point ici; d'ailleurs ce n'est qu'un peuple sans chef, oisif depuis quatre cents ans, qui veut l'attaquer et qui ne sait comment s'y prendre ; j'en suis au désespoir, car cette affaire est d'une très-grande importance, et le roi pourrait en tirer des avantages que vous voyez mieux que moi : mille soldats à débarquer, un ingénieur et des bombes, je serai content; mais je suis triste, quoique je ne le paraisse pas, et ne puis me consoler, reconnaissant que nous manquerons peut-être de nous prévaloir de cette occasion, pour avoir douté du succès de ce dessein, ou négligé les avis de Rome.

» Nous ne possédons rien en Italie, et avec Messine le roi pourrait s'agrandir quand il lui plairait; au pis aller, on nous y craindrait si on ne nous y voulait pas aimer. Son phare, fameux par tant de naufrages, le serait bien plus à l'avenir par la peine et le tourment qu'il donnerait au conseil d'Espagne, si le roi en était le maître, puisque c'est le passage des blés des deux Calabres, pour les porter dans le royaume de Naples : en temps de guerre, nous ferions crier famine à cette grande ville, et les Espagnols ne seraient pas peu embarrassés. Si cette révolte se peut soutenir deux bons mois, et que le roi fasse les choses qu'il a résolues, comme il y a lieu de n'en douter pas, le sénat et le peuple en feront de surprenantes. Ce que je vois m'engage à parler de la sorte ; car ils ont pris quatre châteaux, sans expérience ni secours que de leur industrie et de leur courage, et ils se maintiennent depuis trois mois contre les forces d'Espagne ; il est vrai qu'elles sont petites : mais pour emporter toutes ces places, il a fallu faire de grands efforts; cependant ils ne sauraient se maintenir d'eux-mêmes, ni conserver tous les dehors qu'ils occupent, car les Espagnols, à mon avis, font des préparatifs pour les réduire, et j'estime que le dessein du marquis de Bayonne est de les affamer, fermant avec ses troupes toutes les avenues de la ville ; mais si le roi leur envoie les secours nécessaires, et qu'on se hâte de les assister, ledit marquis ne viendra pas à bout de Messine, et toutes les mesures qu'il a prises et qu'il prend seront courtes. Je vous le dis sincèrement, il faut se hâter et ne perdre point à délibérer le temps qu'il faut employer à faire partir des gens de guerre et un homme de tête pour les commander ; car le danger est dans le retardement, et pareilles occasions ne se présentent pas deux fois ; il faut aussi un peu d'argent ; du blé, il y en a largement dans la ville pour deux mois et demi.

» Les galères de Malte, deux de Gênes, trois du duc de Turcis, ont bien fait du mal aux Messinois, par le transport de l'infanterie de Naples et de Calabre en cette île ; mais ils le portent si patiemment, que c'est une merveille. Dieu veuille que le temps n'use pas leur patience, et que le marquis de Bayonne ne les presse pas davantage. Toutes les gazettes qui viennent de Melasso, où il est, disent qu'il attend tous les jours l'armée d'Espagne et une escadre de vaisseaux hollandais. Si le sénat avait en sa puissance le château de Salvador, je ne pense pas que le vice-roi puisse réduire cette ville si facilement qu'il se figure, ni nous en faire éloigner que quand il nous plaira, car nous mouillerons entre ledit château et l'église de Jésus, et ne craindrons ni les marées ni les vents d'est-sud-est ; et les vaisseaux ennemis ne sauraient demeurer aux autres rades sans courir risque de se perdre à toute heure.

» On nous consulte incessamment sur l'attaque du Salvador : cette affaire est si délicate, qu'on n'ose s'y embarquer ; les réflexions que je fais sur le bien ou le mal que peut apporter le dessein d'attaquer cette place par les formes, partagent mon esprit, et m'empêchent souvent de m'expliquer avec sincérité ; cependant, je vois bien que c'est en quelque sorte gain de cause que la prise de cette forteresse, à cause du port ; mais les suites sont pernicieuses, si on n'y réussit pas et qu'une force supérieure nous tombe sur les bras. Rien ne peut en garantir le sénat et la ville de Messine que Sa Majesté, pourvu qu'elle ait le temps de les secourir : les moyens de sauver ce pauvre peuple sont entre ses mains, et jamais roi ne les eut si longues; le bien de son service veut qu'il s'en serve pour la défense des faibles, et la gloire de ses armes s'y rencontre. Je souhaite de tout mon cœur qu'il le fasse, sans cela la perte de Messine est inévitable, à moins d'un miracle; les Messinois s'y attendent, et je vous ferais rire si je vous mandais les contes qu'ils nous font.

» La confiance qu'ils ont en la sainte Vierge est admirable; on parle tous les jours de quelques visions ou de quelques révélations. Les religieux et les religieuses sont fort intrigués, et nous en avons vu un, de l'ordre de saint François, en armes et cravate; il me prit envie de lui demander de quel *désordre* il était: ce mot est d'un page dont j'ai oublié le nom, et dont vous savez assurément l'histoire. Sans mentir, il y a un régiment de *fratres* qui gardent la Banque, et qui sont assez plaisants avec leurs escopettes. L'inquisition les fera rentrer dans leur devoir, si les secours dont je vous ai parlé ci-dessus ne viennent bientôt; et si le bonheur n'en dit plus aux Messinois, ou que la nécessité les presse, j'estime que quelques résolutions qu'ils aient faites de mourir ou de s'ôter le joug qu'ils ont de dessus la tête, ils n'y demeureront pas; ils ont beau me dire: *una salus victis, nullam sperare salutem*, j'ai peur qu'ils manqueront de courage et que la volonté leur changera, puisqu'elle est changeante jusqu'à la mort.

» Au reste, il n'est pas possible que nous demeurions ici longtemps: la rade est très-dangereuse; ils en conviennent eux-mêmes, et conviennent aussi que pour être heureux, il faut voir et fréquenter les dames. Leurs femmes voudraient que cela fût établi comme la mode des habits à la française, car tout ce qu'il y a de gens bien faits sont en justaucorps et en reingraves; nous faisons tout ce que nous pouvons pour les mener loin.

» Nous sommes au premier du mois d'octobre, et je viens d'apprendre d'un soldat transfuge du Salvador que le gouverneur est fort blessé d'un éclat à la tête, et que les affûts ou caisses de leurs canons sont en très-mauvais état; il m'assure aussi qu'il y a bien des malades, et qu'ils souffrent pour l'eau. Ces avis m'ont obligé de presser vivement le sénat pour battre la place demain, et ouvrir la tranchée le soir, afin d'essayer de prendre un puits qui est à une portée de mousquet du château : ils ont bien voulu me croire, et nous n'avons rien oublié pour les exciter et les encourager ; car, le deuxième de ce mois, à six heures du matin, le chevalier de Valbelle fut au bastion de Porte-Reale, et y laissa MM. Langeron et de Lafayette avec de très-bons canonniers ; de là il fut au fort de la Landria, où il mit M. le chevalier Dailly avec le chevalier de Boisfort, et de bons canonniers aussi ; de Landria à Mattagrifone, où M. Isnard, volontaire sur *le Pompeux,* demeura, avec le chevalier de Torves et des canonniers encore ; et de là au fort de Saint-Georges, où M. le chevalier de Léry demeura, avec M. de Saint-André et M. de Goutte, volontaires. En vérité, ces messieurs firent faire un si grand feu sur ledit Salvador, que le soir tous les parapets et défenses étaient rasés, même beaucoup de canons démontés. M. de Cogolin était demeuré par ordre aux vaisseaux, qui ne sont au plus qu'à deux portées de canon de la ville.

» Le bruit du canon n'empêcha pas une barque, qui venait de Naples, de donner dans le phare du côté du nord, et il paraissait trois vaisseaux du côté du sud : cela fut cause que le sieur chevalier de Valbelle, qui était alors au château de Mattagrifone, sortit pour aller aux vaisseaux, et prit en passant MM. de Lafayette et de Langeron, auxquels il commanda de faire appareiller leurs navires et *le Soleil d'Afrique* pour reconnaître les vaisseaux qui paraissent ; mais le calme fut si grand, qu'ils ne purent lever, et lesdits vaisseaux n'entrèrent pas dans le phare. Pour la barque, elle fut enlevée par les chaloupes armées : elle était chargée de poudre, de mèches, de balles, de mousquets, de pelles, de haches, et autres munitions de guerre. Le chevalier de Valbelle en fit présent à la ville de la part du roi notre maître, et vous ne sauriez croire le bon effet que cela a produit dans l'esprit du peuple. Le soir la tranchée fut ouverte : le chevalier de Valbelle et MM. les capitaines y furent tous les uns après les autres ; il y monta seulement cent soldats choisis des vaisseaux : MM. de Saint-André, le chevalier de Boisfort, de Vitré, étaient à leur tête, et ils y ont très-bien fait leur devoir.

» Le 3, au matin, on découvrit neuf galères à l'embouchure du phare, du côté du nord ; MM. de Cogolin, de Léry et de Lafayette furent commandés pour les aller reconnaître ; sept étaient de Malte, et on ne put les joindre à cause du calme ; elles furent mouiller à Reggio ; les autres, qui étaient de Naples, n'osèrent passer. Toute la journée se passa encore à tirer sur le Salvador, et le feu ne cessa qu'à vingt-une heures, que le sénat, par je ne sais quelle raison appuyée sur le christianisme, envoya l'aumônier dont je vous ai parlé dans une lettre que je me suis donné l'honneur de vous écrire, pour annoncer au Castillan et autres officiers de se rendre, et de n'attendre pas à être forcés.

» Le 4, au matin, que je fus voir le travail, j'appris qu'il y avait trêve ; j'en fus scandalisé, et leur dis que nous perdions l'occasion et l'avantage de prendre la place, que nous savions en désordre, et que le gouverneur en pourrait tirer de l'utilité ; je suppliai le sénat de ne faire ni écouter des propositions. En ce temps, MM. de Vousy, de Goutte et le chevalier de Torves partaient pour relever ceux qui étaient à la tranchée, et nous fûmes contraints de mettre à la voile : pour peu que nous eussions tardé, les vaisseaux étaient à la côte. J'attribue ce bonheur à la bonne fortune de Sa Majesté et à notre diligence, qui fut au-delà de toute croyance ; jamais le chevalier de Valbelle ne fera une si bonne manœuvre, ni plus à propos, et bien nous en prit. Je suis trop dans ses intérêts pour vous faire valoir davantage ce qu'il fit en cette rencontre ; vous l'apprendrez, s'il vous plaît, d'ailleurs.

» Tous les capitaines, à son exemple, larguèrent les amarres de terre, *le Pompeux*, *le Téméraire* et *le Sage* laissèrent chacun une ancre ; dès que le temps permettra de rentrer dans le phare, nous irons tout pêcher et tout prendre. Nous fûmes mouiller à trois lieues du phare à l'abri des terres, du côté du nord, et avons fait échouer une barque à terre et pris une chargée de vin ; nous ne savons pas encore si elle sera de bonne prise.

» La tartane venue de Provence avec nous est partie le cinquième jour pour aller à Toulon. Dieu la préserve. Sa navigation, en se séparant de nous, n'a point été judicieuse, et même contraire à ce que je dis au patron en lui donnant les lettres. J'espère néanmoins que la brume, la pluie, la violence du vent favorable, l'auront éloignée des îles de Lipari, Vulcain, Panerie et Stromboli, qui sont les lieux dangereux ; et cela étant, vous aurez déjà reçu une partie des choses que je vous écris en duplicata.

» Le 6, le vent étant beau, nous entrâmes dans le phare, et j'envoyai d'abord aux nouvelles. Avant que l'homme qui les allait querir fût de retour, le sénat en corps vint vis-à-vis de nos vaisseaux, et le chevalier de Valbelle fut les trouver à terre. Ces messieurs lui dirent : Nous venons de vous envoyer les articles d'une capitulation dressée par le gouverneur du Salvador, et attendions votre sentiment. Ledit chevalier leur répondit : Ne vous souvenez-vous point des principaux? et un des jurats les lui ayant dits, il ne put s'empêcher de leur témoigner qu'ils se perdraient, et qu'il voyait bien aux demandes que les Espagnols faisaient, qu'ils ne songeaient qu'à gagner du temps; en un mot, il les persuada si bien, que, sans perte d'un moment, on dressa des articles, et on les envoya au gouverneur du Salvador, avec déclaration que, si à vingt-deux heures, il ne répondait décisivement, la trêve était rompue. Malheureusement pour nous, deux heures après minuit, le vent revint au sud-est, et, du *Pompeux*, on fit le signal pour appareiller et retourner au mouillage d'où nous étions partis.

» Le sénat y a envoyé deux courriers par terre pour donner avis de tout ce qui se passe, et le chevalier de Valbelle, de sa part, deux aussi, avec des mémoires et instructions pour hâter la sortie de Espagnols. Des expédiens, je crois assurer de n'en avoir point manqué, et que je me suis surpassé pour faire parler avantageusement des forces navales de Sa Majesté. On ne dira pas toujours que sa marine est inutile : l'escadre est petite, mais elle est bonne, et composée de personnes qui feront honneur au choix que le roi a fait d'elles; car il y a apparence que nous ne quitterons pas les mers de Sicile sans avoir vu don Melchior de la Cueva, ou M. Tromp, et peut-être tous deux, ce que nous ne voudrions pas, Dieu surtout; j'ai beaucoup de confiance en lui, et en l'ascendant et bonne fortune de Sa Majesté, que Dieu nous conserve, que je ne crains rien.

» Je vous tenais cette relation prête, et attendais de la finir dès que je serais de retour à Messine, ou que M. de Vousy et le chevalier de Torves m'auraient apporté la nouvelle de la sortie des Espagnols, qui doit être demain, 8 de ce mois, jour de sainte

Pélagie pénitente; mais une barque maltoise qui va à Livourne, ayant passé contre le bord, j'ai consigné la présente dépêche pour la donner en main propre du consul de la nation, afin que, si la tartane avait été malheureuse, vous puissiez informer Sa Majesté de l'état où sont les affaires en ce pays.

» Enfin, monseigneur, du blé, mille hommes, et un peu de bombes et de grenades, j'oserais vous assurer que le roi notre maître fera repentir les Espagnols d'avoir rompu la paix avec lui.

» Le 7 octobre 1674. »

(*Archives de la Marine à Versailles.*)

CHAPITRE V.

Le chevalier de Valbelle quitte Messine le 14 octobre pour revenir en France; il est accompagné de don Antonio Caffaro, envoyé de Messine auprès de Louis XIV. — Valbelle arrive à Versailles. — Louis XIV se décide à envoyer un nouveau secours à Messine, commandé par M. le marquis de Vallavoire. — Instructions secrètes données à M. de Vallavoire par M. de Pomponne. — Lettre de Vallavoire. — Départ de la flotte. — Lettre de Valbelle au roi, sur l'arrivée de ses vaisseaux devant Messine, et sur le combat qu'ils livrent aux Espagnols.

Après moins d'un mois de séjour à Messine, voyant la grande disette qui continuait de régner dans cette ville, et ne pouvant plus même assurer la subsistance de ses équipages, le chevalier de Valbelle se résolut à retourner en France pour exposer nettement au roi quelles chances de succès offrait cette expédition; et aussi pour aller chercher les vivres et les provisions nécessaires à la conservation de cette ville. Le sénat ayant chargé D. Antonio Caffaro d'accompagner M. de Valbelle en France, accrédita cet envoyé auprès de Louis XIV, avec mission de le supplier de ne pas abandonner un peuple qui ne voulait avoir d'autre maître que lui; D. Antonio Caffaro devait d'ailleurs rester en France comme chargé d'affaires de Messine.

Le 14 octobre, le chevalier de Valbelle mit donc à la voile avec son escadre, et quitta la Sicile; mais le mauvais temps l'ayant obligé de ranger pendant deux jours les côtes de Barbarie, M. de Valbelle y put acheter du blé, qu'il chargea sur quelques tartanes destinées à Messine, ce qui fut d'un grand secours pour cette ville, alors décimée par la plus effroyable disette.

Peu de jours après son arrivée à Marseille, M. de Valbelle se rendit à Versailles pour entretenir le roi sur cette campagne et ses résultats.

Le chevalier de Valbelle eut seul plusieurs longs entretiens avec Louis XIV, et ce, même avant que d'avoir vu les ministres. Le roi, qui aimait singulièrement à être amusé, et qui pour cela avait tant accordé à la causerie médisante et railleuse de madame de Montespan, ne put échapper à l'influence de l'esprit du chevalier, dont les saillies moqueuses et imprévues lui plurent fort; il l'entretint plusieurs fois, lui ordonna de correspondre désormais directement avec lui, et de ne garder ni réserve ni tempérament dans tout ce qu'il croirait lui devoir écrire pour le bien de son service. On verra par la suite que le caustique chevalier n'y faillit point, sans cependant mêler, il faut l'avouer, la moindre calomnie à ses rapports si gais, si mordans, et pourtant aussi remplis de faits et de solides réflexions.

Enfin, le 23 novembre, Louis XIV fit repartir le chevalier pour Toulon, avec l'ordre de retourner à Messine, et d'y conduire M. le marquis de Vallavoire, lieutenant général, qui devait commander les troupes de débarquement.

Le marquis de Vallavoire avait servi sous le duc de Guise, lors de sa seconde et malheureuse tentative sur Naples, et connaissait parfaitement le pays et la guerre qu'il convenait d'y faire, s'étant fort distingué, en 1654, au siége de Castellamare. Brave, habile, et l'un des meilleurs tacticiens de ces temps-là, cet officier général était en tous points extrêmement capable de remplir cette importante mission.

Les instructions secrètes, destinées à régler la conduite de M. de Vallavoire dans cette expédition, furent dressées par M. Arnauld de Pomponne, qui, en 1671, à la mort de Lionne, eut, ainsi qu'on l'a dit, les affaires étrangères, pour lesquelles il quitta son ambassade en Suède.

Malheureusement pour M. de Pomponne, et aussi pour la France, pendant les deux mois qui s'écoulèrent avant le retour et l'entrée au ministère de ce dernier, M. de Louvois, alors au fort de sa faveur et de son crédit, eut ce département par intérim. De la sorte, M. de Louvois pénétra d'abord le secret de toutes les négociations, puis il eut encore les plus grandes facilités pour organiser dans toutes les cours, et à part des ambassades ostensiblement reconnues, une manière d'agence diplomatique obscure et souterraine, mais entièrement à lui, et, il faut l'avouer, presque toujours si parfaitement instruite, que fort souvent il savait, par ce canal, le but ou l'issue des négociations bien avant M. de Pomponne.

En agissant de la sorte, M. de Louvois avait la certitude de ruiner un jour son collègue dans l'esprit du roi. Toujours plus tôt et mieux informé des affaires étrangères que le ministre qui en était chargé, le fils de Letellier ne devait-il pas acquérir ainsi, aux dépens de M. de Pomponne, et ce avec assez de raison, l'influence que possède d'habitude celui qui le premier peut annoncer au maître les nouvelles les plus secrètes et les plus importantes de l'État.

Né en 1618, Simon Arnauld, marquis de Pomponne, fils d'Arnauld d'Andilly, ce grand janséniste, l'un des membres les plus comptés de cette grave et austère société de Port-Royal, avait alors cinquante-six ans; les nombreux amis de son père lui ayant ouvert, fort jeune, la carrière des affaires, il s'occupa d'abord de quelques négociations en Italie, sous de Lionne et M. de Croissy ; puis il fut chargé de plusieurs intendances fort importantes; en 1642, il eut celle de Casal; deux ans après, il obtint l'entrée des conseils du roi, et successivement aussi l'intendance des armées de Naples et de Catalogne; mais le jansénisme prononcé de son père l'ayant empêché d'obtenir, en 1659, l'agrément du cardinal Mazarin pour la charge de chancelier de M. le duc d'Anjou, de ce moment jusqu'en 1664, sa carrière fut entravée, tant par cette suspicion de jansénisme qu'on a dit, que par la conséquence des marques d'attachement qu'il ne craignit pas de témoigner au surintendant Fouquet lors de sa disgrâce.

M. de Pomponne paya donc par l'exil cette preuve d'affection fidèle qu'il donnait à son ami; mais il s'en consola facilement, dans sa solitude, par la culture des lettres, qu'il aima toujours avec passion.

Admis fort jeune à l'hôtel de Rambouillet, à l'hôtel de Nevers, à Fresne, à Vaux, vivant dans la plus grande intimité avec cette élite de femmes et d'hommes si distingués, si à part, qui formaient alors comme le cénacle du bon goût et du bon esprit; toujours dans la compagnie de mesdames de Sévigné, de Coulange, de Lafayette; fort habitué avec Voiture, Larochefoucauld, Racine, Boileau, M. de Pomponne avait encore puisé dans le commerce de cette société, rare et choisie, un atticisme de langage, une urbanité de formes dont on retrouve les traces dans ses moindres lettres.

Enfin, grâce aux instances de Lionne, de M. le maréchal de Grammont et de M. le duc de la Rochefoucauld, Louis XIV consentit à revoir M. de Pomponne en 1664 ; et sur l'instante recommandation de Lionne, qui l'appelait plaisamment, à propos de ses négociations, « le plus fourbe des honnêtes gens et le plus honnête des fourbes », M. de Pomponne fut, en 1665, envoyé ambassadeur en Suède. En 1668, informé par Lionne du traité de partage éventuel de la monarchie espagnole conclu avec l'empereur, d'après ses instructions, il accéda de plein gré au traité de la triple alliance, qui, ainsi qu'on l'a déjà dit, au lieu d'arrêter Louis XIV dans ses projets d'agrandissement, allait, au contraire, au devant de ses vœux.

Enfin, envoyé ambassadeur à La Haye, en 1669, M. de Pomponne en fut rappelé en 1671 pour retourner en Suède, et ce fut après être parvenu à détacher cette couronne de son alliance avec les Sept-Provinces, qu'il remplaça de Lionne aux affaires étrangères.

Rien n'est plus curieux que de comparer les instructions et les dépêches de Lionne à celle de M. de Pomponne ; on verra, par l'instruction secrète dressée pour M. de Vallavoire, quelle inconcevable différence dans la manière d'écrire et de procéder de ces deux hommes d'État.

Jamais cette vieille banalité : le *style est tout l'homme*, ne m'a paru se mieux révéler qu'en suite de l'appréciation des œuvres de ces deux ministres.

On a pu s'en convaincre mille fois, rien n'était plus vif, plus impétueux, plus individuel que le style ou l'esprit de Lionne ; c'était presque toujours une raillerie insultante, un sarcasme hautain à propos des gens qu'il achetait, ou quelque grande fourberie cachée sous une dénégation ou une assertion menteuse, faite d'ailleurs du ton le plus naïf du monde ; c'étaient des protestations effrontées de bonne foi et de justice, à propos de chaque trahison ; c'était enfin un génie insolent, décidé, qui se moquait de tout et de tous, depuis son *incomparable maître* jusqu'à cet ambassadeur d'Angleterre, lord Hollis, je crois, qui se plaignait à de Lionne, dans une longue lettre, de ce que, sans respect aucun pour son caractère, toutes ses dépêches étaient ouvertes à Calais, et de ce qu'on poussait même l'oubli de toute décence jusqu'à ne les point refermer. Or les plaintes de lord Hollis étaient fondées, car le secret de sa correspondance avait été souvent violé.

On ne devinera jamais ce que répondit de Lionne à ce reproche, et malheureusement l'espace nous manque pour citer cette lettre charmante [1]. Lionne répondit en substance : — Mon cher monsieur, croyez bien que si je faisais ouvrir vos lettres, je n'aurais pas la maladresse de les laisser décachetées ; ceci doit vous convaincre, j'espère, que c'est au seul frottement des dépêches dans le sac du courrier qu'il vous faut attribuer cet accident.

Somme toute, à travers les écarts de cet esprit ferme et logique, quelquefois prolixe, mais jamais lourd ni confus, il est impossible de ne pas reconnaître dès l'abord la prééminence d'un plan arrêté, la réalisation de cette pensée fixe, entière, qui domine tout, et se retrouve partout, bonne ou mauvaise, juste ou déloyale. — L'abaissement de la monarchie espagnole au profit de Louis XIV ; — aussi l'a-t-on déjà dit, tant que la voix de Lionne fut écoutée, tant qu'il dirigea seul et à son gré les relations extérieures, cette idée ou plutôt ce principe vital de la politique de Mazarin et de Richelieu fut le seul but de sa diplomatie, et la corruption son seul levier.

Aussi est-ce cette inflexible unité de vues et de moyens qui rend la correspondance de Lionne si homogène, si complète et si normale, qu'on ne pourrait en distraire une page sans en dénaturer l'ensemble, sans lui faire perdre extrêmement de sa si-

---

[1] Aff. étrangères. — Angleterre. — Supp. — 1669 — 1670.

gnification. Voulant nuire à l'Espagne, incessamment et partout, les instructions de ses résidents auprès de toutes les cours, depuis les ambassadeurs jusqu'aux plus obscurs agents, étaient étroitement liés entre elles par cette pensée qui les faisait toutes converger au même but. De cette unité de vues naissait un autre avantage pour de Lionne, c'est que sa politique étant, pour ainsi dire, simplifiée de la sorte, il la dominait tout entière; et, tenant d'une main habile et ferme les mille fils qui faisaient mouvoir à son gré, et dans tous les sens, presque toutes les puissances de l'Europe, il marchait d'une allure leste, forte et facile, privilége de l'homme qui commande sa situation.

Aussi quel contraste frappant entre Lionne et Pomponne, entre la politique suivie par ces deux ministres!

Pomponne, sérieux et grave, qui, bien qu'éloigné de partager le jansénisme des rigides solitaires de Port-Royal, pratiquait tous leurs principes de haute moralité et d'austère et solide piété, Pomponne, studieux, occupé, qui, s'éloignant avec bonheur de la cour et du monde, aimait à se délasser des affaires sous les frais berceaux d'Andilly, en lisant, à leur ombre, Horace et Tibulle, Pomponne, habitué jeune aux affaires, dont il possédait sans doute le manége, pouvait bien obéir et exécuter la lettre des instructions d'ailleurs si précises et si détaillées de Lionne; pouvait peut-être même, par la douceur, la réserve et la bégninité de son humeur, beaucoup obtenir des puissances auprès desquelles il était accrédité; mais il fut toujours incapable de gouverner comme le fit de Lionne, d'imprimer à sa politique un cachet particulier, vigoureux et original, de chercher et de trouver dans la vénalité, dans de sourdes et déloyales menées, de sûrs moyens d'atteindre impitoyablement son but, et cela sans pitié, ni remords; c'est bien toujours cette même visée d'abaisser la monarchie espagnole, mais d'autres intérêts s'y joignent, les embarras s'accumulent; l'impéritie brutale de Louvois n'étant plus contenue par l'esprit ferme et sagace de Lionne, commence de porter ses fruits, et Pomponne n'est plus que le passif instrument de la volonté de ce premier ministre, tamisée par l'esprit lourd et ignorant de Louis XIV.

Ainsi, dans l'instruction à Vallavoire, qu'on va citer comme un curieux point de comparaison entre l'esprit de ces deux ministres, tout est timidement énoncé; il semble que cette âme honnête et pure devine les malheurs affreux que l'imprudente confiance des Messinois, dans la parole et l'appui de Louis XIV, leur doit attirer un jour. Quant aux affaires de Naples, et aux brigands des Abruzzes, cet infernal ramassis de voleurs et d'assassins que le cardinal et le duc d'Estrées soudoyaient, ainsi qu'on l'a vu dans les dépêches de son éminence, Pomponne, craignant de souiller la chasteté de sa plume, les appelle décemment *des mutins*. A quoi le cardinal d'Estrées lui répond brutalement : *Ceux que vous désignez par le nom de mutins*, LES BRIGANDS *des Abruzzes, sont à nous quand vous le voudrez*.

Cette remarque semblera peut-être puérile ; je ne pense pas pourtant qu'elle le soit, car elle montre à un haut degré une susceptibilité, une délicatesse, une pudeur involontaire de principes et de moralité qui, se froissant aux moindres choses, devait singulièrement embarrasser M. de Pomponne.

Et pourtant, à l'époque où il entra au ministère (1671), il aurait pu faire beaucoup de bien ; car les affaires n'étaient pas encore dans cette fausse et dangereuse voie où les précipita plus tard l'opiniâtreté de Louvois. Lionne, dont l'influence commençait à pâlir devant celle du fils de Letellier, les avait maintenues autant qu'il avait pu dans une salutaire direction. Rien n'était perdu ; bien que projetée, l'invasion de la Hollande et ses irréparables conséquences étaient encore à venir et se pouvaient combattre ; peut-être enfin qu'un homme d'un caractère assez énergique, d'un génie assez puissant pour ruiner l'influence de Louvois, et relever ce défaut du cabinet français, eût bien changé la face des choses en Europe ; tandis que Pomponne, au contraire, avec les plus droites et les plus nobles intentions, fut l'instrument des plus horribles violences et des plus insignes trahisons.

Mais il ne faut pas anticiper sur les faits. Voici d'abord l'instruction dont on a parlé.

MÉMOIRE POUR SERVIR D'INSTRUCTION AU SIEUR MARQUIS DE VALLAVOIRE, LIEUTENANT GÉNÉRAL DES ARMÉES DU ROI, ALLANT, DE LA PART DE SA MAJESTÉ, VERS LE SÉNAT ET LA VILLE DE MESSINE.

« 19 octobre 1674.

» Les mouvements qui se sont excités depuis quelques mois dans la ville de Messine, les armes que le peuple y a prises contre le gouverneur de cette place pour le roi Catholique, les attaques qui se sont faites des châteaux qui y étaient occupés par les Espagnols, les succès avec lesquels les Messinois ont repoussé non-seulement les troupes que le vice-roi de Sicile avait assemblées, mais de celles encore qui lui avaient été envoyées du royaume de Naples, rendant cet affaire de jour en jour plus considérable, Sa Majesté a cru de sa prudence de ne pas négliger une occasion qui peut causer une inquiétude si légitime à Madrid, et d'y soutenir dans l'esprit des Messinois la révolte et l'animosité contre l'Espagne, par les démonstrations qui peuvent les assurer davantage de la protection que la France est en dessein de leur donner. C'est dans ce dessein que Sa Majesté a déjà fait partir une escadre de ses vaisseaux, non-seulement pour leur porter des munitions de guerre dont ils avaient besoin, et pour leur faciliter le partage de quelques blés qui leur étaient nécessaires, mais pour les accoutumer, à la vue d'un moindre secours, à en attendre de plus grands de la part de Sa Majesté. Bien que Sa Majesté n'ait pu savoir encore quel effet aura produit la vue de ces vaisseaux dans le phare de Messine, comme elle apprend toutefois que les esprits s'aigrissent de plus en plus en cette ville, que les habitants y ont pris plus de cœur, et sont plus animés que jamais depuis les avantages qu'ils ont remportés sur les Espagnols, et qu'elle a avis en même temps que cette affaire a paru d'une si grande importance à la cour d'Espagne, que la reine Catholique, pour courir à un besoin si pressant, et pour tâcher d'étouffer dans sa naissance un feu si capable d'embraser les Deux-Siciles, a détaché toutes ses forces maritimes qu'elle occupait en Catalogne pour les faire passer dans cette île; qu'elle a même demandé l'assistance de quelques vaisseaux hollandais, qui sont passés, sous l'amiral Tromp, dans la mer Méditerranée,

Sa Majesté a jugé d'autant plus à propos de soutenir les Messinois dans cette conjoncture, qu'il y aurait plus sujet de craindre qu'ils ne s'abattissent à la vue des forces qui se préparent contre eux. C'est dans cette vue qu'elle a résolu de faire passer le marquis de Vallavoire à Messine, non-seulement pour y assurer les peuples de la protection certaine de Sa Majesté, mais pour lui rendre encore un compte exact de l'état où il aura trouvé les choses, afin que, selon la connaissance particulière qu'il lui en donnera par ses lettres, elle puisse juger véritablement si cette affaire est telle qu'elle puisse s'engager davantage à l'appuyer, et si elle serait capable, dans la suite, de faire une diversion considérable à l'Espagne. Sa Majesté a jeté d'autant plutôt les yeux sur le marquis de Vallavoire pour cet emploi, que les Messinois, dès le commencement de leur révolte, ont fait connaître à Sa Majesté, par le duc d'Estrées, son ambassadeur à Rome, à qui deux de leurs députés s'adressèrent, qu'ayant un très-grand nombre d'hommes capables de porter les armes, et très-résolus de défendre leur liberté, il leur manquait une personne capable de les conduire et de leur donner ses conseils pour la guerre, et des officiers qui les disciplinassent. Les longs services que le sieur marquis de Vallavoire a rendus à Sa Majesté dans les charges d'officier général dans ses armées, et la réputation qu'il s'est acquise en Italie même dans le gouvernement de Valence, ont fait croire à Sa Majesté qu'elle ne pouvait arrêter son choix sur une personne plus capable de profiter des dispositions des Messinois, de les conduire dans les sentiments que Sa Majesté en peut désirer, et de leur donner des règles pour la guerre qu'ils auraient à soutenir ; mais surtout qui eût plus de zèle et de fidélité pour son service. C'est dans cette vue qu'elle lui a fait remettre la présente instruction, par laquelle elle lui fait connaître quelles sont ses intentions, et les ordres qu'il aura à suivre dans le voyage qu'elle lui fait entreprendre.

» Pour donner part audit sieur marquis de Vallavoire des lumières que Sa Majesté a sur cette affaire, il est nécessaire de la reprendre dès son origine. Le sujet qui a donné lieu à la révolte a été l'aversion des Messinois contre le gouverneur, qu'ils appellent du nom de stradico, qui commande dans la place en l'absence du vice-roi. Le peuple retira de ses mains un ouvrier tailleur qu'il avait fait arrêter comme coupable de l'avoir dépeint d'une manière odieuse dans des figures qu'ils devaient porter contre lui dans une procession publique, et cette action ayant armé le peuple contre la garnison espagnole, le gouverneur se vit obligé de se retirer dans le château de Salvador, le principal de ceux qui sont en divers endroits de la ville, d'autant plus considérable qu'il commande l'entrée du port.

» Depuis cette première action, la cruauté, qui est comme inséparable des séditions, s'est mêlée aux armes que le peuple a prises contre les Espagnols et ceux qui les favorisaient. Il s'est répandu beaucoup de sang dans la ville. Le palais du gouverneur et les châteaux, à l'exception du seul Salvador (bien que divers avis en assurent toutefois la reddition) ont été occupés par le peuple, qui semble être devenu, par tous ses excès, désormais irréconciliable avec l'Espagne.

» Le marquis de Bayonne, vice-roi par intérim de Sicile, depuis le départ du prince de Ligne, a tenté inutilement toutes sortes de voies pour ramener cette ville. Les propositions d'accommodement n'ayant pas réussi, les armes ne lui ont pas été plus heureuses : les troupes qu'il avait assemblées dans l'île et celles qu'il avait fait passer de Naples ayant voulu attaquer la place, en avaient été repoussées avec beaucoup de perte ; et, malgré le canon du Salvador, et deux galères qui tâchaient de fermer le phare, les barques de la ville et celles du pays voisin y apportaient toutes sortes de vivres en abondance.

» Les choses étaient en cet état par les dernières nouvelles que le roi a reçues de Rome et d'Italie ; peut-être seront-elles un peu changées à l'arrivée du sieur marquis de Vallavoire, si les forces maritimes d'Espagne se trouvent devant lui aux côtes de Sicile. Mais, parce que difficilement pourront-elles tenir la mer dans une saison si avancée, et que les vaisseaux que Sa Majesté a envoyés dans ces mers pourront faciliter son passage, Sa Majesté se promet qu'il trouvera le moyen d'entrer dans le phare de Messine, et d'être reçu dans la ville.

« Elle ne doute point qu'il n'y soit reçu avec un applaudissement général, parce qu'une personne de la part de Sa Majesté y est extrêmement désirée dès le commencement de la révolte. De ces Siciliens mécontens des Espagnols, et qui étaient retirés à Rome, reçoivent ordre des principaux de Messine de s'adresser au sieur duc d'Estrées, ambassadeur de France, de lui faire connaître l'état auquel ils se trouvaient contre les Espagnols, et de le prier de s'employer auprès de Sa Majesté pour obtenir du secours. Peu de temps après, le même sénat de Messine envoya deux députés audit sieur ambassadeur pour lui renouveler ces mêmes instances; et parce qu'ils crurent que leurs prières auraient plus de force en France, que même ils témoignèrent être bien aises de reconnaître en personne les forces maritimes de Sa Majesté, et d'en faire concevoir l'espérance à leur retour en leur pays, outre celle que le sieur duc d'Estrées y avait déjà donnée, ils se résolurent d'entreprendre le voyage de Provence. Ils étaient encore à Toulon lorsque le chevalier de Valbelle reçut ordre de Sa Majesté de faire voile à Messine avec six vaisseaux de guerre et trois brûlots. La vue de ce secours fut d'un grand effet dans l'esprit de ces députés; mais Sa Majesté a appris qu'il n'en a pas produit un moindre dans toute l'Italie, mais particulièrement à Messine. Il a augmenté la confiance que tant de succès avantageux y avaient déjà fait naître contre l'Espagne. Les peuples y ont augmenté de courage et de résolution depuis qu'ils se sont vus assurés des assistances de la France.

» Ce dont Sa Majesté attend bientôt une connaissance plus particulière.

» Mais, parce que tous les moments doivent être ménagés dans de semblables occasions, elle juge nécessaire que ledit sieur marquis de Vallavoire parte incessamment. Le roi a ordonné qu'un vaisseau fût prêt en Provence pour son passage; et Sa Majesté se remet à lui d'y prendre en cette province et aux côtes d'Italie dont il pourra approcher, les lumières et les connaissances qui pourront lui faciliter davantage les moyens d'entrer dans Messine; si les forces des ennemis étaient telles à la mer devant les côtes de Sicile qu'il ne juge pas que les vaisseaux de Sa Majesté pussent en approcher dans un nombre si inégal, il pourra prendre les avis des sieurs cardinal et duc d'Estrées, qui, ayant beaucoup d'habitude à Rome et avec les Siciliens qui y sont réfugiés, et qui ont même souvent des avis de Messine, pourraient contribuer par leurs conseils et par leurs intelligences aux moyens dont il pourrait se servir, soit par des felouques, soit par d'autres voies, à se jeter dans le phare de cette ville; et c'est ce qu'il discutera plus aisément dans le cours de son voyage, soit qu'il se trouve en état de le continuer toujours par mer, soit qu'il ait besoin de descendre en terre pour prendre d'autres mesures.

» Ledit sieur marquis de Vallavoire étant arrivé à Messine en fera donner part au sénat, ou à ceux qui ont à présent en main le gouvernement de la ville. Il leur demandera d'être admis à l'audience publique, à laquelle il observera d'être reçu avec tout l'honneur et la dignité qui sont dus à Sa Majesté, par laquelle il est envoyé; il remettra au sénat la lettre de créance dont il est chargé par le roi, et y ajoutera ensuite tout ce qui pourra assurer davantage le peuple de Messine de la bonne volonté de Sa Majesté. Il lui témoignera qu'elle a appris avec peine par quelles violences et par quelles cruautés les Espagnols ont voulu attaquer leur liberté et leurs priviléges; qu'elle a été touchée du péril auquel une ville si célèbre et si puissante se trouvait exposée; qu'elle a écouté volontiers ce qui lui a été exposé de leur part, et que, plus encore par la compassion des maux dont la ville de Messine est menacée que par les sentiments que peut lui inspirer la guerre qui lui a été déclarée par l'Espagne, elle sera bien aise de leur faire sentir les effets de sa générosité et de sa bienveillance; qu'elle regarde beaucoup plus leur intérêt que le sien en cette rencontre, et qu'elle n'aura autre vue que la conservation et la défense de leur liberté dans les assistances gratuites qu'elle voudra bien leur donner; qu'elle a jugé important de faire parler cependant auprès d'eux une personne de confiance, et en qui ils doivent la prendre tout entière, non-seulement pour leur faire connaître les sentiments de Sa Majesté pour eux, mais afin encore qu'elle pût être plus distinctement instruite de l'état de leurs affaires, de leurs besoins, et des moyens les plus capables de les soutenir contre l'animosité et la vengeance déclarées des Espagnols.

» Ledit sieur marquis de Vallavoire prendra soin de parler toujours en cette sorte, non-seulement en public, mais dans les entretiens qu'il aura avec des particuliers. Ce qu'il aura soin d'insinuer le plus, sera de bien faire souvenir les Messinois de la maxime invariable d'Espagne, de ne pardonner jamais les révoltes, de tromper les peuples sous les apparences de réconciliation et par de fausses abolitions; mais de changer bientôt après en une vengeance cruelle la foi des amnisties et les assurances de paix. Il n'aura pas loin à chercher des exemples pour faire concevoir aux Messinois qu'il ne leur reste plus de parti entre se soustraire pour toujours à la domination d'Espagne ou se soumettre à toute la vengeance que cette couronne est capable d'exercer. Il n'aura qu'à leur faire porter leurs souvenirs jusqu'aux derniers mouvements de Naples, où le même comte d'Ognate, qui employa pour les apaiser non-seulement les serments et les paroles, mais les espérances de grâce pour ceux qui rentreraient les premiers dans leur devoir, confondit, lorsque l'autorité du roi d'Espagne fut rétablie, dans les mêmes supplices, et ceux qui avaient persisté dans leur révolte, et ceux qui en étaient sortis sous la foi de l'amnistie.

» Un autre soin que ledit sieur marquis de Vallavoire apportera dans tous ses discours, sera de ne mêler aucun intérêt du roi à celui que Sa Majesté veut bien prendre du salut des Messinois; il doit renfermer les intentions de Sa Majesté en leur faveur au seul désir de maintenir leur liberté, et ne leur laisser pas envisager que Sa Majesté ait aucune pensée de profiter de cette occasion pour régner sur eux, ou pour faire passer cette souveraineté à aucun prince de son sang.

Ce qui porte Sa Majesté à cette précaution, est la connaissance qu'elle a de l'esprit de ce peuple : il est tout porté à la république. Et cette ville, qui fait un des plus grands commerces de toute l'Italie, s'est toujours flattée de quelque espèce de liberté, même sous la domination de ses rois : ainsi, rien ne paraît plus capable de la déterminer à ne plus rentrer sous l'obéissance de l'Espagne, que l'espérance de demeurer tout à fait indépendante. Ce n'est pas que, si les Messinois se portaient d'eux-mêmes à faire des offres de se donner à la France, ou à un prince que Sa Majesté voudrait leur donner pour roi, ledit sieur marquis de Vallavoire n'en écoutât et ne témoignât même en recevoir agréablement les propositions. Ce qu'il doit faire seulement, est de les attendre plutôt que de les prévenir, parce qu'une telle conduite faisant voir les intentions de Sa Majesté moins intéressées, leur acquerra sans doute plus de crédit.

» L'on ne peut prescrire ici, audit sieur marquis de Vallavoire, à quelles personnes il pourra prendre plus de créance dans Messine ; Sa Majesté, jusqu'à cette heure, n'a aucune notion assez distincte de ceux qui peuvent le plus dans ce gouvernement. Ce sera à lui à en prendre une information plus particulière, à voir quels sont ceux qui peuvent davantage parmi le le peuple, qui sont plus animés contre l'Espagne, et qui sont capables de soutenir cette révolte avec plus de succès. Il ménagera tout le monde ; mais il se servira plus particulièrement de ceux à qui il trouvera plus de capacité, plus de fermeté, et plus de désir de seconder les intentions du roi.

» L'ignorance de ces peuples pour la guerre, et le besoin qu'ils témoignent avoir d'un chef et d'officiers qui puissent les discipliner, fera sans doute qu'ils auront bientôt recours audit sieur marquis de Vallavoire pour tout ce qui regardera la conduite des armes ; peut-être même lui en déféreront-ils le commandement. Sa Majesté trouve bon qu'il l'accepte, en cas qu'il en soit requis.

» Elle lui laisse de même le soin de régler la milice des Messinois, soit par lui-même, soit par les officiers qu'il conduit avec lui.

» Comme les députés de Messine qui furent d'abord envoyés à Rome ne demandaient rien avec plus d'instance que des officiers, tant d'infanterie que de cavalerie et d'artillerie, qui fussent capables de les conduire, Sa Majesté a voulu que le sieur de Vallavoire en conduisît avec lui jusqu'au nombre de vingt, dont il se servira en la manière qu'il vient d'être dit ci-dessus, dans la vue de l'avantage qui peut revenir à Sa Majesté d'aguerrir des peuples qui peuvent causer une si grande diversion à l'Espagne.

» Les soins dudit sieur marquis de Vallavoire ne se renfermeront pas à la seule ville de Messine : ils s'étendront encore à tout ce qui pourrait répandre dans le reste de la Sicile l'esprit qui paraît dans cette ville. Quelques avis portent que les villes de Catane et de Syracuse se disposent à suivre son exemple. Il y a même quelques nouvelles que Palerme voudrait l'imiter. C'est à quoi toutefois il semble qu'il y a moins d'apparence, par la jalousie invincible, et comme naturelle, qui a toujours été entre ces deux villes, et qui a été telle que, pour partager entre elles les avantages qui peuvent les faire regarder comme capitales de Sicile, les rois d'Espagne ont obligé les vice-rois de passer, chaque année, six mois dans l'une et six mois dans l'autre.

» Toutes les lettres qui viennent d'Italie témoignent que le feu qui s'allume en Sicile trouvait les matières si disposées à de nouveaux mouvements dans le royaume de Naples, particulièrement dans la Calabre, qu'il serait aisé qu'il s'y pût communiquer. Le sieur marquis de Vallavoire prendra soin d'en tirer autant de lumière et de connaissance qu'il lui sera possible, de contribuer par tous les moyens qu'il jugera les plus convenables à entretenir ou à faire naître les intelligences qui sont déjà, ou qui pourraient se lier dans la suite entre les mécontents de ces deux royaumes, et d'y faire servir les mêmes assurances de la protection de Sa Majesté, pour les exciter à secouer le joug, qu'ils trouvent pesant, de la domination espagnole.

» Ledit sieur marquis de Vallavoire sera informé que, dans le commencement des mouvements de Messine, le gouverneur de Milan obtint quelques galères de la république de Gênes pour les faire avancer devant cette place. La république n'a point voulu les charger de troupes, parce qu'elle appréhende qu'elles fussent traitées d'ennemies si elles rencontraient les vaisseaux de Sa Majesté. La religion de Malte accorda de même ses galères au marquis de Bayonne pour le porter jusqu'à Messine ; mais elle prit soin de faire assurer le roi, par son ambassadeur, que ces galères ne serviraient qu'au simple transport du vice-roi et de sa famille, sur une ancienne obligation dont elle ne se pouvait défendre ; mais qu'elles ne se chargeraient d'aucune troupe. On n'a pas vu, en effet, jusqu'à cette heure, que ces galères aient rien entrepris. Si toutefois elles servaient les Espagnols, ledit sieur marquis de Vallavoire pourrait non-seulement fortifier les Messinois à les traiter comme ennemis, mais les assurer encore que le roi ferait connaître de telle sorte, à Malte et à Gênes, qu'il a embrassé leur protection, qu'il y aurait tout sujet de croire que ni la religion ni la république ne continueraient pas à donner cette assistance de Sa Majesté contre ses alliés.

» Le sieur marquis de Vallavoire entretiendra une exacte correspondance avec les sieurs cardinal et duc d'Estrées, non-seulement pour leur donner les avis de ce qui se passera en Sicile, mais pour profiter de leurs connaissances sur l'état des affaires à Rome et dans le reste de l'Italie, particulièrement dans le royaume de Naples. Il pourra aussi se servir de la voie dudit sieur duc d'Estrées pour faire passer ses lettres à Sa Majesté, et aura soin de l'informer par celles qu'il croira les plus sûres et les plus propres, telle que pourrait être celle de Livourne et de Marseille.

» Pour plus grande sûreté dudit sieur marquis de Vallavoire et des officiers qu'il doit conduire avec lui, et pour empêcher que les Espagnols ne pussent les accuser de s'être venus mêler, sans permission de Sa Majesté, à des peuples rebelles et à des séditieux, Sa Majesté a ordonné, qu'outre la présente instruction, il fût remis audit sieur marquis de Vallavoire un ordre de Sa Majesté par lequel elle lui ordonne d'aller, de sa part, vers le sénat de la ville de Messine, et d'y servir en tout ce qu'il jugera le plus avantageux pour son service, soit par la négociation auprès des Messinois, soit par les armes contre l'Espagne dans un temps qu'elle est dans une guerre ouverte avec cette couronne; elle fait de même remettre à chacun des officiers particuliers un ordre de suivre ledit sieur marquis de Vallavoire à Messine, et d'y exécuter tout ce qu'il leur ordonnera pour le même service de Sa Majesté.

» Fait à Versailles, le 19e jour d'octobre 1674.

» Arnauld DE POMPONNE. »

A cette instruction était jointe cette lettre du roi au sénat de Messine.

DU ROI AU SÉNAT ET A LA VILLE DE MESSINE.

« A Versailles, 19 octobre 1674.

» Très-chers et bons amis,

» Nous avons appris par quelles justes raisons vous vous étiez trouvés engagés de recourir aux armes pour la conservation de votre liberté et de vos priviléges; et nous nous sommes portés d'autant plus volontiers à vous témoigner le désir que nous aurions de vous faire jouir des effets de notre bienveillance en cette rencontre, que nous sommes plus conviés à vous secourir dans une cause si légitime. Pour vous faire connaître ces favorables sentiments que nous avons pour vous, nous avons bien voulu vous envoyer le sieur marquis de Vallavoire, lieutenant-général de nos armées, et dont la capacité et l'expérience nous ont été également connues en diverses occasions, autant dans la guerre que dans la conduite des affaires. Vous apprendrez par lui le désir que nous avons de contribuer à vos avantages, d'appuyer votre liberté que nous voyons menacée, et de vous défendre contre vos ennemis. Il vous témoignera que nous n'avons en cela d'autre vue que celle de votre intérêt, et que nous serons bien aises de vous donner, par les assistances dont vous avez besoin, des marques de notre affection pour vous. Nous lui donnons ordre de s'employer à votre défense, avec les officiers que nous avons voulu qui l'accompagnassent; selon que vous le jugerez nécessaire pour votre bien, et vous soumettant à ce qu'il vous dira plus amplement de notre part, à quoi nous désirons que vous ajoutiez une entière croyance. Nous ne ferons la présente plus longue, etc. »

(*Arch. des aff. étrang. — Sicile,* 1674 à 1677.)

Le soulèvement continuant, et le duc d'Estrées ayant fait part à Louis XIV des intentions du sénat de Messine, il fit envoyer incontinent à M. de Vallavoire ce supplément d'instruction.

A M. LE MARQUIS DE VALLAVOIRE.

« Du 2 novembre 1674.

» Au hasard que cette lettre vous trouve encore en Provence, je l'y adresse à M. Arnoult, pour la faire tenir, soit par la voie de la mer, par celle de Rome, ou par telle contrée de terre dont vous serez sans doute convenu avant que de vous embarquer.

» Une dépêche que le roi a reçue du sénat de Messine a donné lieu à celle-ci. Il ne paraît pas seulement demander la protection du roi; il le prie encore de vouloir recevoir la ville au nombre de ses sujets : c'est ce qui produit l'ordre que Sa Majesté me donne de vous faire savoir la conduite que vous aurez à tenir si vous trouvez ces mêmes sentiments à Messine lorsque vous y arriverez.

» Le roi désire toujours que vous agissiez conformément à ce qui est porté par votre instruction, et que vous témoigniez aux Messinois que l'intention de Sa Majesté de protéger leur liberté et leurs priviléges n'est mêlée d'aucun intérêt propre; que si, toutefois, après avoir fait connaître en cette sorte combien est gratuite l'assistance que Sa Majesté veut bien leur accorder, ils persistaient à vouloir en toute manière se donner à elle, vous témoigneriez condescendre enfin à leurs désirs; mais, parce qu'en les recevant au nombre de ses sujets, Sa Majesté entrerait dans un plus grand engagement de les soutenir et de les défendre, et qu'il serait bien juste qu'elle eût alors quelques moyens par elle-même de pourvoir à la sûreté de ses troupes, et qu'elle eût en main quelques marques de la souveraineté qu'ils lui auraient déférée, vous lui pourriez insinuer qu'il serait à propos qu'ils remissent entre les mains de Sa Majesté quelques-uns de leurs forts, et vous les porteriez à consentir à celui du Salvador. Sur le compte que vous rendriez de l'état auquel vous auriez porté cette affaire, Sa Majesté prendrait encore une plus forte résolution d'assister les Messinois, d'envoyer des troupes à leur secours, et de les faire jouir de l'avantage qu'ils auraient d'être passés sous sa domination.

» Ceci, comme vous voyez, monsieur, est proprement une addition à l'instruction qui vous a été donnée, et vous fait connaître davantage la conduite que Sa Majesté désire que vous teniez selon les dispositions que vous trouverez à Messine. Je vous souhaite un voyage heureux; et comme l'affaire me paraît devenir de jour en jour plus considérable, je me promets que vous y trouverez une entière satisfaction dans les importantes occasions qui s'y présenteront de rendre service à Sa Majesté. Vous savez combien je m'intéresse à tous vos avantages, et la vérité avec laquelle je suis. »

Selon les ordres du roi, M. de Vallavoire partit aussitôt pour Toulon, et pressa l'armement de l'escadre. Pendant ce temps, Messine était réduite à la dernière extrémité; les sénateurs ayant tenu un conseil extraordinaire, il fut résolu qu'on fermerait les boutiques des boulangers, et que l'on ne donnerait que huit onces de pain par tête ; puis, la famine continuant, on les réduisit à trois onces, ainsi que le dit la dépêche suivante de M. de Vallavoire.

« De Toulon, ce 18 décembre.

» Tout présentement, monsieur, il vient d'arriver une autre barque de Messine qui m'assure que ces pauvres misérables sont à la faim, et qu'ils sont réduits à trois onces de pain ; quand il arrive un Français, ils se mettent à genoux, baisent la terre, crient vive le roi ! et disent qu'ils n'ont plus que lui et la Madone (Vierge) pour les protéger. Ceux qui ont été les plus envenimés à la révolte avaient envie de s'embarquer : ils voulaient donner leur argent à se mettre dans la barque. Il n'y a que Sa Majesté qui puisse secourir ces misérables. Les petits convois ne leur servent de rien ; il fait un temps à ne pouvoir encore sortir de la rade : toutes choses se joignent à faire périr ces misérables. Je vous assure que je souffre autant qu'eux ; vous le pourrez faire savoir, s'il vous plaît, à Sa Majesté. Je ne tarderai pas un moment, quand le temps sera propre à la partance. Je vous en supplie, songez à ces malheureux, car c'est de la gloire du roi. Je suis de tout mon cœur, avec le dernier respect, monsieur, votre très-humble et très-obéissant serviteur.

» VALLAVOIRE. »

« Il n'y a que deux barques entrées et la flûte.

» Tout le monde croit que, lorsqu'on verra en ce pays-là un secours considérable, tout se révoltera.

» On se flatte sur le secours du pain : ils n'en ont point du tout. »

(*Arch. des aff. étrang. — Sicile,* 1674 à 1677.)

On doit concevoir à quelles extrémités étaient réduits les malheureux, qui non-seulement avaient à supporter les fatigues de la guerre, mais encore les souffrances horribles de la faim ; car la disette était venue à un tel point que, par un édit du sénat du 14 décembre, il fut ordonné de tuer tous les animaux domestiques, le pain manquant tout à fait, et de distribuer à chacun deux onces de cette détestable nourriture.

A cette même époque, l'escadre commandée par M. de Valbelle mit à la voile (le 18 décembre). Elle était forte de six vaisseaux de guerre, qui portaient en outre cinq cents hommes de débarquement commandés par M. de Vallavoire.

Cette division était composée ainsi qu'il suit :

Le Pompeux, commandant, le chevalier de Valbelle.
Le Prudent, commandant, le chevalier de Lafayette.
Le Téméraire, commandant, le chevalier de Léry.
Le Fortuné, commandant, Gravier.
Le Sage, commandant, le chevalier Langeron.
L'Agréable, commandant, le chevalier d'Ailly.
La Gracieuse, frégate, commandant, le chevalier de Gassonville.

Trois brûlots.

Cette escadre parut en vue de Messine le 1er janvier 1675, le jour même où Louis XIV avait signé, pour M. le duc de Vivonne, ses provisions de vice-roi de Sicile, ainsi qu'on le verra plus tard.

Lorsque les vaisseaux de France arrivèrent, tout était si désespéré dans Messine, que le sénat allait entrer en accommodement avec les Espagnols qui cernaient la ville et occupaient plusieurs forts.

L'escadre espagnole, forte de vingt-trois vaisseaux et de dix-neuf galères, croisait en dehors du détroit lorsque les six vaisseaux et les trois brûlots français se montrèrent. M. de Valbelle louvoya donc en face du phare, n'osant encore s'aventurer dans le port, s'attendant à être attaqué, et n'ayant pas de pilote ; mais le lendemain 2 janvier, voyant la contenance indécise de la flotte espagnole, il se hasarda intrépidement à forcer le détroit et y réussit.

Voici sa dépêche confidentielle au roi ; il est impossible de raconter mieux, et avec plus d'esprit, cette entreprise. Dans cette dépêche, ainsi que dans sa première, on verra que les détails plaisants et satiriques ne manquent pas.

LETTRE DU CHEVALIER DE VALBELLE AU ROI.

« Du 12 janvier 1675.

» Sire,

» Pour rendre un compte fidèle à Votre Majesté de tout ce qui s'est passé dans le second voyage qu'elle m'a commandé de faire à Messine, je lui dirai qu'après douze jours de navigation fort douce, et avec le vent contraire à la route que j'avais résolu de prendre, nous arrivâmes le premier de ce mois à l'entrée du phare, du côté du nord, et comme je ne vis à terre ni feux, ni fumée, j'envoyai aux nouvelles la tartane et une felouque messinoise que j'avais menée en France, en vue de m'en servir à cela, et pour avoir en la personne du patron un pilote du phare dans le vaisseau que je monte.

» Le patron de la tartane me rapporta qu'il croyait que la lanterne, c'est-à-dire la tour du phare, était entre les mains des Espagnols, et il appuyait son opinion sur le peu de soin que les pilotes établis pour entrer les vaisseaux qui se présentent avaient eu de venir à son bord; car c'est leur coutume, et non pas de répondre au feu qu'il faisait pour les appeler, par un autre feu, comme l'on fit.

» Le patron de la felouque passa heureusement jusqu'à la ville; il rendit au sénat la lettre que je lui écrivais. Il m'en rapporta la réponse, dans laquelle je ne voyais qu'une extrême nécessité de vivres et une forte envie de voir dans le port les vaisseaux de Votre Majesté.

» J'avais écrit aussi à un gentilhomme de mes amis, appelé don Joseph Marquise, et lui disais que je n'irais point à Messine si lui ou son fils aîné, ou un de ses neveux, ne me venait apprendre l'état de la ville; mais il s'excusa, en m'écrivant qu'il était malade et que son fils aîné n'était pas au logis; il me promettait néanmoins d'envoyer son second fils.

» Les excuses me donnèrent lieu de douter, et j'avoue sincèrement à Votre Majesté qu'elles m'embarrassèrent fort. Mes défiances augmentèrent par les nouvelles que débitèrent les matelots de ladite felouque et deux gentilshommes venus de Messine; car ils nous dirent les progrès des Espagnols, et nous apprirent que le gouverneur de la tour qui est au sud du phare les y avait introduits; ils nous assurèrent aussi qu'ils étaient maîtres de Sainte-Agathe, de la Rotte, de l'église de Saint-François et de la hauteur des Capucins; ils nous assurèrent encore qu'il y avait dix-neuf galères, vingt-deux vaisseaux et quinze ou seize tartanes armées.

» Je supplie très-humblement Votre Majesté de croire que je ne savais quel parti prendre, et comme c'est le plus méchant parti de tous que l'irrésolution, je me déterminai à attendre tout le jour le fils de don Joseph, et à examiner avec M. de Vallavoire et mes camarades les suites d'une affaire si délicate et si importante.

» Tous les capitaines souhaitaient ardemment de secourir la ville, et je le désirais aussi de tout mon cœur; mais il y avait tant de raisons contre cela, et si peu pour, qu'à moins des ordres exprès de Votre Majsté, et d'avoir une grande confiance en votre fortune, je ne l'aurais jamais osé, puisque je savais que les ennemis étaient attachés aux murailles de la ville, et que je voyais leurs galères à l'entrée du phare et leurs vaisseaux à la voile.

» Ces forces supérieures aux nôtres, le calme et la rapidité des marées, que je crains beaucoup plus que les ennemis, me faisaient appréhender la perte des bâtiments chargés de blé et de victuailles; car, ne les conduisant pas à bon port, notre voyage était inutile, puisque Messine était réduite à une telle extrémité de vivres, que douze jours durant on n'y a mangé que la chair des mules et des chevaux.

» Mais, après avoir fait diverses réflexions et divers raisonnements là-dessus la nuit du 2 au 3 de ce mois, nous prîmes la résolution de passer, ce que nous avons fait avec un bonheur indicible. Je ne l'attribue qu'à l'étoile de Votre Majesté; et me contente de lui dire qu'on n'entreprendra jamais rien sur mer de plus hardi, ni avec un ordre de marche et de bataille mieux gardé. Dieu veuille que la fin de cette action soit aussi heureuse que son commencement!

» *Le Prudent,* que M. de Lafayette monte, entra le premier dans le phare; il fit un si grand feu sur la tour que les ennemis l'abandonnèrent dès que *le Téméraire,* qui le suivait, et que monte le chevalier de Léry, fut par le travers de ladite tour, car il ne l'épargna point, non plus que *le Pompeux,* qui venait après, et qui avait à son arrière *le Fortuné,* que M. Gravier commande. Langeron sur *le Sage,* et le chevalier d'Ailly sur *l'Agréable,* faisaient l'arrière-garde. Les barques et les brûlots étaient au vent, et la frégate *la Gracieuse,* que monte M. de

Gassonville, marchait à côté d'une flûte et d'une polacre qu'il avait ordre de garder, et de conduire dans le port à la faveur de la fumée ; car nous étions tous persuadés que les ennemis s'opposeraient à notre passage, et que pour nous l'ouvrir nous brûlerions de la poudre.

» Mais ils furent prudents, et nous laissèrent passer. Les galères, qui avaient fait bonne mine, se retirèrent en la côte de la Calabre, voyant que bonnement et sans façon nous allions à elles. Les vaisseaux qui avaient pu louvoyer durant vingt-quatre heures pour nous gagner le vent, n'en firent que le semblant, et ne voulurent pas nous combattre.

» Le bruit du canon épouvanta si fort les ennemis qui occupaient les postes du rivage de la mer, que nous les voyions fuir dans les montagnes voisines. Leur désespoir les porta à mettre le feu dans toutes les maisons ; ils n'ont pardonné ni aux arbres ni aux vignes ; ils ont tout arraché ; en un mot, Sire, ils font souffrir à la campagne innocente la peine des crimes de la ville. J'estime qu'ils désespèrent d'y rentrer et de nous en faire sortir, et cela sera si les vaisseaux que nous attendons avec impatience arrivent promptement avec du blé et des troupes.

» M. de Lafayette fit poser l'ancre vis-à-vis Saint-François ; et les ennemis, qui avaient déjà dressé une batterie de trois pièces de canon sur la hauteur des capucins, le saluèrent, et lui tuèrent cinq hommes ; la chaise sur laquelle il était assis fut emportée. Certes, il leur rendit bien la pareille ; car ses canonniers, et par adresse, et par bonheur, ne tirèrent pas un coup à faux sur ladite batterie ; cela les obligea d'abandonner la nuit ce poste, qui est très-important, et à deux mille pas de la porte royale ; ils y ont laissé deux pièces de canon.

» M. de Lafayette leva par mon ordre et entra dans le port ; le reste de l'escadre y entra aussi ; et après que tous les vaisseaux eurent mouillé, M. de Vallavoire envoya sommer le gouverneur de la tour qui est au sud de la rendre dans deux heures et le menaça de le faire pendre s'il y manquait.

» Il répondit qu'il avait toute sorte de munitions, et qu'il se voulait défendre ; mais, à la faveur de la nuit, il se jeta dans une felouque, et se sauva en Calabre ; il est vrai qu'en sortant de la tour il mit le feu aux poudres, qui ont enlevé quelques toises de muraille.

» Le soir, le sénat en corps visita M. de Vallavoire ; le lendemain il lui rendit sa visite, et on fut chanter le *Te Deum* à la grande église. Estimant qu'il rend compte de tout ce qui s'est fait en cette cérémonie, et en la possession qu'il a prise du Salvador, il me suffira de vous assurer, Sire, que je ne lui suis pas inutile ; il harangua en français le sénat, la noblesse et les habitants, et moi je fus son truchement.

» Le 4 de ce mois, à la pointe du jour, sur les avis qu'il eut de la retraite précipitée des ennemis qui étaient à l'entour de la ville, il détacha quelque infanterie pour les suivre ; mais, la peur leur ayant donné des ailes, les troupes de Votre Majesté ne purent les joindre. Cependant elles prirent deux pièces de canon, qu'elles laissèrent au Salvador des Grecs, et nos chaloupes en ayant trouvé une dans une tartane au même poste, la remorquèrent avec bien de la peine dans le port, à cause d'un coup de canon qu'elle avait reçu le jour devant qui l'avait coulée bas.

« Le soir, je fus avec M. de Vallavoire à l'Hôtel de Ville. Il proposa au sénat de lui remettre le Salvador, ce qu'ils accordèrent de bonne grâce ; ils offrirent même les châteaux qu'on appelle *Reggii* ; mais, pour ceux qui sont de la ville, ils en parlèrent sobrement, et comme d'une chose contre leurs priviléges. M. de Vallavoire les contenta sur ce sujet, et leva tous leurs scrupules en leur disant qu'il ne voulait se servir des forts de la ville que pour leur conservation et les aider à chasser les Espagnols. Il a mis garnison au Castellasse et dans les bastions de Saint-Georges.

» Je demandai au sénat celui de Porte-Reale pour la sûreté des vaisseaux de Votre Majesté, et ils me l'ont remis fort gracieusement. Si nous avions des troupes pour garder les autres, ils nous les donneraient. Suivant les ordres de Votre Majesté, j'ai détaché trois cents soldats des équipages des vaisseaux, et M. de Vallavoire les a distribués dans les châteaux et bastions ci-dessus nommés. J'en ai mis cinquante au bastion de Porte-Reale, où le sieur Bidault, lieutenant du *Sage*, commande. Ce poste est très-considérable, à cause du voisinage et de l'entrée du port ; il regarde le Salvador, et nous sommes trois vaisseaux mouillés sous leur canon.

» Cependant les ennemis, avertis du peu de troupes que nous avons mises à terre, et sachant que nous n'avons apporté du blé que pour un mois, et point d'argent, se sont rassurés, et se fortifient à la tour du phare du côté du nord. Cela intimide fort les Messinois ; car les bâtiments qui viennent par là ne passeront qu'avec bien du péril, à cause des batteries qu'ils y ont. Ils en ont fait aussi une en la côte de Calabre, afin de croiser le passage. Leurs galères, au moins celles de Sicile, et la capitane d'Espagne, ne bougent ni lèvent de là que lorsque le vent les y oblige. L'escadre de Naples demeure en la rade appelée Pendimelle, proche Reggio, avec sept vaisseaux, qui portent l'enseigne ou pavillon de Dunkerque. Don Melchior della Cueva, qui commande les navires, est à la flotte Saint-Jean avec neuf vaisseaux, et croise à vue dans le passage du sud. Le généralissime ou capitan général de la flotte, c'est le duc del Viso, père du marquis de Bayonne, qui était vice-roi par intérim ; aujourd'hui c'est le marquis de Villefranque, fils du duc de Ferrandine, qui est à Melasse.

» Nous voudrions bien entreprendre sur eux ; mais il faut, Sire, que le vent et la marée nous servent, qu'ils nous mènent où ils sont, et qu'ils les empêchent de lever. Quel bonheur à cette petite escadre si elle pouvait insulter cette flotte qui nous cause de l'inquiétude ! car le port de Messine est ouvert, et *le Prudent, le Téméraire* et *le Pompeux* sont dehors : nous n'y demeurons pas sans raison ; les autres trois navires sont en ligne après nous.

» Je supplie très-humblement Votre Majesté de considérer l'inégalité des forces : nous n'avons que six vaisseaux de guerre et trois brûlots, et les ennemis en ont vingt-deux, vingt-quatre galères, quoique nous n'en ayons vu que dix-neuf, et seize barques ou tartanes armées ; avec tout cela néanmoins nous avons secouru la place en leur présence, et notre contenance ne leur a rien marqué qu'une grande hardiesse et une bonne conduite. Le duc del Viso, qui est brave et matelot, ne se lasse pas de dire que nous sommes heureux ; don Melchior della Cueva, qui est soldat, et qui n'est pas habile en fait de mer, ne se peut consoler, et loue incessamment l'action que nous avons faite. Elle a charmé les Messinois; ils en rendent grâces tous les jours à la madone de la Lettera, et en parlent avec des transports de joie qui ne se peuvent exprimer. La plus sensible qui m'attende en ces mers est de faire honneur au choix que Votre Majesté a fait de moi pour commander cette escadre, de l'engager par mes services à me faire de nouvelles grâces, et de la confirmer dans l'opinion qu'elle a que je veux vivre et mourir,

» Sire,

» De Votre Majesté,
» Le très-humble, très-fidèle sujet et serviteur,
»Le chevalier DE VALBELLE. »

« A Messine, le 12 janvier 1675. »

(*Archives de la Marine, à Versailles.*)

On vient de voir, par cette lettre de Valbelle, que presque tous les forts de Messine lui furent remis avant le 12 janvier; ce voyant, les troupes espagnoles, qui s'étaient retranchées dans quelques postes avantageux qui dominaient la ville, se retirèrent à la Scaletta, à Melazzo et à Barcelonnette, petites villes fortifiées, qui ne sont éloignées que de cinq ou six lieues de Messine. Mais un mois après, vers le commencement de février, la famine commença de se faire sentir de nouveau; et M. de Vallavoire s'aperçut bientôt avec terreur que les vivres qu'il avait apportés tiraient à leur fin. La flotte espagnole, honteuse de la peur qu'elle avait eue, avait quitté ses ports et était revenue mouiller au phare. Les secours qu'on attendait de France n'arrivaient pas; et la disette et les souffrances avaient tellement exalté une partie de la population, qu'elle fit plusieurs tentatives pour forcer M. de Vallavoire de se rendre aux Espagnols. Les troupes françaises murmuraient aussi; enfin, aigri par tant d'inquiétudes, M. de Vallavoire tomba dangereusement malade, et à ce moment même, les Espagnols, qui s'étaient rapprochés de la ville, tentèrent une nuit d'enlever Castellasse, un des postes les plus importants de Messine la ville. Mais, entendant le bruit de l'action, M. de Vallavoire, bien qu'affaibli, se fit porter en chaise sur le rempart, donna ses ordres : sa vue ranima les troupes qui se comportèrent vaillamment, refoulèrent les Espagnols dans le plat pays; et Messine, délivrée de ces ennemis, n'eut plus à craindre que la famine qui la dévorait.

Cette famine était affreuse; depuis longtemps il n'y avait plus de pain : après avoir mangé les animaux domestiques, on avait fait bouillir les cuirs; le sénat avait enfin eu recours à toute tentative avant de se résoudre à ordonner la distribution de quelques sacs de riz et de fèves qu'il réservait pour la dernière extrémité; mais ce moment était venu; ces vivres étaient presque consommés, et l'armée espagnole sachant la terrible position de la ville, s'était approchée de ses murs par terre et par mer, n'attendant plus que l'heure de sa reddition, qui ne pouvait être retardée de deux jours, si le secours qu'on attendait de France ne paraissait pas enfin.

CHAPITRE VI.

La famine la plus effroyable règne à Messine — Description de cette ville. — On aperçoit l'escadre française, commandée par Vivonne. — Combat du 11 février. — Du Quesne. — Vivonne. — Lettre du chevalier de Valbelle. — Mémoire du roi à Vivonne.

Il était environ quatre heures du matin; un vent de nord frais et piquant agitait quelques palmiers, dont les tiges élancées se distinguaient facilement à la lueur rougeâtre d'un feu qui brûlait au pied d'une muraille de marbre presque ruinée, mais encore ornée de quelques fragments de bas-reliefs antiques; le ciel était pur et les étoiles brillaient; deux hommes, la tête couverte d'un morion d'acier et le corps enveloppé d'un long caban brun à capuchon, étaient accroupis devant le feu, et y jetaient de temps à autre quelques bruyères sèches pour l'entretenir et raviver sa flamme : alors, à la vive et tremblante clarté qui en jaillissait parfois, on pouvait distinguer une assez grande étendue de terrain aride et crayeux, jonché çà là de fûts et de chapiteaux de colonnes à moitié enfouies dans le sol; car un temple avait été autrefois bâti sur le sommet de cette haute montagne.

Le plus âgé des deux hommes dont on a parlé paraissait avoir environ cinquante ans, et sa moustache grise, ses traits basanés et décharnés contrastaient assez avec la figure jeune et imberbe de son compagnon. Mais, sur ces deux physionomies, amaigries par le besoin, on reconnaissait facilement les traces de la famine qui ravageait alors Messine. Le plus vieux de ces deux personnages était prévôt ou capitaine d'armes du vaisseau *le Pompeux*, commandé par M. de Valbelle ; l'autre marin était matelot du même bord.

— Passe-moi l'outre, petit Pierre, — dit le prévôt en posant sur un morceau de marbre antique sa pipe fumante et noircie, — passe-moi l'outre ; le froid pince en diable, et si la bruyère réchauffe un peu mes dehors, j'espère qu'une dernière gorgée de vin de Messine pourra réchauffer mes dedans.

— L'outre, l'outre !... Eh ! tenez, maître Robert, la voilà : elle est aussi flasque qu'un pavillon mouillé,... et, pour tout dire, il n'y a plus rien dedans... quoique d'abord il n'y ait pas eu grand'chose.

— Rien !

— Rien.

— Rien ! — reprit maître Robert, avec un profond et douloureux soupir ; — Rien ! c'est comme dans cette fondrière de Messine, que Lucifer confonde !... ni pain, ni vin, ni viande !... et dire, mort Dieu ! que nous sommes au 10 février, et que depuis le 1er janvier de cette année 1675, seize cent soixante-quinze fois damnée soit-elle ! nous n'avons vu, ni à bord ni à terre, la couleur d'un morceau de pain ! Ah ! si j'avais su cela quand M. de Valbelle m'a dit à Toulon : Viens, Robert, viens avec moi sur *le Pompeux*, tu y seras capitaine d'armes, comme ils disent en Ponant, ou prévôt, comme ils disent en Levant ! Et pourtant, après tout, c'est un bon poste, je n'en veux pas à M. le chevalier ; il y a des profits assurés ;... cinq sous par chaque pair de bas de soie que j'ai à mettre.

— Vous mettez des bas de soie,... maître Robert ?

— Mais non, triple pécore ! par chaque paire de fers que je mets aux pieds des mauvais sujets du bord,... sans compter aussi que l'épée de chaque mort me revient [1]... Enfin, de bonnes aubaines, c'est vrai... Mais quand je me suis décidé à venir ici, moi, je croyais, sinon faire de continuels festins, au moins avoir la nourriture d'un chrétien ; mais, mille doubles dieux ! c'est vivre en sauvage ! que de vivre comme nous vivons.

— Le fait est, maître Robert, que vivre d'ânes, de chevaux et de mulets, c'est dur.

— L'âne et le mulet,... ça se mangeait encore, petit Pierre,... et quoique les officiers se gardassent les meilleurs morceaux, une bonne tête de mulet bien cuite dans une pinte de vinaigre, avec un peu de romarin, une demi-livre de sel et un quarteron de poivre,... ça vous éveillait la langue,... ce n'était pas absolument mauvais.

— Oui, à la bonne heure, maître Robert ; mais quand le temps des mulets et des ânes a passé, et que ça est devenu la saison de manger des chiens, comme il y a quinze jours ?

— Les chiens, ça allait encore, petit Pierre.... Un jeune chien, pas trop gros, bien en chair,... vu l'état des choses, ne se méprisait pas. Te souviens-tu, petit Pierre, de ce chien du supérieur du couvent des Carmes, que je lui ai enlevé pendant qu'il passait la revue de ses frères,... qui avaient, sambieu ! quitté le capuchon pour le plumet ? et le rosaire pour le mousquet !

— Un chien turc,... sans poil, n'est-ce pas, maître Robert ?

— Juste, et gros... et gras ! comme son maître avant la famine. Ah, quel chien ! — s'écria maître Robert avec un soupir de regret. — Quel chien !... Nous en avons fait gogaille en compagnie des maîtres du régiment de Pommereux.

— Oui... mais, à cette heure, ce n'est plus ni mulet, ni chien, ni chat... mais des rats et des souris, des vieux cuirs de fauteuil, qu'on vous donne, encore n'en a pas qui veut...

— Le rat... ça allait encore,... petit Pierre, pourvu qu'avant la famine de Messine il eût été bien nourri ; un bon rat, rôti proprement, la tête, les pattes et la queue coupées... peut encore ressembler à un gibier étranger, et n'est pas répugnant. Quant aux souris, j'avoue que celles qu'on vendait un écu pièce sur la place de Malte sentaient un peu la bête ; mais, enfin, âne, mu-

---

[1] Voir, pour ces usages, le père Fournier.

let, rat, souris, vieux cuir, on mangeait quelque chose au moins, avec les deux douzaines de fèves qu'on nous distribue. Mais, depuis huit jours, n'avoir qu'une poignée de fèves ou une poignée de riz ! et par grâce deux gobelets de vin, sambieu ! ce serait à déserter si on savait où aller et si on avait assez de jambes pour marcher.

— Quant aux jambes, maître Robert, j'avoue que je n'en ai plus guère, et quand M. de Valbelle nous a envoyés ici en vigie au haut de cette damnée montagne, c'est le diable si j'arrivais au haut sans votre secours.

— Pour ça, petit Pierre, c'est vrai ; mais ce qui nous a donné assez de jambes pour monter jusqu'ici, c'est que M. de Valbelle m'a dit : Robert, monte sur la crête de Santa-Fiore, et au petit jour, tâche de voir si les vaisseaux de France n'arrivent pas ; si tu les vois, tant mieux pour toi, parce qu'il y a vingt pistoles pour celui qui m'en apportera la première nouvelle.

— Vingt pistoles, maître Robert,... à quoi bon vingt pistoles, puisqu'on dit qu'un vieux chien maigre a été vendu vingt pièces d'or ?

— Oui ;... mais les vaisseaux de France apportent du blé, du vin, de la chair salée, enfin tous les délices de la vie ; et alors vingt pistoles seront bonnes à autre chose qu'à acheter des chiens maigres. Que monseigneur de Vivonne arrive seulement avec son convoi, et je ne serai pas embarrassé de mes pistoles, petit Pierre !

— Monseigneur le duc de Vivonne, un gros, toujours habillé en rouge, avec une plume verte ?

— Lui-même.

— Qui a tant de cuisiniers et de maîtres-queue ? et que sa galère embaume si fort les ragoûts, qu'on dit qu'elle fume toujours comme une soupière remplie des meilleurs et des plus délicieux potages ?

— C'est ça.

— Et il vient ici manger des fèves ? Ah çà, c'est donc un ordre du pape qui veut lui faire faire en une fois tous ses jours maigres et tous ses carêmes ?

— D'abord, ne parlons pas de ragoûts ni de délicieux potages, petit Pierre, ça me tiraille l'estomac... et puis je te dis que monseigneur de Vivonne amène des vivres! des vivres! Ah, mille dieux! quand pourrons-nous boire et manger à bouche que veux-tu? et rire surtout?... ce qui n'est guère possible, quand on se dit : à l'heure qu'il est, peut-être que je crève de faim.

— Sans compter que le Messinois est taciturne en diable... après ça, c'est peut-être la famine qui le rend si sauvage.

— Non, non, c'est son naturel. Il est par état tout au plus bon à crosser; mais patience, une fois en pied ici, il faudra bien qu'il se déride; et puis, qu'il se déride ou non, qu'est-ce que ça nous fait à nous, pourvu que les Messinoises se dérident? et alors vive la joie! Car, pourquoi donc qu'on soumettrait un peuple, si ce n'est dans l'idée de caresser ses femmes et de boire son vin, comme ils font en Hollande? Si ce n'est qu'ils y boivent de la bière. Ah! c'est là une guerre, en Hollande, des incendies, des ravages, des pillages... qu'on ne peut pas y suffire! Tout le Palatinat mis à feu et à sang! Ah! oui, c'est là une guerre! Seulement, il n'y a malheureusement pas de couvents de religieuses dans le pays qu'ils sont en train de soumettre par là.

— Ah çà! mais ici, maître Robert, est-ce que nous soumettons?

— Si nous soumettons! je le crois bien que nous soumettons! Ah çà! Pierre, tu penses bien que ce n'est pas pour le plaisir de nous donner des airs de pélicans avec les Messinois, et de nous ôter les bouchées de la bouche pour leur en faire part, que nous usons nos casaques ici... Nous sommes chez eux pour les soumettre, sans qu'ils s'en doutent, jusqu'à ce que nous ayons les forts; une fois M. de Vivonne arrivé, les forts seront à nous, et alors tu verras.

— Pour que je voie cela, que le bon Dieu fasse donc arriver les vaisseaux français! Et qui est-ce qui est avec monseigneur de Vivonne?

— Oh! avec lui, c'est le vieux *Cent-Diables*.

— Monsieur Du Quesne?

— Lui-même. En voilà un qui n'est ni gros, ni crevé! maigre comme un Messinois d'aujourd'hui, avec une moustache blanche, et la peau couleur de brique. C'est là un capitaine! et mort Dieu, il fallait voir, il y a deux ans, quand nous descendions à terre dans les tavernes de Portsmouth, comme nous autres, de son escadre, nous nous harpaillions avec les Anglais qui nous appelaient des lâches.

— Malgré ça, il paraît que, deux fois sur trois, vous avez été plus loin que les autres pour mieux voir l'effet des boulets.

— C'est vrai, et c'est pour ça que nous assommions ceux qui le disaient ; mais ce n'était pas la faute du vieux Cent-Diables. Il lui fallait bien obéir et virer quand son matelot d'avant virait.

— Alors, pourquoi donc que les vaisseaux du roi allaient là pour se battre... et ne pas se battre, maître Robert ?

— Pourquoi ?... pour tâcher de gagner au jeu sans y mettre... Comprends-tu ?

— Non !

— Eh bien, tant pis... c'est pourtant aussi clair que le jour qui va paraître ; car, Dieu merci, le soleil va se lever, et avant dix *pater* je saurai si j'ai gagné mes vingt pistoles.

En effet, bientôt après, les deux marins virent avec une joie mêlée d'anxiété que le jour venait peu à peu.

Du haut de cette montagne qui dominait Messine, le spectacle était magique, à mesure que le soleil levant montait derrière les hautes montagnes crayeuses de la Calabre, dont les masses rougeâtres s'étendaient à la pointe septentrionale de l'Italie, leurs crêtes, bizarrement découpées, se dessinant de plus en plus nettement, se coloraient d'un reflet de pourpre. Puis bientôt on vit s'éclairer des mêmes reflets ce canal étroit qui, courant du sud au nord, sépare l'Italie de la Sicile, compte à peine deux lieues à la hauteur de Messine, et se rétrécit encore de moitié en remontant vers la tour du phare, située à l'extrémité d'un isthme, célèbre par ses gouffres de Charybde et Scylla. Tandis que, tout au loin, à l'extrême horizon, vers le nord-ouest, c'étaient les cimes élevées des îles de Lipari qui commençaient à sortir de l'humide vapeur qui les entourait, et à se colorer aussi des premiers feux du jour ; enfin, au pied de la montagne où les deux marins étaient en vigie, on apercevait le port de Messine, dont le large et profond bassin circulaire s'ouvrait au nord par une passe étroite défendue à l'est par le château de Salvador, et à l'ouest par le bastion de Saint-Georges.

Vue ainsi à vol d'oiseau, l'aspect de cette ville délicieuse, qui s'étendait en amphithéâtre autour de ce beau port, était admirable : les toits de ses maisons, construits en terrasses dallées de marbre blanc, semblaient autant de degrés gigantesques qui s'abaissaient vers la mer endormie, tandis que les crénelures et les ouvrages de ses forts, les dômes élevés de ses églises, et l'immense flèche dentelée du clocher de sa cathédrale, rompant ces lignes uniformes, se découpaient en une silhouette vigoureuse sur le fond transparent et doré du canal. Puis, vus de si haut, les mâts des vaisseaux amarrés dans le bassin du port eussent disparu dans la brume du matin sans leurs longues flammes de mille couleurs qu'un vent frais soulevait doucement. Enfin, çà et là, autour des deux marins, des sycomores et des oliviers étendaient leurs troncs noueux dans une assez grande enceinte de bruyères desséchées. De ce côté, l'intérieur de la Sicile offrait à l'œil étonné une suite non interrompue de hautes montagnes, à peine séparées par la profondeur des vallées, et bornées au sud-ouest par le sommet gigantesque de l'Etna, tout fumant sous sa neige éblouissante ; l'Etna dont les terribles et fréquentes éruptions avaient autrefois fait donner à cette partie de la Sicile le nom de Val-Demone.

À mesure que le soleil montait, les deux marins interrogeaient avec avidité tous les points de l'horizon, lorsque tout à coup le plus âgé dit à son compagnon, en lui montrant la tour du phare qui, frappée d'un rayon de soleil, éclatait de lumière.

— Sambieu ! je ne me trompe pas... voilà les dons (les Espagnols) qui sortent du détroit ! ce sont bien des voiles de guerre... voici maintenant les antennes des galères. Qu'est-ce que cela signifie ?

— Maître Robert ! vos vingt pistoles, vos vingt pistoles ! — s'écria impétueusement petit Pierre, en sautant de joie malgré sa faiblesse, et indiquant quelques points blancs qui paraissaient à l'horizon, dans la direction de l'île Stromboli.

Après avoir regardé attentivement, maître Robert s'écria : — tu as raison, mon enfant ! ce sont, sambieu, bien là mes vingt pistoles : tous ces dons ne sortiraient pas si vite et si accompagnés pour aller au-devant de navires de leur connaissance... Vite, vite, et en deux sauts chez M. de Valbelle ! Voyons un peu combien sont mes vingt pistoles qui viennent vent-arrière...

un, deux, trois, quatre, cinq, six, sept et huit gros souffleurs... Pardieu!... Et derrière sans doute, et sous bonne escorte, l'honnête convoi qui nous apporte de quoi faire chère lie. Mille dieux! Petit Pierre, si le vieux Cent-Diables est là, nous aurons gogaille... Allons, prends l'outre, les armes, et suis-moi.

Et les deux marins descendirent rapidement les rampes de la montagne pour aller avertir M. de Valbelle de l'arrivée des Français.

Maître Robert ne se trompait pas : c'étaient bien les vaisseaux français suivis d'un convoi de blé. M. de Vivonne commandait ces forces navales. Parti du mouillage des îles d'Hyères le 2 février, il n'avait mis que huit jours à faire cette traversée. L'escadre du roi était ainsi divisée :

AVANT-GARDE.

Le Saint-Esprit.	Vice-amiral Du Quesne.
Le Fidèle.	Capitaine de Cogolin.
L'Aimable.	Id. de La Barre.

CORPS DE BATAILLE.

Le Sceptre.	Amiral de Vivonne.
Le Parfait.	Capitaine de Châteauneuf.
Le Fortuné.	Id. de Labretesche.

ARRIÈRE-GARDE.

Le Saint-Michel.	Capitaine le marquis de Preully d'Humières.
Le Vaillant.	Id. de Septesme.

M. de Vivonne était la veille, 10 février, vers les sept heures du soir, en vue de Melazzo. Aussitôt que le marquis del Viso, capitaine général des armées de terre et de mer du roi d'Espagne, eut eu connaissance de l'arrivée de l'escadre française, il fit ses préparatifs et mit à la voile le 11 au matin, ainsi qu'on l'a vu; mais en sortant du détroit, il se trouva tout à coup favorisé par la brise qui, de nord qu'elle était, tourna au sud-est après une acalmie de deux heures, ce qui donnait au général espagnol l'avantage du vent sur Vivonne, et lui permettait de fermer le passage du phare (entrée du détroit), se trouvant à la tête d'une division de vingt vaisseaux et de dix-neuf galères.

A sept heures du matin, après l'acalmie, l'escadre française, ayant vent de bout, au lieu de s'avancer en s'étendant sur une ligne parallèle, se forma donc en colonne, et tint le plus près du vent. En tête de la ligne, on voyait le beau vaisseau *le Saint-Esprit*, commandé par Du Quesne, le duc de Vivonne ayant sagement abandonné ce poste à ce vieux et intrépide praticien.

De la sorte, le vent venant de l'est-sud-est, l'escadre française avait le cap à peu près au sud-sud-ouest, les terres de Sicile lui restaient à droite, et les terres d'Italie à gauche.

Par une incroyable manœuvre, dont on tâchera d'expliquer plus tard le motif, la flotte espagnole, forte de quarante vaisseaux et galères, ayant l'avantage du vent, au lieu d'arriver en dépendant sur l'escadre française, composée seulement de huit vaisseaux, tenait, comme cette dernière, le plus près du vent, et, parallèlement à elle, courait devant l'entrée du phare une bordée qui la rapprochait des côtes d'Italie.

On a dit que *le Saint-Esprit*, de soixante-dix canons, ouvrait la ligne. Ce vaisseau neuf, commandé par Du Quesne, était un des plus beaux de l'armée, et brillait surtout par la perfection de sa mâture, de son gréement, et aussi par l'emménagement de son artillerie ; ses ponts et ses batteries étaient nets, comparés surtout à ceux des autres navires, qui, à cette époque, étaient généralement fort sales et encombrés de volailles et de bestiaux ; mais, hormis les soins indispensables à la salubrité de l'équipage et au service du vaisseau, il n'y régnait pas ce luxe de minutieuse propreté qu'on remarquait surtout à bord des bâtiments commandés par Tourville.

Du Quesne se promenait avec calme sur le château d'arrière de son vaisseau, il était vêtu de brun, selon sa coutume, avec un surtout fourré, et avait sur sa tête le bonnet de feutre noir des Rochellois, qui, enfoncé jusque sur ses épais sourcils gris, lui donnait un air dur et sauvage ; il portait avec cela de grandes bottes de basane noircie par le temps, et tenait sa lunette sous son bras.

On a dit que *le Saint-Esprit*, commandé par Du Quesne, ouvrait la ligne. Ce beau vaisseau, presque écrasé sous les dorures de ses châteaux d'avant et d'arrière, avait l'intérieur de ses mantelets de sabord peint de couleur écarlate, ce qui tranchait vivement avec la blancheur éblouissante de sa coque : s'inclinant avec grâce sous ses huniers et ses perroquets, il s'avançait fièrement sur la tête de la colonne ennemie qu'il devait bientôt prolonger, mais dont il n'avait pas encore atteint la hauteur.

A ce moment, le lieutenant du *Saint-Esprit*, nommé Desnoyelles, vint dire à Du Quesne :

— Monsieur, les canonniers sont à leurs pièces, et prêts à faire feu. M. de Vaudricourt (capitaine du vaisseau) demande vos ordres.

Mais Du Quesne ne répondit pas, occupé qu'il était à observer attentivement, à l'aide de sa longue-vue, la manœuvre et le gréement des vaisseaux ennemis. Après quelques minutes d'examen, Du Quesne fit un mouvement de dépit et d'impatience, referma sa lunette, la mit sous son bras, et puis, levant les yeux au ciel, il frappa de ses doigts sur le support du couronnement où il était appuyé, pendant que son pied répétait vivement cette espèce de cadence, assez particulière aux gens mécontents et forcés de dévorer leur colère.

Le lieutenant fut obligé de répéter son avertissement, cette fois un peu plus haut, afin de tirer Du Quesne de sa préoccupation : — Monsieur, les artilleurs sont à leurs pièces, et prêts à tirer, — dit-il de nouveau.

En entendant ces mots du lieutenant, qu'il affectionnait pourtant beaucoup, Du Quesne se retournant avec un visage irrité, lui répondit d'un air brusque et grondeur : — Les canonniers sont à leurs pièces ? eh bien ! qu'ils y restent !... ou plutôt qu'ils les chargent à poudre...

— A poudre, monsieur ? — dit le lieutenant étonné.

— Eh ! cent diables, oui ! à poudre, à cendre, à sable, à rien !... Car à quoi bon perdre de la poudre et des boulets à tirer sur des gens qui vont fuir sans nous donner le temps de les combattre !

— Sans combattre, monsieur ?

— Eh ! oui. Tenez... prenez ma lunette... et regardez... Vous verrez qu'ils n'ont presque personne dans leurs batteries; leurs pièces ne sont pas seulement sur leurs bragues; à aucun bord le branlebas de combat n'est fait; et les galères ? voyez s'il y a un seul bastion d'élevé de proue à poupe, et puis n'ont-elles pas leurs antennes ? Est-ce ainsi qu'on se prépare à une action ?

A mesure que le lieutenant s'assurait de la justesse des remarques de Du Quesne, il faisait un signe affirmatif. Enfin, refermant la lunette, il dit à son vice-amiral de l'air le plus stupéfait du monde : — Alors, monsieur, quelle manœuvre supposez-vous donc que ces dons vont faire ?

— Eh! cent diables! la manœuvre du lièvre devant la meute... courir preste et vite, nous envoyer une ou deux volées perdues, pour la forme, et après cela laissant arriver, aller se réfugier dans quelque port d'Italie. Vous verrez!

— Et pourquoi cette fuite honteuse? Pourtant leur amiral est brave, dit-on.

— Oui, il est brave et matelot, je le sais. C'est Melchior de La Cueva. Mais il y a en lui quelque chose de plus fort que la bravoure... c'est la passion du jeu, et pour y satisfaire on fait bien des vilenies...

— Comment! vous croyez, monsieur, qu'il fuirait sans combattre, et qu'on l'aurait gagé pour cela?

— Que penser alors? pourquoi n'arrive-t-il pas sur moi?... Allez, allez, Desnoyelles, c'est encore une bataille ou plutôt une lâcheté payée d'avance. Ah! mille fois honte sur un amiral qui ose souscrire à un aussi odieux marché.

— Mais, monsieur, si une volonté supérieure le forçait d'agir ainsi; si ce n'était pas sa volonté; si son gouvernement?...

— Son gouvernement!... aucun gouvernement, monsieur, ne peut forcer un homme d'honneur à faire une lâcheté, ou du moins ne peut l'empêcher de protester comme l'a fait, il y a deux ans, le brave Martel contre M. d'Estrées, et ainsi que je l'ai fait moi-même. Quant à M. d'Estrées, quant à ce vice-amiral de terre ferme, il faut qu'il ait bien compté sur sa bravoure passée pour s'être exposé à une telle ignominie... Ah! mort Dieu! si le roi m'eût donné de pareils ordres! s'il m'eût dit de couvrir ainsi sa flotte de honte!

— Eh bien, monsieur?...

— Eh bien! je lui aurais d'abord promis d'agir ainsi...

— Vous auriez promis?

— Oui... j'aurais d'abord promis d'exécuter les instructions qui m'ordonnaient cette infamie, de peur qu'un autre ne s'en fût chargé; et une fois ces lâchetés bien au fond de ma poche, j'aurais mis à la voile; et prenant, au contraire, pour mon escadre, le poste le plus dangereux, cent diables! j'aurais combattu là l'ennemi à feu et à sang; et puis, si j'étais revenu de la mêlée, je me serais rendu à la cour, et hardiment j'aurais abordé le roi en lui disant : « *Sire, avant l'affaire j'ai perdu vos instructions. Mais comme elles ne pouvaient contenir autre chose que l'ordre de combattre vigoureusement vos ennemis et de soutenir loyalement vos alliés, j'ai fait de la sorte*[1]. »

Au moment où Du Quesne exprimait si noblement son indignation, l'escadre française prolongeait à portée de canon la flotte espagnole.

— Envoyez toujours quelques boulets à ces traîtres, — dit Du Quesne; — et, s'ils en blessent quelques-uns, ça sera autant de payé sur leur infâme marché.

— Vous allez être obéi, monsieur.

— Vous, monsieur, — dit Du Quesne à M. de Vaudricourt, son capitaine de pavillon, — faites serrer le vent le plus que vous pourrez... Encore... encore...

Et Du Quesne monta sur le couronnement pour juger de la portée de son artillerie, la volée partit, et ébranla *le Saint-Esprit* par un sourd frémissement.

A l'exemple de Du Quesne, toute l'escadre envoya sa bordée à la flotte espagnole; et, lorsque la fumée eut disparu, on put voir l'effet de ces projectiles : il était peu important, quelques éclats et quelques manœuvres coupées à bord des vaisseaux ennemis.

Mais au moment où Du Quesne allait ordonner de recommencer le feu, l'amiral espagnol mit un instant en panne, puis laissa bientôt arriver en fuyant sous toutes voiles vers le nord-est; tandis qu'on vit sortir du phare quatre des vaisseaux de l'escadre commandée par Valbelle, qui envoyèrent quelques boulets aux fuyards, dont les pièces de retraite répondirent faiblement à cette chasse.

Une fuite aussi incroyable ne pourrait absolument s'expliquer sans un passage d'une lettre confidentielle de Valbelle à Colbert qui en donne peut-être la clef. Dans cette lettre, une phrase

---

[1] Historique.

sans doute ironique, à propos de ce combat, est soulignée. Voici ce passage de la dépêche originale, datée du 30 mars.

« Don Melchior de La Cueva, capitaine général (des armées « mer), et son vice-amiral, don Jose Santini, sont prisonniers « au château de Baye. On les accuse d'avoir reçu trente mille « pistoles du roi notre maître, à la charge de le laisser secourir « Messine, et de ne pas s'opposer à l'entrée de la flotte de M. de « Vivonne dans le phare ; *et on publie que j'ai envoyé cet* « *argent à don Melchior par l'officier qui fut de ma part lui* « *demander un passeport pour monsieur votre frère pour al-* « *ler à Malte. Bon Dieu ! quelle imposture et quelle calom-* « *nie !* »

On le répète, ces derniers mots sont soulignés dans l'original, et peut-être doit-on les considérer comme une affirmation du fait, car sans cet expédient de corruption, il devient impossible de comprendre la retraite honteuse de la flotte espagnole devant des forces si inférieures.

Néanmoins, lorsque le vieux Du Quesne eut vu la flotte espagnole arriver, sans attendre les ordres de M. de Vivonne, il prit sur lui de signaler à sa division l'ordre d'imiter sa manœuvre, de chasser en avant, et se mit le premier à la poursuite de l'arrière-garde ennemie, — « *n'étant pas censé,* — dit-il à son lieutenant, — *connaître le marché de ces dons, et tenant à remplir le sien, à lui, qui était de leur envoyer autant de boulets et de leur tuer autant de monde qu'il le pourrait.* »

Les vaisseaux des chevaliers de Léry et de Langeron, qui sortaient du phare, imitèrent la manœuvre de Du Quesne : attaquant les galères, ils les séparèrent du reste de la flotte et les firent arriver à rames et à antennes. Enfin, après quatre heures de chasse, Du Quesne prit et amarina un vaisseau espagnol de quarante-quatre pièces de canon, nommé *la Madonna del Popolo*, vaisseau tout neuf, qui combattit à peine faute de munitions.

Lorsque Valbelle vit l'ennemi en pleine retraite, il fit mettre en panne, et se rendit à bord du *Sceptre* pour saluer M. de Vivonne et prendre ses ordres.

Le combat avait été si peu acharné, que le chevalier ne s'attendait pas à trouver le spectacle sanglant qu'il rencontra sur ce vaisseau.

Le plancher de la dunette était rouge de sang; deux cadavres gisaient près du bastingage, et on emportait par un panneau un blessé qui poussait des cris lamentables.

Vivonne, vêtu d'écarlate, portait son bras dans une écharpe noire, ainsi qu'il le porta toujours depuis; car il avait été grièvement blessé dans la campagne de Hollande (en 72), lorsqu'il reprit du service sur terre. On a dit que, se trouvant au passage du Rhin, son fameux courtaut Jean-Leblanc faillit le noyer au moment où il abordait à la rive gauche de ce fleuve, et que le général des galères reçut là, dans l'épaule, un furieux coup de mousquet dont il ne guérit jamais; enfin, après s'être de nouveau distingué au siége de Maëstricht, il eut, en 1674, le gouvernement de Champagne.

Vivonne, alors âgé de trente-huit ans, avait tellement engraissé, que cette obésité lui était devenue presque une maladie; c'était toujours son même caractère moqueur et insouciant. Seulement sûr du crédit de madame de Montespan sur Louis XIV, et de madame de Thianges sur M. de Seignelay, il poussait la paresse et l'insouciance à un point qu'on ne saurait dire, et dont on donnera plus tard des preuves en citant plusieurs lettres de Louis XIV à Vivonne, dans lesquelles ce roi se plaint d'être resté *plus de quatre mois dans la plus complète ignorance de ce qui se passait à Messine.*

Quant au goût raffiné de Vivonne pour la chère grande et délicate, quant à sa passion pour le gros jeu, quant à ses amours effrontées et faciles, toutes ces habitudes avaient, pour ainsi dire, suivi la progression de sa fortune. Son esprit, naturellement caustique et salé, s'était d'ailleurs outré jusqu'à la méchanceté, et il ne se contraignait pas de professer les principes de la plus cynique immoralité. Aussi la conscience qu'il avait de la toute-puissance de mesdames ses sœurs, jointe à son incurable apathie, lui firent-elles prendre en grand dédain les graves intérêts dont il se trouva chargé comme vice-roi de Messine, et dont il ne s'occupa jamais que pour en rire et s'en moquer extrêmement avec des familiers du plus bas étage.

Mais revenons à ce semblant de combat et à ses suites funestes, du moins à bord du vaisseau de Vivonne.

Ce dernier paraissait prendre beaucoup d'intérêt à un blessé qu'on emportait, et lui disait : — Du courage, Landry... du courage, mon enfant, ce n'est rien.

Ce malheureux était vêtu à la livrée de Mortemart. Lorsqu'il fut descendu dans les batteries, Vivonne aperçut Valbelle.

— Eh ! bonjour, mon cher chevalier, que je vous embrasse ! Vous venez de nous faire la plus belle diversion du monde, et de décider, par Dieu ! la retraite de ces dons, qui courent à cette heure comme des cerfs devant nos vaisseaux chasseurs.

Et ce disant, Vivonne embrassa cordialement M. de Valbelle.

— En effet, monsieur, — dit Valbelle, — don Melchior de La Cueva ne s'en va pas là avec cette gravité d'allure qui sied à un noble Castillan. Mais le bon Dieu nous prouve qu'il nous garde et nous protége fort, en vous faisant arriver si à point, monsieur.

— Je suis assez glorieux pour m'avouer que le seigneur Dieu n'en fait jamais d'autres à mon égard, mon cher chevalier. Mais vous étiez furieusement pressés, nous dit-on.

— Si pressés, monsieur, que j'eus toutes les peines du monde à contenir hier les mutins ! Ces rebelles ne voulaient-ils pas parlementer avec les Espagnols qui nous tenaient bloqués par terre et par mer ?

— Voici du moins la mer libre, à cette heure... Et la famine ?

— Horrible, monsieur, horrible ! Chevaux, mulets, chiens, vermine, tout y a passé ; et, sans votre bonne arrivée, monsieur, nous en serions peut-être à cette heure au festin d'Ugolin.

— Sardanapale !... chevalier, n'est-ce pas une destinée à moi réservée par la déesse Goinfrerie, alma mater ! que de venir apporter à souper à toute une population affamée.

— Cela était sans doute écrit, monsieur, dans le livre du destin, au titre des victuailles ; mais par quel hasard, possédez-vous ces deux victimes ? — demanda M. de Valbelle, en montrant à Vivonne les deux cadavres étendus presque aux pieds du duc.

— Eh ! mon Dieu !... un boulet perdu, égaré, envoyé, par ces dons, sans aucune méchante intention, je le suppose, et qui pourtant vient de me priver de mon écuyer... ce pauvre Fleury... sans compter le maréchal des logis de mes gardes, que voilà blessé, et d'un pauvre gentilhomme provençal appelé Sainte-Croix, venu ici comme curieux, et que l'on a déjà descendu en bas.

— Quel singulier hasard !

— Dites plutôt quel grossier hasard ; car ce n'est pas tout : le chevalier d'Harcourt est blessé du même coup par un éclat au pied, et un de mes valets de chambre, ce pauvre Landry, que l'on vient d'emporter, a eu la cuisse cassée au moment où il venait m'apporter un chaudeau pour assouvir un peu l'appétit dévorant que la pensée de votre famine m'avait sans doute donné :

Mais du chaudeau vous voyez ce qu'il reste,

— dit emphatiquement Vivonne, en montrant avec tristesse une écuelle de vermeil et son assiette renversées sur le pont.

— C'est un coup des plus miraculeux, — dit Valbelle.

— Et le plus miraculeux, c'est que ni moi, ni mon ancien comite-réal, que j'ai amené ici, et qui me parlait au même temps, nous n'avons rien eu de cette curée. Tenez, regardez-le... il est à crayonner avec son air méprisant et étonné, qu'il conserve à plaisir depuis son embarquement sur *le Sceptre*. — Et Vivonne montrait à Valbelle le comite-réal Talebard-Talebardon debout près du mât d'artimon.

— Ah ! mort Dieu ! je le reconnais bien, — dit le chevalier ; — et comment diable a-t-il fait pour s'embarquer à bord d'un vaisseau, vu son antipathie reconnue pour ces bâtimens ?...

— En vérité, il m'a fallu tout mon ascendant pour l'y pouvoir décider, et surtout lui promettre une prochaine arrivée de galères ; mais rien de plus amusant que de le voir aux prises avec le maître d'équipage du *Sceptre*, un Normand renforcé... Ils ont déjà cent fois manqué d'en venir aux couteaux. Rien n'est plus divertissant ; je vous en régalerai ; car je suppose que les plaisirs ne sont guère variés dans ma vice-royauté.

— Jusqu'à présent du moins, monsieur, ils consistaient à ne pas tout à fait crever de faim, et à empêcher les entreprises des Espagnols, qui ont voulu encore, tout dernièrement, surprendre et égorger la garnison d'un de nos forts.

— Mais à cette heure, avec ce secours de troupes et de vivres, les choses changeront de face sans aucun doute : nos soldats tiendront la campagne, nos vaisseaux nous rendront maîtres du détroit, et nous pourrons, tout en poussant ces dons de ville en ville vers l'intérieur de la Sicile, nous parfaire un coin de Paris ou de Versailles dans cette cité marmoréenne... Mais, à propos, et le palais de cette vice-royauté-là ! quel est-il ?

— Des plus magnifiques, monsieur, un peu pillé, un peu dévasté, un peu brûlé, un peu canonné ; mais à part cela, le plus agréable séjour du monde.

— Dieu aidant et les deniers messinois aussi, nous rétablirons cette pauvre demeure : j'ai d'ailleurs apporté quelques meubles de France pour m'ajuster ici un logis un peu moins sauvage que ceux de ces gens-ci, fort ressemblants, je crois, à tous les insulaires méditerranéens, qui, avec un courant d'air dans leur masure, une natte de paille, un manteau troué et un poisson frit dans une huile puante, feraient, disent-ils, la nargue à Lucullus.

— Vous y êtes, monsieur ; c'est ainsi qu'ils vivent ici ; vous oubliez seulement le rosaire et le poignard. Personnifiant les déesses Jalousie et Superstition, qui sont ici des plus comptées.

— Ah ! ils sont jaloux ! et leurs femmes le méritent-elles ?

— Mais, oui, monsieur, elles sont assez belles, brunes, alertes et largement découplées ; de plus, coquettes à damner.

— Et leurs mœurs ?

— Des plus merveilleusement abandonnées, monsieur ; en un mot, elles vivent comme toutes les femmes jalousées.

— Et leur costume ?

— Des plus simples : c'est une grande mante noire qui les enveloppe entièrement, et leur cache la taille, la figure, les pieds et les mains.

— Par Vénus ! et elles sont coquettes avec de pareils habits !

— C'est l'observation que je faisais à un moine peu de temps après mon arrivée ici. Ce révérend me vantait les charmes des Messinoises, et surtout leur délicieuse façon de les mettre en évidence. Mais, mon père, lui dis-je, comment, diable, font-elles pour découvrir ces charmes, puisqu'on ne peut pas même les deviner sous l'immense manteau qui les enveloppe ? — Mais, me répondit le révérend, n'ont-elles pas l'*orate fratres*? à l'église surtout où on en use le plus ; puisque c'est à cause de cela qu'on a nommé cette coquetterie libertine l'*orate fratres*. —

L'*orate fratres!* lui dis-je, mais je n'y comprends rien, mon révérend!

— Vive Dieu! je vous dis, ainsi que vous disiez au révérend, mon cher chevalier, que diable vient faire ici l'*orate fratres?* — s'écria Vivonne fort intéressé.

— Voici donc, monsieur, ce que me dit le moine : Lorsque de jolies femmes aperçoivent à la promenade, mais surtout à l'église, un cavalier ou un amant à qui elles veulent se faire voir telles qu'elles sont, elles saisissent les deux côtés de leur mante, et, faisant semblant de la vouloir rajuster, elles la décroisent et l'ouvrent entièrement, en écartant les bras par un mouvement à peu près semblable à celui que fait le prêtre en se tournant vers l'assistance pour dire *orate fratres.*

— Ah! j'y suis; continuez, chevalier.

— Vous concevez, monsieur, qu'en entr'ouvrant leur mante de la sorte elles peuvent montrer admirablement bien leur visage et leur corps, et le font-elles, dit-on, de la meilleure grâce du monde.

— Je le crois, vive Dieu! c'est à damner un ange que d'y penser seulement.

— Enfin, me dit le révérend, au moyen de ce manége, souvent répété, elles découvrent chaque fois quelque chose de nouveau : la gorge, la taille, la jambe ; car le rare est que, sous cette mante, les femmes sont en simple corset blanc, sans fichu, le col et les bras nus, avec une jupe des plus courtes.

— Assez, assez, par Vénus, chevalier! assez! vous continuerez cela une fois à Messine, mais ici à bord il y a cruauté.

— Je me tais, monsieur.

— Pour correctif, parlons un peu des maris, des pères et des mères.... L'époux messinois est-il habituellement fâcheux?

— Jaloux et fâcheux à épouvanter.

— Et les mères?

— Complaisantes comme toutes les femmes de ce pays, jeunes ou vieilles, de véritables Danaës attendant la pluie d'or.

— A merveille; puisque cette bienfaisante rosée peut amollir les cœurs les plus durs. Mais cet amas de maris c...., de pères, de frères et d'amants qui composent le sénat de notre vice-royauté, qu'est-ce que tout cela?

— Généralement, monsieur, une tourbe d'orgueilleux qui ne savent ce qu'ils veulent, et qui ont donné à l'Espagne mille fois plus de peine qu'ils ne valent; des pécores qui se laisseraient ravir une à une toutes leurs libertés pour le moindre privilége qui flatterait leur sotte vanité. Aussi l'Espagne a-t-elle eu tort d'irriter l'orgueil de ces gens-ci; mais sa première et sa plus grande faute a été de ne pas avoir pris d'abord possession des forts qui commandent la ville, car entre nous, monsieur, il devient impossible de gouverner quand on n'a pas sous sa main, ou plutôt sous son canon, un sénat insolent toujours enclin à contrarier les dispositions de celui qui gouverne, et un peuple turbulent toujours prêt à se rebeller; aussi, croyez-moi, monsieur, si vous voulez conserver cette possession au roi notre maître, il faut serrer la gourmette aux Messinois, mais la leur serrer rudement, plus rudement encore que du temps de l'Espagnol; car autrefois l'Espagne n'avait qu'un parti à redouter, le Messinois, et vous avez maintenant à redouter l'Espagnol et le Messinois.

— Ceci me semble le plus juste du monde, et pour emprunter une comparaison à la mythologie de cette île, ces marauds ne voient donc pas qu'ils vont tomber de Charybde en Scylla? enfin que pensent-ils de nous?

— Enivrés, fous, en délire de ce que notre maître leur écrit *mes chers amis*. De vrais stupides, en un mot, qui ne demandent qu'à se museler eux-mêmes, pourvu qu'on les laisse faire.

— Et comment prennent-ils les façons de nos officiers, de nos soldats?

— Franchement, monsieur, la famine a tellement exténué tous nos braves partisans, les entreprises des Espagnols les ont toujours mis si fort sur le qui-vive, que le naturel français n'a pu encore se faire jour, nourri qu'il était de mulets et de chiens maigres; mais j'ai grand' peur qu'une fois refleuri, restauré, ravivé, les pères, maris et frères ne s'effarouchent un peu de nos libertés grandes.

— Ah çà, mais nous avons les forts?

— Sans doute, et tous sans exception; ils nous ont remis le dernier avant-hier; sans doute parce que M. de Vallavoire, selon ses instructions, s'était bien gardé de le leur demander. Aussi est-ce l'occupation de ces forts qui rend notre position bien meilleure que celle des Espagnols, car les postes que ces honnêtes Messinois nous ont remis avaient été de temps immémorial gardés par leur non moins honnête milice messinoise, aussi ai-je fait tout de suite occuper lesdits forts par nos troupes et quelques soldats de marine, quitte à dégarnir un peu nos vaisseaux.

— Et cela est à merveille : une fois les forts en notre possession, nous tenons la ville, et le Messinois tendra le dos.

— Et le rare de tout cela, monsieur, c'est qu'à part quelques rigueurs méritées de la part de l'Espagne, le caractère et la domination espagnole convenaient mille fois mieux aux Messinois que les nôtres ; mais ainsi va le monde.

— Que voulez-vous, chevalier, ces pécores n'ont pas lu sans doute la fable des grenouilles qui demandent un roi.

À ce moment, un homme d'environ quarante ans, vêtu de noir, maigre, basané, au regard fin et spirituel, vint saluer respectueusement Vivonne.

— Qu'est-ce, d'Antiége ? — lui demanda-t-il.

— Monseigneur, je viens vous soumettre la proclamation que vous m'avez dictée pour être affichée dans la ville.

— Donnez-la.

— Le secrétaire la donna et redescendit.

— Vous voyez cela ; — dit Vivonne en montrant d'Antiége, — c'est un drôle fort habile, fort entendu, et sur lequel je compte me reposer de tout. Mais descendons dans ma grande chambre, pour réparer un peu le chaudeau que le canon m'a fait perdre, et aussi vous lire ma proclamation ; vous qui connaissez ces gens-là, vous verrez si le gluau est bien préparé, et si les barreaux de la cage qu'on leur prépare sont assez cachés sous les fleurs de mon éloquence.

Puis Vivonne et Valbelle descendirent après que le duc eut ordonné à son capitaine de vaisseau de faire signal aux vaisseaux chasseurs de rallier la flotte, qui devait croiser en dehors du phare, pour y protéger l'entrée du convoi de vivres que Vivonne escortait.

Après avoir arrosé, selon son habitude, son chaudeau de quelques verres de vin de Madère, Vivonne lut à Valbelle la proclamation ainsi conçue :

« HABITANTS DE MESSINE, ET CHERS AMIS,

» Le roi mon maître, cédant à vos instances réitérées, vous
» avait déjà envoyé deux secours pour vous aider à vous défen-
» dre contre la détestable tyrannie de vos oppresseurs : mais
» n'ayant rien de plus à cœur que d'assurer enfin le triomphe
» des victimes sur leurs persécuteurs injustes, Sa Majesté s'est
» résolue de vous prendre définitivement sous sa puissante et
» amicale protection ; elle m'envoie vers vous pour vous assister
» encore contre vos cruels ennemis et vous aider à raffermir
» l'exercice de vos franchises et de vos libertés selon le droit sacré
» de toute république. C'est assez vous dire, chers amis, que
» nous sommes des frères qui viennent tendre une main amie à
» leurs frères opprimés, et ce d'après le saint vœu d'une com-
» mune religion, dont le roi mon maître s'est toujours montré
» le plus ardent défenseur. »

— Eh bien ! — dit Vivonne en éclatant de rire, — chevalier, que dites-vous du morceau ? Il est curieux, je pense.

— On ne peut mieux, tout promettre et ne s'engager à rien.

— C'est justement mon intention ; car s'il fallait se donner même la peine de promettre à de tels bélîtres, on y perdrait le jugement rien qu'à chercher le moyen d'éluder sa promesse.

— Quand comptez-vous faire, monsieur, votre entrée solennelle à Messine ?

— Mais au plus tôt, je pense.

— Songez pourtant, monsieur, que tous ces malheureux sont exténués par les horreurs de la famine et que ce seraient de tristes acteurs pour une pareille fête, qui doit soulever de joie toute cette ville. Ne serait-il pas mieux d'attendre que vos fidèles sujets fussent un peu rengraissés, et qu'ils aient au moins assez de force pour crier : Vive le roi de France ! et son vice-roi ?

— Vous avez, sambieu, raison, chevalier ; ce serait un triste champ de fête que cette ville affamée et ce peuple de demi-cadavres : nous entrerons donc demain, sans aucun appareil, puis, les choses et les hommes une fois remis en meilleur état, nous procéderons à notre pompe triomphale. . . . .

En effet, le lendemain, 13 février, M. de Vivonne prit possession du gouvernement de la ville de Messine.

On doit donner ici les provisions de vice-roi accordées à Vivonne par Louis XIV.

PROVISIONS DE VICE-ROI DE SICILE, POUR M. DE VIVONNE.

Louis, par la grâce de Dieu, roi de France et de Navarre, à tous ceux qui ces présentes lettres verront, salut. Les peuples et habitants de la ville de Messine, capitale de l'île de Sicile, ayant été contraints, par les mauvais traitements et oppressions injustes que les Espagnols exerçaient journellement contre eux, de se soustraire de leur obéissance, et se mettre en même temps sous notre protection, nous croirions manquer à notre devoir et à notre gloire de ne pas profiter d'un événement qui nous promet de si grands avantages, et si nous n'employions tout ce qui est en notre pouvoir pour secourir et assister des peuples qui se sont ainsi volontairement jetés dans nos bras; et, comme pour leur faire sentir des effets de notre puissante protection, nous avons déjà fait passer audit pays plusieurs troupes, et fait jeter quantité de vivres dans ladite ville que les Espagnols tiennent bloquée, et que nous faisons encore préparer de grands secours d'hommes et de munitions pour délivrer entièrement lesdits peuples de l'oppression où ils se trouvent; nous avons en même temps estimé nécessaire à notre service, et au bien des peuples de ladite ville et des autres lieux dudit pays qui souhaitent comme eux jouir du même repos, d'y envoyer une personne pour, en qualité de vice-roi et notre lieutenant général représentant notre personne, s'employer à tout ce qui regarde la conservation, défense et sûreté des peuples de ladite ville de Messine et du pays, et y maintenir toutes choses dans le bon ordre et la discipline requis; et, considérant que nous ne saurions nous reposer, pour un emploi de cette importance, sur un plus digne sujet que sur la personne de notre très-cher et bien amé cousin duc de Vivonne, général de nos galères, tant pour les bons et utiles services qu'il nous a rendus, et à cet état en ladite charge, et en plusieurs autres emplois que nous lui avons confiés, où il a donné des preuves de sa valeur, courage, expérience en la guerre, vigilance et sage conduite, que pour la connaissance particulière que nous avons de sa grande capacité, prudence et expérience dans les affaires, et pour le bon gouvernement des peuples, nous confiant aussi en sa fidélité et affection singulière à notre service, nous avons résolu de l'honorer de cet emploi. Savoir faisons que pour ces causes et autres, à ne nous mouvants de notre grâce spéciale, pleine puissance et autorité royale, nous avons notre cousin le duc de Vivonne fait, constitué, ordonné et établi; faisons, constituons, ordonnons et établissons par ces présentes, signées de notre main, vice-roi et notre lieutenant général, représentant notre personne en ladite ville de Messine, et dans les autres lieux de ladite île de Sicile qui auront secoué le joug de l'obéissance d'Espagne; et ladite charge lui avons donnée et octroyée, donnons et octroyons pour, pendant le temps de trois années, en jouir et user, et icelle exercer aux honneurs, autorités, prérogatives, prééminences, franchises, priviléges, libertés, gages, états, droits, fruits, profits, revenus et émoluments qui y appartiennent, avec plein pouvoir de commander aux peuples de ladite ville de Messine et autres lieux; iceux faire vivre en bonne union, et accorder les uns avec les autres; pacifier et faire cesser tous débats, querelles et différends qui pourraient survenir entre eux; faire punir et châtier, par les juges desdites villes et lieux, ceux qui se trouveront coupables et auteurs desdites querelles, comme aussi ceux qui contreviendront aux lois y établies; s'employer à ce que lesdits juges rendent la justice en toute équité à un chacun, selon lesdites lois et coutumes; empêcher toutes pratiques, menées, intelligences contraires au repos desdits peuples et à notre service; commander à tous gens de guerre, tant de pied que de cheval, étant audit pays et dans les châteaux, places et autres lieux d'icelui; leur ordonner ce qu'ils auront à faire pour notre service; ordonner aussi de la garde desdites places, et de ce qui concernera la sûreté d'icelles quand besoin sera; contenir et faire vivre lesdits gens de guerre dans l'ordre et discipline militaires; empêcher que les habitants de ladite ville et lieux n'en reçoivent aucun dommage, foulle, ni oppression; faire punir et châtier lesdits gens de guerre qui tomberont en quelque crime selon la rigueur des ordonnances et réglements militaires; lever des troupes dans ledit pays s'il est nécessaire ; assembler les milices, en former des corps, et les employer et faire agir selon le besoin, et pour la défense de ladite ville et du pays ; et généralement faire ce que dessus, circonstances et dépendances, tout ce qu'il estimera nécessaire et à propos pour le repos et soulagement des peuples de ladite ville et autres lieux, et qui dépend de ladite charge de vice-roi et de notre lieutenant général, encore bien que le cas requît mandement plus spécial qu'il n'est porté par cesdites présentes. Si donnons en mandement aux ecclésiastiques, gentilshommes, magistrats, et autres officiers de ladite ville de Messine et autres lieux susdits, que notredit cousin le duc de Vivonne ils aient à reconnaître et faire reconnaître de tous ceux et ainsi qu'il appartiendra, sans difficulté en ladite qualité de vice-roi et notre lieutenant général. Mandons et ordonnons aux chefs, officiers, cavaliers et soldats de nos troupes, étant et qui seront ès dites villes et pays, d'obéir à notredit cousin, et de faire tout ce qu'il leur commandera et ordonnera pour notre service et le repos desdits peuples de ladite ville de Messine et autres lieux, sans y apporter aucun délai ni difficulté, à peine de désobéissance, le tout pendant ledit temps de trois années, car tel est notre plaisir : en témoin de quoi nous avons fait mettre notre scel à cesdites présentes.

» Donné à Saint-Germain-en-Laye, le premier jour de l'an de grâce 1675, et de notre règne le 32e.

(*Arch. de la marine, à Versailles.*)

Le lendemain de son arrivée, le duc de Vivonne fit ouvrir les boutiques des boulangers, et distribuer seize onces de pain par personne, ce qui combla ces malheureux de joie. Par l'avis d'un conseil composé de Valbelle, de Vallavoire et de quelques jurats, il maintint à Messine la juridiction ecclésiastique, de la même façon qu'elle était établie à Rome. Il créa des juges pour les affaires criminelles, et ne changea rien d'abord aux attributions du sénat.

Les consuls voulurent ménager à Vivonne une entrée magnifique ; mais, objectant la misère et l'état fâcheux de la ville, il refusa, et n'accepta qu'une procession générale pour remercier

Dieu et la Vierge, protectrice des Messinois, de les avoir soutenus jusque-là, et de les avoir soustraits à la domination espagnole. Le duc de Vivonne assista donc fort sérieusement à cette procession, à la tête de ses officiers et de l'état-major des troupes de terre et de mer. Les sénateurs y parurent magnifiquement vêtus, et portant des flambeaux de cire blanche; puis douze religieux de Saint-Benoît promenèrent dans la ville la châsse de la Vierge. Tout se passa enfin dans le plus bel ordre du monde.

Les trois mille cinq cents hommes que M. de Vivonne avait amenés furent destinés à tenir garnison dans les forts. On occupa les hauteurs d'Égypso et de Saint-Placide, qui dominaient la ville, et que les Espagnols avaient abandonnées. M. de Vallavoire avait fait commencer un ouvrage à la Porte Reale, de l'autre côté du fort Salvador, afin de pouvoir battre l'entrée du port de ces deux côtés. Vivonne fit terminer ce fort, et y mettre en batterie douze pièces de canon à fleur d'eau.

Ces premières dispositions terminées, Vivonne écrivit au roi et à M. de Seignelay une relation de son combat, dans laquelle il représentait, avec raison, que le nombre de troupes de terre n'était pas assez considérable pour occuper convenablement tous les forts. Colbert lui répondit par le mémoire suivant qui lui annonçait un nouveau secours d'hommes et de vaisseaux; mais, grâce à l'incessante jalousie de Louvois, le secours fut de peu de chose et les troupes détestables et de rebut.

MÉMOIRE DU ROI AU SIEUR DUC DE VIVONNE, EN RÉPONSE DE SA LETTRE DU 20 FÉVRIER 1675.

« Sa Majesté a appris avec une grande joie la nouvelle de la victoire remportée sur les Espagnols devant Messine, et de toutes les circonstances glorieuses qui ont accompagné cette action; et quoiqu'elle fût bien persuadée que les ennemis ne pouvaient pas résister à ses vaisseaux commandés par ledit sieur duc de Vivonne, s'ils pouvaient être rencontrés à la mer, elle n'espérait pas qu'un avantage aussi complet pût être remporté par un nombre de vaisseaux aussi inégal, et elle voit avec plaisir que ledit sieur duc a relevé par une action aussi éclatante la gloire de ses forces navales; et qu'elle a lieu d'être persuadée que si pareilles occasions se présentent dans le reste de la campagne, les ennemis auront de funestes expériences de sa valeur et de sa capacité à la mer ; et qu'elle aura de nouveaux sujets de satisfaction d'avoir remis en d'aussi bonnes mains le commandement de ses forces navales.

» Sa Majesté a lu la lettre que ledit sieur duc de Vivonne lui a écrite sur la nécessité qu'il y a d'envoyer un secours considérable à Messine, et elle a pris la résolution de fortifier considérablement celui qu'elle voulait y envoyer. Premièrement, elle a donné ordre pour faire acheter à ses dépens la quantité de six mille charges de blé pour l'envoi à Messine, et elle fait tenir deux frégates prêtes à Toulon pour l'escorte des bâtiments sur lesquels ce blé sera embarqué, l'intention de Sa Majesté étant de les faire partir incessamment, afin que par ce secours ladite ville soit en état d'attendre celui des troupes que Sa Majesté a résolu d'y envoyer incessamment.

» Elle a donné ses ordres pour faire trouver à Toulon, dans la fin du présent mois de mars, trois mille quatre cents hommes d'infanterie des meilleurs régiments, trois cent cinquante chevaux et quatre cents dragons, qui trouveront des vaisseaux prêts à les embarquer ; et ledit sieur duc de Vivonne doit être assuré que cet embarquement se fera avec toute la diligence possible, et que les troupes arriveront beaucoup avant celles des Espagnols, qui ne sont pas en état de les mettre si promptement sur pied à les faire passer en Sicile.

» Sa Majesté donne pareillement ses ordres pour la subsistance desdites troupes lorsqu'elles seront arrivées à Messine, et pour l'envoi d'un munitionnaire qui aura soin de la distribution des vivres.

» A l'égard des vaisseaux qui sont à présent sous son commandement, Sa Majesté a donné ses ordres pour en faire préparer pour quatre mois, qui seront embarqués sur les flûtes que ledit sieur duc de Vivonne doit renvoyer de Messine, sous l'escorte de deux ou trois vaisseaux de guerre, ainsi qu'il l'écrit par sa lettre.

» Sa Majesté fait armer trois nouveaux vaisseaux à Toulon, qui iront joindre ledit sieur duc de Vivonne à Messine, sous le commandement du sieur d'Almeras, lieutenant général de ses armées navales; et Sa Majesté veut qu'il porte le pavillon de contre-amiral lorsqu'il aura rejoint le resté de la flotte.

» Il trouvera, ci-joint, la liste des officiers que Sa Majesté a choisis pour commander lesdits vaisseaux. Elle a pareillement envoyé ses ordres pour faire partir de Marseille les galères, au premier avril prochain, qui porteront une partie de l'infanterie que Sa Majesté fait passer à Messine.

» Elle a choisi le sieur Colbert de Terron pour envoyer à Messine en qualité d'intendant, et pour avoir soin de tout ce qui regarde les troupes de terre et les vaisseaux. Il doit être informé que plusieurs particuliers de Messine ont offert, lorsqu'ils étaient en France, *de donner des Turcs, dont il y a un grand nombre à Messine, pour fortifier la chiourme des galères de Sa Majesté; et comme elle envoie à présent six mille charges de blé à ses dépens et qu'elle a dessein d'en envoyer encore cinq ou six mille charges dans un mois, en cas qu'il soit nécessaire, Sa Majesté veut que ledit sieur de Vivonne propose aux sénateurs du pays ce blé, en donnant en échange un bon nombre de Turcs,* ce qui déchargerait toujours la ville d'autant de gens qu'elle est obligée de nourrir, et qui donnerait lieu à Sa Majesté d'armer encore de nouvelles galères, et de fortifier de cette sorte le secours qu'elle envoie à ladite ville.

» Sa Majesté veut qu'avant de leur faire délivrer ce blé, il convienne avec lesdits sénateurs du nombre de Turcs qui sera donné en échange, et qu'il tâche d'en tirer le plus qu'il sera possible, à quoi il aura d'autant plus de facilité, que cet échange tournera à l'avantage de leur ville, puisqu'elle aura moyen par là de leur envoyer des secours plus considérables en augmentant le nombre de ses galères.

» Sa Majesté approuve tout ce qu'il a fait à Messine depuis son arrivée; elle s'attend que les troupes qu'elle envoie pour servir sous son commandement s'ouvriront bientôt le passage de la campagne, donneront moyen à la ville de subsister des vivres qu'elle tirera de l'île, et porteront les autres villes à secouer le joug de la domination d'Espagne, et de prendre le même parti que Messine a pris.

» *Elle lui recommande de ne pas perdre une occasion de lui rendre compte de ce qui se sera passé, et d'envoyer des bâti-*

ments exprès pour porter ses lettres en cas qu'il arrivât quelque événement considérable.

» Fait à Saint-Germain-en-Laye, le 16 mars 1675.

Signé : » LOUIS.

» COLBERT. »

(*Bibl. roy. Mss.*)

Bientôt Louis XIV envoya ce nouveau renfort, commandé par M. d'Almeras.

LISTE DES OFFICIERS CHOISIS PAR LE ROI POUR SERVIR SUR LES VAISSEAUX QUE SA MAJESTÉ FAIT ARMER AU PORT DE TOULON, SOUS LE COMMANDEMENT DU SIEUR D'ALMERAS, LIEUTENANT GÉNÉRAL DE SES ARMÉES NAVALES.

DU DEUXIÈME RANG.

Le Magnifique, 72 canons, 450 hommes d'équipage.
 Les sieurs d'Almeras, lieutenant général ;
  Chevalier de Monbron-Sournun, capitaine ;
  Desfrancs, lieutenant ;
  La Barre, lieutenant en second ;
  Chevalier de Valbelle-St-Symphorien, enseigne.

DU QUATRIÈME RANG.

La Syrène, 44 canons, 250 hommes d'équipage.
 Les sieurs Chevalier de Tourville, capitaine ;
  Chevalier de Coetlogon, capitaine en second ;
  De Blemont, lieutenant ;
  Couton, enseigne.

Le Comte, 44 canons, 250 hommes d'équipage.
 Les sieurs d'Infreville-St-Aubin, capitaine ;
  Bonnoust-de-la-Miottière, lieutenant ;
  Brunet, enseigne ;
  Beaussier, enseigne en second.

« Fait à Saint-Germain-en-Laye, le 10 mars 1675.

Signé : LOUIS.

COLBERT.

(*Bibl. roy. Mss.*)

Peu de temps après son arrivée à Messine, M. de Vivonne eut quelques démêlés avec le chevalier de Valbelle au sujet du nommé d'Antiége, secrétaire de Vivonne, dont on a parlé déjà, et dont on reparlera plus tard ; car cet homme, étant pour ainsi dire premier ministre de la vice-royauté de Vivonne, et chargé par lui de tout le détail de l'administration, contribua beaucoup à aliéner l'esprit des officiers supérieurs, qui voyaient rarement Vivonne, presque toujours plongé dans une incurable indolence ou occupé de ses plaisirs.

Dans la lettre ci-dessous, le chevalier de Valbelle se plaint de n'être plus dans les bonnes grâces de M. de Vivonne, et donne de curieux détails sur les concussions qui commencèrent de flétrir cette malheureuse administration.

LETTRE DU CHEVALIER DE VALBELLE A M. LE MARQUIS DE SEIGNELAY.

« De Messine, le 30 mars 1675.

» Monseigneur,

» Je ne saurais vous faire d'amples relations de tout ce qui se passe à Messine ; ce sont des affaires dont M. le duc de Vivonne ne fait point de part à la marine, et qu'on ne communique qu'aux favoris : je ne suis plus de ce nombre, et on m'a dit que je ne suis guère bien dans son esprit. Si je ne l'honorais que fort peu, je me consolerais fort aisément de cette disgrâce ; mais à la vérité, il m'est fâcheux d'apprendre que je ne sois pas au gré d'un homme qui commande l'armée, et à qui, sans vanité, j'ai fait acquérir de la gloire, puisque après avoir surmonté avec bonheur et diligence la marée qui s'opposait à ma sortie du phare, et soutenu fièrement et avec courage le feu de vingt vaisseaux ennemis, je les ai fait fuir avec quatre seulement ; et méprisant toutes les forces d'Espagne, j'ai assuré le gain de la bataille et rendu victorieux M. le général, qui était sous le vent avec toute sa flotte et les bâtiments de charge.

» Croyez, s'il vous plaît, monseigneur, qu'il m'embrassa et me loua hautement lorsque je fus au *Sceptre* pour me réjouir avec lui de l'heureux succès de son voyage. Le lendemain du combat il soupa et coucha au *Pompeux*, et me promit de faire savoir au roi l'action que j'avais faite. Je désire passionnément qu'il ne m'ait point manqué de parole, et qu'il vous ait donné lieu de faire valoir mes petits services. Je ne vis que de l'espérance d'en rendre qui engagent monseigneur votre père, et vous aussi, à m'honorer toujours de votre protection, et à ne vous repentir jamais d'avoir demandé au roi la charge de chef d'escadre pour moi.

» Après cela, monseigneur, permettez-moi de vous dire que je prétends de m'élever à celle de lieutenant général, par votre moyen et non pas par ceux que la fortune m'a présentés en l'expédition de Messine : il est certain qu'elle a beaucoup fait pour moi en l'attaque du Salvador, à mon entrée dans le phare, en présence d'une épouvantable forêt de vaisseaux ennemis, et qu'elle m'a favorisé en me faisant sortir du port de Messine, afin que j'eusse quelque part à la gloire de M. le duc de Vivonne.

» Mais il est vrai aussi qu'il n'y a que vous, monseigneur, qui puissiez couronner toutes ces actions : elles ont été hardies et heureuses ; faites donc, s'il vous plaît, qu'elles soient utiles et honorables, et ce sera la perfection de votre ouvrage, car je suis votre créature, et il est question de m'avancer. Je crois que votre honneur vous y engage, et que je ne crois pas vous presser là-dessus, ni solliciter votre mémoire, mais laisser agir votre bonté et votre générosité ; cependant, comme cette lettre n'est que pour vous, monseigneur, je ne puis m'empêcher de vous écrire que j'ai peur que le biscuit ne nous manque, car M. de Courville le fait vendre publiquement à dix et à quinze livres le quintal de Provence ; il débite toutes les autres victuailles à un prix si haut, que tout le peuple crie déjà. Le désordre sur cela est fort grand : on a vendu jusqu'aux moutons apportés de Provence pour secourir les matelots malades, sous prétexte que pour l'argent qu'on tirait d'un, on en achèterait quatre à Tunis, où M. de Preully est allé ; l'intérêt a eu plus de force que la charité et la compassion. Les profits sont si extraordinaires, qu'ils font rêver et parler tout le monde.

» L'impudence de Courville nous étonne : il a toujours eu une chaise après lui, et sa table est assurément fort bonne. Il a tant fait, qu'on n'a point mis les malades à l'hôpital de la ville, et qu'on les tient dans un logis qui coûtera au roi cinq cents écus, et peut-être davantage, pour l'ajuster et l'accommoder.

» Le pain se distribue dans la ville par police, et on donne dix onces de pain par tête; mais on en vend en trois endroits à la fois et on perd ainsi ce dont nous pourrions avoir besoin. J'en ai parlé à M. le duc de Vivonne avec respect et discrétion, il a reçu l'avis très-gracieusement (en chiffres), *mais il n'y a pas apporté de remède.*

» La députation des jurats a échoué, on n'en parle plus (en chiffres). *M. de Vallavoire la désirait; M. de Vivonne l'a empêchée.* Présentement tout est bien.

» M. le duc de Vivonne a nommé aux charges de juge par intérim, et commande partout, quoiqu'il n'y ait point pris la qualité de vice-roi. Les Messinois en demandent souvent la raison, et on leur dit qu'il attend que les galères soient ici pour prendre possession.

» L'élection des jurats se doit faire le 24 du mois prochain, et nous souhaitons que le sort tombe sur des personnes qui ne soient point suspectes. J'ai dit aussi mes pensées sur ce sujet à M. le général, et heureusement pour moi il les trouve bonnes; mais je doute que l'événement les suive.
(Cette phrase n'est pas déchiffrée dans l'original.) 208 3528 674537. 107 91 26 34 37 26 35 34 37 34 40 10 245 34, ce que l'on ne voudra peut-être pas faire, 239 91 28 22 34 30 21 214 38 88 68.

» Les ennemis ne pressent point la ville, nous sommes dans un repos d'assoupissement; ni paix, ni guerre, ni trève; les officiers qui commandent aux postes qui sont les plus proches laissent passer toutes sortes de victuailles; celui qui est à un lieu appelé le Ibisso, du côté de Melazzo, fait payer six tarins, qui sont trente-deux sous de notre monnaie, de chaque charge qui vient à Messine; et celui qui est à l'Escaletto prend douze tarins; l'avarice ou la nécessité l'emportent sur le bien du service depuis l'arrivée de M. le général. Le marquis de Ferrandine a retranché le tarin qu'il faisait donner aux paysans armés, et ne leur fait donner que le pain; les Espagnols sont misérables, et leurs troupes périssent par maladies.

« L'air est si mauvais à Melazzo que le vice-roi en est sorti pour aller à Castro, qui est voisin de cette ville. L'Escaletto est quasi abandonné pour le même sujet.

» Il y a grand monde à Reggio, et on nous menace d'un dessein et d'une entreprise. Cet avis et le bon sens veulent que nous soyons vigilants et alertes. Le temps fait pour les Espagnols. Je supprime bien des choses que vous voyez beaucoup mieux que moi.

» Quatre vaisseaux anglais qui ont passé dans ce canal nous ont dit, c'est-à-dire les capitaines, que les galères étaient prêtes, et qu'on faisait à Toulon de grands préparatifs. Cette nouvelle a réjoui extrêmement les Messinois et les a réchauffés.

» M. de Châteauneuf, qui croisait sur le cap Spartimente, avec M. de Forbin, amenèrent, il y a quelques jours, un petit vaisseau qui allait à Livourne, et dans lequel il y avait quelque peu de marchandises pour Naples; mais, n'étant pas de valeur, M. le duc lui a laissé faire son voyage, et on l'a bien traité à cause de la bonne intelligence qu'il y a entre le roi et cette république, qui pourtant ne veut pas de notre voisinage.

» Il est arrivé une polacre de Tunis chargée d'orge, et une barque du *Millon* chargée de blé.

» Le 29, M. de Châteauneuf est revenu dans le port avec un vaisseau vénitien chargé de blé. Il a son contrat de nolissement pour Livourne, mais on assure qu'il allait à Naples. Quoi qu'il en soit, on s'en servira, et on essaiera de le faire payer, en cas que ledit blé n'appartienne point aux ennemis, et s'il est aux Espagnols, on paiera les nolis ou fret au capitaine, afin que les Vénitiens ne fatiguent pas le roi par leurs plaintes.

» Il a aussi amené une polacre de Malte, qui venait de Petrache, et qui est chargée de blé, de cire et de cordouans.

» Le 30 au matin est arrivée dans ce port une barque de Marseille qui vient de Candie, et qui est chargée de blé. Je vous écris, monseigneur, ces nouvelles avec une gaieté indicible; car je vois que nous avons de quoi faire subsister la ville jusques à la fin de mai, et peut-être davantage si les victuailles sont bien ménagées. En ce temps, les troupes que nous attendons nous donneront moyen, ou de trouver une mort glorieuse en quelque occasion, ou de passer la vie dans l'abondance; car nous nous agrandirons, et irons chercher dans l'île notre subsistance. Il faut nécessairement la tirer du royaume, et faire soulever les peuples par nos progrès.

» J'oubliais à vous marquer, monseigneur, qu'on a rétabli les douanes. Bien des gens croient qu'on devait attendre, parce que l'utilité qui reviendra de ce rétablissement ne sera pas grande, et il produit un très-mauvais effet sur les Messinois, puisque nous devions crier plus de gabelle, ce que nous faisons pis que les autres.

» On a caréné le vaisseau *le Vaillant* avec assez de facilité. Il va croiser avec *le Fidèle* à la place du *Parfait* et de l'*Apollon*. Quant au *Fortuné*, on ne parle point d'y travailler, et j'estime qu'on ne doit point y songer, à cause qu'il est plus navire que *le Vaillant*, et qu'il a plusieurs bordages à changer, et point de pontons en ce port.

» Je souhaite, monseigneur, que ma lettre du 16 de ce mois soit parvenue entre vos mains. Vous aurez vu bien des choses qu'on ne me dit pas, et qui me reviennent. Il importe que vous le sachiez, et que monseigneur votre père ne les ignore pas.

» Nous avons appris par les capitaines anglais que M. de Gossonville était à Livourne. J'en ai bien eu de la joie; car je ne doute plus de l'arrivée de M. le chevalier à Malte. Nous n'en avons point eu de nouvelles; celles de Venise sont que la république a accordé passage à des Allemands, etc. Il en est arrivé en cette île cinq cents, venus par Naples.

» Le bruit qui court dit que don Jehan d'Austria doit passer sur quelques galères en cette île, et que tous les commandants de la flotte sont disgraciés. On assure que le prince de Monte-Sarcio la doit commander. Je ne crois pas qu'elle soit en mer à la fin de mai; elle est à Baye; et, dès que la nôtre sera ensemble, nous pourrions bien entreprendre quelque chose.

» Je ne vous parle point de la faute que l'on a faite d'envoyer tant de vaisseaux dehors, estimant qu'on a cru bien faire; mais je veux bien vous dire que ce n'était point mon sentiment d'éloigner deux pavillons de l'amiral. M. le duc de Vivonne se rendit aux raisons des autres, après m'avoir dit qu'il n'enverrait que deux vaisseaux en Provence et un à Tunis.

» Si j'en savais davantage je vous entretiendrais plus longtemps, et ne me lasserais de vous assurer que je suis avec plus de respect que personne du monde,

» Monseigneur,

» Votre très-humble, très-obéissant et très-obligé serviteur.

» Le chevalier DE VALBELLE. »

A Messine, le 30 mars 1675.

(Arch. de la Marine, à Versailles.)

On voit par cette lettre que déjà les faits ne répondaient pas aux espérances que Louis XIV était en droit d'attendre d'une expédition aussi onéreuse, grâce à l'apathie de M. de Vivonne qui, au lieu de profiter d'un premier succès pour refouler les Espagnols dans l'intérieur des terres, se bornait à occuper Messine et *à rester dans un assoupissement qui n'était ni paix, ni guerre, ni trêve,* comme disait M. de Valbelle. Et puis la rapacité des fournisseurs, l'énormité des droits du fisc, portés à un taux beaucoup plus élevé que du temps des Espagnols, refroidissaient singulièrement l'enthousiasme du peuple messinois pour les Français, tandis que d'autres causes, que l'on va exposer bientôt, aigrissaient d'autant les classes supérieures contre le vice-roi.

CHAPITRE VII.

M. le duc de Vivonne est reconnu solennellement vice-roi de Sicile. — Refus de l'archevêque de se trouver à la cérémonie. — Rapport secret sur la situation de Messine. — Cérémonie et élection des nouveaux jurats. — Lettre de Valbelle à Seignelay. — Il lui rend compte de ce qui s'est passé depuis le 30 mars jusqu'au 6 mai.

Le duc de Vivonne habitait à Messine le palais du vice-roi de Sicile. C'était un vaste et splendide monument bâti sur le quai, à l'extrémité d'une magnifique façade appelée d'*il Teatro*. Située sur le bord de la mer, cette résidence dominait toute la côte orientale de Sicile; puis, au loin, le détroit du Phare, Reggio et les dernières montagnes de la Calabre se déroulaient à l'horizon.

— Ce fut Garcias de Tolède qui jeta les premiers fondements de ce monument, dont les murailles étaient incrustées de merveilleuses mosaïques faites de pierres de différentes couleurs, sur lesquelles se détachaient de légères balustrades de marbre blanc du travail le plus précieux.

Or, le 28 avril, dès le matin, toute la population de Messine attendait avec impatience le commencement de la cérémonie qui devait avoir lieu pour la réception solennelle de M. le duc de Vivonne, comme vice-roi de Sicile.

Depuis longtemps ce peuple impressionnable, et singulièrement avide de pompe et de spectacle, rêvait à ce jour, bien plus dans l'espoir de trouver à satisfaire son amour inné pour tout ce qui était fête et représentation, que pour saisir cette occasion de témoigner son affection au nouveau vice-roi.

Car, bien que trois mois à peine se fussent écoulés depuis l'arrivée du duc de Vivonne à Messine, peuple, bourgeois et nobles commençaient déjà de s'aigrir contre les Français. A l'autorité ferme et décidée de MM. de Valbelle et de Vallavoire avaient succédé la mollesse et l'insouciance de M. de Vivonne; à la famine, aux combats de chaque jour, à la crainte de se voir attaqué par un ennemi supérieur, avaient succédé, pour les troupes françaises, l'abondance, le repos, et une position militaire fortement assise : dès lors les soldats, libres de toute préoccupation, et sûrs de l'appui ou plutôt de l'indifférence de M. de Vivonne à propos de leurs vexations contre les habitants, donnèrent librement carrière à leur esprit turbulent, moqueur et tyrannique. Fort indisciplinés à cette époque, et encouragés par l'exemple de quelques officiers, ils se prirent à traiter les Messinois à peu près en peuple conquis, raillant leurs dévotions, les froissant chaque jour dans leurs habitudes et dans leurs mœurs, aussi graves que celles des Espagnols ; en un mot, les soldats de Vivonne finirent par faire regretter aux Messinois la domination espagnole, et déjà le meurtre de quelques Français et de graves tentatives de rébellion contre leur gouverneur, prouvaient énergiquement la haine qu'on commençait de leur porter.

Néanmoins, ainsi qu'on l'a dit, les apprêts et l'attente d'une grande solennité avaient, sinon détruit, au moins suspendu l'animosité sourde qui divisait les deux nations.

Or, ce même jour, dès le matin aussi, tout était en mouvement dans le palais du vice-roi pour les préparatifs de cette imposante cérémonie ; car le sénat en corps devait y aller prendre M. de Vivonne à son hôtel, afin de se rendre ensuite avec lui à la cathédrale, pour y jurer entre ses mains et sur les saints Évangiles serment de fidélité à Louis XIV ; puis recevoir de la même façon le serment du vice-roi de ne pas attaquer les libertés et franchises de la ville de Messine.

Mais si tout était en mouvement dans le palais du vice-roi, une aile de cet immense bâtiment, bâtie sur un magnifique jardin, paraissait entourée de silence et de solitude : les volets rembourrés étaient soigneusement fermés, et, bien qu'il fût neuf heures du matin, les domestiques qui passaient sous ces fenêtres semblaient même craindre de faire crier sous leurs pieds le sable des allées, tant on respectait le calme et la quiétude de cette partie de l'édifice où était située la chambre à coucher de Vivonne.

A l'intérieur de cet appartement, les mêmes précautions étaient religieusement prises. Dans un salon qui précédait cette chambre à coucher, deux valets de chambre, vêtus de noir et portant une chaîne d'or au cou, paraissaient se consulter avec anxiété.

— Quand je songe, — disait l'un, — que la demie de neuf heures vient de sonner, et que monseigneur n'a pas encore sifflé !

— Et l'on dit que le sénat en corps doit venir prendre son excellence à dix heures ! — reprit l'autre d'un air douloureusement chagrin.

— Et le temps de le coiffer... de le raser !

— Et le temps de l'habiller !

— C'est horrible à penser !

— C'est affreux !

— Mais que faire ?

— J'ai déjà gratté tout doucement ; je vais essayer encore, au risque de tout ce qui peut arriver.

— Vous êtes bien hardi, au moins, Dominique !... — dit l'autre tout tremblant de l'audace de son camarade, qui, s'approchant de la porte en retenant sa respiration, y gratta si doucement que c'est à peine même si le grattement se pouvait entendre dans le salon.

On pense bien qu'il ne pénétra pas davantage jusqu'à Vivonne au travers d'une porte épaisse, encore garnie de portières, qui fermait sa chambre à coucher.

Les deux valets étaient à se consulter des yeux sur le peu de succès de cette démarche, lorsqu'un demi-quart, joint à la demie de neuf heures, vint encore augmenter leur désespoir.

A ce moment, l'autre porte de ce salon s'ouvrit, et d'Antiége, le secrétaire de Vivonne, entra brusquement en disant à voix haute : — Monseigneur est-il habillé?

A ce bruit, à ces mots, les valets firent un signe des plus expressifs en montrant la porte de la chambre à coucher.

— Ciel de Dieu!... il dort encore! — s'écria d'Antiége stupéfait. — Et le sénat qui sera ici dans un quart d'heure!... Pour l'amour de Son Excellence, allez l'éveiller sur l'heure, Dominique!

A ces mots, Dominique regarda son compagnon avec autant d'effroi que si on lui eût proposé d'entrer dans la cage d'un tigre, et dit au secrétaire d'un air stupéfait : — Éveiller monseigneur?...

— Avant qu'il n'ait sifflé? — ajouta son camarade du même air de crainte. — Et c'est vous, monsieur, qui connaissez l'humeur de Son Excellence quand on l'éveille, qui proposez cela?

— Mais le sénat! malheureux que vous êtes, le sénat! qui peut-être est en marche à cette heure. N'avez-vous pas hier demandé les ordres de monseigneur pour cette cérémonie d'aujourd'hui?

— Si, monsieur, et Son Excellence m'a dit : Tu prépareras demain mon habit de gala couleur de pourpre, avec ma garniture de perles et de diamants; mais, quand même le sénat et le clergé avec le bon Dieu en tête viendraient au palais, je te défends d'entrer chez moi avant que je n'aie sifflé... Vous sentez bien, monsieur, qu'il s'agirait du salut de mon âme que je n'entrerais pas.

— Avec cela, — ajouta Dominique, — que Son Excellence ne s'est couchée qu'à deux heures, après avoir longuement soupé.

— Il a soupé seul?

— Non, monsieur, Son Excellence a fait venir, pendant son souper, ces deux danseuses maltaises, que vous savez, avec son jeune esclave grec.

— Alors, par le Dieu qui m'entend! — s'écria d'Antiége, — il dormira encore à midi! — Puis, paraissant prendre une résolution désespérée, il se précipita sur la clef de la porte de la chambre à coucher de Vivonne, et l'ouvrit violemment, malgré les efforts des deux valets de chambre qui s'enfuirent épouvantés.

Grâce aux volets extérieurs, cette chambre était dans la plus profonde et la plus complète obscurité. En entrant, d'Antiége renversa un meuble chargé de porcelaines, qui se brisèrent avec un fracas épouvantable; mais, sans s'arrêter à ce bruit, d'Antiége alla brusquement ouvrir les volets intérieurs, la fenêtre, les volets extérieurs, de sorte qu'en un moment le jour et le soleil, entrant par trois hautes et larges croisées, inondèrent cette pièce d'une lumière éblouissante.

A ce bruit étourdissant, à cette clarté soudaine, Vivonne, réveillé en sursaut, se crut d'abord sous l'obsession d'un rêve horrible, et fit un bond sous ses couvertures, puis se dressa sur son séant; mais, aveuglé par ce jour éclatant, il se retourna vite, et, pendant cette conversion, il s'aperçut, hélas! qu'il était bien et dûment éveillé.

Alors cet homme habitué de voir tout plier devant sa volonté despotique, entra dans une colère furieuse; mais, n'osant encore se retourner du côté des fenêtres, il commença à blasphémer le ciel et la terre, en accablant d'injures et de menaces le scélérat, le criminel qui s'était permis de venir ainsi l'éveiller malgré ses ordres formels.

Puis, lorsque ses yeux se furent peu à peu habitués à la lumière, il se retourna vivement, et alors aperçut d'Antiége debout près d'une table, et l'implorant d'un geste suppliant.

A cette vue, Vivonne ne se contint pas; il prit une large coupe de cristal posée sur une table à côté de son lit, et la jeta à la tête de son secrétaire, qui évita le coup.

— Ah! c'est toi, bourreau!... — s'écria Vivonne en regardant autour de lui s'il ne trouverait pas quelque autre projectile.

Mais, ne trouvant rien, il se mit à vomir un tonnerre d'injures contre son secrétaire.

— Ah! c'est toi, scélérat infâme! qui me viens éveiller quand il y a à peine deux heures que je dors! Je te ferai fouetter comme un esclave, tu peux y compter!... Ferme à l'instant ces volets!... ferme-les sous peine de ta vie!... M'entends-tu?... Ferme-les, ou je te fais jeter par les fenêtres! — Puis, voyant l'immobilité de d'Antiége, il s'écria : — A moi! Dominique! Louvain!... — Mais, voyant que ses valets de chambre n'étaient plus là, dans sa rage, Vivonne allait se lever pour courir sur son secrétaire, lorsque celui-ci lui dit :

— Monseigneur, le sénat sera ici dans un quart d'heure!

— Le sénat!... le sénat!... Et je me f... bien du sénat quand j'ai sommeil!... Ferme ces volets! m'entends-tu¹?

— Pour l'amour de Dieu! monseigneur, — dit d'Antiége à genoux, — avez-vous oublié que c'est aujourd'hui que vous êtes reçu solennellement vice-roi?... et que la cérémonie est pour onze heures?

— Foin de la cérémonie, du sénat et des sénateurs! je veux dormir, te dis-je!

— Eh bien! monseigneur, dussiez-vous me tuer sur la place, je ne bougerai d'ici, et vous empêcherai de vous rendormir.

— Ah, le bourreau! ah, le chien! — s'écria Vivonne se levant; — il m'a éveillé tout à fait! ma colère s'en va faire passer mon envie de dormir, et j'aurai eu cette nuit en tout et pour tout deux heures de sommeil!

Puis Vivonne, de la main qui lui restait, saisit violemment d'Antiége à sa cravate en redoublant d'injures.

— Je vois avec bonheur que Votre Excellence est maintenant tout à fait éveillée, — dit d'Antiége avec un sang-froid imperturbable.

— Ce misérable-là me rendra fou! — dit Vivonne en lâchant son secrétaire, et retombant assis dans un vaste fauteuil.

Alors d'Antiége courant à la fenêtre s'écria : — Dominique!... Louvain!... monseigneur vous ordonne de monter à l'instant.

— Ah çà, je suis donc un enfant que sa nourrice fait habiller à son gré, mons d'Antiége? dit Vivonne qui sentait sa colère diminuer à mesure que son envie de dormir disparaissait.

— Monseigneur... mon bon et cher maître, — dit d'Antiége,

---

[1] Voir, pour les détails de cette scène entièrement historique, — Bolœana, — correspondance de Vivonne, — *Histoire du soulèvement de Messine;* espagnol., Bibl. du Roi, Mss.; — Sicile et Naples, *id.;* — Aff. étrang., correspondance de d'Estrées, etc.

— pardonnez-moi; mais songez, je vous prie, aux suites de tout ceci... Tenez... entendez-vous déjà le canon! oui... c'est bien le canon?... Voilà le sénat qui sort de son palais : le temps de dire un pater, et il est ici!

En effet le canon des forts et les cloches commencèrent à résonner.

— Eh bien ! — dit Vivonne, en bâillant avec force, — le sénat m'attendra[1].

— Mais songez donc, monseigneur, combien ces gens-là sont formalistes, combien ils sont esclaves des dehors.

— S'ils sont esclaves des dehors, mons d'Antiége, apprenez qu'ils sont encore plus esclaves des forts et de l'artillerie; or, nous avons ces forts et cette artillerie-là, grâce à laquelle je puis... c'est-à-dire je pouvais dormir ma grasse matinée, sans ton infernal réveil, bourreau que tu es...

A ce moment, Dominique et Louvain parurent à la porte, saluèrent respectueusement, et semblèrent attendre l'ordre de leur maître pour entrer.

— Allons, allons, venez, — dit Vivonne, — est-ce que *monsieur* ne l'ordonne pas, — dit-il, en montrant d'Antiége, d'un air à la fois railleur et fâché.

Les valets de chambre commencèrent alors de coiffer et d'habiller leur maître, qui se prêtait à leur service avec la complète indolence d'un nabab, et interrompait seulement ses bâillements réitérés pour s'écrier : — que le ciel confonde la cérémonie! imbécile sénat!... Je dormais si bien ! quelles pécores avec leurs serments!... — et autres exclamations qui prouvaient assez le peu d'importance morale attachée par Vivonne à cet acte solennel.

— A propos, — dit-il à d'Antiége, — et cet insolent archevêque ne manquera pas de venir là, j'espère?

— Monseigneur, son grand vicaire, que j'ai vu hier, m'en a du moins assuré.

— C'est heureux... Sardanapale! s'il n'était pas venu, s'il s'était rebecqué, je l'envoyais brutalement quérir par deux de mes officiers bien accompagnés, et ce au nom du roi mon maître.

[1] Historique. — Voir les pièces déjà citées.

A ce moment un des gentilshommes de M. de Vivonne ayant fait demander par un huissier s'il pouvait se présenter, entra.

— Eh bien! qu'est-ce, Sainte-Croix? — lui demanda Vivonne.

— Monseigneur, — répondit ce dernier tout stupéfait et ne pouvant cacher son étonnement de trouver le vice-roi encore en déshabillé, — la vedette que j'avais postée au bas de la place Marine vient de m'annoncer que le cortége du sénat paraît à l'entrée de la place d'il Theatro.

— Eh bien!... après...

— Après, monseigneur!... Eh bien! le cortége va être ici dans dix minutes.

— Eh bien!... après, — répéta Vivonne en bâillant avec un calme désespérant.

— Ma foi! monseigneur, après... je ne sais rien de plus, si ce n'est que MM. de Vallavoire et de Valbelle, et tous les officiers de terre et de mer, ainsi que ceux de votre maison, sont en attendant rangés dans la galerie.

— C'est à merveille, si le sénat me demande, qu'on le fasse monter, et qu'on lui dise... qu'on lui dise de m'attendre!

Ce disant, Vivonne se détira de nouveau, et Sainte-Croix sortit.

Voyant l'air étonné de d'Antiége, Vivonne lui dit : — Vous n'êtes qu'un sot, monsieur mon secrétaire ; si vous entrez dans la cage d'une bête fauve avec des précautions et l'air effrayé, elle vous dévorera; entrez-y le bâton haut, elle rampera. Votre maître et le mien en a agi ainsi en entrant le fouet à la main dans la cage de messieurs du parlement, qui, par seule différence des bêtes que j'ai dit, étaient rouges au lieu d'être fauves... eh bien, le beau-frère ne s'en est pas plus mal trouvé.

— Mais... monseigneur... l'affection du peuple.

— Sottise, niaiserie, quand on a pour répondre aux questionneurs ces honnêtes canons qui disent tant de leur large bouche muette.

— Alors, monseigneur, nos soldats se conduisent fort bien d'après les maximes de Votre Excellence, car ils traitent les Messinois en véritables partisans; et si monseigneur veut que je lui lise, pendant qu'on finit de l'habiller, le dernier rapport secret, il verra bien...

— Est-ce amusant ?

— Assez, monseigneur, il y a de la comédie et de la tragédie.

— Est-ce long ?

— Non, monseigneur, ceci, — dit d'Antiége, en montrant une feuille de papier qu'il tira du sac qu'il avait apporté.

— Lis donc, pendant que cet autre bourreau va me faire un menton imberbe.

Et d'Antiége lut ce rapport, fort important en cela qu'il constate que déjà les Français mettaient singulièrement à l'épreuve la patience de leurs nouveaux alliés.

— « Le 23 du courant, trois cavaliers des dragons d'Hautfort, » étant ivres, ont chargé de coups un moine de l'ordre de Saint-» François qu'ils ont trouvé hors la ville, et l'ont obligé de » porter l'un desdits trois cavaliers, qui pouvait à peine se mou-» voir, vu l'état de complète ivresse dudit troisième cavalier. »

— Bon, la piteuse monture ! et que ce pauvre dragon devait être mal porté par ce tonsuré. Après, continue, — dit Vivonne.

— « Le même jour, il y a eu quelques riottes entre des ma-» riniers de galères et de vaisseaux, à propos d'une esclave » grecque ; deux mariniers du vaisseau *le Sceptre* ont été » blessés. »

— Et l'esclave était-elle jolie ?

— Je l'ignore, monseigneur.

— Que font donc alors tes espions ? Une fois pour toutes, quand il s'agit de femmes, qu'il soit toujours dit si elles sont laides ou jolies... la justice de leur cause en dépend. Continue.

— « Le 26 du courant, un officier et un volontaire des vais-» seaux sont entrés de force dans la maison du nommé Paolo » Perino, située place Marine, et pendant que le volontaire for-» çait la chambre de la femme dudit Paolo, vieux et infirme, » l'officier retenait ce dernier malgré ses cris : on ne sait si le » volontaire s'est porté aux derniers outrages sur ladite femme. »

— Par Vénus, si c'était un volontaire, la chose est certaine ; et la femme était-elle jolie ?

D'Antiége allait répondre, lorsqu'il se fit un grand retentissement de clameurs et de voix ; les tambours, les trompettes, les cymbales résonnèrent ; les canons des vaisseaux, avertis par un signal de l'entrée du sénat chez le vice-roi, tirèrent en volée, et les cloches leur répondirent, car le cortége entrait en effet dans une longue galerie où se trouvaient tous les officiers français réunis autour du fauteuil à dais du vice-roi.

— Le sénat!... le sénat!... monseigneur, le sénat!—vint dire un second gentilhomme tout ému.

Vivonne lui fit de la main un signe des plus dédaigneux, puis se tournant vers un laquais : — Va me chercher ce potage, et recommande bien au maître d'hôtel d'y faire mettre ce coulis qu'il sait, et aussi de monter de ce vin de Malvoisie de Madère que j'ai rapporté de Hollande.

— Monseigneur! — dit d'Antiége d'un air suppliant, en entendant donner cet ordre.

— Sardanapale!... — s'écria Vivonne d'un air irrité, — cette fois pas un mot de plus. Il serait, pardieu! plaisant que pour ces ânes en robe noire j'allasse mourir de faim. Tudieu! mon secrétaire, vous en voulez donc à ma vie?... — Puis, faisant approcher de lui un merveilleux miroir de Venise, Vivonne s'y mira, et se voyant magnifiquement vêtu, il se prit à sourire avec complaisance.

— Je suis content de cet habit; qu'en dis-tu, d'Antiége?

— Il vous sied à ravir, monseigneur; c'est celui que Courville a fait venir pour Votre Excellence.

— A propos de Courville, — dit Vivonne en se retournant avec nonchalance du côté de son secrétaire, — il paraît, monsieur le drôle, que votre ami rançonne singulièrement notre bonne ville de Messine, et qu'il revend dix ce qu'il achète un.

— Monseigneur, ce sont de pures calomnies : j'ai là un tableau comparatif des prix d'achat, d'entrée, de frais de traversée et différence de change, et si Votre Excellence veut y jeter un coup d'œil...

— C'est toi que je jetterai par les fenêtres,... bourreau; ai-je le temps ou la volonté de m'appesantir sur de pareilles sottises?

A ce moment un maître d'hôtel apporta le potage, servi avec soin sur un merveilleux plateau d'argent ciselé, et peu d'instants après M. de Vallavoire entra lui-même d'un air affairé.

— Pour Dieu! monsieur, — dit-il à Vivonne, — êtes-vous

donc mort? Le sénat vous attend depuis plus d'un quart d'heure [1].

Vivonne ne répondit qu'en riant et montrant d'un geste significatif son potage qui répandait une savoureuse fumée.

— Ah! je comprends, — dit Vallavoire, — on brûlerait Messine que rien ne pourrait vous distraire à cette heure. Je vais donc tâcher de faire patienter messieurs les jurats qui commencent fort à murmurer.

Et Vallavoire se retira sur un signe approbatif de Vivonne.

Son potage mangé et copieusement arrosé de quelques verres de vin de Malvoisie, le vice-roi prit son chapeau et dit en soupirant : — Ah, quel ennui! quelle peste de sénat! se déranger pour de pareilles pécores! ah! que j'aimais bien mieux ma vie de Paris et mes chers soupers en joyeuse et folle compagnie.

Puis Vivonne se dirigea d'un air soucieux vers la porte qui conduisait à la galerie.

Il y trouva les sénateurs et les consuls debout et découverts, et autour du trône ou dais où se trouvait le fauteuil du vice-roi. MM. de Valbelle et de Vallavoire aussi debout, entourés des officiers des troupes de terre et de mer.

Lorsque Vivonne entra, il put voir d'un rapide coup d'œil sur la figure des jurats, combien ils se trouvaient choqués de l'avoir attendu aussi longtemps ; mais, selon son système, il n'y fit pas la moindre attention, et dit seulement :

— Messieurs, je lisais une dépêche du roi notre maître à sa bonne ville de Messine, et il y traitait si longuement de ses paternelles vues sur elle, que c'est à l'intérêt seul que me causait cette lecture que vous devez attribuer un retard qui vient d'ailleurs d'une cause si flatteuse et si honorable pour vous. Je vous suivrai donc, messieurs, quand il vous plaira.

Cette excuse satisfit médiocrement le sénat, et Vivonne, descendant le premier le vaste escalier du palais, prit sa place au milieu du cortège, qui commença de défiler dans un ordre admirable :

Cent chevaliers, magnifiquement vêtus, appelés de l'Étoile, et qui tenaient à Messine le premier rang parmi la noblesse,

---

[1] Voir les pièces citées.

ouvraient la marche, précédés de trompettes et de tambours, dont les justaucorps de velours ponceau étaient chamarrés de galons d'or et d'argent, ainsi que les banderoles de leurs trompettes et les housses de leurs tambours aussi brodés d'étoiles d'argent.

Puis venaient les gardes de M. de Vivonne, ayant leur capitaine en tête, et, après lui, vingt trompettes, dix hautbois et dix timbaliers vêtus de ses livrées ; ensuite devant Vivonne, marchaient immédiatement les officiers du sénat, en velours violet, chamarré de galons d'or, et précédés de cinquante hallebardiers du sénat, vêtus de livrées vertes et or.

Enfin, venait M. de Vivonne seul, un peu en avant de deux sénateurs qu'il avait à sa droite, et de MM. de Valbelle et de Vallavoire qu'il avait à sa gauche, puis les membres du sénat habillés de robes de satin noir, avec une fraise et une grosse chaîne d'or au cou, et au retroussis de leur toque une riche rose de diamants, surmontée d'une aigrette magnifique. Après les sénateurs c'étaient les officiers de terre et de mer, les officiers et gentilshommes de M. de Vivonne, puis les consuls des métiers, portant un étendard où se voyaient les attributs de leur profession.

En tête de ces consuls marchaient les travailleurs en soie, des consuls représentant l'industrie la plus productive de la Sicile ; puis venaient les corporations des droguistes, des orfèvres, des argentiers, des confituriers, des tailleurs, de ceux qu'on appelait gepponan, des barbiers, des charpentiers, des cordonniers, des selliers, des corroyeurs, des cordiers, des faiseurs de gobelets ; puis, enfin, un détachement des gardes de M. de Vivonne et cinquante maîtres de cavalerie fermaient la marche.

Le temps était magnifique, le canon et les cloches retentissaient à grand bruit ; les rues étaient bordées d'une haie de soldats, et à chaque fenêtre se balançaient de nombreux pavillons de toutes couleurs. Puis, comme le commerce de soieries était un des plus importants de Messine, les fabricants avaient décoré leurs maisons de magnifiques étoffes en pièces : aussi ne voyait-on dans leurs quartiers que brocart et brocatelle d'or et d'argent, sans compter que toutes les rues étaient jonchées de feuillage et de fleurs.

Cette population si avide de fêtes se ruait à celle-ci avec ivresse, et malgré la haie des soldats, c'est à peine si le cortége put arriver au portail de la cathédrale au milieu de cette foule pressée.

L'aspect de cette église était imposant : rien de plus majestueux que son portail immense, couronné d'une foule de petites colonnettes sculptées à jours avec une adresse et une habileté infinies ; mais lorsque le cortége entra dans l'intérieur de la cathédrale, il put admirer un spectacle éblouissant ; le maître-autel surtout resplendissait de lumières. Cette partie de l'édifice était, selon la coutume de Sicile, de telle dimension, qu'atteignant presque les deux côtés de la nef, il s'élevait encore jusqu'à sa voûte. Dans ce vaste espace on avait accumulé, avec plus de richesse que de goût, l'or, l'argent, les glaces, les marbres, les pierres précieuses, qui représentaient assez grossièrement des figures d'hommes et d'animaux ; joignez à cela une infinité de bouquets de fleurs naturelles et une innombrable quantité de bougies, et vous aurez un crayon de cette pompe singulière. J'oubliais qu'au-dessus du maître-autel, et suspendu par un fil invisible, on voyait l'ostensoir de cristal contenant les cheveux et la lettre autographe de la Vierge, avec une couronne d'or au-dessus.

A gauche de la nef, en face de la chaire à prêcher, toute revêtue de marbre et de mosaïques, et l'un des plus beaux ouvrages de Cagini, un des meilleurs sculpteurs italiens du seizième siècle, on avait élevé un trône avec un dais de velours cramoisi frangé d'or pour le nouveau vice-roi ; un autre, mais un peu plus bas, pour l'archevêque, et pour les sénateurs des chaises à bras de brocart d'or, avec un tapis de pied, au-dessous du trône de l'archevêque ; enfin les officiers de la justice s'assirent et prirent place sur les degrés du trône de M. de Vivonne ; les plus qualifiés de la noblesse eurent des chaises de l'autre côté.

Une fois que le cortége fut en place, on commença les prières et une grand'messe, après laquelle s'accomplit la cérémonie du serment.

D'Antiége, vêtu de noir, s'avança donc au pied du trône de Vivonne, et lut en italien le serment suivant :

« Nous, sénateurs de la noble et exemplaire ville de Messine,

» ville de Marie la mère de Dieu, don Thomas Caffaro, Fran-
» cesco Maria Maiorana, don Vicenzo Marullo, duc di Gian-
» paulo, Cosmo Caloria, don Raymondo Marchesi, duc di Bel-
» viso, et Antonino Chinigo, fondés en pouvoir spécial pour les
» choses ci-après écrites, à nous donné par le conseil général de
» ladite ville tenu le 25 d'avril, les genoux en terre et avec
» tout le respect requis et convenable, faisons hommage lige de
» fidélité à l'invincible Louis XIV, roi de France et de Navarre,
» et ses successeurs : entre les mains de V. E. Louis-Victor
» de Rochechouart, prince de Tonnay-Charente, duc et pair
» de France, gouverneur et lieutenant général de Sa Majesté
» ès-mers et armées du Levant, vice-roi et lieutenant général
» représentant la personne du roi de France dans la ville de
» Messine et dans les autres lieux de l'île dans lesquels les peu-
» ples auront secoué le joug de la domination espagnole. Et
» ainsi nous le promettons et jurons sur la croix de Notre Sei-
» gneur Jésus-Christ, et sur les quatre saints Évangiles que
» nous touchons avec nos mains, que la ville de Messine, ses ci-
» toyens et habitants seront très-fidèles vassaux et sujets de Sa
» Majesté et de ses successeurs jusqu'au dernier soupir de la
» vie, et ne seront jamais en conseil, aide ou de fait sciemment
» que Sa Majesté et ses successeurs perdent la vie ou quelque
» membre; ou qu'ils reçoivent en leurs personnes offense ou
» injure aucune, ou dans les honneurs qu'ils ont aujourd'hui
» ou qu'ils auront à l'avenir ; et s'ils savent ou entendent quel-
» qu'un qui veuille faire une des choses susdites, ils donneront
» autant qu'ils pourront empêchement qu'elle ne se fasse ; ou
» s'ils ne le peuvent faire, ils en donneront avis le plus tôt qu'il
» leur sera possible à Sa Majesté, à laquelle pareillement ils
» donneront secours de toutes leurs forces contre celui qui ten-
» tera les choses ci-dessus; et si Sa Majesté révèle un secret à
» ladite ville, ils ne le déclareront à personne sans sa permis-
» sion ; et si elle lui demande conseil, ils le donneront comme
» il leur paraîtra plus expédient à son royal service ; et ne fe-
» ront jamais chose aucune qui appartienne ou puisse apparte-
» nir à injure et offense de sadite Majesté et de ses successeurs ;
» de plus, ils feront et observeront toutes ces choses auxquelles
» ils sont obligés par les lois, suivant la forme des constitutions,

» capitulations du royaume, et coutume de ladite ville, lesquelles
» choses étant ainsi établies. »

Après quoi chaque sénateur se mit à genoux devant M. de Vivonne, après avoir étendu la main sur les saints Évangiles, présentés par l'archevêque sur un coussin de drap d'or.

Alors M. de Vivonne se leva, étendit aussi la main sur les saints Évangiles, et dit d'une voix haute et claire :

— Nous, vice-roi susdit, prêtons à vous, sénateurs, le serment contenu dans la cédule ci-après, que notre secrétaire va vous lire.

Alors d'Antiége lut fort la formule suivante :

« Nous, Louis-Victor de Rochechouart, prince de Tonnay-
» Charente, duc et pair de France, gouverneur et lieutenant
» général des provinces de Champagne et Brie, général de toutes
» les galères de France, et lieutenant général de Sa Majesté ès-
» mers et armées du Levant, vice-roi et lieutenant général re-
» présentant la personne du roi de France en cette ville de
» Messine, et dans les autres lieux de l'île dans lesquels les
» peuples auront secoué le joug de la domination espagnole,
» promettons et jurons sur la croix de Notre Seigneur Jésus-
» Christ et sur les quatre saints Évangiles, mis devant nous, et
» par nous touchés, à vous, sénateurs, établis spécialement de-
» vant notre personne de la part de toute la ville, d'observer à
» ladite ville son district et ses droits, les capitulations, privi-
» léges, immunités et libertés accordés par quelque roi que ce
» soit, et empereur ; les rites, coutumes et les bonnes usances
» de ladite ville, comme ils en ont usé jusqu'à présent, et autres
» qui s'accorderont ci-après ; que nous les garderons, observe-
» rons, et commanderons être gardés et observés par tous et
» un chacun les officiers. En témoin de toutes lesquelles choses,
» et chacune d'elles, nous voulons et commandons, à la prière
» desdits sénateurs, que, des choses susdites, il en soit fait et
» donné instruments originaux par notre secrétaire ci-dessous
» nommé, autant que vous et les autres, à qui il appartient d'en
» avoir, en demanderez et en demanderont. Nous promettons
» encore, par le présent jurement, de la part du roi de France
» et de Navarre, la ratification de notre jurement dans le terme
» de quatre mois, sous la foi royale. »

Cette cérémonie terminée, Vivonne retourna au palais avec le même cortége et dans le même ordre. Le soir, ce furent des réjouissances et des fêtes sans fin, et l'on parlait encore longtemps après, dans Messine, des merveilleux festins, et de la non moins merveilleuse fête donnés par Vivonne aux Messinois.

Depuis l'arrivée de Vivonne jusqu'au jour de sa réception, comme vice-roi, il s'était passé quelques événements importants, dont le rapport du chevalier de Valbelle, qui embrasse depuis le 30 mars jusqu'au 6 mai, donne un compte exact et détaillé. Tous les passages soulignés sont chiffrés dans la dépêche originale.

RELATION ENVOYÉE PAR M. LE CHEVALIER VALBELLE DE CE QUI S'EST PASSÉ A MESSINE DEPUIS LE 30 MARS JUSQUES AU 6 MAI 1675.

« Pour vous obéir, je continue à vous écrire ce que je sais des affaires de Messine. Le 30 mars, on y arrêta un prêtre qui découvrit une grande conjuration, et accusa don Joseph Barna, gentilhomme de cette ville, d'en être l'auteur et le chef.

» M. le duc de Vivonne le fit arrêter et conduire au château de Landria, et l'abandonna aux formes ordinaires de la justice. Trois jours après, il fut décapité et exposé au public. Certes, le peuple parut extrêmement satisfait de cet exemple ; nous en avions besoin pour rassurer les esprits, que la *douceur naturelle à notre nation avaient effrayés*, et pour rendre sages ceux qui pourraient avoir songé à de pareilles entreprises.

» *Huit jours durant, on prenait un prêtre le matin, et le soir un autre, qui accusaient indifféremment toutes sortes de personnes.* Nous croyons que c'est un stratagème et une ruse des Espagnols, afin d'embarrasser monsieur le général, qui ne se laissera point surprendre à la colère, mais à la défiance que ces avis peuvent faire naître. Il me fit l'honneur de me demander le mien sur ces ecclésiastiques, et de m'appeler au conseil qu'il tint avec M. de Vallavoire et le sénat sur ladite conjuration. Je le lui dis avec toute la sincérité possible et selon la disposition des mœurs des Messinois, qui ne nous sont pas entièrement soumis. Toutes les fois qu'il me fera la même grâce, je continuerai de le lui dire avec une grande liberté de jugement et sans aucune attache ni aux malvizi ni aux merli, qui sont les deux termes des factions de cette ville.

» Les nouvelles même de Melazzo sont que la patronne de Sicile et la galère *Sainte-Claire*, de l'escadre de Naples, se sont perdues dans le golfe de Salerne; il ne s'est sauvé de ce naufrage que quarante ou cinquante personnes, et il s'est noyé beaucoup d'officiers et de gens de qualité, parmi lesquels on compte le juge de la monarchie, don Antoine Génaro, le commandeur Bragamonte, et Cerimaldi, qui avait trahi les Messinois en introduisant les Espagnols à la tour qui est au sud du phare.

» M. de Vivonne l'a fait réparer, et il fait travailler en diligence au poste des Capucins, à la tour Vittoria et aux autres lieux qui n'étaient pas hors d'insulte. M. de Vallavoire et lui sont présentement en bonne intelligence, et je crois qu'elle durera, *puisque ce marquis a rendu ses respects à M. d'Antiége.* Tout le monde en est fort aise, parce que c'est le bien du service, et que nous savons par expérience qu'il n'y a rien de plus propre à ruiner et gâter les affaires que la division de ceux qui les manient et les conduisent.

» Il me semble que les Messinois n'en ont point aujourd'hui de plus grande que de briguer des voix. Leur principale application est de faire des cabales pour être jurats ou pour faire nommer leurs parents. M. le duc de Vivonne a nommé pour délégat M. de Vallavoire, c'est-à-dire pour président de l'assemblée qui se tiendra au palais le 23 de ce mois, jour de la nomination des sénateurs. Je vous assure d'avance qu'elle se fera fort tranquillement.

» Je ne me suis point trompé de mon opinion : l'élection s'est faite très-paisiblement. Dans trois jours, nous saurons les six jurats; il y en a deux que je ne voudrais pas. Je l'ai dit, et à M. le duc de Vivonne, et à M. de Vallavoire; mais ils ne peuvent se résoudre à faire ce que je leur ai proposé, et qu'ils avaient déjà pensé. Cela étant, je n'ai d'espérance ni de confiance qu'en la fortune du roi.

» Comme je ne vous écris ce qui se passe qu'à diverses reprises et à mesure que les choses arrivent, je vous dirai qu'aujourd'hui, 26 avril, le sort a fait en notre faveur ce que les puissances n'ont osé faire, puisqu'il nous a donné presque tous les sénateurs que nous désirions : les trois nobles s'appellent don Jean-Francisco Chrisaphi, don Francisco Belli, don Gaspare Rederano ; et les trois citadins se nomment Christophore Majurane, Francisco Carousse, et P. Jacob. Majurane a beaucoup de sens et beaucoup d'esprit ; il a été trois mois à Toulon, et a fait le dernier voyage des galères avec monsieur le général. C'est sa créature, et son fils sort seulement de la juratie ; mais il est timide, ses collègues le sont aussi, et de plus on ne les estime pas habiles. *Je crois qu'il vaut mieux pour nous qu'il soient tels que s'ils avaient du courage et de la science.* Chrisaphi et Carousse sont mes bons amis.

» Les *consolenti*, qui sont ceux qui les assistent, suppléeront à leurs défauts. Heureusement pour nous, il n'y en a point de suspects. Don Philippe Cigale en est un ; les autres sont don Joseph Marchèse, ennemi irréconciliable des Espagnols, don Pedro Faraoñe, don Pedro Chrisaphi et don Jean Arcos ; ce dernier a du mérite et de la bravoure. Je vous supplie très-humblement de le recommander à monsieur le général, et de croire que, dans la prière que je vous fais pour lui, je ne regarde que le pur service du roi ; il en a déjà rendu d'importants et m'a toujours donné de bons avis. J'ai peur, et peut-être avec raison, qu'on ne le rebute.

» Plusieurs dévots que nous avons dans le royaume sont étonnés et surpris de voir le P. Lipari juge de la monarchie, parce que c'est une dignité qui n'a jamais été possédée que par des gens de la première sphère et de la plus grande qualité ; et plusieurs Messinois sont dégoûtés à cause de la domination des juges de la cour astradigociale et du juge des appellations, quoique les personnes qui remplissent ces charges soient habiles et vertueuses.

» On dit que la politique ne voulait pas qu'on les donnât encore, et qu'il fallait pour le bien du service les faire exercer par commission, aujourd'hui par un docteur et demain par un autre, afin de ne pas dissiper l'espérance d'une infinité de prétendants qui ont très-bien servi, et qui sont fâchés du choix qu'on a fait à leur préjudice. Pour moi, je pense que la nouvelle du voyage de M. De Terron a précipité cette nomination. Dieu veuille que les autres ne se fassent qu'après son arrivée. Nos équipages commencent à sentir les bons effets que produira le départ de M. de Courville, qui a cessé de faire vendre les victuailles. Il a fait des profits extraordinaires, particulièrement sur le vin : ce qu'il en avait eu à Toulon pour un écu, il l'a vendu ici sept, voire davantage ; les moutons achetés à Tunis à une piastre et un quart la pièce se vendent ici cinq, encore faut-il être de la faveur pour les avoir à ce prix-là ; il est vrai qu'il en est mort beaucoup en chemin ; mais il n'y a que les malades qui souffrent de cette perte, car faute d'aliments ils ne peuvent reprendre leurs forces. *Si toutes les vérités étaient bonnes à dire, je ne vous mettrais pas à deviner celles que je supprime.*

» M. de Preully est revenu de Barbarie avec deux barques chargées d'huile, trois de légumes et une de blé ; deux jours après lui sont arrivés en ce port un vaisseau français chargé de blé aussi, et deux barques chargées de toute sorte de victuailles ; cela réjouit extrêmement le peuple.

» Nous attendons d'un moment à l'autre M. de La Bretesche, qui est allé à la Morée, comme vous savez : son retour apportera bien de la joie et de la satisfaction, quoique je sois assuré que les secours de mer, qui ne sont pas naturels et qui sont d'une très-grande dépense, ne sauraient nous donner l'abondance et le bon marché. *Il est certain, et vous le savez mieux que moi, que ces avantages ne peuvent se tirer que du pays, et qu'il n'y a que la Sicile qui puisse entretenir une ville d'une aussi grande consommation que Messine. Vous n'êtes pas à faire ces réflexions, et néanmoins il n'a pas été en ma puissance de m'empêcher de vous les écrire.*

» Les Espagnols, qui connaissent cela, font comme le renard qui tourne le dos au soleil pour en connaître le levant, et, voyant qu'ils n'ont pas assez de force pour réduire une ville si puissante, ils ne s'occupent qu'à se fortifier sur les avenues et ne songent à mon avis, de nous vaincre que par leur patience. Je prie Dieu qu'ils n'y réussissent pas et que nous conservions Messine. *Je ne vois rien de plus glorieux pour Sa Majesté ni de plus utile pour ses sujets ; car je suis persuadé que le Phare nous est plus important qu'au peuple du Nord le détroit du*

Sund, et qu'à la Méditerranée celui de Gibraltar. Tous les princes d'Italie, qui en voient les conséquences, pestent contre le conseil d'Espagne, et nous souhaitent un mauvais succès ; les Barbares mêmes sont fâchés de nous voir si près et si voisins de leurs côtes.

» Monsieur le général a de bonnes nouvelles de Catania, et je ne voudrais pas jurer qu'à la venue de nos troupes et de nos galères cette ville ne fasse le saut ; la disposition des habitants ne saurait être meilleure. Que nous serons heureux s'ils n'en demeurent pas à leur bonne volonté, et si nous sommes bientôt en état de les aider à secouer entièrement le joug ! Le marquis de Ferrandine en a peur, et le marquis d'Astorgue tremble pour Naples et pour la Calabre.

» Tous les transfuges disent qu'il y a beaucoup de troupes à Reggio et qu'il y en vient incessamment. Je ne saurais croire que ces préparatifs soient pour défendre la côte et conserver les peuples dans l'obéissance ; c'est assurément contre nous qu'ils se font, je veux dire qu'on n'assemble du monde que pour le transporter dudit Reggio à l'Escalette, dès qu'ils sauront la force du secours que nous attendons et qu'ils nous sauront en campagne, afin d'éluder tous nos efforts et s'opposer à nos progrès ; mais si nous sommes maîtres de la mer, et par conséquent du canal, nous leur donnerons bien de la peine.

» Leur flotte ne saurait être prête qu'à la fin du mois de juin, et peut-être plus tard, les guerres passées nous ont appris qu'elle ne sort des havres et des rades qu'au mois d'août ; c'est sur quoi nous devons prendre des mesures. Le prince de Montesarcio commandera ladite flotte. *Don Melchior de la Cueva et don Joseph Sentine, son vice-amiral, sont prisonniers au château de Baye : on les accuse d'avoir reçu trois mille pistoles du roi notre maître, à la charge de le laisser secourir Messine et ne s'opposer point à l'entrée de M. de Vivonne dans le Phare, et on publie que je leur ai envoyé cet argent par l'officier qui fut demander de ma part le passeport qui fut accordé à monsieur votre frère pour aller à Malte. Bon Dieu ! quelle imposture et quelle calomnie !*

» On parle toujours du voyage de don Jehan d'Austria, et on nous menace de temps en temps d'une escadre de vaisseaux hollandais; mais nous pourrions bien insulter les Espagnols à Baye avant que Tromp soit en ces mers. Dès que M. Du Quesne sera ici, on verra ce qu'il y a lieu d'entreprendre sur eux; je ne le tiens pas difficile; et si nous étions assez heureux pour réussir, nous ne craindrions ni le nombre, ni la force, ni l'habileté de ces bourguemestres. *Enfin M. le duc de Vivonne a pris possession, et le 28 de ce mois, après avoir fait un peu trop bayer messieurs du sénat, qui demeurèrent près d'une demi-heure à l'attendre,* on le proclama vice-roi avec les cris de joie et les applaudissements qui suivent d'ordinaire ces fêtes : les châteaux et les vaisseaux la célébrèrent à coups de canon. Le même jour, les sénateurs prêtèrent le serment de fidélité, et on remarque que c'est le même jour que le roi René, dernier comte de Provence, perdit ce royaume, et que celui qui commandait pour lui, passa de cette ville à Reggio, et se sauva des Vêpres siciliennes. Agréez que je vous fasse souvenir que celui qui lui porta cette mauvaise nouvelle le trouva faisant le crayon d'une perdrix.

» Nous sommes au 1er de mai, et il vient d'arriver deux barques chargées de légumes et un vaisseau chargé de blé, et il y a treize jours qu'ils sont partis de Livourne. A ne vous rien cacher, nous avions besoin de ce secours pour soulager les inquiétudes de M. le duc de Vivonne, car il n'y avait dans la ville du blé que jusqu'au 15 de ce mois, et maintenant nous en avons jusqu'à la fin, mais grassement. Je suis persuadé que monsieur le général baillera des ordres pour empêcher qu'on n'en vende ni à droite ni à gauche; au moins il ne saurait rien faire de mieux pour le bien du service et pour son repos.

» Il est revenu quelque monde dans la ville; mais non pas tant qu'on nous voulait faire accroire : l'indult ou l'amnistie n'en a attiré que très-peu. Pour les faire revenir, il faut les galères, du blé, des troupes et de l'argent. Quelques-uns des absents et de grosses têtes ont des négociations vives avec monsieur le général; mais j'estime toutes les propositions qu'ils font des amusements, et ne puis croire qu'ils se déclarent que lorsqu'ils nous verront forts en campagne et les Espagnols faibles.

» M. le duc de Vivonne a remis à M. de Vallavoire le soin de choisir les personnes propres à commander quatre régiments messinois qui se doivent faire ; on parle d'y mettre les lieutenants colonels et deux capitaines français. *Ce mélange n'est pas au gré de bien des gens, et moi j'en appréhende les suites. Nos gens sont fort décriés déjà pour leurs débauches et leurs insolences ; aussi les levées ne se feront pas avec la facilité qu'on se figure. Je vous ferai savoir le succès de ce dessein qui pourrait échouer, à cause que les soldats qui sont ici ne s'accommoderont pas de la paie de cinq sous, n'en ayant jamais eu moins de quinze et le pain.*

» M. de Moissac et M. de Rouys se retirent et n'attendent qu'une commodité sûre pour passer à Toulon ou à Marseille ; le premier s'en va parce qu'il n'a pas l'honneur d'être dans les bonnes grâces de Son Excellence, et l'autre, parce qu'il n'est pas employé sur les états venus de la cour, comme on lui faisait espérer. Tout le monde les voit partir avec regret : ce sont assurément deux bons acteurs ; ils ont très-bien servi et dans le temps difficile. Les autres qui viendront après eux, ce sera comme l'on dit en méchant proverbe : *pane facto*.

» Aujourd'hui, 4 de ce mois, M. de La Bretesche paraît et entre dans le Phare avec douze barques et cinq vaisseaux : voilà un convoi très-considérable ; c'est un secours miraculeux, si tous les bâtiments sont chargés de victuailles, car nous n'attendions de lui que trois ou quatre mille charges de blé. Si nous nous réjouissons de le voir revenir avec beaucoup d'avantage, les ennemis qui le regardent de Reggio s'en affligent et perdent absolument l'espérance de nous affamer. Je quitte la plume pour aller aux nouvelles, je les ajouterai ici.

» M. de La Bretesche vient de me dire qu'il y a dans ces bâtiments, venus avec lui, quatre mille charges de blé, trois mille quintaux de riz, mille salmes de vin, trois cents quintaux de viande de cochon, une grande quantité de légumes, cent bœufs, cinq cents poules, et du bois. Le convoi est considérable, et il y a assurément aujourd'hui abondance de tout dans la ville pour deux mois. Il m'a dit qu'on lui a confirmé à Zanthe et à Corfou la nouvelle que nous avions, des Allemands qui passent par Venise pour venir ici, et qu'il en a déjà passé environ trois cents. C'est tout ce que je sais. Je suis avec plus de respect que personne du monde votre très-humble et très-obéissant serviteur.

« 6 mai 1675.

» J'ai oublié de vous dire qu'un docteur, nommé Laurence Scopa, merle avéré, ayant été introduit dans la secrétairerie de son excellence, le sénat et généralement tout le monde s'en scandalisa ; on s'en plaignit, ce qui fut cause qu'on l'éloigna, mais avec bien de la peine ; *et deux jours après, il fut tué à l'entrée de la nuit, et par qui? l'on ne le sait pas ; mais on croit qu'il y entre de la prudence politique.*

» Je viens d'apprendre que le sénat a déclaré pour résident en France don Antonino Caffaro, qui est en cour, et que, par conséquent, les vieux sénateurs prétendaient être échoué. Vous saurez aussi qu'on a donné au seigneur Vicentio Pelegrine, que vous avez vu à Saint-Germain, la charge du secret qui n'avait jamais été possédée par des citadins, mais toujours par des personnes de qualité. Le dernier qui l'avait donna trente-trois mille écus pour l'obtenir du vice-roi. C'est un office qui a inspection sur les gabelles et les douanes.

» On vient de faire défense à toutes sortes de personnes d'acheter de l'huile à d'autres que de M. de Courville ; car il est ici le maître de toutes les victuailles qui arrivent. Je ne sais s'il est bon de lui permettre cela ; mais je sais bien que cela fait crier miséricorde à tout le monde, parce qu'il ôte la liberté de commerce, et c'est ce qui désespère ceux qui ne subsistent et n'entretiennent leurs familles qu'en achetant en gros et à bon marché pour vendre après et en détail.

» Le chevalier DE VALBELLE. »

CHAPITRE VIII.

Entreprise sur Melazzo. — Projet de M. de Vallavoire. — Il le communique à M. de Vivonne. — Le vice-roi paraît l'adopter. — Départ de M. de Vallavoire. — Combat devant Montfort. — Son arrivée devant Melazzo. — Son désespoir de ne point voir arriver les vaisseaux que lui avait promis M. de Vivonne. — M. de Vallavoire est obligé de battre en retraite sur Messine. — Le plat pays, qui s'était soulevé en faveur des Français, est ravagé. — Lettre du chevalier de Vallavoire à M. de Vivonne et à Pomponne. — Vivonne veut tenter une expédition sur Naples. — Le calme l'en empêche. — Il revient à Messine. — Lettre du roi qui lui donne le bâton de maréchal de France. — Combat sous Reggio. — Lettres de Vallavoire et de Tourville à ce sujet.

Le 2 juin, jour de la célébration de la fête *de la lettre*[1], les galères de France arrivèrent remplies de volontaires de haute qualité et donnèrent fond à Messine dans le meilleur et le plus bel ordre du monde, les galères d'Espagne n'ayant pas songé à leur disputer l'entrée du phare, car elles étaient en partie dispersées à Melazzo, à Palerme et à Naples. On menait alors à Messine une vie des plus tranquilles, grâce à l'insouciance apathique de M. de Vivonne incessamment occupé de bonne chère, de jeu et de fort obscures, mais fort nombreuses amours.

Cependant, M. de Vallavoire ne partageait pas la quiétude du vice-roi, prenant l'occupation de Messine fort aux sérieux, ce général ne comprenait pas les motifs de l'inertie de M. de Vivonne, qui, satisfait de garder Messine et de tenir la mer libre, n'avait encore tenté aucune entreprise dans l'intérieur de la Sicile, qui appartenait toujours aux Espagnols.

Après avoir longtemps réfléchi à l'expédition qui pouvait le plus servir à l'occupation française, en cas de succès, M. de Vallavoire s'était proposé d'attaquer Melazzo, ville forte, distante de dix lieues de Messine par terre, de près de vingt lieues par mer, et située au nord de la Sicile vers la partie occidentale d'une

[1] Voir plus haut les circonstances de cette fête à propos d'un autographe de la Vierge.

baie formée à l'ouest par l'extrémité du cap Bianco, et à l'est par la prolongation des terres du cap Di Faro.

M. de Vallavoire trouvait avec raison de nombreux avantages dans ce plan qui ouvrant à l'armée française les vastes et fertiles plaines de Catania, situées dans le plat pays, mettait ainsi et pour toujours Messine à l'abri de la famine : puis, Melazzo pris, et les Espagnols obligés de se retirer à Palerme, presque toute la côte septentrionale de la Sicile demeurait libre, ce port de Melazzo étant la seule position maritime que l'ennemi pût y tenir.

Persuadé de l'importance de ce projet, M. de Vallavoire en conféra longtemps avec plusieurs Messinois parfaitement informés de l'état du plat pays, puis s'étant assuré des intelligences parmi ses populations généralement peu espagnoles, le général alla soumettre ses vues au vice-roi, ne lui demandant que deux mille cinq cents hommes de troupes françaises, et quinze cents Messinois, pour se saisir de Melazzo, — certain — disait-il — par ses relations dans la campagne, de la révolte du plat pays en faveur de la France, et de pouvoir après s'être ainsi assuré des communications et des vivres, arriver facilement, enseignes déployées, jusqu'aux faubourgs de la ville, qu'il promettait d'emporter de vive force si, de son côté, M. de Vivonne venait l'attaquer par mer à la tête d'une escadre de vaisseaux et de galères : or, pressée de la sorte, il était probable que Melazzo ne pourrait tenir longtemps et qu'on ruinerait ainsi d'un seul coup presque toutes les forces espagnoles en Sicile, puisqu'elles étaient concentrées sur ce point.

M. de Vivonne écouta ce plan et l'accueillit à merveille, quoique sans doute il fût bien résolu déjà de ne pas joindre à l'armée de terre les forces navales dont il pouvait disposer, et qu'il eût été forcé de commander en raison de l'importance de l'expédition ; en effet, pas un vaisseau ne sortit de Messine.

Toujours est-il, que confiant dans la coopération de la flotte de M. de Vivonne sans laquelle cette tentative sur Melazzo eût été des plus chimériques, M. de Vallavoire s'aventura dans des montagnes impraticables à la tête d'un corps de deux mille hommes à peine, et que lorsque après des traverses et des dangers sans nombre, il arriva devant Melazzo et commença d'attaquer les faubourgs comptant sur une prochaine diversion par mer, quel ne fut pas son désespoir lorsqu'il apprit que M. de Vivonne avait changé d'avis et que les vaisseaux de France ne viendraient pas à Melazzo.

On conçoit quelle dut être la position de M. de Vallavoire, sans compter que par une faute impardonnable, M. le chevalier de Valbelle, détaché avec trois vaisseaux et un brûlot pour empêcher tout secours arrivant d'Italie, d'entrer à Melazzo, garda mal son point de croisière, et que deux mille hommes de troupes allemandes vinrent renforcer la garnison de cette place. Qu'on pense alors dans quelle extrémité se trouva M. de Vallavoire, hors d'état de rien entreprendre contre des forces aussi supérieures, sans le secours des vaisseaux, ayant sur ses derrières un pays affreux, des montagnes et des gorges presque impraticables, et obligé d'opérer sa retraite au milieu d'une population presque sauvage, qui s'était d'abord déclarée en sa faveur, mais qui le voyant se retirer pouvait se joindre aux Espagnols contre les Français, dans la crainte que les premiers ne leur fissent payer cher leur rébellion; joignez à cela que les vivres manquaient à ce général, et vous aurez une idée de son horrible situation dont on verra d'ailleurs l'exposition dans quelques-unes de ses lettres citées plus bas, et qui sont comme un journal de cette fatale retraite.

Ainsi donc, comme on l'a dit, le duc de Vivonne parut approuver fort la tentative sur Melazzo et donna à M. de Vallavoire tous les pouvoirs nécessaires pour agir par terre. Le secret le plus profond fut gardé, et dans la nuit du 9 au 10 juin, les troupes françaises, conduites par des guides qu'on croyait sûrs, sortirent de Messine pour cette expédition sous le commandement supérieur de M. de Vallavoire qui avait sous lui MM. de Mornas et de La Villedieu; malheureusement, le deuxième jour de marche, fût-ce impéritie ou trahison, les guides égarèrent les troupes françaises, qui tombèrent sous le canon d'un fort appelé *Monte-Forte*, alors occupé par huit cents Espagnols.

Après une vive attaque, M. de Vallavoire força ce dangereux passage défendu par huit pièces de canon, mais il y perdit quinze hommes et vit grièvement blesser à ses côtés un de ses neveux qui le servait comme aide de camp.

Alors le général entra dans le plat pays, qui se rendit à lui et se déclara immédiatement pour la France. Les villes de Sainte-Lucie, de Barcelonnette et d'Égoste suivirent le même exemple, et vingt-quatre villages les imitèrent. A ce soulèvement général, les Espagnols qui tenaient garnison dans ces villes, effrayés de cette rébellion, se retirèrent à Melazzo, croyant avoir affaire à une armée beaucoup plus considérable que celle de Vallavoire et donnèrent une telle alarme au marquis de Bayonna, président de Sicile, pour le roi d'Espagne, qu'il se mit en mesure de s'en aller aussitôt à Palerme, ne se croyant plus en sûreté à Melazzo. Tous les habitants qui étaient Espagnols ou partisans de l'Espagne suivirent le président et allèrent se réfugier à bord des galères en emportant tout ce qu'ils purent de leurs objets les plus précieux, ne doutant pas que les forces navales ne vinssent les attaquer par mer, comme M. de Vallavoire les allait attaquer par terre et croyant alors toute résistance impossible.

Tel était l'état des choses quand M. de Vallavoire arriva, le 15 juin, devant les faubourgs de Melazzo, à la tête de troupes aguerries encouragées déjà par un premier succès, et abondamment pourvues de vivres qu'il avait tirés de tous les villages où il avait passé.

Ce fut alors seulement que M. de Vallavoire apprit par un détachement de trois galères que M. de Vivonne avait changé de résolution, et que plusieurs raisons empêchant l'armée navale de se rendre devant Melazzo, le vice-roi ordonnait aux troupes de terre, destinées à cette expédition, de revenir à Messine.

La position de ce général était affreuse, et l'on conçoit qu'il en eut un *chagrin terrible*, ainsi qu'il le dit naïvement dans sa réponse à cet ordre étrange du vice-roi.

En effet, sur le point de mettre à fin la plus utile entreprise de toute la campagne, après avoir surmonté des difficultés sans nombre, obtenu des résultats inespérés, vu, pour ainsi dire, et touché les immenses avantages que l'occupation française devait retirer de cette expédition, puisque, par la possession de Melazzo, on se procurait dans le plat pays, et en grande abondance, les vivres qu'il fallait faire venir de France à si grands frais, et si incertainement, on sent quels durent être les regrets de Vallavoire; et ce n'était pas tout, car en opérant sa retraite il fut obligé d'abandonner à la fureur des Espagnols tout le plat pays qui s'était donné à lui si généreusement.

Aussi à mesure qu'il se retirait vers Messine, beaucoup de gentilshommes et d'habitants des villes qui s'étaient déclarés pour la France, redoutant la vengeance des Espagnols se joignirent à sa petite armée, embarrassèrent sa retraite et augmentèrent encore la population de Messine qu'il était déjà si onéreux et s difficile de nourrir. Ceux du plat pays qui y restèrent furent massacrés par les Espagnols, et le sort de ces malheureux si lâchement abandonnés à la rage de l'ennemi après avoir été pour ainsi dire reconnus par la France comme des alliés, fut un terrible exemple pour le reste de la Sicile; aussi, dans la suite, toute tentative pour opérer quelques nouveaux soulèvements en faveur de la France, demeura inutile.

Quant aux raisons que M. de Vivonne donna à M. de Vallavoire pour justifier son étrange conduite, elles étaient au moins puériles. Il dit :

1° *Que le vent avait empêché de sortir les vaisseaux du port;*

2° *Qu'on avait surpris un émissaire du gouverneur de l'Escalette* (autre ville de Sicile) *au marquis de Bayonna, qui lui annonçait un secours de quatre mille hommes pour Melazzo.*

L'objection basée sur un vent contraire tombe de soi-même par un passage d'une des lettres de Vallavoire à Vivonne, datée du samedi 15 juin, dans laquelle il dit au vice-roi « qu'il espère bientôt voir arriver ses vaisseaux; le vent contraire qui avait régné pendant un jour ayant cessé, et le temps étant des plus favorables du monde. »

L'autre objection : *les quatre mille hommes du gouverneur de l'Escalette* est des plus absurdes : car il était évident que l'émissaire s'était livré lui-même, dans l'espoir sans doute d'effrayer M. de Vivonne, en lui annonçant l'arrivée de ces quatre mille hommes de renfort. Or, si le vice-roi eût voulu réfléchir un instant, il eût vu clairement par ce qu'il savait de l'effectif des forces d'Espagne, que l'Escalette n'avait pas une garnison forte de plus de trois cents hommes, et qu'il était matériellement impossible qu'elle eût été portée de trois cents à quatre mille par de nouvelles levées de troupes, puisque tout ce que l'Espagne possédait alors de gens de guerre dans la province de Val-Demone était rassemblé à Melazzo.

Dirait-on encore, pour excuser M. de Vivonne d'avoir ruiné cette expédition, qu'il eût fallu trop de troupes françaises pour occuper Melazzo et le plat pays après la conquête ; mais cette raison n'aurait pas non plus de solidité. Une fois Melazzo occupé, le plat pays, défendu par les forts de Monte-Forte, de Spadafore et d'Ibbiso, qui le couvraient depuis Melazzo jusqu'à Messine, le plat pays se gardait lui-même ; car on pouvait compter sur lui, à en juger par son peu de sympathie pour l'Espagne, puisqu'il était allé au-devant de l'occupation française.

Somme toute, que ces réflexions mêmes eussent eu quelque semblant d'autorité, on les devait faire avant l'entreprise, et non après. M. de Vivonne devait mûrement réfléchir avant que d'aventurer des troupes dans une telle expédition, et craindre de créer de nouveaux ennemis à la France, en laissant ravager un pays qui s'était soulevé en sa faveur, et qui se voyait ensuite si impitoyablement abandonné à la merci des Espagnols.

M. de Vivonne devait enfin tout tenter au monde pour assurer le succès de cette expédition de première importance, en cela qu'elle devait ruiner le plus grand obstacle qu'il y eût à l'occupation française en Sicile, à savoir, l'*incroyable difficulté de nourrir l'armée,* puisque jusque-là on avait été obligé de tirer des vivres de France, à frais énormes, en courant encore les chances de ne pouvoir faire entrer ces approvisionnements à Messine, en cas de blocus ou de temps forcé, de sorte que cette malheureuse ville restait toujours sous l'effroi d'une nouvelle et horrible famine ! et cela au milieu du pays le plus fertile de l'Europe, à portée de ces grasses plaines surnommées *le grenier de l'Italie !* Et cela surtout grâce à l'impitoyable paresse de Vivonne, qui en était venu à regarder avec horreur toute atteinte portée à son repos, au complet *far niente* de cette vie molle est obscurément libertine au sein de laquelle il s'assoupissait avec une si profonde sensualité.

Et cela enfin grâce à la criminelle faiblesse de Vivonne pour de misérables domestiques qui spéculant avec des bénéfices énormes sur les vivres venus de France, n'auraient pu faire les mêmes gains si l'armée se fût approvisionnée en Sicile, usant alors de leur détestable influence pour ancrer encore davantage leur maître dans une apathie qui servait si bien à leur cupidité.

Sans doute tout ceci est fort odieux, et la conduite du viceroi méritait un châtiment exemplaire, et pourtant à cette même époque où il avait abandonné si lâchement l'expédition de Melazzo il se vit revêtu de la plus éclatante dignité militaire, en un mot nommé maréchal de France, grâce à la prostitution effrontée de madame sa sœur.

Mais n'anticipons pas sur les faits, voici d'abord les lettres de Vallavoire à Vivonne, dont a on parlé ; elles sont comme un journal de cette malheureuse expédition de Melazzo.

La dernière dépêche adressée par Vallavoire à M. de Pomponne résume l'expédition ; et à travers ses réticences et sa réserve, qu'imposaient à Vallavoire le crédit et la position de Vivonne, il est facile de démêler tous les regrets et les griefs de Vallavoire.

Dans cette première lettre, Vallavoire arrivé devant Melazzo, rend compte à Vivonne de son expédition, et lui annonce qu'il attend les vaisseaux pour commencer l'attaque de Melazzo.

LETTRES DE VALLAVOIRE A VIVONNE.

« Ce samedi, 15 juin 1675.

» Je ne doute pas, monsieur, que vous ne fussiez déjà à la voile, sans le vent qui vous en peut avoir empêché. Nous avions pourtant espéré de vous voir ce matin, la nuit ayant été la plus belle et le vent le plus favorable du monde ; ce qui m'oblige à vous envoyer en diligence pour vous faire savoir le détail de toutes choses, que peut-être vous ne savez pas ; pourtant messieurs des galères ont dit à M. de La Villedieu que vous saviez que nous avons appris ici que lundi dernier étaient entrés onze cents Allemands, portés par des vaisseaux majorquins, et que treize barques chargées d'infanterie et de cavalerie ont débarqué du côté de Palerme : cela nous est confirmé par une felouque que le *Cheval-Marin* a prise, s'étant jetée parmi les vaisseaux croyant être des leurs.

» Hier les ennemis, sous la faveur de deux galères et d'un brigantin, vinrent pousser nos gardes de cavalerie et d'infanterie. Nous fîmes marcher trois cents hommes et quatre compagnies de cavalerie; les coureurs poussèrent leur cavalerie et infanterie jusqu'à la porte, ils en tuèrent même un. Ils demandent toujours quartier, et les nôtres n'en veulent pas donner. Il y eut bien trente de leurs cavaliers tués sur la place; nous en eûmes cinq. Toutes les troupes allèrent de la meilleure grâce du monde; MM. de Mornas et de La Villedieu y étaient en personne : c'est assez vous dire que tout alla très-bien; je ne crois pas que les ennemis y retournent. Les galères et brigantin tirèrent beaucoup sans nous endommager, non plus que tous les canons de la ville.

» *Vous savez ce que nous sommes, et vous jugez aussi bien que nous ce qui nous peut arriver sans votre secours; néanmoins nous attendons vos ordres avec toute la fermeté de gens que vous honorez de votre estime.*

» Je crois que les brigantins ou chaloupes nous peuvent apporter de vos nouvelles, j'avais oublié de vous dire que nous aurions été plus tôt ici, sans que nous fûmes obligés dans notre chemin de forcer des retranchements que les ennemis avaient à Montfort. Nous aurions pris le château, si nous nous fussions avancés jusqu'au fort; mais notre pensée était de venir incessamment à Melazzo, où nous arrivâmes mercredi à une heure de jour. La distribution du pain est faite; nous attendons demain matin de vos nouvelles; on dit qu'il s'assemble du monde pour nous venir voir, nous nous tenons fort alertes. J'ai envoyé deux régiments messinois à Sainte-Lucie : elle s'est venue mettre sous l'obéissance; il y a encore d'autres bourgs qui y sont venus. Envoyez-nous du pain, et notre dernière résolution est d'être prêts d'obéir avec joie à vos ordres.

» VALLAVOIRE. »

« Les ennemis font leur assemblée à la Vogue; tout ce qui est du côté d'Ibbiso et de l'Escalette marche de ce côté-là : ils prétendent nous mettre entre deux. Voilà tout ce que je sais. »

Dans la lettre suivante, Vallavoire répond à la lettre de Vivonne, qui, lui ordonnant de se retirer, lui annonce que les vaisseaux ne viendront pas attaquer Melazzo par mer. On peut juger, par cette lettre, de l'effroyable position dans laquelle ce général devait se trouver.

« *Je viens de recevoir votre lettre, monsieur; vous savez pourtant ce que je vous ai écrit; je suis bien en peine quel parti prendre présentement, la place n'étant pas en état d'être assiégée par le secours qu'ils ont reçu, et je ne sais comment me retirer si les ennemis occupent les montagnes comme ils le peuvent faire, car les peuples nous voyant retirer, se mettront contre nous. Voilà un temps effroyable, nous n'avons pas de pain, — en cas que nous soyons obligés de demeurer quelques jours aux montagnes, je prendrais du biscuit, des vaisseaux ou des galères; si je vous avais au moins vu pour prendre votre résolution, je serais content; demain au soir, si je n'ai point de vos nouvelles et que le temps dure, je me retirerai. Dieu veuille que vous receviez assez à temps ce billet, afin d'avoir de nos nouvelles. Je suis dans un chagrin terrible, il entre des felouques tous les jours dans Melazzo.* »

Vallavoire, ayant reçu de nouveaux ordres de Vivonne, abandonna Melazzo. Les lettres suivantes rendent compte de sa retraite sur Messine; on verra que les vivres des troupes n'étaient plus assurés; car il se plaint, dans plusieurs billets, de ne plus avoir de pain.

« A Spadafore, ce 17 juin.

« Nous partîmes hier sur les onze heures du soir de Melazzo, et aujourd'hui nous sommes arrivés à Spadafore au point du jour. La forteresse nous a tiré; messieurs des galères l'ont canonnée, et je les ai reçus à discrétion. Il y avait cinquante-cinq Calabrois, dix-sept barils de poudre et treize à quatorze barils de plomb : j'ai tout fait charger sur les galères. Il y avait force fromage, force biscuit, mais de tout ce que les galères attrapent, elles ne rendent rien. Je ne sais si votre sentiment serait qu'on rasât Spadafore, ou bien que l'on y mît garnison. Nous y campons et nous y demeurons jusqu'à ce que vous m'envoyiez votre sentiment. Nous n'avons du pain que pour demain. Vous auriez de la peine à croire comme nous sommes fatigués. La généralité salue Votre Excellence, et moi je suis avec beaucoup de respect,

» Monsieur,

» Votre très-humble et très-obéissant serviteur,

» VALLAVOIRE. »

« De Spadafore, ce 18 juin, à 10 heures.

« Il est neuf heures, et nous n'avons plus de pain. Je vous supplie de donner des ordres pour cela. Je fais travailler cent cinquante soldats pour faire miner les quatre coins du fort, dans quatre ou cinq heures cela sera fait. M. de La Villedieu vous aura entretenu de toutes choses. J'attends vos ordres. J'ai envoyé du côté de la Vogue, pour savoir l'état des ennemis, je n'en ai reçu encore aucune nouvelle. J'ai reçu un billet de M. de Valbelle, il est du côté de Stromboli; le calme l'a arrêté, il ne peut venir à nous. Je n'en ai plus aucun besoin présentement.

» Je suis avec respect,

» Monsieur,

» Votre très-humble et très-obéissant serviteur,

» VALLAVOIRE. »

« Il est midi; il n'est venu encore aucune tartane ni barque chargée de pain, nous prenons du biscuit pour aujourd'hui. Il nous faudrait envoyer une galère qui nous en apportât. Je ne connais pas la mer, vous savez mieux les moyens qu'il faudra pour nous secourir. Les ennemis sont à la Vogue, au nombre de quinze cents hommes; l'on nous dit quatre mille, mais je n'en crois rien. »

« Ibbiso, 23 juin 1675.

« Nous voici arrivés à Ibbiso, je crois pour quelques jours, on trouvera du fourrage. Il faut songer à nous envoyer des farines et des poudres. Les Espagnols y meurent de la malpropreté, et nous nous y porterons bien, pourvu que nous soyons dans l'espérance que vous vous occuperez à faire quelque chose, petite ou grande qu'elle puisse être. Il y a six galères à Melazzo; on dit que les ennemis ont laissé peu de monde à ce fort et à la Vogue; j'y ai envoyé pour savoir la vérité. Honorez-moi de vos commandements, et croyez que je suis, avec le dernier attachement,

» Votre très-humble et très-obéissant serviteur,

» VALLAVOIRE. »

« Ce 27 juin 1675.

» Il entra hier trois voiles à Melazzo ; on croit qu'il y avait un vaisseau de guerre. Il y a six galères ; toutes les troupes sont encore à Melazzo ; on croit qu'ils en enverront du côté de Syracuse. Il n'y a que trois cents Calabrois à la Vogue ; si notre cavalerie pouvait demeurer vers la Castanie, nous serions en état de nous en servir en cas de besoin. Vous me ferez savoir, s'il vous plaît, ce que vous avez résolu touchant votre armée de mer, et si celle de la terre ne peut point nous aider, je vous prie de vous informer de ce que les ennemis ont à l'Escalette et à Sainte-Placide.

» Les munitions n'arrivent que fort tard, nos soldats travailleront aujourd'hui ; demain on enverra quelques mules de cette terre pour porter nos farines ; nous attendons aujourd'hui nos munitions de bouche.

» Je suis avec respect,

» Monsieur,

» Votre très-humble et très-obéissant serviteur,

» VALLAVOIRE. »

« Ce 28 juin à dix heures.

« J'ai renvoyé M. l'abbé de Sainte-Lucie comme vous l'avez ordonné aujourd'hui ; il est parti pour Melazzo ; je lui ai donné un tambour et un cheval.

J'ai envoyé une garde de cinquante hommes et un capitaine à Saint-Viso ; toutes les deux fois quatorze heures, on les relèvera.

J'irai visiter aujourd'hui le lieu de Saint-Salice. Je vous enverrai mon sentiment.

Peut-être qu'aujourd'hui ou demain les gens de la Vogue viendront ici pour me rendre maître de ce poste ; il y a trois cents Calabrois dedans. Le gouverneur donne les mains ; c'est pourquoi je serais bien aise que vos affaires vous permissent de venir jusqu'ici demain matin, et votre vaisseau pour France partirait dimanche.

» Je ferai trouver trente mulets pour aller quérir les munitions de bouche.

» Il fut tué hier un vivandier : c'est assurément un Français ; il n'a pas été dépouillé, et il avait une charge d'huile qu'on a ramenée au camp ce matin.

» Hier un prêtre de Saint-François qui vint me dire la messe, et que j'envoyai déjeûner à ma sommellerie, me prit trois gobelets ; il est vrai qu'on a couru après lui et qu'on l'a attrapé aux portes de Messine. Il les a vendus. C'est un parent du duc Jean Paul, à ce qu'il me dit. Il n'en faut parler, s'il vous plaît ; je crois que je fais très-sagement en cette rencontre. J'aurais toujours beaucoup de satisfaction d'avoir l'honneur de recevoir de vos lettres. Vous ne devez pas douter de mon respect et du zèle que j'ai pour tout ce qui vous regarde.

» Je viens de recevoir, monsieur, la lettre que vous m'avez fait l'honneur de m'écrire du 24. Tout présentement je n'ai rien à vous écrire de nouveau. Je n'écrirai point à la cour que je n'aie eu l'honneur de vous voir : je crois que ce sera demain d'après votre lettre. Faites-moi savoir, je vous supplie, si ce sera à dîner ou à souper. Vigeur est venu me voir aujourd'hui ; s'il y revient, je l'enverrai à Messine.

» Je suis toujours avec respect,

» Monsieur,

» Votre très-obéissant serviteur,

» VALLAVOIRE. »

(*Bibl. roy. Mss. Suppl. Fr.* 887.)

Enfin Vallavoire, arrivé à Messine, alla rendre compte de son expédition au vice-roi, qu'il trouva fort prévenu contre lui. Plusieurs mémoires attribuent cette froideur entre Vivonne et Vallavoire aux sourdes menées de d'Antiége, secrétaire du vice-roi, qui, on l'a déjà dit, abusant de l'insouciance de son maître, s'était, pour ainsi dire, érigé en premier ministre, avec lequel il fallait compter, sous peine de subir l'inimitié de Vivonne.

Dans la lettre suivante, adressée à Pomponne, M. de Vallavoire rend un compte général de l'expédition de Melazzo.

A M. ARNAULD DE POMPONNE.

« A Messine, ce 26 juin 1675.

» J'ai bien du déplaisir, monsieur, que la fortune n'ait pas secondé nos desseins dans l'entreprise que nous avions faite sur Melazzo; et quoiqu'il ne soit pas extraordinaire qu'avec deux mille hommes on ne prenne pas une telle place, je ne laisse pas d'avoir la même douleur que si nous eussions été en état d'exécuter ce que nous avions projeté; ma seule consolation est que le roi verra du moins, par la qualité de cette entreprise, qu'on peut appeler téméraire, que je ne manque pas de zèle pour son service, et que je n'ai pas manqué de conduite dans l'exécution de notre dessein.

» D'abord que nos troupes furent arrivées, on tint un conseil de guerre pour savoir l'usage que nous en devions faire, et voici ce qui fut résolu : que j'irais faire camper nos troupes à Saint-Stephano, qui est un poste près de Sainte-Placide et de l'Escalette, pour obliger les ennemis à y jeter toutes leurs forces, tandis que M. de Valbelle, du côté du nord, irait croiser avec trois vaisseaux et un brûlot, pour empêcher les secours qui pourraient entrer dans Melazzo.

» Toutes ces choses furent exécutées et eurent l'effet que nous nous en étions en quelque façon promis; car les Espagnols voyant cette démarche crurent que nous en voulions à ces premiers postes, et ne laissèrent dans Melazzo que deux cents Espagnols, trois cents Milanais ou Calabrois et cinq compagnies de cavalerie.

» Cela m'obligea de partir le soir du 9 de ce mois, avec MM. de Mornas et de La Villedieu, pour aller investir cette place.

» Je ne vous dirai point la peine que nous eûmes à passer par des montagnes et des défilés qui sont autant de précipices, et où dix hommes en peuvent arrêter dix mille; mais je me contenterai de vous marquer seulement que notre marche fut si secrète que les ennemis n'en eurent aucune connaissance.

» Nous prîmes en passant tous les environs de Melazzo, qui se rangèrent volontairement sous l'obéissance du roi; il n'y eut qu'un certain endroit appelé Montfort, où les ennemis avaient sept ou huit cents hommes retranchés, qui fit de la résistance; mais nous le forçâmes l'épée à la main, à la réserve de l'enceinte du château, où les ennemis se retirèrent, et où nous ne voulûmes pas nous arrêter, parce que nous crûmes qu'il valait mieux suivre notre premier dessein, et tâcher d'empêcher que les ennemis ne jetassent du secours dans Melazzo.

» Nous continuâmes donc notre marche jusqu'à cinq milles de cette place, et le lendemain nous partîmes dès la pointe du jour pour l'aller investir; mais nous trouvâmes qu'il était difficile au peu de troupes que nous avions d'en faire la circonvallation, parce que la langue de terre sur laquelle nous étions était beaucoup plus grande que l'on ne nous l'avait marqué.

» D'ailleurs, nous croyions y trouver les vaisseaux et les galères, ainsi que nous en étions convenus, et pouvoir, avec une partie de l'armée de mer, nous rendre maîtres du faubourg du côté duquel nous étions, tandis que le reste des vaisseaux et des galères aurait fait une descente de l'autre côté de la ville.

» *Mais tous ces desseins avortèrent par le manquement desdits vaisseaux; et cependant les ennemis ayant assemblé toutes leurs garnisons, se mirent en état de ne plus rien appréhender de notre part.*

» Il faut ajouter à cela que M. de Valbelle, qui était, comme je viens de dire, parti pour aller croiser du côté du nord, ne se trouva pas assez tôt à l'entrée du port pour empêcher certains bâtiments majorquins d'y débarquer des troupes allemandes le jour même que je partis pour l'aller investir; et toutes ces choses jointes ensemble produisirent l'effet que je vous dis.

» Il ne se passa rien de remarquable dans le séjour que nous fîmes près de Melazzo, si ce n'est à l'égard d'une sortie d'infanterie et de cavalerie que les ennemis firent à la faveur d'un brigantin et de deux galères qui vinrent canonner notre camp.

» Je commandai, pour le repousser, M. de Léry avec cent chevaux et trois cents mousquetaires, et ceux-ci exécutèrent mes ordres avec tant de vigueur et tant de bravoure qu'ils furent jusque dans le faubourg de Melazzo, y tuèrent un officier d'infanterie sous la porte, et y mirent les Espagnols dans un tel désordre, que si nous eussions pu le prévoir, nous aurions entré pêle-mêle avec eux dans la ville.

» Nous n'avons eu qu'un cavalier de tué et trois ou quatre de blessés dans cette occasion ; du côté des ennemis, il y en a eu cinquante ou soixante, et cinq ou six prisonniers que nos gens firent en se retirant : le grand nombre des ennemis ne leur permettait pas de leur donner quartier.

» Voilà, monsieur, de quelle manière les choses se sont à peu près passées. J'espère que Sa Majesté sera contente à mon égard de la volonté que j'ai eue de les faire réussir selon sa satisfaction, et qu'elle me fera bien la justice de ne pas me rendre garant de succès aussi incertains que le sont ordinairement ceux de la mer, *surtout dans ce pays, où je trouve, hélas! que l'on ménage bien extrêmement les vaisseaux de Sa Majesté et ses galères.*

» J'en écris amplement à M. de Louvois, aussi bien que de l'ordre que nous avons gardé ici pour ce qui regarde les postes que nous avons pris et la sûreté de Messine. Je vous conjure, monsieur, de vouloir encore, de votre côté, appuyer vos raisons auprès de Sa Majesté ; et, en me continuant vos bons offices, me permettre de me dire, avec autant de respect que d'inclination,

» Votre très-humble et très-obéissant serviteur,

» VALLAVOIRE.

» Je vous supplie que ma lettre ne soit vue que par vous ; je vous en dirai les conséquences, et vous apprendrez toutes choses d'ailleurs.

» Je joins ici une relation que j'avais faite pour vous, et que je croyais faire dernièrement partir par un bâtiment qui devait aller en France. »

Nul doute que Vivonne ne fût frappé lui-même de tout ce qu'il y avait eu de cruellement blâmable dans son inertie, à propos de l'expédition de Melazzo : aussi se résolut-il de faire quelque apparence d'action, afin de balancer le mauvais effet de sa conduite passée.

Après avoir renvoyé Du Quesne en France pour chercher des vivres, dont Messine commençait à manquer, le vice-roi monta *le Sceptre,* et, à la tête de ce qui restait de vaisseaux français, il mit à la voile pour Naples, afin d'y aller brûler, disait-il, les vaisseaux espagnols qu'on y radoubait alors ; mais malgré ces beaux desseins, dont on verra plus bas une juste appréciation de la main de Tourville, Vivonne revint à Messine, après quelques jours de croisière, sans avoir même paru devant Naples.

A son retour, le vice-roi trouva plusieurs dépêches du roi, et entre autres celle-ci, par laquelle Louis XIV lui accordait le bâton de maréchal de France.

« A Versailles, le 2 juillet 1675.

» Vos services ne m'ont pas permis de faire une nouvelle création de maréchaux de France sans vous y comprendre. Je suis bien aise qu'ils aient mérité cet honneur que l'amitié que j'ai toujours eue pour votre personne me sollicitait de vous accorder. Je m'assure que vous continuerez de répondre comme vous devez en toute occasion.

» LOUIS. »

(*Bibl. roy. Mss.*)

Parmi ceux qui furent plus surpris de cette nomination, on peut compter, sans aucun doute, Vivonne et Louis XIV; car ce roi ne s'attendait pas plus à accorder cette récompense à son beau-frère (adultériquement parlant) que celui-ci ne s'attendait à la recevoir.

Une anecdote des Mémoires de Choisy donne le secret de ce bâton si inattendu; et les documents que l'on trouvera plus bas démontrent jusqu'à l'évidence le fait avancé par Choisy.

Voici d'abord la citation empruntée à ses Mémoires.

« Le roi avait fait avec Louvois (dit Choisy) la liste de ceux qu'il devait honorer du bâton de maréchal de France; il alla ensuite chez madame de Montespan, qui, en fouillant dans ses poches, y prit cette liste, et n'y voyant pas M. de Vivonne, son frère, se mit dans une colère digne d'elle. Le roi, qui ne pouvait ni n'osait lui résister en face, balbutia, et dit qu'il fallait donc que M. de Louvois eût oublié de l'y mettre. *Envoyez-le quérir tout à l'heure*, lui dit-elle d'un ton impérieux, et le gronda *comme il faut*. On envoya chercher Louvois, et le roi lui ayant dit fort doucement que sans doute il avait oublié Vivonne, ce ministre se chargea du paquet, et avoua la faute qu'il n'avait pas commise. On mit cette fois Vivonne sur la liste; la dame fut apaisée et se contenta de reprocher à Louvois sa négligence dans une affaire qui la touchait de si près. »

Maintenant, quant aux raisons qui font croire qu'en effet Vivonne n'était pas porté sur le premier travail, c'est qu'il va être démontré tout à l'heure jusqu'à l'évidence que Louis XIV était fort peu content de la conduite de son vice-roi la veille même du jour où madame de Montespan exigea si impérieusement cette faveur pour Vivonne, et qu'ainsi le roi ne pouvait avoir alors la moindre pensée d'élever à ce grade éminent le frère de sa maîtresse.

Ce mécontentement du roi était fort concevable, puisque dans cette campagne de Sicile l'insouciante paresse du joyeux général des galères avait été si loin, qu'elle avait même nui à sa réputation de bravoure dont il avait pourtant donné de si nombreuses et de vaillantes preuves. Madame de Sévigné, tout à fait des amies de Vivonne, dit, à ce propos, dans une lettre à madame de Grignan :

« D'ici à demain je ne pourrai pas vous dire à quel point votre
» épisode de Messine m'a divertie ; mais qu'est devenue cette va-
» leur dont on se piquait autrefois dans sa jeunesse ? Le prince (Vi-
» vonne) me paraît comme le comte di Culagna dans la Secchia,
» et pour la figure, n'est-il point exactement comme on dépeint le
» Sommeil, dans l'Arioste, ou comme Despréaux représente la
» Mollesse dans son *Lutrin ?* »

De fait, M. de Vivonne était tellement sous l'empire de cette mollesse, *que pendant plus de trois mois* le vice-roi n'eût pas le courage d'écrire au roi une seule dépêche sur les affaires de la Sicile.

Une pareille incurie chez un homme chargé d'aussi grands intérêts, chez un vice-roi, à la fois général des troupes de terre et de mer qui occupent les possessions qu'il gouverne, une aussi dédaigneuse insouciance, lorsqu'il faut à peine vingt jours pour écrire en France et en recevoir une réponse, serait à peine croyable sans les extraits suivants qui prouvent que, par un singulier raffinement de cynisme, Vivonne, bien sûr du crédit de ses sœurs, mesdames de Montespan et de Thianges, sur Louis XIV et Seignelay, se faisait sans doute un malin plaisir, d'ailleurs fort en rapport avec ses goûts d'oisiveté, de ne se gêner en rien, et de laisser le roi et son ministre dans la plus complète et la plus inquiète ignorance de tout ce qui se passait en Sicile.

Et ce n'est pas seulement Louis XIV qui se plaint, ce sont les commerçants, les intendants, qui supplient Vivonne de leur écrire et de ne pas ruiner leurs différents services par sa funeste négligence. Mais le joyeux général ne s'en inquiète pas le moins du monde, et depuis le roi jusqu'aux intendants, tous restent sans réponses.

Le premier fragment d'une lettre de Louis XIV, datée du 30 juin, est fort curieux et fort significatif, si on le rapproche de la seconde lettre de Louis, du 2 juillet de la même année, par laquelle il annonce à Vivonne qu'il le nomme maréchal de France : or, il est clair que le 30 juin Louis XIV n'avait pas l'idée de faire le vice-roi maréchal de France, puisqu'il ne lui en dit pas un mot dans sa longue dépêche de cette date (30 juin), au contraire toute pleine de reproches, et que le surlendemain il lui annonce tout à coup qu'il lui donne le bâton.

A notre avis, ce fait confirme l'anecdote de Choisy, et démontre suffisamment que Vivonne ne fut inscrit sur la liste que lorsqu'elle fut close, et, qui plus est, dans une circonstance peu favorable pour lui, mais qui n'en prouve que davantage la haute et puissante influence à laquelle il devait cette faveur inespérée, puisqu'à ce moment même son silence et son incurie avaient presque irrité Louis XIV contre lui.

Voici le premier fragment, daté du 30 juin 1675.

« Mon cousin, — J'ai reçu votre lettre du 6 mai dernier, par laquelle vous me rendez compte de ce qui s'était passé à Messine jusqu'à ce jour; depuis ce temps, je n'ai reçu aucune nouvelle de vous, j'en suis extrêmement surpris; aussi je commence par vous dire que vous devez chercher plus souvent les occasions de m'écrire, puisque vous ne devez pas douter que je n'attende avec impatience des nouvelles d'un pays où vous devez avoir à présent occasion de signaler votre courage en faisant quelque chose d'avantageux pour mon service. *Je veux* donc que vous destiniez deux ou trois bâtiments légers pour naviguer de Messine à Toulon et y porter mes lettres, et j'ai ordonné au sieur Arnoul, à Toulon, de tenir toujours des tartanes prêtes, afin de vous porter promptement mes ordres. »

On voit, par la date de cette lettre, que Louis XIV n'avait pas de nouvelles de Messine depuis le 6 mai (depuis environ deux mois). Mais Vivonne ne s'en émeut pas le moins du monde, et n'écrit pas un mot à son maître de toute l'expédition de Melazzo, que le roi n'apprit que par la lettre de Vallavoire à Pomponne.

Le 23 juillet, un mois après sa dernière dépêche à ce sujet, Louis XIV écrit de nouveau à Vivonne :

« Mon cousin, je vous ai pourtant recommandé, par toutes mes lettres, de me donner souvent des nouvelles de ce qui se passe à Messine, et de dépêcher de temps en temps des bâtiments pour cet effet ; cependant *je n'en ai point reçu de vous depuis celle du 6 mai dernier* (depuis près de trois mois). J'ai reçu plusieurs avis de Naples et d'autres lieux, auxquels je ne puis ajouter aucune créance, n'ayant reçu aucun avis de vous de tout ce qui s'est passé depuis l'arrivée de mes vaisseaux, de mes galères et de mes troupes. Vous pouvez facilement juger de l'impatience avec laquelle j'attends de vos nouvelles ; et comme je ne sais pas d'où ce défaut peut provenir, étant impossible que si vous aviez détaché quelque tartane ou autre bâtiment, il n'en fût arrivé quelqu'un ; et voulant éviter à l'avenir cet inconvénient, je donne ordre au sieur Arnoul de faire partir tous les vingt jours une tartane de Toulon, qui vous portera mes ordres ; mais je désire que vous la dépêchiez aussitôt son arrivée à Messine, sans y apporter aucun retardement, n'y ayant rien de plus nécessaire, au bien de mon service, que je sois informé des avantages que vous devez avoir remportés dans le commandement de mes armées de terre et de mer. Comme je n'ai reçu aucune réponse aux deux dernières que je vous ai envoyées, et qu'elles contiennent des choses importantes, je vous en envoie des duplicatas. »

Enfin Vivonne ne répondant pas davantage, Louis XIV lui écrit de nouveau cette dépêche, datée du 2 août :

« Mon cousin, je suis fort en peine de n'avoir reçu aucune nouvelle de vous *depuis plus de quatre mois*, et que vous n'ayez renvoyé aucun des bâtiments de charge qui ont porté des blés et autres vivres à Messine, avec les sieurs Du Quesne et d'Almeras, ni aucun vaisseau de guerre pour les escorter. Cependant, quoique je ne puisse douter que ces bâtiments ne soient à présent arrivés à Toulon, et qu'il serait même trop tard à présent d'y pourvoir, je ne laisse pas de vous écrire ces lignes pour vous dire que je vous ai averti, par mes précédentes, du passage de Ruyter dans la Méditerranée avec les vaisseaux hollandais, et à présent je suis bien aise de vous faire savoir qu'il est parti le 20ᵉ du mois passé, en sorte qu'il est absolument nécessaire, pour le bien de mon service, que tous ces bâtiments, dont je viens de vous parler, soient à présent arrivés à Toulon, et qu'ils puissent servir au transport des vivres que j'ai ordonné de tenir prêts, pour maintenir ces vaisseaux qui sont sous votre commandement dans les mers du Levant, pendant tout le temps que ledit Ruyter pourra y demeurer, c'est-à-dire jusqu'au mois de décembre prochain.

» Je vous répète encore qu'il n'y a rien de si important et de si nécessaire que vous fassiez remplacer les vivres qui peuvent avoir été tirés de mes vaisseaux pour être employés à d'autres usages qu'à la subsistance de leurs équipages, d'autant que si vous ne les faisiez remplacer promptement, vous seriez peut-être obligé d'en renvoyer une partie en France, pendant le temps que vous en auriez le plus de besoin pour combattre. Comme vous en connaissez bien la conséquence, je ne doute point que vous ne fassiez en cela ce qui est du bien de mon service. Je veux aussi que vous teniez la main à ce que les capitaines de mes vaisseaux conservent bien leurs vivres, et qu'ils observent que la distribution en soit faite avec tant d'économie, qu'ils puissent maintenir les équipages jusqu'à ce que les vivres qui partiront de Provence puissent être arrivés.

» En quoi vous devez observer que, comme Ruyter arrivera assurément dans les mers du Levant dans le courant de ce mois ou au commencement du prochain, il se pourrait bien faire qu'il empêcherait les vaisseaux qui partiraient pour la Provence, chargés de vivres, d'aborder à Messine, ce qui serait causé par le trop long retardement qui a été apporté au départ des vaisseaux de charge avec des vaisseaux pour les escorter, et c'est à quoi il n'y a qu'une extrême diligence et une grande économie de vivres qui puissent y remédier; et comme il n'y a rien qui soit plus nécessaire au bien de mon service, dans une aussi grande affaire que celle que je vous ai confiée, que d'être particulièrement et souvent informé du détail de ce qui se passe, *je m'étonne extraordinairement que vous n'ayez pas dépêché des tartanes et autres petits bâtiments pour me donner de vos nouvelles.* Ne manquez pas d'y satisfaire plus ponctuellement à l'avenir; et lorsque la tartane qui vous porte mes paquets sera arrivée, il est bien nécessaire que vous l'expédiiez deux jours après son arrivée, ainsi que toutes celles qui vous seront envoyées à l'avenir, afin que je puisse avoir plus souvent de vos nouvelles. Sur ce, je prie Dieu qu'il vous aie, mon cousin, en sa sainte et digne garde.

» Ecrit à Versailles, le 2 août 1765.

» LOUIS. »

Et plus bas,

« COLBERT. »

Ce ne fut que trois semaines après, et sur de nouvelles invitations de Louis XIV, que Vivonne se résolut de lui répondre.

Pendant la courte croisière de M. de Vivonne sur la côte d'Italie, un des plus beaux faits d'armes de la marine française avait répandu la terreur dans la ville de Reggio, située sur la côte de Calabre, et séparée de la Sicile par le détroit qui n'a pas plus de deux lieues en cet endroit. Ce fait d'armes était dû à l'intrépidité du chevalier de Tourville, venu à Messine comme capitaine de *la Syrène*, qui faisait partie de la division de M. d'Almeras, composée du *Magnifique*, de soixante-douze, commandé par M. d'Almeras; du *Comte*, capitaine d'Infreville Saint-d'Aubin; de la flûte *la Normande*, et du brûlot *l'Intrépide*, capitaine Serpaut.

En un mot, M. de Tourville avait été incendier, en plein jour, à deux heures de relevée, un bâtiment espagnol, sous le canon de Reggio et de ses forts.

Ceux qui prirent part avec Tourville à cette action, d'une incroyable hardiesse, furent le chevalier de Léry et le brave Serpaut, un des plus anciens capitaines de brûlot de l'armée.

Vivonne était encore en mer à cette époque, et sans doute que, prévenu contre Tourville, ainsi qu'il l'était, il n'eût pas rendu à ce jeune et brillant capitaine, la justice que Vallavoire, commandant par intérim, rendit au chevalier, en racontant, ainsi qu'il suit, cet admirable combat à Colbert.

LE MARQUIS DE VALLAVOIRE A COLBERT.

« A Messine, ce 31 juillet 1675.

» Je croyais, monseigneur, n'avoir à vous écrire que lorsque M. de Vivonne serait de retour ; mais les dernières actions de MM. les chevaliers de Tourville et de Léry sont trop belles pour attendre plus longtemps à vous en faire part.

» Étant allés dans le golfe de Venise, pour empêcher que les ennemis ne fissent passer quelques troupes du port de Thiery dans la Pouille, et ayant appris que ces troupes étaient déjà débarquées à Piscare, mais que quelques-uns des vaisseaux qui les avaient portées s'étaient retirés à Barlette, ils résolurent de les aller attaquer, et voici comment ils exécutèrent leur dessein.

» Ils arrivèrent à l'entrée de la nuit à vue de Barlette, et ayant aperçu trois vaisseaux sous la forteresse de la ville, ils allèrent mouiller le lendemain à une portée de mousquet des murailles. Après avoir canonné quelque temps ces vaisseaux, ils mirent en mer quatre chaloupes commandées par le chevalier de Coetlogon, lesquelles, à la faveur de leur feu, allèrent, nonobstant celui du canon et de la mousqueterie ennemie, aborder le plus gros desdits vaisseaux, qui était chargé de blé et armé de cinquante pièces de canon.

» Celui-ci se trouva vénitien et ne fit aucune résistance ; mais le capitaine qui le commandait ayant dit audit chevalier de Coetlogon que les deux autres étaient espagnols, il poursuivit son chemin, et malgré tout le feu de la ville et d'une galiote armée qui était dans le port, se rendit encore maître d'un de ces vaisseaux, coupa ses amarres et l'emmena aux nôtres.

» Cela fait, il retourna au vénitien pour le faire mettre à la voile, et pour cela essuya derechef tout le feu du vaisseau qui restait, sur lequel les Espagnols avaient encore jeté quantité de monde.

» Ils n'en demeurèrent pas à cette action ; mais la nuit suivante, ils résolurent de l'aller brûler dans le port : il portait vingt pièces de canon, seize pierriers, et était défendu de tous côtés par la ville : tout cela n'empêcha pas nos gens d'exécuter leur dessein, et ils attaquèrent ce bâtiment avec tant de vigueur, qu'au premier abord tous ceux de son équipage l'abandonnèrent.

» On ne saurait dire combien de belles actions se firent en cette occasion, et l'on ajoute que les chevaliers des Gouttes et de Sillery, qui commandaient chacun une chaloupe, y acquirent une réputation toute particulière.

» De là, MM. les chevaliers de Tourville et de Léry, avec leur escorte et leur prise, allèrent à Raguse, où ils ne firent pas moins paraître d'esprit et d'adresse qu'ils venaient de témoigner de vigueur et d'intrépidité. Ils envoyèrent quérir les jurats, leur firent reproche de ce qu'ils fournissaient aux Espagnols des mariniers et de rafraîchissements, et qu'ils ne faisaient pas la même chose pour les Français ; ils les menacèrent sur cela de les venir brûler dans leur port, et enfin les surent si bien intimider, qu'ils leur promirent de garder à l'avenir d'autres mesures, et de faire pour cet effet publier un ban. Jusque-là toutes choses étaient allées le mieux du monde ; ils amenèrent heureusement ici leur prise ; mais la fortune qui nous avait favorisés commença de nous être contraire : les courants ayant empêché M. de Gossonville d'entrer avec les autres vaisseaux dans ce port, et l'ayant ensuite porté jusque sous le canon de Reggio, malheureusement pour nous, les dix galères de Melazzo venant à passer le lendemain matin de ce côté-là, le trouvèrent en calme, et le prirent sans qu'il nous fût possible de le secourir.

» Nos galères remorquèrent quelques-uns de nos vaisseaux, mais ils n'y furent pas assez à temps ; je fis ce que je pus de mon côté pour animer et diligenter les affaires ; je montai sur le bord de M. de Forbin, et voulus me trouver moi-même en cette occasion ; mais tout cela, comme je viens de dire, fut inutile, et nous eûmes le chagrin de voir prendre ce bâtiment à nos yeux.

» Cette perte, qui se fit le dimanche 21 du mois passé, ne jeta pas moins de consternation dans la ville, qu'elle nous laissa de désir de nous en venger à quelque prix que ce fût.

» Nous concertâmes donc, monsieur l'intendant, messieurs de Tourville, de Léry et moi, sur le biais que nous pouvions prendre pour la réparer ; et après avoir bien consulté, nous trouvâmes qu'il n'y avait point d'autre moyen que d'aller brûler, s'il se pouvait, cette frégate dans le port de Reggio.

» Ce dessein pris, MM. de Tourville et de Léry attendirent jusqu'au samedi suivant que le vent devînt favorable, et ce soir-là le trouvant tel qu'ils le pouvaient désirer, le lendemain au matin ils firent remorquer leurs vaisseaux par les galères, et sortirent de ce port à la faveur de la marée.

» Le chevalier de Tourville silla le premier du côté de Reggio, et s'allant mettre en panne à portée de canon de la ville, essuya tout le feu de la forteresse et des bastions pour donner temps à M. de Léry et au capitaine Serpaut, qui le suivait avec brûlot, de pouvoir exécuter son dessein.

» Ce dernier, à la faveur du feu de nos vaisseaux qui se mirent tous deux en panne devant Reggio, et qui commencèrent à lui lâcher toutes leurs bordées, alla jusqu'au lieu où était la frégate, trouva moyen d'y accrocher son brûlot, nonobstant les précautions que les ennemis avaient prises pour l'en empêcher, et il mit le feu en même temps.

» Je ne puis pas m'empêcher de dire ici que MM. les chevaliers de Coetlogon, des Gouttes et de Sillery montrèrent encore en cette occasion une bravoure tout extraordinaire; car, appréhendant qu'il n'arrivât quelque accident à ce capitaine, ils l'allèrent attendre dans des chaloupes pour prendre sa place en cas de besoin, et ne revinrent point qu'avec lui, et lorsqu'il eut exécuté ses ordres.

» Tandis que la frégate brûla, nos vaisseaux demeurèrent toujours dans la même place, faisant un feu continuel pour empêcher ceux de la ville de la venir secourir. Cependant, quatorze ou quinze bâtiments chargés, qui étaient au-dessous du vent, furent bientôt embrasés comme elle, et le feu se portant jusqu'à un magasin de poudre qui était voisin d'un bastion, le fit sauter, et le bastion presque avec lui. Le désordre fut si grand dans cette occasion, et la terreur, comme le remarquèrent ces messieurs, si grande, qu'ils disent que s'ils avaient eu quelques troupes pour faire une descente, ils croient qu'ils auraient pu se rendre maîtres de Reggio.

» M. de Léry eut quatorze ou quinze personnes de tuées ou

blessées d'un canon qui creva sur son bord, et ils perdirent peut-être bien tous deux de vingt-cinq ou trente hommes.

» Après avoir vu brûler tout ce qui était dans ce port, ils reprirent leur navigation; mais beaucoup plus lentement qu'ils n'auraient pu faire s'ils se fussent voulu servir du vent, qui était alors assez frais, pour montrer à ceux de Reggio qu'ils n'appréhendaient ni leurs bastions, ni leur forteresse.

» Toute la ville de Messine, qui fut témoin de cette action, en a reçu une joie que l'on ne peut dire; elle redouble si fortement en eux le zèle et l'inclination qu'ils ont pour la France, que l'on ne peut pas douter qu'elle ne produise encore de merveilleux effets.

» A l'égard des ennemis, elle va rendre tous leurs ports inutiles, et à la réserve d'Angouste, je ne crois pas qu'ils se trouvent en sûreté en quelque port que ce soit.

» Voilà, monseigneur, de quelle manière les choses se sont ici passées. M. l'intendant, qui pourra vous en rendre un compte plus exact, est à présent en meilleur état qu'il n'a été : sa goutte et la fièvre, qui l'avaient un peu tourmenté ces jours passés, l'ont quitté, et il commence de reprendre sa première santé. Je ne vous dis point de quelle manière il gouverne ici les affaires, vous savez mieux que personne du monde son mérite et ses qualités; tout ce que je puis vous dire, c'est qu'il y est chéri et respecté autant qu'on le peut être de tout le peuple, et qu'on ne peut pas garder plus d'ordre et plus d'exactitude en toutes choses qu'il fait.

» Les ennemis voulurent, il y a quelques jours, faire une entreprise sur San Stephano et enlever ce poste : ils détachèrent, pour cela, trois ou quatre cents Calabrois et des habitants du Fiume de Nisi, qui est un lieu voisin de l'Escalette; mais ils furent si vigoureusement repoussés par ceux qui gardaient ce poste, et par quelques cavaliers que j'y avais envoyés, qu'ils perdirent plusieurs de leurs gens et en laissèrent cinquante prisonniers.

» Il leur est bien venu en tout quatre mille Allemands ; cependant leur nombre n'est toujours que de huit mille hommes de pied et de mille chevaux, à cause des gens qui leur meurent ou qui désertent. Les quatre vaisseaux du Ponant sont arrivés, et le trois de Provence. Je suis, monseigneur, avec mon respect et mon attachement ordinaires, votre très-humble et très-obéissant serviteur,

» VALLAVOIRE.

» J'oubliais de vous dire, monseigneur, que M. l'intendant a donné ici le parti du blé à un appelé Gourville, commis de M. de Bonrepaus ; au lieu que le sénat en faisait autrefois la distribution au peuple, ce sera présentement lui, à douze écus la salme, tous droits payés. »

(*Arch. de la marine, à Versailles.*)

S'il était possible d'admettre le moindre doute sur cet admirable combat, voici une relation contradictoire, traduite de l'italien, qui prouve jusqu'à quel point la terreur fut poussée dans Reggio.

COPIE D'UNE RELATION VENUE DE NAPLES, DU 6 AOUT 1675, TRADUITE D'ITALIEN EN FRANÇAIS.

» On dit que les Français, dans Isola di Ponza (l'île de Ponce), forment quelques bastions pour se fortifier, et qu'ils y ont laissé des hommes pour travailler avec des soldats. Cela fait espérer ici que de tels attentats pourront donner de la jalousie aux princes voisins, et les disposer à prendre quelque bonne résolution. Aujourd'hui, par deux felouques qui sont arrivées dans ce port, l'on a nouvelle que l'armée de France est retournée à Messine.

» Des lettres du 29 du mois passé, que nous avons reçues par un courrier en diligence, arrivé le 2 de ce mois, donnent avis de l'horrible et ardent attentat commis par les Français sous Reggio. Ceux-ci, ne pouvant souffrir que deux galères d'Espagne eussent combattu et pris un de leurs vaisseaux de trente pièces de canon, chargé de blé et munitions pour Messine, se résolurent d'y aller mettre le feu jusque dessous le canon et de la mousqueterie dudit Reggio ; il sortit donc du port de Messine deux gros navires de guerre avec un brûlot, et à la faveur d'un bon vent ils furent dans un instant comme un foudre sous Reggio, sans que les canons ni les coups de mousquet les rebutassent ; eux-mêmes firent diverses décharges de leur artillerie contre la ville, de laquelle ils endommagèrent beaucoup les murailles, et particulièrement les maisons; et ayant abordé ledit vaisseau chargé, ils y mirent le feu avec tant de succès, que tout aussitôt il parut un enfer dans l'eau; le feu qui prit aux bombes et grenades dudit brûlot écarta si loin les clous et autres pièces de fer qu'il y avait, qu'il fit non-seulement du fracas sur les soldats qui étaient venus sur les murailles pour empêcher le débarquement, mais encore aux gens qui étaient dans la ville, dont il y en eut plusieurs de tués et de blessés, et avec une grande terreur de tous; le feu prit à la sainte-barbe du vaisseau qui se brûlait, en sorte qu'il semblait que le monde était tout en feu, tant les flammes étaient grandes; et si cela était arrivé de nuit, au lieu qu'il commença à midi, assurément que Reggio se serait tout brûlé, à cause de la confusion et de la peur qu'on aurait eue parmi la terreur, qui n'aurait pas permis aux habitants de donner aucune assistance, comme ils ont fait sur ledit vaisseau. Tout son chargement y était encore, et de plus quelque chose appartenant à don Balthasar de Guevara, et avec cela il se brûla encore une de nos tartanes. Cette action, faite en vue d'une place d'armes et du général Branchari, et autres mestres de camp et officiers, a donné tant d'appréhension qu'il n'est pas croyable.

» Présentement nos galères sont à Angouste, et l'on a vu paraître d'autres voiles à Messine. »

(*Arch. de la Marine, à Versailles*).

Voici enfin, au sujet de cette action, une lettre originale de Tourville à Colbert, dont malheureusement on n'a pu retrouver la fin. Il est hors de doute qu'elle contenait des renseignements d'une grande importance, puisqu'en marge de cette dépêche on lit ces mots de la main de Colbert:

Tout ceci est très-important; il y a bien des articles sur lesquels il faut prendre les ordres du roi.

On peut juger de l'intérêt de cette dépêche par un passage où le chevalier se plaint de la fonte de plusieurs canons qui crevèrent et intimidèrent tellement l'équipage, que *la Syrène* ne fit pas le feu qu'elle devait faire. Ce passage est souligné avec un renvoi aussi de la main de Colbert, portant ces mots: *Important; il faut savoir d'où viennent ces canons.*

Sans doute que les observations de Tourville avaient trait au matériel et à la discipline des vaisseaux, du moins les autres parties de sa correspondance avec le roi et les ministres, qui sont heureusement conservées intactes, le laissent à penser ; car, d'après la lecture de ces précieux documents, il demeura bien démontré que Tourville fut un des premiers à réclamer la réforme d'une foule d'abus que Colbert n'avait pu que signaler, ayant d'abord à fonder, à créer le matériel d'une marine tout entière, que son successeur devait perfectionner.

Voici le fragment de cette dépêche, où l'on verra avec quelle naïve modestie Tourville parle d'une expédition si glorieuse pour lui.

LETTRE DE TOURVILLE A COLBERT.

« Depuis la dernière lettre que je me suis donné l'honneur de vous écrire, il est arrivé un contre-temps bien fâcheux à la frégate de Gossonville qui m'avait accompagné dans le golfe de Venise. Comme nous entrions dans Messine à la longueur d'un câble les uns des autres, il nous prit un calme si grand qu'il fut cause que les courants séparèrent un peu la frégate de nous, et la fit tomber du côté de Reggio ; pour nous, ils nous conduisirent dans le port. Le lendemain au matin, à la pointe du jour, il parut dix galères d'Espagne qui la prirent à notre vue sans pouvoir lui donner aucun secours, quelque diligence qu'on pût faire ; le calme était grand, et quoique nous eussions trois galères, Léry et moi, pour nous remorquer, nous ne pûmes la secourir. Je ne songeai dans ce moment qu'à venger ce malheur par quelque action qui pût mériter votre estime. Ils allèrent amarrer la frégate sous la forteresse de Reggio, qui est la ville capitale de la Calabre ; ils menèrent la frégate et la mirent d'une manière qu'elle était défendue de tout le canon de cette place. Je résolus avec Léry de l'aller brûler en plein midi, à la vue de tout Messine, ce que nous exécutâmes avec assez de bonheur. J'étais à la tête, Léry après moi, et le brûlot à la longueur d'un demi-câble. Après avoir canonné à la longueur d'un demi-fusil les bastions et les forteresses, je détachai le brûlot commandé par Serpaut, qui l'alla brûler, après que nous eûmes fait jeter à la mer tout ce qu'il y avait dans la frégate. Le brûlot fit un si grand effet qu'il brûla quatorze bâtiments qu'il y avait ; il y eut un bastion qui sauta à demi et plus de trente maisons brûlées dans la ville, sans compter plus de vingt-cinq qui étaient au bord de la mer, remplies de soie. Nous essuyâmes le feu de plus de septante pièces de canon ; Serpaut fut abandonné de sa chaloupe, et sans le chevalier des Gouttes que je commandai pour l'aller escorter, il y aurait demeuré : il en fut quitte pour un coup de mousquet ; le chevalier des Gouttes lui sauva la vie et lui servit de patron de chaloupe. Nos vaisseaux furent incommodés du canon et de la mousqueterie ; il y eut un canon de Léry qui creva, qui lui tua quatre hommes, sans ceux qu'il perdit. Cela donna une timidité si grande à nos équipages, qu'ils n'osent faire le feu qu'on souhaiterait ; il m'en creva un à Barlette. C'est à vous, monsieur, à y donner ordre. Serpaut mérite que vous ayez la bonté de vous souvenir de lui. Pour le chevalier des Gouttes, il mérite d'être capitaine : c'est un garçon de cœur et qui a une application extraordinaire au métier ; Léry vous aurait, monsieur, les dernières obligations de songer à lui pour le distinguer des autres capitaines, et de le mettre à deux cents francs, avec la pension de mille livres : personne dans le corps ne la mérite comme lui, c'est de ce que je vous réponds... »

(*Archives de la Marine à Versailles.*)

En vérité, on est à la fois heureux et triste en voyant tant de courage et tant de dévouement, et en pensant aussi, qu'avec de tels hommes, qu'avec Vallavoire, Du Quesne, Tourville, d'Almeras, Valbelle, Gabaret, M. de Vivonne, au lieu de conquérir et de soumettre la Sicile tout entière, se soit laissé aller à son incurable paresse et ait même entravé de toutes ses forces le peu d'expéditions glorieuses qui aient été tentées pendant sa vice-royauté.

Et puis, que penser, quand on vient à songer que chez Vivonne, tant d'incurie, de paresse, de mépris insultant pour les plus grands intérêts de la France, ont été splendidement récompensés par l'éminente dignité de maréchal de France, due, il est vrai, au coquet libertinage d'une sœur charmante ; quand on voit que, pour la première fois que la marine ait été illustrée par ce grade, elle l'a été à propos d'un tel général et dans de pareilles circonstances, tandis que des hommes comme Gabaret, d'Almeras, Vallavoire, sont morts, presque oubliés, après les plus longs et les plus éclatants services! Que penser, enfin, après avoir lu l'anecdocte suivante?

» Du Quesne fut mal récompensé parce qu'il était protestant. Louis XIV le lui fit sentir un jour. — *Sire*, lui répondit Du Quesne, — *quand j'ai combattu pour Votre Majesté, je n'ai pas songé si elle était d'une autre religion que moi.* — Le fils de Du Quesne, forcé de s'expatrier après la révocation de l'édit de Nantes, se retira en Suisse, où il acheta la terre d'Eaubonne. Il y porta le corps de son père, *qu'il avait été obligé de faire enterrer en secret.* On lit sur le tombeau de ce grand marin : LA HOLLANDE A FAIT ÉRIGER UN MAUSOLÉE A RUYTER, ET LA FRANCE A REFUSÉ UN PEU DE CENDRE A SON VAINQUEUR. »

Que penser, sinon que cette vieille, vieille vérité est vraie une fois de plus, à savoir, « que les récompenses sont généralement en raison inverse des mérites, et que les idées d'une juste rémunération sont singulièrement compromises ici bas. »

FIN DU TOME DEUXIÈME.

TABLE DES CHAPITRES.

LIVRE QUATRIÈME.

Chap. VIII Madame la duchesse d'Orléans. — M. le duc de Buckingham.—Louis XIV.—Le comte de Guiche.—Le prince de Marsillac. — Le marquis de Vuardes.— L'archevêque de Sens.—Le comte d'Armagnac.—Mademoiselle de Montalais.—De La Vallière. — Mademoiselle Louise-Renée de Penancoët de Keroualle. — Turenne. — De Lionne.— Lettre de Colbert de Croissy, ambassadeur en Angleterre.   1

IX. Lettre de M. de Croissy, ambassadeur de France en Angleterre.—Lettre de Louis XIV.—Mademoiselle de Keroualle est présentée à Charles II. — Conversation de Madame la duchesse d'Orléans et de Charles II.—Il se décide enfin à signer le traité secret avec Louis XIV, relatif à l'invasion de la Hollande. — Texte de ce traité. — Retour de *Madame* en France.— Sa mort, le jour même de l'échange des ratifications du traité. — Fragments de l'oraison funèbre prononcée par Bossuet sur la mort de cette princesse. 31

X Mort de Lionne. — Le yacht *le Merlin*. — Exigences de Downing au sujet du salut du pavillon. — Propositions d'accommodement faites par les Provinces-Unies à la France et à l'Angleterre. — Elles sont rejetées (1672). — Audience de congé du sieur de Grootius, ambassadeur des Provinces-Unies près la cour de France.— Discours de Louis XIV à cet envoyé. — Le conseil de marine s'assemble à la suite de cette audience.—M. le comte d'Estrées, vice-amiral de France. — M. Abraham Du Quesne, lieutenant général des armées navales. — M. le marquis de Martel, chef d'escadre, et des Rabesnières, chef d'escadre. — Instruction donnée par le roi au comte d'Estrées.—Pouvoir donné au duc d'York. — Le chevalier Robert Holms et Spragge attaquent la flotte hollandaise, le 23 mars. — Charles II ferme l'échiquier. — Déclaration de guerre de la France et de l'Angleterre contre les sept Provinces-Unies. 78

XI. Le Canard doré. — Jean Bart. — Keyser. — Le capitaine Svoëlt.— Propositions des Provinces-Unies à Jean Bart et à Keyser pour passer au service des Provinces. — Ils acceptent; mais apprenant par hasard la déclaration de guerre du mois d'avril, ils refusent et se sauvent de Flessingue. 109

XII. Ruyter sort de la Meuse pour aller au Texel, rendez-vous général de la flotte des Provinces-Unies. — Il arrive et mouille à la Tonne du Laan.—Jean et Corneille de Witt viennent à son bord. — Assemblée des députés des collèges d'amirauté.— Conseil de guerre. — Ses résolutions. — Appareillage de la flotte. — Les pilotes de Ruyter refusent de sortir *les Sept-Provinces*, vaisseau amiral, par le Spanjaarts-Gat. — Ruyter et Jean de Witt s'embarquent dans une chaloupe pour aller eux-mêmes sonder la passe. — La brise mollissant, le départ de Ruyter est impossible. — Conversation de Jean et Corneille de Witt. — Nouvelles pressantes de La Haye — Adieux des deux frères. — Corneille de Witt reste à bord de Ruyter comme député plénipotentiaire des Etats. — Nouveau conseil de guerre. — Départ de Ruyter. — La flotte descend dans la Manche pour s'opposer à la jonction des escadres anglaise et française 121

Chap. XIII. La flotte française commandée par l'amiral d'Estrées est mouillée dans la rade de Brest. — Le P. l'Hoste.— Gaulbedek, pilote du *Saint-Philippe*.— Arrivée d'un yacht anglais. — Ordre du duc d'York d'appareiller. — Appareillage de la flotte. — Les Litanies bretonnes. — La flotte sort du port de Brest 141

XIV. Mouillage de l'escadre française à l'île Sainte-Hélène. — Mémoire de d'Estrées sur l'arrivée du roi Charles II à bord des vaisseaux français. — Ses remarques. — Ses observations. — Du Quesne. — Désardens. — Conseil de guerre. — M. le duc d'York. — Lettre de Colbert de Croissy et de M. le comte d'Estrées au roi, depuis le 15 mai jusqu'au 6 juin. — On rencontre deux fois la flotte hollandaise; mais on la perd de vue par le brouillard. — Mouillage de la flotte combinée à la rade de Southwold-Bay. — M. le duc d'York. — M. le comte de Sandwich.—M. le comte d'Estrées. — Dernier conseil. — Lettre de d'Estrées au roi. — Le capitaine Cogolin sort de la rade en éclaireur le soir du 6 juin. 160

XV. Combat du 7 juin. — Relations contradictoires de M. le comte d'Estrées, de M. le duc d'York et de Ruyter. — Lettre de M. le marquis de Grancey au sujet de ce combat. — Réflexions sur la conduite du vice-amiral comte d'Estrées. —Lettres de Colbert de Croissy, ambassadeur à Londres, au sujet de l'affaire du 7 juin et de la division qui règne entre les officiers français de l'escadre à propos de MM. le comte d'Estrées et Du Quesne. — Justification de ce dernier. 195

XVI. Conquêtes de Louis XIV dans les Provinces-Unies. — Tentatives de meurtre sur le grand pensionnaire Jean de Witt, à La Haye, et sur son frère, à Dordrecht. — Le peuple soulevé demande l'abolition de l'édit perpétuel et le rétablissement du stathoudérat en faveur du prince d'Orange. — Jean de Witt se démet de ses fonc-

TABLE DES CHAPITRES. 555

tions politiques. — Ses lettres à Ruyter. — Corneille de Witt est accusé par Tichelaar d'avoir voulu le provoquer au meurtre du prince d'Orange. — Procès de Corneille de Witt. — Il est mis à la torture. — Sa fermeté. — Il est condamné au bannissement. — Jean de Witt vient le voir en prison. — Les deux frères y sont massacrés. — Monstruosités commises en Hollande par les armées du roi. — Bref de S. S. le pape Clément X, à Louis XIV, pour le féliciter sur ses conquêtes 249

LIVRE CINQUIÈME.

Chap. I. Combat du 7 juin 1673, entre les flottes anglo-française et la flotte des Provinces-Unies. L'escadre française est postée cette fois au corps de bataille. — Relation du vice-amiral d'Estrées et de M. le chevalier de Valbelle. — Combat du 21 août de la même année. — L'escadre française forme l'avant-garde. — Quelques vaisseaux combattent, mais le gros de l'escadre ne combat pas. — Relation du vice-amiral d'Estrées. — Lettre et plainte du marquis de Martel, sur ce que le vice-amiral d'Estrées n'a pas combattu. — Plaintes du prince Rupert contre l'escadre française. — Lettres de Colbert de Croissy à ce sujet. — Réponse du vice-amiral d'Estrées et du marquis de Seignelay. — Enquête secrète ordonnée par Colbert pour éclaircir ce fait. — Texte curieux de cette enquête confirmant la lettre de M. de Martel. 294

II. Guerre de Messine. — Exposé de la situation de Messine depuis 1665 jusqu'à 1674. — Ses divers soulèvements. — Leurs causes. — Sédition de juillet 1674. — Procession de la lettre dite de la *lettre de la sainte Vierge aux Messinois*. — Le tailleur Antonio Adam. — Première cause de la révolte. — Le marquis de Crispano. — Les Merli. — Les Malvizzi. — Le marquis de Bayonna. — Le sénat de Messine déclare le gouverneur et le vice-roi pour l'Espagne déchus de leurs droits. — Les Messinois attaqués envoient des députés à M. le duc d'Estrées, ambassadeur de France à Rome, pour demander l'intervention et le secours de Louis XIV 368

III. Le cardinal César d'Estrées. — Madame la princesse de Chalais, plus tard princesse des Ursins. — Les cardinaux de Bouillon. — Porto-Carrero. — Rospigliosi. — Le duc de Bracciano. — Projet de mariage de madame de Chalais avec le duc de Bracciano. — Troubles de Messine. — Les bandits des Abruzzes. — Dépêches de MM. le duc et le cardinal d'Estrées au roi et à M. de Pomponne à ce sujet. 387

TABLE DES CHAPITRES.

Chap. IV. Le chevalier de Valbelle est envoyé au secours de Messine. —Son premier combat.— Son arrivée à Messine.—Ses lettres au roi.— Il revient à Toulon demander un nouveau secours. 423

V. Le chevalier de Valbelle quitte Messine le 14 octobre pour revenir en France ; il est accompagné de don Antonio Caffaro, envoyé de Messine auprès de Louis XIV. — Valbelle arrive à Versailles. — Louis XIV se décide à envoyer un nouveau secours à Messine, commandé par M. le marquis de Vallavoire.—Instructions secrètes données à M. de Vallavoire par M. de Pomponne.— Lettre de Vallavoire. — Départ de la flotte. — Lettre de Valbelle au roi, sur l'arrivée de ses vaisseaux devant Messine, et sur le combat qu'ils livrent aux Espagnols. 441

VI. La famine la plus effroyable règne à Messine. — Description de cette ville. — On aperçoit l'escadre française, commandée par Vivonne. — Combat du 11 février. — Du Quesne. — Vivonne. — Lettre du chevalier de Valbelle.— Mémoire du roi à Vivonne. 467

VII. M. le duc de Vivonne est reconnu solennellement vice-roi de Sicile.—Refus de l'archevêque de se trouver à la cérémonie. — Rapport secret sur la situation de Messine. —Cérémonie et élection des nouveaux jurats. — Lettre de Valbelle à de Seignelay.— Il lui rend compte de ce qui s'est passé depuis le 30 mars jusqu'au 6 mai. . . . 500

VIII. Entreprise sur Melazzo. — Projet de M. de Vallavoire. —Il le communique à M. de Vivonne. — Le vice-roi paraît l'adopter.—Départ de M. de Vallavoire.—Combat devant Monfort. — Son arrivée devant Melazzo. — Son désespoir de ne point voir arriver les vaisseaux que lui avait promis M. de Vivonne.— M. de Vallavoire est obligé de battre en retraite sur Messine. — Le plat pays, qui s'était soulevé en faveur des Français, est ravagé.— Lettre du chevalier de Vallavoire à M. de Vivonne et à Pomponne. — Vivonne veut tenter une expédition sur Naples. - Le calme l'en empêche. — Il revient à Messine. — Lettre du roi qui lui donne le bâton de maréchal de France. — Combat sous Reggio. —Lettres de Vallavoire et de Tourville à ce sujet. . . 523

FIN DE LA TABLE.